미래 지능정보사회의 학교교육 체제

- 분석과 전망 -

정영근, 곽영순, 김사훈, 민용성, 박창언
윤초희, 이근호, 전용주, 조기희, 조상식

교육과학사

서문

학교 밖에서는 정보 기술과 인공지능 기술을 결합한 지능정보사회 및 초연결의 네트워크 사회로 진입함으로써 상전벽해의 거대한 사회변혁이 일어나고 있다. 학교 역시 이러한 변혁에서 자유롭지 않으며, 학교교육 전반에 걸쳐 혁신을 요구받고 있다. 이 책은 이러한 사회변혁에 대응하기 위해 먼저 학교지식과 지식의 본질에 주목한다. 이는 고도화된 지능정보 기술이 인간의 존재 방식과 지식의 속성을 근본적으로 변화시킬 것이라는 문제의식에서 비롯되었다. 특히 이 변화를 탈 인간 중심적 관점인 포스트휴머니즘의 틀에서 해석하였다.

미래 지능정보사회에 대응한 학교교육의 과제를 구명하기 위해 사회 각 부문의 메가트렌드를 살펴보는 것은 필수적이다. 저자들은 과학과 산업·경제, 환경, 사회·문화, 정치·경제, 아동·청소년, 정보·인공지능의 7개 부문에 대해 심층적으로 분석한 바 있다. 다만 이 책에서는 그 범위의 방대함을 감안하여 정보·인공지능 부문과 아동·청소년 부문에 초점을 맞추어 논의하였다. 이는 정보·인공지능 기술이 지능정보사회의 핵심 동인으로 작용하고, 아동·청소년의 변화가 미래 학교교육과 밀접한 관계를 맺고 있기 때문이다.

미래 사회의 메가트렌드와 학교교육의 대응 과제, 학교지식의 변화에 따라 미래 학교교육 체제가 어떻게 변화하고 어떤 체제를 구축해야 할지 탐구할 필요가 있다. 이에 따라 이 책에서는 교육과정 체제라는 개념을 활용하였다. 교육과정 체제는 교육내용으로서의 학교지식, 교육과정 개발·생성, 교육방법, 교사, 학교 환경을 주요 구성 요소로 삼는다. 교육과정이 교육에 질서를 부여한다는 관점에서 보면, 이러한 요소들은 학교교육 체제를 이루는 핵심 구성 요소로 볼 수 있다. 이 책에서는 교육과정 체제를 분석하여 미래 교육과정과 학교교육이 어떤 방향으로 재편될지를 탐색하였다.

학교교육과 교육과정의 핵심은 '무엇을 가르칠 것인가'라는 질문이며, 이는 곧 학교지식의 본질에 해당한다. 그러나 지능정보사회가 인간의 삶의 방식을 근본적으로 변혁시키고 있기 때문에 학교지식의 변화는 필연적이다. 지능정보사회의 도래로 인해 인간 중심의 관점을 넘어 인간과 인간 외적 존재 간의 관계를 중심으로 한 포스트휴머니즘 논의가 이루어지고 있다. 이러한 논의는 이미 1990년대부터 시작되었으며, 인간만의 절대적 독자성을 넘어 사물, 기계, 동물과의 공존 가치를 강조한다. 이에 따라 포스트휴머니즘의 지식론과 함께 학교지식의 패러다임 변화를 살펴보고, 학교지식의 재개념화를 논의하였다. 지능정보사회에서 학교지식은 종래의 전달과 수용 중심의 교수·학습 매개체를 넘어, 다양한 경로를 통해 획득, 발견, 생성하는 방향으로 재개념화되어야 한다고 보았다.

포스트휴머니즘 관점에서 학교지식이 지능정보사회에서 어떻게 나타나는지를 '정보·인공지능 부문'과 '아동·청소년 부문'의 메가트렌드와 학교지식을 분석하여 전망하였다. 이 두 부문을 중심으로 탐색한 이유는, 정보·인공지능 부문이 지능정보사회에서 모든 사회 부문에 걸쳐 광범위한 영향을 미치고 있으며, 아동·청소년 부문은 미래 학교교육이 학생들의 변화와 요구에 밀접하게 연계되어 있기 때문이다. 이 책은 이 두 부문의 미래 사회 메가트렌드와 매크로트렌드를 분석하고 이에 대응하는 학교교육의 과제와 학교지식을 도출하여 논의하였다.

미래 사회 메가트렌드에 따라 학교지식의 지형과 특징을 의미 연결망 분석을 통해 살펴보고 이를 바탕으로 미래 학교지식을 전망하였다. 의미 연결망 분석은 7개 부문의 학교지식 항목 자료를 분석하여, 사회 전반에서 미래 학교지식의 구조적 특징을 파악하였다. 분석 결과, 사회, 글로벌, 환경·변화, 문화·영향·분석, 태도·가치, 신체·활동·발달, 사고력의 7개 군집 네트워크가 도출되었다. 특히 '사회' 군집에서는 정보와 인공지능 기술의 결합으로 융합 중심의 네트워크가 두드러졌으며, 이는 전통적 학문

서문

체계의 경계를 허물고 재편을 요구하는 탈 경계화와 경계의 융합화를 촉진할 것으로 전망되었다. 이에 따라 이 책은 미래 학교지식의 패러다임을 탈인간 중심적 관점에서 다루며, 디지털화된 지식 및 데이터화된 지식, 융합적 지식, 인식과 가치가 결합된 지식의 중요성을 강조하였다.

미래 사회 메가트렌드가 지식 패러다임의 변화를 초래하면서, 학교의 시·공간적 환경, 인적·물적 자원, 구성원의 역할과 관계, 제도 등 전반적인 측면에서 새로운 판도가 형성될 것으로 보인다. 이 책에서는 이러한 변화를 반영하여, 초연결의 네트워크 사회를 특징으로 하는 지능정보사회에서 학교교육 체제는 네트워크 교육과정을 축으로 새로운 생태계를 형성하게 될 것으로 전망하였다. 종래의 일반체제론을 넘어 생태체제론 관점에서 접근하였으며, 네트워크 교육과정이 환경체제와 유기적으로 상호작용하여 역동적인 교육과정 생태계를 구성할 것으로 보았다. 이를 교육과정 생태체제로 명명하였으며, 이는 곧 교육과정 생태계의 복원이라고도 할 수 있다.

미래 지능정보사회에서 학교교육과 교육과정 체제가 구체적으로 어떻게 구성될지를 검토하기 위해 시나리오를 작성하고 검증하였다. 시나리오는 지식 담론, 학교지식 특성 및 구성, 교육방법, 교사, 학교 환경, 교육과정 개발·생성 측면에서 구성하였으며, 델파이 조사를 통해 전문가 검증을 거쳤다. 시나리오와 의미 연결망 분석 결과, 탈 인간 중심의 포스트휴머니즘 관점 부상, 지능정보 기술 환경에 따른 학생의 개인화, 초연결 네트워크 생활의 일상화, 시·공간을 초월한 학교 등이 미래 학교교육과 교육과정 체제에 결정적인 영향을 미치는 것으로 나타났다.

지능정보사회와 초연결 네트워크 사회로의 전환에 따라 학교교육 및 교육과정 체제에서도 전환적 재구조화가 이루어질 것이다. 이 책은 이러한 재구조화를 교육과정 개발·생성, 구성·설계, 교육방법, 학교 환경의 측면에서 다루었다. 교육과정 RDD 체제에서 다중심성 교육과정 생성·공유

PREFACE

체제로의 전환, 분과 중심 구성에서 융합적 구성으로의 변화, 페다고지에서 휴타고지로의 교육방법 혁신, 시간과 공간의 제약을 초월한 학교 환경 등이 이에 해당한다. 그러나 이러한 변화는 자연 발생적으로 이루어지는 것이 아니라, 교육정책과 학교의 근본적 발상 전환이 동반될 때 가능하다. 이에 따라 네트워크 교육과정 생태에 대응한 국가 교육과정 개정 체제를 마련하고, 교육과정 RDD 체제를 탈피하며, 중핵 교육과정을 통해 교과목과 성취기준의 지역화와 교과서 자유발행 체제 구축, 교육과정 개인화에 따른 교육과정 인정 체제 정비가 필요함을 제안하였다.

이 책은 2021년과 2022년 한국교육과정평가원에서 수행한 연구보고서인 『미래 사회 메가트렌드에 따른 학교지식의 구상과 교육과정 재구조화 I·II』(정영근 외, 2021; 2022)에 기반을 두고 있으며, 미래 지능정보사회에서의 학교교육 체제 분석과 그 전망이라는 내용을 중심으로 보완, 재구성하였다. 미래 지능정보사회를 살아갈 우리에겐 현재의 익숙한 틀을 벗어나 보다 근본적인 개조와 혁신이 필요하다. 이 책이 초연결의 네트워크 사회를 기반으로 한 미래 학교교육과 교육과정의 방향과 과제, 문제해결 방안을 모색하는 데 하나의 단초가 되기를 바란다.

어려운 출판 환경에도 불구하고 좋은 책이라고 판단하여 세상에 나올 수 있게 해 주신 한정주 대표님께 감사드린다. 아울러 어지러운 원고를 꼼꼼하고 보기 좋게 만들어 주신 이정호 실장님의 노고도 결코 잊을 수 없다.

2025년 봄

저자 일동

목차

서문 2

Ⅰ. 지능정보사회와 포스트휴머니즘 11

1. 포스트휴머니즘 논의와 교육적 시사점 11
가. 포스트휴머니즘: 주요 학자의 관점과 핵심 논의 12
나. 포스트휴머니즘의 교육적 도전과 과제 22

2. 포스트휴머니즘과 지식 패러다임 32
가. 지식의 의미와 패러다임의 변화 32
나. 탈(脫) 인간 중심 지식관의 전망 57
다. 학교지식의 재개념화 64

Ⅱ. 지능정보사회의 메가트렌드 79

1. 지능정보사회의 메가트렌드와 학교지식 79

2. 정보 · 인공지능 부문의 메가트렌드와 학교지식 81
가. 정보 · 인공지능 부문의 메가트렌드 81
나. 정보 · 인공지능 부문의 메가트렌드 흐름 88
다. 정보 · 인공지능 부문의 메가트렌드와 학교교육 과제 92
라. 정보 · 인공지능 부문 메가트렌드의 학교지식 106
마. 정보 · 인공지능 부문 메가트렌드의 학교지식 논의 127

3. 아동 · 청소년 부문의 메가트렌드와 학교지식 130
가. 아동 · 청소년 부문의 메가트렌드 130
나. 아동 · 청소년 부문의 메가트렌드 흐름 142
다. 아동 · 청소년 부문의 메가트렌드와 학교교육 과제 148
라. 아동 · 청소년 부문 메가트렌드의 학교지식 162
마. 아동 · 청소년 부문 메가트렌드의 학교지식 논의 183

CONTENTS

Ⅲ. 미래 학교지식의 전망 187

1. 미래 학교지식의 지형 187

가. 의미 연결망 분석 방법 개요 187

나. 미래 학교지식의 전체 네트워크 190

다. 군집 네트워크 194

라. 에고네트워크 분석의 학교지식 지형 209

마. 미래 학교지식의 지형 논의 229

2. 미래 학교지식의 구상 237

가. 탈 인간 중심의 학교지식 패러다임 237

나. 미래 학교지식의 제안 243

Ⅳ. 미래 교육과정 체제 담론 263

1. 탈 인간 중심 지식사회를 보는 관점과 이해 구조 263

가. 탈 인간 중심의 지식관 263

나. 탈 인간 중심 지식사회의 교육과정 체제 이해 구조 267

2. 교육과정 분야 선행 연구의 체제 개념과 범위 269

가. 교육과정 체제의 절차적 측면 270

나. 교육과정 체제의 내용적 측면 272

다. 종래 교육과정 체제 이론에 대한 비판적 검토 273

3. 일반체제 이론과 네트워크 체제 설명의 한계 275

가. 체제의 관점과 발전 275

나. 일반체제 이론의 의의와 한계 277

다. 생태체제 이론과 교육과정 지식 설명력 278

목차

4. 생태체제적 관점의 네트워크 교육과정 280
가. 네트워크 교육과정 생태의 범주화 280
나. 네트워크 교육과정 생태 283

V. 미래 교육과정 체제의 시나리오와 지형 299
1. 미래 교육과정 체제 시나리오 299
가. 미래 학교 교육과정 체제 시나리오 구성 방법 299
나. 미래 교육과정 체제 시나리오 구성 300
다. 미래 교육과정 체제 시나리오 확정 306
2. 미래 교육과정 체제의 지형 319
가. 의미 연결망 분석 319
나. 전체 네트워크 분석의 미래 교육과정 체제 지형 322
다. 미래 학교지식 특성 및 구성 327
라. 미래 교육방법 334
마. 미래 교사 339
바. 미래 학교 344
사. 미래 교육과정 개발 · 생성 349

VI. 미래 교육과정 체제의 재구조화 355
1. 다중심성 교육과정 생성 · 공유 체제 355
가. 학교 교육과정 체제의 맥락적 이해 355
나. 다중심성 교육과정 생성 · 공유 모형의 접근 363
2. 융 · 복합적 교육과정 구성 · 설계 377
가. 융 · 복합적 교육과정의 의미와 접근 실태 377
나. 미래 융 · 복합적 교육과정 구성 · 설계 384

CONTENTS

다. 미래 초연결 네트워크 사회의 융·복합적 교육과정 구성·설계 395

3. 휴타고지 교육방법 408

가. 휴타고지 교육방법의 의미 408

나. 미래 교육방법 패러다임의 변화 411

다. 플랫폼 네트워크 기반의 개인화된 교육방법 416

4. 시·공간 초월 학교 421

가. 학교교육의 시간과 공간 421

나. 미래 시·공간 초월의 학교교육 환경변화 440

5. 미래 교육과정 체제 전환과 준비 459

참고문헌 469

찾아보기 489

I 지능정보사회와 포스트휴머니즘

1. 포스트휴머니즘 논의와 교육적 시사점

최근 미래 학교교육 혁신을 다루는 연구가 급증하고 있다. 미래 연구의 특성상 연구 분야는 매우 다양하며, 각 연구가 주목하는 시점(視點)이나 제안하는 혁신 방안도 상이하다. 그럼에도 불구하고 두 가지 공통된 흐름이 발견된다. 첫째, 미래의 변화는 예측하기 어려울 정도로 빠르고 광범위하게 진행될 것이며, 이러한 변화를 이끄는 핵심 요인은 디지털 전환과 인공지능의 발전이다(박한별 외, 2021; 김홍겸, 2021; 이다겸 외, 2021; 최숙영, 2021; 최민영 외, 2019; 김선미, 2018; 김진형, 2016). 둘째, 이러한 변화는 학교 제도, 교육환경, 교육내용, 교육방법, 교사의 역할 및 교사와 학생의 관계 등 교육 전반에 걸쳐 패러다임 혁신을 요구한다(권정선, 2021; 김정원, 2021; Blaikie 외, 2020; Cook, 2016).

미래사회에서는 지식을 단순히 축적하는 것의 중요성이 줄어들고, 변화무쌍하고 불확실한 환경에 효과적으로 대응할 수 있는 '실천적 지혜'를 함양하는 것이 교육의 핵심 과제가 될 것이다(권정선, 2021: 57). 교육은 이제 학교 밖 어디에서나 일어날 수 있으며, 학교가 반드시 배움의 최적 장소가 아닐 수 있다는 지적도 더 이상 낯설지 않다(서덕희, 2006; 임부연 · 박수현, 2017; 전가일, 2018; Gatto, 2005; 전가일, 2021: 246-247에서 재인용). 따라서 학교의 존재 이유를 변호하거나 지키려 하기보다는, 새로운 시대에 부합하는 교육 패러다임에 맞게 학교를 재구성하거나, 필요에 따라 학교의 소멸까지도 고려해야 할 것이다(전가일, 2021: 247).

그렇다면 학교교육에 어떤 혁신이 필요할까? 최근 연구에서는 포스트휴머니즘(posthumanism)을 학교 혁신의 철학적 기반으로 삼으려는 시도가 늘고 있다. 포스트휴머니즘의 중요성은 변화하는 환경과 기술로 인해 인간의 의미 역시 변화할 수밖에 없다는 점에 기인한다(Cook, 2016: 1-2). 다만 포스트휴머니즘은 인간 존재를 무시하거나 배제하는 것이 아니라, 인간과 인간 외 존재 간의 이분법적 경계를 넘어 인간다움을 새롭게 조명하려는 시도이다(이진경, 2019; 전가일, 2019; 최승현, 2019; 전가일, 2021: 249에서 재인용). 즉 포스트휴머니즘은 인간과 기술의 융합, 인간 중심주의의 해체, 그리고 정체성과 윤리의 재구성을 통해 인간 존재의 의미를 재정의하려는 철학적 접근이다. 특히 인간과 인간 외 존재, 기술과 생명체, 물질과 정보 사이의 경계를 허물며 새로운 윤리적·정치적·사회적·교육적 관점을 제시하는 포스트휴머니즘은 급격한 기술 발전 속에서 우리의 삶에 막대한 영향을 미치고 있다. 이러한 논의는 전통적인 교육 패러다임을 재검토하고 새로운 교육 접근 방식을 강구하는 데 중요한 시사점을 제공한다. 여기서는 포스트휴머니즘을 논의한 주요 학자들과 그들의 저작을 살펴보고, 이러한 논의가 교육 분야에 미치는 영향과 쟁점을 정리하고자 한다.

가. 포스트휴머니즘: 주요 학자의 관점과 핵심 논의

1) 도나 해러웨이(Donna Haraway)

도나 해러웨이(1991)의 저서 『유인원, 사이보그, 그리고 여성: 자연의 재창조(Simians, cyborgs, and women: the reinvention of nature)』는 포스트휴머니즘 논의에서 중요한 전환점을 제공한다. 이 저작에서 해러웨이는 사이보그(cyborg)라는 개념을 통해 인간과 기계 사이의 경계가 어떻게 무너질 수 있는지를 탐구한다. 그녀는 인간과 기계, 자연과 기술 간의 이분법적 구분이 더 이상 유효하지 않다고 주장하며, 이를 바탕으로 새로운 정체성을, 특히 페미니즘적 관점에서 재구성한다.

해러웨이의 핵심개념인 '사이보그'는 인간과 기계의 융합체로, 현대사회에서 기술이 인간의 신체와 정신에 깊이 결합한 존재를 의미한다. 그녀는 사이보그가 단순한 과학적 상상이 아니라 현실 속에서 이미 존재하며, 인간의 정체성과 사회적 구조를 근본적으로 변화시킬 수 있다고 본다. 이를 통해 인간과 인간 외 존재, 유기체와 기계 사이의 경계가 흐려지고, 인간 중심적 사고와 이분법적 구분이 해체된다.

또한 해러웨이는 자연과 기술의 이분법에 대한 비판적 시각을 제시한다. 전통적으로 자연은 순수하고 원초적인 것으로, 기술은 인위적이고 인간의 개입을 상징하는 것으로 여겨졌다. 그러나 해러웨이는 이 구분이 잘못되었음을 강조하며, 자연과 기술은 긴밀히 얽혀 상호작용하고 있다고 주장한다. 자연은 고정된 상태가 아니라 변화하고 재구성되는 역동적 과정으로 이해되어야 하며, 이는 자연과 기술이 상호의존적인 관계에 있다는 생태학적 관점을 강조한다.

해러웨이의 사이보그 이론은 과학기술에 대한 새로운 관점도 제시한다. 그녀는 과학기술이 인간을 통제하거나 억압하는 수단이 아니라, 인간의 가능성을 확장하고 새로운 정체성을 창조하는 중요한 도구로 해석한다. 기술은 단순히 위협이 아니라 인간의 새로운 미래를 열어가는 기회로 재조명된다.

특히 해러웨이의 사이보그 이론은 페미니즘적 해방과 밀접하게 연결된다. 그녀는 사이보그가 성별, 인종, 계급 등의 기존 사회구조를 해체할 잠재력을 지니고 있다고 주장한다. 남성과 여성, 자연과 문화, 인간과 동물 간의 경계는 사이보그 개념을 통해 무너지고, 이를 통해 고정된 정체성에서 벗어난 새로운 형태의 존재가 가능해진다고 본다. 사이보그는 남성과 여성이라는 이분법을 무효화하고, 더 다양한 정체성과 가능성을 탐구할 수 있는 도구로 해석된다.

결론적으로 『유인원, 사이보그, 그리고 여성: 자연의 재창조』는 인간과 기계, 자연과 기술의 경계를 허물고, 이를 통해 새로운 정체성과 사회적 구조를 모색한 작품이다. 해러웨이는 사이보그 개념을 통해 인간이 고정된 신체적, 정신적 정체성에 묶이지 않고, 기술과의 상호작용 속에서 끊임없이 변화하고 확장될 가능성을 제시한다. 이를 통해 그녀는 페미니즘과 과학기술을 연결하여 인간 중심적 사고를 해체하고, 새로운 정체성과 윤리적 가능성을 탐구하였다.

2) 브루노 라투르(Bruno Latour)

브루노 라투르(1991)의 『우리는 결코 근대적이지 않았다(We have never been modern)』는 인간과 인간 외 존재, 자연과 기술 사이의 경계가 근대성에 의해 인위적으로 만들어진 구분이라는 주장을 중심으로 한다. 라투르는 인간과 인간 외 행위자 간의 상호작용을 통해 사회가 형성되고 변화하는 과정을 탐구하며, 이를 설명하기 위해 '행위자-네트워크 이론(ANT, Actor-Network Theory)'을 발전시켰다. 이 이론에 따르면, 사회적 현상은 인간만의 산물이 아니라 인간 외 행위자들(기계, 동물, 자연 등)이 네트워크 속에서 상호작용하며 만들어내는 결과이다. 이러한 네트워크는 인간과 비인간 행위자들 간의 상호작용을 통해 복잡한 사회적 과정을 형성하고 변화시킨다.

라투르는 근대성이 인간과 자연을 분리하려는 시도로 나타났지만, 실제로는 인간, 자연, 그리고 기술이 끊임없이 상호작용하고 결합하는 현실을 충분히 설명하지 못했다고 지적한다. 그는 우리가 더 이상 근대적 사고의 틀에 갇혀 있을 수 없으며, 인간과 인간 외 존재 간의 경계가 모호해진 포스트모던적 상황을 수용해야 한다고 주장한다. 이를 통해 인간이 자연을 통제하거나 분리할 수 없음을 강조하며, 인간은 자연과 기술과의 상호작용 속에서 자신의 위치를 재정의해야 한다고 역설한다.

결국, 라투르는 근대성의 한계를 비판하며, 인간, 자연, 기술의 경계를 넘어서는 새로운 사고와 이해를 제안함으로써, 포스트휴먼 논의에서 중요한 역할을 담당했다. 그의 행위자-네트워크 이론은 인간과 인간 외 행위자가 얽힌 복잡한 상호작용의 과정을 분석하고, 이를 통해 인간 존재의 의미를 새롭게 고찰할 수 있는 기반을 제공한다.

3) 케서린 헤일즈(N. Katherine Hayles)

케서린 헤일즈(1999)의 『우리는 어떻게 포스트휴먼이 되었는가: 사이버네틱스, 문학, 정보학에서의 가상 몸(How we became posthuman: virtual bodies in cybernetics, literature, and informatics)』은 인간 정체성이 기술과 정보의 발전에 따라 어떻게 변모해 왔는지를 탐구하는 중요한 저서이다. 헤일즈는 인간이 더 이상 고정된 신체적 존재로만 정의되지 않으며, 정보와 기술이 결합한 포스트휴먼으로 진화하고 있다고 주장한다. 그녀의 핵심 논지는 사이버네틱스와 정보 이론을 중심으로 인간의 정체성과 의식이 재구성되는 과정을 설명하는 것이다.

헤일즈는 사이버네틱스가 인간 정체성의 변화에 중요한 역할을 했다고 분석한다. 사이버네틱스는 인간, 기계, 생명체 간의 정보 교환을 연구하는 학문으로, 이를 통해 인간이 독립된 신체적 존재에서 벗어나 기술과 상호작용하는 존재로 변하고 있음을 시사한다. 제1기 사이버네틱스는 인간과 기계를 통합하려는 시도를 보여주며, 이에 따라 인간은 더 이상 물리적 신체로만 정의되지 않는 존재로 설명된다. 제2기 사이버네틱스에서는 시스템이 자기 조직화를 통해 진화할 수 있음을 강조하며, 인간이 기술을 통해 자기 신체와 정보를 재구성하는 포스트휴먼 정체성의 가능성을 제시한다.

또한 헤일즈는 정보가 현대사회에서 중요한 역할을 한다고 설명하며, 인간 정체성이 신체 중심에서 정보 중심으로 이동하고 있음을 강조한다. 예를 들어, 인간의 기억, 의식, 감정은 뇌에만 한정되지 않고, 기술적으로 저장되고 전송될 수 있는 정보로서 이해될 수 있다는 점을 언급한다. 이 과정에서 인간의 신체는 가상화되며, 이는 신체가 물리적 한계를 넘어 디지털적으로 확장될 수 있음을 의미한다. 더 나아가 헤일즈는 인간과 기계 사이의 경계가 흐려지고 있음을 지적하며, 기술의 발전이 인간 신체와 정신을 기계와 연결해 변화시킴으로써 인간 정체성에 도전하고 있다고 주장한다. 의족, 인공 장기, 뇌-컴퓨터 인터페이스 같은 기술은 인간과 기계 간의 경계를 모호하게 만들어, 포스트휴먼 시대의 중요한 변화를 대표한다.

헤일즈는 이러한 포스트휴먼 개념을 이해하기 위해 '인간이란 무엇인가?' 라는 철학적 질문에 새로운 접근을 제안한다. 인간이 신체적 한계에서 벗어나 기술을 통해 무한한 가능성을 지닌다면, 기존의 인간 중심적 가치와 윤리적 개념은 재고되어야 한다는 것이다. 그러나 그녀는 이러한 변화가 반드시 긍정적인 결과만을 가져오지 않으며, 여러 위험성을 동반하고 있음을 경고한다. 특히 인간성 상실과 사회적 불평등이 중요한 문제로 부각할 수 있으며, 포스트휴먼 기술이 일부에게만 혜택을 주고 다른 사람들을 소외시킬 가능성도 경계해야 한다고 강조한다.

마지막으로 헤일즈는 문학과 기술적 상상을 결합하여 포스트휴먼 개념을 설명한다. 그녀는 문학 작품과 사이버네틱스 이론을 통해 인간이 포스트휴먼으로 변모할 수 있는 과정을 구체적으로 보여주며, 문학적 상상이 인간 정체성과 기술 발전을 탐구하는 중요한 도구로 기능하고 있음을 제시한다. 이로써 인간과 기술, 정보 사이의 복잡한 관계를 성찰하는 데 기여하고 있다.

결국 『우리는 어떻게 포스트휴먼이 되었는가: 사이버네틱스, 문학, 정보학에서의 가상 몸』은 인간과 기술의 융합, 인간 정체성의 변화, 그리고 그로 인해 발생하는 철학적, 윤리적 문제들을 깊이 있게 다룬 중요한 작품이다. 헤일즈는 포스트휴먼 시대에 인간 존재와 기술적 발전이 맞물려 가는 과정을 탐구하며, 이에 따른 다양한 가능성과 위험성을 제시함으로써 현대 사회의 중요한 이슈들을 성찰하게 만든다.

4) 프란시스 후쿠야마(Francis Fukuyama)

프란시스 후쿠야마(2002)의 『우리의 포스트휴먼 미래: 생명공학 혁명의 결과(Our posthuman future: consequences of the biotechnology revolution)』는 생명공학이 인류의 미래에 미치는 윤리적, 사회적 영향을 경고하는 저작이다. 후쿠야마는 인간 본성을 바꾸는 생명공학 기술, 특히 유전자 조작과 같은 기술이 인류의 미래에 근본적인 위협을 가할 수 있다고 본다. 그는 이러한 기술들이 인류를 포스트휴먼 상태로 진입하게 하면서 사회적, 윤리적, 정치적 문제를 초래할 것이라고 주장한다.

후쿠야마는 특히 유전자 조작과 생명 연장 기술이 인간의 본성을 근본적으로 변화시키는 잠재력을 가지고 있다고 경고한다. 그는 이러한 기술들이 단순히 인간의 능력을 향상하는 것이 아니라, 인간 사이의 불평등을 더욱 심화시킬 수 있다고 지적한다. 예를 들어, 부유한 사람들이 먼저 이러한 기술을 사용한다면, 사회적 불평등이 과거보다 훨씬 더 깊어질 가능성이 있다는 것이다. 또한 후쿠야마는 생명공학의 발전이 인간의 도덕적 가치와 정치적 시스템에 미칠 영향을 깊이 우려하고 있다. 그는 생명공학이 인간의 자유와 권리를 어떻게 재정의할 수 있는지를 탐구하면서, 이러한 기술이 발전함에 따라 인류가 직면하게 될 윤리적 딜레마를 강조한다. 결국 후쿠야마는 생명공학이 인간 본성에 대한 기존의 정의를 위협하고 있으며, 이에 대한 강력한 규제가 필요하다고 주장한다. 그는 인류가 포스트휴먼 상태로 진입할 때 사회적, 정치적 혼란을 피하려면 윤리적 고려와 신중한 정책적 대응이 필수적이라고 강조한다.

5) 캐리 울프(Cary Wolfe)

캐리 울프(2010)의 『포스트휴머니즘은 무엇인가(What is posthumanism)?』는 포스트휴먼 논의에서 중요한 철학적 기초를 제공하는 저서로, 인간 중심주의(anthropocentrism)를 넘어서는 윤리적, 철학적 사유를 제안하고 있다. 울프는 포스트휴머니즘을 단순히 기술적 발전에 의해 인간이 변화하는 과정으로 보지 않고, 인간의 정체성, 권리, 그리고 다른 생명체와의 관계를 근본적으로 재고하는 윤리적 틀로서 제시한다.

포스트휴먼 논의에서 울프의 주요한 주장 중 하나는 인간 중심적 사고에 대한 비판이다. 그는 서구 철학의 전통이 인간을 자연의 주체로 놓고, 다른 생명체나 인간 외 존재들을 도구적 혹은 부차적인 것으로 취급해 왔다는 점을 비판한다. 포스트휴머니즘의 맥락에서, 인간은 더 이상 유일하고 특권적인 도덕적 주체가 아니며, 동물, 환경, 기술과의 상호관계 속에서 자신의 위치를 다시 정의해야 한다고 주장한다. 결국 울프는 포스트휴머니즘을 기술 발전과 인간의 신체적 변화를 넘어서, 윤리적이고 생태적인 변혁으로 바라본다. 인간이 동물, 환경, 그리고 인간 외의 존재와 맺는 관계를 재구성하고, 새로운 형태의 윤리적 책임을 도입해야 한다고 설명한다. 이러한 관점은 인간과 동물 사이의 경계를 해체하고, 생태적 연대를 통해 더 넓은 차원의 윤리적 관계를 구축하는 것을 목표로 한다.

포스트휴먼 논의에서 울프는 특히 동물권과 생명 윤리에 초점을 맞추며, 인간과 인간 외 생명체 간의 복잡한 상호작용을 중요하게 다루고 있다. 이는 단순히 인간이 기술적 발전을 통해 변형되는 과정이 아니라, 인간이 더 이상 주체적 지위를 독점하지 않는 새로운 세계관을 제안하는 것으로 볼 수 있다. 울프는 기술적 진보에 의한 인간의 초월보다는, 인간 중심주의를 넘어서 모든 존재와의 상호연관성을 강조하는 생태적 포스트휴머니즘을 제시한다. 따라서 울프의 포스트휴머니즘은 기술적, 생물학적 변화만을 다루는 것이 아니라, 인간과 인간이 아닌 것 사이의 관계를 재고하고, 인간의 특권적 지위를 해체하는 철학적, 윤리적 재구성을 담고 있다. 이는 포스트휴먼 시대의 인간 존재 방식에 대한 근본적인 질문을 제기하며, 인간 외 존재들에 대한 새로운 윤리적 책임을 탐구하는 중요한 계기를 마련하고 있다.

6) 로지 브라이도티(Rosi Braidotti)

로지 브라이도티(2013)의 『포스트휴먼(The Posthuman)』은 포스트휴먼 이론에서 중요한 작품으로, 인간 중심적 사고를 넘어 새로운 주체성, 윤리, 정치적 가능성을 탐구하고 있다. 브라이도티는 인간 중심적 사고(anthropocentrism)를 비판하며, 인간을 모든 존재의 중심으로 보는 관점에서 벗어나 인간, 자연, 기술이 상호작용하는 포스트휴먼 시대를 열어가야 한다고 주장한다. 우선 그녀는 포스트휴먼 주체성이 인간과 인간이 아닌 것, 생물과 무생물, 유기체와 기술 간의 경계를 허물고, 이들 사이의 관계와 상호작용을 강조하는 새로운 패러다임임을 제안하고 있다. 특히 그녀의 논의는 동물권, 생태학, 페미니즘 등 여러 분야와 연결되며, 이러한 학문적 흐름 속에서 인간 중심적 사고를 재고하려는 시도와 맞닿아 있다.

브라이도티는 인류세(Anthropocene)라는 개념을 중심으로 인간과 자연의 관계를 논의한다. 인류세는 인간 활동이 지구 생태계에 거대한 영향을 미친 지질학적 시대를 가리키는 용어인데, 브라이도티는 이 개념을 통해 인간이 지구의 자원과 환경에 끼친 영향에 대한 성찰을 요구하고 있다. 그녀는 인류세가 인간 중심적 사고로 인해 나타났다고 보고, 이를 극복하기 위한 포스트휴먼적 사고의 필요성을 역설한다. 포스트휴먼 주체성은 인간의 특권을 해체하고, 인간이 자연과 동물, 그리고 기술과의 관계 속에서 스스로를 다시 정의할 것을 요구하고 있다. 브라이도티는 인간이 더 이상 모든 존재의 기준이 될 수 없으며, 인간을 자연과 기술의 일부로 자리매김하는 새로운 윤리적 접근이 필요하다고 주장한다. 이는 인간 중심적 사고를 넘어서는 생태학적 사고, 즉 인간이 자연의 일부로서 상호의존적인 존재임을 인정하는 관점으로 이어지고 있다.

특히 브라이도티는 기술과 인간의 관계에 있어서도 포스트휴먼적 관점을 제시하고 있다. 그녀는 인간이 기술과 통합되어 가는 과정이 단순히 생물학적 인간성을 넘어서는 것 이상의 철학적, 윤리적 함의를 지닌다고 주장한다. 예를 들어, 인공지능, 유전자 조작, 사이보그 기술 등은 인간의 신체적, 정신적 한계를 넘어설 수 있는 도구로서, 이러한 기술이 인간 정체성에 미치는 영향을 재고해야 한다는 논의를 전개한다.

브라이도티는 또한 페미니즘의 관점에서 포스트휴먼을 논의한다. 그녀는 포스트휴먼 주체성이 기존의 성별, 인종, 계급 등 인간 중심의 위계적 구분을 해체하는 데 중요한 역할을 할 수 있다고 본다. 이는 페미니즘적 관점에서 인간의 정체성을 고정된 것이 아니라 유동적이고 복합적인 것으로 보는 시각과 일치한다. 브라이도티는 이러한 유동적 정체성을 강조하며, 포스트휴먼 주체성은 성별, 인종, 계급의 구분을 넘어선 새로운 정체성을 가능하게 할 수 있다고 주장한다.

아울러 그녀는 이러한 포스트휴먼적 사고가 단순히 이론적 논의에 그치는 것이 아니라, 실천적 윤리로 확장될 수 있어야 한다고 주장한다. 포스트휴먼 시대에는 인간과 인간 외 존재, 자연과 기술, 유기체와 기계의 상호작용을 기반으로 하는 새로운 형태의 공동체적 윤리가 필요함을 강조한다. 이 윤리는 상호의존성, 연대, 책임감을 바탕으로 하며, 인간 중심적 사고에서 벗어난 생태학적이고 포용적인 접근이 되어야 한다.

결론적으로 로지 브라이도티의 『포스트휴먼』은 인간 중심적 사고를 비판하고, 인간과 자연, 기술, 동물의 관계를 재구성하는 포스트휴먼 주체성에 대한 새로운 윤리적 및 정치적 가능성을 모색하는 저작이라 할 수 있다. 그녀는 인간이 자연과 상호의존적인 존재임을 인정하고, 기술과의 통합을 통해 새로운 정체성을 형성할 수 있는 시대적 전환을 주장하며, 이러한 변화를 위한 윤리적 실천의 필요성을 강조한다.

7) 닉 보스트롬(Nick Bostrom)

닉 보스트롬(2014)의 『초지능: 경로, 위험, 전략(Superintelligence: paths, dangers, strategies)』은 기술적 진보가 인간의 지적 능력을 초월할 가능성에 대한 깊은 통찰을 제공하고 있다. 보스트롬은 인공지능(AI)의 발전을 통해 인간이 더 이상 지적 존재의 최고 위치에 있지 않게 될 미래를 논의하며, 이 과정에서 포스트휴먼 상황에 도달할 수 있다고 경고한다.

포스트휴먼 논의에서 보스트롬의 주요 주장 중 하나는 초지능(superintelligence)의 개념이다. 그는 인간의 인지 능력을 훨씬 뛰어넘는 인공지능이 등장하게 될 것이며, 이는 인간의 존재 방식을 근본적으로 변화시킬 수 있다고 설명한다. 이 초지능은 인간의 의도와는 다른 방식으로 작동할 수 있으며, 통제되지 않을 때 인류의 생존 자체를 위협할 수 있는 실존적 위험을 초래할 가능성이 있다. 보스트롬은 초지능이 단순히 인간의 연장을 넘어 새로운 형태의 존재로 자리 잡으며, 인간을 초월하는 존재로서 포스트휴먼 사회를 구성할 수 있다고 주장한다. 이는 단순히 인간의 진화가 아니라, 인간을 대체할 수 있는 새로운 지능체의 등장으로 이어질 수 있음을 암시한다. 따라서 보스트롬은 이 초지능을 인간의 목표와 가치에 맞추는 정렬 문제(alignment problem)[1)]를 해결하는 것이 절대적으로 중요하다고 강조한다.

포스트휴먼 논의에서, 보스트롬은 이러한 기술적 진보가 인간의 능력을 확장하는 것을 넘어서 인간의 미래를 근본적으로 재구성할 수 있다는 점을 지적하는 것으로 볼 수 있다. 그의 논의는 포스트휴머니즘이 기술 발전을

1) 정렬 문제(alignment problem)는 초지능이 인간의 목표와 가치를 정확히 이해하고 따르도록 설계하는 과정에서 발생하는 문제로, 목표 설정의 모호성, 예측 불가능성, 초지능의 복잡성 등이 주요 도전 과제로 작용하며, 이를 해결하지 않으면 초지능이 인간에게 해를 끼칠 위험이 크다고 보스트롬은 강조한다.

통해 인간의 정체성과 역할이 재정의되는 방식, 그리고 기술의 힘이 인류의 운명을 결정하는 데 미칠 수 있는 영향에 대해 철저히 경고하는 책이다. 보스트롬의 초지능 이론은 인간 중심적 사고를 넘어선 새로운 존재의 가능성을 제기하며, 포스트휴먼 시대의 윤리적, 실존적 문제를 깊이 탐구하고 있다.

나. 포스트휴머니즘의 교육적 도전과 과제

포스트휴머니즘은 전통적인 인간 중심주의의 몇 가지 기본 상정, 가령 집단에 대한 개인의 우선성, 다른 종이나 실체에 대한 인간의 우선성 등에 대해 반대한다(Cook, 2016: 10). 또한 포스트휴머니즘은 인간 중심주의가 기초하고 있는 위계적 관점, 즉 마음과 몸, 인간과 인간 외 존재, 그리고 전체로서의 자연으로부터 인간을 분리하는 이분법적 사고를 거부한다. 이러한 인간 중심주의적 견해는 일부 인간과 인간 외의 존재, 그리고 환경을 이용하고 착취하는 것을 정당화하며, 결국 현재 우리가 직면한 다양한 위기의 주요 원인으로 작용했다고 볼 수 있다(Braidotti, 2013, 2019; MacCormack, 2020; Blaikie, Daigle & Vasseur, 2020: 1에서 재인용).

한편, 포스트휴머니즘 관점은 인간에게 무한한 자유를 허용하거나, 인간의 행동이 결정론적으로 규정된다는 극단적 입장을 모두 거부한다. 대신, 이 두 가지 극단 사이에서 적절한 균형을 찾고자 한다. 인간이 중요한 주체임은 부정할 수 없지만, 우리는 전적으로 자유로운 존재가 아니다. 우리의 자유는 우리가 속한 생태계, 즉 다른 생명체들과 맺고 있는 상호연결성에 의해 조정되어야 하며, 이는 우리가 그 관계 속에서 책임을 가져야 함을 의미한다.

아울러 포스트휴머니즘은 인간이 자신의 몸과 분리될 수 없는 존재라는 사실을 상기시키며, 인간의 신체적 현존(embodiment)이 지구와 밀접하게 연결되어 있음을 강조한다(Cook, 2016: 49-50). 이는 인간 중심적 사고에서 벗어나, 인간과 인간 외 존재들 사이의 위계적 관계를 넘어서는 새로운 사고를 요구한다. 포스트휴머니즘적 시각에서, 우리는 인간 중심적 세계관을 유보하고, 인간과 인간 외 존재가 상호연결된 지평을 탐구해야 한다. 이러한 과정에서 우리는 인간 중심 시대 이후의 새로운 인간, 즉 포스트휴먼(posthuman)을 사유하게 된다(전가일, 2021: 248).

결국, 포스트휴머니즘은 미래사회에서 우리가 필요로 하는 교육에 중요한 통찰을 제공한다. 이는 우리와 우리 아이들이 상호연결된 세상에서 어떻게 살아가야 하는지, 그리고 인간과 인간 외 존재들 간의 관계 속에서 어떻게 책임감 있는 존재로 나아갈 수 있을지를 교육하는 방향을 제시한다.

먼저 우리는 교육이 '알고 있는 존재'로서의 교사가 아직 형성되지 않은, 즉 아직 '모르는 존재'로서의 학생에게 효과적으로 지식을 전달하는 것이라고 보는 인간 중심적 접근 방식에 대해 회의를 던져야 한다. 이러한 인간 중심주의 교육관은 서구 세계와 그 식민지의 가부장적 인간 중심주의에 기원을 두고 있다(Murris, 2018; Blaikie, Daigle & Vasseur, 2020: 1에서 재인용). 인간 중심주의 관점에서, 학습자는 교사의 보다 완전한 지식으로 채워질 개별적인 정신으로 취급된다(Murris, 2016: 4; Blaikie, Daigle & Vasseur, 2020: 4에서 재인용). 그러나 포스트휴머니즘 관점은 학자 및 교사, 학습자를 모두 지식의 창조자로 간주한다.

또한 포스트휴머니즘은 인간과 동물, 인간과 기계, 정신과 육체, 세포와 몸 사이의 경계가 점점 모호해지고, 이들 간의 상호연결성이 강화된다는 점을 강조한다(Cook, 2016: 49). 이러한 관점에서 학자, 교사, 학습자뿐만 아니라 우리가 참여하는 모든 대상, 몸, 공간이 교수·학습 과정에서 능동적인 역할을 한다고 본다. 이는 교수·학습의 주체가 인간에만 한정되지 않으며, 학습환경의 다양한 요소들이 상호작용하여 교육의 과정을 형성하는 데 중요한 역할을 한다는 것이다. 포스트휴머니즘 교육철학은 전통적인 교육 공간의 고정된 틀을 무너뜨리며, 집의 부엌과 같이 일상에서 흔히 간과되던 공간도 학습의 중요한 장소로 인식될 수 있음을 보여준다(Blaikie, Daigle & Vasseur, 2020: 4). 이는 학습이 특정 교실이나 학문적 환경에 국한되지 않고, 다양한 공간에서 이루어질 수 있다는 사고방식을 요구한다. 결과적으로, 포스트휴머니즘은 학습이 환경에 의존하며, 이 환경의 모든 요소가 학습에 기여하는 유기적 관계를 중시한다.

아울러 포스트휴머니즘은 기술을 통해 인간의 능력이 확장된 존재로 진화할 수 있음을 제안한다. 이러한 인간 능력의 확장은 학습 개념에 대한 재정의를 요구하며, 미래 학습의 중요한 개념은 '연결'이 될 것이다(최규홍, 2021: 335). 이와 관련된 두 가지 주요 이론은 '신경 연결주의(connectionism)'와 '연결망 이론(connectivism)'이다. 신경 연결주의는 주로 인지과학과 신경과학에 기반한 학습이론으로, 인간의 뇌에서 학습이 어떻게 이루어지는지를 신경망 모델로 설명한다. 이 이론은 신경세포(뉴런) 간의 연결과 활성화에 주목하며, 학습은 뇌 속에서 시냅스 연결을 통해 이루어진다는 관점을 제시한다. 즉 학습 과정은 뉴런 간의 연결이 강화되거나 약화되는 방식으로 진행되며, 반복된 자극에 의해 신경 경로가 강화된다는 것이다. 신경 연결주의는 주로 인지과학, 심리학, 신경과학 분야에서 활용된다.

반면, 연결망 이론(connectivism)은 디지털 시대의 학습이론으로, 네트워크상에서 지식이 어떻게 형성되고 확산되는지를 설명한다. 이 이론은 개인의 학습이 외부 네트워크, 즉 인터넷, 사회적 네트워크, 디지털 자원을 통해 이루어진다고 본다. 연결망 이론에서는 지식이 개인의 머릿속에만 존재하는 것이 아니라 외부 네트워크에 분산되어 있으며, 학습 과정은 이러한 외부 지식을 연결하고 탐색하는 방식으로 진행된다고 주장한다. 이 이론은 주로 교육학, 특히 디지털 학습환경에서 많이 사용되며, 온라인 학습과 같은 디지털 시대의 학습방법론에 중점을 둔다. 따라서 신경 연결주의(connectionism)는 뇌의 신경망을 기반으로 학습을 설명하는 신경과학적 접근으로, 뇌 속에서 신경세포 간의 연결을 강조하는 반면, 연결망 이론(connectivism)은 디지털 네트워크에서 지식의 연결을 통해 학습이 이루어진다고 설명하는 디지털 학습이론이라는 점에서 차이가 있다.

연결망 이론에서의 확장된 학습의 관점은 학습이 단순히 머릿속에서 이루어지는 인지적인 과정에 국한되지 않는다는 점을 강조한다. 즉 학습은 정보의 습득과 기억뿐만 아니라 기술을 통해 인간의 기능이 확장되는 과정으로도 이해할 수 있다. 이 관점에 따르면 학습은 학습자가 주변 환경과 상호작용하면서 이루어지며, 기술이 인간의 능력을 어떻게 확장하는지를 보여준다. 따라서 학습은 개인이 속한 물리적, 사회적, 기술적 환경을 포괄적으로 고려하게 된다. 이는 학습이 단순히 개인 내부에서 발생하는 것이 아니라, 개인이 속한 환경과 깊이 연관되어 있음을 의미한다. 환경은 학습에 능동적으로 영향을 미치며, 학습자는 이 환경과의 상호작용을 통해 학습을 진행한다. 이러한 접근을 외재주의라고 하며, 이 관점에서는 학습자가 환경과 끊임없이 상호작용하며, 학습의 중요한 요소로서 환경의 영향을 받는다고 본다(최규홍, 2021: 338).

또한 학습 과정에서 정서와 감정의 역할은 매우 중요하다. 특히 긍정적인 감정은 창의적 행동을 촉진하고 사회적 유대감을 강화하며, 어려움을 극복하는 회복 탄력성(resilience)을 키우는 데 핵심적인 역할을 한다. 이는 학습자가 긍정적인 정서적 경험을 통해 더 창의적이고 유연한 사고를 하게 되고, 공동체 안에서 사회적 관계를 형성하며, 학습 과정에서 직면하는 어려움을 보다 효과적으로 극복할 수 있음을 의미한다(최규홍, 2021: 339).

한편 최근 교육의 패러다임은 전통적인 교육(Pedagogy)에서 학습자 주도성을 강조하는 교육(Andragogy)으로, 그리고 자기결정 학습을 강조하는 교육(Heutagogy)으로 변하고 있다. 학습자 주도성은 학습자가 교육내용, 교육방법, 평가 방식에 이르기까지 주도적으로 참여하는 것을 의미한다. 교육내용을 설계한다는 것은 학습자가 자신이 학습할 내용의 수준과 범위를 결정하는 것이고, 교육방법을 주도한다는 것은 학습자가 스스로 탐구하고 지식을 구성하는 과정을 의미한다. 평가 활동에서도 학습자는 스스로 평가 기준을 세우고 그에 맞추어 자기 평가와 성찰 과정을 진행한다(최규홍, 2021: 341). 이러한 변화를 통해 학습자는 지식을 단순히 전달받는 수동적 존재에서 벗어나, 학습을 주도하고 스스로 지식을 탐구하는 능동적 존재로 자리 잡게 된다.

이에 따라 교사의 역할은 점차로 전통적인 지식 전달자에서 큐레이터의 그것으로 변화하고 있다. 큐레이터로서의 교사는 단순히 정보를 저장하고 전달하는 역할을 넘어서, 다양한 정보를 탐색하고 연결하며 분석하는 능력을 요구한다. 이는 인터넷과 기타 디지털 자원을 필요에 따라 분류하고 종합하는 활동을 포함하며, 교사는 정보를 수집하는 것뿐만 아니라 이를 비판적으로 평가하고 개념화하여 학습자들이 적절한 자원을 활용할 수 있도록 안내해야 한다.

데샤이니와 샤르마(Deschaine & Sharma, 2015)가 제안한 5C 프레임워크—즉 자료 수집(Collection), 유목화(Categorization), 비평(Critiquing), 개념화(Conceptualization), 유통(Circulation)—는 이러한 큐레이터로서의 교사 역할을 체계화하는 유용한 도구가 된다. 교사는 이 프레임워크를 기반으로 학습자들이 다양한 매체 자료를 선별하고 적절하게 활용할 수 있도록 지원해야 한다. 이를 통해 교사는 학습자들이 정보의 홍수 속에서 의미 있는 지식을 찾아내고 이를 학습 과정에 적용하는 능력을 키우도록 돕는 역할을 수행하게 된다(최규홍, 2021: 344).

이러한 변화는 교사가 학습 과정에서 더 이상 중심에 있는 유일한 지식 제공자가 아니라, 전체 교육적 환경의 한 요소로 작용함을 의미한다. 교사는 교육적 환경을 구성하는 여러 요소 중 하나로서, 학습자와 상호작용하며 교육적 환경을 조성하는 데 중요한 역할을 한다. 이는 교사가 더 이상 중요하지 않다는 의미가 아니라, 듀이가 강조했듯이 학습환경의 구성과 그

환경이 학습자에게 미치는 영향을 신중하게 고려해야 한다는 것이다(Cook, 2016: 80). 결국, 교사는 개별적인 지식 전달자라기보다는 학습자가 다양한 자원을 통해 스스로 지식을 구축할 수 있도록 돕는 안내자 역할을 하게 된다.

포스트휴머니즘적 전환은 학생이 스스로를 관계적 존재로 인식하고, 사고하며 상상할 수 있는 포괄적인 교육 개념을 제안한다. 이 접근에서 핵심은 관계성이며, 이는 단순히 교사와 학생 간의 상호작용을 넘어 교수와 학습이 이루어지는 환경 전체와도 깊이 연결되어 있다.

포스트휴머니즘적 관점에서는 학습자가 인간 간의 관계를 넘어 동물, 식물, 기술, 환경, 지구, 그리고 우주 너머의 다양한 존재들과 얽혀 있다고 본다. 이러한 관계 속에서 학습자는 다양한 존재들과의 상호연결성을 인식하고, 그에 대한 책임감을 가지는 존재로 이해된다(Blaikie, Daigle & Vasseur, 2020: 3).

따라서 포스트휴머니즘적 교육은 학습자가 주변 세계와의 유기적 관계를 자각하고, 이를 통해 새로운 방식으로 사고하고 학습하도록 돕는 데 초점을 맞춘다. 이 관점은 학습자가 자신을 둘러싼 다양한 요소들과의 상호작용을 통해 세상을 더 폭넓게 이해하며, 책임감 있는 행동을 할 수 있는 능력을 기르는 데 중점을 둔다.

이와 같은 포스트휴머니즘 담론에 더해서 미래 사회변동의 가장 큰 원인으로서의 디지털 혁신과 인공지능의 발전이 학교교육에 미치는 영향에 대한 이해나 적극적으로 활용하는 방안에 대한 연구도 급증하고 있다. 디지털 혁신에 따라 사회 분야는 '디지털', '모바일', '연결된', '개인 맞춤화된', '창조적', '열린' 특성으로 빠르게 변화하고 있지만, 교육 분야는 여전히 '아날로그', '묶인', '고립된', '일반적', '소비적', '닫힌' 특성에서 탈피하지 못하고 있다는 지적이 있다(Wiley & Hilton, 2009; 최규홍, 2021: 334에서 재인용). 4차 산업혁명이 미래 교육 담론의 중심에 있고, 4차 산업혁명 선도하는 주된 기술이 인공지능임을 감안하면 교육영역에서의 인공지능에 대한 논의는 조속히 이루어질 필요가 있다(권정선, 2021: 52).

이와 관련하여 학교교육도 인간의 인지 능력을 기반으로 하는 행위라는 관점에서 생각할 때 인공신경망(Artificial Neural Network) 기술의 학습(Learning)과 예측(Prediction) 과정 중에서 풍부한 함의를 찾을 수가 있다는 권오성(2021: 150)의 연구는 참조할 가치가 있다. 그에 의하면(권오성, 2021: 150), 최근의 인지과학 연구도 인간의 인지 능력을 전통적 기호주의에서 연결주의 방식에 방점을 찍는 경향으로 바뀌고 있다. 이를 달리 표현하면, 전통적인 이성과 추론 중심의 교육론에서 벗어나 감성과 직관의 역할에 더 관심을 갖는 것이라 말할 수 있다(권오성, 2021: 150). 덧붙여 이러한 두 연구 방향의 특성을 조합하여 상호 장점을 융합하는 뉴로심볼릭(Neuro-Symbolic) 지능도 소개되고 있다(권오성, 2021: 150). 이러한 융합적 접근 방식의 연구는 우리 인간의 사고 체계의 특성을 더욱더 잘 이해할 수 있는 토대를 제공하고 있다고 평가받고 있다(권오성, 2021: 150). 남진숙(2021: 360) 역시 미래사회가 요구하고 있는 새로운 교육내용과 방법의 핵심은 융·복합 교육에 있다고 파악하고 있다.

인공지능에 관한 담론이 증가하면서 인공지능에 관련된 법과 윤리 기준 필요하다는 연구도 증가하고 있다(김태창, 변순용, 2021: 73). 가령 변순용은 인공지능 교육 동향을 살폈을 때, 현재 도덕 교과교육에 적용하기 적합한 과목은 고등학교 『생활과 윤리』로, 과학기술과 윤리 단원에서 인공지능의 정의와 특징을 비롯해 인공지능과 인간의 공통점과 차이점, 인공지능과 인간의 복지, 교육의 변화 등을 다룰 것을 제안한다(변순용, 2020: 161; 김하민, 2021: 3에서 재인용). 반면에 한찬희는 여러 인공지능 윤리 가이드라인의 내용을 수렴한 뒤 초등 도덕 교육에서 다루기 적합한 인공지능 윤리의 내용으로 공정성(fairness) 지향과 편향(bias) 극복을 제시한다(한찬희, 2020: 241; 김하민, 2021: 3에서 재인용).

한편, 미래사회 학교교육의 핵심은 개별화된 맞춤형 교육을 제공할 수 있는지의 여부와 어떻게 그렇게 할 수 있는지의 방법과 관련된다고 파악하는 연구도 다수 이루어지고 있다. 정미경, 이상은, 박상완(2021: 67)의 연구에서는 미래사회를 대비한 교육개혁에 대한 논의는 대체로 학령인구 감소와 디지털 기술의 발달을 고려하여 학습자 맞춤형 교육에 적합한 방안을 찾고자 한다는 점에서는 공통점을 보인다고 지적하고 있다. 오랫동안 관례적으로 적용되어 온 표준화되고 견고한 학교교육 체제를 좀 더 유연하고 탄력적인 형태로 바꿈으로써 학습자 맞춤형 교육을 실현하기 위한 방안에 대한 관심이 그 어느 때보다 높다는 것이다.

관련해서 이준, 여운승(2021: 8)의 연구는 미래 교육내용 개발과 관련하여 흥미로운 제안을 하고 있다. 그들에 의하면, 기존 교육과정 개발 방식이 폭포수 모델에 의존해 왔다고 한다. 그러나 단계 설정이 고정적이고 각 단계가 선형적이고 순차적으로 진행되는 폭포수 모형은 안정적이고 변화가 적은 교육 상황에는 대처하기 유용하나, 4차 산업혁명 시대 융합과 다양성으로 인해 변화가 극심한 교육 현장에 적용하기에는 다소 부적절할 수 있다는 것이다. 미래가 내포하고 있는 불확정성에 탄력적으로 대처하기 위해서는 새로운 교육과정 연구 개발의 방법론 도입을 검토할 필요가 있다(이준, 여운승, 2021: 8). 특히 교육 시행 중에도 수용자 관점을 고려하여 즉각적으로 교육과정에 반영하는 것이 필요하며, 따라서 인간-컴퓨터 상호작용(human-computer interaction, HCI) 분야와 소프트웨어 엔지니어링(software engineering) 분야에서 사용하고 이미 그 효과가 입증된, '사용자 중심 개발 방법론'을 실험적으로 도입하는 것을 고려할 필요가 있다고 제안한다.

대표적인 사용자 중심 방법론은 디자인씽킹(Design Thinking), 애자일(Agile), 린스타트업(Lean Startups), 린 사용자 경험(Lean User Experience, Lean UX) 등이 있다(Gethelf & Seiden, 2013: 29-31; 이준, 여운승, 2021: 8에서 재인용). 디자인씽킹은 사용자 공감을 바탕으로 사용자 잠재 욕구를 파악하고 분명한 문제 정의, 해결책 제시를 통해 시제품 제작과 제품 평가의 5단계를 비선형 순환 반복(non-linear iteration)함으로써 문제해결 중심의 실천적 접근법(solution based hands-on approach)이다(Dam & Siang, n.d.; 이준, 여운승, 2021: 8에서 재인용). 린(lean)이란 것은 '군살 없이 핵심만의' 뜻이며, '가볍고 낭비 없음을 통해 효율성'을 지향하는 개념이다. 따라서 린스타트업은 고객개발과 사용자분석을 통해 차별화 요소(Unique Value Proposition)를 설정하고 이를 반영하는 '제작-실험-평가'의 3단계를 빠르게 반복함으로써 최종적인 최소 기능 제품(Minimum Viable Product)을 개발하는 방법론이다(Maurya, 2012: 33-80; 이준, 여운승, 2021: 8에서 재인용). 한편 애자일(axile)은 '민첩함'을 뜻이며, 이것은 짧은 주기를 가지고 지속적으로 작동하는 시제품을 만들고, 상황에 따라 필요한 요구사항을 추가하고 수정하여 하나의 거대한 소프트웨어를 개발해 나가는, 변화에 민첩하게 대응하는 실용·적응·임기응변적 협업 개발 방식이다(Beedle, Bennekum, Cockburn, Cunningham, Fowler & et al., n.d.; 이준, 여운승, 2021: 8에서 재인용). 린 사용자 경험(이하 린UX)이란 디자인씽킹, 애자일 그리고 린스타트업의 3개 방법을 효과적으로 계승·융합한 방법론이며(Gethelf & Seiden, 2013: 29-31; 이준, 여운승, 2021: 9에서 재인용), 린 UX의 가장 중요한 점은 '설계-개발-평가'라는 3단계의 빠른 순환 반복을 통해 사용자 중심의, 혹은 시장이 원하는 서비스를 제공하는 것에 있다(이준, 여운승, 2021).

앞서 살펴본 포스트휴먼 논의에서 가장 중요한 방향 중 하나는 인간과 기술의 융합이다. 헤일즈, 클락, 해러웨이 등은 인간이 기술과 상호작용하며 자신의 신체적, 인지적 능력을 확장해 가는 과정을 설명하며, 인간과 기술이 결합하는 과정에서 인간의 정체성이 변화하고 있음을 강조한다. 인간은 더 이상 생물학적 한계에 갇혀 있지 않고, 기술을 통해 자신의 능력을 확장할 수 있으며, 이는 포스트휴먼 시대의 중요한 특징이다. 이러한 논의는 교육에 있어서도 중요한 시사점을 제공한다. 인간의 인지 능력이 기술을 통해 확장됨에 따라, 교육 역시 학생들이 기술을 활용해 문제를 해결하고, 지식을 탐구할 수 있는 능력을 길러야 한다. 학생들은 더 이상 전통적인 방식의 지식 전달을 통해 배우지 않고, 기술을 적극적으로 활용하여 자기주도적인 학습을 진행해야 한다. 교사 역시 정보의 전달자가 아니라, 학생들이 기술을 활용해 스스로 학습할 수 있도록 지원하는 큐레이터 역할을 해야 한다.

둘째, 포스트휴먼 사상은 인간 중심주의의 해체를 중요한 논의 주제로 제시한다. 브라이도티와 라투르 등은 인간이 더 이상 자연과 기술을 통제하거나 소유하는 존재로 남아 있을 수 없으며, 인간이 인간 외의 존재들과 상호작용하며 새로운 윤리적 주체성을 형성해야 한다고 주장한다. 이는 인간이 자연, 동물, 기술과의 관계 속에서 자신의 존재를 재구성해야 한다는 점을 시사한다. 이러한 논의는 교육에서 인간적인 것을 넘어서는 요소와의 상호작용을 강조하는 교육적 접근을 요구한다. 학생들은 인간 중심적 사고에서 벗어나, 자연과의 상호작용을 통해 생태적 책임과 윤리적 감수성을 기를 수 있어야 한다. 이는 교육과정에서 지속가능한 삶을 위한 윤리적 접근을 강조하고, 학생들이 자연과 인간 외 존재들과의 관계 속에서 자신의 역할을 이해하도록 돕는 데 중요한 시사점을 제공한다.

마지막으로 포스트휴먼 논의는 정체성과 윤리의 재구성을 강조한다. 후쿠야마, 해러웨이, 브라이도티 등은 기술 발전이 인간의 본성을 근본적으로 변화시키고, 새로운 윤리적 딜레마를 초래할 수 있다고 경고한다. 생명공학, 인공지능, 유전자 조작 등은 인간 정체성을 변화시키고, 인간 사회에 새로운 윤리적 문제를 제기할 수 있으며, 이러한 변화는 교육에서 반드시 다루어져야 한다. 정체성과 윤리의 재구성은 교육에서 정체성 교육과 기술 윤리 교육의 중요성을 시사한다. 학생들은 변화하는 사회와 기술 환경 속에서 다양한 정체성을 수용하고, 기술이 인간에게 미치는 윤리적 영향을 이해할 수 있어야 한다. 교육은 학생들이 스스로 자신의 정체성을 형성하고, 기술 발전 속에서 윤리적 감수성을 갖추며, 자기주도적으로 학습하고 성장할 수 있도록 도와야 한다.

결국 포스트휴머니즘은 교육에 대한 새로운 패러다임을 요청하고 있는 것으로 파악된다. 디지털 혁신과 인공지능의 발전은 교육을 근본적으로 변화시키며, 전통적인 교육방식은 더 이상 유효하지 않다. 학교는 더 이상 지식을 전달하는 유일한 공간이 아니며, 학생들은 기술을 활용해 언제 어디서나 학습할 수 있는 환경 속에 있다. 아울러 포스트휴머니즘은 교사와 학생의 관계, 지식 전달 방식, 학습 공간의 재구성에 새로운 방향을 제시한다. 교사는 더 이상 지식을 일방적으로 전달하는 존재가 아니라, 학생들이 스스로 지식을 탐색하고 기술을 활용해 문제를 해결할 수 있도록 지원하는 역할을 해야 한다. 또한 학습 공간도 전통적인 교실에만 국한되지 않고, 다양한 공간에서 학습할 수 있도록 설계되어야 한다. 이를 통해 학생들은 자기주도적 학습을 통해 스스로 학습목표를 설정하고 평가하며, 변화하는 사회에 능동적으로 대처하는 역량을 길러야 한다.

2. 포스트휴머니즘과 지식 패러다임

가. 지식의 의미와 패러다임의 변화

1) 지식의 개념과 가치

가) 지식의 개념

일반적으로 우리가 지식을 언급하는 방식에는 과정으로서의 지식에 해당하는 '앎'과 알고 있는 결과로서의 지식에 해당하는 '알고 있는 것'이 있다(이돈희, 1985: 205-206). 여기서 전자는 심리적인 사실 혹은 특성을 가리키는 것이고 후자는 심리외적인 요인에 해당한다. 이처럼 지식은 동사로서의 성격(knowing)과 타동사의 목적어인 명사로서의 성격(knowledge)을 모두 포함하고 있다. 이러한 이유에서 지식에 대한 접근은 앎의 과정과 같은 인식 현상을 탐구하는 것과 결과로서 도출된, 즉 언어적 명제의 형식을 띤 지식에 대한 탐구로 구분되어 행해졌다.

지식의 문제를 서양 철학사적으로 접근해 보면, 사물의 본질에 해당하는 절대적, 객관적인 지식이 존재하며, 이를 해명할 수 있는 인간의 합리적인 마음이 있다는 주요 관점이 확인된다. 이를 객관주의적, 합리주의적 지식관이라고 명명할 수 있다. 이는 고대 그리스인들에게서 제안되어 데카르트의 이원론을 거쳐 현대에도 주류 관점으로 이어오고 있다. 데카르트 이후에 등장하는 다양한 지식관은 이러한 전통적인 주류 관점에 대한 도전과 대안 제시로 요약할 수 있다.

(1) 역사적 기원

지식이 무엇인가라는 물음의 첫 출발은 인간의 마음 내부에 존재하는 여러 가지 유형들을 포괄하는 것에서 출발하였다. 이를테면 지각, 이미지, 신념, 기억, 추리 등이 모두 지식의 범주에 속하는 것으로 본 것이다. 하지만 이렇게 다양한 지식의 존재 방식이 각기 확실성에 있어서 차이가 있다고 보면서 비판과 분석을 하였다. 이러한 시도는 서양 철학의 역사에서는 소크라테스에게서 찾을 수 있다. 흔히 변증법적 방법이라고 부르는 소크라테스의 대화법은 학습자들의 마음속에 내재된 다양한 성격의 앎의 상태를 명료화하도록 하는 비판적 교수법의 일종이었다. "소크라테스는 제자들에게 자신이 알아낸 최종 결과를 주입하기보다는 학생들이 주어진 문제의 어려움과, 그 문제의 내용을 점차 명료화함으로써, 그것을 극복하는 수단을 스스로의 힘으로 찾아내도록 하였다."(Marrou, 1948, 1981; 이홍우, 지정민, 구리나, 이호찬, 2019: 151-152) 여기서 가정하고 있는 지식에 대한 기본적인 생각은 다음과 같다. 첫째, 지식은 그 본질을 보편적 정의 속에 언급되는 내용이다. 둘째, 참된 지식은 보편적인 성격을 지녀야 한다. 셋째, 지식의 본질은 다수가 아니라 하나이며 이성에 의해서 해명된다. 넷째, 지식의 진리 준거는 무모순성이다(한명희, 고진호, 2005: 269).

소크라테스는 대화법을 통하여 지식의 다양한 유형을 비판적으로 분석하면서 학습자로 하여금 참된 지식에 이르는 방안에 이르는 교수법을 제안하였다면, 그 제자인 플라톤은 지식의 유형들을 존재론적으로 위계화하여 구분하였다. 플라톤은 지식의 유형을 선분에 비유하여 설명하였다. 이는 본래 『국가(res publica)』의 제6권에 하나의 도식으로 요약되어 있는데, 이후 브럼바우(R. Brumbaugh)가 분할된 선분으로 지식의 네 유형으로 구분한 바 있다. 분할된 선분은 인간의 인식이 감각기관을 통해 접근 가능한 가시계(可視界)와 지적인 탐색을 거쳐야만 하는 가지계(可知界)로 구분된다는 것을 비유적으로 보여준다. 가시계와 가지계는 각각 다시 한번 동일한 비율의 선분으로 구분된다. 이 선분의 비유를 통해 소크라테스와 플라톤은 지식의 유형이 만물의 존재 방식이며 인간의 마음 상태가 각 지식의 유형에 대응된다고 주장하고 있는 것이다(임태평, 2000: 255; 한기철, 조상식, 박종배, 2018: 200에서 재인용).

이렇게 다양한 유형의 지식으로부터 확실성에 대한 물음에서 출발하여 지식을 존재론적으로 유형화하려는 시도는 중세 시대를 거치면서도 지속되었다. 예컨대 아우구스티누스(Augustinus)는 앎의 문제를 기독교적인 의미에서 믿음의 문제와 연결해서 생각하면서 인간이 참된 앎의 세계에 도달하려면 지성(intellectus)을 안내할 수 있는 믿음이 있어야 한다고 주장하였다(주영흠, 2007: 181-182). 여기서 지성은 플라톤에게서 지식의 최고 단계인 노에시스(noesis)에 해당하는 것이며, 인간 내부의 선한 의지, 즉 믿음을 매개로 해야 한다는 것만이 차이가 있을 뿐이다.

인지 상태	A	인지 대상
지식: noesis (a) 순수한, 추상적, 변증법적 추리 (b) 제1원리들의 통찰, 직관	형상	제1원리들, 그리고 따라서 특별히 선의 형상으로서의 형상 가설을 제1원리까지 올리는 단순한 가설들로서의 형상
지식: dianoia (a) 가설적 연역 수학적 추리 (b) (추상적) 과학적 지식	형상	수학적 가설들, 즉 특별히 영상과 초상으로서의 수학적 용어들과 가시적 사상들에 상응하는 가설들로서의 형상
의견: pistis 신념	가시적 형상	동물, 식물, 가공물, 등등
의견: eikasia 환영(幻影), 억측(臆測), 혼미(昏迷)	가시적 형상	그림자, 영상(映像), 반향음(反響音) 등등
	E	

비유에서 표출된 일반적인 관계유형

AC : CE : : AB : BC : : CD : DE

[그림 I-2-1] 선분의 비유와 앎의 유형

(2) 근대 지식 개념의 확립과 변모 과정

이러한 고대 및 중세 시대의 지식의 본질에 대한 이해는 근대 시대에 큰 변화를 겪게 된다. 근대는 자연에 대한 탐구로 인한 새로운 방법의 활용과 그로 인한 지식의 축적은 철학의 관심을 존재론에서 인식의 문제로 전환하도록 하였다. 데카르트의 유명한 정신과 육체의 이분법은 초기 근대의 지식의 본질을 규정하는 핵심적인 구도였다. 데카르트에 따르면, 정신은 사고하는 주체(res cogitans)가 합리적인 이성 능력을 통해 외부 사물의 세계와는 구분되는 세계를 구성한다. 한편 육체는 공간을 차지하는 연장자(延長者, res extensa)로서 객관적으로 존재하는 사물의 세계를 대표한다. 이로써 지식은 외부 사물처럼 객관적으로 존재하며 그에 대한 습득 과정, 즉 인식 혹은 학습은 모든 인간에게 구비된 합리적인 사유 능력을 통해 동일한 내용으로 받아들여진다는 주장이 성립한다. 이로부터 초기 근대의 합리주의적, 객관주의적 지식에 대한 이해가 확립되었던 것이다. 근대사회는 과학적 발견으로 인해 지식이 폭발적으로 증대하면서 제 학문으로의 분화가 본격화되었다. 과학뿐만 아니라 수학, 사회학, 심리학, 생물학, 생리학, 의학 등에서의 비약적인 발전은 데카르트식의 합리주의적, 객관주의적 지식에 대한 이해에 대해 의문을 품게 하였다. 데카르트식의 지식관과 새롭게 등장하기 시작한 지식관을 대비시키면 〈표 I-2-1〉과 같다.

〈표 I-2-1〉 근대 지식관의 변화

	데카르트식 지식	탈(脫) 데카르트식 지식
주체와의 관계	객관적, 독립적 지식	주관의 개입
정당화 방식	공적 차원	개인적 차원
지식 전달	일방향성	상호작용
존재 방식	지식의 관조성	행동 관련성
구성 원리	지식의 절대 불변성	사회적 맥락성

먼저, 지식과 주체와의 관계에서 데카르트식의 지식관은 철저히 지식의 객관성과 독립성을 가정하지만 이제 어떤 식으로든지 주관이 관여할 수 있다는 생각이 등장하였다. 둘째, 데카르트식의 지식관에서 지식의 정당성은 공적(公的)인 차원에서 확립된다. 여기서 공적이라 함은 특정 공동체의 전통적 유산, 법적 권위, 관습적 수용 등을 의미한다. 이제 공적인 차원에서의 권위가 아니라 개인적 선택이나 결정, 판단 혹은 선호에 의해 지식의 가치가 정당화된다. 셋째, 객관주의적 지식관은 진리를 담보하고 있는 지식을 특정한 자격을 갖추었다고 여겨지는 사람(즉, 교사)이 학습자에게 일방적으로 전달하는 것을 가정한다. 이제 지식을 수용하는 학습자 주체의 수용 태도나 반응에 따라 쌍방향의 과정이 중요시되었다. 넷째, 데카르트의 이분법은 인식 주체와 대상 사이의 간극을 전제로 한다. 여기서 인식 주체는 대상으로서 지식을 단순히 관조할 뿐이었다. 이제 외적 대상인 지

식과 인식 주체 사이는 행동 및 실천을 통해 관련지어진다. 지식의 실용성, 적용 가능성, 문제해결 능력 등을 중요시하면서 지식의 행동 관련성이 강조된다. 마지막으로 전통적인 지식은 특정한 시대와 상황에 의해 변하지 않는 불변적 진리와 가치를 담보하고 있다고 확고하게 신뢰받는 대상으로 간주되었다. 이제 그러한 지식은 사회적 맥락에서 상대화되면서 언제나 그리고 어느 곳에서나 달리 구성되는 성격의 것으로 간주되기에 이른다.

이러한 초기 근대의 지식관이 본격적으로 변화를 겪으면서 교육적으로 의미 있는 질문들이 도출된다. 이를 다음과 같이 정리할 수 있겠다.

- 지식은 어떤 식으로든지 간에 그것을 수용하는 학습자의 존재와 관련을 가질 수밖에 없지 않은가?
- 지식이 주체와 관련을 맺는다면 개인에게 수용되는 지식의 체계는 모두 다를 수밖에 없지 않은가?
- 그렇다면 존재하는 지식은 개인들 간 혹은 집단 간의 갈등과 타협을 통해 구성된 것이 아닌가?

이러한 질문들은 오늘날 교육학이 지식을 다룰 때 고려해야 하는 기본사항에 해당할 정도로 익숙하다. 최근 교육학의 각종 문헌에서 다루는 지식에 대한 대부분의 이론이나 관점들은 데카르트 전통의 합리주의적, 객관주의적 지식관을 극복하면서 등장한 것들이다. 하지만 흥미롭게도 데카르트식의 지식에 대한 관점은 교육철학이 독자적인 탐구 분야로 등장하는 계기를 만들어준 분석철학적 접근에 여전히 수용될 정도로 강력한 흐름인 것은 분명하다.

(3) 데카르트 지식관의 현대적 계승

데카르트식의 지식관의 원류는 플라톤의 인식론적 실재론(實在論, realism)이다. 이미 앞에서 언급하였듯이, 고대 그리스인들에 따르면 인간은 동식물과 달리 마음을 갖고 있으며 이 마음을 통해 지식을 추구한다. 여기서 지식은 변하지 않는 것을 대상으로 하기에 지식 자체도 변하지 않는다고 간주된다. 인간의 마음은 환영, 기만적인 의견 및 믿음 등에 휩쓸리지 않도록 하면서 사물의 본질적인 속성을 파악해야만 한다. 이러한 생각의 이면에는 한편으로 '객관적으로 존재하고 불변적인 사물의 본질인 지식'과 다른 한편으로 '이를 올바르게 받아들이는 합리적인 마음'이라는 이분법이 놓여 있다. 이러한 고대 그리스적 관점은 데카르트의 합리주의적 지식관으로 연결되었던 것이다.

그 이후 19세기 말 일군의 철학자들은 과학적 사유 방식과 자연에 대한 이해를 기반으로 논리실증주의 혹은 논리적 경험주의 관점으로 철학함(philosophizing)의 새로운 방향을 제시하였다. 흔히 분석철학(Analytic Philosophy)이라고 부르는 철학적 경향은 데카르트적 전통에서의 언어와 사유에 기초하여 실증적 대상과 이를 언어화하는 지식 사이의 일치 관계를 진리 검증의 잣대로 삼았다(Munitz, 1996). 이처럼 분석철학의 관점에서 지식은 언어와 지시 대상(reference) 사이의 일치를 진리 준거로 삼기에 고전적인 대응이론(correspondence theory)의 현대 철학적 반복에 가깝다. 이러한 가정을 가진 분석철학적 방법이 교육철학의 주도적인 패러다임이 된 계기는 분석철학자 라일(G. Ryle)이 저서인『마음의 개념(The concept of Mind)』(1949)에서 행한 명제적 지식과 방법적 지식의 구분이었다. 이 구분에 의거하여 교육철학 방면에서는 지식의 유형을 명제적 지식과 방법적 지식으로 구분하면서 그 특성을 설명하기 시작하였다.

먼저 명제적 지식(propositional knowledge)은 참과 거짓으로 판명되는 명제로 구성된 것으로서 '~인 것을 안다(know that~)'의 형식을 띠고 있다. 여기서 명제적 지식은 그 증거 동원의 차이에 따라 세 가지로 분류된다(이돈희, 1985: 209-222; 한명희, 고진호, 2005: 277-282). 첫째, 사실적(factual) 지식은 경험적인 확인이나 실험적 처치가 요구되는 것처럼 사실이나 현상을 기술하거나 설명하는 지식이다. 둘째, 논리적(logical) 지식은 흔히 사실적 증거와 논리적 증거 양자를 필요로 하는 경우가 많은 지식으로서 문장을 구성하는 요소들의 의미상의 관계를 나타낸다. 셋째, 규범적(normative) 혹은 평가적(evaluative) 지식은 가치나 규범을 내포하기에 의미의 검증을 위한 증거로서 형이상학적 정당화, 직관적 정당화, 불가지론 등에 의지하는 것이다.

한편 명제적 지식이 성립되는 조건은 플라톤의 『대화편』에 나오는 신념 조건, 진리 조건, 증거 조건으로 설명된다(한명희, 고진호, 2005: 279-280). 먼저 신념 조건(belief condition)은 명제에 대해 안다고 할 때, 그 명제를 믿는다는 것을 논리적 필요조건으로 한다는 것이다. 사실 모든 지식은 인식론적으로 일종의 신념이기도 하며 그러한 지식은 신념이 주체인 인간의 성향과 관련이 있다. 이렇듯 지식은 일종의 믿음으로서 의식 현상과 관련을 맺고 있으며 내적 경향성을 갖고 있어서 어떤 행동의 원인이 된다. 이러한 생각은 이미 라일이 언급한 철학적 행동주의(philosophical behaviorism)에 나타난다. 또 다른 일상 언어 분석철학자였던 오스틴(J. L. Austin)도 언어가 가지는 의미론적 차원을 넘어 타인의 행동을 유발한다는 언어행위(lingual action) 이론을 전개한 바 있다. 이러한 관점은 명제적 지식이 단순히 정태적인 사실에만 머물지 않고 행동 관련적임을 보여준다. 또한 명제적 지식의 신념조건은 지식이 성향으로서 지식뿐만 아니라 인격, 가치교육과도 밀접한 관련이 있음을 보여준다. 다음으로 진리 조건(truth condition)이다. 명제적 지식은 어떤 방식으로든 간에 진리를 주장하고 있는 셈이다. 물론 그러한 진리 주장에는 사실이나 대상의 실재성 여부를 따지거나 논리적인 무모순성을 검토하거나 혹은 통용되는 규범적 측면에 견주어 볼 수도 있다. 마지막으로 명제적 지식의 조건은 증거 조건이다. 증거 없는 지식은 명제적 지식을 정당화할 수 없기에 앞서 말한 진리 조건을 만족시킬 수 없다. 하지만 그러한 증거를 동원하는 데 타당한 방법이 전제되어야만 한다는 의미에서 방법 조건을 추가하는 경우도 있다.

이처럼 명제적 지식은 다양한 유형으로 구성되어 있다. 오늘날 학교에서 가르치는 지식들은 각기 다른 학문 분야에서 독특한 개념 체계를 중심으로 분화, 발전되어 왔다. 이러한 의미에서 프링(R. Pring)은 다양한 명제적 지식의 특징을 다음과 같이 규정한 바 있다(1978: 29-34). 첫째, 어떤 명제적 지식이든 경험이나 생각을 독특한 방식으로 조직한 것인데 그것이 바로 각 학문 분야에서 규정하고 있는 개념이다. 둘째, 각 학문 분야별로 통용되는 지식은 지식에 대한 각기 다른 증거 동원 방식을 갖고 있다. 셋째, 각 학문 분야별로 지식을 탐구하는 방식은 차별적이다. 이를테면 자연과학에서는 실험이나 관찰이 활용되고 인문과학의 경우엔 해석학적 방법이 동원된다. 넷째, 각 학문 분야에서 다루는 명제적 지식은 각기 다른 문제 영역을 갖고 있다. 따라서 각 문제를 다루는 범주나 접근 방식은 다를 수밖에 없다.

방법적 혹은 절차적 지식은 '~를 할 줄 안다(know how)'의 형식을 띤 것으로 인간 행위의 상태와 관련된 심리적 특성(라일의 용어로 'dispositional account')을 가진다는 점에서 명제적 지식과 구분된다. 방법적, 절차적 지식의 "조건은 그 과제를 수행하는 데 지켜야 할 규칙 혹은 원리에 익숙한 것이 최소한 요구된다."(이돈희, 1985: 207) 여기서 '알고 있는 것'은 기술이나 기능과 같은 인간의 능력과 관련된 것이기에 언어로 정확히 표현될 수는 없을 수도 있다. 따라서 교육활동에서 방법적, 절차적 지식이 평가의 대상이 되는 경우에는 관찰과 같은 과정을 통해 학습자의 수행(performance)의 정확성을 판단하는 것이 관건이다.

지식의 유형 분류를 비롯하여 분석철학의 방법이 교육철학에서 관심의 대상이 되면서 영미권 교육철학 방면에서는 교육의 역사에서 가장 핵심적이며 보존의 가치가 있다고 간주되는 자유교육(liberal education)을 지식의 관점에서 탐구하기 시작하였다. 앞서 언급하였듯이, 고대 그리스인들은 합리적인 마음이 사물의 본질적인 성격을 담고 있는 지식을 받아들인다고 가정하였다. 자유교육도 이러한 의미에서 지식을 획득하는 것이라고 보았다. 여기서 지식은 불변적이며 객관적인 성격을 지니며 실생활에는 직접적으로 도움이 되지 않는 '이론적 지식'이다. 따라서 이러한 성격의 지식을 습득하는 것은 일종의 사변적(思辨的)이고 관조적인 활동에 속한다. 널리 알려진 아리스토텔레스의 테오리아(theoria)가 그것이다. 이러한 그리스적 전통의 유산인 자유교육을 분석철학적 교육철학 방면에서 새롭게 수용한 학자가 바로 영국의 교육철학자 허스트(P. H. Hirst)이다.

허스트는 자신의 논문인 「자유교육과 지식의 본질(Liberal Education and the Nature of Knowledge)」(1965)에서 자유교육의 의미를 지식의 본질에 입각하여 규정하고자 하였다. 그의 지식관은 다소 양가적인 측면을 갖고 있다. 한편으로 고대 그리스적인 형이상학적, 실재론적 인식론에 토대를 둔 지식의 관점을 수용하는 복고적인 성격을 가진다. 말하자면 허스트에 따르면 마음의 능력이나 성향은 가르치고자 하는 지식의 형태와 여전히 밀접한 관련이 있다. 이에 덧붙여 허스트는 지식은 공적인 성격을 띠고 있는 상징 체계로서 인간의 경험을 각 지식에 따라 구조화한 결과라고 주장한다(Hirst, 1965: 128). 지식의 정당성을 공적 의미에서 간주하는 방식도 다분히 전통적인 지식관에 해당된다. 다른 한편으로 자유교육의 전통적인 교과, 즉 자유교과(liberal arts) 대신에 '지식의 형식들' 개념을 부각시킴으로써 그 현대적인 의미를 규정하려고 시도하였다. 이러한 접근은 허스트가 학문 중심 교육과정이나 교과 중심 교육과정을 중시하는 시대적인 흐름을 외면하지 않았음을 증명한다(한기철, 조상식, 박종배, 2018: 397). 허스트는 지식을 유형화하면서 '형식들(forms)'이라는 용어를 쓴다. 그에 따르면 지식은 서로 구분되는 '형식'으로 구조화되어 있다(Hirst, 1966: 42-43). 허스트는 몇 번에 걸쳐 수정을 거친 후 지식의 형식을 〈표 I-2-2〉와 같이 7가지로 제시하였다(Hirst, 1965, 1966, 1974).

〈표 I-2-2〉 허스트의 지식의 형식(*배열순서는 문헌과 동일)

구분 \ 년도	1965	1966	1974
지식의 형식들	수학	과학	수학
	자연과학	수학	자연과학
	인간과학	역사	인간에 관한 이해
	역사	도덕	종교
	종교	미학	문학과 예술
	문학과 순수예술	철학	도덕
	철학	종교	철학

지식의 형식에 관한 분류에 대해 적지 않은 이견이 있을 수 있지만, 허스트는 이러한 지식의 형식이 다음과 같은 특징을 가진다고 주장한다. 첫째, 각 지식의 형식은 분야별로 독특한 개념을 갖추고 있다. 둘째, 각 지식의 형식에서의 개념들은 경험을 이해시키기 위한 의미 있는 체계로 유기적으로 연결되어 있다. 셋째, 각 지식의 형식은 경험에 의해 검증할 수 있는 표현이나 진술로 구성되어 있다. 넷째, 모든 지식의 형식들은 각기 나름대로 경험을 탐구하는 독자적인 기술과 방법을 개발해 왔다.

허스트의 지식의 형식에 관한 관점에 대해 다음과 같은 평가가 가능하다. 첫째, 허스트는 모든 지식의 형식들에서의 표현들이 경험에 의해 검증 가능하다고 주장한다. 하지만 경험과학이 아닌 예술적, 종교적, 도덕적 표현들에까지 일반화할 수는 없는 것이다. 이는 분석철학적 교육철학의 관점이 가지는 실증주의적 잔재를 보여주는 것이라 할 수 있다. 둘째, 첫 번째와 관련이 있는 것으로서 허스트에게 지식의 형식은 기본적으로 명제적 형식을 띤다. 허스트에게 지식이란 개인의 사유 속에서 암묵적으로 이루어지는 차원이 아닌 공적인 상징체계로 표현되는 일종의 '형식'을 갖추었을 때에만 가능하다는 것이다. 이러한 지식에 대한 이해는 전적으로 명제적 지식으로 진술할 수 없는 예술, 종교, 도덕의 영역을 설명하기에 한계를 가진다. 셋째, 허스트의 지식의 형식 개념은 고대 그리스적 자유교육의 가치를 보존하기 위한 현대적 수용에 가깝다. 따라서 허스트에 따르면 교육에서 의미 있게 다루어지는 지식은 '이론적 활동'에 적합한 것이다. 기본적으로 이론은 실제와의 추상 과정을 통해 언어적으로 체계화된 상징, 기호, 부호 등으로 구성되어 있다. 이렇듯 이론적 지식으로 체계화되는 과정은 플라톤이 앎의 유형을 위계화하려는 시도와 크게 다르지 않다.

> 이는 플라톤적인 의미에서의 지식이 성립하는 과정과 크게 다르지 않다. 지식은 시·공간을 점유하고 있는 구체적인 개별자들이 공통적으로 지니고 있는 속성을 가려낸 결과로 성립하므로, 지식화된 것—idea 또는 form—은 더 이상 시·공간을 점유하지 않으며 따라서 변하지도 않는다. 이론을 이와 같은 의미로 사용할 때 우리는 항상 이론 이전에, 추상화 또는 지식화 또는 이론화되기 이전의 사태나 상태를 가정하게 된다(한기철, 조상식, 박종배, 2018: 402).

허스트가 제시한 지식의 형식에 관한 논의는 이른바 진보주의 교육 흐름에서 유행이 된 반(反)주지주의적인 경험 중심 교육과정에 대해 거부감을 가진 교육 이론가들에게 관심을 받게 되었다. 하지만 1990년대에 이르러 허스트는 지금까지 생각하였던 자유교육에 기초한 지식의 형식에 대해 스스로 비판하면서 변화된 관점들을 제시하였다. 그 대표적인 논문이 바로 「교육, 지식, 활동들(Education, Knowledge and Practices)」(1993)이다. 그는 지금까지 주장하였던 지식의 형식들이 정태적이고 이론적 차원에만 머물러 있다고 보고, 교육은 일차적으로 지식을 가르치고 배우는 일에 관한 것이 아닌 '사회적 활동들'을 가르치고 배우는 일에 관한 것이라는 생각을 갖게 된 것이다. 여기서 허스트가 제시한 '사회적 활동들(social practices)'은 공동체주의적(communitarian) 철학자인 매킨타이어(A. MacIntyre)가

『덕의 상실(After Virtue)』(1984)에서 제시한 개념을 차용한 것으로 보인다.[2)] 이 개념을 통해 허스트는 이전에 가졌던 생각의 오류는 "이론적 지식을 건전한 실천적 지식의 발전과 개인의 합리적 발달을 위한 논리적 토대가 되는 것으로 보았던 점"(Hirst, 1993: 197)이며, 이에 그는 이론에 치중하였던 생각을 활동으로 이동하고자 한 것이다.

> 일체의 지식, 태도, 감정, 덕, 기술, 성향과 인간관계 등을 포함하는 구체적이고 실제적인 사회적 활동들로 입문시켜 학생 개인의 발달을 성취하는 것이 더욱 중요하다는 사실을 주장하고자 한다. 교육에서 가장 기본적인 것은 건전한 삶을 영위하는 것이고 이러한 활동들이 바로 개인의 건전한 삶의 구성 요소가 된다(Hirst, 1993: 197).

허스트가 자신의 생각을 지적인 유산들에 입문하는 것이 아닌 실제적인 삶에 입문시키는 것으로 수정한 것은 주지주의적 전통의 지식관에 대해 반성하면서 급변하고 예측 불가능한 정도로 진행되는 현대적 삶에 학생들을 적응시켜야 하는 시대적 요청을 적극 수용한 결과로 볼 수 있다. 아울러 1990년 이후 교육 이론 및 실천에서 논의되고 있었던 지식에 관한 다양한

---

2) 맥킨타이어는 사회적 프랙티스(practice)를 다음과 같이 정의한다.
"any coherent and complex form or socially established cooperative human activity through which goods internal to that form of activity are realized in the course of trying to achieve those standards of excellence which are appropriate to, and partially definitives of, that form of activity, with the result that human powers to achieve excellence, and human conceptions of the ends and goods involved, are systematically extended."(MacIntyre, 1984: 187)
이 개념은 수반된 활동에 본래적으로 관련된 성공형식을 결정하는 공유된 탁월성의 기준을 지니고 있는 협동적 인간 활동을 의미한다. 이를테면 체스의 내재적인 선(규칙의 준수, 재미, 승패의 인정 등)과 외재적, 부수적 선이 복합된 것에 해당된다. 한편 맥킨타이어는 프랙티스의 의미와 관련지은 덕(virtue)에 대해 다음과 같이 주장한다.
"an acquired human quality the possession and exercise of which tends to enable us to achieve those goods which are internal to practices and the lack of which effectively prevents us from achieving any such goods."(MacIntyre, 1984: 191)
따라서 프랙티스에 참여한다는 것은, 탁월성의 기준과 규칙에 대한 복종, 그리고 관계하는 사람들과 협동한다는 것을 의미한다. 결국 맥킨타이어에게 프랙티스는 단순히 사회적인 제도(institution)와는 구분해야 한다고 주장한다.

접근을 참조할 수밖에 없었던 것이라고 볼 수도 있다.

허스트가 전통적으로 언어화된 이론적, 명제적 지식에 기초하여 지식의 형식 개념을 제시한 반면, 미국의 초월론적 교육철학자인 피닉스(P. Phenix)는 지식이라는 말 대신에 '의미(meaning)'를 사용하여 학문의 논리적 구조와 비슷한 분류를 한 바 있다(Phenix, 1964; 한명희, 고진호, 2005). 이미 고전적인 시도로 볼 수도 있는 '의미의 분류'는 경직된 명제적 지식 혹은 학문 분류 방식을 지양하고 인간의 본성과 가치 추구 방식에 초점을 맞추었다는 점에서 주목할 만하다. 피닉스에 따르면, 인간은 타인, 자연, 세계, 우주 등과 관계를 맺으면서 의미를 추구하고 창조하고 표현하는 존재이다. 이는 현대인이 겪고 있는 '의미 상실'에 대한 대안적, 치유적 관점이기도 하다. 아울러 학문은 바로 인간이 의미를 추구한 결과물이기도 하다. 특이한 점은 피닉스는 의미를 통상적인 지식에 대한 이해와 달리 인간의 감정, 지각, 가치 의식, 상상력, 도덕감 등을 포괄하고 있다는 사실이다. 이에 피닉스는 의미의 특징을 설명하면서, 인간은 반성적인 사고를 통해(reflective experience), 논리적인 규칙에 맞게 조직하여(logical principle), 학문적 전통과 역사에 의해 점진적, 선택적으로 정련하고(selective elaboration), 제각기 상징적 형식으로 표현해(presentation) 왔다고 주장한다. 이러한 관점에서 피닉스는 의미의 유형을 지식의 유형처럼 학문적 논리에 따라 분류하고자 한다. 이에 그 분류 기준으로서 오래된 논리학적 범주를 활용한다. 즉 양의 범주로서 단일성, 일반성, 포괄성을, 질의 범주로서 사실, 형식, 규범을 구분하여 총 9가지 의미 영역을 구한 후 이를 다시 여섯 가지 의미 영역으로 간추렸다. 다음 [표 I-2-3]은 이를 정리한 것이다(Phenix, 1964; 여기서는 한명희, 고진호, 2005: 290-292를 기반으로 정리한 것임).

〈표 I-2-3〉 피닉스의 '의미' 영역

구분 의미 영역	범주 구분	특징	학문 분야
상징적 의미(symbolics)	일반/형식	다른 영역의 의미를 표현하는 수단이라는 점에서 기본적인 영역	언어, 수학
경험적 의미 (empirics)	일반/사실	체계화된 경험적 방법론에 통해 통제되는 영역	자연과학, 사회과학
심미적 의미(esthetics)	단일/형식	개인의 주관적 느낌과 창의성의 영역	음악, 시각예술, 신체적 율동, 문예
실존적 의미 (synnoetics)	단일/사실	대인관계에서 생기는 실존적 지각과 만남을 대상으로 하는 영역	철학, 심리학, 문학, 종교
윤리적 의미 (ethics)	단일, 일반/규범	도덕적 당위와 그에 따른 행위의 규칙 및 근거를 다루는 영역	윤리학, 사회 도덕
포괄적 의미 (synoptics)	포괄/사실, 규범, 형식	포괄적인 의미의 체계를 포함하는 영역	역사, 종교, 철학

피닉스의 독특한 '의미' 분류의 특징을 다음과 같이 평가할 수 있다. 첫째, 피닉스는 명제적 지식에 초점을 맞춘 지식에 대한 전통적인 합리성 모델과는 다르게 감정, 상상력, 직관, 도덕감 등과 같이 인간의 내적 성격을 종합적으로 다루고 있다. 둘째, 피닉스의 '의미' 분류는 통상적인 학문적 경계 혹은 교과적 분류 체계를 지양하면서 인간과 외부 사이의 대면으로부터 나타나는 다양한 의미 영역들을 도출하고 있다. 셋째, '의미' 분류는 명제적 지식의 형식적 차원 대신에 타인, 사회, 자연, 세계, 우주와 대면하는 인간의 의미 추구 및 그 산출을 고려하는 것이어서 지식과 학습자를 이분법적인 관계가 아닌 가치 지향, 행동 관련성, 정신적 치유 등과 같은 차원과도 연관을 맺을 수 있도록 해주었다.

2) 지식론의 특징과 패러다임의 변화

가) 다양한 지식론

지금까지 지식의 개념에 대한 역사적 전개 과정을 살펴보면, 고대적 기원을 가지는 합리주의적, 객관주의적 지식관이 비판을 받으면서 지식에 대한 다양한 관점들이 등장하였음을 확인할 수 있다. 이를테면 명시적, 명제적 지식과 방법적 지식이라는 이분법을 넘어 형식적 지식, 절차적 지식, 비형식적 지식, 인상적 지식, 자기 규제적 지식 등의 분류(한명희, 고진호, 2005: 277)나 암묵적 지식, 감성적 지식, 감정 이입적 지식, 심미적 지식 등과 같은 분류(Polanyi, 1958, 2001)도 등장하였다. 이러한 흐름은 지식과 논리적 추론 및 사고 과정에 대한 합리주의적 모델에서 벗어나는 다양한 지식의 유형 분류를 보여준다. 그 단적인 예로서 직접적 지식(knowledge by acquaintance) 개념은 전통적인 사유의 논리적 범주인 설명, 귀납, 연역 등의 절차를 거치지 않고 직접적으로 아는 지식을 말한다. 이러한 직접적 지식의 유형은 다양하다. 첫째, 감각적 지식이다. 예컨대 색깔, 맛, 접촉 등의 지각을 통해 형성된 표상이 이에 해당된다. 교육사적으로는 17세기 코메니우스(Comenius)가 직관의 원리를 제시한 것은 그동안 철학적으로 폄하해 왔던 감각을 교육의 중요한 원칙으로 간주하게끔 하였다. 둘째, 직관적 지식이다. 이는 인식 대상의 전모를 깊이 있게 그리고 일거에 파악할 수 있는 지식의 차원이다. 직관적 지식은 언어를 초월한 지식이기에 침묵과 집중을 통해 터득된다. 흔히 참선, 명상, 묵상 등의 영역에서 찾아볼 수 있다. 셋째, 암묵적 지식이다. 이는 지식을 내면화하는 과정에서 주체 내부의 다양한 요소들이 수반되는(knowing with~) 것과 관련이 있다. 우리가 과거에 읽었던 고전의 책 내용은 명확히 기억이 나지는 않지만 그 고전이 풍기는 묘한 분위기가 기억에 남아 있는 것도 암묵적 지식의 예에 속한다. 마지막으로 심미적 지식은 분석적, 추론적, 개념적 지식이 아니라 상상력과 통찰에 기초한 미적 대상에 대한 느낌이다.

지식에 대한 가장 오래되고 강력한 관점은 합리주의적, 객관주의적 지식관이라고 할 수 있다. 이는 서양의 고대 그리스적 합리주의에 기원을 두면서 이후 근대 데카르트적 지식관에 그 정점에 도달하였다. 이미 앞에서 논의하였듯이 이러한 객관주의적, 합리주의 지식관은 분석철학의 지식에 대한 논의로 이어졌다. 특히 라일의 철학적 행동주의에서 출발한 명시적, 명제적 지식의 정당화는 허스트의 '지식의 형식'에 중요한 아이디어를 제공하였다. 허스트는 그리스적 유산인 자유교과에 기반을 두고 지식의 형식에 관한 유형 분류를 하였지만 여전히 객관적 지식과 합리적인 마음이라는 데카르트적 이분법을 암묵적으로 받아들이고 있다. 결국 객관주의적 합리주의적 지식관은 교육 이론적 논의에서의 주지주의적 가정에 녹아들어 있는 셈이다.

이러한 의미에서 객관주의적, 합리주의적 지식론은 인간의 지성사에서나 교육이론에서 주류적 관점을 대표하는 것임에는 틀림없다. 하지만 급격한 사회적 분화과정, 다(多)가치적 다원주의, 미증유(未曾有)의 인류사적 문제의 등장 그리고 불확실하고 예측 불가능한 미래 사회의 전개 가능성 등은 전통적으로 가졌던 지식에 관한 생각들을 서서히 해체하고 대안적인 관점들이 등장하도록 하였다. 이러한 도전과 대안 제시에 해당하는 대표적인 지식관을 다섯 가지로 구분하여 설명하기로 하겠다.

첫째, 프래그머티즘 지식관은 영국 전통의 경험주의와 공리주의적 인식론을 수용하면서 지식의 도구적, 실험적 성격을 강조하였다. 주지하듯이 어원상 프래그머티즘(pragmatism)에서 pragma는 희랍어로 행동을 의미한다. 유럽 전통 철학에서 가정하고 있는 인식 주체와 대상 사이의 이분법 및 인식 주관의 관조적 태도를 비판하면서 '문제를 지니고 있는 대상(예컨대, 사회현상)'을 해결하기 위해 인식 주체가 지식을 실험적으로 적용하는 것을 중요시한다. 이러한 생각은 프래그머티즘 공리(公理)로 알려진 퍼스

(Ch. S. Peirce)와 제임스(W. James)의 정의에 잘 드러나 있다(조상식, 2005: 62-63에서 재인용).

> 우리가 개념의 대상을 인지할 때, 그 개념이 실제적인 의미를 가지면서 어떤 결과를 가지는지 고려해 보라. 그러면 이 결과에 대한 우리의 개념이 그 대상에 대한 우리의 개념 전체이다(Peirce).

> 어떤 대상에 대한 사유의 완전한 명쾌함을 획득하기 위해서, 우리는 다만 사유 대상이 어떤 특별한 종류의 인지 가능한 결과를 포함하고 있는지, 이를테면 우리가 그 대상으로부터 어떤 감동을 기대할 수 있는지 혹은 우리가 어떤 반응을 준비해야 하는지 등을 고려하기만 하면 된다. 이러한 결과에 대한 우리의 개념은, 그것이 직접적이든 간접적이든 간에, 그 대상에 대한 우리의 개념 전체이다. 그러한 한, 그 개념은 긍정적인 의미를 가진다(James).

퍼스와 제임스는 공통적으로 우리 인간이 가지는 관념적 표상이 대상에게 변화 혹은 영향을 끼치는 결과를 초래한다는 점을 강조하고 있다. 이는 표상적 지식이 인식 주체 내부에 단지 머물러 있는 것으로만 간주하면서 대상을 변화시키는 것에는 관심이 없었던 유럽 대륙의 관념철학을 비판하고 있는 셈이다. 아울러 지식의 가치는 인식 주체의 합리적 능력, 듀이의 개념으로 지력(intelligence)을 통해 문제해결에 도구적으로 활용될 수 있는 데 있음을 암시한다.

둘째, 철학적 현상학은 인간의 마음에 대한 실증주의적 이해, 즉 물리학적 세계관에 입각한 객관주의적 접근을 비판하기 위해 등장하였다. 이러한 철학적 시사점은 인식 주관의 내적인 독자성을 존중함으로써, 객관적 합리성으로 개별 인간의 고유한 인식 과정을 통합하려는 시도를 비판한다. 예컨대 철학적 현상학을 수용하는 지식관은 인지론적 지식관을 비판할 수 있다. 다음의 글은 학습이론의 중심에 '인지구조' 개념을 두는 오수벨(D.

Ausubel)의 관점을 잘 보여준다.

> 학습자는 잠재적으로 유의미한 소재를 자의적이지 않은 방식으로 이미 자신의 사고 구조에 존재하는 이념과 관련짓는다. 이를 통해 학습자는 새로운 지식을 이해, 습득, 보유하기 위한 이념 및 조직화의 기원으로서 자신의 사전 지식을 유용하게 사용할 수 있다. 학습 과제가 학습의 사고 구조에 적합한 부분과 체계적인 관계를 맺으면서 새로운 의미가 획득된다는 말은, 새로이 학습된 안목이 이미 존재하는 이념 조직의 통합적 구성 부분이 된다는 것을 암시한다(조상식, 2002: 119에서 재인용).

이렇듯 인지론적 지식관은 아동의 '이미 알고 있는' 인지 내용의 보편적 구조를 가정하면서 개별 학습자의 경험사(史)에 기초한 지식의 축적 과정에는 관심이 없다. 현상학적 지식관에서 출발하는 학습이론으로 다음과 같이 두 가지를 들 수 있다(조상식, 2002: 125-128). 하나는 학습 과정에서 비주제성(非主題性 Unthematische)의 문제이고 다른 하나는 "재학습(Umlernen, learn anew)"으로서 학습이다. 학습 실행에서 '비주제성'은, 학습 과정이란 명쾌한 언어적 접근으로는 쉽게 설명될 수 없는 현상이며, 인간 학습의 오묘한 현상은 학습 실행의 성취 그 자체에 있다는 것이다. 즉 학습 실행의 '성취 자체'와 그 속에서 '학습된 어떤 것'을 동시에 주제화할 수 없다는 말이다. 다른 하나인 재학습으로서의 학습은 인지구조 개념처럼 결코 통합적이고 단선적인 과정이 아니라, 사전 지식과 새로운 시각 혹은 새로운 행동 및 경험 가능성 사이의 '대결' 혹은 '부정적 경험'과 관련이 있다. 다시 말해 학습 현상은 경험 과정의 양적인 축적이 아니라 경험 지평을 어느 순간에 생산적으로 파괴하는 순간을 지칭한다는 말이다.

셋째, 폴라니의 암묵적 지식(tacit knowledge)은 이미 앞에서 언급하였듯이, 직접적 지식의 일종이다. 폴라니는 현대 학문의 폐단은 극단적인 합리성의 추구라고 보면서 이를 비판하는 논리적 토대로 암묵적 지식을 제시하였다. 폴라니는 암묵적 지식을 설명하기 전에 형태심리학(Gestalt psychology)의 통찰을 받아들여 우리의 인지를 초점식과 보조식으로 구분한다. 초점식(focal awareness)은 직접적인 주의를 하는 것이고 보조식(subsidiary awareness)은 초점식을 구성하는 배경적인 인식이다. 이에 따라 암묵적 지식은 다음과 같이 네 가지로 나누어진다(Polanyi, 1966: 38-41). 첫째, 기능적 구조(functional structure)이다. 이는 목표로 하는 기능을 수행하기 위해 보조식이 작동하는 것을 말한다. 둘째, 의미론적 측면(semantic aspect)은 보조식과 초점식의 관계가 의미를 만드는 것을 말한다. 셋째, 현상적 측면(phenomenal aspect)은 보조식을 통해 초점식으로 새로운 현상이 나타나는 것을 말한다. 예컨대 단어와 문법을 통해 문장이 의미를 가지는 것이 이에 해당된다. 마지막으로, 존재론적 측면(ontological aspect)은 어떤 의미를 이루는 하위 요소들이 보조식이 아닌 초점식이 될 때, 상위의 의미는 사라지는 존재론적 위계에 관한 것이다. 이를 통해 폴라니는 과학을 포함한 대부분의 지식에 결부된 인간의 신념과 도덕적 가치관, 보편성을 향한 열정과 책임을 인정할 것을 주장하는 것이다.

넷째, 포스트모더니즘 지식관이다. 철학적 포스트모더니즘은 18세기 서구 계몽주의에 대한 비판적 논의에서 등장한 흐름을 통칭한다. 먼저 지식에 대한 포스트모던의 관점을 분명하게 정리한 리오타르(J. P. Lyotard)가 주된 공격 대상으로 삼고 있는 것은 근대성, 즉 데카르트 이래 지배의 대상으로 전락된 물질적 세계를 해명함에 있어 가장 신뢰할 만한 패러다임으로 간주된 기계론적 자연관에서 출발한 지식관이다. 리오타르는 인간의 진보를 가능하게 했다는 믿음은 바로 과학적이고 분석적인 이성 및 기술 과학적 지식에 기반을 두고 있는데, 이제 이러한 믿음은 역전되어 인간을 더욱 소외시키고 있다고 비판한다. 리오타르는 이제 지식을 새롭게 규정해야 한다고 주장한다. 그에 따르면 현재의 조건에서 지식은 고전적인 지식 즉 엄밀하고 절대 확실한 지식이나 기술 과학적인 도구적 지식과는 다른 상황에 있다고 보면서, 비트겐슈타인의 언어게임 이론의 관점에서 작은 서사에서 작용하는 지식을 강조한다(Lyotard, 1979, 1992: 37-53). 한편 또 다른 포스트모던 철학자인 푸코(M. Faucault)는 시대별로 상이하게 단절적으로 구분되는 앎의 유형을 분석한다. 그의 용어로 표현하자면, 학문은 언제나 세계 내 사물들 간의 질서를 확립하고 그것들의 체계적인 결합 방식을 발견하려고 한다. 푸코는 이러한 사물들 사이의 질서 확립 방식을 도출하면서 그 배열의 질서가 각 시대별로 어떠한 기반 위에서 표현되어 왔는가에 주목하였다. 여기서 푸코는 특정한 시대를 지배하는 인식의 무의식적 체계, 즉 특정한 방식으로 사물들에 질서를 부여하는 무의식적인 기초를 추출하면서 이를 에피스테메(épistémè)라고 명명하였다. 이 개념은 시대별로 인간의 지식은 진보가 아닌 불연속, 단절, 반복임을 보여주는 도구이며 "다양한 지식에 구조적 통일성을 부여하는 관념 체계" 혹은 "특정 시대의 지식의 모든 흐름 아래에 있는 정신적 하부구조"를 가리킨다(Foucalt, 1966, 2012).

다섯째, 지식의 객관성과 절대 불변성은 20세기 사회철학적 관점에서 의혹의 대상이 되었다. 지식사회학은 지식의 상황 구속성 혹은 사회적 맥락성을 강조하는 관점이다. 독일의 철학자 만하임(K. Mannheim)은 저서 『이데올로기와 유토피아(Ideologie und Utopie)』(1929)에서 특정한 이해의 표현 또는 결과로 간주되는 관념의 체계, 즉 이데올로기를 생산하는 삶의 조건들을 밝히고자 하였다. 이러한 관점은 마르크스 전통의 허위의식으로서 이데올로기에 대한 비판적 논의의 연장선에 있다고 할 수 있다. 아울러 지식의 상대주의적 위험을 그대로 지니고 있기도 하다. 결국 지식사회학에 따르면 지식의 진리는 보장될 수 없는 것이다. 이러한 지식사회학적 관점은 교육학의 논의에서 신교육 사회학 혹은 교육과정 사회학 방면에서 활발히 수용, 논의되었다. 학교지식이 특정한 계층 및 계급, 문화 집단, 직업 집단 등의 갈등과 타협의 산물이라는 생각은 기존의 학교지식에 대한 관점에 혼란과 충격을 주었다. 지금까지 학교지식은 대체로 전통이라는 권위, 학문적 근거, 관습적 인정 등에 의해 진리의 정당성을 부여받아 왔지만 그 토대가 한꺼번에 의문시되었던 것이다.

데카르트 전통의 객관주의적, 합리주의 지식관은 현대에 이르러 많은 도전에 직면하면서 다양한 관점의 지식론을 낳게 하였다. 그 대표적인 지식론으로서 프래그머티즘, 현상학, 포스트모더니즘, 지식사회학은 각기 다른 학문적 배경에서 지식에 대한 새로운 관점을 제시하였다. 이들 5가지 지식관을 진리 준거, 인식 주체, 학교지식의 대상에 따라 그 특징을 구분하면 〈표 I-2-4〉와 같다.

〈표 I-2-4〉 현대 지식관의 비교

구분 / 지식관	진리 준거	인식 주체	학교지식의 대상
프래그머티즘	실용적 가치	문제해결의 주체	• 경험의 재구성 • 도구적 지식
현상학	주관의 정합성	주관성	• 노에마 • 개인적 지식 저장
Polanyi 암묵지	수반적 지식과의 합치성	가치 판단적 주체	• (형태지각의) 통찰적 앎 • 가치관과 신념 체계
포스트모더니즘	역사적 상대주의	휘발성 주체	• 다원적, 다층적 지식
지식사회학	사회적 맥락성	상황구속적 주체	• 사회적 구성물 • 이데올로기

각 지식관에 따라 학교지식이 구성되는 방식은 달리 규정된다. 먼저 프래그머티즘의 지식관에 따르면 학교지식은 학생들의 경험에 기초하여 구성되며 그 지식의 가치는 문제해결이나 실생활에 유용한가의 여부에 있다. 현상학적 지식관은 객관적 지식 자체보다는 학습자 스스로 인식하여 해석한 구성물로서의 지식을 중요시한다. 폴라니의 암묵지는 지식의 요소적 특성보다는 전체로서 이해되는 앎을 중요시하며, 학습자가 지니고 있는 내적

신념 체계나 통찰에 비추어 수용되는 지식의 내면화 과정에 주목한다. 포스트모더니즘에 따르면 학교지식의 전통적인 권위 자체에 의문을 제기하고 지식의 다차원성과 다층적인 측면을 강조한다. 지식사회학의 지식관에 따르면 학교지식은 각 사회집단 간의 대립에 따른 타협의 결과임을 강조하면서 학교지식의 절대적이고 객관적 가치 및 진리 준거를 부정한다.

나) 지식관의 패러다임 변화

(1) 시대 구분의 방식

지금까지 지식의 개념을 역사적 맥락과 가치와의 관련성에 대해 다루었으며, 다양한 철학적 전통에서 지식을 이해하는 방식을 정리해 보았다. 이성을 가진 인간 존재가 기본적으로 합리성을 준거로 사유하고 행동한다는 점에서 객관주의적, 합리주의적 지식관이 오랫동안 받아들여져 왔다. 객관적이고 불변적으로 존재하는 사물의 본질을 표현하는 지식과 이를 수용할 수 있도록 인간에게 구비된 합리적 능력 사이의 일치가 지식의 성격에 대한 핵심적인 가정이었다. 그럼에도 문명사적 과정에 따라 복잡하게 분화하는 사회 현상을 이해하려는 노력은 객관주의적, 합리주의적 지식관을 비판하면서 지식에 대한 다양한 관점을 낳았다. 이렇게 지식관이 시대적으로 변모해 온 흐름을 거시적 시각에서, 즉 명확히 구분되고 단절된 패러다임으로 보여주는 것이 쉽지만은 않다. 흔히 철학적 인식론의 구분에 지식관을 대비하는 방안으로서 〈표 I-2-5〉와 같은 구분도 가능할 수 있겠다.

〈표 I-2-5〉 철학적 인식론에 따른 지식관의 패러다임 변화

구분	Pre-modernism	Modernism	Post-modernism	Post-humanism
특징	형이상학적 지식관	인간 중심 세계관에서 출발하는 지식관	해체주의적 · 타자성 회복 관점의 지식관	인간과 인공지능 공존의 지식관
시대	고대~17세기	계몽주의~20c초	현재	인공지능의 등장

이러한 구분 방식은 철학적 인식론과 학교지식 사이에 상당한 간극이 존재하여 구분 자체가 거칠다는 측면이 있다. 다시 말해서 학교지식에 대한 의미를 도출하는 데 또 다른 노력이 요구되는 약점이 있다. 아울러 시대 구분이 불분명하여 그 자체가 논쟁의 대상이 된다. 무엇보다도 pre-modernism 시기가 지나치게 길어서 교육학 분야에서 다루어온 전통적인 지식론을 거의 포괄하고 있다. 예를 들어 고대 그리스의 합리주의적 지식관과 modernism 지식관 사이에 지식의 객관성과 합리성의 가정은 겹친다. 또한 철학적 인식론과 교육학에서 각각 modernism과 postmodernism을 이해하는 방식에서 차이가 있다. 이를테면 철학적 인식론에서는 modernism이 인간 중심 세계관인 반면, 교육학 방면에서는 구성주의와 같은 학습자 중심의 지식관을 postmodernism 시기의 담론으로 간주하고 있다. 철학적 인식론에서 post-modernism 담론은 다분히 비관적이고 종말론적 특성을 보여주지만 교육학 분야에서의 post-modernism 담론은 지나치게 긍정적이고 구성적이며 합리적이라는 점에서 큰 차이가 있다(조화태, 1993). 마지막으로 인공지능의 등장을 기준으로 구분이 가능한 post-humanism의 패러다임 설정은 급격히 변모하는 지식관의 내용을 온전히 담고 있지 않다는 약점이 있다.

이러한 시대 구분의 약점을 피하기 위해 지식의 존재 및 성격을 기준으로 구분하는 방안이 있을 수 있다. 〈표 I-2-6〉과 같은 구분 방식은 교육학 분야에서 다루어온 지식관을 중심으로 패러다임을 설정하는 것이다. 물론 각 구분 사이의 경계는 여전히 명확하지는 않기 때문에 별도의 이론적 정당화가 필요하다.

〈표 I-2-6〉 지식의 존재 방식과 성격에 따른 지식관의 패러다임 변화

구분	형이상학적 지식관	과학적 · 실증적 지식관	해석적 지식관	탈(脫) 인간 중심 지식관
특징	• 고대 세계관에 기초한 앎의 문제 이해 • 외부 사물에 질서를 부여하는 방식으로서 지식	• 자연과학적 세계관 • 지식의 객관성 가정 • 실증주의적 진리 준거에 기초한 지식	• 인간의 이해에 기초한 지식이론 • 지식의 상대주의적 가정 • 학습자의 세계 구성적 과정 강조	• 인공지능의 deep-learning과 인간 사고의 공존 인정 • 데이터-정보-지식의 관계 변화 • 지적 이해의 상보적 학습효과 및 재창조
시대	17세기 이전	계몽주의~20c초	현재	weak/strong AI의 등장

이 구분 방식에 따른 첫 번째 시대는 형이상학적 지식관이다. 이는 고전적인 세계관에서 등장한 지식관인데, 자연철학 및 존재론이 우위에 있었던 지식관이다. 고대 그리스적 지식론에서 찾자면 이데아론, 존재-표상 대응 이론, 지유교육 등이 이에 해당하지만 근·현대의 교과 중심 교육과정이나 도야 이론 등에도 이러한 관점이 스며들어 있다. 대체로 교육의 철학과 역사에서 고대 그리스 시기의 합리주의 전통과 현대 미국의 항존주의 및 본질주의 교육철학도 이러한 흐름의 연장선에 있다. 두 번째 지식의 패러다임은 과학적, 실증적 지식관이다. 여기엔 자연과학 우위의 패러다임(과학주의)에 해당하는 지식관이 모두 포함된다. 예컨대 실증주의, 분석철학, 프래그머티즘의 도구주의적 관점, 행동주의적 가정을 가진 역량 기반 교육과정 이론 등이 이에 해당한다. 이 패러다임에서는 실재의 동질성을 기반으로 지식의 객관성과 보편성(혹은 탈맥락성)을 표방한다. 아울러 지식의 대상을 대하는 인식자(학습자)의 가치중립적 태도가 추가로 전제된다.

세 번째 패러다임은 해석적 지식관이라고 부를 수 있다. 이는 지식의 객관성과 가치중립성을 거부하고 인식 주체인 인간 주관의 관여를 인정한다. 학습자 중심의 구성적 지식, 지식의 맥락성, 해체주의적 지식관, 앎의 신체

관련성(embodied knowledge) 등이 여기에 해당하며 흔히 존재론적 지식관이라고도 부를 수 있겠다. 철학적 전통에서 현상학, 폴라니의 지식론, 실존주의, 비판이론, 지식 사회학(교육과정 사회학) 등이 여기에 해당한다. 이러한 패러다임은 지식 정보사회라는 환경에서 학습자의 지식 구성적 측면을 강조하는 것과 디지털화된 지식 및 정보 저장으로부터 지식을 탐색하는 능력(know-where)도 포함한다. 여기서 지식 탐색-배열-구성-재창조와 같은 일련의 과정에서 학습자의 주도적이고 창의적인 역할을 가장 주의 깊게 다루어야만 한다.

마지막으로 탈(脫) 인간 중심 지식관의 패러다임이다. 물론 이 시대 구분은 급격한 미래 기술혁명 사회의 도래를 예견하면서 설정한 것이기에 그 의미가 무엇인지 여전히 명확하지는 않다. 그럼에도 미래의 지식 담론이 인공지능과의 관련성으로 수렴될 가능성이 없지 않다는 점에서 적합한 패러다임 설정이라고도 할 수 있다. 인공지능과 학습자의 공존을 전제로 데이터-정보-지식의 관계 변화와 지적 이해에서의 상보적 관계 및 지능의 재창조 측면에 주목할 필요가 있다(Braidotti, 2013/2015; 이종관, 2017; 우정길, 2019). 이와 같이 새롭게 예측되는 미래 지식의 패러다임이 어떤 모습을 보여줄 수 있는지에 대해 다음 절에서 더 자세히 다루기로 하겠다.

나. 탈(脫) 인간 중심 지식관의 전망

서양 근대 계몽주의는 데카르트의 코기토 주체, 칸트의 이성적 존재들의 공동체 등에서 보듯이 인간이 주도적으로 이 세계와 자연을 구성하는 것으로 간주한다. 이러한 인간에 대한 이해는 인간 중심주의 패러다임을 형성해왔다. 또한 이러한 휴머니즘 관점은 곧 유럽 중심주의와 동일한 의미였다. 철학적으로 이러한 유럽 중심주의는 다음과 같이 이해된다.

> 자아와 타자의 변증법을 그리고 동일성과 타자성의 이분법적 논리를 함축하는데, 각각이 보편적 휴머니즘의 원동력이며 문화의 논리다. 이 보편주의적 자세와 이분법적 논리의 중심에 가치가 하락한 것으로서의 '차이' 개념이 있다. 주체성은 의식과 보편적 합리성과 자기 규율적 윤리적 행위와 동일시되고, 타자성은 주체성의 부정적인 짝, 주체성을 거울처럼 반사하는 대응짝으로 정의된다(Braidotti, 2013/2015: 26).

유럽 중심주의를 토대로 하는 인간 중심 패러다임은 이미 철학적 포스트모더니즘에 의해 충분히 비판받아 왔다. 하지만 또 다른 흐름에서 이러한 탈 인간 중심적 관점을 근본적으로 제기한 시도가 있었다. 흔히 포스트휴머니즘(posthumanism)이라고 일컬어지는 것으로서, 이 용어는 1946년부터 1953년 사이에 사이버네틱스(cybernetics)에 관한 시스템 이론으로 거슬러 올라간다. 이 입장에 따르면 정보와 인지 문제와 관련하여 그동안 인간에게 부여했던 특권을 박탈하여 생물학적 및 기계적, 커뮤니케이션의 과정에 기반을 둔 새로운 이론을 개발할 필요가 있다는 것이다(김환석, 2016: 50; 정윤경, 2019: 119). 이러한 새로운 관점의 등장은 로봇공학, 보철공학 기술, 신경과학, 유전공학 등의 급속한 발전으로 인해 인간 이해에 대한 새롭고 전면적인 수정을 요구하였다. 이에 철학 방면에서는 '철학적 미래학'의 패러다임에서 탈(脫) 인간 중심주의 및 포스트휴먼적 아이디어를 제안하기 시작하였다. 특히 인공지능의 등장은 도구가 '뇌 속의 존재자'(이종관, 2017: 14)로 변신하고 있음을 보여준다. 이렇듯 인공지능이 인간의 학습을 보완하거나 대체하는 상황은 인간 존재에 대해 완전히 다르게 이해해야 함을 의미한다.

하지만 이러한 포스트휴머니즘의 개념적 정체성을 복잡하게 만든 계기는 '트랜스휴머니즘'이라는 신조어의 탄생이었다. 이 용어는 1998년 철학자 보스트롬(N. Bostrom)의 주도하에 세계 트랜스휴머니즘 협회(WTA)가 결성되면서 그 공식적인 모습을 드러냈다. 이 협회에서 나온「트랜스휴머니스트 선언」은 다음과 같다.

> 트랜스휴머니즘은 응용 이성을 통하여, 다시 말해서 노화를 제거하고 인간의 지적, 신체적, 심리적 능력을 대폭 향상하는 데 두루 이용할 수 있는 기술의 개발을 통하여 인간의 조건을 근본적으로 개선할 가능성과 희망을 높여주는 지적이고 문화적인 운동이다(이종관, 2017: 28에서 재인용).

이와 같이 포스트휴머니즘 용어 이외에 트랜스휴머니즘의 개념까지 등장하는 것은 전통적으로 인간의 일방향적 세계 구성 및 해석을 지양하여 인간과 다양한 첨단 매체 및 일반 사물들과의 상보적, 공존적 관계를 강조한다. 이러한 의미에서 포스트휴먼 개념은 "생명 물질이 생명력 있고 자기 조직적이면서도 비(非)자연적 구조로 되어 있다." (Braidotti, 2013/2015: 9)고 가정한다. 다시 말해서 뇌 바깥의 도구와 생명 물질로 이루어진 뇌 사이의 상보적인 관계를 가리킨다.

인공지능의 등장은 기존 지식관에 커다란 도전임에 틀림없다. 지식의 출현, 구성 및 재구성, 활용 등은 생명체로서 인간종의 특권적이고 고유한 영역이었다. 물론, 이미 오래 전부터 컴퓨터와 같은 보조적인 기계장치는 지식을 디지털화하여 무한정의 저장소를 제공해 왔다. 지식 정보사회의 도래와 함께 인간은 디지털화된 지식을 탐색, 재구성, 활용하면서 기존의 사고 역량을 극대화할 수 있었다. 그러나 인공지능의 출현은 단순히 보조적 기계장치와는 전혀 다른 존재자의 출현을 예고한다. 인공지능의 출현으로 등장한 새로운 패러다임이 위험한 현상인지(신상규, 2013), 첨단 뇌 과학이나 유전공학 기술을 활용한 우생학적 신경조작이 과연 '교육의 종언'(Sloterdijk, 1999/2004)을 의미하는지, 혹은 현재까지의 교육이 '공학적으로 낮은 수준의 수단'(Bostrom, 2003)인지 등에 대한 규범적, 가치론적 판단은 쉽지 않은 문제이다. 그렇지만 지식에 대한 새로운 관점은 지금까지의 인간 중심적 이해를 지탱하기 어려울 수도 있다는 예상을 하게 한다. 그렇다면 탈(脫) 인간 중심적 지식관을 어떻게 이해하여야 할까? 무엇보다도 인공지능의 등장으로 인해 인간의 지식 습득 방식의 변화는 불가피하다. 먼저 이를 중심으로 논의하고자 한다.

인간의 학습, 즉 지식의 내면화 혹은 습득 과정은 경험을 일반화하여 미래를 예측하면서 지식을 활용, 적용하는 데 초점을 맞추고 있다. 이에 반해서 인공지능의 학습은 경험 대신 지극히 복잡한 알고리즘과 방대한 데이터를 통해 행해진다. 물론 인공지능이 인간의 뇌신경망을 모방하여 만들어졌지만, 인간의 창조적 능력과는 비교가 불가능하다. 하지만 현재 인공지능 자체의 기술적 발전 과정은 인간의 독자적인 사고 능력인 구성주의나 신체화 및 체화된 인식의 단계를 따르는 수준으로까지 등장하고 있다. 그러한 기술적 진화가 어디까지 진행될지에 대해 정확히 가늠할 수 없지만 현재 단계에서도 인간의 학습과 인공지능 사이의 상보적인 관련성은 충분히 가능하다고 할 수 있다. 그러한 설명의 예를 살펴보면 다음과 같다. 이영준(2020, 115-119)은 블룸(B. S. Bloom)의 개정된 분류 체계(taxonomy)를 기준으로 교육을 통해 성취되는 지식의 구조에 따라 단계별로 차별화된 인공지능의 활용이 가능하다고 주장한다. 블룸의 개정된 분류 체계는 낮은 수준의 사고에서 높은 수준의 사고로 진행된다. 기억-이해-응용-분석-평가-창조의 순서가 그것이다. 여기서 경험에 기초를 둔 인간의 지식 습득과 데이터의 입력을 통한 인공지능의 학습에도 차이가 있지만, 지식을 스스로 생성하거나 적용하는 데 한계가 있는 인공지능은 지식의 위계적인 각 단계에서 서로 다른 기여를 한다는 것이다. 이를테면 기억하기와 이해하기와 같은 낮은 단계의 사고에서는 인공지능이 인간의 두뇌를 초월할 수밖에 없다. 컴퓨터 기반의 디지털화된 지식 저장은 간단한 검색을 통해 인간의 기억과 이해 단계를 능가한다. 또한 응용과 분석 단계의 사고에서는 인간과 인공지능 사이의 협업이 최대의 성취를 낳을 수 있다. 이 단계에서 인공지능은 빅데이터 자료를 기반으로 질병 진단, 법적 판단, 주식 예측, 각종 확률적 판단을 하는 데 탁월한 결과를 보여준다. 반면에 고차원의 사고인 평가와 창조의 단계에서는 학습된 지식과 그 적용 사이에 상호작용이 있기 때문에 인간이 주도적인 역할을 할 수 있다. 이 단계는 창의적인 지식의 창출도 있지만 무엇보다도 윤리적, 도덕적 판단과 같은 가치 규범적 역할이 요구되기 때문이다.

이렇듯 인공지능을 비롯한 혁신 기술의 출현에 영향을 받아 전통적인 철학적 존재론과 인식론에 있어 급격한 패러다임의 전환을 보여주는 입장들이 등장하였다. 이러한 흐름으로서 어떤 것이 있는지 살펴보고 그로부터 지적인 아이디어를 수용한 새로운 교육관 및 지식관을 소개하기로 한다.

먼저, 모더니즘의 인간 중심주의와 포스트모더니즘 이후의 탈 인간 중심 지식관을 개관하면 〈표 I-2-7〉과 같다.

〈표 I-2-7〉 탈 인간 중심 지식관의 이론적 흐름

구분	인간 중심주의	탈 인간 중심주의	
	모더니즘	포스트모더니즘	포스트휴머니즘
인간과 존재	• 주체와 객체의 이원론 • 세계 구성적 주체	• 이원론 부정 • 주체의 상대화	• 유목적 주체 • 수행적 주체와 행위 실재론 • 상호의존 관계성
사물과 인식	• 재현(再現)의 인식론	• '타자성의 회복' • 정전(正典)으로서 지식 부정	• 신생의 인식론 • 신(新)유물론 • 사물의 행위성

근대적 인간관 및 존재론을 비판하는 탈 인간 중심적 관점은 인간종의 탁월성을 전면 부정하지는 않지만, 인간을 둘러싼 혹은 인간을 포함한 모든 관계항 간의 상호의존성에 주목하면서 우주, 자연, 세계에서 인간의 중심적 위치를 상대화한다. 그러한 시도들은 다음과 같이 다양한 관점에서 제안되었다.

과학의 발전으로 말미암아 인간의 생물학적 한계를 인정하고 인간의 기본적 조건을 재규정하는 브라이도티(R. Braidotti)의 유목적 주체(Braidotti, 2013/2015: 115) 개념이나 언어를 매개로 인식자로서 인간이 인식 대상을 재현한다는 전통적인 실재론을 비판하면서 복잡한 세계 내에 포함되어 있는 인간 존재와 세계의 수행적(performative) 관계를 강조하는 바라드(K. Barad)의 행위 실재론(agential realism)(Barad, 2009: 61), 혹은 인간은 비(非)인간들과 얽히면서 그 경계, 즉 물질과 정신의 경계가 불분명해지고 있다는 점에서 물질성을 중심으로 인간의 경험과 행위에 주목하는 신유물론(new materialism)의 관점(김환석, 2016) 등은 공통적으로 인간을 모든 재현의 중심에 두고 척도로 간주해 온 인간 중심주의의 존재론과 인식론을 비판하고 있다.[3)]

근대적 세계관으로서 인간 중심주의는 동시에 근대 교육학이 그 뿌리를 두었던, 이른바 '주체 교육학'을 탄생시켰다. 인간 주체의 이성적이고 통일적 실체를 보존하고 이를 확산하는 데 목표를 두었던 근대 교육학은 외부 세계의 실재와 이를 일방적으로 구성하는 인간 주체라는 이분법에 근본적인 토대를 두었다. 17세기 이후 이러한 존재론 및 인식론적 구도는 푸코의 의미에서 재현(representation)의 시대를 반영하는 것으로서(Foucault, 1966/2012: 85), 근대 학교교육에서 다루어지는 지식도 여기에 기초하고 있었다. 즉 학생들은 실제 외부 세계에 노출되지 않은 상태에서 재현의 대상으로서 지식을 받아들인다. 다시 말해 지식은 학교 바깥의 세계를 재현하여 교사

3) '물질적 전회'를 계기로 담론의 중심을 주체에서 객체(비인간)로 옮기려는 일련의 움직임을 하는 포스트휴머니즘으로 포괄할 수 있다. 포스트휴머니즘의 이론적 토대로는 들뢰즈(G. Deleuze)와 데란다(M. De Landa)의 아상블라주 이론(assemblage theory), 바라드(K. Barad)의 수행적 신물질주의, 라투르((B. Latour)의 행위자연결망 이론(actor-network theory), 하먼(G. Harman)의 객체지향존재론(object-oriented ontology), 메이야수(Q. Meillassoux)의 사변적 실재론(speculative realism) 등이 있다(김환석, 2020; 박휴용, 2020). 이러한 탈 인간 중심주의 이론들은 인간 중심의 이분법을 거부하고, 리얼리티는 인간과 비인간의 관계 속에서 창발한다는 관점을 공유한다(민수홍, 2019). 예컨대 포스트휴머니즘적 세계관을 공유하면서 신물질주의는 인간뿐만 아니라 다양한 비인간적 존재들(동물, 식물, 사물, 기계 등)도 행위주체성(agency)을 가진다는 입장을 취한다.

의 중개를 통해 학생들에게 전달되는 것이다. 그 결과 학습자는 대상이 기초하고 있는 실재라는 토대로부터 소외되어 추상적인 지식, 즉 관념 덩어리만을 다루게 된다. 비에스타와 오스버그(Biesta & Osberg)는 이러한 '재현의 인식론'에 기초한 정적이고 세계의 반영으로서 지식론을 비판하면서 지식을 움직이는 세계에 관여하는 활동으로서 접근할 것을 제안하였다 (Biesta & Osberg, 2007). 이러한 관점은 이미 듀이의 세계 경험 강조나 후기 허스트의 '사회적 활동(social practices)' 개념과 동일한 관점이기도 하지만, 오늘날의 패러다임의 전환 흐름에서 본다면 학습자와 지식 대상의 이원론적 가정에 대한 근본적인 비판이면서 학습자가 인식 대상을 일방적으로 구성한다는 인간 중심적 지식관을 지적하는 것이기도 하다. 이렇게 학습자의 대상에 대한 지향성에만 초점을 둔 주체교육학에 대한 비판은 마스켈라인(J. Masschelein)의 주장에서도 유사하게 확인된다. 그에 따르면 근대 주체 교육학은 교사 중심의 교육관으로서 학습자는 교사에 비해 주체성을 박탈당한다. 학습자와 교사 사이에서 대등한 관계는 부정되고 학습자는 언제나 결핍 존재이며 그로 인해 교사 주도의 폭력에 희생될 수밖에 없다. 교육적 실천에서 객체(학습자)에 대한 주체(교사) 행위의 일방향성이 강조된다는 말이다(우정길, 2007).

이러한 학습자에 대한 전통적인 이해를 비판하게 되면, 철학적 실체로서 주체를 이해하지 않고 '과정적' 개념으로 재규정함으로써 교사와 학습자의 만남과 상호주관성에 기반을 둔 교육을 강조할 수 있게 된다. 이러한 관점에 따르면 교육은 상호의존적 관계 속에서 끊임없이 변화하는 과정적 세계에 속해 있으며, "지식(앎)은 지속적인 관계 속에서 관여하고 행위함으로써 나타나는 것이다."(정윤경, 2019: 133) 이러한 학습의 의미에 대한 재규정은 지식의 대상에 대한 새로운 규정을 초래한다. 이제 인간 주체가 해체되고 활동적 행위자로 규정된다면, 지식의 대상은 인간이 일방향적으로 구성하는 것이 아니라 인간을 포괄하고 있는 세계의 과정 속에 참여하는 모든 관계항의 행위, 실천, 행함 그 자체가 된다. 이로써 지식은 정적인 세계의 반영 결과, 즉 재현이 아니라 인간과 비(非)인간의 상호작용으로부터 생성하는 것이라는 점에서, 인간과 사물, 세계 자체가 분리되지 않는다.[4)]

포스트모더니즘에 관한 담론을 대체하는 것으로 보이는 최근의 탈 인간중심적 인식론 및 존재론의 관점은 교육이론 방면에도 적극 수용되고 있다. 그로부터 지식에 대한 근대적 접근 방식을 급진적으로 전복시키는 이해가 등장하고 있다. 그 결과 전통적인 권위로 인정받은 정전화(正典化)된 지식을 무효화하는 데 그치지 않고, 인간을 포함하여 세계 속에 다양한 관계항의 상호의존적 상황에서 산출되는 대상을 지식으로 인정하고, 인간 외의 사물 행위성에 기초하여 학습자와 외적 대상 사이의 경계도 불분명하게 간주하는 입장으로까지 전개되고 있다. 이러한 새로운 시도를 통해 등장하는 지식 개념이 무엇인지 아직은 분명하지 않다. 그러한 재개념화를 통해 등장하는 새로운 지식의 의미와 교육 실천의 변화를 꾸준히 추적할 필요가 있다.

다. 학교지식의 재개념화

학교지식(school knowledge)은 '학교'라고 하는 독특한 장(場)을 배경으로 하는 데서 여타의 지식과는 구별된다. 학교의 전형적인 모습은 교실에서 교사와 학생이 학교지식을 통해 상호작용하는 것이고, 이 과정이 바로 '교수 · 학습'이다. 따라서 교수 · 학습의 핵심이자 매개체가 곧 학교지식인 것이다. 이러한 상황에 주목하여 학교지식을 교과목, 교육과정, 교과서, 교재 등으로 규정한다(McNeil, 1986: 161-166; 藤岡信勝, 1990; 김인식 외, 1993: 52-53; Onyago- Ouma, 2006: 394). 이 관점에서 보는 학교지식은 교사가 학생에게 가르치는 것이기 때문에 학생에 대한 교사의 (절대적) 권위

4) 비에스타와 오스버그는 근대의 재현의 인식론과 대비시켜 이를 신생의 인식론(emergent epistemology)이라고 부른다(Biesta & Osberg, 2007).

및 권력을 나타내는 것이기도 하다.

'가르친다'라는 시각에서 보면 교사는 학교지식을 잘 알고 있는 존재이고 학생은 모르고 있는 존재이기 때문에 교사는 학생을 가르친다는 것이 정당화 및 당연시되어 왔다. 이와 같이 학교지식이 교사에 의해 학생에게 가르치는 것이기 때문에 학생의 지식 습득 통로가 교사를 중심으로 일원화되고 교사에서 학생으로의 일방향이 하나의 공식처럼 여겨져 왔다. 가르치는 대상으로서의 학교지식은 교과목 및 교육과정, 교과서, 교재 등으로 대단히 정교한 지식체로 조직되어 있기 때문에 이 학교지식은 교사의 권위를 나타내는 표상이기도 하다.

또 다른 한편 학교지식은 모종의 교육적 목적을 지닌다. 즉 학교는 교육적 목적 및 가치를 실현하기 위한 조직이자 제도이며, '이러이러한 목적'을 위해서 혹은 '저러저러한 가치'를 실현하기 위해서 지식을 선택 및 정제하게 되고, 변형, 확장한다. 교육적 목적 및 가치 문제가 작용하기 때문에 또한 학교지식은 인지적인 측면에만 한정하지 않고 기능(技能, skill) 및 태도, 가치, 윤리 문제까지 포괄하게 된다. 즉 학교지식은 학교교육에서 다루게 되는 지식, 기능, 태도·가치·윤리 등의 총체로 규정된다(高旗浩志, 2001: 24). 이 관점에서 보면 학교지식은 일반적인 지식의 경계를 확장한 교육내용으로서의 성격이 강하다. 즉 학교지식은 단순히 지식의 습득과 축적에 머물지 않고 기능과 태도·가치·윤리의 앎과 실천까지 포괄하여 보다 광범하게 규정되는 것이라고 할 수 있다.

학교지식의 의미는 학교의 교육적 역할 및 기능(機能)과 교수·학습의 자극 매개체라는 두 측면으로 파악된다. 이 두 측면에서 보자면, 학교지식은 학교의 어떤 교육적 목적을 위해 교육내용으로 구성되는 지식 및 기능, 태도·가치를 교육과정 및 교과목, 교재 등과 같은 형태의 교수·학습 매개체로 구성하는 것이라고 할 수 있다. 그렇지만 학교지식을 가르치고 배운다는 의미에서의 '교수·학습의 자극 매개체'라고 하는 것에는 지식 전달과 지식 수용이라는 관점을 강하게 지니고 있다는 점에서 동의하기 어려운 측면이 있다. 왜냐하면 미래 학생들은 전달된 지식의 수용에 머물지 않고 보다 다양한 경로를 통해 지식을 획득 및 발견하고 생성하는 지식 활동을 수행할 가능성이 크기 때문이다. 또한 교수·학습 매개로서의 종래 학교지식에서 보이는 중요한 특징의 하나가 학교 및 교사가 학교지식을 학생에게 '제공하는 것', '전달하는 것', '가르치는 것'이기 때문이다. 적어도 지금까지는 학교지식이 이러한 이미지를 형성해 왔고 그것을 당연시해 왔다. 그렇지만 미래에도 이러한 도식화가 유지될 수 있을 것인가에 대해서는 의문의 여지가 있다. 따라서 이 책에서는 학교지식을 교수·학습 자극 매개체에 제한하여 규정하는 것을 유보하고, 일반적인 지식의 경계를 확장한 교육내용으로서의 성격을 갖고 학교의 교육적 목적을 위해 교육내용으로 구성되는 지식 및 기능, 태도·가치·윤리로 파악하고자 한다. 기능이 학교지식으로 파악되는 것은 그것이 수행 및 실천을 통해 관련 지식을 이해함으로써 특히 방법적 지식 및 실천적 지식의 특성을 띠기 때문이다. 또한 태도·가치·윤리는 관련 지식을 이들 측면에서 이해하는 것으로 특히 정의적 지식의 특성을 지닌다.

최근 학교지식의 개념 및 구도와 관련하여 언급하고 있는 것으로 OECD (2018)가 발표한 『The Future of Education and skills Education 2030』(이하, 'OECD 2030')을 들 수 있다. 물론 OECD 2030은 학교지식이라는 말은 직접 사용하지 않고 역량 관점에서 지식을 다루고 있지만, 『The OECD Learning Framework 2030』(OECD, 2018: 4)에 제시된 지식(knowledge), 기능(skills), 태도·가치(attitudes, values)는 이 책에서 다루는 학교지식의 지식, 기능, 태도·가치·윤리와 유사한 맥락을 갖는 것으로 보인다. 다만, 지식을 학문적, 간학문적, 인식론적, 절차적 지식으로 분류하고 있는데 층위 측면에서 검토의 여지가 있는 것으로 보인다. 이 책에서는 지식이 갖는 특성 및 성격 측면에서 이 지식을 명제적 지식과 방법적 지식으로 파악하고자 한다. 또한 OECD 2030에서는 기능을 인지적·메타 인지적, 사회·정서적, 신체·실제적 기능으로 구분하고 있다. 이 책에서는 사고 기능과 신체적 기능으로 분류하여 다루고자 하는데, 인지적·메타 인지적 기능은 사고 기능과 같은 맥락을 갖고 있는 것이라고 할 수 있다. 다만 사회·정서적 기능은 큰 범주에서 사고 또는 신체 기능으로 포괄될 수 있을 것으로 보이며, 특히 태도·가치·윤리 영역으로도 분류될 수 있는 것으로 보인다. 왜냐하면 학교지식 측면에서 '태도·가치·윤리'는 정서적 및 정의적 지식으로 파악되는 것이기 때문이다. 이에 따라 이 책에서는 학교지식이라는 관점에서 지식과 역량의 구도를 [그림 I-2-2]와 같이 파악해 두고자 한다.

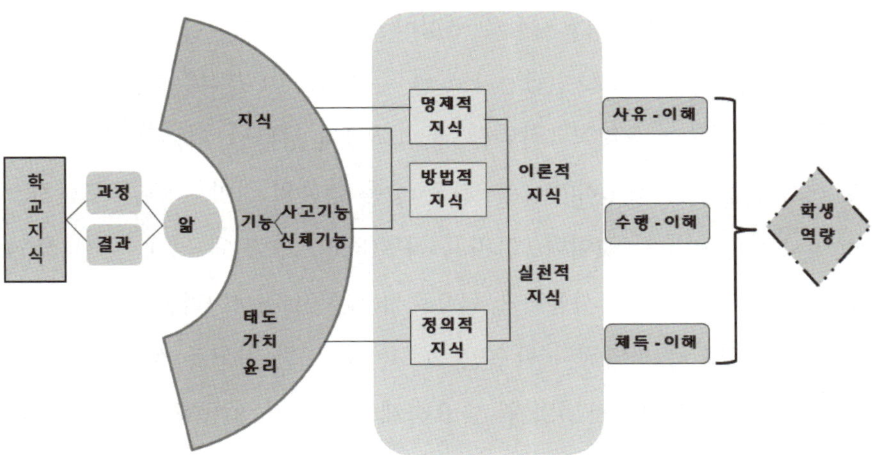

[그림 I-2-2] 학교지식의 구도

[그림 I-2-2]에서는 지식과 역량을 별개 차원이 아니라 역량은 지식을 갖춤으로써 형성되는 것으로 본다. 먼저 학교지식은 '결과' 지식뿐만 아니라 '과정' 지식을 포괄하며 지식과 기능, 태도·가치·윤리 측면을 나타낸다. 즉 학교지식은 지적 측면에 한정되지 않고 기능 및 태도·가치·윤리 측면까지 포괄하는 것이다. 왜냐하면 학교지식에서 기능은 주로 수행 및

실천을 통한 이해를, 태도·가치·윤리는 체득을 통한 이해를 도모하는 것이기 때문이다. '지식'은 전통적으로 학문적 지식만을 그 대상으로 해 왔다고 할 수 있지만 학생들의 삶과 생활 등을 중심으로 한 생활지식까지도 포괄하여 파악할 필요가 있다. 이들 지식은 명제적 지식 및 방법적 지식, 규범적 지식을 중심으로 구성되는 것으로 본다. 다만 [그림 I-2-2]에서 태도·가치·윤리 측면이 규범적 지식 성격을 지니고 있다고 할 수 있기 때문에 명제적 지식과 방법적 지식으로 분류해 두었다. 방법적 지식은 '지식'과 '기능'의 양방에 걸쳐져 있는 것이라고 할 수 있는데, '지식'에서의 방법적 지식은 주로 사유를 통해 학문 및 생활 대상의 지식을 아는 방법을 이해하는 것이라면 '기능'에서의 방법적 지식은 수행 및 실천을 통한 이해 성격이 강하다고 할 수 있다. 학교지식을 구성하는 이들 지식은 다시 크게 이론적 지식과 실천적 지식으로 수렴된다고 볼 수 있다. 이 분류는 아리스토텔레스의 『니코마크스 윤리학』(최명관 역, 1984)에 나타난 이론적 진리 탐구 및 관조적 활동인 '테오리아(theoria)'와 좋은 행동의 의미로 쓰인 '프락시스(praxis)'에서 비롯된 것이다. 그리고 라일(Ryle, 1949)에 의해 '실천' 영역에 '지식'이라는 용어를 사용하게 됨으로써 실천적 지식이라는 말이 사용되기 시작한 것으로 파악된다(한수민, 2014: 9). 또한 참고로 실천적 지식은 최근 교사교육 분야에서 상당히 중요하게 다루어지는 동향이 파악되는데 그 배경은 교사교육의 내용이 주로 이론적 지식을 다루어 온 것에 문제를 제기하고 학교 현장에서 벌어지는 상황은 보다 복잡한 상황임을 강조하면서 이러한 상황에 필요한 것은 교사의 실천적 지식이라는 주장에서이다(정윤경, 2009: 203). 학교지식의 관점에서 보면 학생들은 이들 지식에 대한 사유와 수행, 체득 등을 통해 이해함으로써 역량을 형성하는 것이다. 따라서 학교 교육과정에서 역량에 대한 접근은 지식과의 관계에서 이루어지는 것이라고 할 수 있다.

OECD의 역량에 대한 접근은 그동안 상당한 반향을 일으켜 우리나라를 포함하여 세계 각국의 학교 교육과정 구성에 영향을 주었다. 그런데 OECD의 역량 접근은 1997년부터 2003년에 걸쳐 수행한 DeSeCo 프로젝트와 OECD 2030으로 구분해 볼 수 있다. 학교교육에서 역량 접근은 학교교육이나 지식 교육에서 가지는 추상성을 극복하기 위해 학습 능력을 설정하고자 하는 것이라고 할 수 있다. 이를 위해 DeSeCo 프로젝트에서는 '핵심역량(Key Competencies)'을 설정하였고 OECD 2030에서는 '역량(Competencies)'을 제시하였다. DeSeCo 프로젝트의 역량 접근은 '핵심역량'으로 학교교육 및 학교지식을 규정하고자 했다고 지적할 수 있다. 반면 OECD 2030에서 '역량'으로 접근한 것은 학교교육이나 학교지식을 통해 역량을 형성하자고 하는 아이디어로 평가할 수 있겠다. DeSeCo 프로젝트에서는 기르고자 하는 역량을 핵심역량으로 사전에 설정하여 그 방향에서 교육 및 교육과정을 설계하고자 했다.

DeSeCo 프로젝트의 핵심역량의 영향을 받은 세계 각국은 핵심역량을 무엇으로 할 것인가를 고민하였으며 설정된 핵심역량을 반영 또는 기반으로 교육과정을 설계하고 실행하고자 하였다. OECD 2030은 지식과 기능, 태도·가치에서 출발하여 역량을 형성하는 것에 주목함으로써 핵심역량이 학교교육 및 교육과정을 사전에 규정하는 종래 접근에서 탈피한 것이라고도 할 수 있다. 다만 OECD 2030에서는 '지식'과 '기능', '태도·가치'를 어떤 관점 및 틀에서 파악되는 것인지가 불분명하고, '지식'을 '학문'과 '간학문'이라는 교과 학문에 제한되어 파악하고 있다는 점을 지적할 수 있다. 이 책에서는 [그림 I-2-1]과 같이 학교지식의 관점 및 틀에서 지식뿐만 아니라 기능, 태도·가치·윤리를 파악하고 지식은 학문(학문적 지식)뿐만 아니라 생활(생활지식)까지 포괄함으로써 교과 학문 지식에만 한정하지 않고 보다 폭넓게 파악해 두고자 한다.

한편 학교지식이라고 했을 때 가지게 되는 의문의 하나가 '지식'과 '학교지식'의 관계이다. 이 관계를 본격적으로 살펴보기 전에 우선 지식을 설명할 때 일반적으로 다루게 되는 이른바 「자료(data)-정보(information)-지식(knowledge)」 간의 관계에 대해 짚고 넘어갈 필요가 있다. 자료와 정보, 지식의 의미와 관계는 〈표 I-2-8〉과 같이 구분하여 파악해 볼 수 있다.

〈표 I-2-8〉 자료-정보-지식의 의미 구분

자료	정보	지식
• 실험이나 조사에서 얻은 사실이나 수치의 형태로 계산 또는 결론을 도출하는 기준으로 사용되는 정보 • 컴퓨터에 저장하거나 컴퓨터에 의해 처리하기에 적합한 형태의 정보(예: 숫자, 텍스트, 이미지 및 소리 등)	• 어떤 것 또는 누군가에 대해 습득하거나 제공한 명확한 지식 • 특정 주제에 대한 수집된 사실 및 데이터 • 기본적 의미를 명확히 하기 위해 체계적으로 정리되고 제시된 컴퓨터 데이터 • 유용하게 처리되는 데이터. 즉 누구, 무엇, 어디 및 언제 등의 질문에 대한 답을 제공함	• 정보, 사실, 아이디어, 진실 또는 원칙의 일반적인 인식 또는 소유 • 상황 또는 사실에 대한 명확한 인식 또는 명시적 정보 • 학습된 모든 정보, 사실, 진실, 원칙 • 경험이나 연구를 통해 얻은 친숙함 또는 이해 • 자료 및 정보의 적용. 즉 '어떻게'의 질문에 답하게 됨

출처: https://otec.uoregon.edu/data-wisdom.htm

종래에는 자료는 정보와 지식의 원천으로 자료들은 정보를 형성하고 정보는 지식을 형성하는 전 단계로 규정되는 것이 일반적이었다. 그렇지만 '자료-정보-지식' 간은 말하자면 일방적인 포괄 관계가 아니라 상호 영향을 주고받는 역동적 관계로 설명된다. 즉 정보는 데이터로 구성되지만 데이터가 반드시 정보가 아니듯이 지식은 데이터를 포함하여 정보로 구성되지만 모든 정보를 지식이라고 하지 않는다. 또한 데이터가 결합하여 정보를 생성하듯이 정보를 모아 어떤 사실 및 대상을 이해하는 지식을 창출하게 된다. 지식에는 자료 및 정보를 사용하여 질문에 답하고 문제를 해결하고 의사결정 등을 수행하는 이해와 능력이 포함된다.[5] 자료가 정보를, 정

5) https://otec.uoregon.edu/data-wisdom.htm

보가 지식을 생성하는 방향을 형성하고 있지만 미래에도 이 관계 및 방향이 유지될 것인가에 대해서는 확신할 수 없다. 왜냐하면 디지털 정보 및 인공지능 기술의 지식 관여로 지식의 유통 및 전달, 생성 체계가 역동적으로 이루어질 것으로 전망되기 때문이다. 종래에는 비록 컴퓨터가 데이터와 정보를 처리할 수 있지만 지식을 가질 수 있는지는 의문시됐다. 그러나 미래에는 인공지능 기술의 진전에 따라 그러한 일이 가능할 수도 있다. 따라서 다음 [그림 I-2-3]에서 실선과 같은 일방향이 아니라 점선과 같은 역방향도 형성될 가능성이 농후하다.

학교 밖에는 무수한 지식이 존재하지만 그 많은 지식을 학교에서 가르칠 수도 없고 가르치지도 않는다. 그것은 1차적으로 학교가 갖는 시・공간의 제약 때문이기도 하지만 이른바 다양한 배경을 가진 학생을 대상으로 하기 때문에 학교에서 다루어지는 지식은 지극히 한정적이다. 따라서 학교지식은 본질적으로 '선택된' 지식이다. 학교지식의 선별 과정에서는 [그림 I-2-3]과 같이 다양한 기제(mechanism, 이하 '메커니즘'이라고 함)가 작용한다. 그 대표적인 것으로 '교육' 및 '제도', '이데올로기', '권력', '학교문화' 등을 들 수 있다.

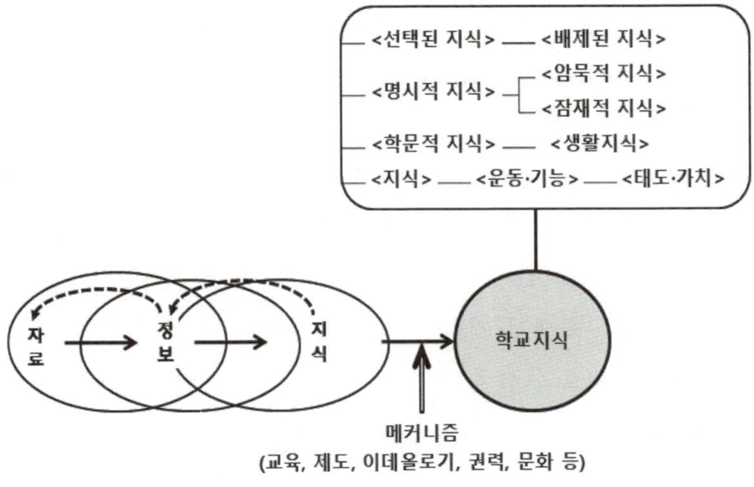

[그림 I-2-3] 학교지식화 과정

학교지식을 선별하는 메커니즘으로서의 '교육'은 특정 지식에 '인간의 제 능력 발달을 도모하는 교육적 지식'을 부여하는 지위를 갖는다. 이에 따라 학교에서 가르치는 지식은 '교육적'인 지향이 덧입혀져 그 가치가 당연시되고 '좋은' 것으로 간주된다. 따라서 '학교에서 가르치는 지식=교육적인 것'의 등식이 성립해 왔던 것이다. 지식과 교육은 〈표 I-2-9〉와 같이 구분해 볼 수도 있다.

〈표 I-2-9〉 지식과 교육

지식	교육
• 사실과 이론의 적용	• 배움의 과정이고 다양한 사실, 사상, 이론을 알게 됨
• 정해진 규칙 및 지침이 없음	• 미리 정해진 규칙, 규정, 교육과정을 가지고 있음
• 인생 경험과 나이로부터 얻어짐	• 학습, 비판적 사고 등을 통해 얻어짐
• 성장이 없고 아동도 성인보다 더 많은 지식을 가질 수 있음 • 주위로부터 자유롭고 나이 제한이 없음	• 책에서 배우고 나이와 함께 성장함
• 기관 및 체제에 따르지 않고도 얻을 수 있음 • 경험을 통해 비공식적으로 습득됨	• 교육을 받기 위해 기관 및 체제를 따라야 함 • 지식을 얻는 공식적인 과정
• 지식에는 경계가 없음	• 학습을 위한 제도가 필요함

출처: http://www.differencebetween.net/language/difference-between-knowledge-and-education/에서 재구성함

학교 밖에서 보다 자유롭게 산재해 있던 지식은 선별 및 정제를 통해 학교로 들어오면 교육의 관리하에 들어가 학생들에게 전달된다. 앞의 [그림 I-2-3]에서 교육은 학생이 지식을 얻는 공식적인 과정 및 통로인 것이다. 이에 따라 학교지식은 공인된 지식을 습득하게 하는 것이기 때문에 공공성(公共性)을 띤다. 이러한 공인된 지식 및 공공성은 다양한 형태의 제도에 의해 뒷받침된다. 우리나라의 경우 학교지식은 법(초·중등교육법과 그 시

행령 등)과 국가 교육과정 체제, 국·검·인정 교과서 체제, 더 나아가 입시 제도와 수능 등 강력한 제도적 기반 위에 성립하고 있다. 이러한 제도적 장치는 학교지식을 공인하여 국가적 필요성을 정당화하기 때문에 교사는 가르쳐야 하고 학생은 배워야 하는 지식이 된다. 그렇기 때문에 대개 학교에서 가르치는 지식에 대해 의심하지 않게 되는 것이다.

교육과 제도는 학교지식의 선별에 공식적이고 직접적인 메커니즘으로 작용하는 데 반하여 이데올로기 등은 겉으로 잘 드러나지 않고 은연중에 모종의 암묵적인 힘으로 작용한다. 학교지식의 이데올로기는 기본적으로 제도를 기반으로 한 공인된 지식에서 파생하는 것이다. 영(Young, 1971) 등의 지식사회학에서 지적하는 '사회 지배 계층의 이데올로기 침투'는 서구의 계급과 계층 사회뿐 아니라 우리나라에서도 어렵지 않게 그 사례를 파악할 수 있다. 일제강점기하의 내선일체 및 황국 신민화 정책(동화정책) 등에 따른 학교의 명칭이나 내용 등이 그러했고, 학교 수업에서 조선어, 조선사 과목 폐지, 전시 동원 체제의 '국민학교령'에 의한 '국민학교(황국신민의 학교)' 등장 등이 또 다른 예가 될 수 있다. 또한 해방 이후에는 냉전시대의 군사 정권에 따른 반공 교육이나 군사 문화의 집단주의 교육 등을 그 대표적인 예로 들 수 있다. 이들 지배 이데올로기는 당시의 교육정책에 대단히 노골적이고 직접적으로 침투하였다. 학교지식의 이러한 이데올기적 측면은 그 형태와 정도의 차이는 있지만 여전히 존재한다. 일제강점기나 군사 정권 당시의 노골적이고 직접적인 형태는 상당히 사라졌다고 할 수 있지만, 겉으로 드러나지 않게 대단히 치밀하고 은밀한 형태로 바뀌어 학교지식에 침투되는 것으로 보인다. 말하자면 현재도 교육과정의 교과목 편제나 교과서 국·검·인정 등도 그러한 은밀한 개입으로부터 완전히 자유로울 수 없다.

학교지식의 문화적 특성은 상대적으로 단위 학교 수준에서 상당히 파악되는 측면이 있다고 할 수 있다. 다만 단위 학교 수준에서 학교지식 선별을 둘러싸고 학교문화가 어떻게 메커니즘으로 작용하고 있는지의 그 실체를 제시하는 것은 용이하지 않다. 왜냐하면 학교지식에 작용하는 학교문화라는 것이 대단히 광범한 영향 요인에 의해 형성되기 때문이다. 말하자면 학력·학벌(學歷·學閥) 등의 사회구조를 비롯하여 국가의 교육제도와 정책, 학교 내 폐쇄·허용 분위기, 교사 개인의 인생사와 교직 경험 등과 같이 대단히 광범한 스펙트럼에 의해 학교문화를 형성하여 학교지식 선별에 작용한다.

전술한 바와 같이, 교육 및 제도, 이데올로기, 권력, 학교문화 등은 지금까지 학교지식을 선별하는 데 주요 메커니즘으로 작용해 왔다. 이것들이 미래에도 유효하게 작용할 가능성이 있지만 그 힘을 발휘하는 형태나 특성 등은 변할 것으로 판단된다. 가령 이데올로기가 종래에는 노골적이고 직접적으로 작용했지만 보다 최근에는 표면에 드러나지 않는 치밀하고 은밀한 형태로 바뀌어 왔듯이 말이다. 또한 미래에는 국가와 전문가의 독점적 지배구조에 변화가 올 수밖에 없을 것이다. 예컨대 우리나라의 경우 민주화와 더불어 디지털 정보기술의 진전으로 참여문화가 지속적으로 확산되어 왔다. 미래 사회 메가트렌드에 따른 급속한 변화 속도와 양상에 따라 참여문화는 전 연령대에 걸쳐 광범하게 확산될 것이다. 이에 따라 학교지식에 대한 국가와 전문가의 독점적 지배구조는 더 이상 통용되지 않을 것으로 보인다.

한편 학교지식도 '자료-정보-지식' 논의의 연장선상에서 파악해 볼 수 있다. 앞서 살펴본 것처럼, 사회의 각 부문 및 학문에서 생성되는 지식은 모종의 메커니즘을 통해 선택되고 정제된다. 이에 따라 학교지식으로 성립되지 못하는 많은 지식들이 존재함으로써 학교지식의 이원적 구도가 형성된다. 이 이원적 구도는 앞의 [그림 I-2-3]에 제시하였듯이 예컨대 「선택된 지식(refined knowledge)」과 「배제된 지식(rejected knowledge)」, 「명시적 지식(explicit knowledge)」과 「암묵적 지식(tacit knowledge)」·「잠재적 지식(latent knowledge)」, 「학문적 지식(academic knowledge)」과 「생활지식

(life knowledge)」 등으로 묘사해 볼 수 있다.

사회 각 부문에서 생성 및 부각되는 모든 지식이 학교지식화되지 않고 선택 및 선별되어 학교로 들어오게 된다. 이 선택 및 선별 지식에 작용하는 대표적인 장치가 교육과정이다. 교육과정은 학교지식화의 전형적인 필터 기능을 수행한다고 할 수 있다. 교육과정은 사회변화 및 학문 발달, 학생 변화 및 요구 등을 동인으로 해서 개발이나 개정이 이루어지지만 또 다른 한편으로는 가장 합법적, 합리적 정당성을 확보하여 학교지식을 선택하고 정제하고 배제하는 기능을 한다. 학교지식의 선택, 정제와 배제의 중요한 틀이 교육과정 편제・영역이다. 교육과정 편제 및 영역에서 자리를 확보하지 못한 부문의 지식은 교육과정에 좀처럼 수용되기 어렵다. 그렇기 때문에 학교지식화되기 위해서는 일차적으로 교육과정 편제 및 영역에 들어갈 수 있는 자리를 확보해야 하는 것이다. 학교지식에 대한 교육과정의 필터 기능은 다른 한편 교육에 일종의 질서를 부여하는 것이라고도 표현할 수 있다. 즉 교육과정을 통해 학교지식을 선택 및 선별, 정제하고 편제 및 영역으로 배치 및 안치해 놓는 것은 교육을 대단히 질서 있게 정렬하는 것이다. 이를 통해 학교지식이 대단히 합리적이고 정당성이 부여되어 있는 것처럼 보이게 된다.

선택된 지식은 교육과정을 통해 학교지식화되어 보급된다. 이때의 학교지식을 명시적 지식이라고 일컬을 수 있으며 이 명시적 지식에 대비하여 나타나는 것이 암묵적 지식[6]이다. 예컨대 김영철 외(2006: 48)는 암묵적 지식을 다른 사람에게 설명해서 그 지식을 공유하지는 못하지만 무엇인가 내부적으로 알고 있는 지식을 말하고, 명시적 지식은 어떤 미디어의 형태

6) 폴라니의 암묵적 지식은 명제적 지식과 극명하게 대비된다. 명제적 지식은 글이나 설명을 통해 배우는 형식의 지식이다. 언어적, 수학적 명제, 논리적 명제와 같이 이러한 지식은 인간의 몸 바깥에 독립하여 존재한다. 인간 존재와의 관계라는 점에서 명제적 지식은 간접적이다. 반면에 암묵적 지식은 개인의 의식 및 몸과 떼어 놓을 수 없기 때문에 언어나 설명을 경유하여 습득되지 않고 직접적으로 혹은 현상으로 마주함으로써 습득된다. 이러한 의미에서 암묵적 지식은 존재론적이며 직접적이고 개인적 지식(personalized knowledge)이다.

로 만들어지고 저장하고 다른 사람들과 공유할 수 있는 지식을 의미한다고 말한다.

명시적 지식은 문서에서 발견되는 것과 같은 성문화된 지식을 지칭한다. 따라서 이 명시적 지식은 식별 및 저장, 검색이 상당히 용이하다는 특징을 갖는다. 반면 암묵적 지식은 비성문화된 것이고 이른바 개인적 경험, 직관 등을 바탕으로 하고 있다. 따라서 명시적 지식과 같이 문서 등에서 발견되는 것이 아니라 인간 이해 당사자들의 마음에서 찾을 수 있다. 여기에는 기술, 능력 및 전문성뿐만 아니라 문화적 신념, 가치, 태도 등이 포함된다. 사실상 모든 실무자 및 실천가들은 이런 종류의 지식에 의존한다. 예컨대 IT 전문가는 자신의 경험과 직관에 따라 문제를 해결한다. 나아가 그들 자신의 지식을 다른 사람들에게 전달할 수 있는 문서로 성문화하는 것이 대단히 어렵다. 이 때문에 특정 분야에서의 경험이 고용시장에서 높은 평가를 받는 이유 중의 하나이다.[7] 또한 명시적 지식과 대비되면서 암묵적 지식과 유사한 맥락을 지닌 것이 '잠재적 지식'[8]이다. 잠재적 지식은 이른바 잠재적 교육과정의 맥락에서 파악해 볼 수 있는 것으로 학생들이 학교 생활에 적응하는 과정에서 스스로 체득하는 가치 및 규범, 태도 등의 행동양식과 관련된 것이라고 이해될 수 있다. 학교지식의 모든 것은 명시적 지식에 의존하여 취급되고 암묵적 지식이나 잠재적 지식은 대부분의 학교에

7) http://www.knowledge-management-tools.net/different-types-of-knowledge.html

8) 분석철학자 라일(G. Ryle)의 구분에 따르면(Ryle, 1949: 28-29), 명제적(propositional knowledge) 지식은 지식의 존재양식이 논리적으로 참·거짓 판정이 가능한 문장 형식을 띠는 지식을 가리킨다. 따라서 명시적(explicit) 지식은 명제적 지식과 동일한 의미로 볼 수 있다. 명시적 지식의 반대편을 가리키는 용어로서 암묵적(tacit) 지식과 잠재적(latent) 지식이 있을 수 있다. 암묵적 지식은 폴라니의 독자적인 지식 개념을 뜻하지만, 흔히 명시적 지식의 반대편에 있는 지식을 통칭하면서 사용되고 있는 듯하다. 반면에 잠재적 지식은 교육과정 방면에서 의도된 학교지식에서 벗어나 예기치 않게 습득되는 지식을 가리킨다. 하지만 철학적으로 잠재적 지식의 근원에 대한 별도의 설명이 가능해 보인다. 이는 의식의 속성에 대한 현상학에서 찾을 수 있다. 즉 '~에 대한 의식'처럼 대상에 대한 의식의 분명한 지향과 관련된 의식을 정립적(鼎立的, thetisches) 의식이라고 하고, 의식의 주체 자신도 의식하지 못하는 의식의 차원을 비(非)정립적(nicht-thetisches) 의식이라고 부른다. 잠재적 지식은 이러한 비정립적 의식의 차원에서 작동되는 지식의 유형으로 설명될 수 있다(조상식, 2010: 187-191).

서 공식적으로 다루어지지 않는 경우가 허다하다.

「학문적 지식」과 「생활지식」은 상호 배타적인 것이라고 말할 수는 없지만 학교교육 및 교육과정에서는 '학문'과 '생활'을 대비하여 취급해 왔다. 말하자면 이 양자는 반대 개념은 아니지만 학교교육 및 교육과정에서는 상호 반동적 의미로 논쟁의 대상이 되어 온 것이다. 교육과정사에서 이러한 논쟁의 전형으로 '생활' 중심 교육과정과 '학문' 중심 교육과정을 들 수 있다. 생활지식은 말 그대로 생활을 통해 알 수 있는 것이고 실생활을 위해 아는 것이라고 할 수 있다. 이에 반해 학문적 지식은 모학문의 체계를 바탕으로 계통적 학습을 도모하는 지식이다. 브루너(Brunner, 1960)에 따르면 교육은 학생이 학자가 하는 것과 본질적으로 동일한 활동을 하도록 하고, 학문의 순수성 및 아는 것 그 자체에서 오는 희열을 지향하는 것이다. 과도한 학문적 지식의 지향은 아동의 생활과는 관계가 없기 때문에 학교지식이 아동의 일상생활과 괴리된다는 비판과 지적을 받게 된다. 그 비판적 지적은 학생들의 삶과 생활에 연결되는 학습을 도모하기 위해 일상생활을 통해 생활에서 배워 가는 지식이 필요하다는 것이다.

적어도 우리나라 학교 교육과정에서 학교지식으로 강력한 힘을 발휘하는 것은 '선택된 지식'과 '명시적 지식', '학문적 지식'이라고 할 수 있다. 이러한 학교지식은 아이러니하게도 지난 수십 년 동안 교육적 측면에서 비판을 받으면서도 견고하게 유지해 왔다. 그렇지만 미래 사회에서도 이들 학교지식이 종래와 같이 통용되고 유용할 것인가에 대해서는 회의적이다. 왜냐하면 이들 지식은 상대적으로 객관적이고 고정된 문서 지식으로 미래 사회의 초현실적 변화 속도와 다차원적 변화 양상에 대응하지 못하는 모양새이기 때문이다. 오히려 선택되지 못한(배제된) 지식이나 암묵적 지식 및 잠재적 지식, 생활지식이 더 강력한 힘을 발휘하게 될 것으로 보인다. 이에 따라 미래 사회의 변화에 대응하기 위해서는 이를 반영한 학교지식의 기반을 모색할 필요가 있다.

Ⅱ 지능정보사회의 메가트렌드

1. 지능정보사회의 메가트렌드와 학교지식

여기서는 미래 지능정보사회에 따른「정보 · 인공지능」부문과「아동 · 청소년」부문의 메가트렌드[1]를 중심으로 다룬다.[2] 그 이유는 지능정보사회를 등장시킨 것이 고도의 정보기술과 인공지능 기술의 결합이고 학생들은 장차 이 지능정보사회에 살아갈 주체이기 때문이다. 이를 위해 첫째, 미래 메가트렌드 및 미래 예측에 관한 주요 문헌을 수집하여 분석하였다. 시의성을 고려하여 2010년 이후의 문헌을 대상으로 하였다. 둘째, 양 부문별 3~4명으로 구성된 전문가 패널에 자문을 의뢰하여 각 부문의 미래 메가트렌드를 정련하였다. 셋째, 양 부문 각각의 전문가 15명에게 메가트렌드에 대한 의견을 개진하여 보완하는 데 참조하였다.

미래 메가트렌드를 추출한 다음, 각 메가트렌드에 따른 학교교육의 방향

1) 인간의 의지로는 어쩔 수 없이 일어나게 되는 거대하고 돌이킬 수 없는 변화의 흐름이 있는 반면, 인간의 의지로 어느 정도 조정 가능한 소규모 국지적인 변화도 있다. 전자를 이른바 메가트렌드라고 일컫고 후자는 매크로트렌드라고 말한다. 즉 메가트렌드는 세상을 변화시키는 거대한 흐름을 의미하고 단순한 예측이 아니라 이론과 현상 분석에 근거한 미래 진단으로 본다(김선희 외, 2009: 19). 또한 메가트렌드는 세계적 규모로 영향을 미칠 것으로 예상되는 사회변화 흐름으로서 회피하거나 변형시키는 것이 현실적으로 불가능한 것으로 설명되기도 한다(송영화 외, 2013: 7). 반면 매크로트렌드는 하나 이상의 메가트렌드에서 파생되거나 독립적으로 발생하는 미래 사회변화 흐름으로 메가트렌드에 비해 영향력 범위 크기가 작고 회피 · 변형 · 조정의 현실적 가능성이 높은 것이다(송영화 외, 2013: 18).

2) 저자들이 수행한『미래 사회 메가트렌드에 따른 학교지식과 교육과정 재구조화(I)』에서는 과학, 산업 · 경제, 환경, 사회 · 문화, 정치 · 국제, 아동 · 청소년, 정보 · 인공지능의 7개 부문으로 구분하여 메가트렌드 및 매크로트렌드를 탐색해 보았는데, 이 책에서는 정보 · 인공지능과 아동 · 청소년 부문을 중심으로 재구성하여 제시하고 있다.

성 및 대응 과제를 파악하기 위해 델파이 조사를 실시하였다. 이를 통해 미래 학교지식의 양상 및 특징을 조망해 보고자 하였다. 델파이 조사 항목은 〈표 II-1-1〉과 같이 구성하였으며, 2021년 3~5월 양 부문 각각의 전문가 15명에게 2회(1차: 2021.3.24.~4.2. 2차: 2021.4.30.~5.10.)에 걸쳐 델파이 조사를 실시하였다. 델파이 조사에서 응답자의 수가 15명이기 때문에 CVR[3) 값 .49 이하의 항목은 기각 처리하였다.

〈표 II-1-1〉 델파이 조사 개방형 항목 구성의 주요 사항[학교교육 대응 과제]

과제 측면	항목 구성 주요 사항
교육내용	• 미래 학교교육에서 다루어져야 할 교육내용(지식, 기능, 태도 · 가치 · 윤리 등)과 관련한 방향성 및 과제
교육방법	• 미래 학교교육의 교육방법과 관련한 방향성 및 과제
교사	• 미래 학교교육에서 교사가 갖추어야 할 역량이나 전문성, 역할 · 기능, 교사교육 등과 관련한 방향성 및 과제
학교 환경	• 미래 학교의 학교 환경 측면(학교문화, 제도, 시스템, 시설 · 설비 등)과 관련한 방향성 및 과제

교육내용 측면은 지식, 기능, 태도・가치・윤리, 교육방법 측면은 교수・학습의 미시적 측면과 교육 형태의 거시 측면, 교사 측면은 역량・전문성, 역할・기능, 교사교육, 학교 환경은 학교문화, 제도, 체제(시스템), 시설・설비에 초점을 두고 응답 결과가 어떻게 나타났는지를 분석하였다. 교육내용 측면의 지식은 '명제적 지식'과 '방법적 지식'으로 구분하여 이들이 어떤 양상으로 나타나는지를 주목해 살펴보았으며, 교사교육은 크게 교사 양성이 중심이 되는 직전 교사교육(pre-service education)과 교사 연수가 중심이 되는 현직 교사교육(in-service education)으로 구분하여 파악해 보았다.

3) CVR(Content Validity Ratio, 항목 내용 타당도)
관련 출처: Lawshe, C. H. (1975). A quantitative approach to content validity. *Personnel Psychology, 28*(4), 563-575. DOI: 10.1111/j.1744-6570.1975.tb01393.x

한편, 미래 사회 메가트렌드 및 매크로트렌드와 학교교육 대응 과제 델파이 조사 결과를 검토하여 학교지식 항목을 구성하고 이들 항목의 적절성을 평가하기 위하여 다시 델파이 조사를 실시하였다. 2021년 6월 30일~7월 12일에 1차 델파이 조사, 7월 21일~7월 29일에 2차 델파이 조사를 각각 실시하였다.

2. 정보 · 인공지능 부문의 메가트렌드와 학교지식

가. 정보 · 인공지능 부문의 메가트렌드

정보 · 인공지능 부문의 메가트렌드를 도출하기 위해 검토한 2010년 이후의 문헌은 〈표 II-2-1〉과 같다. 먼저 이들 문헌은 다루는 폭과 범위가 모두 다르지만 저자들의 전문적 판단을 바탕으로 층위가 유사한 수준에서 트렌드를 정리하고, 전문가 패널에게 자문을 구하여 타당성을 보완하였다. 정보 · 인공지능 부문의 메가트렌드를 정리하는 데 있어서 또 한 가지 특기할 점은 이 분야의 변화가 너무 급속하고 변화의 폭이 크다는 것이다. 이로 인해 20년 또는 30년 후의 메가트렌드를 정밀하게 예측하고 진단하는 일은 거의 불가능하다. 또한 이 책에서 주목하고 있는 2030~2050년의 메가트렌드를 다루고 있는 문헌들을 찾기가 쉽지 않았다. 특히 정보 · 인공지능 부문의 미래 트렌드 연구는 대개 3~5년의 짧은 미래에 관한 것이 다수이고 10년을 내다보는 연구들도 그 수가 많지 않았다.

〈표 II-2-1〉 정보 · 인공지능 부문 문헌에 나타난 주요 트렌드

출처	트렌드(메가트렌드-매크로트렌드)	
McKinsey Digital (2024)	• 생성형 인공지능 (Generative AI)	• 텍스트, 이미지 생성(Text, Image Generation)-텍스트와 이미지를 자동으로 생성 • 생산성 향상(Productivity Increase)-개발자와 지식 근로자의 생산성을 높여줌
	• 적용된 인공지능 (Applied AI)	• 예측 분석(Predictive Analytics)-데이터 기반 미래 예측 • 자동화(Automation)-업무 프로세스를 인공지능으로 자동화하여 효율성을 높임
Gartner (2023)	• 인공지능 엔지니어링(AI Engineering)	• 기업용 인공지능 시스템 구축(Enterprise AI Systems)-기업 내 인공지능 시스템 구축 • 확장성(Scalability)-AI 시스템이 기업 전반에 걸쳐 확장될 수 있는 능력
	• 데이터 중심 인공지능(Data-Centric AI)	• 데이터 품질 개선(Data Quality Improvement): 인공지능 성능 향상을 위한 데이터 품질 개선 • 개인정보보호(Privacy Protection): 인공지능 모델에서 사용되는 데이터의 개인정보보호를 강화
	• 엣지 인공지능 (Edge AI)	• 사물인터넷(IoT)-IoT 기기에서 실시간 데이터 처리 • 자율주행(Autonomous Vehicles): 엣지 인공지능을 활용해 자율주행 차량의 성능을 향상 • 의료진단 향상(Medical Diagnostics Improvement): 의료 데이터 분석을 통해 진단 정확도를 높임
BuiltIn (2023)	• 인공지능과 환경 (AI and Climate Change)	• 탄소 배출 감소(Carbon Emission Reduction): 인공지능 공급망을 최적화하여 탄소 배출을 줄이는 데 기여 • 자원 소모 증가(Increased Resource Consumption): 인공지능 모델 개발에 필요한 에너지가 증가함에 따라 환경에 부정적 영향
Gatner (2020)	• 사람 중심	• 행동 인터넷(Internet of Behaviors) • 개인정보보호 강화 컴퓨팅 • 총체적 경험 - 모바일앱, 챗봇, 음성비서, 가상현실과 증강현실 등의 디지털 기반 증강 경험을 포괄한 다중경험(Multi-experience)

출처	트렌드(메가트렌드-매크로트렌드)	
	• 위치 독립성	• 분산 클라우드 • 어디서나 운영 • 사이버 보안 그물
	• 탄력적 전달	• 지능형으로 구성 가능한 비즈니스 – 상황에 따라 비즈니스의 재구성이 가능함. • 인공지능 공학 – 인공지능 프로젝트는 조직 내에서 유지 보수 문제, 확장성 및 거버넌스 등 다양한 이슈를 만들게 됨. • 초 자동화(Hyperautomation) – 유연한 전달을 위한 모든 것의 자동화 구현 – 비대면 시대 디지털 구현과 디지털 혁신을 통한 모든 것의 자동화 연결
국토교통부, 국토교통과학기술진흥원 (2020)	• 인공지능과 로보틱스를 활용한 산업 지능화 • 지능정보사회의 심화 • 초고속 통신기술에 의한 사물인터넷(IoT) · 혼합현실 초연결 시대	
정지선, 김영은 (2019)	• 새로운 10년, '인공지능 시대의 서막'	• 1990년대 이후, ICT는 10년 주기로 새로운 시대를 열어 옴 • 2020년대를 이끌 핵심 기술은 인공지능→인공지능 시대(20년대) 도래 • 인공지능은 전 산업에 파급되어 사업의 경쟁 구조의 전면적 변화의 원천
이승민, 정지형 (2019)	• 자율지능의 미래 인공지능 호문쿨루스	• 인간의 지능이 신체의 형태 및 기능과 연관을 맺고 있듯이 인공지능 역시 기계 장치와 유기적 연관을 맺으며 발전 • 인공지능이 깃든 몸이 자동화, 드론, 로봇팔 등으로 확장됨에 따라 새로운 능력을 새로운 방식으로 학습
	• AI 칩이 정의하는 컴퓨팅 폼팩터	• 인공지능에 특화된 연산장치로서 CPU, ASIC, FPGA, 뉴로모픽칩 등 다양한 기술들이 경쟁 • 뉴로모픽칩 상용화 시점 예측은 어려우며, 중단기적으로 프로그래밍 용이성, 연산 속도라는 장점을 따로따로 가진 CPU, ASIC(또는 ASSP) 등이 병존하는 시장 형성 전망

<table>
<tr><th>출처</th><th colspan="2">트렌드(메가트렌드-매크로트렌드)</th></tr>
<tr><td rowspan="2">최문정 외
(2019)</td><td>• 산업생태계</td><td>• 플랫폼 경쟁 심화
• 인공지능 교육산업 확대
• 사물인터넷(IoT) 환경 생활화</td></tr>
<tr><td>• 인재</td><td>• 창의 · 융합형 디지털 인재 부각
• 인간-인공지능 협업과 인재 양성 방식 변화</td></tr>
<tr><td>최윤희 외
(2015)</td><td colspan="2">• 컴퓨터(또는 인공지능)의 업무 확대로 인한 일자리 변화
• 증강현실 및 가상현실의 일상화</td></tr>
<tr><td rowspan="4">한국전자통
신연구원
(2014)</td><td>• 인간의 한계에 도전하는 인공지능</td><td>• 인간이 알고리즘을 이해하는 단계→알고리즘이 인간을 이해하는 수준으로 발전
• 생활과 인식의 변화 초래</td></tr>
<tr><td>• ICT를 넘어 사물인터넷(IoT) 시대의 생존전략</td><td>• 사물인터넷(IoT) 기반 위에서 발생할 핵심가치와 서비스에 대한 숙고 필요</td></tr>
<tr><td>• 로봇과 인간의 일자리 전쟁</td><td>• 지능화되어 가는 기술-육체 · 지적 업무의 인간 노동자 대체
• 미래 사회 핵심 직무 역량: 감성 교류 능력, 기술 이해 · 혁신능력, 인간적 가치 · 심미안에 기반을 둔 창의성</td></tr>
<tr><td>• 깊어지는 기술과 인간, 인체 플랫폼</td><td>• ICT, 나노, 바이오, 뇌과학 등의 융합
• 인체가 기술 적용 플랫폼으로 변화</td></tr>
<tr><td>송영화 외
(2013)</td><td>• 정보통신망 확대와 빅데이터 시대 진입</td><td>• 2012년 현재 인터넷에 연결된 기기는 100억대 수준, 2020년 인터넷에 연결된 기기의 숫자는 500억대 초과 전망
• 스마트폰 보급, 센서의 증가 등으로 세계 정보량은 연평균 59% 이상씩 증가 전망
• 2020년경에는 세계 데이터 양이 35제타바이트에 도달할 전망이며 데이터 전송, 처리, 저장을 위한 빅데이터 시대 도래 예상</td></tr>
</table>

〈표 II-2-1〉의 문헌에서 보면 정보·인공지능 부문은 디지털 정보 기술과 인공지능 기술이 결합하여 미래 메가트렌드를 형성하는 것으로 나타난다. 첫째, 미래 트렌드는 '디지털 기반 증강 경험을 포괄한 다중 경험' 및 '지능정보사회의 심화', '초고속 통신기술에 의한 IoT·혼합현실 초연결 시

대', '디지털 혁신을 통한 모든 것의 자동화 연결' 등에서 파악될 수 있다. 둘째, 미래 메가트렌드로 주목되는 것은 빅데이터 시대의 전개이다. 인터넷 공간에서 데이터의 폭발적인 증가로 거대한 양과 종류의 데이터를 전송하고 처리하여 저장하는 이른바 빅데이터 시대가 진행되고 있으며, 미래에도 그 중요성이 증가하고 산업·경제의 막대한 부가 가치를 산출할 것으로 보인다. 셋째, 제4차 산업혁명을 촉발한 인공지능 기술이 인공지능의 '인간화'로 진전되고 있다는 것이다. 이것은 '알고리즘이 인간을 이해하는 수준으로 발전'에서 알 수 있듯이 인공지능이 인간의 조작 수준을 넘어 스스로 사고하는 수준까지 진전될 것임을 보여준다. 또한 이것은 '인간과 인공지능의 협업'이 일상화되는 우리들의 생활과 인식의 변화를 초래하게 된다는 것을 의미한다. 넷째, 인공지능은 사회 구성의 전 부문에 걸쳐 파급되어 패러다임 변화를 촉진하는 것으로 나타난다. 이 책에서는 2010년 이후의 관련 문헌과 전문가 패널의 자문 등을 바탕으로 〈표 II-2-2〉와 같이 정보·인공지능 부문의 메가트렌드와 매크로트렌드를 도출하였다.

〈표 II-2-2〉 정보 · 인공지능 부문의 메가트렌드와 매크로트렌드

메가트렌드	매크로트렌드	교육계에서 예상되는 매크로트렌드
인공물의 지능화	• 인공지능 기술과 사물인터넷(IoT) 기술의 융합을 통한 인공물의 지능화 확대 • 인공지능과 연결된 다양한 지능형-인공물 등장 • 물리적 공간의 지능화 확대 • 의사소통 능력을 가진 인공물의 등장 • 딥러닝을 비롯한 기계학습을 통해 스스로 성장하는 학습 능력을 확보한 지능형-인공물의 등장	• 글을 쓰는 인공지능의 등장 • 토론하는 인공지능의 등장 • 창작하는 인공지능의 등장 • 대화하는 인공지능의 등장 • 주위 환경을 학습하는 인공지능의 등장 • 읽고, 쓰고, 말하고, 듣는 인공지능의 등장

메가트렌드	매크로트렌드	교육계에서 예상되는 매크로트렌드
사회 시스템의 플랫폼화	• 사회 시스템의 플랫폼화 • 위계 구조를 벗어나 서로 수평적으로 연결되는 시스템의 확산 • 지식과 정보 유통 체제의 플랫폼화 • 블록체인 기술이 적용된 사회 시스템의 등장 • 국가 간의 경계를 넘어 플랫폼에 연결된 사회 시스템 확산	• 다수의 고등교육기관이 연결되어 교육과정을 공유하는 공유 대학 설립 • 서로 연결된 학습공간의 등장 • 플랫폼에 연결된 교재의 등장 • 블록체인 기반 인증 시스템 등장 • 외국어 수업의 글로벌 플랫폼화
지식 · 정보 · 경험의 데이터화	• 지식의 디지털화 • 일상생활세계 속 정보의 실시간 빅데이터화 • 디지털화된 지식을 빅데이터로 확보한 지능형 에이전트의 등장	• 빅데이터화된 지식과 연결된 책 · 교재의 등장 • 일상생활환경의 정보를 실시간 빅데이터로 표상하는 교재의 등장 • 수천만 권의 책과 연결된 디지털 책의 등장 • 스마트 도시의 데이터 플랫폼과 연결된 디지털교재의 등장
경험 · 환경의 가상화	• 현실-증강-가상현실이 융합된 메타버스의 확산 • 정보, 지식, 경험의 가상화 확대 • 지식 유통 체제의 가상화 확대	• 가상현실과 증강현실 장치를 활용하는 매체의 확산 • 가상현실과 증강현실 장치를 활용하는 실습 경험의 확대

정보 · 인공지능 부문의 메가트렌드는 교육계에 직접적인 영향을 미칠 가능성이 높은 분야를 발굴하고 미래의 변화를 예측하는 데 초점을 두어 선정 및 정련하였다. 이에 따라 이 책에서 도출한 메가트렌드는 '인공물의 지능화', '사회 시스템의 플랫폼화', '지식 · 정보 · 경험의 데이터화', '경험 · 환경의 가상화'이다.

첫째, 인공지능이 단순히 독립된 기술이 아니라 연결된 다른 인공물의 제어 시스템으로 작동함으로써 인공물이 지능화될 것으로 전망된다. 인공지능 기술과 사물인터넷 기술의 융합을 통해 다양한 인공물이 지능화될 것이며, 인공지능과 연결된 다양한 지능형-인공물이 등장하고 물리적 공간 역시 지능화가 확대될 것이다. 또한 인공지능과 사물인터넷 기술의 융합으로 의사소통 능력을 가진 인공물이 등장할 것이고, 딥러닝을 비롯한 기계학습을 통해 스스로 성장하는 학습 능력을 확보한 지능형-인공물 역시 등장할 가능성이 클 것으로 전망된다. 이에 따라 학교교육에서 발생할 가능성이 높은 변화로는 글을 쓰는 인공지능, 토론하는 인공지능, 창작하는 인공지능, 대화하는 인공지능, 주위 환경을 학습하는 인공지능, 읽고, 쓰고, 말하고, 듣는 인공지능 등의 등장이다.

둘째, 블록체인 기술, SNS의 확대 등을 계기로 사회 시스템의 플랫폼화가 확산될 것으로 전망된다. 무엇보다 전체 사회 시스템으로 플랫폼화가 진행될 것이고, 위계 구조를 벗어나 서로 수평적으로 연결되는 시스템이 전체 사회 시스템으로 확산될 가능성이 높다. 또한 더 많이 알고 있는 사람과 더 적게 알고 있는 사람들 사이의 차이에 근거해 구축되어 있는 기존의 지식 정보 유통 체제도 다수가 다수에게 연결되는 초연결 플랫폼 형태로 변화될 가능성이 크다. 이와 같은 흐름에서 블록체인 기술이 중요한 기술로 사용되어 국가 간의 경계를 넘어 플랫폼에 연결된 사회 시스템이 확산될 것이다. 이에 따라 학교교육에서 발생할 가능성이 높은 변화로는, 다수의 고등교육기관이 연결되어 교육과정을 공유하는 공유 대학 등의 고등교육기관이 설립되고, 서로 다른 학교 사이에서 학습 공간을 연결하고 공유하는 변화가 발생하며, 플랫폼에 연결된 교재와 교과서가 등장할 것이다. 또한 블록체인 기반 학생 인증 시스템이 등장하고, 원어민과 직접 연결하는 방식 또는 원어민이 거주하는 지역의 교육 시스템, 공동체와 직접 연결하는 방식으로 운영되는 외국어 수업의 글로벌 플랫폼화가 확산할 가능성이 클 것으로 전망된다.

셋째, 지식과 정보, 그리고 경험은 디지털화를 넘어 계산 가능한 형태로 데이터화될 개연성이 높을 것으로 전망된다. 폭넓은 영역에서 지식이 디지털화되고 데이터화될 것이며, 일상생활세계 속에서 발생하는 수많은 정보가 실시간으로 빅데이터화되어 계산 가능한 형태로 콘텐츠에 적용될 것이다. 또한 디지털화된 지식을 빅데이터로 확보한 지능형 에이전트가 등장하여 인간의 지적 탐구와 활동을 지원할 것이다. 이에 따라 학교교육에 발생할 가능성이 큰 변화로는, 빅데이터화된 지식과 연결된 교과서나 교재 등이 등장하고 확대될 것이며, 일상생활환경에서 발생하고 경험했던 정보를 실시간 빅데이터로 표상하는 교재가 등장하여 실생활 기반 또는 학습자의 생활세계와 연결된 학습활동을 지원할 것이다. 또한 수천만 권의 책과 연결된 디지털교과서가 등장하여 인류 단위의 지식체계와 학습자 개인의 교과서가 직접 연결될 가능성이 높으며, 학습자 개인의 생활세계를 넘어 도시 단위의 데이터, 즉 스마트도시의 데이터 플랫폼과 연결된 디지털교재가 등장할 가능성이 크다.

넷째, 빠르게 발달하고 있는 실감형 기술의 도움으로 학습자의 경험과 학습환경의 가상화가 확대될 것으로 전망된다. 현실-증강-가상현실이 융합된 메타버스는 교육 현장으로도 확산될 것이며, 정보, 지식, 경험의 가상화가 확대될 가능성이 높다. 또한 학교와 교실, 운동장, 체육관을 넘어 원격 화상 강의 등으로 확대되었던 지식 유통 체제는 실감형 기술의 도움을 받아 가상화되어 현실 세계의 학습경험을 지원하고, 현실 세계에서는 불가능한 경험을 더욱 많이 제공할 수 있을 것이다. 이에 따라 학교교육에서 발생할 가능성이 높은 변화로는 가상현실과 증강현실 장치를 활용하는, 즉 메타버스와의 연결을 지원하는 매체가 교수·학습의 도구로 확산될 것이며, 가상현실과 증강현실 장치를 활용하는 실습 경험, 즉 현실 세계에서 감당하기 어렵거나 현실 세계보다 효율적으로 다룰 수 있는 메타버스 환경에서의 실습 경험으로 확대될 가능성이 높다.

나. 정보·인공지능 부문의 메가트렌드 흐름

정보·인공지능 부문의 메가트렌드는 과학, 산업·경제, 사회·문화 등 모든 면에서 엄청난 변화를 가져온 산업혁명의 역사에 비추어 살펴볼 수 있다. 산업혁명 시기에 따라 정보 · 인공지능 부문 메가트렌드의 역사적 발전과 흐름을 살펴보면 [그림 II-2-1]과 같이 나타내 볼 수 있다.

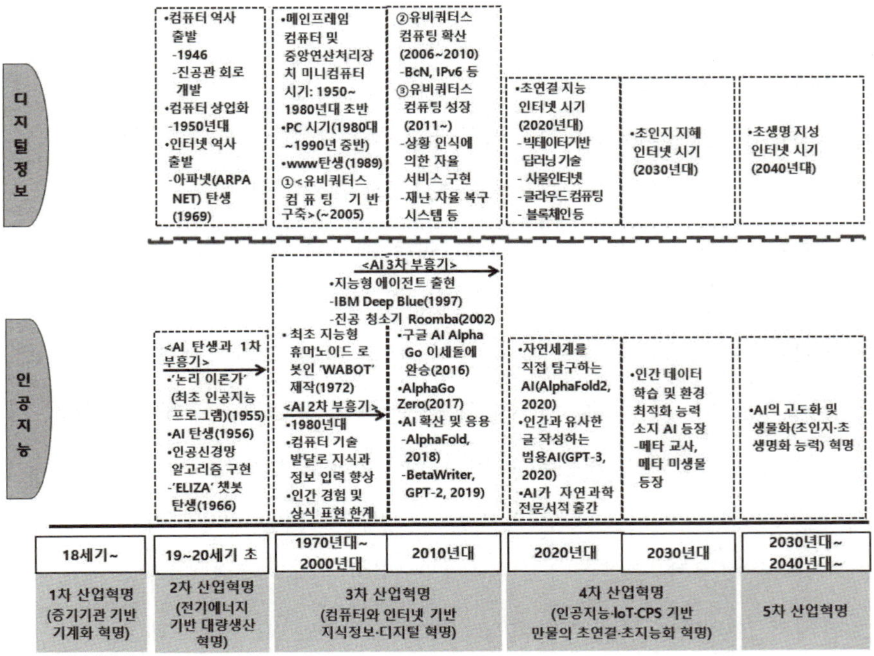

[그림 II-2-1] 정보 · 인공지능 부문의 메가트렌드 변화

1차 산업혁명은 18세기 증기기관의 발명(1784년)으로 기계화 공장 생산 체제가 형성되기 시작한 '기계혁명 시기'이고, 2차 산업혁명은 19~20세기 초 공장에 전력이 보급되어 컨베이어벨트를 사용하여 대량으로 생산하는 공정 체제가 확립된 이른바 '전기 에너지 기반의 대량 생산 및 보급 체제 시기'이다. 3차 산업혁명은 20세기 후반(1970~1990년대) 컴퓨터와 인터넷을 기반으로 하는 초고속 네트워크와 2010년대 스마트 정보사회 기반의 광대역 통합망(Broadband convergence Network: BcN)을 포함하는 '지식 정보 혁명 시기'이며, 4차 산업혁명은 2020년대 다양한 영역에서 인간의 역

량과 유사하거나 초월하는 능력을 활용하는 '초인지 지능 인터넷과 인공지능 시스템 기반의 초연결 및 초지능화 혁명 시기'라고 할 수 있다. 이후 5차 산업혁명은 2030년대 이후로 인간의 역량 강화 기술과 인공지능이 결합하여 다양한 존재를 생성할 것으로 예측되는 '인공지능의 고도화 및 생물화(초인지 및 초생명화 능력 보유) 혁명 시기'라고 할 수 있을 것이다. 따라서 엄밀하게 따지기는 어렵지만 정보·인공지능 부문의 역사적 태동은 진공관 회로가 개발되어 컴퓨터 역사가 시작된 1940년대를 기점으로 볼 수 있어 3차 산업혁명 시기 이전부터라고 할 수 있다.

컴퓨터, 통신, 인터넷 등의 디지털 정보 기술과 이에 기초한 인공지능 기술은 3차 산업혁명 이후 지속적인 성장과 발전을 해 왔는데, 컴퓨터 기술 시스템의 변화와 관련 산업의 발달이 이를 견인한 것이라고 볼 수 있다. 컴퓨터 기반의 디지털 정보 기술의 발전 과정은 크게 4단계로 구분해 볼 수 있는데, 첫 번째 단계는 컴퓨터가 상업화되고 인터넷 기술이 발달하기 시작한 1950년대에서 1980년대 초반까지 메인프레임 컴퓨터와 미니컴퓨터가 주류를 형성한 '중앙연산처리장치 시기'이다. 두 번째 단계는 1980년대 초반에서 1990년대 중반까지 WWW(World Wide Web) 등 '네트워크 구축 및 개인용 컴퓨터 시기'이다. 이 시기에는 통신기술 발달에 따른 인터넷이 등장함으로써 네트워크 컴퓨터 시대가 도래한 것이다. 세 번째 단계는 유비쿼터스(Ubiquitous) 컴퓨팅을 중심으로 2005년까지 유비쿼터스 컴퓨팅의 기반이 구축되었고, BcN, IPv6(Internet Protocol version 6) 등 유비쿼터스 컴퓨팅의 확산(2006~2010)을 거쳐 유비쿼터스 컴퓨팅 성장(2011~2020)에 있는 '유비쿼터스 네트워크 활성화 시기'이다. 네 번째 단계는 2020년대 이후 디지털 정보 기술에서 인공지능을 다차원적으로 활용하는 시기이다. 이 시기에는 초연결 지능 인터넷, 초인지 지혜 인터넷 등 주로 인공지능과 결합된 디지털 정보 기술 발전이 더욱 확산, 지속될 것이다.

인공지능 기술은 2010년대까지 크게 3차례에 걸쳐 발전적 변화를 거친 것으로 볼 수 있는데, 첫 번째 부흥기는 1950년대에 인공지능 개념이 정립되고 인공신경망 알고리즘이 구현됨으로써 시작되었다고 볼 수 있다. 이 시기에는 최초의 인공지능 프로그램인 '논리 이론가'(1955), ELIZA 챗봇(1966)이 개발되기도 하였다. 두 번째 부흥기는 1967년 최초의 이동형 지능로봇이 등장한 이후 1980년대에 컴퓨터 기술의 발달로 지식과 정보 입력 능력이 향상되었던 시기이다. 그러나 이때의 인공지능 기술이 인간의 경험과 상식을 표현하는 데는 여전히 한계가 있었다. 이 시기에는 최초 지능형 휴머노이드 로봇인 'WABOT' 제작(1972), 신경망으로 필기체 인식 성공(1989년), IBM 딥블루의 인간과의 체스 대결 승리(1997년) 등을 통해 인공지능 기술이 다시 주목받기 시작하였다. 세 번째 부흥기는 2000년대에 인공지능 기술이 재조명받으면서 시작되었는데, 음성인식 등 일부 영역에서 인간의 능력을 초월하는 성능을 보여 인공지능이 갖고 있었던 이전의 한계를 일정 부분 극복한 것이었다. 이후 2020년을 전후로 구글 AI AlphaGo의 이세돌과의 바둑 대결 완승(2016년), 성능이 더욱 강해진 AlphaGo Zero 개발(2017년), AlphaFold(2018년) 등 인공지능 기술의 혁신적인 발전과 변화를 가져오고 있다. 특히 BetaWriter의 자연과학 전문 서적 발간(2019년), GPT-2의 인간이 작성한 글과 유사한 수준의 글 작성(2019년), GPT-3의 딥러닝을 이용한 인간다운 텍스트 작성(2020년), GPT-4o("o"는 "omni"를 의미)를 통한 텍스트, 오디오, 이미지, 비디오의 모든 조합을 받아들여 인간과 유사한 응답 시간 안에 텍스트와 오디오, 이미지를 생성하는 등의 사례는 인공지능 기술의 엄청난 발전과 변화 속도를 보여준다. 향후 2030년대, 2040년대에 인공지능 기술은 인간 데이터에 대한 학습 및 환경 최적화 능력을 소유한 인공지능의 등장을 넘어 초인지 및 초생명화 능력을 갖추는 생물화 혁명을 통해 계속 진화, 발전할 것으로 예상되며, 인간의 사유 능력으로 가늠하기 어려울 정도의 발전과 변화를 가져올 것으로 전망된다.

다. 정보 · 인공지능 부문의 메가트렌드와 학교교육 과제

1) 교육내용 측면

정보 · 인공지능 부문의 메가트렌드에 따라 요구되는 '교육내용' 측면의 미래 학교교육의 대응 과제로 설정한 총 35개 항목 가운데 21개 항목이 채택되었으며 14개 항목은 기각되었다. 미래 학교교육의 대응 과제로 채택된 21개 항목은 다음과 같다.

〈미래 학교교육의 대응 과제로 채택된 항목(교육내용 측면)〉

- 지능정보 기술 플랫폼의 이해와 활용 교육
- SW, 데이터, 정보, 인공지능 소양(literacy) 교육
- 인공지능을 다루기 위한 프로그래밍 교육
- 인공지능 학습과 추론에 대한 이해 교육
- 인공지능과 인간의 협업 측면의 교육내용
- 지능적 도구를 활용한 융합적 문제해결 경험 및 역량 교육
- 데이터의 중요성과 빅데이터를 다루고 관리하는 교육
- 빅데이터 처리를 위한 기초 프로그래밍 교육
- 실세계 문제해결에 다양한 교과 지식을 인공지능과 융합하고 적용할 수 있는 교육
- 정보 · 인공지능 기술 발달에 따라 새로운 지식 내용 습득 방법과 올바른 지식 판단에 대한 교육
- 컴퓨팅 사고력, 데이터 기반 사고, 인공지능 활용 사용 방법에 대한 이해 교육
- 기초적인 정보 · 인공지능에 대한 지식 체득을 위해 기본적인 프로그래밍, 인공신경망 기술, 통계학, 데이터 분석 기술 등의 교육
- 기존 정보에 있는 컴퓨팅 사고력, 협력적 문제해결력, 알고리즘 설계하기, 프로그램 구현하기와 함께 미래 사회변화에 대한 예측, 타 학문과의 융합 등의 교육
- 인공지능에 의한 방대한 지식 생산에 따른 단순 지식 학습을 지양하고 스스로 탐구하고 이해할 수 있는 교육내용
- 인공지능의 유용성과 순기능, 역기능에 대한 이해 교육

- 인공지능의 윤리 및 윤리적 사용, 사회적 영향 인식 교육
- 정보·인공지능과 인간의 공존과 협업 측면의 교육
- 실제와 가상, 자연과 인공, 인간과 로봇·인공지능을 분별하되 바람직한 공존 방법 이해 교육
- 정보의 진실과 거짓 또는 편향 정보 등을 판단하는 교육
- 인간과 사물(인공물) 사이의 커뮤니케이션 언어(코딩, 프로그래밍) 사용 능력
- 인공지능이 노동(육체적, 정신적)하고 사회적 가치를 생산하는 시대, 인류가 만들어 갈 사회 시스템의 미래, 방향, 가치를 다루는 지식

미래 학교교육의 대응 과제로서 기각된 14개 항목은 다음과 같다.

〈미래 학교교육 대응 과제로서 기각된 항목(교육내용 측면)〉

- 가상현실, 증강현실, 혼합현실의 표현과 이해 교육
- 인공지능(빅데이터 포함), 플랫폼, 가상현실에 대한 실제 실습, 경험, 적용
- 글로벌 지식 및 정보, 경험, 탐구 플랫폼에 연결된 지식
- 인공지능이 직접 생산한 지식
- 지식과 정보를 발화하는 대화형 인공지능과 연결된 지식
- 인공지능이 (자연, 사회, 인간, 문화를 대상으로) 직접 탐구하는 시대의 (교과) 지식
- (실시간 통번역 인공지능의 도움으로) 서로 다른 언어의 장벽을 넘어, 글로벌 수준에서 실시간 커뮤니케이션이 가능해진 시대의 (언어) 지식
- 읽고, 쓰고, 말하고, 듣는 능력이 인간의 수준에 근접한 대화형 인공지능 시대의 기초 소양
- 본인에게 적용되는 인공지능 알고리즘을 이해하고 수정할 수 있는 역량
- 인공지능이 (자연, 사회, 인간, 문화를 대상으로) 직접 탐구하는 시대의 (교과) 탐구 역량
- (실시간 통번역 인공지능의 도움으로) 서로 다른 언어의 장벽을 넘어선 시대의 의사소통 능력
- 읽고, 쓰고, 말하고, 듣는 능력이 인간의 수준에 근접한 대화형 인공지능 시대의 의사소통 능력

- 인간과 사물(인공물) 사이의 커뮤니케이션(코딩, 프로그래밍) 과정에서의 윤리
- 인간에게 이로운 인공지능이 무엇인지를 포함하는 지식

학교교육의 내용 영역 분류에서 볼 때 지적 영역의 항목이 다수를 차지하고 있지만 정보·인공지능 기술 발달에 따른 인간성 및 인간 정체성 등에 대한 문제의식 항목에 대해서는 높은 반응을 보인 것으로 나타난다. 지적 영역의 항목 가운데, 「SW, 데이터, 정보, 인공지능 소양(literacy) 교육」, 「인공지능을 다루기 위한 프로그래밍 교육」, 「인공지능 학습과 추론에 대한 이해 교육」, 「빅데이터 처리를 위한 기초 프로그래밍 교육」, 「컴퓨팅 사고력, 데이터 기반 사고, 인공지능 활용 사용 방법에 대한 이해 교육」이 CVR 값과 우선순위에서 높게 나타났다. 이러한 결과는 정보 및 인공지능에 대한 이해와 적용뿐만 아니라 프로그래밍, 빅데이터 등이 미래 학교교육의 방향 및 과제로 중요하게 여겨지고 있다는 점을 보여준다.

지적 영역 못지않게 태도 및 가치, 윤리적 성격을 지닌 항목에서 높은 반응을 보인 항목이 다수 파악되는 것도 정보·인공지능 부문의 중요한 특징이라고 말할 수 있다. 특히 「인공지능의 윤리 및 윤리적 사용, 사회적 영향 인식 교육」과 「인공지능이 노동(육체적, 정신적)하고 사회적 가치를 생산하는 시대, 인류가 만들어 갈 사회 시스템의 미래, 방향, 가치를 다루는 지식」은 CVR 값과 우선순위 모두 높게 나타났다. 「인공지능과 인간의 협업 측면의 교육내용」, 「인공지능의 유용성과 순기능, 역기능에 대한 이해 교육」, 「정보·인공지능과 인간의 공존과 협업 측면의 교육」, 「정보의 진실과 거짓 또는 편향 정보 등을 판단하는 교육」은 높은 CVR 값을 보였다. 이것은 인공지능 발달이 주는 유익성에 못지않게 그에 수반되는 불안 및 위협 요소가 미래 학교교육의 중요한 대응 과제로 부각된다는 것을 의미한

다. 이 대응 과제는 인공지능의 사용, 인간 가치 및 정체성, 공존, 순·역기능 문제에 특히 집중되는 것으로 나타난다.

기능 영역의 항목은 상대적으로 낮게 나타나지만, 「데이터의 중요성과 빅데이터를 다루고 관리하는 교육」이 CVR 값과 우선순위에서 높게 나타났으며 「인간과 사물(인공물) 사이의 커뮤니케이션 언어(코딩, 프로그래밍) 사용 능력」도 CVR 값과 우선순위에서 높게 나타났다. 이것은 정보·인공지능 부문의 기능적 측면에서 빅데이터의 처리 및 관리와 코딩 및 프로그래밍 등의 커뮤니케이션 언어 사용 능력이 미래 학교교육의 중요한 대응 과제로 고려될 필요가 있다는 것을 말해준다.

높은 반응을 보인 항목이 명제적 지식과 밀접한 관련이 있는 것으로 나타났는데 이것은 정보·인공지능 부문의 특징을 반영한 결과라고 볼 수 있다. 그렇지만 방법적(절차적) 지식에 대해서도 높은 반응을 보인 것이 있는데, 「컴퓨팅 사고력, 데이터 기반 사고, 인공지능 활용 사용 방법에 대한 이해 교육」은 CVR 값과 우선순위가 모두 높게 나타났고, 「지능적 도구를 활용한 융합적 문제해결 경험 및 역량 교육」은 CVR 값이 높게 나타났으며, 「인간과 사물(인공물) 사이의 커뮤니케이션 언어(코딩, 프로그래밍) 사용 능력」도 CVR 값과 우선순위가 높게 나타났다. 또한 프로그래밍 교육을 방법적 지식으로도 볼 수 있는 측면이 있기 때문에 CVR 값과 우선순위에서 높게 나타난 「인공지능을 다루기 위한 프로그래밍 교육」과 「빅데이터 처리를 위한 기초 프로그래밍 교육」도 여기에 포함시킬 수 있겠다. 이와 같이 정보·인공지능 부문은 지적 영역 측면에서 미래 학교교육의 방향 및 대응 과제로 기초적인 소양과 함께 방법적 지식에 보다 중점을 둘 필요가 있음을 알 수 있다.

정보·인공지능 부문의 미래 메가트렌드 및 매크로트렌드의 또 다른 주요 특징 중 하나는 '융합'인 것으로 나타나는데, 델파이 조사에서도 타 분야와의 융합을 강조한 항목에 높은 반응을 보인 것으로 파악되었다. 예컨대 이들 항목으로 분류해 볼 수 있는 「지능적 도구를 활용한 융합적 문제해결 경험 및 역량 교육」과 「실세계 문제해결에 다양한 교과 지식을 인공지능과 융합하고 적용할 수 있는 교육」은 CVR 값이 높게 나타났으며, 「기존 정보에 있는 컴퓨팅 사고력, 협력적 문제해결력, 알고리즘 설계하기, 프로그램 구현하기와 함께 미래 사회변화에 대한 예측, 타 학문과의 융합 등의 교육」은 CVR 값과 우선순위가 높게 나타났다.

정보・인공지능 부문의 교육내용 측면에 대한 반응에서 주목해 볼 필요가 있는 것은 특히 인공지능 기술의 실현 가능성을 두고 판단하는 경향을 보인다는 점이다. 즉 가까운 미래에는 기술 실현에 의문시되고 보다 먼 미래의 것으로 예상・예측되거나 하는 항목의 경우는 대부분 CVR 값이나 우선순위가 낮게 나타났다는 것이다. 특히 「인공지능이 직접 생산한 지식」, 「지식・정보를 발화하는 대화형 인공지능과 연결된 지식」, 「인공지능이 (자연, 사회, 인간, 문화를 대상으로) 직접 탐구하는 시대의 지식」, 「읽고, 쓰고, 말하고, 듣는 능력이 인간의 수준에 근접한 대화형 인공지능 시대의 기초 소양」 등이 이에 해당되는 것이라고 할 수 있다. 따라서 정보・인공지능 부문의 교육내용 측면의 경우 미래의 학교교육의 방향성과 대응 과제를 미래 시점뿐만 아니라 기술 실현 여부 및 가능성과 결부시켜 판단하는 경향이 있음을 주목할 필요가 있다.

2) 교육방법 측면

정보・인공지능 부문의 메가트렌드에 따라 요구되는 '교육방법' 측면의 미래 학교교육의 대응 과제로 설정한 총 24개 항목 가운데 10개 항목이 채택되었으며 14개 항목은 기각되었다. 미래 학교교육의 대응 과제로 채택된 10개 항목은 다음과 같다.

〈미래 학교교육의 대응 과제로 채택된 항목(교육방법 측면)〉

- 인공지능 기술과 플랫폼을 활용한 개인 맞춤형 교육방법 도입
- PBL(project based learning), 유튜브 콘텐츠, FL(flipped learning) 등의 학습방법 도입
- 사람과 정보 · 인공지능, 사람과 사람 간 교류 중심의 교육방법
- 온라인 교육과 오프라인 교육이 융합된 형태의 교육방법
- 문제 중심의 사고 및 컴퓨팅 사고의 자기주도적 학습, 체계적 교육방법
- AI+X에 대응한 인공지능 융합교육
- 글로벌, 디지털화된 자료를 활용한 교육방법 및 교육에 활용 방법
- 해외 및 국내 다양한 교육 자료의 효과적 활용과 공유 방법
- SW · 인공지능을 다양한 교과에 융합하여 교육
- 개별 학습자마다 서로 다른 맞춤형 내용과 활동 학습

미래 학교교육의 대응 과제로서 기각된 14개 항목은 다음과 같다.

〈미래 학교교육의 대응 과제로서 기각된 항목(교육방법 측면)〉

- 가상현실과 증강현실 장치 활용 실습 및 교육방법 강화
- 에듀테크를 활용한 지식 습득 및 활용 교육방법
- 온라인 강좌를 통한 이수, 인공지능 기반의 피드백 시스템 활용
- ITS(지능형 튜터링 시스템)와 같은 맞춤형 교육 도구를 교육 및 실습에 도입
- 융합된 학습이 될 수 있도록 기존 교육과 연계된 학습 형태 구성
- 전국의 교육시설을 하나로 묶는 Virtual Moocs 교육 형태 도입
- 실험, 실습의 위험성은 낮추고 경험은 풍부하게 해 줄 수 있는 증강현실과 가상현실 시뮬레이션 콘텐츠 활용
- 학습자와 상호작용이 가능한 인공지능과 연결된 (디지털)교과서를 이용하는 수업
- 개별 학습자에게 학습내용을 추천하는 인공지능을 이용하는 수업
- (자연, 사회, 인간, 문화를 대상으로) 직접 탐구하는 인공지능 활용 (교과) 수업
- (실시간 통번역 인공지능의 도움으로) 서로 다른 언어의 장벽을 넘어, 글로벌 수준에서 실시간 커뮤니케이션을 통한 (언어) 수업

- 인공지능이 직접 작성 및 제작한 교과서(교재)를 활용하는 교육
- 인공지능에 의한 개별 학습자의 학습 분석 결과를 제공받은 상태에서, 상시적인 1:1 커뮤니케이션 교육
- 읽고, 쓰고, 말하고, 듣는 능력이 인간에 근접한 인공지능을 활용한 기초 소양 교육

정보·인공지능 기술 진전에 따른 교육방법상의 커다란 특징은 정보·인공지능 발달에 따른 도구·기구 활용 교수·학습 및 교육방법 도입이다. 이것은 정보·인공지능 부문의 미래 메가트렌드에 따라 당연한 것이기도 하지만, 그 가운데 CVR 값과 우선순위에서 높게 나타난 것은 「인공지능 기술과 플랫폼을 활용한 개인 맞춤형 교육방법 도입」, 「PBL(project based learning), 유튜브 콘텐츠, FL(flipped learning) 등의 학습방법 도입」, 「온라인 교육과 오프라인 교육이 융합된 형태의 교육방법」, 「문제 중심의 사고, 컴퓨팅 사고의 자기주도적 학습 및 체계적 교육방법」, 「ITS(지능형 튜터링 시스템)와 같은 맞춤형 교육 도구를 교육 및 실습에 도입」, 「AI+X에 대응한 인공지능 융합교육」, 「글로벌, 디지털화된 자료를 활용한 교육방법 및 교육에 활용 방법」, 「SW·인공지능을 다양한 교과에 융합하여 교육」, 「인공지능에 의한 개별 학습자의 학습 분석 결과를 제공받은 상태에서, 상시적인 1:1 커뮤니케이션 교육」 등이다. 이들 교육방법 및 교수·학습방법은 종래와 달리 교수방법과 학습방법이 명확히 구분되지 않는다는 것이다. 말하자면 교수방법을 '제공하는 기술'이라고도 할 수 있는데, 미래 정보·인공지능 부문의 메가트렌드나 매크로트렌드에서는 종래와 같이 '제공'되던 많은 것에 대해 학습자가 곧바로 접근하여 취하는 형태가 되기 때문에 교수방법과 학습방법의 구분은 크게 의미가 없는 것으로 보인다. 말하자면 이것은 교수방법과 학습방법의 일체화라는 특징으로도 설명할 수 있다.

이와 같은 교수방법과 학습방법의 일체화 현상은 정보·인공지능 부문

의 미래 메가트렌드와 매크로트렌드에 따라 집단보다는 학습자 개인에 초점화된 특성을 보이기 때문에 나타나는 현상이다. 이러한 점에서 종래의 개별화 교수에 의한 개별화 학습과도 구분되는 것이라고 할 수 있다. 종래의 개별화 학습과 구분되는 것은 정보・인공지능 기술의 발달과 교수・학습방법으로의 유입에 따른 개인화라고 할 수 있다. 이에 따라 정보・인공지능 기술에 기반을 둔 개인화 학습이 보편화되고 종래의 집단주의 교육형태는 해체될 수밖에 없을 것이다. CVR 값과 우선순위에서 높게 나타난 「인공지능 기술과 플랫폼을 활용한 개인 맞춤형 교육방법 도입」과 「문제중심의 사고 및 컴퓨팅 사고의 자기주도적 학습, 체계적 교육방법」, 「개별 학습자마다 서로 다른 맞춤형 내용과 활동 학습」에서 이러한 특징을 파악해 볼 수 있다.

교육방법 측면에서도 교육내용 측면과 마찬가지로 '융합'이 강조되는 것으로 파악된다. CVR 값과 우선순위 모두에서 높게 나타난 항목이 「온라인 교육과 오프라인 교육이 융합된 형태의 교육방법」과 「AI+X에 대응한 인공지능 융합교육」, 「SW・인공지능을 다양한 교과에 융합하여 교육」이다. 미래 사회 메가트렌드와 매크로트렌드에서 정보・인공지능이 다른 대부분의 부문에 그 영향력이 파급되는 것과 마찬가지로 학교교육 부문에서도 교육내용 측면과 아울러 교육방법 측면에도 융합 형태의 방법론이 강조될 것으로 전망된다.

3) 교사 측면

정보・인공지능 부문의 메가트렌드에 따라 요구되는 '교사' 측면의 미래 학교교육의 대응 과제로 설정한 총 27개 항목 가운데 12개 항목이 채택되었으며 15개 항목은 기각되었다. 미래 학교교육의 대응 과제로 채택된 12개 항목은 다음과 같다.

〈미래 학교교육의 대응 과제로 채택된 항목(교사 측면)〉

- 인공지능에 대한 이해와 활용을 위한 역량
- 인공지능 이해를 위한 기초 프로그래밍 기술
- 컴퓨팅 사고력, 데이터 기반 사고력
- 데이터 과학에 대한 이해
- 빅데이터의 수집, 분석, 활용, 생활의 변화에 대한 실습 지도 역량
- 빅데이터와 인공지능, 데이터 과학, 에듀테크 적용 역량 연수 및 교사 양성 과정 도입
- 전공과 관련 없이 모든 교사가 기초적인 SW · 인공지능 교육 역량을 함양하여 자신의 교과에 SW · 인공지능을 융합하여 교육할 수 있는 방안
- 정보 · 컴퓨터 교사를 위한 SW · 인공지능 교육 심화 연수 과정 개발
- 컴퓨팅 사고력, 데이터 기반 사고, 인공지능 역량을 위한 교사 양성 교육, 연수
- 학습자들의 개별 학습에 필요한 최적 · 최신의 자원을 검색 및 선정, 활용할 수 있는 능력
- 학교 밖 현실에 민감하고, 교과내용과 연계 가능한 기관이나 전문가와 넓게 교류할 수 있는 역량
- 글로벌 지식 플랫폼에 연결된 대화형 인공지능 에이전트를 도구로 사용하여 수업과 학생 탐구활동을 지원하는 역할

미래 학교교육의 대응 과제로서 기각된 15개 항목은 다음과 같다.

〈미래 학교교육의 대응 과제로서 기각된 항목(교사 측면)〉

- 인공지능 기반의 맞춤형 학습 시스템을 보조 교사로 활용할 수 있는 역량
- 가상현실과 증강현실 장치 생성과 활용 및 콘텐츠 제작 역량
- 디지털 플랫폼 활용에 따라 전문 교과 활용 교육과 디지털 활용 교육의 2-TOP 교사 양성 프로그램 구축 필요
- 정보 및 인공지능 관련 국가 공인 자격증 제도 도입
- 교사 양성 과정에서 SW · 인공지능 관련한 강의를 필수화하고, 자신의 전공에서 융합하여 가르칠 수 있는 역량을 함양할 수 있는 교육과정 및 교육 콘텐츠 개발

- 가상현실이나 증강현실 학습 콘텐츠를 스스로 생성할 수 있는 능력
- 글로벌 지식 플랫폼에 연결된 대화형 인공지능을 이용하는 수업 역량
- 읽고, 쓰고, 말하고, 듣는 능력을 가진 인공지능을 활용하는 수업 역량
- 개별 학습자의 학습 분석 결과를 제공하는 인공지능을 활용하는 개별 학습자 지도 역량
- 학습자와 1:N의 상호작용을 담당하던 역할에서, 1:1의 상호작용을 담당하는 역할로의 변화
- (실시간 통번역 인공지능의 도움으로) 언어 사이의 장벽을 넘어, 실시간 글로벌 커뮤니케이션이 가능해지는 시대를 대비한 글로벌 수준의 수업과 학생 탐구활동을 지원하는 역할
- 글로벌 지식 플랫폼에 연결된 대화형 인공지능을 이용하는 수업 역량을 강화하는 교사교육과정
- 읽고, 쓰고, 말하고, 듣는 능력을 가진 인공지능을 활용하는 수업 역량을 강화하는 교사교육과정
- 읽고, 쓰고, 말하고, 듣는 능력을 가진 인공지능을 활용하는 학습자료 제작 역량을 강화하는 교사교육과정
- 개별 학습자의 학습 분석 결과를 제공하는 인공지능을 활용하는 개별 학습자 지도 역량을 강화하는 교사교육과정

교사의 전문성·역량과 교사교육 측면에서 CVR 값과 대응 과제로서 중요도가 높은 항목이 중점적으로 나타난다. 교사의 전문성·역량 측면에서는 「인공지능 이해와 활용」과 「인공지능 이해 기초 프로그래밍 기술」, 「컴퓨팅 사고력, 데이터 기반 사고력」, 「데이터 과학에 대한 이해」, 「전공과 관련 없이 모든 교사가 기초적인 SW·인공지능 교육 역량을 함양」 등이 CVR 값과 대응 과제 중요도에서 모두 높게 나타나 이들 항목에 대한 교사의 전문성 및 역량이 필요한 것으로 파악된다. 이러한 결과는 앞의 교육내용 측면의 지적 영역과 비슷한 대응 방향성과 과제를 나타내고 있다고 할 수 있다. 또한 「개별 학습에 필요한 최적, 최신의 자원 검색과 선정, 활용할 수 있는 능력」 및 「학교 밖 현실에 민감하고 교과내용과 연계 가능한

기관이나 전문가와 넓게 교류할 수 있는 역량」은 대응 과제 중요도에서는 낮게 나타났지만 CVR 값은 높게 나타나 이들 항목도 대응 과제로 중요하게 취급될 필요가 있는 것으로 파악된다.

교사교육의 경우 교사 양성 과정의 직전 교사교육과 연수의 현직 교사교육으로 구분하여 살펴볼 수 있는데, 정보・인공지능의 경우 구분되는 것도 있지만 양자가 동시에 강조되는 경우도 있다. 대응 과제로서 양자 모두 동시에 강조되는 항목으로 「빅데이터와 인공지능, 데이터 과학, 에듀테크 적용 역량 연수 및 교사 양성 과정 도입」은 CVR 값이 높게 나타났으며, 「컴퓨팅 사고력, 데이터 기반 사고, 인공지능 역량을 위한 교사 양성 교육과 연수」는 CVR 값과 중요도 우선순위에서도 대단히 높게 나타났다. 「디지털 플랫폼 활용에 따라 전문 교과 활용 교육과 디지털 활용 교육의 2-TOP 교사 양성 프로그램 구축」과 「교사 양성 과정에 SW・인공지능 관련 강의 필수화」, 「개별 학습자의 학습 분석 결과를 제공하는 인공지능을 활용하는 개별 학습자 지도 역량을 강화하는 교사교육과정」은 CVR 값이 낮게 나타났지만 중요도 우선순위에서는 높게 나타났다. 「정보・컴퓨터 교사를 위한 SW・인공지능 교육 심화 연구 과정 개발」은 CVR 값과 중요도 우선순위 양자 모두에서 높게 나타났다.

교사의 역할・기능에 관한 항목은 「글로벌 지식 플랫폼에 연결된 대화형 인공지능 에이전트를 도구로 사용하여 수업과 학생 탐구활동을 지원하는 역할」만 CVR 값에서 높게 나타나 상대적으로 교사의 역할・기능에 대한 항목은 미래 대응에 중요하게 인식되고 있지 않은 것으로 나타났다. 또한 대응 과제로 정보・인공지능 부문의 특징은 상대적으로 보다 더 현실화되는 양상의 항목이 CVR 값과 중요도 우선순위가 높게 나타나고, 가까운 미래에 현실화되기 어려워 보이는 등 상당 부분의 항목은 낮게 나타났다는 것이다. 따라서 정보・인공지능 부문의 경우 중・장기적인 대응 과제 설정이 필요한 것으로 보인다.

4) 학교 환경 측면

정보·인공지능 부문의 메가트렌드에 따라 요구되는 '학교 환경' 측면의 미래 학교교육의 대응 과제로 설정한 총 31개 항목 가운데 11개 항목이 채택되었으며 20개 항목은 기각되었다. 미래 학교교육의 대응 과제로 채택된 11개 항목은 다음과 같다.

〈미래 학교교육의 대응 과제로 채택된 항목(학교 환경 측면)〉

- 수집된 학습자들의 데이터를 효과적으로 활용할 수 있도록 돕는 빅데이터 기반 지능형 교수·학습 지원 시스템 개발
- 인공지능을 가르치고 배우고 실습해 볼 수 있는 실습활동 지원 시스템
- 네트워크 인프라를 획기적으로 개선하고 증강 또는 가상 기기를 배치하여 비대면 수업을 위한 학교 인프라 구축
- 사물인터넷, 센싱, 인공지능 실습 기자재 등이 마련된 실습실
- 빅데이터의 활용과 생활의 변화를 실습해 볼 수 있는 실습실
- 모든 학생이 학교 및 집에서 전용 단말기(태블릿 PC 등)를 이용하여 온라인 수업 및 오프라인 활동 가능 체제 구축
- 교과목 중심의 교수·학습활동뿐만 아니라, 개인 실험과 탐구활동, 빅데이터와 인공지능, 실감형 콘텐츠 제작과 경험 등에 수월하게 사용할 수 있는 학습자 개인 전용 단말기
- 데이터 수집 방법, 데이터 보완 등에 관한 교육청 단위, 학교 단위의 체계적인 관리 절차
- 학생 개개인의 학습 이력을 수집하고 기록하고 관리하며 필요할 때 유용한 피드백(실시간 평가 결과)을 제공해 교수·학습을 도와주는 인공지능 기반 맞춤형 학습 지원 시스템
- 공교육에 적용되는 인공지능 알고리즘의 공공성, 투명성, 설명 가능성, 신뢰성 확보를 위한 제도
- 공교육에 적용되는 인공지능 알고리즘의 개인정보 침해 방지를 위한 제도

미래 학교교육의 대응 과제로서 기각된 20개 항목은 다음과 같다.

〈미래 학교교육의 대응 과제로서 기각된 항목(학교 환경 측면)〉

- 교육과정 밖 국가 공인 강좌 이수의 정규 강좌 이수 인정 제도
- 학교의 모든 교육활동을 교육 플랫폼 기반으로 전환하여 학생이 원하는 강좌와 강사를 매칭하는 개방형 교육체제 구축
- 인공지능 기술을 활용하여 학생의 과거, 현재를 진단하여 학생 지도에 활용할 수 있는 개별 학습자 지원 지능형 시스템
- 학습자들이 가상현실과 증강현실 장치를 활용할 때 발생할 수 있는 부작용에 대한 철저한 검증과 부작용을 방지할 수 있는 방안 개발
- 물리적 공간은 물론 시·공간을 초월해 실험, 데이터 수집, 실험 결과 도출 등이 가능한 가상현실 공간 제공 체제 구축
- 플랫폼에 대한 이해와 경제 및 블록체인 기술에 대한 이해를 위한 실습 환경
- 가상현실과 증강현실 현실 장치 활용 공간 및 콘텐츠 제작 실습실
- 비대면 수업을 위한 가상현실과 증강현실 현실 장비
- 공교육에 적용되는 인공지능 알고리즘의 위험성 평가를 위한 제도
- 교과서에 연결되어 데이터와 정보를 실시간 업데이트하는 인공지능 시스템
- 학교의 물리적 공간에서 발생하는 '위험'을 예측하는 인공지능 시스템
- 교사의 업무(행정, 교육 등)를 지원하는 인공지능 시스템
- 학교의 물리적 자원(시설물, 설비, 장치, 도구 등)을 관리하는 인공지능 시스템
- 학교 밖 일상생활 속에서 발견한 대상 및 현상, 문제를 탐구하고 실험해 볼 수 있는 학교 안과 밖으로 개방된 탐구 플랫폼
- 학교 안과 밖 어느 곳에서나 언제든 연결하여 사용할 수 있는 데이터 실험 플랫폼
- 학생과 교사에게 전달하기 위한 데이터를 수집하는, 학교 안과 밖에 설치된 센서 장치
- 학교의 물리적 공간(일반 교실, 특별 교실 등)에 설치된 대화형 인공지능 에이전트
- 평생교육 차원에서 미래 지식 관련 교육 도모
- 성인과 학습자 사이의 정보 및 지식, 경험의 격차가 사라지는 교육환경
- 학생이 학교 안보다는 학교 밖에서 더 많은 정보 및 지식, 경험에 노출

학교 환경 측면의 대응 과제에서 특히 시스템 및 체제 관련 항목들이 CVR 값 및 중요도 우선순위에서 상당히 높게 나타났다. CVR 값과 중요도 우선순위에서 높게 나타난 것으로는 「수집된 학습자들의 데이터를 효과적으로 활용할 수 있도록 돕는 빅데이터 기반 지능형 교수·학습 지원 시스템 개발」을 비롯하여 「인공지능을 가르치고 배우고 실습해 볼 수 있는 실습활동 지원 시스템」, 「인공지능 기술을 활용하여 학생의 과거, 현재를 진단하여 학생 지도에 활용할 수 있는 개별 학습자 지원 지능형 시스템」, 「네트워크 인프라를 획기적으로 개선하고 증강 또는 가상 기기를 배치하여 비대면 수업을 위한 학교 인프라 구축」, 「모든 학생이 학교 및 집에서 전용 단말기(태블릿 PC 등)를 이용하여 온라인 수업 및 오프라인 활동 가능 체제 구축」, 「데이터 수집 방법, 데이터 보완 등에 관한 교육청 단위, 학교 단위의 체계적인 관리 절차」, 「학생 개개인의 학습 이력을 수집·관리하며 필요할 때 유용한 피드백(실시간 평가 결과)을 제공해 교수·학습을 도와주는 인공지능 기반 맞춤형 학습 지원 시스템」 등이다. 또한 「학교의 모든 교육활동을 교육 플랫폼 기반으로 전환하여 학생이 원하는 강좌와 강사를 매칭하는 개방형 교육체제 구축」과 「교사의 업무(행정, 교육 등)를 지원하는 인공지능 시스템」은 CVR 값은 낮지만 중요도 우선순위가 높은 것으로 나타났다.

그다음으로는 시설·설비 관련 항목들이 높게 나타났다. 「사물인터넷, 센싱, 인공지능 실습 기자재 등이 마련된 실습실」과 「빅데이터의 활용과 생활의 변화를 실습해 볼 수 있는 실습실」은 CVR 값과 중요도 우선순위 양자 모두 높게 나타났다. 「가상현실과 증강현실 장치 활용 공간 및 콘텐츠 제작 실습실」은 중요도 우선순위에서, 「교과목 중심의 교수·학습활동뿐만 아니라 개인 실험과 탐구활동, 빅데이터와 인공지능, 실감형 콘텐츠 제작과 경험 등에 수월하게 사용할 수 있는 학습자 개인 전용 단말기」는 CVR 값이 높게 나타났다.

제도 관련 항목인 「공교육에 적용되는 인공지능 알고리즘의 공공성, 투명성, 설명 가능성, 신뢰성 확보를 위한 제도」는 CVR 값과 중요도 우선순위 양자 모두 높게 나타났으며, 「공교육에 적용되는 인공지능 알고리즘의 개인정보 침해 방지를 위한 제도」는 CVR 값에서 높게 나타나 이들에 대한 제도적 대응 방안이 우선하여 필요한 것으로 보인다.

학교 환경 측면에서 미래 학교교육의 방향성 및 과제는 체제 및 시스템과 시설·설비에 집중되어 나타나는 특징을 보인다. CVR 값 및 우선순위에서 높게 나타난 방향 및 과제에서 볼 때, 미래에는 학교와 교실 공간의 대변혁이 이루어질 것으로 보이고 그 변혁은 디지털 정보와 인공지능의 활용이 공간을 중심으로 이루어지게 될 것이다. 이에 따라 이른바 '교탁과 책상의 고정된 위치에서 교사와 학생이 대하는 전통적인 학교와 교실 공간'에서 벗어나 시·공간 초월의 역동적인 인적·물적 관계 형성이 이루어지는 사통팔달(四通八達)의 공간이 형성될 것으로 보인다. 미래에는 이러한 학교 환경에 따른 공간 형성을 위한 제도를 구축해야 할 것이며 그것이 곧 학교문화의 중심으로 자리 잡게 될 것이다.

라. 정보·인공지능 부문 메가트렌드의 학교지식

1) 메가트렌드 Ⅰ: 인공물의 지능화

미래에는 지금보다 훨씬 고도화된 인공지능이 등장하고 이들 인공지능을 활용한 다양한 인공물들이 창출되어 상용화될 것으로 전망된다. 또한 이들 인공물은 종래와 같이 기계의 단순 사용 수준을 넘어 인간뿐만 아니라 다른 종(種)과의 의사소통을 중심으로 한 관계 형성 및 교류가 가능한 개체로 진전하게 된다. 이에 따라 미래 학생들의 삶과 생활을 위해 학교교육에서는 인공지능과 연결된 인공물의 이해와 사용·활용 기능 및 역량,

태도 · 윤리 등의 문제를 다루어야 한다. 이와 관련한 델파이 조사 결과, '인공물의 지능화 메가트렌드'에 따라 요구되는 학교지식 항목은 총 32개 항목 가운데 25개 항목이 채택되었으며 7개 항목은 기각되었다. 미래 학교지식의 항목으로 채택된 25개 항목은 다음과 같다.

〈'인공물의 지능화' 메가트렌드의 학교지식으로 채택된 항목〉

- 지능화된 인공물을 다루기 위한 컴퓨팅 언어 지식
- 인공물을 지능화하기 위한 인공지능, 데이터, 알고리즘에 대한 이해
- 지능화된 인공물로 구성될 기술-사회 시스템의 핵심 원리에 대한 이해
- 인공물의 지능화에 기초가 되는 컴퓨팅 사고 역량(Computational Thinking)에 대한 이해
- 인간에게 이로운 인공지능에 대한 이해
- 인간과 인공물 사이의 커뮤니케이션 언어를 이해하고 사용하는 능력
- 인공물과의 의사소통을 위한 컴퓨팅 사고 능력
- 실제적 과제에 대한 창의적 문제해결을 위한 컴퓨팅 사고 능력
- 지능형 인공물 개발 과정에서 필요한 윤리
- 인공물의 지능화에 사용되는 데이터에 대한 윤리
- 공공선 관점에서의 인공지능에 대한 윤리
- 지능화된 인공물을 사회 시스템에 연결하는 과정에서의 인간 중심성, 민주성, 시민성, 주체성
- 인공물을 지능화하기 위한 알고리즘 사용 능력
- 교과 학습을 위한 인공지능 기술 사용 능력
- 교과 학습을 위한 컴퓨팅 사고 역량을 활용하는 능력
- 지능화된 인공물이 인간의 사회 시스템에 미치는 영향에 대한 윤리적 판단과 의사결정
- 지능화된 인공물을 도구로 사용하는 과정에서의 인간 존재에 대한 윤리적 판단
- 지능화된 인공물이 발생시킬 가능성이 높은 불확실성에 대한 인지적, 정의적 유연성
- 인간에게 이로운 인공지능 원리
- 지능화된 인공물과 인간과의 공존과 협업
- 기술-사회 시스템에 적용될 지능형(자동화) 알고리즘에 대한 윤리적 판단

- 인공지능 기술의 급속한 발달에 따른 유연하고 빠른 대처 능력
- 인공물을 지능화하는 데 필요한 데이터를 수집, 가공, 입력하는 능력
- 지능화된 인공물과 갈등 상황에 대한 해결 역량
- 인공지능을 활용한 융합적 사고 활용 역량

미래 학교지식의 항목으로서 기각된 7개 항목은 다음과 같다.

〈'인공물의 지능화' 메가트렌드의 학교지식으로서 기각된 항목〉

- 인공지능의 학습 및 추론의 기초가 되는 수학 지식에 대한 이해
- 컴퓨팅 언어를 이용하여 인공물을 지능화하는 능력
- 교과 학습을 위해 인공지능 기술을 활용하는 능력
- 인간에게 이로운 지능적 인공물을 개발하는 능력
- 인공물을 지능화하는 컴퓨팅 언어 사용 능력
- 지능화한 인공물을 활용한 언어(자연어) 능력
- 인간에게 이로운 인공지능 개발 능력

인공지능의 발달에 따라 생산 및 창출되는 다양한 제품인 인공물은 고도의 인공지능이 장착되어 인간의 삶과 생활에 광범하게 영향을 미치게 되므로 이들에 대한 기초 지식을 학교에서 다룰 필요가 있다. 이들 지식은 '지능화된 인공물' 및 '인공물의 지능화'를 이해하는 데 필요한 기초 지식이라고 할 수 있다. 이러한 기초 지식으로 CVR 값이 높게 나타난 것이 「컴퓨팅 언어 지식」과 「인공물 지능화와 관련된 인공지능, 데이터, 알고리즘」이다. 「지능화된 인공물로 구성될 기술-사회 시스템의 핵심 원리에 대한 이해」도 높게 나타났다. 다만 인공지능의 학습 및 추론의 기초가 되는 「수학 지식」은 기각되었다.

미래에는 고도로 지능화된 인공물의 등장과 상용으로 학생들은 지능화된 인공물을 둘러싼 다양한 기능과 수행 능력 및 역량이 요구된다. 이와

관련된 것을 '인공물을 지능화하는 것'과 '지능화된 인공물을 사용·활용하는 것'으로 구분하여 조사 결과를 살펴볼 수 있다. '인공물을 지능화하는 것'의 능력·역량으로 높게 나타난 것이 「인공물의 지능화에 기초가 되는 컴퓨팅 사고 역량」으로 「인공물과의 의사소통」과 「실제적 과제에 대한 창의적 문제해결」을 위해 컴퓨팅 사고 능력이 중요하다고 보고 있음을 알 수 있다. 나아가 「인간과 인공물 사이의 커뮤니케이션 언어를 이해하고 사용하는 능력」의 항목도 높게 나타났다. 또한 「인공물을 지능화하기 위한 알고리즘 사용 능력」과 「인공물을 지능화하는 데 필요한 데이터를 수집, 가공, 입력하는 능력」도 높게 나타났다. 다만 「컴퓨팅 언어를 이용하여 인공물을 지능화하는 능력」은 기각되었다.

다음으로 '지능화된 인공물을 사용·활용하는 것'은 교과 학습에 사용·활용한다는 항목에서 높게 나타났다. 「교과 학습을 위한 인공지능 기술 사용 능력」과 「교과 학습을 위한 컴퓨팅 사고 역량을 활용하는 능력」이 이에 해당된다. 또한 「인공지능을 활용한 융합적 사고 활용 역량」이 높게 나타난 것에서 볼 때 지능화된 인공물의 사용을 넘어 인간의 사고발달을 도모할 수 있는 인공지능 활용까지 고려해야 하는 것으로 보인다. 다만 「인공물을 지능화하는 컴퓨터 언어 사용 능력」과 「인간에게 이로운 인공지능 개발 능력」은 기각되었다.

미래의 인공지능 고도화와 지능화된 인공물의 상용화는 인간의 삶과 생활 방식의 변화뿐만 아니라 사회적으로 다양한 문제를 초래하게 되어 이를 둘러싼 태도와 윤리 문제를 중요하게 다루어야 하는 것으로 파악된다. 태도와 윤리 문제 관련 모든 항목의 CVR 값이 높게 나타났다. 먼저 지능화된 인공물을 대하는 것을 둘러싸고 있는 '태도' 문제 관련 항목이다. 태도는 가치와 윤리를 포함하는 문제로 볼 수 있지만 여기서는 인공지능과 지능화된 인공물을 대하는 시각 및 자세 등에 보다 관련이 깊은 것으로 파악되었고, 이에 해당하는 항목인 「인간에게 이로운 인공지능에 대한 이해」와 「지능화된 인공물을 사회 시스템에 연결하는 과정에서의 인간 중심성, 민주성, 시민성, 주체성」, 「지능화된 인공물이 발생시킬 가능성이 높은 불확실성에 대한 인지적, 정의적 유연성」, 「지능화된 인공물과 인간과의 공존과 협업」, 「인공지능 기술의 급속한 발달에 따른 유연하고 바른 대처 능력」, 「지능화된 인공물과 갈등 상황에 대한 해결 역량」 등에서 CVR 값이 높게 나타났다. 그다음으로 윤리 문제로 보이는 항목에서 높게 나타난 것은 「지능형 인공물 개발 과정에서 필요한 윤리」, 「인공물의 지능화에 사용되는 데이터에 대한 윤리」, 「공공선 관점에서의 인공지능에 대한 윤리」, 「지능화된 인공물이 인간의 사회 시스템에 미치는 영향에 대한 윤리적 판단과 의사결정」, 「지능화된 인공물을 도구로 사용하는 과정에서의 인간 존재에 대한 윤리적 판단」, 「기술-사회 시스템에 적용될 지능형(자동화) 알고리즘에 대한 윤리적 판단」 등이다.

정보·인공지능 부문의 미래 메가트렌드로 제시되는 '인공물의 지능화'에 따른 미래 학교지식은 지식 및 기능·역량, 태도·윤리 측면에서 중요하게 다루어질 필요가 있는 것으로 나타났다. CVR 값이 높게 나타난 항목을 볼 때, '인공물의 지능화' 분야의 학문적 대상 지식으로 중요하게 취급될 필요가 있는 것으로 컴퓨팅 언어와 인공지능, 데이터, 알고리즘, 지능화된 인공물의 기술-사회 시스템의 핵심 원리를 이해하는 것이다. 미래에 고도의 인공지능 발달과 지능화된 인공물 등장에 따라 이를 사용·활용하기 위한 능력 및 역량을 중심으로 한 방법적 지식과 기능 체득이 중요한 학교지식으로 부각되고 있음을 알 수 있다. '인공물을 지능화하는 것'에서 특히 '컴퓨팅 사고'가 대단히 중요한 능력·역량으로 제기되었고 인간과 인공물 간의 커뮤니케이션 언어 이해와 사용 능력, 알고리즘 사용 능력, 데이터의 수집·가공·입력 능력도 인공물의 지능화에 따라 갖추어야 할 능력 및 역량으로 보고 있는 것으로 나타났다. 또한 '지능화된 인공물을 사용·활용하는 것'에서는 특히 교과 학습과 관련하여 인공지능 기술과 컴퓨팅 사고 역량을 활용하는 것이 강조되었다고 할 수 있으며, 또한 인공지능을 융합적 사고 역량을 도모하는 데 활용할 필요가 있다고 보는 것은 인공지능 결과물의 사용 수준을 넘어서는 학교지식의 방향으로 주목할 필요가 있음을 말해준다.

미래 지능화된 인공물이 가져오게 될 긍정적 및 부정적 상황에 대한 문제가 태도·윤리 측면에서 중요한 과제로 다루어질 필요가 있는 것으로 보인다. 이것은 먼저 인공지능과 지능화된 인공물이 가져다주는 유익성과 불확실성, 사회 시스템, 인간과의 공존과 협업, 인공지능 기술의 급속한 발달 등에 대한 이해와 인간성과 주체성, 민주성과 시민성, 유연한 대응의 문제가 부각될 것임을 말해준다. 또한 인공지능의 고도화와 지능화된 인공물 개발 과정 및 인간의 사회 시스템에 미치는 영향, 기술-사회 시스템에 대한 적용, 인공물의 지능화에 사용되는 데이터 등에 대한 윤리적 판단의 문제가 발생하게 되어 이에 대한 이해가 요구된다. 따라서 미래 인공지능과 지능화된 인공물의 유익한 사용과 활용 못지않게 태도·윤리 문제가 학교지식으로 중요하게 다루어져야 한다.

2) 메가트렌드 II: 사회 시스템의 플랫폼화

미래 사회의 모습은 크고 작은 무수한 플랫폼을 축으로 거대한 네트워크가 형성되어 사람들은 이들 플랫폼 연결을 통해 인적·물적 교류가 넘실대는 형국이다. 말하자면 인적·물적 교류가 플랫폼으로 통한다고 할 정도로 플랫폼을 축으로 하는 네트워크 사회가 도래한다는 것이다. 플랫폼의 네트워크 사회는 지역은 물론 국가를 초월한 글로벌 수준으로도 형성되기 때문에 국가 간의 시·공간의 경계도 없어지게 된다는 것을 의미한다. 미래 학생들의 삶과 생활의 많은 부분도 플랫폼의 네트워크를 통한 인적·물적 교류로 이루어질 것이다. 이에 따라 플랫폼의 네트워크 사회를 구성하는 다양한 지식과 활용 과제들은 미래 학교지식의 중요한 대상으로 다루어지게 될 것이다. '사회 시스템의 플랫폼화의 메가트렌드'의 경우도 플랫폼 및 이에 따른 기술-사회 시스템에 대한 이해와 함께 이것을 사용·활용할 수 있는 역량과, 이를 둘러싼 태도·가치·윤리가 학교지식의 중요한 대상이 된다. 이와 관련한 델파이 조사를 실시한 결과, '사회 시스템의 플랫폼화 메가트렌드'에 따라 요구되는 학교지식 항목은 총 24개 항목 가운데 15개 항목이 채택되었고 9개 항목은 기각되었다. 미래 학교지식의 항목으로 채택된 15개 항목은 다음과 같다.

〈'사회 시스템의 플랫폼화' 메가트렌드의 학교지식으로 채택된 항목〉

- 기술-사회 플랫폼의 지능화에 사용되는 기술에 대한 이해
- 인공물까지 구성 요소로 포함되는 기술-사회 플랫폼의 핵심 원리 이해
- 기술 환경으로서의 플랫폼을 지식학습 도구로 활용하는 능력
- 기술 환경으로서의 플랫폼을 협업 도구로 활용하는 능력
- 기술 환경으로서의 플랫폼을 문제해결 도구로 활용하는 능력
- 기술 환경으로서의 플랫폼을 문제발견 도구로 활용하는 능력
- 기술 환경으로서의 플랫폼에 연결된 콘텐츠(저작물) 검색 및 활용 능력
- 서로 연결되어 실시간(synchronous) 및 비실시간(asynchronous)으로 정보를 공유하는 플랫폼을 활용한 문제해결 능력
- 기술 환경으로서의 플랫폼을 새로운 사회 시스템 설계 및 구축에 사용하는 능력
- 기술-사회 플랫폼에 연결된 인공물과의 상호작용을 이해하고, 그것들과의 상호작용을 개발하는 능력
- 위계 구조를 벗어나 서로 수평적으로 연결되는 플랫폼의 유용성, 순기능, 역기능에 대한 판단
- 기술-사회 플랫폼에서의 인간의 위치와 역할
- 플랫폼에서의 개인정보보호를 위한 윤리적 판단
- 인간으로부터 독립된 지능형 에이전트가 기술-사회 플랫폼을 운영 관리하는 기술-사회에 대한 윤리적 판단
- 사회 시스템의 플랫폼화 (자체)에 대한 이해와 장단점 파악 (일단, 왜 사회 시스템의 플랫폼화로 가는지, 플랫폼화가 왜 필요한지, 이것의 장단점은 무엇인지 등에 대한 파악이 필요함)

미래 학교지식의 항목으로서 기각된 9개 항목은 다음과 같다.

〈'사회 시스템의 플랫폼화' 메가트렌드의 학교지식으로서 기각된 항목〉

- 사회 시스템의 플랫폼화에 사용되는 기술에 대한 이해
- 인간뿐만 아니라 인공물까지 연결되는 기술-사회 플랫폼에 사용되는 기술에 대한 이해
- 기술 환경으로서의 플랫폼에 연결된 콘텐츠(저작물) 제작 능력
- 기술 환경으로서의 플랫폼을 활용하여 미래 사회 시스템을 설계하는 능력
- 인공물과 공존하는 기술-사회 시스템 설계, 개발, 관리, 운영 능력
- 글로벌 수준에서 지식과 정보, 경험, 탐구 과정이 실시간 및 비실시간으로 연결되는 기술-사회 플랫폼 설계, 개발, 관리, 운영 능력
- 글로벌 기술-사회 플랫폼에서의 민주성, 시민성, 주체성
- 비인간 인공물을 사회 시스템의 구성원 및 행위자로 받아들이는 마음
- 기술-사회 플랫폼과의 유기적인 관계에 대해 반성적 성찰 역량

'사회 시스템의 플랫폼화' 분야의 학문적 대상 지식으로 CVR 값이 높게 나타난 항목은 「사회 시스템의 플랫폼화에 대한 이해와 장단점 파악」, 「인공물까지 구성요소로 포함되는 기술-사회 플랫폼의 핵심 원리」, 「기술-사회 플랫폼의 지능화에 사용되는 기술」이다. 이러한 결과는 미래 학생들이 거대한 플랫폼의 네트워크 사회에 살아가기 위해 이러한 사회 시스템 및 기술-사회 플랫폼의 구성 및 작동 원리와 기술을 이해할 필요가 있다는 것을 말해준다.

플랫폼에 대한 이러한 학문적 지식과는 별도로 미래 학생들은 플랫폼 이용을 위한 보다 실제적 및 실천적인 수행 능력과 역량이 요구된다. 이와 관련하여 「기술 환경으로서의 플랫폼 사용·활용 능력」과 「검색 및 활용, 제작 능력」, 「설계, 개발, 관리, 운영 능력」의 세 가지 측면의 수행 능력으로 구분하여 살펴볼 수 있다. 먼저 기술 환경으로서의 플랫폼을 「지식 학습 도구」, 「협업 도구」, 「문제해결 도구」, 「문제발견 도구」로 활용하는 능

력을 갖추는 것의 CVR 값이 높게 나타났다. 그다음으로 「기술 환경으로서의 플랫폼에 연결된 콘텐츠(저작물) 검색 및 활용 능력」은 높게 나타난 반면, 설계, 개발, 관리, 운영 능력의 항목에 대해서는 대체로 낮게 나타났다. 예컨대 「플랫폼을 활용한 미래 사회 시스템 설계」, 「인공물과 공존하는 기술-사회 시스템 설계, 개발, 관리, 운영 능력」, 「글로벌 수준에서 지식과 정보, 경험, 탐구 과정이 실시간 및 비실시간으로 연결되는 기술-사회 플랫폼 설계, 개발, 관리, 운영 능력」에서는 CVR 값이 낮게 나타났다. 그렇지만 「기술 환경으로서의 플랫폼을 새로운 사회 시스템 설계 및 구축에 사용하는 능력」과 「기술-사회 플랫폼에 연결된 인공물과의 상호작용을 이해하고, 그것들과의 상호작용을 개발하는 능력」은 상대적으로 더 높게 나타났다.

인공지능 연결 및 지능화된 플랫폼의 등장 및 상용으로 교육적 측면의 태도・가치・윤리의 다양한 문제들이 수반되고 미래 학교에서는 이를 중요하게 다룰 필요가 있는 것으로 보인다. 이와 관련하여 CVR 값이 높은 항목을 보면 태도 문제와 관련되는 것으로 보이는 「기술-사회 플랫폼에서의 인간의 위치와 역할」이다. 가치와 관련되는 것으로 보이는 항목으로는 「위계 구조를 벗어나 서로 수평적으로 연결되는 플랫폼의 유용성, 순기능, 역기능에 대한 판단」이 높게 나타났다. 윤리적 문제와 관련하여서는 「플랫폼에서의 개인정보보호를 위한 윤리적 판단」과 「인간으로부터 독립된 지능형 에이전트가 기술-사회 플랫폼을 운영 관리하는 기술-사회에 대한 윤리적 판단」이 높게 나타났다. 그런데 플랫폼과 관련한 태도 문제로 「비인간 인공물을 사회 시스템의 구성원 및 행위자로 받아들이는 마음」과 「기술-사회 플랫폼과의 유기적인 관계에 대해 반성적 성찰 역량」을 생각해 볼 수 있겠지만 이들 항목은 오히려 낮게 나타났다.

미래의 사회 시스템 플랫폼화에 따라 학교에서 다루어질 필요가 있는 이 분야의 학문적 대상 지식은 플랫폼의 기능 및 장단점과 플랫폼을 구성하는 핵심 원리, 기술 등을 이해하는 것이다. 또한 플랫폼을 사용 및 활용하고,

나아가 설계 및 개발, 관리, 운영하는 것은 수행과 기능 측면에서 학교지식으로 중요하게 다루어져야 하는 것으로 나타났다. 다만 조사 결과 플랫폼의 사용 및 활용에 대해서는 중요하게 다루어져야 하지만, 플랫폼의 설계 및 개발, 관리, 운영 능력에 대해서는 CVR 값이 낮게 나타난 것을 볼 때 초·중·고등학교에서 이에 대한 취급까지는 어렵다고 보는 것으로 파악된다. 그렇지만 플랫폼을 새로운 사회 시스템의 설계 및 구축에 사용하는 것과 플랫폼에 연결된 인공물과의 상호작용하는 것을 개발하는 수행 능력에 대해서는 중요하게 다루어져야 하는 것으로 나타났다. 미래의 사회 시스템 플랫폼화는 인간 생활이나 사회 시스템의 많은 변화를 초래하게 되기 때문에 그런 만큼 이들에 대해 태도·가치·윤리적 판단이 중요하게 다루어지게 된다. 플랫폼에 대한 순·역기능을 비롯하여 플랫폼의 운영과 관리, 지능화된 인공물로서의 플랫폼과 인간의 관계 및 플랫폼의 사회 네트워크에서의 인간관계 등이 태도 및 가치, 윤리적 이해 문제로 부각되는 것으로 나타난다. 그렇지만 고도로 지능화된 인공물로서 플랫폼과 인간의 교류 및 관계가 형성되지만 비인간 인공물을 사회 시스템의 구성원 및 행위자로 수용하는 것에 대해서는 인식도가 낮아 학교지식으로 다루는 것이 어렵다고 보는 것으로 파악된다.

3) 메가트렌드 Ⅲ: 지식, 정보, 경험, 탐구의 데이터화

미래 사회에는 모든 지식과 정보, 경험이 데이터화되어 유통되고 거대한 데이터 시장이 형성될 전망이다. 이러한 데이터화는 지식 형성 체계에 중요한 변화를 가져오게 될 것이다. 즉 종래에는 데이터(자료)는 정보를 형성하고, 정보는 지식을 형성한다는 일방향이 정설이었지만, 미래의 정보·인공지능 기술의 발달에 따라 이러한 정설은 무너지고 지식과 정보가 데이터화되는 역방향도 성립될 수 있을 것이다. 이와 관련된 델파이 조사 결과, '지식, 정보, 경험, 탐구의 데이터화 메가트렌드'에 따라 요구되는 학교지식 항목은 총 27개 항목 가운데 19개 항목이 채택되었으며 8개 항목은 기각되었다. 미래 학교지식의 항목으로 채택된 19개 항목은 다음과 같다.

〈'지식, 정보, 경험, 탐구' 메가트렌드의 학교지식으로 채택된 항목〉

- 지식과 정보, 경험을 데이터화하는 기술에 대한 이해
- 교과 지식과 연결된 실시간 데이터 처리 지식에 대한 이해
- 지식과 정보, 경험을 데이터화하는 기술을 사용하는 능력
- 데이터화한 교과 지식을 학습하는 능력
- 데이터화한 교과 지식을 시각적으로 표현하는 능력
- 데이터 중심 교수·학습 도구(전자 교과서, 데이터플랫폼 등) 사용 능력
- 지식과 정보를 발화하는 대화형 인공지능 에이전트를 사용하는 학습 능력
- 데이터에 기반하여 학습한 인공지능을 인지 파트너로, 공존의 대상으로 이해하는 마음
- 지식 및 정보, 언어, 경험, 탐구의 계산가능성을 포함하는 컴퓨팅 사고
- 교과 지식 학습을 위한 데이터 중심 교수·학습 도구를 조작하는 능력
- 교과 지식 학습 과정에서 코드, 데이터, 알고리즘 등의 컴퓨팅 언어를 사용하는 능력
- 데이터의 정의 및 수집, 저장, 분석, 사용 과정에서의 윤리적 판단
- 데이터 처리 기술의 윤리 및 윤리적 사용, 사회적 영향에 대한 판단
- 데이터의 진실과 거짓 또는 편향에 대한 판단
- 데이터에 기초한 자동화 알고리즘이 사회에 미칠 영향에 대한 윤리적 이해
- 현실 세계의 다양한 현상을 데이터화하여 분석하고 시각화하는 능력
- 수집한 데이터를 가공하여 시각화하는 능력
- 데이터 분석을 통해 문제를 진단, 현상을 통찰, 미래를 예측하는 능력
- 데이터화한 융합 주제(STEAM) 학습 능력

미래 학교지식의 항목으로서 기각된 8개 항목은 다음과 같다.

〈'지식과 정보, 경험, 탐구' 메가트렌드의 학교지식으로서 기각된 항목〉

- 글로벌 지식 및 정보, 언어, 경험, 탐구를 플랫폼에 연결하는 데이터화 기술에 대한 이해

- 인공지능이 직접 탐구하여 데이터화한 지식 및 정보, 언어, 경험, 탐구에 대한 이해
- 데이터화한 인간 언어뿐만 아니라 인간 언어를 데이터화하는 기술에 대한 이해
- 지식 및 정보, 언어, 경험, 탐구 과정을 n차원의 시 · 공간에 데이터화하는 기술에 대한 이해
- 지식 및 정보, 언어, 경험, 탐구 과정을 데이터화하는 기술을 사용하여 인류의 새로운 지식 체계를 개발하는 능력
- n차원의 시 · 공간에 데이터화된 지식 및 정보, 언어, 경험, 탐구 과정을 학습하는 마음
- 실험과 실습의 위험성은 낮추고 경험은 풍부하게 해줄 수 있는 가상현실 및 증강현실로 데이터화한 콘텐츠(저작물) 개발 능력
- n차원의 시 · 공간에 데이터화된 지식 및 정보, 언어, 경험, 탐구 과정을 다루는 능력

정보 · 인공지능 부문의 미래 메가트렌드인 지식과 정보, 경험, 탐구의 데이터화의 학문적 대상 지식은 '데이터화 기술'을 둘러싸고 다양하게 형성되는 것으로 보인다. 학문적 대상 지식으로는 「지식과 정보, 경험을 데이터화하는 기술에 대한 이해」, 「글로벌 지식 및 정보, 언어, 경험, 탐구를 플랫폼에 연결하는 데이터화 기술에 대한 이해」, 「인공지능이 직접 탐구하여 데이터화한 지식 및 정보, 언어, 경험, 탐구에 대한 이해」, 「데이터화한 인간 언어뿐만 아니라 인간 언어를 데이터화하는 기술에 대한 이해」, 「지식 및 정보, 언어, 경험, 탐구 과정을 n차원의 시 · 공간에 데이터화하는 기술에 대한 이해」를 들 수 있다. 그렇지만 이들 지식이 학교지식으로 다루어지는 것에 대해 「지식과 정보, 경험을 데이터화하는 기술」 이외는 모두 기각되는 것으로 나타났다. 「글로벌 지식 및 정보, 언어, 경험, 탐구를 플랫폼에 연결하는 데이터화 기술」을 비롯하여 「인공지능이 직접 탐구하여 데이터화한 지식 및 정보, 언어, 경험, 탐구」, 「데이터화한 인간 언어뿐만 아니라 인간

언어를 데이터화하는 기술」, 「지식 및 정보, 언어, 경험, 탐구 과정을 n차원의 시·공간에 데이터화하는 기술」은 데이터화의 미래 메가트렌드에 따라 창출되는 중요한 지식이지만 모두 기각되는 것으로 나타났다. 다만, 데이터화 기술은 아니지만 「교과 지식과 연결된 실시간 데이터 처리 지식」은 교과 지식에 활용되는 데이터 처리 지식으로 CVR 값이 높게 나타났다.

미래에는 데이터화 기술이 지식과 정보, 언어, 경험, 탐구 과정 등 다양한 측면에 활용하게 되는데, 미래 학생들은 이와 관련한 사용 및 활용하는 기능 및 수행 능력을 육성할 필요성이 생기게 된다. 먼저 데이터화 기술을 사용 및 활용하는 것으로 「지식과 정보, 경험을 데이터화하는 기술을 사용하는 능력」이 높게 나타났다. 또한 실제로 데이터를 다루는 능력과 관련된 항목으로 「현실 세계의 다양한 현상을 데이터화하여 분석하고 시각화하는 능력」과 「수집한 데이터를 가공하여 시각화하는 능력」, 「데이터 분석을 통해 문제를 진단, 현상을 통찰, 미래를 예측하는 능력」이 높게 나타났다. 미래에는 교과 지식을 데이터화하는 것으로 전망하는데, 이와 관련한 학습능력 및 역량 육성의 필요성이 제기된다. 예컨대 「데이터화한 교과 지식 학습」, 「데이터화한 교과 지식을 시각적으로 표현」, 「데이터 중심 교수·학습 도구 사용」 능력이 높게 나타났다.

또한 「교과 지식 학습을 위한 데이터 중심 교수·학습 도구를 조작하는 능력」을 비롯하여 「교과 지식 학습과정에서 코드, 데이터, 알고리즘 등의 컴퓨팅 언어 사용 능력」, 「데이터화한 융합 주제(STEAM) 학습 능력」 등이 이에 해당되며 CVR 값도 높게 나타났다. 다만, 「지식 및 정보, 언어, 경험, 탐구 과정을 데이터화하는 기술을 사용하여 인류의 새로운 지식 체계를 개발하는 능력」 및 「실험, 실습의 위험성은 낮추고 경험은 풍부하게 해줄 수 있는 가상현실 및 증강현실로 데이터화한 콘텐츠(저작물) 개발 능력」, 「n차원의 시·공간에 데이터화된 지식 및 정보, 언어, 경험, 탐구 과정을 다루는 능력」 등은 데이터화 기술을 활용하여 새로운 지식 창출 및 콘텐츠 개발, 고차적 활용을 도모할 수 있는 것이지만, 조사 결과 CVR 값이 모두 낮게 나타났다.

데이터화 기술의 발달에 따라 태도와 윤리 문제도 상당히 제기된다. 데이터화 기술을 대하는 태도와 관련되는 것으로 보이는 「데이터에 기반하여 학습한 인공지능을 인지 파트너로 공존의 대상으로 이해하는 마음」과 「데이터의 진실과 거짓 또는 편향에 대한 판단」의 항목이 높게 나타났다. 윤리 문제와 관련하여서는 「데이터의 정의 및 수집, 저장, 분석, 사용 과정에서의 윤리적 판단」과 「데이터 처리기술의 윤리 및 윤리적 사용, 사회적 영향에 대한 판단」, 「데이터에 기초한 자동화 알고리즘이 사회에 미칠 영향에 대한 윤리적 이해」의 항목이 높게 나타났다.

미래에는 '데이터화 기술'을 중심으로 하는 학문적 대상 지식이 형성되는 것으로 나타난다. 지식 및 정보, 언어, 경험, 탐구과정 등을 데이터화하는 기술이 플랫폼에 연결된다든지 인공지능이 탐구한 것을 데이터화한다든지, 교과 지식에 활용된다든지 하게 된다. 다만 지식과 정보, 경험을 데이터화하는 기술과 교과 지식 관련 데이터 처리 지식을 이해하는 것 이외에 보다 높은 수준의 데이터화 기술을 학교지식으로 다루는 것에 대해 낮은 반응을 보였다. 데이터화 기술이 활용되는 측면에서 미래 학생들은 다양한 수행 능력을 체득하게 되는데, 이것은 데이터화 기술을 사용·활용하는 것은 물론 실제로 데이터를 다루는 능력을 체득하게 된다는 것을 의미한다. 또한 교과 지식이 데이터화됨으로써 학생들은 데이터화된 교과 지식을 학습하는 능력과 함께 교과 지식을 데이터화하는 것과 관련한 학습 능력 및 역량 육성도 요구되는 것으로 파악되었다. 미래에는 데이터화 기술이 지식 및 정보, 언어, 경험, 탐구 과정뿐만 아니라 플랫폼 등의 인공물이나 인공지능이 생산한 결과물, 나아가 교과지식까지도 데이터화하여 학습하는 등 새로운 지식의 체계나 유통 과정을 형성함으로써 영향을 주게 될 것으로 보인다. 이에 따라 데이터화 기술을 대하는 태도와 윤리적 판단 및 이해가 학교지식 차원에서도 중요한 과제가 될 것이다.

미래에 '데이터화된 지식'의 등장은 정도의 차이는 있지만 조사 항목에서도 파악된다. 예컨대 「지식과 정보, 경험을 데이터화」 및 「데이터화한 교과 지식」, 「데이터화하는 기술을 사용하여 인류의 새로운 지식 체계 개발」, 「n차원의 시・공간에 데이터화된 지식」 등이다. 따라서 정보・인공지능의 발달에 따라 등장하게 되는 '디지털화된 지식'과 함께 '데이터화된 지식'은 미래 지식 및 학교지식의 새로운 체계를 구축하게 될 만큼 대단히 중요한 위치를 점하게 될 것으로 보인다.

4) 메가트렌드 Ⅳ: 경험, 환경의 가상화

미래 사회는 '가상현실'이 실재함으로써 현실과 가상이 공존하게 될 전망이다. 가상현실이 일상화됨으로써 미래에는 삶의 상당 부분을 가상현실에서 영위하게 될 것이다. 이에 따라 미래 학생들은 현실과 가상의 분리가 아니라 현실과 가상이 결합되는 세계를 이해하고 그 속에서 살아갈 수 있도록 준비하게 될 것이다. 이와 관련한 델파이 조사를 실시한 결과, '경험, 환경의 가상화' 메가트렌드에 따라 요구되는 학교지식 항목은 총 20개 항목 가운데 17개 항목이 채택되었으며 3개 항목은 기각되었다. 미래 학교지식의 항목으로 채택된 17개 항목은 다음과 같다.

〈'경험, 환경의 가상화' 메가트렌드의 학교지식으로 채택된 항목〉

- 현실・증강・가상 세계가 결합되는 세계에 대한 이해
- 가상화 기술이 미칠 사회변화에 대한 이해
- 가상 및 증강현실 기술을 활용한 지식학습 역량
- 가상 및 증강현실 기술을 활용한 의사소통 역량
- 가상 및 증강현실 기술을 활용한 문제해결 역량
- 가상 및 증강현실 기술을 활용한 문제발견 역량
- 가상 및 증강 현실 기술을 활용한 협업 역량

- 가상현실에서의 자아와 실제 현실에서의 자아에 대한 균형 있는 이해
- 현실 · 증강 · 가상 세계가 결합되는 세계에서의 시민성과 공동체 의식
- 지식의 습득과 실험 및 실습 과정에서의 가상 및 증강현실 기술 사용 능력
- 지식 및 정보, 언어, 경험, 환경, 탐구의 과정과 결과를 가상화 기술을 이용하여 표현하는 능력
- 현실 · 증강 · 가상 세계가 결합되는 세계에서 사회적으로 상호작용하는 능력
- 현실 · 증강 · 가상 세계가 결합되는 세계에서의 윤리적 태도 및 의사결정
- 현실 · 증강 · 가상현실이 융합된 세계(메타버스)에 대한 윤리적 태도
- 실제와 가상, 자연과 인공, 인간과 로봇 · 인공지능에 대한 분별과 바람직한 공존
- 현실 · 증강 · 가상현실이 융합된 세계(메타버스)가 내 삶과 사회에 미칠 영향에 대한 이해와 대처하는 역량
- 현실 · 증강 · 가상현실이 융합된 세계(메타버스)를 활용한 자기학습 설계 및 진로 설계 역량

미래 학교지식의 항목으로서 기각된 3개 항목은 다음과 같다.

〈'경험, 환경의 가상화' 메가트렌드의 학교지식으로서 기각된 항목〉

- 지식 및 정보, 언어, 경험, 환경, 탐구의 가상화 기술에 대한 이해
- 지식 및 정보, 언어, 경험, 환경, 탐구 과정을 가상화하는 기술 사용 역량
- 본인의 생각을 표현하는 가상화 기술 사용 역량

정보 · 인공지능 부문의 미래 메가트렌드의 하나인 '가상화' 분야의 학문적 대상 지식은 가상화의 기술 및 현실 · 증강 · 가상 세계의 결합, 가상화 기술에 따른 사회변화 등이다. 이와 관련하여 「현실 · 증강 · 가상 세계가 결합되는 세계에 대한 이해」와 「가상화 기술이 미칠 사회변화에 대한 이해」가 높게 나타났고 「지식 및 정보, 언어, 경험, 환경, 탐구의 가상화 기술에 대한 이해」는 낮게 나타나 가상화 기술을 학교에서 다루는 것에 대한 인식은 낮은 것으로 파악된다.

그렇지만 가상화 기술을 사용·활용하는 기능 및 수행 능력·역량 육성은 대단히 필요한 것으로 나타난다. 가상 및 증강현실 기술을 활용한 「지식 학습 역량」과 「의사소통 역량」, 「문제해결 역량」, 「문제발견 역량」, 「협업 역량」, 그리고 「현실-증강-가상현실이 융합된 세계(메타버스)를 활용한 자기학습 설계 및 진로 설계 역량」이 이에 해당되는 것으로 CVR 값이 높게 나타났다. 또한 「지식의 습득과 실험 및 실습과정에서의 가상과 증강현실 기술 사용 능력」과 「지식 및 정보, 언어, 경험, 환경, 탐구의 과정과 결과를 가상화 기술을 이용하여 표현하는 능력」, 「현실·증강·가상 세계가 결합되는 세계에서 사회적으로 상호작용하는 능력」도 높게 나타났다. 그렇지만 「지식 및 정보, 언어, 경험, 환경, 탐구 과정을 가상화하는 기술 사용 역량」과 「본인의 생각을 표현하는 가상화 기술 사용 역량」은 기각된 점에서 볼 때, 어떤 것을 가상화하는 기술을 사용하는 것에 대한 인식도는 낮은 것으로 파악된다.

미래의 '경험 및 환경의 가상화' 메가트렌드는 특히 '현실·증강·가상 세계'를 대하는 태도와 윤리 측면의 다양한 과제가 부각되는 것으로 나타나며, 이와 관련한 항목은 모두 CVR 값이 대단히 높게 나타났다. 태도 문제와 관련되는 것으로 보이는 「가상현실에서의 자아와 실제 현실에서의 자아에 대한 균형 있는 이해」와 「현실·증강·가상 세계가 결합되는 세계에서의 시민성, 공동체 의식」, 「실제와 가상, 자연과 인공, 인간과 로봇·인공지능에 대한 분별과 바람직한 공존」, 「현실·증강·가상현실이 융합된 세계(메타버스)가 내 삶과 사회에 미칠 영향에 대한 이해와 대처하는 역량」이 높게 나타났다. 또한 윤리 문제가 가미된 태도와 관련되는 것으로 보이는 「현실·증강·가상 세계가 결합되는 세계에서의 윤리적 태도 및 의사결정」과 「현실·증강·가상현실이 융합된 세계(메타버스)에 대한 윤리적 태도」도 대단히 높게 나타났다.

경험 및 환경의 가상화의 미래 메가트렌드에서 볼 때 미래 학교에서는 가상화 기술과 가상화 기술에 따른 사회변화에 대한 이해와 그 기술을 사용 및 활용하는 방법적 지식 및 기능 체득, 그리고 가상화 기술 및 사회가 초래하게 되는 윤리 및 태도 문제에 대한 이해 등이 이 분야의 미래 학교지식으로 중요하게 고려될 필요가 있는 것으로 파악되었다. 이 분야의 미래 학문적 대상 지식 측면에서는 가상화 기술보다는 가상화 기술에 따른 사회변화 이해에 중점을 두어야 하는 것으로 나타난 것에 주목해 볼 필요가 있다. 수행과 관련하여서는 가상 및 증강현실 기술을 사용 및 활용하고 현실・증강・가상 세계가 결합되는 세계에서 사회적 상호작용의 능력・역량 개발이 중요하게 부각되었다. 또한 특히 본인의 생각을 표현하는 가상화 기술이나 지식 및 정보, 언어, 경험, 환경, 탐구의 과정과 결과를 가상화 기술을 이용하여 표현하는 것은 새로운 지식을 창출하게 되는 경로로도 볼 수 있기 때문에 미래 학교지식으로 중요한 의미를 지니는 것으로 보인다. 태도 및 가치, 윤리 측면에서 보면 경험 및 환경의 가상화의 미래 메가트렌드는 특히 가상현실과 실제 현실, 현실・증강・가상 세계의 결합 및 융합, 그리고 실제와 가상, 자연과 인공, 인간과 로봇・인공지능의 분별과 공존 등의 문제를 둘러싸고 태도와 윤리 측면의 이해가 중요하게 다루어질 필요가 있는 것으로 파악되었다.

5) 범 메가트렌드

'범(凡) 메가트렌드'는 앞의 메가트렌드 I・II・III・IV의 개별 차원을 넘어 두 개 이상의 메가트렌드에 걸쳐지는 융합적 상황을 말한다. 이렇게 본다면 정보・인공지능 부문에서 미래의 이러한 융합적 상황은 인공지능과 데이터, 플랫폼, 현실・증강・가상현실이 결합되는 지점이라고 할 수 있다. 미래 사회는 정보・인공지능의 이러한 융합적 결합을 통해 지금과 전혀 다른 상상 초월의 사회 시스템 구축과 인간의 삶과 생활방식 등이 전개될 것으로 보인다. 이와 관련한 델파이 조사 결과, '범 메가트렌드'에 따라 요구되는 학교지식 항목은 총 27개 항목 가운데 21개 항목이 채택되었으며 6개 항목은 기각되었다. 미래 학교지식의 항목으로 채택된 21개 항목은 다음과 같다.

〈범 메가트렌드의 학교지식으로 채택된 항목〉

- 인공지능, 데이터, 플랫폼이 결합되어 실행되는 자동화 알고리즘에 대한 이해
- 교과지식 관점에서의 빅데이터 이해
- 읽고, 쓰고, 말하고, 듣는 능력을 가진 인공지능에 대한 이해
- 자연 및 사회, 인문, 예술 세계 탐구를 지원하는 도구로 지능적 인공물을 사용하는 방법과 능력
- 서로 다른 사회와 문화, 언어 기반의 인류와의 의사소통을 지원하는 도구로 지능적 인공물을 사용하는 방법과 능력
- 인공물과의 의사소통을 증진하기 위한 언어(자연 언어, 인공 언어 등)사용 방법과 능력
- 현실 · 증강 · 가상현실이 융합되어 플랫폼화된 세계에서의 행복한 삶을 유지하기 위한 방법과 능력
- 지능적 인공물을 의사소통 및 상호작용의 파트너로 받아들이는 마음
- 기술-사회 시스템으로서의 플랫폼에서 발생하는 문제를 자신과 사회의 맥락 관계 내에서 받아들이고 해결하려는 마음
- 현실 · 증강 · 가상현실이 융합되어 플랫폼화된 기술-사회 시스템에서의 민주성, 시민성, 주체성
- 현실 세계 속 문제해결을 위해 인공물을 재설계 및 조작, 개발하는 능력
- 보다 효과적이고 효율적으로 인공물과 상호작용하기 위해 필요한 컴퓨팅 언어 사용 능력
- 기술-사회 시스템에서 발생하는 문제와 관련된 데이터의 발생 및 측정, 처리, 분석, 해석하는 능력
- 행복한 삶을 위해, 현실 · 증강 · 가상현실이 융합된 세계를 만들어 가는 능력
- 글로벌 수준으로 연결된 기술-사회 플랫폼에서의 시민의식
- 기술-사회 시스템에서의 인간 중심성 가치
- 기술-사회 시스템 설계 및 개발 과정에서의 윤리적 판단
- 자동화된 알고리즘에 적용해야 할 차별과 편향을 극복하는 윤리

- 비인간 행위자로서의 인공물이 포함된 기술-사회 시스템에서의 공존의 윤리
- 기술-사회 시스템으로서의 플랫폼을 활용한 현실 맥락을 새롭게 다차원적으로 해석하는 역량
- 간학문적, 통합 교과적 주제(STEAM)에 있어서 빅데이터의 이해 및 활용 역량

미래 학교지식의 항목으로서 기각된 6개 항목은 다음과 같다.

〈범 메가트렌드의 학교지식으로서 기각된 항목〉

- 인공지능 알고리즘의 설명 불가능성에 대한 이해
- 데이터, 정보, 인공지능기술의 수학적 개념 이해
- 스스로 (자연, 사회, 인문, 예술) 세계를 탐구하는 인공지능에 대한 교과 교육적 이해
- 인공물과의 커뮤니케이션을 위한 언어에 대한 이해
- 인간뿐만 아니라 인공물까지 포함된 기술-사회 시스템의 설계 및 개발, 관리, 운영, 통치 능력
- 필요한 인공물을 직접 개발하려는 마음

정보·인공지능 부문의 범 메가트렌드에 따른 학문적 대상 지식의 경우도 인공지능 및 데이터, 플랫폼 등의 결합에 따른 기술에 대한 이해에 필요한 기초 지식을 중심으로 형성된다. 이와 관련한 항목으로 「인공지능, 데이터, 플랫폼이 결합되어 실행되는 자동화 알고리즘 이해」, 「빅데이터 이해」, 「읽고, 쓰고, 말하고, 듣는 능력을 가진 인공지능 이해」가 높게 나타났다. 「데이터, 정보, 인공지능 기술의 수학적 개념」이나 「인공물과의 커뮤니케이션을 위한 언어 이해」는 낮게 나타났다.

수행과 관련해서는 미래 정보·인공지능의 융합적 상황을 이해하거나 사용 및 활용하는 방법에 대한 능력·역량과 관련되어 있다. 거의 모든 항목에서 CVR 값이 높게 나타났다. 「자연 및 사회, 인문, 예술 세계 탐구 지

원 도구」와 「서로 다른 사회 및 문화, 언어 기반의 인류와의 의사소통을 지원하는 도구」로 지능적 인공물 사용 방법과 능력이 높게 나타났다. 「현실 세계 속의 문제해결을 위해 인공물을 재설계 및 조작, 개발하는 능력」과 「인공물과 상호작용하기 위해 필요한 컴퓨팅 언어 사용 능력」, 「기술-사회 시스템에서 발생하는 문제와 관련된 데이터의 발생 및 측정, 처리, 분석, 해석하는 능력」, 「현실·증강·가상현실이 융합된 세계를 만들어가는 능력」이 필요하다는 점에서 보면 미래 정보·인공지능의 융합적 상황을 이해하고 사용·활용하기 위해서는 인공물의 사용 및 활용 방법뿐만 아니라 재설계와 조작, 개발하는 능력과 컴퓨팅 언어 사용 능력, 데이터의 발생 및 측정, 처리, 분석, 해석하는 능력이 필요하게 되고 이러한 것들이 학교에서 다루어질 필요가 있을 것이다. 다만 「인간뿐만 아니라 인공물까지 포함된 기술-사회 시스템의 설계, 개발, 관리, 운영, 통치 능력」은 낮게 나타났다.

범 메가트렌드에서도 다양한 태도와 가치, 윤리 문제가 생겨나고 그것들을 학교에서 다루어야 할 필요가 있는 것으로 보인다. 이들 태도와 가치, 윤리 문제도 앞의 메가트렌드에서 확인된 것과 거의 유사하게 나타난다. 먼저 지능적 인공물 및 플랫폼, 현실·증강·가상현실 등에 대하는 태도 문제로, 「지능적 인공물을 의사소통 및 상호작용의 파트너로 받아들이는 마음」, 「기술-사회 시스템으로서의 플랫폼에서 발생하는 문제를 자신과 사회의 맥락 관계 내에서 받아들이고 해결하려는 마음」, 「현실·증강·가상현실이 융합되어 플랫폼화된 기술-사회 시스템에서의 민주성, 시민성, 주체성」, 「글로벌 수준으로 연결된 기술-사회 플랫폼에서의 시민의식」, 「자동화된 알고리즘에 적용해야 할 차별과 편향을 극복하는 윤리」, 「비인간 행위자로서의 인공물이 포함된 기술-사회 시스템에서의 공존의 윤리」가 높게 나타났다. 인간의 가치를 강조하는 문제로, 「기술-사회 시스템에서의 인간 중심성 가치」가 높게 나타났다. 윤리 문제와 관련되는 것으로, 「기술-사회 시스템 설계 및 개발 과정에서의 윤리적 판단」이 높게 나타났다.

정보·인공지능 부문의 미래 범 메가트렌드는 인공지능과 데이터, 플랫폼, 현실·증강·가상현실의 융합의 결합에 의해 형성되는 것이다. 정보·인공지능 부문의 인공지능과 데이터, 플랫폼, 가상화가 결합되는 융·복합 기술과 인공지능의 다차원적인 기능 및 기술이 이 분야의 학문적 대상 지식으로 중요하게 부각된다. 이들 미래 범 메가트렌드에 따라 각 메가트렌드(인공물의 지능화, 플랫폼화, 데이터화, 가상화)에서 요구되는 알고리즘, 빅데이터, 인공물과의 커뮤니케이션 언어 등이 학교에서 다루어질 필요가 있는 것으로 나타났다. 또한 미래 학생들은 나아가 이러한 융·복합적 기술을 사용하는 방법을 이해하고 사용·활용하는 것과 함께 설계 및 개발, 조작, 관리, 운영하는 능력을 체득하는 것이 그들의 미래 삶과 생활을 위해 대단히 중요한 학교지식으로 취급될 필요가 있는 것으로 나타났다. 이러한 것에서 볼 때 미래 범 메가트렌드에 따른 학교지식에서 방법적 지식이 대단히 중요하게 다루어져야 한다는 것을 알 수 있다.

나아가 정보·인공지능 부문의 융·복합적 기술에 따라 기술의 형성 과정 및 결과물, 사용 과정에서 발생되는 윤리적 문제 또한 학교지식으로 이해되어야 할 중요한 대상이 된다. 이것은 융·복합적 기술에 따른 결과물(지능화된 인공물, 플랫폼, 현실·증강·가상현실 등)을 대하는 태도 문제를 비롯하여 인간의 가치를 강조하는 문제, 기술-사회 시스템을 설계하고 개발하는 과정에서의 윤리적 판단 등이 중요하게 다루어질 필요가 있음을 나타내는 것이다.

마. 정보·인공지능 부문 메가트렌드의 학교지식 논의

연구 결과를 종합하여 정보·인공지능 부문에서 주목해야 할 점은 크게 네 가지이다. 첫째, 정보·인공지능 부문의 미래 학교지식은 디지털 정보와 인공지능 기술의 고도화, 지능화된 인공물 등장에 따라 생성된 새로운 지식들로 구성된다는 점이다. 디지털 정보 기술의 고도화는 플랫폼을 중심으로 하는 사회 네트워크화를 촉진해 인간의 생활 및 삶의 방식과 관계 형성 방식 자체를 변화시킬 것이다. 이러한 플랫폼화 및 사회의 네트워크화는 종래의 제한된 학교지식에서 탈피하여 학교지식의 무한한 확장성을 촉진할 것으로 보인다. 또한 미래의 지식 패러다임과 관련하여 예측되는 주요 특징 중 하나는 '인간'과 '사물'의 상보적 관계성 속에서 지식의 의미가 새롭게 규정되고 파악될 것이라는 점이다. 인공지능의 기능이 점차 고도화되고 지능화된 인공물은 지식의 생성 및 전달 측면에서 인간 이상의 기능을 담당하게 될 것이므로 이와 관련된 지식을 학교에서 다루게 될 것으로 전망된다. 이것은 학교지식의 생성과 전달의 통로가 인간으로만 한정되지 않는다는 것을 의미한다. 이러한 점에서 미래의 인공지능 고도화와 지능화된 인공물의 등장은 탈 인간 중심의 지식 패러다임을 형성하는 데 절대적인 영향을 끼칠 것으로 보인다.

둘째, 정보·인공지능 부문의 미래 학교지식과 관련하여 학문적 지식은 고도화된 디지털 정보와 인공지능, 지능화된 인공물의 '기술·원리', 인공지능 기술의 기초가 되는 수학과 컴퓨팅 언어 등의 '기초지식'을 중심으로 이루어질 것이라는 점이다. 기술과 원리는 '지능화된 인공물 구성의 기술-사회 시스템 원리', '기술-사회 플랫폼의 지능화 기술', '기술-사회 플랫폼 원리', '지식·정보·경험 데이터화 기술', '지식·정보·언어·경험·탐구 가상화 기술', '인공지능과 데이터', '플랫폼의 결합·실행의 자동화 알고리즘' 등에 대한 이해가 핵심을 이루는 것으로 파악된다. 다만, 인공지능의 학습 및 추론의 기초가 되는 수학 지식과 데이터 및 정보, 인공지능 기술의 수학적 개념의 항목은 기각되었다. 아마도 이들 항목의 지식은 초·중·고등학교 수준으로 다루는 데 재고의 여지가 있다고 인식하는 것으로 보인다. 또한 기술의 실현 가능성에 비추어 보다 먼 미래의 것으로 보이거나 학생 수준에 비추어 다루기 어렵다고 인식되는 항목의 상당수도 기각되었다.

셋째, 정보·인공지능 부문의 특성상 학교지식의 많은 부분은 '기술'과 '인공물'의 사용 및 활용을 둘러싼 방법적 지식과 수행 역량으로 구성될 것이라는 점이다. 즉 전자의 '기술'은 디지털 정보 및 인공지능 기술을 관련 장면에 사용 및 활용하는 것이고, 후자의 '인공물'은 디지털 정보 및 인공지능 기술에 의해 생산된 지능화된 인공물을 관련 장면에 사용 및 활용한다는 것을 말한다. 정보·인공지능 부문의 방법적 지식 및 수행 능력과 역량의 학교지식은 이 두 방향에서 중점적으로 구성되는 것으로 파악된다. 먼저 전자의 기술 활용과 관련하여서는, 메가트렌드 '인공지능과 지능화된 인공물'의 '인공물과의 의사소통을 위한 컴퓨팅 사고 능력' 및 '인공물을 지능화하기 위한 알고리즘 사용 능력', '인공물을 지능화하는 데 필요한 데이터를 수집, 가공, 입력하는 능력', 그리고 메가트렌드 '지식, 정보, 경험, 탐구의 데이터화'의 '지식과 정보, 경험을 데이터화하는 기술을 사용하는 능력' 등이 이에 해당한다. 또한 후자의 인공물의 사용 및 활용과 관련하여서는, 메가트렌드 '인공지능과 지능화된 인공물'의 '교과학습을 위한 인공지능 기술 사용 능력', 메가트렌드 '사회 시스템의 플랫폼화'의 '기술 환경으로서의 플랫폼을 지식학습 도구, 협업도구, 문제해결 도구, 문제발견 도구로 활용하는 능력', 메가트렌드 '지식, 정보, 경험, 탐구의 데이터화'의 '데이터화한 교과지식을 학습하는 능력', 그리고 메가트렌드 '경험, 환경의 가상화'의 '지식의 습득 및 실험·실습 과정에서의 가상·증강현실 기술 사용 능력' 등이 해당한다.

넷째, 미래의 디지털 정보와 인공지능 기술의 고도화와 지능화된 인공물의 등장은 거의 절대적으로 인간의 삶과 생활 및 관계 형성 방식을 결정짓는 것과 함께 새로운 문제 상황과 현상을 양산하게 될 것이라는 점이다. 이에 따라 미래 정보·인공지능 부문에서 디지털 정보와 인공지능 기술 및 지능화된 인공물을 둘러싼 태도·가치·윤리 측면의 이해는 중요한 학교지식을 구성하게 될 것으로 보인다. 미래 정보·인공지능 부문의 태도·가치·윤리 측면의 학교지식 항목은 디지털 정보와 인공지능, 인공물의 기술 및 기술 개발 과정, 사회적 영향, 인간의 주체성과 정체성, 인공물의 인격화 등을 중심으로 형성되는 것으로 파악된다. 이들 관련 대부분의 항목들은 미래 학교지식의 중요한 고려 대상이라고 할 수 있다. '기술과 기술 개발 과정'과 관련해서는 주로 윤리적 문제가 제기되는데, '지능형 인공물 개발 과정에서 필요한 윤리' 및 '인공물의 지능화에 사용되는 데이터에 대한 윤리' 등이 이에 해당된다. '사회적 영향'과 관련하여서는 태도와 윤리 문제가 다양하게 나타나는데, '공공선 관점에서의 인공지능에 대한 윤리', '지능화된 인공물이 인간의 사회 시스템에 미치는 영향에 대한 윤리적 판단과 의사결정', '데이터 처리기술의 윤리 및 윤리적 사용, 사회적 영향에 대한 판단' 등이 이에 해당된다. 인간의 주체성과 정체성 문제는 '지능화된 인공물을 사회 시스템에 연결하는 과정에서의 인간 중심성, 민주성, 시민성, 주체성' 및 '지능화된 인공물을 도구로 사용하는 과정에서의 인간 존재에 대한 윤리적 판단' 등에서 태도 및 가치, 윤리 문제가 다양하게 부각되는 것으로 나타난다. 마지막으로 인공물의 인격화와 관련하여서는 '지능화된 인공물과 인간과의 공존과 협업', '데이터에 기반하여 학습한 인공지능을 인지파트너로, 공존의 대상으로 이해하는 마음' 등과 같이 태도와 윤리 문제가 중심을 이루고 있다.

3. 아동 · 청소년 부문의 메가트렌드와 학교지식[4)]

가. 아동 · 청소년 부문의 메가트렌드

여기서는 디지털 시대와 앞으로 도래할 인공지능 시대에 살아갈 미래의

4) 정영근 외(2021) 연구에서 일부 발췌하여 윤초희, 정영근, 민용성, 이근호(2022). 미래 아동 · 청소년 발달 전망에 따른 학교지식의 방향성 탐색. 열린교육연구, 30(6), 1-30.에 게재하였음.

아동 · 청소년의 모습을 현재 데이터와 경향성을 기반으로 전망하고자 한다. 미래 연구는 경제, 사회문화, 정치, 환경, 정보기술 등 다양한 분야에서 이루어지고 있다. 교육 분야에서도 제4차 산업혁명이 가져올 미래의 모습을 전망하고 이에 따른 교육 패러다임의 전환을 제안하는 연구들이 수행되고 있다(구정아, 박영선, 박새롬, 2019; 김혜숙, 정대범, 2005; 류방란 외, 2018; 하연섭, 2005). 이들 연구는 주로 기술혁신과 디지털 문화의 확산, 기계와 인공지능의 부상, 과학기술 발전 및 사회환경 변화에 따른 학교의 대응 방안 탐색에 초점을 두고 있다. 그러나 사회변화에 따른 대응 과제를 마련하고 미래 학교지식의 방향성을 탐색하기 위해서는 학습의 주체인 학생(아동 · 청소년)의 미래 모습을 전망하는 연구 또한 필요하다. 앞으로 도래할 인공지능 시대에 아동 · 청소년은 어떤 발달적 특성을 가질 것으로 전망하는가? 이 시대에 아동 · 청소년이 이루어야 할 발달과업은 무엇인가? 미래 시대에 적응하고 살아가기 위해 이들에게 필요한 지식과 역량은 무엇인가? 학교 교육과정의 구성에서 아동의 발달적, 심리적 특성을 참조하는 것은 오래된 전통이다. 다만 미래 연구에서는 이러한 발달적 특성을 미래 환경변화에 따른 특성으로 미리 전망하여 제시한다는 점만 다를 뿐이다.

아동 · 청소년의 신체 및 인지, 정서 · 사회, 삶의 방식의 변화는 생물학적 성숙이나 발달적 변화뿐만 아니라 사회 문화적 변화의 영향을 받는다. 아동 발달에 대한 환경 맥락의 영향을 설명하기 위해서 브론펜브레너(Bronfenbrenner, 1979)의 생태학적 이론을 참고할 수 있다. 이 이론에 의하면 아동 발달은 환경 생태의 영향을 받게 되는데, 이러한 환경은 행동주의 이론에서 이야기하는 일반적인 외부적 환경 자극 요소와는 성질이 다르다. 아동을 둘러싼 환경은 미시체계, 중간체계, 외체계, 거시체계 등 여러 체계로 구성되는 위계적이고 다층적 성격을 갖는다. 브론펜브레너의 이론적 접근에서는 아동 · 청소년의 발달 및 변화가 타고난 유전적 속성과 성숙, 정해진 발달 경로를 거쳐 가는 과정이 아니라 특정한 사회문화적 생태체계 내에서 환경과의 상호작용을 통해 이루어진다는 점을 강조한다. 그러므로 아동·청소년 특성의 메가트렌드를 찾기 위해서는 아동·청소년을 둘러싼 사회문화 환경의 트렌드를 먼저 살펴볼 필요가 있다. 이 책에서 아동·청소년 부문의 메가트렌드를 도출하기 위해 검토한 문헌은 〈표 II-3-1〉과 같다.

〈표 II-3-1〉 아동 · 청소년 부문 문헌에 나타난 주요 트렌드

<table>
<tr><th>출처</th><th colspan="3">트렌드(부문-트렌드)</th></tr>
<tr><td rowspan="4">OECD
(2019a)</td><td>• 신체 건강</td><td>• 놀이 및 활동의 부족
• 알코올 및 약물 사용</td><td>• 식습관 변화, 비만, 과체중
• 부적절한 수면(수면의 양과 질 저하)</td></tr>
<tr><td>• 정서적 웰빙</td><td>• 사회 및 정서적 기술의 중요성 증가
• 불안과 우울 증가</td><td>• 스트레스 심화 및 스트레스의 다양한 원인
• 자살(지난 15년간 다소 감소)</td></tr>
<tr><td>• 가족 · 또래</td><td>• 변화하는 가족관
• 다양한 가족 형태</td><td>• 노화하는 부모
• 또래 역할의 중요성</td></tr>
<tr><td>• 디지털 기술</td><td>• 디지털 격차
• 소셜 네트워크</td><td>• 권력으로서 정보
• 사이버 위기</td></tr>
<tr><td>WEF
(2018)</td><td>• 디지털 기술에 의한 아동기의 변화 양상</td><td>• 신체 변화
• 공간성
• 정신건강의 크라우드소싱</td><td>• 뇌의 재구조화
• 아동기의 재개념화</td></tr>
<tr><td rowspan="4">WOSM
(2017)</td><td>• 경제 부문</td><td colspan="2">• 실업, 청년 NEET(Not in Education, Employment or Training)족 증가, 빈곤, 취업과 낮은 임금에 대한 우려, 비공식 경제 참여율 증가</td></tr>
<tr><td>• 교육 부문</td><td colspan="2">• 교육기관 및 고등교육기관 등록률 증가, 초 · 중등학교 중퇴자 비율 증가, 가장 선호하는 전공으로 기술 분야 선택, 미디어 리터러시에 대한 요구 증가</td></tr>
<tr><td>• 건강 부문</td><td colspan="2">• 성병 증가, 낮은 수준의 피임 사용률, 안전하지 않은 낙태, 비만 증가, 약물 남용</td></tr>
<tr><td>• 정치 · 사회 · 안전 부문</td><td colspan="2">• 정치적 참여 및 주요 의사소통 통로로서 온라인 상호작용, 청소년 자원봉사 증가, 환경에 대한 관심의 중요성 증가, 폭력과 무장된 갈등 증가, 부모 세대보다 덜 종교적인 성향, 이혼율 증가 및 한 부모 가정 증가</td></tr>
</table>

출처	트렌드(부문-트렌드)	
이경상 외 (2013)	• 가족 환경	• 가족 내 세대 간 갈등 증가 • 가족 내 세대 간 상호작용 재정립 • 청소년 세대의 가족에 대한 의식 변화 • 취약 가구 청소년의 상대적 박탈감 증가 • 하위 계층 가족 청소년의 일탈 가능성 증가 • 청소년의 가족 내 부모 돌봄 의식 및 기능 약화 • 청소년과 부모 애착적 상호작용 감소
	• 또래 환경	• 다문화 또래 환경 증가, 다문화 갈증 증가 • 애착적 또래 관계 약화, 네트워크적 또래 관계 강화 • 폭력적 또래 관계 증가
	• 학교 환경	• 인성과 사회적 역량 약화 • 교육의 기회 균등과 공정성에 대한 불신 증대 • 다문화 청소년 및 기성세대에 대한 사회 통합 역량 약화 • 정보통신 기술 이용 증가
	• 매체 환경	• 적극적 자기 표현, 공유 행위 확산, 주류 문화에의 도전 증가 • 네트워크를 통한 감정적 행위, 일시적 공동체 지향, 사회 참여 행위 증가 • 기다리는 행위 거부, 의견쏠림 현상 심화, 중독 현상 심화, 폭력 행위 증가
	• 진로 환경	• 청소년의 경제적 역량 강화 필요 증대 • 취업난의 지속과 세대 갈등 가능성 증가 • 아르바이트 인권침해 발생 및 가능성 증가

아동・청소년의 미래 메가트렌드를 전망하기 위해서 현재 이들의 다양한 특성에 있어서 트렌드를 분석할 필요가 있다. 이러한 현재 추세는 앞으로 발생할 미래를 예측하는 데 근거자료로 활용될 수 있다. 아동・청소년의 현재의 변화 양상은 신체, 인지 및 학습, 정서・사회, 그리고 삶의 양식으로 구분하여 제시될 수 있다. 한 가지 유념할 것은 이는 현재의 추세이므로 미래가 반드시 이 추세를 따른다고 볼 수 없다는 점이다. 또한 부분적인 데이터만으로 전체를 반영한다고도 볼 수 없다. 그럼에도 추세외삽법[5]이

5) 추세외삽법은 반복적인 조사연구를 통해 수집된 통계자료를 분석하여 과거부터 현재로 이어지는 경향성(trend)을 밝혀서 이것이 미래까지 이어질 것이라는 전망하에 미래의 트렌드를 예측하는 방법이다(이경상 외, 2013).

목표하는 것처럼, 현재의 트렌드를 문헌을 통해 살펴보고 이를 기반으로 향후 나아가야 할 방향이나 발생할 것으로 예측되는 미래를 전망하고자 한다.

첫째, 신체의 변화이다. 그동안의 국내외 연구들은 아동·청소년이 신체 운동량은 감소하고, 앉아서 하는 활동이 증가하면서 체질량 지수가 증가함을 보여주고 있다(임희진, 박형란, 구현경, 2009; OECD, 2020; WEF, 2018). OECD(2020) 보고서에 의하면, 지난 반세기 동안 OECD 국가의 아동·청소년들은 건강과 발육 상태가 더 좋아졌고 과거에 비해 사춘기로의 빠른 이행을 경험하고 있다. 성 조숙증이 빠르게 증가하고 있는데 이는 섭식과 더불어 비만의 영향을 받는 것으로 보인다. OECD(2020) 연구는 많은 국가에서 아동·청소년이 충분한 수면을 취하지 못하는 것을 지적하고 있는데, 과거에 비해 늦게 취침하고 일찍 일어나는 수면 습관이 만성 수면 부족을 가져온다고 보고하고 있다(Hale & Guan, 2015). 이러한 신체상의 구조적이고 기능적 변화 추세는 디지털 기술의 확산, 사회문화적 변화, 가족구조 변화 등의 영향을 받는 것으로 보인다. 특히 디지털 기기 사용은 수면 부족, 신체 활동 전반의 저하 및 비만과 관계가 있을 것으로 예측된다(OECD, 2019a). 현재 추세로 보아 디지털 기기를 더 많이 사용하게 될 미래에 아동·청소년의 신체 구조와 기능상의 변화가 지속될 것으로 보인다.

둘째, 신경생리학적 및 인지적, 학습에서의 변화이다. 디지털 시대의 아동·청소년은 신경생리 및 인지적 변화를 겪는 중이다. 각성 이론에 의하면 대중매체는 생리적 각성을 유발하여 높은 흥분 상태를 유지하게 하는데, 인터넷 사용이 십 대들의 각성을 증가시킨다는 연구결과들이 보고되고 있다(OECD, 2019a). 인지 기능과 관련해서는 발달의 영역 특수적인 특성이 두드러지게 나타난다. 뇌의 가소성으로 인해 자주 사용하는 기능은 그 기능과 관련된 뇌 영역을 더 발달시킬 것이고 자주 사용하지 않으면 해당 부위의 시냅스가 퇴화하게 된다. 디지털 사회는 그 특성상 시각 기능을 더 많이 사용하게 하고, 이러한 활동은 시각 자극을 변별하고 특정한 패턴을 찾는 능력을 강화시킨다(Greenfield, 2015). 또한 아동·청소년의 기술 사용 능력(디지털 리터러시)은 계속적으로 향상하고 있다. 한편으로, 디지털 기기나 기술이 유동성 지능(지각 및 반응속도, 시각적 패턴 인식능력)은 향상시켜 주지만 결정성 지능은 약화시킨다는 우려가 제기된다(Greenfield, 2015; Subrahmanyan & Smahel, 2011; WEF, 2018). 디지털 매체에의 과다 노출은 의식적 사고와 반성 기능을 담당하는 뇌의 전전두엽 영역을 약화시키고 시각 기능을 담당하는 후두엽을 증대시키는 등 뇌의 전반적인 활성화 패턴을 바꾸고 있다. 이와 같은 뇌 가소성으로 인해 미래 아동·청소년의 뇌 구조에서의 변화 또한 예측될 수 있다.

한편, 일반적인 지적 능력 및 지적 성취와 관련하여, 국제 성취도 평가 연구(최승현 외, 2013)에서 나타나듯이 오늘날의 학생들은 아마도 그 이전 세대를 모두 아울러 학업성취 수준이 가장 높은 세대라고 볼 수 있다. 이에는 여러 가지 요인들이 작용하는데, 교육 기회의 확대, 고등교육의 대중화, 온라인을 통한 학습 기회의 확대, 그리고 우리나라의 경우 사교육의 영향이 크다고 볼 수 있다. 디지털화로 인한 정보 개방, 공유 문화 확산, 다양한 콘텐츠에의 접근성 확대 등은 이전에는 학교나 도서관 등 제한된 공간에서만 가능했던 학습의 기회를 무한대로 확장시켰다. 이제는 학교나 도서관을 가지 않아도 온라인에서 원하는 정보를 어디에서든 쉽게 얻을 수 있는 세상이 되었다. 이러한 개방되고 개별화된 학습의 공간은 이제까지의 세대를 모두 아울러 가장 스마트한 세대를 만들어내고 있다.

셋째, 정신건강 및 정서적 취약성이다. 아동·청소년기는 정서 발달을 위한 결정적인 시기이다. 특히 디지털 시대를 살아가는 아동·청소년은 정서 발달과 관련하여 어려움을 갖는 것으로 보고된다(OECD, 2019a). OECD 국가에서 1995년에서 2015년까지 자살률이 조금씩 감소하고 있지만 한국의 경우는 계속 증가하는 것으로 나타난다(OECD, 2019b). 집단 괴롭힘 비율은 여전히 유지되고 있고 삶의 만족도는 낮아진 반면, 높은 수준의 불안과 우울이 보고되고 있다. OECD(2019b) 보고서에 의하면, 세계적으로 10~20%의 아동·청소년이 정신건강으로 고통받고 있고 일부 특정 유형의 정신건강 문제가 지배적으로 나타나고 있다. 집단 괴롭힘 비율은 다소 감소하였지만 여전히 높은 비율의 발생률을 보인다. PISA 자료(OECD, 2017)에 의하면 연구에 참여한 전체 학생의 19%가 신체, 언어, 관계적 측면 등 모든 영역에서 괴롭힘을 당하고 있다고 보고하고 있다. 괴롭힘은 사이버 괴롭힘으로 진화하고 있는데, 괴롭힘과 마찬가지로 사이버 괴롭힘은 아동·청소년의 정서발달과 정신건강에 부정적인 영향을 미칠 수 있다. 면대면 상호작용보다 사이버상의 상호작용이 증가하고 있는 가운데, 이러한 동향은 청소년 발달을 위한 보호 요인(가족 관계, 또래 관계, 교육적 개입)의 강화나 저해 요인에 대한 개입이 없는 한 향후에도 지속될 것으로 보인다.

넷째, 삶의 방식의 변화이다. 현대사회는 다원화로 특징지어지며, 개인의 권리와 개성을 존중하는 분위기와 더불어 규준적인 것이 정상적이라는 관념이 해체되고 있다. 이러한 맥락에서 청소년들의 개인화, 탈 규범화, 나만의 삶의 방식을 추구하는 성향이 두드러지게 나타나고, 가치나 진로 선택에서 다양성을 보여준다. 디지털 네트워크화는 이러한 변화를 더욱 가속화하고 있다. 청소년들은 현실과 가상현실에 동시에 존재하면서 시·공간의 제약을 벗어나 관계 맺기와 사회적 활동의 장을 확장하고 있다. 디지털 시대의 아동·청소년은 반권위주의를 지향하며 제도권 정보가 아닌 다양한 출처와 경로를 통해 정보를 탐색하고 추구하는 경향이 있다(Schroth, 2019). 무엇보다 소셜 미디어상의 적극적인 자기 표현과 자기 노출은 관심과 인정을 원하는 이들 세대의 욕구와 특성을 반영한다. 정보는 분산되고 참여는 네트워크적이며, 하나의 통로가 아닌 다양한 매체를 통해 소통하거나 소셜 미디어상의 의사소통 방식을 선호함으로써 독특한 시민적 참여 패턴을 보여준다고 할 수 있다(오해섭, 문호영, 2020). 이들은 또한 어릴 때부터 경제적 역량의 가치를 인식하고 소비자뿐 아니라 생산자로서 온라인 경제활동에 적극적으로 참여한다(Craft, 2012).

디지털 문화는 청소년 발달의 가장 중요한 측면인 정체성 개념에도 변화를 가져왔다. 김선희(2004)는 탈 근대화와 더불어 근대적인 단일 자아 개념이 해체되면서 다중 자아나 다중 정체성에 대한 부정적 인식도 함께 변화할 것이라고 전망한다. 특히 현대의 미디어 환경 내의 온라인 공간이나 가상현실은 정체성 형성에 중요한 영향을 미칠 뿐 아니라 정체성에 대한 기존의 관념을 변화시키고 있다. 디지털 시대의 정체성은 고정되거나 안정된 것이 아니라 상황에 따라 끊임없이 변화하는 유동적인 실체로 간주되며, 디지털화된 온라인 자아는 육체를 기반으로 하는 오프라인 자아와 더불어 개인의 정체성을 구성하는 중요한 요소가 된다(김선희, 2004). 아동・청소년은 온라인 상호작용을 통해 자신을 표현하고 스토리를 만들며 또래의 피드백을 받거나 반응하면서 자신의 다중 자아를 창조해 가는 것이다. Z세대를 위한 주체성 담론을 고찰한 지승학(2018)의 연구에서도 디지털 문화 속에서 형성된 Z세대의 정체성의 측면들을 접할 수 있는데, 그는 디지털 시대에는 기술과 인간의 경계가 무너지고 다중성 그 자체에 집중하게 된다고 보았다. 이러한 특성은 미래 인공지능 시대에 더욱 두드러질 것으로 전망되는데, 인간과 인간의 관계는 인간과 콘텐츠, 인간과 기계, 인간과 사물의 관계로 확장되며 이들 간의 경계는 와해되고 융합적인 성격을 가질 것으로 예측된다.

청소년의 사회・정치 활동에 대한 관심과 참여 양상 또한 변화하고 있다(Cho, Byrne, & Pelter, 2020; Subrahmanyam & Smahel, 2011). 과거의 청소년들은 주로 학교 조직 내의 학생 자치회 활동을 통해 정치 참여 경험을 했지만, 디지털 시대에는 온라인을 통한 시민 참여 활동이 증가하고 있으며, 나아가 일부 학자들은 시민 참여의 개념을 확장해야 한다고 주장한다(Bennett, 2007). 베네트에 의하면, 과거의 시민이 국가에 대한 의무와 책임에 기반을 둔 시민이었다면, 오늘날의 시민은 네트워크화된 온라인 공동체에 참여함으로써 다양한 사회적 정체성을 형성하면서 동시에 자신의 역량을 최대한으로 끌어올리는 자기 실현에 기반을 두는 시민이다. 개인화된 사회는 개인의 권리와 자유가 강조되는 동시에 민주주의가 생활화하는 경향을 보여주는데, 비정부 영역의 시민참여는 온라인 공동체 개념에 기반하여 이루어지는 경우가 많다. 이러한 온라인 공동체 참여는 자기 실현과 더불어, 시민으로서의 정체감 형성과 사회적 책무성에 대한 의식을 발달시키는 데 도움이 될 수 있다. 전반적으로 아동·청소년을 자율적이고 비판적인 판단을 할 수 있는 주체적인 존재로 인식하는 사회 분위기와 더불어, 이들 스스로도 개인의 권리, 자유 및 선택에 대한 인식이 강화되는 동시에 시민 참여 행위에 대한 관심도 높아지고 있다고 볼 수 있다.

이와 같은 추세 분석을 통해 〈표 II-3-2〉와 같이 아동·청소년 부문의 메가트렌드와 매크로트렌드를 도출하였다.

〈표 II-3-2〉 아동 · 청소년 부문의 메가트렌드와 매크로트렌드

메가트렌드	매크로트렌드(이슈 · 쟁점 등)
신체 구조 및 기능의 변화	• 장시간 디지털 기기 사용 및 자세로 인한 신체 변형(목, 등, 약시 등) • 수면 패턴 변화로 만성 수면 부족 • 섭식 패턴 변화 및 신체 활동 저하로 인한 체력 저하, 과체중 및 비만 꾸준히 증가 • 성적 발달, 사춘기로의 빠른 이행(성조숙증, 빠른 성 인식 · 태도 · 행위)
신경생리 및 인지, 학습에서의 변화	• 호르몬, 뇌 구조 등 신경 생리적 변화가 있을 것임. 예컨대 인터넷, 소셜 네트워크, 게임 활동 등으로 즉각적인 보상 체계에 길들여짐, 생리적 각성 수준 높아짐, 도파민 수용체의 탈 민감화 증가(더 많은 자극 요구), 이로 인해 만족 지연 · 행동 조절 능력이 저하될 우려, 중독에 대한 우려. 이에 따라 자기 조절, 자기 절제에 대한 요구가 증대할 것임. • 포스트휴머니즘이 대두되면서 인간 인지의 개념 또한 변화될 것임. 예컨대, 인지를 개인의 능력으로 보기보다는 환경 내 타인과 인공물을 포함하는 인지 시스템으로 보는 관점이 강화될 것임. 인공물(기계)은 학생의 학습에 일방적으로 영향을 미치거나 보조하는 역할을 넘어 학생과 공동으로 세계를 구성하는 역할을 수행할 것임. 즉 인간(학생)은 인공물(기계)과 공동 주체(agent)의 역할을 하게 될 것임.

메가트렌드	매크로트렌드(이슈 · 쟁점 등)
	• 영역 특수적 인지 기능의 발달이 두드러질 것임. 예컨대 유동성 지능 증가(화면문화의 영향으로 지각 속도, 시각적 민감성, 시각 패턴 인지, 공간 지각 능력 강화) 및 손으로 하는 활동의 증가로 인해 촉각 기능과 눈과 손의 협응력 강화, 의사소통 방식 변화(언어에서 이미지로), 순간적 주의력 강화, 지속적 주의력 약화, 다중 과제 수행 능력 증가, 정보 검색 능력 증가 등 • 지적 역량과 지적 성취 수준이 계속적으로 증가할 것임. 예컨대 교육기회 확대 및 고등교육의 대중화, 온라인 디지털 학습 확대, 사교육 영향 등으로 이전 세대에 비해 평균적인 지적 성취 수준이 우수할 것임. • 개별화된 학습과 빠른 학습 패턴이 증가할 것임. 이에 따라 학생의 자율성과 자기주도성에 대한 요구가 더욱 증대할 것임. • 진로 발달이 빨라지고 진로 성숙도가 높아질 것임. 사회 경제 시스템(지식 경제, 정보 기술화, 생산성, 취업시장의 변화 등)에 대한 인식이 강화되고 조기 진로 설계에 대한 요구가 증대하지만, 불확실한 미래로 인해 진로 미결정 수준 또한 높아질 것임. • 사회가 변화함에 따라 미래 학생에게 요구되는 지식 및 기술, 태도, 가치가 변화될 것임 - 범영역적인 일반 역량과 특정 영역의 전문성에 대한 요구가 모두 증대할 것임 - 교과 및 일상생활에서의 문제해결을 위해 융합적 사고 및 시스템 사고, 창의성에 대한 요구가 증대할 것임 - 비판적 사고력, 사실 확인(fact check) 능력 및 근거 중심 사고가 더욱 강조될 것임 - 지식 습득에서 지식 조합과 지식 사용, 지식 생산으로 학습의 초점이 이동할 것임 - 실천적 지식(암묵지 및 경험지)이 더욱 강조될 것임 • 지금보다 개인 간 학습 격차, 능력 격차가 더욱 심화될 것임
정신건강 문제 및 정서적 취약성 증가	• 아동 · 청소년의 정신건강 문제가 증가할 것임(학업 스트레스, 고립감 · 우울 · 불안, 자살률 증가, 학교 부적응 문제 심화, 교과 관련 정서(흥미, 효능감 등) 약화, 다양한 유형의 분노와 공격성 출현, 어린 아동의 ADHD 및 강박증 증가 등) • 적극적인 정서 표현에 비해 정서 조절의 어려움이 증가할 것임. 이에 따라 정서 조절, 자기 절제에 대한 요구가 증가할 것임. • 온라인 가상현실의 사용 증가로 현실 회피의 문제가 대두되고 현실 세계에서의 사회 · 정서 발달의 어려움이 증가할 것임 • 정신건강을 촉진하는 보호 요소에 대한 요구가 더욱 증대할 것임(또래관계, 가족관계, 교육 등) • 정신건강을 지원하는 치료 서비스 및 체계에 대한 요구가 증대할 것임

메가트렌드	매크로트렌드(이슈 · 쟁점 등)
개성 추구 및 개인화, 다원화된 삶의 방식	• 인구통계학적 학생 다양성 증가(인종 및 문화, 언어 등) • 획일성에서 탈피하여 개성과 탈 규범, 탈 노멀 추구(다양한 능력, 다양한 가치, 다양한 삶의 방식, 개별화된 학습과 앎의 방식, 다양한 직업과 진로 추구) • 온라인상의 다중 자아 형성. 예컨대 디지털화된 자아, 온라인 자아와 오프라인 자아 간의 연결성 및 통합 이슈, 자아 동일성 및 자아 정체성 이슈 등 • 진보적 성향 강화. 예컨대 아동 · 청소년 스스로의 인권 인식 강화, 소수자에 대한 배려, 나와 다른 것에 대한 개방적 태도 및 관용과 존중, 반권위주의 • 다원화에 따른 가치관 혼란 및 윤리적 아노미와 집단 간 갈등 및 집단 분극화(group polarization) 우려 • 개인의 선택에 있어 분별력과 책임에 대한 요구가 더욱 증대할 것임
디지털 네트워크화	• 소셜 네트워크를 통한 상호작용의 증가와 이에 따른 소셜 및 관계, 우정 개념의 변화와 확대 • 활동 공간의 확장. 예컨대 다중 실재(현실 · 가상현실(VR) · 증강현실(AR) 등)에 거주, 모바일화, 이동성 강화 • 문화 참여자 혹은 문화 창조자로서의 학생 역할 증대(온라인 네트워크 활용, 네트워크에 분산된 인지 기능, 아이디어 교환 및 공유, 적극적인 자기 노출 및 자기 표현, 지식 다루기 활동(knowledge work)에의 참여 및 공유 문화 확산) • 현재주의 관점(지금, 그리고 여기) 및 이성보다는 감성 지향 • 시민 활동의 개념 확대 및 시민 활동을 포함한 온라인 공동체 참여 증가(전지구적 문제에 대한 관심, 참여 및 문제해결), 디지털 시민으로서의 역량 강화에 대한 요구 증대 • 경제적 역량에 대한 학생들의 인식 증가 및 경제 활동에 대한 관심 증가(온라인 판매 및 구매 활동, 유튜버 활동, 주식투자, 창업 등), 경제적 가치 중요시 • 아동 · 청소년과 성인 간의 경계 약화 • 사이버 위기(예: 사이버 공간에서 괴롭힘 행동 증가, 사이버 폭력의 빈도와 방법의 고도화) • 개인 간 연결성이 증가하는 동시에 개인 중심의 공동체 형성, 집단 간 갈등 및 집단 분극화(group polarization) 우려 • 디지털 격차 심화

아동 · 청소년 부문의 메가트렌드는 크게 다섯 가지 영역의 변화로 나타

난다. 이는 신체 구조 및 기능의 변화, 신경 생리와 인지, 학습에서의 변화, 정신건강 문제와 정서적 취약성 증가, 개성 추구와 개인화, 다원화된 삶의 방식, 그리고 디지털 네트워크화이다. 이들 큰 변화(메가트렌드) 안에서 파생되는 변화 양상(매크로트렌드)을 제시하였다.

첫째, '신체 구조 및 기능의 변화'는 디지털 시대의 아동·청소년의 신체적 특성을 나타낸다. OECD(2019a, 2020), 세계경제포럼(WEF, 2018)에서 디지털 시대를 살아가는 청소년의 신체 변화를 언급하고 있는데, 이는 향후 인공지능 시대에도 전망되는 변화이다. 신체 변화는 '자세로 인한 신체 변형', '수면 패턴 변화로 인한 만성 수면 부족', '섭식 패턴 변화 및 신체 활동 저하로 인한 과체중과 비만의 꾸준한 증가', '성적 발달 및 사춘기로의 빠른 이행' 등의 매크로트렌드를 포함한다.

둘째, '신경생리 및 인지, 학습에서의 변화'는 주로 뇌신경학적 측면과 인지 학습 측면에서의 변화를 포함한다. 선행 연구들은 이러한 변화가 디지털 문화의 영향을 받는 것으로 보고 있으며, 이러한 추세가 지속된다면 미래에는 학습 행동이나 인지 기능뿐만 아니라 아동·청소년의 뇌 구조와 기능도 변화될 것으로 보인다. 관련된 매크로트렌드로 '호르몬, 뇌구조 등 신경생리적 변화', '인지 개념의 변화', '영역 특수적 인지 기능의 발달', '지적 역량과 지적 성취의 증가', '개별화된 학습과 빠른 학습', '빠른 진로 발달 및 진로 성숙도', '학습자에게 요구되는 지식 및 기술, 태도, 가치의 변화', '개인 간 학습 격차와 능력 격차 심화'가 포함되었다.

셋째, '정신건강 문제 및 정서적 취약성 증가'는 부정적 측면의 메가트렌드이다. 인간 능력의 강화나 증강(enhancement)은 이미 근대 이성주의 세계관에서도 강조되었던 측면인데, 이러한 측면은 향후 포스트휴머니즘의 시대에 더 심화될 것으로 전망된다. 기계와 결합된 인간 능력의 증강은 특히 트랜스휴머니즘이 추구하는 인간상이기도 한데(전치형, 홍성욱, 2019), 이러한 능력 중심의 세계관에서 늘 간과되는 것이 인간의 정서적 측면이다. 이전의 그 어떤 세대보다도 지적으로 우수한 역량을 갖춘 오늘날의 청소년들은 정서적으로는 과거 세대에 비해 취약하며 정신건강 문제의 비율 또한 증가하고 있다(OECD, 2019a). 이러한 추세로 보자면, 미래 시대의 청소년은 정신건강 문제 및 정서적 취약성이 더욱 심화될 것으로 보인다. 이 범주에는 '아동・청소년 정신건강 문제 증가', '적극적인 정서 표현에 비해 정서 조절의 어려움', '현실 회피 문제 증가', '정신건강을 촉진하는 보호 요소에 대한 요구 증대', '정신건강을 지원하는 치료 서비스 및 체계에 대한 요구 증대' 등의 매크로트렌드가 포함되었다.

넷째, '개성 추구 및 개인화, 다원화된 삶의 방식'은 많은 연구에서 주목하고 있는 현대 아동・청소년의 모습이며, 이러한 추세는 미래에도 지속될 것으로 전망된다(오해섭, 문호영, 2020; 이경상 외, 2013; Subrahmanyam & Smahel, 2011). 하위 매크로트렌드로 '인구통계학적 학생 다양성 증가', '획일성에서 탈피하여 개성, 탈 규범, 탈 노멀 추구', '온라인상의 다중자아 형성', '진보적 성향 강화', '다원화에 따른 가치관 혼란 및 윤리적 아노미', '개인의 선택에 있어 분별력과 책임에 대한 요구 증대' 등이 포함되었다.

마지막으로 '디지털 네트워크화'는 미래 인공지능 시대에 더욱 가속화될 것으로 보이는데, 이에는 '소셜 및 관계, 우정 개념의 변화', '활동 공간의 확장', '문화 참여자와 문화 창조자로서의 학생 역할 확대', '현재주의 관점과 감성 지향', '시민 활동 참여 증가', '경제적 역량 및 가치에 대한 인식 증가', '아동・청소년과 성인 간의 경계 약화', '사이버 위기', '개인 간 연결성이 증가하는 동시에 개인 중심의 공동체 형성', 그리고 '디지털 격차 심화' 등의 매크로트렌드가 포함되었다.

나. 아동・청소년 부문의 메가트렌드 흐름

아동・청소년 부문의 메가트렌드 흐름을 파악하기 위해서는 현장(인식,

제도, 법)의 변화를 살펴보는 것이 좋은 방법이다. 근대 산업화 시대에는 산업화 이전 시대에 비해 아동·청소년의 권리에 대한 인식이 강화되고, 아동·청소년 관련 제도나 법이 정비됨으로써 아동·청소년의 복지 수준이 높아졌다. 특히 산업혁명을 거치면서 20세기 중반까지 아동의 인권 문제가 주요한 사회문제로 대두되면서 아동 복지를 위한 노력이 이루어져 왔다. 아동의 단순 보호 차원을 넘어 아동의 권리를 보장하고 인권 침해를 방지해야 한다는 여론이 국제적으로 형성되면서 1989년 국제연합(UN) 총회에서 유엔아동권리협약이 체결된 것은 괄목할 만한 발전이라고 볼 수 있다. 이제 아동은 생존, 보호, 발달, 참여 등의 권리를 법으로 보장받고 있다. 이러한 아동 권리 보장은 근대 산업화 시대의 인간관의 영향을 받은 것이며, 모든 인간이 인간으로서의 삶을 영위하기 위한 기본권, 자율권, 평등권 등을 보장받는 인권 보장의 연장선상에 있다고 볼 수 있다.

이러한 사회적, 제도적 변화는 무엇보다 아동·청소년을 바라보는 관점의 변화와 함께 이루어졌다. 과거의 산업화 이전 시대에는 아동을 성인에 의존하는 미숙한 존재로 보거나 성인에 속해 있는 부속물로 간주하는 경향이 강했지만, 점차 아동은 성인과 구별되는 독립적인 존재로 간주되고 있다. 아동은 성인의 축소판이 아니라 아동 고유의 사고, 정서, 행동양식을 갖는 독특한 존재이다. 이러한 관점은 피아제(Piaget)에 의해 촉발되었지만, 이후 많은 발달심리학자들은 성인과 질적으로 다른 아동심리 고유의 특성들을 밝히면서 인간에 내재된 자율성, 유능성에 대한 욕구를 연구해 왔다. 이러한 관점에서는 어린 아동 또한 성인과 마찬가지로 유능해지고자 하고 자율적으로 행동하고자 하는 욕구를 충족하기 위해 동기화된다. 에릭슨(Erikson, 1963)은 아동의 행동이 성적 본능에 의해 지배된다는 프로이트(Freud)의 결정론적 관점을 거부하고 아동의 자율적인 자아 기능을 강조하였다. 아동을 바라보는 관점의 전환은 전반적으로 이들 아동·청소년의 발달과업에 대한 관심에도 영향을 미쳤다. 발달과업이란 개인의 특정한 삶의 시기에 이들이 속한 문화에 의해 부여되는 과제로, 많은 발달심리학자들은 이러한 과제를 성공적으로 달성함으로써 아동이 다음 단계의 발달과업에 충실히 대비할 수 있다고 주장하였다(Havighurst, 1972). 성인의 부속품이나 의존적 존재가 아닌 아동의 자율성, 유능성, 주도성을 긍정하지 않는다면 이러한 발달과업의 성공적인 달성에 대한 기대는 불가능할 것이다.

자율적인 존재로서의 인간에 대한 신념은 학생 역할에 대한 관점에도 변화를 가져왔다. 류방란 외의 연구(2018)에서는 학생의 역할과 정체성이 근대와 현대, 그리고 미래를 향하는 시점에서 어떻게 변화해 왔는지를 탐구하고 있다. 연구에 의하면, 근대 학교에서 학습자는 미성숙한 존재로서 타율적 관리의 대상이었고 성인 수준의 주체성이나 시민성을 인정받지 못했다면, 신자유주의 담론이 지배적으로 나타난 1990년대 이후 학생들은 주체로서 인정받게 되고, 자기주도성이나 자율성의 특성이 강조되기 시작하였다. 학교지식과 관련해서도 학생의 역할은 두 시대에서 다르게 나타나는데, 전통적인 학문 중심 교육과정에서 학생은 지식의 습득자나 관리자로 간주되고, 자율적으로 지식을 선택과 활용, 창조하는 역할을 부여받지 못했다. 또한 지금과 달리 졸업 이후 직업 시장이 어느 정도 예측 가능했던 산업화시대의 학생들은 이러한 직업 시장에 대비하여 체계적으로 계획된 교육과정을 전달받는 수동적인 대상으로 간주해 왔다. 그러나 학습자 중심 교육과정의 틀 내에서 학생들은 전체 시스템 속의 수동적인 존재가 아니라 자신의 흥미, 소질, 목표에 따라 교육과정을 선택하고 진로를 설계하며 자신의 삶을 주체적으로 계획할 수 있는 존재로 인정받고 있다. 이제 선택과 책임은 새로운 시대 학습자의 주요 특성이 되었으며, 경계를 허물어 융합하고 창조하는 적극적인 학습자의 역할이 강조되고 있다. 미래 사회에서 학습자의 역할은 또 한 번의 변화가 예고되는데, 사회적 대화에의 참여자, 공동체의 선에 기여하는 책임과 윤리적 자세를 갖춘 학생, 스마트한 공참여적 시민이자 사회적 창의성을 지향하는 존재로서 학습자 역할이 재규정되고 있다.

나아가 크래프트(Craft, 2012)는 아동기와 청소년기의 본질 자체가 변화하고 있다고 주장한다. 그녀에 의하면 2차 대전 이후 서구 사회에서는 아동기에 대한 제도적 보호의 관점이 지배적이었다. 제도적 보호의 주요 기관은 가정으로, 당시 사회복지 정책의 혜택을 입었던 가정이 아동 양육의 전적인 책임을 담당하였다. 90년대 이후 글로벌 자본주의 경제 담론은 가족과 아동·청소년의 기능에 대한 인식에 영향을 미쳤는데, 가장 두드러진 변화로 아동·청소년을 능동적인 소비자 혹은 경제적 열망을 갖는 존재로 바라보는 관점이 대두되었다. 글로벌 시대의 증가하는 이동성, 인구통계학적 변화, 개인화되고 네트워크화된 사회는 복잡한 세계의 다양한 가능성을 탐색하고 선택할 수 있는 자유를 개인에게 부여했는데, 이러한 선택을 통해 개인은 자기를 실현하고자 하는 욕구를 충족시키게 된다. 크래프트는 유년기에 대해 현재 대립하는 두 가지 관점을 대비시키면서, 과거의 관점을 극복하고 대안적 관점을 발전시킬 필요성을 제기한다. 아동기 개념에 내재된 취약성 관점이 산업화시대의 산물이라면, 권한이 부여된 아동기 관점은 새로운 시대에 필요한 관점으로 간주된다. '취약한 아동기' 개념이 재정 및 경제적 독립으로 특성화되는 성인기로의 이행을 지연시키고, 가정의 보호 기능을 양도받아 후기 청소년기까지 교육을 제공하는 학교의 역할을 강조한다면, '권한을 부여받은 아동기' 개념은 아동의 해방, 미래의 직업 세계에 진출할 준비, 성인의 통제로부터 벗어나 자기 고유의 정체성을 가지고 사회에 참여하는 주체로서의 기능을 강조한다.

한편, 미래 아동·청소년을 탈 휴머니즘적 관점에서 조망하면, 이러한 주체성 개념 또한 인간이 아닌 존재를 포함하는 방식으로 확장되어야 할 것이다. 여기서 탈이란 '벗어남, 초월함'을 의미하는 것으로, 미래에는 주체성을 중시하는 그동안의 인간 중심적 사고에서 벗어나 인간을 인간, 자연, 기계 및 사물로 구성된 거대한 네트워크의 일부로 자리매김함으로써 인간 정체성의 변화를 예고하고 있다. 포스트휴머니즘은 탈 휴머니즘 담론으로서 근대의 이성주의, 인본주의적 인간관에 대한 새로운 대안으로 제시되고 있는 관점이다(이중원, 2020). 신상규(2020)는 인간을 중심으로 한 위계질서가 해체되고 인간과 비인간적 존재(기계, 자연, 혼종적 존재) 간의 상호의존성을 기반으로 공생 공존을 도모하는 시도를 포스트휴머니즘으로 규정하고 있다. 포스트휴머니즘에서는 인간과 기계의 관계 재설정이 중요한데, 이제까지는 기계가 인간 삶을 편리하게 해주는 도구의 역할을 수행해 왔다면, 인공지능 시대의 기계(AI)는 어떤 목적을 위한 수단이 아니라 그 자체가 목적을 갖고 행위 네트워크상의 하나의 구성 요소로서 기능하는 주체의 역할을 떠맡게 된다(이중원, 2020). 기계와 인간의 융·복합은 이미 사이버상의 디지털화된 자아를 논의하면서 그 전조를 언급했는데, 이중원은 기계의 인간화 그리고 인간의 기계화를 통해 인간과 기계의 경계가 붕괴되는 상황을 가능하게 하는 조건을 포스트휴먼 상태라고 말한다. 이러한 담론은 아동·청소년의 미래상을 전망하고 이에 따른 학교교육의 대응 과제 탐색에서도 중요한 함의를 갖는다.

예컨대, 인간이 기계화되고 기계가 인간화되는 미래 인공지능 시대에 아동·청소년의 행위와 의식의 분석 단위는 기계와 함께 과업을 수행하고 경험을 구성하는 아동·청소년-기계 단위가 될 것이다. 이는 일찍이 인지발달 분야에서 많은 발달심리학자들(예컨대, Leontiev, 1978; Vygotsky, 1997; Wertsch, 1998)이 제시한 관점으로 아동발달 연구에서 주체(아동)와 객체(환경)를 매개하는 수단으로서 인공물을 개입시켜야 한다는 주장을 확장한 것이다. 이들은 아동 행위의 분석 단위는 전통적 심리학에서처럼 아동의 독립적인 행위가 아니라 '인공물과의 공동 수행', '인공물에 의해 매개된 활동'이 되어야 함을 강조한다. 도구 사용은 매우 어린 시기부터 아동발달의 부수적 측면이 아닌 필수 불가결한 요소이며, 도구가 부재한 상태에서의 아동발달은 상상하기가 어렵다. 디지털 시대, 나아가 인공지능 시대에 인공물(사물, 기계)의 중요성은 더욱 강조될 것인데, 인간과 인공물은 공동으로 학습하고 공동으로 과제를 수행하는 공동 주체의 역할을 수행하게 될 것이다. 이러한 관점에서는 아동의 존재양식, 앎의 과정과 행위에 인공물이 단순히 추가된 것이 아니라 통합적인 부분이 된다. 학교에서도 학생들은 단지 기계의 일방적 영향을 받거나 기계를 보조 도구로 사용하는 것을 넘어 기계와 함께 공동으로 경험과 세상을 구성하는 존재가 되는 것이다.

이와 같이 과거부터 현재까지 아동·청소년에 관한 관점 및 현장 변화의 흐름을 정리하고 미래를 전망한 내용을 아래 〈표 II-3-3〉에 제시하였다.

〈표 II-3-3〉 아동 · 청소년 부문의 메가트렌드 흐름(과거-현재-미래)

	근대화 · 산업화 (1970~1980)	탈 근대화 · 탈 산업화 · 정보화사회 진입 (1990~2000)	미래 (2030~2040~2050)
아동 · 청소년에 대한 관점	• 아동을 부모에 의존적인 존재로 봄 • 가정은 보호 기능 수행 • 아동 · 청소년의 내재적 취약성 강조, 어른이 될 때까지 아동 책임의 유예 • 성인기를 특성화하는 재정적 및 경제적 독립성 유예 • 아동 · 청소년의 자율성에 대한 인식 저조 • 아동 · 청소년의 권리에 대한 인식 저조 • 주로 가정이나 학교에서 사적인 활동에 참여	• 아동 · 청소년을 자율성, 자기주도성, 주체성을 가진 존재로 간주 • 아동 · 청소년의 자기 실현 욕구에 기반한 권한 부여 • 소비자이자 생산자로서 경제적 의사결정을 할 수 있는 존재 • 아동 · 청소년의 권리에 대한 인식이 강화되고, 아동 · 청소년 관련 법과 제도가 정비됨 • 네트워크화된 환경에 공적으로 참여	• 인간 대 인간의 관계는 인간-기계-인간의 관계로 복잡해지며, 현재의 인간 중심주의를 초월하여 기계와 인간이 공존하고 공진화하는 사회로 변모할 것임 • 이에 따라 아동 · 청소년은 단지 기계의 일방적 영향을 받거나 기계에 정통하는 것을 넘어서 기계와 공동으로 세계를 구성하는 활동에 참여
학교 현장에서의 아동 · 청소년	• 객관적 지식의 관리자이자 교수 · 학습을 제공받는 수동적 존재 • 아동 · 청소년의 행동은 관리와 훈육의 대상	• 아동 · 청소년을 미성숙한 존재가 아닌 자율적이고 주체적 존재로 간주하게 되면서 학생의 자율성, 자기주도성,	• 다양성 교육이 더 중요해질 것이며, 다양한 타자뿐만 아니라 다양한 혼종적 존재와 비인간까지 아우르는 다양성 강조

	근대화 · 산업화 (1970~1980)	탈 근대화 · 탈 산업화 · 정보화사회 진입 (1990~2000)	미래 (2030~2040~2050)
	• 능력의 일원화 및 규격화된 산출을 도모하고 발달 및 학업성취를 판단하기 위해 양적, 객관적 지표를 사용 • 평가는 개성보다는 획일화된 기준 중시	주체성이 학교 현장에서도 강조되고 있음 • 지식과 학습내용을 자율적으로 선택, 조합, 사용하며 이에 대해 책임을 갖는 존재로 간주 • 학생 특성의 질적 변화에 초점을 두고 획일화된 기준보다는 개성을 중시	• 분리된 개인이 아닌 네트워크 속의 다양한 행위자들 간의 상호작용 및 인간-자연-인공물의 공존과 공생 강조(학생은 이러한 생태계의 일부임) • 아동 · 청소년과 성인 간의 경계가 모호해지면서 학생과 교사 간의 경계 또한 모호해짐

다. 아동 · 청소년 부문의 메가트렌드와 학교교육 과제

1) 교육내용 측면

미래 아동 · 청소년의 발달적 특성 및 삶의 방식에서 긍정적인 측면도 전망되지만 현재의 추세로 볼 때 부정적인 측면(예컨대, 정서 발달 위기) 또한 전망된다. 그러므로 교육내용 차원의 학교 대응 과제는 긍정적인 측면은 강화하고 부정적인 측면은 미리 대비하거나 예방하는 차원에서 제시된 것들이다. 조사 결과, 총 21개 항목 중 10개 항목이 채택되었고 11개 항목이 기각되었다. 채택 및 기각된 항목은 아래와 같다.

〈미래 학교교육의 대응 과제로 채택된 항목(교육내용 측면)〉

• 기계는 할 수 없는 인간만의 특성이나 역량에 초점을 두는 교육으로, Bloom의 교육목표에서 상위목표인 분석, 평가, 창조 능력을 길러주는 교육내용
• 학생들이 상호작용 속에서 적절하게 정서를 표현하고 조절할 수 있도록

하는 정서 교육
- 다양한 집단의 권리를 존중하고 시민으로서 책무를 다할 수 있도록 민주, 글로벌, 디지털 시민성을 함양할 수 있는 내용
- 자연과 더불어 살아가는 방안 탐색을 위한 환경 및 생태 교육
- 생각하고 표현하고 다른 사람의 의견을 듣고 반응하는 방식에 대한 교육
- 사이버 윤리, 정서 · 사회 역량 교육
- 다양한 타자뿐 아니라 다양한 혼종적 비인간적 존재와의 공존 공생의 가치를 가르치는 교육
- 교과영역 간 경계 와해, 범교과 주제 선정, 융합적 통합적 교육내용
- 학교 밖 삶과 유기적으로 연계된 교육
- 지식을 배우는 것을 넘어 지식을 다루는 방법에 대한 수행 중심 교육

〈미래 학교교육 대응 과제로서 기각된 항목(교육내용 측면)〉

- 고전적인 윤리 의식과 우리나라 민족으로서의 정체성을 확립시킬 수 있는 내용
- 신체 변형 및 수면 패턴 변화, 섭식 패턴 변화 등의 신체 및 생활 변화에 대한 이해
- 뇌와 신체 협응 기능 이해와 발달 촉진
- 건강한 심체(心體)를 위한 신체 활동 촉진
- 세계를 이해하고 변화시키고자 하며 의미를 찾는 존재로서의 인간 본성에 대한 존재론적 교육
- 디지털 리터러시 및 테크놀로지, 매체에 대한 교육내용
- 학교교육과정과 진로와의 관련성, 진로의 다양성에 대한 교육, 학생들의 심리적 발달에 기반을 둔 진로 탐색 교육
- 돈과 물질에 대한 바른 목표설정, 경제활동에서의 윤리적 측면을 강조하는 교육, 지속가능한 경제교육
- 실생활 기반 경제 교육 및 금융 교육
- 인간이 이루어낸 문화, 문명, 역사 등에 대해 인식하고, 미래를 예측하고 발전시킬 수 있는 안목을 기를 수 있는 내용
- 단순히 체력 단련의 차원이 아니라 몸과 정신이 연결되었음을 알려주고 건전한 정신은 건전한 몸에서 나올 수 있음을 강조하는 교육

이들 항목은 구체적인 지식 내용을 나타낸다고 하기보다는 미래 학교에서 가르쳐야 할 (혹은 학생들이 알아야 할) 전반적인 지식 항목이라고 할 수 있다. 「기계는 할 수 없는 인간만의 특성이나 역량에 초점을 두는 교육으로, Bloom의 교육목표에서 상위목표인 분석, 평가, 창조 능력을 길러주는 교육내용」, 「학생들이 상호작용 속에서 적절하게 정서를 표현하고 조절할 수 있도록 하는 정서 교육」, 「다양한 집단의 권리를 존중하고 시민으로서 책무를 다할 수 있도록 민주, 글로벌, 디지털 시민성을 함양할 수 있는 내용」, 「자연과 더불어 살아가는 방안 탐색을 위한 환경 및 생태 교육」, 「생각하고 표현하고 다른 사람의 의견을 듣고 반응하는 방식에 대한 교육」 등이 높은 CVR 값을 나타냈다. 이밖에 다소 높은 CVR 값을 보인 항목은 「사이버 윤리, 정서・사회 역량 교육」, 「다양한 타자뿐 아니라 다양한 혼종적 비인간적 존재와의 공존 공생의 가치를 가르치는 교육」, 「교과 영역 간 경계 와해, 범교과 주제 선정, 융합적 통합적 교육내용」, 「학교 밖 삶과 유기적으로 연계된 교육」, 「지식을 배우는 것을 넘어 지식을 다루는 방법에 대한 수행 중심 교육」이 있다. 이들 중 CVR 값이 크면서 동시에 순위가 높은 항목은 「Bloom의 교육목표에서 상위목표인 분석, 평가, 창조 능력을 길러주는 교육내용」, 「학생들이 상호작용 속에서 적절하게 정서를 표현하고 조절할 수 있도록 하는 정서 교육」, 「지식을 배우는 것을 넘어 지식을 다루는 방법에 대한 수행 중심 교육」이었다.

이들 항목을 명확하게 지식, 기능, 태도로 구분하기는 어렵지만, 「분석, 평가, 창조 능력을 길러주는 교육내용」, 「정서를 표현하고 조절할 수 있도록 하는 정서 교육」, 「생각하고 표현하고 다른 사람의 의견을 듣고 반응하는 방식에 대한 교육」, 「지식을 배우는 것을 넘어 지식을 다루는 방법에 대한 수행 중심 교육」은 방법적 지식 교육에 가깝고 「다양한 집단의 권리를 존중하고 시민으로서 책무를 다할 수 있도록 하는 민주, 글로벌, 시민성 교육」은 태도 및 가치 교육에 가깝다고 볼 수 있다. 「자연과 더불어 살아가는 방안 탐색을 위한 환경 및 생태 교육」은 지식 및 기능, 태도 모두와 관련이 있는 항목이다. 미래 학교교육 대응 과제로 기계(AI)와 차별화되는 인간만의 고유한 역량을 강화하는 교육이 최우선 과제로 선정되었다는 점은 앞으로 다가올 기계와의 공존 시대에 기계가 할 수 없는 역량에 초점을 둠으로써 인간 고유의 가치를 강조한다는 점을 반영한다.

또한 그동안의 교육이 이론적 지식이나 내용 지식의 습득에 더 초점을 두었다면 미래에는 문제를 해결하거나 과제를 수행하는 능력(실천적 지식)이 더 중요해지고, 나아가 그동안 강조되었던 지적 성취보다는 정서와 사회적 발달을 위한 교육이 더욱 강화되어야 함을 나타내는 것이다. 정서 교육에 대한 요구는 현재 아동·청소년이 직면하고 있는 정서 발달의 위기와 정신건강 문제와도 관련이 있다. 오랫동안 이어진 합리주의 및 주지주의식 교육이 아동·청소년의 정서·사회적 발달의 간과로 이어졌고, 이러한 취약성이 개방적이고 초연결적 기술 사회에서 자기 조절 역량이 상대적으로 부족한 낮은 연령층 아동에게 이중의 어려움을 가져오는 것으로 판단된다. 그러므로 미래에는 감성, 정서, 정신건강과 관련된 교육을 우선 과제로 선택한 것으로 보인다. 또한 미래에는 다양성과 다양한 타자들 간의 공존성이 더욱 중시될 것으로 전망되어 인간, 자연 및 인공물(기계)의 공존·공생의 가치와 태도를 길러주는 교육의 중요도를 높이 평가한 것으로 보인다.

특기할 만한 것은 아동·청소년의 예측되는 신체 변화에 따른 학교 대응 과제가 선택되지 않았다는 점이다. 「신체 변형 및 수면 패턴 변화, 섭식 패턴 변화 등의 신체 및 생활 변화에 대한 이해」, 「뇌와 신체 협응 기능 이해와 발달 촉진」은 CVR 값도 매우 낮고(부적으로 나타남) 중요한 학교 대응 과제로 선택한 전문가도 0명이었다. 신체와 관련된 교육은 현재와 같이 생활 교육 수준만으로 충분하며 심화된 혹은 신체와 관련된 의식화된 교육이 크게 중요하지 않다고 보는 것이다. 「세계를 이해하고 변화시키고자 하며 의미를 찾는 존재로서의 인간 본성에 대한 존재론적 교육」, 「학교교육과정과 진로와의 관련성, 진로의 다양성에 대한 교육, 학생들의 심리적 발달에 기반을 둔 진로 탐색 교육」은 각각 5명의 전문가가 중요한 학교 대응 과제로 선택했지만 CVR 값은 낮게 나타났다. 이는 적지 않은 수의 전문가가 지식(knowing)이나 수행(doing) 중심 교육에서 존재(being) 중심 교육으로의 전환과 학교 교육과정과 연계된 진로 교육을 미래 학교 대응 과제로 선택했지만, 이들 항목에 대해 전문가들이 평정한 중요도 점수가 높지 않은 데 기인한 것으로 보인다.

2) 교육방법 측면

다음은 아동·청소년 부문의 델파이 조사 결과 가운데 교육방법 측면을 정리한 것이다. 전체 15개 항목 가운데 9개 항목이 채택되었고 6개 항목이 기각되었다. 채택 및 기각된 항목은 아래와 같다.

〈미래 학교교육의 대응 과제로 채택된 항목(교육방법 측면)〉

- 학습내용 탐구의 자율성을 허용하고 실패와 오류 경험을 허용하는 교수방법
- 문제 중심 수업 강화 및 깊은 사고를 요구하는 충분히 복잡하고 도전적인 문제 사용
- 학생 개인 간 협력, 소그룹 협업, 협동학습 등 학습자 간 상호작용과 네트워크가 강조되는 교수 활동
- 개인 단위가 아닌 팀 단위의 협력 학습이나 과제 수행을 위해 활용할 수 있는 내용(문제와 과제) 활용
- 팀 활동을 통한 프로젝트 수행, 플립드 러닝 등 학생이 주도권을 가지고 내용을 탐구하고 조사하는 수업
- 다문화, 다민족 사회에서 다양한 배경적 특성을 가진 또래 간의 상호작용과 또래 코칭 활용
- 학습자의 특성과 요구, 교과목의 특성, 교육의 목표 등 다각적 요인을 고려한 효율적인 교육방법으로서의 온·오프라인 블렌디드 학습
- 개인의 능력 수준, 흥미, 요구 등을 반영한 개별화 교육 활동, 단계별 학습 과제 마련

• 클라우드, 스마트폰, 태블릿, 디지털교과서, 가상현실, 증강현실 등 디지털 테크놀로지 기반 학습

이 중 CVR 값과 우선순위에서 높게 나타난 항목을 제시하면, 「학습내용 탐구의 자율성을 허용하고 실패와 오류 경험을 허용하는 교수방법」, 「문제중심 수업 강화 및 깊은 사고를 요구하는 충분히 복잡하고 도전적인 문제 사용」, 「학생 개인 간 협력, 소그룹 협업, 협동학습 등 학습자 간 상호작용과 네트워크가 강조되는 교수 활동」, 「개인 단위가 아닌 팀 단위의 협력 학습이나 과제 수행을 위해 활용할 수 있는 내용(문제와 과제) 활용」이다. 이 밖에 7명의 전문가가 미래 학교교육의 대응 과제로 선택했지만 CVR 값은 다소 낮게 나타난 항목으로 「테크놀로지를 활용해 학생의 학습 성과를 측정하고 분석하는 활동」, 「학습자 간의 개별적인 학습 과정을 기록하고 수집할 수 있는 데이터베이스 방법」이 있었다. CVR 값이 .60~.80 사이에 분포하는 항목은 「팀 활동을 통한 프로젝트 수행, 플립드 러닝 등 학생이 주도권을 가지고 내용을 탐구하고 조사하는 수업」, 「다문화, 다민족 사회에서 다양한 배경적 특성을 가진 또래 간의 상호작용과 또래 코칭 활용」, 「학습자의 특성과 요구, 교과목의 특성, 교육의 목표 등 다각적 요인을 고려한 효율적인 교육방법으로서의 온·오프라인 블렌디드 학습」, 「개인의 능력 수준, 흥미, 요구 등을 반영한 개별화 교육활동, 단계별 학습 과제 마련」, 그리고 「클라우드, 스마트폰, 태블릿, 디지털교과서, 가상현실, 증강현실 등 디지털 테크놀로지 기반 학습」으로 나타났다.

〈미래 학교교육의 대응 과제로서 기각된 항목(교육방법 측면)〉

• 흥미와 몰입을 유발할 수 있는 게임 기반 학습
• 경험 학습, 활동 중심 학습(학습 공동체와 실행 공동체 도입), 벤처 특허 교육 등 기업형 수업 모형
• 기계(인공지능), 교사 및 다른 분야의 전문가 간 협업
• 뇌과학적 증거와 인공지능에 기반을 둔 교육자료의 개발 및 활용
• 다른 지역, 다른 나라의 학생들과의 교류를 활성화하는 실시간 화상 수업, 도·농 간 학력 격차의 해소 및 공간적 제약을 넘어서는 교육적 상호작용 활성화
• 테크놀로지를 활용해 학생의 학습 성과를 측정하고 분석하는 활동, 학습자 간의 개별적인 학습 과정을 기록하고 수집할 수 있는 데이터베이스 방법

흥미롭게도 아동·청소년 부문 전문가들은 정보 기술을 활용한 첨단 교수법에 대해서는 크게 중요하다고 판단하지 않는 것으로 보인다. 예컨대, 「게임 기반 학습」, 「경험 학습 (체험 학습)」, 「활동 기반 학습」, 「기업형 수업 모형」, 「뇌 과학이나 인공지능 연구에 기반을 둔 교육 자료 개발」, 「다른 지역의 학생들과 함께 하는 실시간 화상 수업, 공간적 제약을 넘어서는 교육적 상호작용」 등과 같은 항목에서는 CVR 값이 상대적으로 낮았다. CVR 값이 높은 항목들은 「문제 중심 학습 및 깊은 사고를 요하는 충분히 복잡하고 도전적인 문제의 사용」, 「학생들 간 협업 및 네트워크 형성」, 「탐구의 자율성을 허용하고 실패와 오류를 허용하는 교수법」, 「개인보다는 팀 단위 과제 수행을 위한 문제의 활용」 등 현재 학습자 중심 교육에서 강조되는 교수 활동과 관련된 것으로, 첨단 기술의 사용 자체보다는 학습자 중심성과 사용되는 과제(문제)의 성격을 더욱 중시하는 것으로 보인다. 특히 팀 작업을 중시하는 것으로 나타났는데, 이는 미래 학교가 무엇보다도 개인들 간의 상호작용과 협력이 중시되는 환경이 될 것이라는 전망과 관련이 있다. 초복잡성 사회의 문제들은 개인 단위에서 습득된 지식과 정형화된

기술만으로는 해결하기가 어려우며 집단 지성과 협력이 요구된다. 상호작용이야말로 이전에는 없었던 새로운 아이디어나 새로운 해결책이 창발할 수 있는 환경이므로 학교 안에서 이러한 미시적 교수 환경을 제공할 필요가 있다고 보는 것이다.

3) 교사 측면

다음은 교사 측면의 미래 학교교육의 새로운 대응 과제에 대한 응답 결과이다. 교사 측면에서 학교 대응 과제는 크게 교사 역량·전문성과 역할·기능, 교사교육 측면에서 살펴볼 수 있다. 전체 22개 항목 중 14개 항목이 채택되었고 8개 항목이 기각되었다. 채택 및 기각된 항목은 아래와 같다.

〈미래 학교교육의 대응 과제로 채택된 항목(교사 측면)〉

- 다양한 학습자의 특성과 요구 및 기대에 대한 이해를 바탕으로 개별화되고 차별화된 교육을 제공할 수 있는 역량
- 비대면 교육상황에서 온라인 환경에 맞추어 교육내용을 효과적으로 전달하는 방법에 대한 역량
- 테크놀로지에 대한 이해 및 활용 능력, 정보 활용 능력, 온라인 교수·학습 매체 활용 능력
- 다른 분야의 전문가와 지속적인 교류와 소통을 통해 교사가 담당할 수 없는 다른 교육 영역 및 활동에 대한 협업 역량
- 가르치는 영역을 확장하여 융합 교과를 가르치거나 협력적 교수를 할 수 있는 역량
- 기계 교사(AI)와의 협업 및 인공지능 기반 교육 기기의 효율적 활용 역량
- 학생들의 과제 수행, 문제해결 경험을 통해 수행 역량을 강화할 수 있도록 활동의 디자이너, 활동의 촉진자, 활동 후 조언자로서의 역할
- 교사가 성적과 학업 외에 다른 성취 영역의 가치와 의미도 인정하는 태도를 갖고 이를 학생들에게 전달하는 역할
- 학생들의 선택권을 보장해 주고 반드시 해야 하는 과제의 경우 학생들이 자율적으로 선택할 수 있도록 독려하는 역할
- 교원 양성 기관이 교육내용을 문제해결과 연결시키고 이를 학생활동으로

하는 수업을 설계, 운영할 수 있도록 과제 설계 및 운영 중심의 전문성을 키울 수 있도록 재편

- 학습하는 방법에 대한 지도 전략, 자기주도적 학습을 유도할 수 있는 수업 전략 등에 대한 이해와 활용 영역을 높이기 위한 교사 교육
- 빅데이터를 활용하여 학생 맞춤형 수업 및 지도를 할 수 있는 역량
- 다문화, 다원화 등에 적응하기 위한 글로벌 역량과 서로 다른 배경에서 온 학생들 간의 또래 코칭 방안과 관련된 인식과 이해
- 온라인상에 소통 공간이 마련되어 학습에 대한 피드백, 또래와의 상호작용, 칭찬과 성찰 등을 촉진하는 역할

이 중 CVR 값이 높은 교사 역량·전문성 항목을 살펴보면, 교사의 전문성·역량 측면에서는 「다양한 학습자의 특성과 요구 및 기대에 대한 이해를 바탕으로 개별화되고 차별화된 교육을 제공할 수 있는 역량」, 「비대면 교육 상황에서 온라인 환경에 맞추어 교육내용을 효과적으로 전달하는 방법에 대한 역량」, 「테크놀로지에 대한 이해 및 활용 능력, 정보 활용 능력, 온라인 교수·학습 매체 활용 능력」, 「다른 분야의 전문가와 지속적인 교류와 소통을 통해 교사가 담당할 수 없는 다른 교육 영역 및 활동에 대한 협업 역량」, 「가르치는 영역을 확장하여 융합 교과를 가르치거나 협동적 교수를 할 수 있는 역량」, 「기계 교사(AI)와의 협업 및 인공지능 기반 교육기기의 효율적 활용 역량」 등의 CVR 값이 높게 나타났다. 주로 개별화 수업 역량, 비대면 온라인 수업 역량, 테크놀로지 활용 역량, 다른 분야 전문가와의 협업 역량, 융합 교과를 협력적으로 가르칠 수 있는 역량, 인공지능 활용 역량 등 기술 활용과 교사 협업과 관련된 항목들의 중요도가 높게 나타난 점이 주목할 만하다. 미래 학교교육에서 기술 리터러시 및 다양한 전문가들과의 협력 역량은 필수적으로 요구되는 교사의 핵심역량으로서 이들 역량에 대한 중요도를 높이 평가한 것으로 보인다. 이는 앞서 교수방법 및 활동 차원에서 기술 자체보다는 학습자가 해결해야 할 문제나 과제의 성격을 중심으로 한

판단과 대비된다. 이는 학습자의 실제적인 학습 과정에서 어떤 첨단 기술을 활용하는가보다는 어떤 내용을 다루어야 하는가가 학습자에게 더 중요한 반면, 교수 활동을 설계하고 조직하는 교사는 수업 내용을 효과적으로 다루기 위해 스스로 기술 활용에 더 능숙해져야 한다는 의미일 것이다.

〈미래 학교교육의 대응 과제로서 기각된 항목(교사 측면)〉

- 교사의 컴퓨터 사용 능력, 새로운 교육 플랫폼이나 프로그램의 도입을 위한 교사 연수
- 교원 양성 시스템을 개방형으로 하여, 학부에서는 내용 전문성을 갖추도록 하고 전문대학원에서 교수 실천 역량을 키울 수 있는 실습 중심의 전문 교육을 받을 수 있도록 교원 양성 체제에 대한 전면적 개편
- 자신이 가르치는 교육내용뿐만 아니라 교과교육학에 대한 지식과 경험을 쌓을 수 있도록 하는 교사 연수
- 예비 교사를 위한 인성 교육 및 시민성 교육
- 학생들을 교육의 대상으로만 보는 것이 아니라 한 명의 인격체로 대우하고 애착에 기반 한 긍정적인 인간관계를 형성할 수 있도록 교직관 변화
- 학생들의 심리적, 신체적 변화에 민감해야 할 필요가 있으며, 학생들의 정신건강 지원, 심리 상담, 학습 상담에 필요한 기술, 기능 습득
- 사회변화에 민감하게 대처하고 빠르게 받아들여 이를 학교에 적용하고자 하는 태도
- 빠르게 변화하는 지식의 흐름 속에서 지식의 본질 및 인간의 인식론적 이해에 대해 성찰할 수 있는 태도

교사의 역할과 기능의 경우, 대응 과제로서 강조되는 항목은 「학생들의 과제 수행, 문제해결 경험을 통해 수행 역량을 강화할 수 있도록 활동의 디자이너, 활동의 촉진자, 활동 후 조언자로서의 역할」, 「교사가 성적과 학업 외에 다른 성취 영역의 가치와 의미도 인정하는 태도를 갖고 이를 학생들에게 전달하는 역할」, 「학생들의 선택권을 보장해 주고 반드시 해야 하는 과제의 경우 학생들이 자율적으로 선택할 수 있도록 독려하는 역할」로

나타났다.

교사교육에 관한 항목은 「교원 양성 기관이 교육내용을 문제해결과 연결시키고 이를 학생활동으로 하는 수업을 설계, 운영할 수 있도록 과제 설계 및 운영 중심의 전문성을 키울 수 있도록 재편」, 「학습하는 방법에 대한 지도 전략, 자기주도적 학습을 유도할 수 있는 수업 전략 등에 대한 이해와 활용 영역을 높이기 위한 교사교육」 항목이 상대적으로 높은 CVR 값을 나타냈다.

4) 학교 환경 측면

다음은 학교 환경 측면에서 미래 아동·청소년 부문 변화에 따른 학교교육의 새로운 대응 과제에 대해 응답한 결과이다. 학교 환경 측면의 대응 과제는 학교문화와 제도, 시스템, 시설·설비 등으로 구분하여 살펴볼 수 있다. 전체 22개 항목 중 9개 항목이 채택되었고 13개 항목이 기각되었다. 특히 학교문화와 시설·설비 관련 항목들이 CVR 값 및 중요도 우선순위에서 높게 나타났다. CVR 값과 중요도 우선순위가 동시에 높게 나타난 항목은 「학교 구성원들이 '다름'에 대해 수용하고 다양성의 가치를 존중하는 개방적 학교문화」를 비롯하여 「학생의 실수를 허용하는 문화」, 「개인의 자율적 선택과 자기결정성을 지지하는 학교문화」, 「놀이와 공부를 가능하게 하고 학습자가 자신을 이해하고 자신의 재능을 계발하는 데 도움이 되는 학교 환경」이다.

〈미래 학교교육의 대응 과제로 채택된 항목(학교 환경 측면)〉

- 학교 구성원들이 '다름'에 대해 수용하고 다양성의 가치를 존중하는 개방적 학교문화
- 학생의 실수를 허용하는 문화
- 개인의 자율적 선택과 자기결정성을 지지하는 학교문화

- 놀이와 공부를 가능하게 하고 학습자가 자신을 이해하고 자신의 재능을 계발하는 데 도움이 되는 학교 환경
- 학습자가 흥미에 따라 원하는 정보나 내용을 상시적으로 접근 접속이 가능하고 실시간 수업 교류, 화상 수업을 통한 문화 교류 등이 정규 수업에 포함될 수 있도록 유비쿼터스 학습환경 구축
- 온라인 콘텐츠, 디지털교과서, 가상현실과 증강현실 시스템 구축, 학생 빅데이터 시스템 구축, 융·복합 교육 및 메이커 교육, 인공지능 기반 교육 등을 실시하는 데 필요한 시설·설비 구축
- 칸막이 교육 시스템과 환경을 벗어나 교사들이 협력하여 수업을 실제 운영하고 학생들에게 필요한 피드백을 제공할 수 있도록 하는 협력적 교육 시스템과 환경 구축
- 교육격차 해소를 위해 다양한 활동을 할 수 있는 대면 및 비대면 교육 공간을 마련하거나, 학생, 부모 및 교사가 원활한 소통을 할 수 있는 플랫폼 구축
- 공동체 의식과 공공선을 중시하는 문화

〈미래 학교교육의 대응 과제로서 기각된 항목(학교 환경 측면)〉

- 지식과 기능은 외부에서도 습득 가능하므로 다른 경로를 통해서도 학력 인증 가능하도록 제도 개편
- 중·고교 통합, 유연한 수업 시간 도입 등 학제 개편
- 현장 중심(체험 중심) 교육 제도 구축
- 남는 학교 공간 전면 개방하여 지역사회와 연계하여 활용
- 지금과 같은 형태의 학교 공간은 와해될 필요가 있으며, 벽 없는 교실, 창의적인 수업 공간, 개방형 수업 공간 확충
- 미래의 학교는 학습 네트워크상의 하나의 구성 요소가 될 것이므로 수평적 의사결정, 유연한 제도 운영, 지역사회와 연계된 개방적 체계로 학교 체제 개편
- 평생교육 관점의 학교교육 체제 구축
- 학교는 교류와 기회를 제공해 주는 장소, 즉 공간과 사람을 잇는 다리 역할로 변화
- 사이버 폭력의 익명성, 확장성, 심각성 차원에서 이에 대처할 수 있는 제도와 시스템
- 상담 교사, 에듀코치, 학습 컨설턴트와 같이 학생들의 정신건강을 지원해

주는 인적 및 물적 체계 마련 및 상담 전문 기관과 연계
- 해당 분야 전문가를 연계해 주는 인프라
- 사이버 강의 인정과 MOOC 등 양질의 온라인 수업 인정 방안
- 교육 격차 해소를 위해 시도 내에서의 학교 수업 교류 및 학점 교류, 열악한 지역에 대한 정부 지원 우선 정책

시설・설비 관련 항목에서는 「학습자가 흥미에 따라 원하는 정보나 내용을 상시적으로 접근 접속이 가능하고 실시간 수업 교류, 화상 수업을 통한 문화 교류 등이 정규 수업에 포함될 수 있도록 유비쿼터스 학습환경 구축」, 「온라인 콘텐츠, 디지털교과서, 가상현실과 증강현실 시스템 구축, 학생 빅데이터 시스템 구축, 융・복합 교육・메이커 교육・인공지능 기반 교육 등을 실시하는 데 필요한 시설・설비 구축」이 CVR 값과 중요도 우선순위에서 높게 나타났다. 한편, 「칸막이 교육 시스템과 환경을 벗어나 교사들이 협력하여 수업을 실제 운영하고 학생들에게 필요한 피드백을 제공할 수 있도록 하는 협력적 교육 시스템과 환경 구축」, 「교육 격차 해소를 위해 다양한 활동을 할 수 있는 대면 및 비대면 교육 공간을 마련하거나, 학생, 부모 및 교사가 원활한 소통을 할 수 있는 플랫폼 구축」은 CVR 값이 높은 편이지만 우선순위는 상대적으로 낮게 나타난 항목이다.

반면, 현재의 관점에서 다소 혁신적이라고 할 수 있는 제도와 체제 개편에 대한 항목은 CVR 값이 낮고 우선순위도 낮았다. 예컨대, 「지식과 기능은 외부에서도 습득 가능하므로 다른 경로를 통해서도 학력 인증 가능하도록 제도 개편」, 「중・고교 통합, 유연한 수업 시간 도입 등 학제 개편」, 「현장 중심(체험 중심) 교육 제도 구축」, 「남는 학교 공간 전면 개방하여 지역사회와 연계하여 활용」 등은 우선순위에 선택되지도 않았고 CVR 값도 부적이거나 매우 낮은 수준이었다. 「미래의 학교는 학습 네트워크상의 하나의 구성 요소가 될 것이므로 수평적 의사결정, 유연한 제도 운영, 지역사회

와 연계된 개방적 체계로 학교 체제 개편」, 「평생교육 관점의 학교교육 체제 구축」, 「학교는 교류와 기회를 제공해 주는 장소, 즉 공간과 사람을 잇는 다리 역할로 변화」와 같은 미래 지향적인 항목들도 CVR 값이 낮고 소수의 전문가(2~3명)만이 중요도 우선순위로 선택하였다.

종합하면, 전문가들이 중요하게 생각하는 학교 환경 측면에서의 미래 학교교육의 대응 과제는 적절한 학교문화 조성이라고 볼 수 있다. 최첨단 교수・학습 테크놀로지가 일상적으로 활용되고 학습자가 온・오프라인 다중 실재에 거주하게 될 미래 사회에서도 학교라는 제도 자체는 큰 변화가 없을 것이라는 관점이다. 지금과 같은 형태의 학교는 근대의 산물이지만 그 이전에도 다양한 형태의 학교가 존재했고, 미래에도 학교가 학생들의 학습 네트워크상의 구심점의 기능을 수행할 것으로 보인다. 반면, 학력을 인증하는 제도 자체나 큰 체제 차원에서의 변화보다는 학교문화나 시설・설비 측면에서의 혁신이 필요하다고 보고 있다. 이는 아동・청소년 부문의 메가트렌드와도 밀접한 관련이 있다. 다시 말해 디지털 테크놀로지의 영향으로 급격한 신체 및 인지, 정서 변화가 나타나고 학습자의 개성과 다양성이 강조되며 디지털 네트워크화된 사회에서 학습자가 자유롭게 상호작용하며 학습하고 새로운 문화 창출에 기여하기 위해서는 학교문화의 혁신이 우선적으로 필요해 보인다. 대부분의 학교문화 항목들이 높은 CVR 값을 보이고 있는데, 이러한 학교문화는 과거의 획일성 문화에서 탈피하여 개성과 다양성을 강조하고, 더불어 살아가는 시민사회의 시민정신으로서 공공선과 공동체 의식을 강화하며, 성취 중심주의와 완벽주의에서 탈피하여 실패나 실수를 허용하고 자율성을 보장하며 학습을 놀이와 재능 계발의 관점에서 보는 문화라고 할 수 있다. 이와 더불어, 시설・설비 측면에서 시・공간을 초월하여 언제 어디서나 접속이 가능한 유비쿼터스 학습환경, 가상현실, 증강현실 등 메타버스 학습 시스템, 빅데이터 시스템, 융・복합 디지털 시스템 구축 등이 학교 대응 과제로서 중요하다고 평가되었다.

라. 아동 · 청소년 부문 메가트렌드의 학교지식

1) 메가트렌드 I : 신체 구조 및 기능의 변화

미래의 아동 · 청소년은 지금과는 다른 형태의 신체 구조와 기능을 나타낼 것으로 전망된다. 디지털 문화의 확산으로 신체 활동이 저하되고 앉아서 하는 활동이 더욱 일반화될 것이기 때문이다. 현재 스마트폰이나 디지털 기기의 사용으로 인해 아동 · 청소년의 등과 목에 무리가 오거나 시력이 저하되고 수면 패턴이 바뀌는 등의 신체 변화가 보고되고 있다. 이러한 추세는 아동 · 청소년의 생활 방식이 바뀌지 않는 한 미래에도 지속될 것으로 보인다. 이러한 미래 전망에 따른 학교지식과 관련하여 델파이 조사를 한 결과, '신체 구조 및 기능의 변화'에 따라 요구되는 학교지식 항목 총 16개 가운데 5개 항목이 채택되었고, 11개 항목은 일부 다른 항목으로 통합되거나 기각되었다.

〈'신체 구조 및 기능의 변화' 메가트렌드의 학교지식으로 채택된 항목〉

- 건강한 음식(영양) 및 바른 식생활, 비만과 식습관의 관계에 대한 이해
- 성과 성 발달에 대한 이해
- (사이버) 성범죄 대처 및 예방 방법
- 건전한 성인식 및 태도, 성적 자기결정권, 성적 행위의 결과에 대한 책임 의식
- 운동을 통해 신체 및 정신건강을 증진하는 방법, 나의 신체에 적합한 방법과 강도로 하는 운동법

〈'신체 구조 및 기능의 변화' 메가트렌드의 학교지식으로서 기각된 항목〉

- 수면이 건강을 비롯하여 다양한 활동(예: 학습)에 미치는 영향에 대한 이해
- 나의 섭식 패턴 분석 및 건강한 식습관 행동(예: 정크푸드 절제하기)
- 건강한 식습관 행동(예: 정크푸드 절제하기), 건강한 식단 작성
- 나의 수면 패턴 분석 및 건강한 수면 패턴 실천

- 건강한 수면 패턴 실천
- 손 씻기 등 질병 예방 행동
- 운동과 건강한 심체(心體)의 관계에 대한 이해
- (사이버) 성범죄 관련 지식
- 올바른 자세 갖기(목, 등, 허리 등) 및 바른 생활 습관 실천
- 몸에 대한 태도 교육: 단순히 체력 단련의 차원이 아니라 몸과 정신이 연결되었음을 이해하고, 건전한 정신은 건전한 몸에서 나올 수 있음을 인식
- 몸의 구조와 기능, 신체 발달에 대한 이해, 나의 신체적 강점 및 약점에 대한 이해

아동·청소년의 신체 구조와 기능 변화에 대응하기 위해 다루어야 할 미래 학교지식 항목으로 크게 신체 발달을 위한 지식, 생활 습관 지식, 성 발달 관련 지식이 높은 CVR 값을 나타냈다. 먼저 1차 조사 결과로 CVR 값이 높게 나타난 항목은 「건강한 음식(영양) 및 바른 식생활」, 「비만과 식습관의 관계에 대한 이해」, 「성과 성 발달에 대한 이해」, 「(사이버) 성범죄 관련 지식」, 「(사이버) 성범죄 대처 및 예방 방법」, 「건전한 성인식 및 태도, 성적 자기결정권, 성적 행위의 결과에 대한 책임 의식」, 「운동을 통해 신체 및 정신건강을 증진하는 방법」, 「나의 신체에 적합한 방법과 강도로 하는 운동법, 몸의 구조와 기능」, 「신체 발달에 대한 이해」, 「나의 신체적 강점 및 약점에 대한 이해」 등으로 나타났다.

2차 조사는 1차 조사에서의 전문가 응답에 근거하여 내용적으로 중복된 항목은 통합하고 일부 문구를 수정한 후에 이루어졌다. 2차 조사에서는 CVR 값이 약간 감소하기는 했지만 여전히 「건강한 음식(영양) 및 바른 식생활」, 「비만과 식습관의 관계에 대한 이해」, 「성과 성 발달에 대한 이해」, 「(사이버) 성범죄 대처 및 예방 방법」, 「건전한 성인식 및 태도, 성적 자기결정권, 성적 행위의 결과에 대한 책임 의식」, 「운동을 통해 신체 및 정신건강을 증진하는 방법」, 「나의 신체에 적합한 방법과 강도로 하는 운동」

등에서 높은 CVR 값을 나타냈다. 1차 조사에서 .60 이상의 CVR 값을 나타냈던 「몸의 구조와 기능, 신체발달에 대한 이해」, 「나의 신체적 강점 및 약점에 대한 이해」는 2차 조사에서는 값이 낮게 나타나 기각되었다. 전체적으로 1, 2차 조사 결과를 종합하면, 내용 지식, 방법적 지식, 태도・가치・윤리에 관한 내용이 골고루 포함되었음을 알 수 있다.

메가트렌드 I과 관련하여 주목할 점은 운동 부족 및 비만과 과체중 문제 심화로 인해 학생들이 비만과 식습관의 관계를 이해하고 건강한 식습관을 갖도록 하는 교육과, 조숙증이나 빠른 성적 발달로 인해 청소년들이 사이버상의 성범죄에 노출될 가능성이 높아짐에 따라 성 발달에 관련한 지식 교육에 대한 요구 수준이 높다는 점이다. 나아가 건전한 성 인식, 성적 자기결정권, 성 행동에 대한 책임 의식 등 시대에 맞는 성 윤리 교육에 대한 요구 수준도 높은 것으로 나타났다. 마지막으로 신체 및 정신건강을 위한 운동 기능 발달에 대한 요구에서 높은 CVR 값을 나타냈다. 즉 신체와 관련하여 내용 지식(예: 과체중이나 비만의 원인 등), 방법적 지식(예: 자신에게 맞는 운동법 등), 태도 및 윤리 교육(예: 건전한 성인식 및 성윤리 교육 등)이 모두 중요함을 나타낸다. 기타 항목들에서 CVR 값이 상대적으로 작게 나타난 점은 수면이나 위생 관리와 같은 기초적인 생활 습관 관련 내용을 학교에서 공식적인 교과내용으로 가르칠 필요가 없다고 보는 것으로 해석할 수 있다. 신체 변화와 관련하여 특별히 미래 학생들에게 요구되는 지식은 현재와 크게 다르지 않지만 성과 관련해서는 좀 더 시대에 부합하는 교육이 필요하다고 볼 수 있다.

2) 메가트렌드 II: 신경생리 및 인지, 학습에서의 변화

미래의 아동・청소년은 신경생리, 인지 및 학습에서도 변화가 나타날 것으로 전망된다. 관련된 매크로트렌드는 '호르몬, 뇌구조 등 신경생리적 변화', '인지 개념의 변화', '영역 특수적 인지 기능의 발달 심화', '지적 역량과 지적 성취 수준의 계속적인 증가', '개별화된 학습과 빠른 학습', '진로 발달 및 진로 성숙도의 증가', '사회변화에 따라 학생에게 요구되는 지식 및 기능, 태도, 가치의 변화', '개인 간 학습 격차 및 능력 격차의 심화'이다. 이러한 미래 전망에 따른 학교지식과 관련하여 델파이 조사를 한 결과, '신경생리 및 인지, 학습에서의 변화'에 따라 요구되는 학교지식 항목 총 44개 가운데 23개 항목이 채택되었고, 나머지 21개 항목은 일부 다른 항목으로 통합되거나 기각되었다.

〈'신경생리 및 인지, 학습에서의 변화' 메가트렌드의 학교지식으로 채택된 항목〉

- 메타 인지 및 자기조절(동기, 인지, 행동조절), 자기주도적 학습에 대한 이해
- 진로(일의 목적, 일의 가치, 다양한 직업 세계 등)에 대한 이해
- 다양한 매체를 활용하여 자신의 생각을 표현하고 소통할 수 있는 역량
- 융합적 사고, 시스템 사고, 창의력 등 고차적 사고 기능 실습
- 검색된 정보에 대한 타당한 근거나 논리적 설명을 제공할 수 있는 능력과 팩트 체크 능력
- 융합적 사고, 시스템 사고, 창의력 등 고차적 사고력에 대한 이해(사고의 기제 이해)
- 정보통신 기술 활용 능력과 디지털 리터러시
- 실제적 과제에 대한 창의적 문제해결을 위한 컴퓨팅 사고 능력
- 진로 탐색 및 진로 설계 역량, 실제 현장에서 직업 관련 기초 역량 증진을 위한 견습
- 실생활 문제들을 다양한 영역의 지식을 활용하여 창의적으로 해결하는 능력
- 문제해결뿐만 아니라 새로운 문제를 발견하거나 생성하는 역량과 지식 생성 능력
- 디지털 테크놀로지의 특성과 이것이 학습과 기억 과정에 미치는 (긍정적, 부정적) 영향에 대한 이해
- 자기주도적 학습 및 탐구 태도
- 자기 절제의 필요성과 가치
- 고차적 사고력의 중요성 인식
- 인공지능 시대의 인간과 교육의 역할
- 뇌 발달과 가소성에 대한 이해

- 다양한 진로에 대한 존중 의식과 진로 성숙도
- 지식의 다원성에 대한 개방적 태도
- 지식에 대한 능동적 태도: 소유에서 생산 및 공유의 태도로 전환
- 실천적 지식(암묵지 및 경험지)의 중요성 인식
- 자신의 학습에 대한 도덕적 책임감
- 학습에 대한 즐거움 찾기(몰입, 그릿 등의 태도 함양)

〈'신경생리 및 인지, 학습에서의 변화' 메가트렌드의 학교지식으로서 기각된 항목〉

- 인간-기술(인공물)-사회 시스템 연결에 대한 이해
- 인간과 기계의 공생 공존의 가치에 대한 인식
- 전뇌 발달을 위하여 (시각, 촉각 기능뿐 아니라) 다양한 감각 및 인지 기능을 사용하는 활동
- 다중감각 기능을 활용하는 방법
- 지식의 본질 및 앎의 과정에 대한 이해(인식론적 이해)
- 뇌와 신체의 협응 기능에 대한 이해(예컨대, 정서 행동 조절에 있어 전두엽 발달의 중요성 등)
- 자극 추구 성향의 장단점에 대한 이해 및 대응 전략
- 학습 시 다양한 인공물을 활용하는 방법
- 다양한 학습 양식에 대한 개방적 태도
- 체화된 인지 활동의 가치 및 중요성 인식: 머릿속 인지 수행을 신체와 결합하여 하는 활동의 중요성
- 일반지식과 특수지식의 용처를 알고 적용하는 능력
- 주의력과 집중력 훈련
- 역량 및 전문성 개발의 중요성 인식
- 전문적 수행의 발달 기제에 대한 이해
- 디지털 격차와 학습 격차의 관계에 대한 이해
- 만족을 지연하고 자기를 절제하는 방법
- 산재한 정보를 검색, 조합 및 활용하는 방법
- 자기결정성 동기(자율성, 유능성 등)에 대한 이해
- 자기결정성 동기를 강화하는 방법
- 학습에 대한 흥미, 몰입, 그릿(끈기)에 대한 이해
- 자기주도적으로 학습 및 탐구하는 방법, 자기 관리 능력

먼저 1차 조사결과로 CVR 값이 높게 나타난 항목은 「메타 인지 및 자기 조절(동기, 인지, 행동조절)」, 「자기주도적 학습에 대한 이해」, 「진로(일의 목적, 일의 가치, 다양한 직업 세계 등)에 대한 이해」, 「다양한 매체를 활용하여 자신의 생각을 표현하고 소통할 수 있는 역량」, 「융합적 사고, 시스템 사고, 창의력 등 고차적 사고 기능 실습」, 「검색된 정보에 대한 타당한 근거나 논리적 설명을 제공할 수 있는 능력과 팩트 체크 능력」, 「융합적 사고, 시스템 사고, 창의력 등 고차적 사고력에 대한 이해(사고의 기제 이해)」, 「정보통신 기술 활용 능력과 디지털 리터러시」, 「자기주도적으로 학습 및 탐구하는 방법」, 「자기 관리 능력」, 「진로 탐색 및 진로 설계 역량」, 「실제 현장에서 직업 관련 기초역량 증진을 위한 견습」, 「실생활 문제들을 다양한 영역의 지식을 활용하여 창의적으로 해결하는 능력」, 「문제해결뿐만 아니라 새로운 문제를 발견하거나 생성하는 역량과 지식 생성 능력」, 「자기주도적 학습 및 탐구 태도」, 「학습에 대한 즐거움 찾기(몰입, 그릿 등의 태도 함양)」, 「자기 절제의 필요성과 가치」, 「고차적 사고력의 중요성 인식」 등으로 나타났다.

2차 조사는 1차 조사의 전문가 응답에 근거하여 내용적으로 중복된 항목은 통합하고 일부 문구를 수정·삭제한 후에 이루어졌다. 2차 조사에서는 1차 조사에서 높이 평가된 일부 항목의 CVR 값이 더 증가했는데, 「융합적 사고, 시스템 사고, 창의력 등 고차적 사고력에 대한 이해(사고의 기제에 대한 이해)」, 「메타 인지 및 자기 조절(동기, 인지, 행동조절)」, 「자기주도적 학습에 대한 이해」, 「융합적 사고, 시스템 사고, 창의력 등 고차적 사고 기능 실습」, 「진로(일의 목적, 일의 가치, 다양한 직업 세계 등)에 대한 이해」, 「다양한 매체를 이용하여 자신의 생각을 표현하고 소통할 수 있는 역량」, 「검색된 정보에 대한 타당한 근거나 논리적 설명을 제시할 수 있는 능력과 팩트 체크 능력」, 「실생활 문제들을 다양한 영역의 지식을 활용하여 창의적으로 해결하는 능력」, 「디지털 테크놀로지의 특성과 이것이 학습과 기억 과정에 미치는 영향에 대한 이해」, 「정보통신 기술 활용 능력과 디지털 리터러시」, 「진로 탐색 및 진로 설계 역량」, 「실제 현장에서 직업 관련 기초 역량 증진을 위한 견습」, 「문제해결뿐만 아니라 새로운 문제를 발견하거나 생성하는 역량과 지식 생성 능력」, 「자기주도적 학습 및 탐구 태도」, 「학습에 대한 즐거움 찾기(몰입, 그릿 등의 태도 함양)」, 「자기 절제의 필요성과 가치」, 「고차적 사고력의 중요성 인식」 등이 높은 CVR 값을 나타냈다. 여기에 1차 조사에서 전문가가 추가한 항목도 포함되었는데, 「인공지능 시대의 인간과 교육의 역할」이 높은 CVR 값을 나타냈다.

메가트렌드 II와 관련하여 크게 다섯 가지 내용 영역에서 지식, 기능, 태도가 골고루 높은 평가를 받았다는 점을 주목할 필요가 있다. 이는 ① 실생활 문제해결을 포함한 고차적 사고 영역, ② 진로 영역, ③ 자기주도성 영역, ④ 정보통신 및 디지털 기술 관련 영역, ⑤ 학습의 정서적 영역과 관련된다. 평가 결과는 이들 영역에서의 지식을 지식, 기능, 태도로 뚜렷하게 분리할 수 없음을 보여준다. 예컨대, 고차적 사고 관련 영역에서는 사고의 기제를 이해해야 고차적 사고력(예컨대, 창의력, 시스템 사고 등)을 발휘할 수 있고, 이러한 사고 기능은 반복적인 연습을 통해서만 숙련될 수 있으며, 또한 고차적 사고력의 중요성을 인식해야 숙련된 사고를 하기 위해 노력할 수 있다는 것이다. 자기주도성 영역에서도 마찬가지 패턴이 나타나는데, 자신의 '인지 과정에 대한 인지'를 의미하는 메타 인지와 자기 조절의 기제를 이해해야 자기주도적으로 학습할 수 있고, 이러한 자기주도력은 자기주도적으로 학습하고자 하는 태도가 전제되어야 발휘될 수 있는 것이다. 진로 영역에서도 진로에 대한 내용적 지식뿐만 아니라 진로를 실제로 탐색하고 관련 기관에서 실습을 하는 활동이 미래 가르쳐야 할 혹은 다루어야 할 학교지식으로 높이 평가되었다. 또 하나 주목할 점은 이들 내용이 특정한 교과에 국한된 내용이 아니라 다양한 교과에 걸쳐 있는 융합적 성격을 갖는다는 것이다. 창의력이나 문제해결력과 같은 고차적 사고력, 진로 역량,

자기주도적 학습역량, 학습 관련 정서 등은 다양한 교과 영역에서 필요한 기능과 태도이다. 이러한 범교과적 기능과 태도를 어떻게 가르칠 것인가는 합의에 도달하기 어려운 주제이지만, 이러한 내용을 다양한 교과 영역에서 필수적으로 가르쳐야 한다는 점에 있어서는 이견이 없을 것이다.

이외에 주목해야 할 부분은 정보통신 및 디지털 기술과 관련된 내용 지식이다. 미래에는 디지털 사회에서 더 나아가 인공지능 시대가 될 것인데, 디지털 사이버 공간은 학생들의 주요 활동 공간이 될 것이고 온라인 학습 및 상호작용은 지식 습득과 사회적 관계 형성을 위한 주요 통로가 될 것이다. 미래에는 인간, 기계 및 사회가 네트워크로 연결된 하나의 시스템을 형성하여 기계를 매개한 상호작용이 더욱 일반화될 것이다. 이런 맥락에서 정보통신 기술, 디지털 역량, 정보를 검증하고 팩트 체크할 수 있는 능력, 다양한 매체 활용 역량 등은 미래 학교지식으로 더욱더 강조될 것으로 전망된다. 마지막으로 신경생리 및 인지, 학습에서의 변화와 관련하여 정서적 측면에서 두 가지 학교지식 항목이 포함되었다. 이는 학습자가 학습에 흥미를 갖고 참여하며 인내와 끈기를 가지고 몰입할 수 있도록 하는 학습 태도의 함양과 자기 절제의 가치와 필요성에 대한 인식이다. 교과 흥미나 호기심과 같은 교과 정서 수준이 점차 낮아지고 있는데, 즉각적인 피드백에 의한 욕구 충족에 익숙해진 디지털 세대에게 이러한 항목은 반드시 필요한 학교지식 항목이라고 할 수 있다.

한편, 지식 패러다임의 변화와 더불어 대두된 포스트휴머니즘의 탈 인간중심주의와 관련된 항목들의 경우에 CVR 값이 상대적으로 낮게 나타났다. 즉 「인간-기술(인공물)-사회 시스템 연결에 대한 이해」, 「인간과 기계의 공생 공존의 가치에 대한 인식」은 상대적으로 낮은 CVR 값을 나타냈다. 이는 교육에서 인간을 바라보는 관점과 관련이 있는 것으로 해석된다. 아동·청소년을 대상으로 하는 교육에서 가장 우선시되는 가치는 아동을 그 자체로 존중해야 한다는, 그리고 이들을 교육을 통해 인간답게 만든다는 인간 계몽과 존엄의 가치이다. 교육이란 결국 인간을 자율적이고 도덕적인 존재로 만드는 과정으로 가장 중심에 인간을 두어야 한다는 인간 중심의 사고가 내재된 활동이라고 할 수 있다. 즉 인간과 비인간 존재 간의 연결성, 상호의존성, 혼종성보다는 비인간 존재와 차별화되는 인간만의 고유한 특성이나 능력, 역할을 강조하는 것이라고 볼 수 있다. 전문가에 의해 추가된 항목인 「인공지능 시대의 인간과 교육의 역할」이 오히려 높은 CVR 값을 나타냈는데, 이는 인간과 기계를 대등한 위치에 두는 관점보다는, 기계와 차별화되는 인간만이 할 수 있는 기능이나 역할 그리고 이를 위해 교육이 해야 할 과제 등을 학교지식 영역으로 직접적으로 다룰 필요성이 있음을 나타내는 것이라고 할 수 있다.

3) 메가트렌드 Ⅲ: 정신건강 문제 및 정서적 취약성 증가

메가트렌드 Ⅲ과 관련된 매크로트렌드는 '아동 · 청소년의 정신건강 문제 심화', '적극적인 정서 표현에 비해 정서 조절의 어려움 증가', '온라인 가상현실의 사용 증가로 현실 회피의 문제가 대두되고 현실 세계에서의 사회 · 정서 발달의 어려움 증가', '정신건강을 촉진하는 보호 요소에 대한 요구 증대', '정신건강을 지원하는 치료 서비스와 체계에 대한 요구 증대'이다. 이러한 미래 전망에 따른 학교지식과 관련하여 델파이 조사를 한 결과, '정신건강 문제 및 정신적 취약성 증가'에 따라 요구되는 학교지식 항목 총 30개 가운데 12개 항목이 채택되었고, 나머지 18개 항목은 일부 다른 항목으로 통합되거나 기각되었다.

〈'정신건강 문제 및 정서적 취약성 증가' 메가트렌드의 학교지식으로 채택된 항목〉

- 이타성, 사회적 기술 및 대인관계에 대한 이해
- 정서를 적절히 표현하고 조절하는 능력
- 타인과의 관계 형성 역량

- 자신과 타인의 정서 이해
- 다른 사람의 입장과 상황에 대해 공감할 수 있는 능력
- 실수나 실패를 허용하는 태도
- 자기절제의 필요성과 가치
- 온라인 중독과 고립
- 나의 심리적 문제(정신건강 문제)와 대처방안에 대한 지식
- 회복 탄력성 역량
- 건강한 심체를 위한 신체 활동
- 심체의 긴장 완화, 마음챙김 활동, 평정심 찾기

〈'정신건강 문제 및 정서적 취약성 증가' 메가트렌드의 학교지식으로서 기각된 항목〉

- 학업소진의 원인과 결과에 대한 이해
- 정신건강을 지원하는 치료 서비스와 체계에 대한 이해
- 다중실재(가상현실, 증강현실의 특성 및 장단점 등)에 대한 이해
- 또래 상담 및 또래 코칭에 대한 이해
- 교과 흥미 개발
- 긍정 심리학 및 나의 성격 강점에 대한 이해
- 긍정적 자기 인식, 성격 강점 인식, 낙관적 태도 개발
- 고차적 정서(예: 인류애, 휴머니즘, 미학 등)에 대한 이해
- 정신건강과 웰빙의 가치 인식
- 회복 탄력성의 기제와 영향 요인에 대한 이해
- 실수나 실패의 교육적 의미에 대한 이해
- 마약, 담배, 술 등 건강 저해 물질에 대한 부정적 태도
- 인지, 정서, 신체의 균형적, 통합적 발달의 중요성
- 분노와 충동, 공격성과 폭력의 기제에 대한 이해
- (학업) 스트레스 관리 및 대처 방법
- 학업과 여가의 조화 추구
- 자신과 타인의 정신건강 증진을 위한 윤리적 책임감
- 정서(예: 분노)를 절제하는 능력

먼저 1차 조사결과로 CVR 값이 높게 나타난 항목은 「이타성, 사회적 기술 및 대인관계에 대한 이해」, 「정서를 적절히 표현하고 조절하는 능력」, 「타인과의 관계 형성 역량」, 「자신과 타인의 정서 이해」, 「다른 사람의 입장과 상황에 대해 공감할 수 있는 능력」, 「실수나 실패를 허용하는 태도」, 「자기 절제의 필요성과 가치」 등이다.

1차 조사에서 전문가의 응답 반응에 근거하여 내용적으로 중복된 항목은 통합하고 일부 문구를 수정·삭제한 후에 추가된 항목과 더불어 2차 조사가 수행되었다. 2차 조사의 결과는 1차 조사 결과와 유사하게 나타났는데, 「이타성, 사회적 기술 및 대인관계에 대한 이해」, 「정서를 적절히 표현하고 조절하는 능력」, 「타인과의 관계 형성 역량」, 「자신과 타인의 정서 이해」, 「다른 사람의 입장과 상황에 대해 공감할 수 있는 능력」, 「실수나 실패를 허용하는 태도」, 「자기 절제의 필요성과 가치」 등이 높은 CVR 값을 나타냈다.

한편, 「학업 소진의 원인과 결과에 대한 이해」, 「정신건강을 지원하는 치료 서비스와 체계에 대한 이해」, 「다중 실재(가상현실, 증강현실의 특성 및 장단점 등)에 대한 이해」, 「또래 상담 및 또래 코칭에 대한 이해」, 「교과 흥미 개발」, 「정신건강과 웰빙의 가치 인식」 등은 매우 낮은 CVR 값을 나타냈다. 이들 항목은 학습자의 정서·사회 발달 및 정신건강 증진 문제와 관련하여 직접적으로 도움이 되는 지식으로 간주되지 않는 것으로 보인다. 일부 항목(「학업 소진의 원인」, 「정신건강 치료 서비스에 대한 이해」, 「또래 코칭 방법」 등)은 학업으로 인한 스트레스나 청소년의 정신건강과 관련하여 제시될 수 있는 지식 항목이지만, 실제적으로 초·중등교육과정 안에서 다루거나 활용할 필요는 없다고 보는 것이다. 그러므로 미래 학생들의 발달적 특성에 적합하고 접근 가능하며 향후 더욱 심화될 정신건강 문제에 적절히 대응하기 위한 지식 항목으로 기본적인 정서, 관계 형성, 사회적 기술에 대한 내용이 더 중요하다고 판단한 것으로 보인다.

4) 메가트렌드 Ⅳ: 개성 추구 · 개인화 · 다원화된 삶의 방식

메가트렌드 IV와 관련된 매크로트렌드는 '인구통계학적 학생 다양성 증가', '획일성에서 탈피하여 개성 · 탈 규범 · 탈 노멀 추구', '온라인상의 다중자아 형성', '진보적 성향 강화', '다원화에 따른 가치관 혼란 및 윤리적 아노미와 집단 간 갈등 및 집단 분극화 우려', '개인의 선택에 있어 분별력과 책임에 대한 요구 증대'이다. 이러한 미래 메가트렌드에 따른 학교지식 델파이 조사 결과, 학교지식 항목 총 38개 가운데 27개 항목이 채택되었고, 나머지 11개 항목은 일부 다른 항목으로 통합되거나 기각되었다.

〈'개성 추구 · 개인화 · 다원화된 삶의 방식' 메가트렌드의 학교지식으로 채택된 항목〉

- 타인과의 협업 기술
- 갈등 및 분쟁을 조정하는 능력
- 공익, 공공선, 공동체적 가치
- 발달 과정에서 개인차에 대한 이해
- 타인과의 관계 형성 역량
- 자연친화적 생태 교육, 인간과 환경의 공존, 지구 생태계 이해
- 가치의 다원화에 대한 존중, 다름에 대한 포용적 태도
- 공정과 정의에 대한 윤리적 태도
- 문화 다양성에 대한 이해
- 진로 탐색 및 진로 설계 역량
- 다른 사람의 입장과 상황에 대해 공감할 수 있는 능력
- 환경 보존 행동 습관화
- 건강한 시민 행동(투표, 선거, 봉사, 참여 등)
- 다양한 진로에 대한 존중 의식과 진로 성숙도
- 다문화 감수성
- 글로벌 시민성
- 인권 존중, 인권 감수성
- 소수자에 대한 배려 윤리
- 사회적 소수자에 대한 이해
- 자기주도적 삶의 태도

- 인구통계학적 다양성(인종, 언어 등)에 대한 이해
- 정체성(개인 정체성, 집단 정체성 등)에 대한 이해
- 개인 간, 집단 간, 국가 간 갈등의 특성에 대한 이해
- 편견과 혐오, 차별의 기제 이해
- 기본적 인권 교육(인권의 내용, 역사, 법제도적 기반, 함의 등)
- 역량 개발과 수월성 가치
- 민주주의 가치

〈'개성추구 · 개인화 · 다원화된 삶의 방식' 메가트렌드의 학교지식으로서 기각된 항목〉

- 개별화된 학습 경로 및 학습 양식에 대한 이해
- 신경 다양성(뇌신경의 차이로 인해 발생하는 다름)에 대한 이해
- 젠더 이슈에 대한 이해
- 동물 복지 교육
- 다양한 가족의 형태와 개인의 삶
- 인구 감소와 교육
- 다중 자아에 대한 이해, 온라인 자아와 오프라인 자아 간 연결성에 대한 이해
- 자기 관리 능력
- 국제이해 교육
- 자연 친화적 태도
- 가치관 혼란과 윤리적 아노미에 대한 이해

먼저 1차 조사결과로 CVR 값이 높게 나타난 항목은 「타인과의 협업 기술」, 「갈등 및 분쟁을 조정하는 능력」, 「공익, 공공선, 공동체적 가치」, 「발달 과정에서 개인차에 대한 이해」, 「타인과의 관계 형성 역량」, 「자연 친화적 태도」, 「가치의 다원화에 대한 존중」, 「다름에 대한 포용적 태도」, 「공정과 정의에 대한 윤리적 태도」, 「문화 다양성에 대한 이해」, 「진로 탐색 및 진로 설계 역량」, 「다른 사람의 입장과 상황에 대해 공감할 수 있는 능력」, 「환경 보존 행동 습관화」, 「건강한 시민 행동(투표, 선거, 봉사, 참여

등)」, 「다양한 진로에 대한 존중 의식과 진로 성숙도」, 「다문화 감수성」, 「글로벌 시민성」, 「인권 존중, 인권 감수성」, 「소수자에 대한 배려 윤리」 등이다.

2차 조사는 1차 조사에서의 전문가 응답에 근거하여 내용적으로 중복된 항목은 통합하고 일부 문구를 수정 및 삭제한 후에 이루어졌다. 2차 조사 결과는 1차 조사 결과와 유사하게 나타났는데, 「타인과의 협업 기술」, 「갈등 및 분쟁을 조정하는 능력」, 「공익, 공공선, 공동체적 가치」, 「공정과 정의에 대한 윤리적 태도」, 「발달 과정에서 개인차에 대한 이해」, 「타인과의 관계형성 역량」, 「다양한 진로에 대한 존중의식과 진로성숙도」, 「글로벌 시민성」, 「가치의 다원화에 대한 존중」, 「다름에 대한 포용적 태도」, 「인권 존중, 인권 감수성」, 「소수자에 대한 배려 윤리」, 「문화 다양성에 대한 이해」, 「사회적 소수자에 대한 이해」, 「자연 친화적 생태교육」, 「인간과 환경의 공존」, 「지구 생태계 이해」, 「다른 사람의 입장과 상황에 대해 공감할 수 있는 능력」, 「환경 보존 행동 습관화」, 「건강한 시민 행동(투표, 선거, 봉사, 참여 등)」, 「자기주도적 삶의 태도」, 「다문화 감수성」 등 거의 모든 항목이 .70을 넘는 CVR 값을 나타냈다. 반면, 전문가에 의해 새롭게 추가된 항목들(「인구 감소와 교육」, 「다양한 가족의 형태와 개인의 삶」)은 상대적으로 CVR 값이 낮았다.

메가트렌드 IV와 관련하여 주목할 점은 거의 모든 항목들의 평가 점수가 높다는 점이다. 항목은 크게 세 가지 내용 영역으로 구분해 볼 수 있는데, 이는 미래의 포용 사회가 추구하는 다양성 영역(다름에 대한 존중, 소수자 배려, 다문화 감수성 등), 더욱 심화될 개인화와 관련된 개별화 역량 영역(예컨대, 진로 설계, 자기주도적 삶 등), 그리고 시민적 책임감 및 행동과 관련된 영역(환경 보존 행동, 투표, 선거, 봉사 등 건강한 시민행동 등)이다. 이들 내용은 메가트렌드 II에서와 마찬가지로 교과 영역 간 융합적 성격이 강하며, 특히 다양성 추구와 개별화 역량과 관련된 내용 영역은 범교과적으로 다루어질 수 있는 주제를 포함한다. 예컨대, '다양성'은 생물학에서의 종의 다양성뿐만 아니라 사회학에서 다루는 인구, 언어 및 문화 다양성, 뇌신경과학에서의 신경 다양성, 특수교육 분야에서 개성으로 간주되는 장애 등 다양한 교과에 적용될 수 있는 융합적 주제라고 할 수 있다. 또한 이들 내용은 지식 및 기능, 태도 영역에 모두 고르게 분포한다. 즉 미래 사회의 다원성 메가트렌드와 관련하여 필요한 학교지식은 타자와 다양성에 대한 명제적 지식이면서(다문화, 개인차, 사회적 소수자, 자연생태계에 대한 이해), 다른 사람들과 조화롭게 상호작용할 수 있는 기능이며(공감 능력, 협업 기술, 갈등 조정, 관계 형성 능력 등), 타자를 존중하는 윤리적 태도와 가치이다(다문화 감수성, 글로벌 시민성, 다름에 대한 포용적 태도, 공동체적 가치, 소수자에 대한 배려 윤리 등). 이들 지식 영역에 대한 교육은 어느 한 측면의 강조만으로는 실현되기가 어렵고, 개념과 현상에 대한 이해, 이를 해결하기 위한 방법적 지식이나 기능, 그리고 이러한 능력을 발휘하고자 하는 태도나 가치 부여 등이 결합되어야 수행으로 나타날 수 있을 것이다.

5) 메가트렌드 V: 디지털 네트워크화

메가트렌드 V와 관련된 매크로트렌드는 '소셜 네트워크를 통한 상호작용의 증가와 이에 따른 소셜과 관계, 우정 개념의 변화 및 확대', '활동 공간의 확장(다중 실재에 거주)', '문화 참여자 혹은 문화 창조자로서의 학생 역할 증대', '현재주의 관점과 이성보다는 감성 지향', '시민 활동의 개념 확대', '경제적 역량에 대한 인식 증가 및 경제 활동에 대한 관심 증가, 경제적 가치 중요시', '아동·청소년과 성인 간의 경계 약화', '사이버 위기', '집단 간 갈등 및 집단 분극화 우려', 그리고 '디지털 격차'이다. 이러한 미래 메가트렌드에 따른 학교지식 델파이 조사 결과, 학교지식 항목 총 37개 가운데 22개 항목이 채택되었고, 나머지 15개 항목은 일부 다른 항목으로 통합되거나 기각되었다.

〈‘디지털 네트워크화’ 메가트렌드의 학교지식으로 채택된 항목〉

- 디지털 문화 및 디지털 테크놀로지에 대한 이해
- 최근 정보통신 기술 관련 지식(예: 인공지능, 빅데이터, 사물인터넷 등) 및 기술 발전의 트렌드
- 온라인상에서 타인과 협업 기술
- 온라인상에서 갈등 및 분쟁 조정 능력
- 기술과 관련된 윤리적, 법적 문제들에 대한 인식 및 윤리 교육
- 실생활 기반 경제 교육 및 금융 교육
- 사이버 공간에서의 무차별 폭력의 위험성에 대한 이해
- 온라인상에서 정서를 적절히 표현하고 조절하는 능력
- 정보통신 기술 활용능력과 디지털 리터러시
- 검색된 정보에 대한 타당한 근거나 논리적 설명을 제시할 수 있는 능력과 팩트 체크 능력
- 사이버 공간에서의 예절, 디지털 시민 의식, 온라인 타자에 대한 존중 의식
- 사이버 공간에서의 폭력에 대한 비관용적 태도
- 디지털 테크놀로지에 대한 비판적 성찰 태도
- 공익, 공공선, 공동체적 가치
- 개인 정보 및 프라이버시 보호법
- 진로(일의 목적, 일의 가치, 다양한 직업 세계 등)에 대한 이해와 미래 사회의 직업
- 컴퓨팅 사고력 및 코딩 능력
- 정체성 탐색과 자기 표현을 위해 디지털 도구를 적절하게 활용하는 능력
- 가치의 다원화에 대한 존중, 다름에 대한 포용적 태도
- 글로벌 문제(분쟁, 환경문제, 인권 등)에 대한 관심 갖기
- 인권 존중, 인권 감수성
- 소수자에 대한 배려 윤리

〈‘디지털 네트워크화’ 메가트렌드의 학교지식으로서 기각된 항목〉

- 인간-기술(인공물)-사회 시스템 간 연결에 대한 이해
- 온라인상의 집단 갈등 및 집단 분극화에 대한 이해
- 사이버상의 적극적인 문화 창조 태도
- 기업가 정신: 특허 내는 방법 등 실용적 과정

- 돈과 물질에 대한 바른 목표 설정, 지속가능한 경제, 경제윤리
- 이성과 감성을 조화시키는 방법
- 미래 지향적 태도
- 다중 실재(가상현실, 증강현실의 특성 및 장단점)에 대한 이해
- 디지털 시민성에 대한 개념적 이해
- 발달에서 디지털 미디어의 영향(긍정 및 부정적 기능)에 대한 이해
- SNS상의 인간관계의 특징에 대한 이해
- 다문화 감수성
- 글로벌 시민성
- 편견과 혐오, 차별의 기제에 대한 이해
- 행위자 네트워크에 대한 이해

1차 조사결과로 CVR 값이 높게 나타난 항목은 「디지털 문화 및 디지털 테크놀로지에 대한 이해」, 「최근 정보통신 기술 관련 지식(예: 인공지능, 빅데이터, 사물인터넷 등) 및 기술 발전의 트렌드」, 「온라인상에서 타인과 협업 기술」, 「온라인상에서 갈등 및 분쟁 조정 능력」, 「기술과 관련된 윤리적, 법적 문제들에 대한 인식 및 윤리 교육」, 「실생활 기반 경제 교육 및 금융 교육」, 「사이버 공간에서의 무차별 폭력의 위험성에 대한 이해」, 「온라인상에서 정서를 적절히 표현하고 조절하는 능력」, 「정보통신 기술 활용 능력과 디지털 리터러시」, 「검색된 정보에 대한 타당한 근거나 논리적 설명을 제시할 수 있는 능력과 팩트 체크 능력」, 「사이버 공간에서의 예절」, 「디지털 시민 의식」, 「온라인 타자에 대한 존중 의식」, 「사이버 공간에서의 폭력에 대한 비관용적 태도」, 「디지털 테크놀로지에 대한 비판적 성찰 태도」, 「공익, 공공선, 공동체적 가치」, 「개인정보 및 프라이버시 보호법」 등이다.

2차 조사는 1차 조사에서 전문가의 응답 반응에 근거하여 내용적으로 중복된 항목은 통합하고 일부 문구를 수정 및 삭제한 후에 이루어졌다. 2차 조사 결과는 CVR 값이 큰 일부 항목의 순서만 바뀌고 1차 조사 결과와 유

사하게 나타났는데, 「디지털 문화 및 디지털 테크놀로지에 대한 이해」, 「최근 정보통신 기술 관련 지식(예: 인공지능, 빅데이터, 사물인터넷 등) 및 기술 발전의 트렌드」, 「기술과 관련된 윤리적, 법적 문제들에 대한 인식 및 윤리 교육」, 「사이버 공간에서의 무차별 폭력의 위험성에 대한 이해」, 「온라인상에서 정서를 적절히 표현하고 조절하는 능력」, 「온라인상에서 타인과의 협업 기술」, 「온라인상에서 갈등 및 분쟁 조정 능력」, 「사이버 공간에서의 폭력에 대한 비관용적 태도」, 「개인 정보 및 프라이버시 보호법」, 「실생활 기반 경제 교육 및 금융 교육」, 「진로(일의 목적, 일의 가치, 다양한 직업 세계 등)에 대한 이해와 미래 사회의 직업」, 「정보통신 기술 활용 능력과 디지털 리터러시」, 「검색된 정보에 대한 타당한 근거나 논리적 설명을 제시할 수 있는 능력과 팩트 체크 능력」, 「사이버 공간에서의 예절」, 「디지털 시민 의식, 온라인 타자에 대한 존중 의식」, 「디지털 테크놀로지에 대한 비판적 성찰 태도」, 「공익, 공공선, 공동체적 가치」 등이 높은 CVR 값을 나타냈다.

메가트렌드 V에 따른 미래 학교지식은 크게 두 가지 영역으로 구분되는데, 하나는 전반적인 기술(테크놀로지)과 관련된 지식이고 다른 영역은 온라인상의 상호작용과 관련된 지식 영역이다. 기술을 이용하여 정보를 검색하거나 학습하고, 정보의 타당성을 검증하거나 비판적으로 성찰하며, 최근 기술 발전의 동향을 파악하고, 나아가 기술과 관련된 윤리적 측면들을 인식할 수 있도록 하는 내용은 전자에 해당된다. 디지털 네트워크화된 공간에서 다른 사람들과 소통하고 협업하며 정서를 조절하고 개인 간 혹은 집단 간 갈등을 조정하는 역량을 길러주는 내용은 후자에 해당된다.

이러한 내용은 다른 메가트렌드에서처럼 지식, 기능, 태도 영역에 고르게 분포하는 것으로 나타났다. 디지털 문화, 디지털 테크놀로지, 최근 정보통신 기술 관련 지식, 사이버 공간상의 무차별적 폭력성, 개인정보보호법 등은 명제적 지식과 관련이 있는 반면, 온라인상에서의 정서 표현 및 정서 조절 능력, 협업 기술, 갈등 조정 능력, 정보통신 기술 활용 능력, 팩트체크 능력 등은 방법적 지식이나 기술에 해당된다. 테크놀로지와 관련된 윤리적 측면들, 폭력에 대한 비관용적 태도, 사이버 예절, 디지털 테크놀로지에 대한 비판적 성찰, 공익 및 공공선의 가치 등은 태도·가치·윤리에 해당되는 내용이다. 다시 말해 미래 학생들의 디지털 네트워크화된 생활 방식과 관련하여 요구되는 지식은 명제적 지식이나 방법적 지식, 혹은 태도나 가치 어느 한 측면으로만 규정될 수 없으며, 이들 지식, 기능, 태도가 통합되어 수행(역량)으로 나타날 수 있도록 교육하는 것이 중요하다고 할 수 있다. 이러한 점은 미래의 실천 중심 교육에서 더욱 강조될 것으로 전망된다. 결국 실천이란 현상에 내재된 원리를 파악하고 현상을 변화시킬 수 있는 능력을 갖추며 이러한 능력을 발휘하고자 하는 태도 혹은 이에 대한 가치 부여가 전제되어야 이루어질 수 있기 때문이다.

6) 메가트렌드 Ⅵ: 범(凡) 메가트렌드

'범(凡) 메가트렌드'는 앞의 메가트렌드 Ⅰ·Ⅱ·Ⅲ·Ⅳ·Ⅴ의 개별 차원을 넘어 두 개 이상의 메가트렌드에 걸쳐 요구되는 학교지식을 의미한다. 아동·청소년 부문에서 범 메가트렌드의 성격을 갖는 주요 항목을 보다 구체화하여 1차와 2차 델파이 조사를 실시한 결과는 아래와 같다. 전체 26개 항목 중 19개 항목이 채택되었고, 7개 항목은 다른 항목으로 통합되거나 기각되었다.

〈범(凡) 메가트렌드의 학교지식으로 채택된 항목〉

- 진로 탐색 및 진로 설계 역량
- 타인과의 협업 기술
- 타인과의 관계 형성 역량
- 검색된 정보에 대한 타당한 근거나 논리적 설명을 제시할 수 있는 능력과

팩트 체크 능력

- 다문화 감수성
- 디지털 테크놀로지에 대한 비판적 성찰 태도
- 공익, 공공선, 공동체적 가치
- 진로(일의 목적, 일의 가치, 다양한 직업 세계 등)에 대한 이해
- 정서를 적절히 표현하고 조절하는 능력
- 갈등 및 분쟁을 조정하는 능력
- 다른 사람의 입장과 상황에 대해 공감할 수 있는 능력
- 정보통신 기술 활용 능력과 디지털 리터러시
- 자기주도적 학습과 자기주도적 삶의 태도
- 자기 절제의 필요성과 가치
- 다양한 진로에 대한 존중 의식과 진로 성숙도
- 글로벌 시민성
- 인권 존중, 인권 감수성
- 소수자에 대한 배려 윤리
- 가치의 다원화에 대한 존중, 다름에 대한 포용적 태도

〈범(凡) 메가트렌드의 학교지식으로서 기각된 항목〉

- 인간-기술(인공물)-사회 시스템 간 연결에 대한 이해
- 다중 실재(가상현실, 증강현실의 특성 및 장단점 등)에 대한 이해
- 건강한 심체를 위한 신체 활동
- 개인 간, 집단 간, 국가 간 갈등의 특성에 대한 이해
- 편견과 혐오, 차별의 기제에 대한 이해
- 자기주도적 학습과 자기 관리 능력
- 체화된 인지 활동의 가치 및 중요성(예컨대, 머릿속 인지수행을 신체와 결합하여 하는 활동의 중요성)

CVR 값이 높은 항목을 보면 「진로 탐색 및 진로 설계 역량」, 「타인과의 협업 기술」, 「타인과의 관계 형성 역량」, 「검색된 정보에 대한 타당한 근거나 논리적 설명을 제시할 수 있는 능력과 팩트 체크 능력」, 「다문화 감수성」,

「디지털 테크놀로지에 대한 비판적 성찰 태도」, 「공익, 공공선, 공동체적 가치」, 「진로(일의 목적, 일의 가치, 다양한 직업 세계 등)에 대한 이해」, 「정서를 적절히 표현하고 조절하는 능력」, 「갈등 및 분쟁을 조정하는 능력」, 「다른 사람의 입장과 상황에 대해 공감할 수 있는 능력」, 「정보통신 기술 활용 능력과 디지털 리터러시」, 「자기주도적 학습과 자기주도적 삶의 태도」, 「자기 절제의 필요성과 가치」, 「다양한 진로에 대한 존중 의식과 진로 성숙도」, 「글로벌 시민성」, 「인권 존중, 인권 감수성」, 「소수자에 대한 배려 윤리」 등으로 나타났다.

2차 조사에서도 일부 항목의 CVR 값이 증가하면서 유사한 양상으로 나타났는데, 「검색된 정보에 대한 타당한 근거나 논리적 설명을 제시할 수 있는 능력과 팩트 체크 능력」, 「디지털 테크놀로지에 대한 비판적 성찰 태도」, 「정서를 적절히 표현하고 조절하는 능력」, 「진로 탐색 및 진로 설계 역량」, 「타인과의 협업 기술」, 「타인과의 관계 형성 역량」, 「다른 사람의 입장과 상황에 대해 공감할 수 있는 능력」, 「다문화 감수성」, 「글로벌 시민성」, 「공익, 공공선, 공동체적 가치」 등이 높은 CVR 값을 나타냈다. 상대적으로 낮은 CVR 값을 나타내 기각된 항목은 「인간-기술(인공물)-사회 시스템 간 연결에 대한 이해」, 「다중 실재(가상현실, 증강현실의 특성 및 장단점 등)에 대한 이해」, 「건강한 심체를 위한 신체 활동」 등이었다.

이러한 결과를 종합하면, 아동·청소년 부문의 범 메가트렌드에 따라 요구되는 미래 학교지식은 아동·청소년의 인지·정서·사회적 측면에서의 발달적 특성, 이들의 네트워크화된 삶의 방식과 다중 공간성, 그리고 다원성의 가치를 누리고 추구하는 이들의 삶의 태도를 반영하는 방향으로 재조직될 필요가 있다. 특히 미래 학교에서 정서 교육과 관련된 내용은 교과교육 못지않게 중요한 지식 영역이 될 것이며, 더불어 살아가는 사회의 핵심 가치로서 공공선, 공동체 정신, 글로벌 시민성, 다문화 감수성, 협업 태도 등이 가치 교육의 중요한 내용이 될 것으로 보인다. 최근 미국의 교육 현장에서 확산하고 있는 '정서 · 사회 학습(social emotional learning)' 운동(CASEL, 2023)은 학교 교육과정 안에서 하나의 교육목표로서 학생들의 정서적 기능을 증진하고자 하는 운동으로, 교과 학습 못지않게 중요한 학생들의 정서적 역량의 발달을 강조하고 있다. 이러한 운동은 우리나라 학생들의 정서 발달을 위한 교육적 노력에도 중요한 시사점을 갖는다. 또한 불확실한 미래로 인해 조기에 진로를 탐색하고 설계하는 역량은 그 어느 때보다 중요한 역량이 될 것이며, 온라인상의 정보를 검색하거나 활용하는 것에서 그치지 않고 이러한 정보의 타당성이나 사실 여부를 확인하고 디지털 기술을 비판적으로 성찰하는 것은 개별 메가트렌드를 넘어 다양한 영역에서 아동 · 청소년에게 필요한 기능이 될 것으로 보인다. 중요한 것은 이들 내용이 하나의 교과 영역에 국한된 것이 아니라 다양한 교과 영역에 걸쳐 있는 범교과적 · 융합적 내용이라는 점이다. 그러므로 미래 학교교육은 교과 영역 간 경계가 약화되고 학문과 실천의 경계가 와해되는 경향이 더욱 두드러질 것으로 전망된다.

마. 아동 · 청소년 부문 메가트렌드의 학교지식 논의

발달전문가들은 아동 · 청소년 발달이 사회생태학적 변화의 영향을 많이 받기 때문에 미래 학교지식도 이러한 변화에 따른 아동 · 청소년의 변화에 대한 이해와 이들의 수행 역량을 중심으로 형성되어야 한다는 견해를 가지고 있었다. 연구결과를 종합하여 주목할 점은 크게 네 가지이다. 먼저, 지식 요소 간의 경계가 허물어진다는 점이다. 이 연구에서 모든 메가트렌드에 따른 지식 요소 중에 이해로 표현되는 내용지식, ~하는 방법으로 표현되는 기능, 그리고 이러한 이해나 기능의 중요성에 대해 갖고 있는 태도나 가치가 편중되지 않고 모두 균형 있게 미래 사회에 필요한 지식 요소로 평가되었다. 이는 미래의 지식이 현상에 대한 이해, 체화된 기능, 그리고 태도·가치가 결합되어 나타나는 '수행'으로 개념화될 것이라는 전문가들의 견해를 보여주는 결과이다. 나아가 미래에는 이론적 지식과 방법적 지식이 분리되지 않고 통합되거나 혼합되는 양상을 보일 것이며(지식의 체화 및 데이터화, 다양한 행위주체들 간에 분산된 지식 등), 이러한 점은 미래의 상호연계된 네트워크상의 수행 중심 교육에서 더욱 강조될 것으로 전망된다. 이러한 학습 네트워크상에서 인간 학습자와 기계(AI) 학습자는 서로 분리되지 않고 기능적으로 동등한 행위 주체로서 인정을 받으며 공동으로 지식을 구성하는 역할을 수행하게 될 것이다.

두 번째로 주목할 점은 아동·청소년의 메가트렌드에 따른 지식 요소가 교과영역 간 융합적 성격이 강하다는 점이다. 특히 인지 및 학습에서의 변화, 개별화·다원화, 디지털 네트워크화와 관련된 지식 항목들은 심리학이나 정보과학, 사회학과 같이 특정 교과에서 독립적으로 다뤄지지 않고 범교과적으로 다루어질 수 있는 특징을 갖는다. 미래에는 학문이나 교과별로 분절된 지식(나아가, 지식 자체를 위한 지식)보다는 자유롭게 경계를 넘나드는 융복합적이고 탈 경계화된 지식이 더욱 중요해질 것으로 이들 전문가는 전망하고 있었다. 이에 따라 학교 교육과정도 지금처럼 교과영역별로 엄격히 구분되어 운영되기보다는 일반 주제나 핵심 아이디어, 실천적 문제를 중심으로 조직되고 운영되는 방향으로 나아갈 필요가 있다.

셋째, 아동·청소년 영역에서 특히 정서와 관련된 지식 요소의 중요성이 높이 평가되었다는 점을 주목할 필요가 있다. 아동·청소년의 미래를 전망할 때 낙관적인 측면도 분명 있지만(예컨대, 높은 지적 성취 수준, 학습의 개방성, 자율적 학습 체계 등) 암울한 부분도 간과할 수 없는 바, 암울한 부분은 특히 정서와 관련되어 제기된다. 특히 많은 발달전문가들은 아동·청소년의 정서적 취약성이나 정신건강 문제가 더 심화될 것을 우려한다. 그것은 아마도 지금까지와 같이 학교교육이 아동의 '인지적' 측면만을 강조하는 기조가 지속될 것이라는 염려 때문이기도 하다. 앞으로의 시대가 포스트휴머니즘의 기조를 따르는 탈 이원론적 시대라고 한다면(Braidotti, 2013), 신체, 인지, 정서의 경계가 허물어지고, 아동·청소년의 존재 방식, 앎의 방식, 그리고 행위 방식이 교육활동 속에서 융합되는 양상으로 변화될 것이다. 정서는 특히 미래 네트워크화된 사회에서 행위 주체들 간의 관계와 유대를 형성하고 상호의존성을 더욱 강화하는 데 필요한 토대이므로 향후 포스트휴머니즘 시대에 정서 교육의 중요성은 더욱 강조될 것으로 전망된다(박휴용, 2020).

마지막으로 포스트휴머니즘의 탈 인간 중심주의와 관련된 일부 항목들이 상대적으로 낮게 평가되었다는 점이 주목할 만하다. 특히 인간과 기계(AI)의 공존 공생의 가치에 대한 인식, 인간-기술(인공물)-사회 시스템 간 연결에 대한 이해, 가상현실, 증강현실 등 다중실재에 대한 이해와 같은 항목들이 필요한 지식 요소로서 낮게 평가되었는데, 이는 인간 중심주의적 사고와 관련이 있는 것으로 보인다(Duobliene & Vaitekaitis, 2021). 계몽주의 전통에서 인간은 단순히 태어나는 것이 아니라 교육을 통해 '되어야' 할 존재로 개념화되며, 그럼으로써 교육은 '인간을 인간답게 하는 활동'으로 간주되어 왔기 때문이다(Snaza et al., 2014). 그러나 여기서 '인간다움'이라는 것이 무엇인지를 정의해야 할 뿐만 아니라, 이러한 정의는 인간과 모든 다른 비인간 존재 간의 차별성을 강조하는 인간 중심주의(Herbrechter, 2018; Rousell et al., 2022)에 토대를 둔다. 다시 말해서 이러한 관점은 인간과 비인간 존재 간의 연결성, 상호의존성, 혼종성보다는 비인간 존재와 차별화되는 인간만의 고유한 특성이나 능력, 역할을 강조하는 관점이라고 볼 수 있다. 연구에 참여한 대부분의 전문가들이 학교지식 요소로 (학생의) 자율성, 창의성, 자기주도성을 특히 강조한 점이 이를 반영한다. 그럼에도 불구하고 지식 패러다임의 전반적인 변화 추세와 연구에서 도출된 주요 결과를 종합해 볼 때, 향후 학교교육이 탈 경계성, 탈 인간 중심주의, 탈 이원화의 방향으로 나아갈 것임을 부정할 수 없다(Duobliene & Vaitekaitis,

2021; Snaza et al., 2014). 미래에는 다양한 인간 및 비인간 주체들이 갖는 행위주체성을 인정할 수밖에 없고(Braidotti, 2013), 이에 따라 현재의 단일 주체로서의 인간 정체성을 재정립해야 할 필요성에 직면하게 될 것으로 보인다.

Ⅲ 미래 학교지식의 전망

1. 미래 학교지식의 지형

가. 의미 연결망 분석 방법 개요

여기서는 미래 메가트렌드에 따른 학교지식의 핵심적 의미 체계와 그 의미 체계에서 보이는 관계 패턴을 '의미 연결망 분석(semantic network analysis)'을 통해 살펴보고 미래 학교지식의 지형을 탐색해 보고자 한다. 의미 연결망 분석은 텍스트를 수집하고 그 데이터의 단어 출현 빈도를 분석하여 추출된 단어들의 상호 관계성을 측정한 후 핵심 단어 및 연관 단어 간의 관계를 종합해 의미망을 시각화하는 작업이다(윤은희, 2015: 3). 이 책에서 수집한 7개 부문(과학, 환경, 산업 · 경제, 사회 · 문화, 정치 · 국제, 아동 · 청소년, 정보 · 인공지능)의 미래 학교지식 항목의 자료를 의미 연결망 분석 프로그램으로 처리하여 분석함으로써 사회 전체 구도 속에서 미래 학교지식의 지형을 파악해 보고자 한다.

의미 연결망 분석을 활용하는 경우 텍스트 데이터에서 출현 빈도가 높은 핵심 단어와 단어가 맺고 있는 관계를 살펴보고 텍스트의 전반적인 지형을 파악할 수 있다. 또한 단일 문장에서는 파악할 수 없는 단어의 확장적인 지형을 파악할 수 있다. 따라서 이 책에서도 의미 연결망 분석을 통해 전체적인 텍스트 내에서 출현 빈도가 높은 핵심 단어들 간의 관계를 살펴보고 미래 사회 메가트렌드에 따른 교육 요구에 대한 인식 및 중요하게 등장하는 요소를 파악하였다. 또한 핵심적인 키워드가 갖는 다양한 의미 연결을 살펴보고 미래 사회변화에 따른 확장적 지식 체계를 파악하고자 하였다.

이 책에서 의미 연결망 분석은 다섯 단계의 절차로 이루어졌다. 첫째, 의미 연결망 분석에 활용된 자료는 7개 부문의 학교지식 항목으로 구성되었다. 이 학교지식 항목은 ① 저자들이 전문가 패널의 자문을 받아 1차적으로 작성하였는데 총 1,107개 항목이다. ② 1차 작성된 1,107개의 학교지식 항목을 7개 부문 각각 15명, 전체 105명으로 구성된 해당 전문가들을 대상으로 델파이 조사 형태로 수정・보완 및 추가 항목의 검토를 받았다. ③ 1차 델파이 조사에서 개진된 수정・보완 및 추가 항목을 반영하여 2차 델파이 조사를 실시한 총 1,147개 항목을 의미 연결망 분석 자료로 하였다.

둘째, 의미 연결망 분석을 위해 필요한 데이터 클리닝을 실시하였다. 이 데이터 클리닝에는 특히 다음 네 가지 작업을 실시하였다. ① 파이썬(python)의 Konlpy 라이브러리를 활용하여 관사 및 접미사, 특수 기호 등을 삭제하고 텍스트를 형태소 단위로 분리하였다. ② 형태소 단위로 분리된 텍스트 중 명사를 추출하였으며 이 과정에서 수식과 명사가 떨어져 있는 것 중에 하나의 의미 단위로 묶어지는 단어는 하나의 단어로 병합하였다. 예컨대 「지구, 시스템 → 지구 시스템」, 「대응, 방안 → 대응방안」, 「지능화된 인공물(지능화, 인공물) → 지능인공물」 등이 이에 해당된다. ③ 목적과 무관한 단어는 삭제하였다. 예컨대 미래 사회의 학교지식에 대한 델파이 설문지 중 범용적인 어휘로 활용되어 빈도수가 높게 등장하는 '학교', '교육', '내용', '수행', '이해', '역량', '능력', '인식', '추구', '개발' 등이 이에 해당된다. ④ 유사 맥락을 가진 단어는 단일 단어로 일원화하였다. 즉 같은 의미로 묶이는 단어들은 대표 단어로 단일화하였다. 예컨대 '글로벌' 및 '세계화', '국제화'는 유사 맥락을 가진 단어로 보고 '글로벌'로 일원화하였다. 또한 '지능화된 인공물'과 '인공물의 지능화', '지능적 인공물', '지능형 인공물', '지능화한 인공물', '인공물'도 동일 의미를 지닌 것이므로 '지능 인공물'로 일원화하였다. 이 과정에서 저자들이 전체 데이터에 해당하는 자료를 기반으로 파일럿 테스트 형태의 지속적인 협의와 합의 과정을 3회 진행하였으며, 단어의 본래 의미를 훼손시키지 않으면서 의미를 온전하게 전달할 수 있는 단어를 도출하였다.

셋째. 데이터 클리닝을 완료한 항목은 '전처리 프로그램(analyzer program)'으로 단어들의 빈도 분석 순위에 따라 주요 단어를 추출하고 그 단어들의 주요 단어 빈도수를 파악하였다. 전처리 분석을 완료하여 단어의 출현 빈도를 계산한 텍스트 파일인 GML(Graph Modeling Language)을 생성하였다.

넷째, 전처리 프로그램에 의해 만들어진 파일인 GML을 기반으로 전체 데이터에서 3회 이상 출현하는 키워드에 해당하는 텍스트를 활용하여 의미 연결망을 시각화하였다. 이를 위하여 네트워크 시각화 도구인 Gephi 0.9.2를 활용하였다. 시각화 과정에서는 핵심 키워드의 연결 횟수와 빈도 등을 고려하여 키워드 간의 관계를 살펴보고자 하였다. 또한 전체 네트워크에서 데이터 간의 유사성에 기반을 둔 군집을 도출하기 위해 모듈성(Modularity) 알고리즘을 활용하여 군집 분석을 실시하였다(Blondel et al., 2008).

다섯째, 네트워크에서 키워드의 중요성을 파악하고자 전체 키워드 데이터의 중심성 지수(Centrality)를 산출하고, 각각의 군집에서 나타나는 핵심 키워드에 해당하는 에고네트워크(Ego-network)를 산출하였다. 이는 특정한 키워드와 동일한 문장에서 동시에 출현한 관계를 갖는 키워드만을 선택적으로 나타내는 시각화 방법으로, 키워드가 어떠한 맥락에서 다른 키워드들과 관계를 맺고 있는지를 보여줄 수 있는 방법이다. 이를 통해 키워드가 갖는 다양한 의미를 살펴볼 수 있다.

이상의 다섯 단계에 따라 의미 연결망 분석을 실시해 본 결과 데이터의 유사성에 기반을 둔 7개 군집이 도출되었으며, 각각의 군집에서 10개의 핵심 키워드를 파악하였다. 또한 이 책에서는 이렇게 도출한 군집의 네트워크와, 10개 키워드의 에고네트워크를 중심으로 미래 학교지식의 지형을 파악해 보고자 하였다.

나. 미래 학교지식의 전체 네트워크

의미 연결망 분석에서는 전체 텍스트에서 3회 이상 출현한 키워드인 366개의 키워드를 대상으로 활용하였다. 전체 키워드 중 상위 빈도(20회 이상 출현)에 해당하는 41개의 키워드와 빈도, 그리고 정규화된 중심성 지수는 〈표 III-1-1〉과 같다. 의미 연결망 분석에서 가장 많이 주목하는 속성은 중심성 지수인데, 중심성 지수란 전체 연결에서 중심에 위치하는 정도를 표현하는 지표로 이를 분석하면 연결 정도와 중요도 등을 알 수 있다.

〈표 III-1-1〉 전체 네트워크 구성의 키워드 출현 빈도와 중심성 지수

키워드	출현 빈도	연결 중심성	근접 중심성	매개 중심성	위세 중심성
사회	126	0.499	0.666	0.118	1.000
기술	81	0.386	0.614	0.068	0.830
글로벌	62	0.334	0.599	0.065	0.704
윤리	60	0.301	0.581	0.043	0.675
태도	59	0.249	0.559	0.040	0.488
가치	57	0.260	0.573	0.036	0.545
경제	56	0.222	0.551	0.028	0.446
디지털 정보	55	0.271	0.572	0.032	0.646
인간	51	0.216	0.547	0.018	0.517
환경	44	0.227	0.561	0.021	0.560
변화	44	0.241	0.562	0.026	0.536
활용	42	0.258	0.566	0.026	0.599
인공지능	40	0.203	0.548	0.012	0.533
사고력	37	0.189	0.540	0.020	0.420

키워드	출현 빈도	연결 중심성	근접 중심성	매개 중심성	위세 중심성
갈등	37	0.175	0.542	0.015	0.379
데이터	36	0.189	0.541	0.010	0.520
시스템	34	0.205	0.546	0.022	0.512
지능 인공물	34	0.156	0.522	0.006	0.418
분석	32	0.211	0.551	0.024	0.487
관계	29	0.186	0.540	0.025	0.402
문화	28	0.181	0.540	0.014	0.448
언어	28	0.140	0.520	0.008	0.374
영향	26	0.184	0.545	0.010	0.496
가상현실	26	0.153	0.519	0.013	0.356
기후변화	26	0.107	0.511	0.006	0.287
지속가능성	25	0.090	0.503	0.006	0.222
플랫폼	24	0.173	0.536	0.006	0.493
학습	24	0.137	0.521	0.008	0.369
대응	24	0.132	0.517	0.014	0.321
사이버	24	0.126	0.506	0.014	0.223
다양성	23	0.121	0.506	0.007	0.236
개발	22	0.162	0.527	0.009	0.460
과정	22	0.151	0.524	0.008	0.412
산업	22	0.126	0.510	0.004	0.324
판단	21	0.153	0.528	0.007	0.440
융합	21	0.153	0.528	0.008	0.405
탐구	21	0.137	0.524	0.009	0.380
정보통신 기술	21	0.082	0.495	0.002	0.260
활동	20	0.140	0.515	0.010	0.292
자원	20	0.118	0.516	0.007	0.252
존중	20	0.101	0.498	0.007	0.199

일반적으로 중심성 수치는 키워드의 연결 위치, 연결 빈도를 기반으로 계산되는 것이기 때문에 빈도수가 높은 키워드일수록 다른 키워드들 간의 연결 횟수가 많아지며 연결의 중핵적인 역할을 하게 된다. 〈표 III-1-1〉과 같이 사회(126회), 기술(81회), 글로벌(62회), 윤리(60회), 태도(59회), 가치(57회) 등의 키워드가 높은 빈도를 보였으며 각각의 중심성 수치에서도 높은 값을 보였다. 이들 단어는 특정한 분야의 학교지식 항목에만 국한되지 않고 다양한 영역에서 활용되었다는 것으로 이해되는 것이기 때문에 미래 학교지식에서 중심적 위치를 점하게 될 것이라고 예상할 수 있다.

한편 네트워크에 나타난 빈도수뿐만 아니라 중심성 지수가 높은 키워드에 주목할 필요가 있다. 왜냐하면 네트워크를 보다 구체적으로 살펴보기 위해서는 빈도수는 상대적으로 낮지만 높은 중심성 수치를 보이는 키워드가 주는 의미가 있기 때문이다. 예컨대 연결 중심성의 경우 네트워크에서 연결의 개수를 보여주는 것으로 연결 중심성이 높을수록 더욱 많은 키워드가 활용되었다고 이해할 수 있다. 또한 근접 중심성의 경우 네트워크 내에서 다른 키워드들과의 연결에서 연결 거리를 고려한 것으로 연결의 거리가 짧을수록 네트워크 내에서 중심에 해당한다고 이해되는 것이다. 예컨대 '시스템'과 '사고력', 두 키워드에서는 상대적으로 '시스템'이 빈도는 낮지만 연결 중심성이 더 높은 것을 볼 수 있다. 이는 '시스템'이 '사고력'에 비해 더욱 다양한 키워드들과 연결되어 있다는 것을 의미한다. '플랫폼'의 경우 빈도수가 24로 상대적으로 낮지만 근접 중심성은 상대적으로 높은 값인 0.536을 갖는 것을 볼 수 있다. 또한 매개 중심성은 특정한 키워드의 연결에서의 최단 경로와 관련되는 값으로, 최단 경로를 거치는 과정에서 중핵적인 역할과 관련한다. 예컨대 '관계'의 경우 빈도수는 29로 다소 낮게 나타나지만 매개 중심성 지수가 0.025로 상대적으로 다소 높다. 위세(아이겐벡터) 중심성은 연결되어 있는 키워드가 갖는 각각의 중심성을 모두 고려하여 계산한 것으로, 전체 네트워크에서 유의미한 키워드와 연결된 키워드를 파악할 수 있게 해준다. 이에 해당하는 것으로 예컨대 '플랫폼'을 들 수 있는데, 상술한 바와 같이 빈도수 24로 낮게 나왔지만 위세 중심성 지수가 0.488로 상대적으로 높게 나타났음을 볼 수 있다.

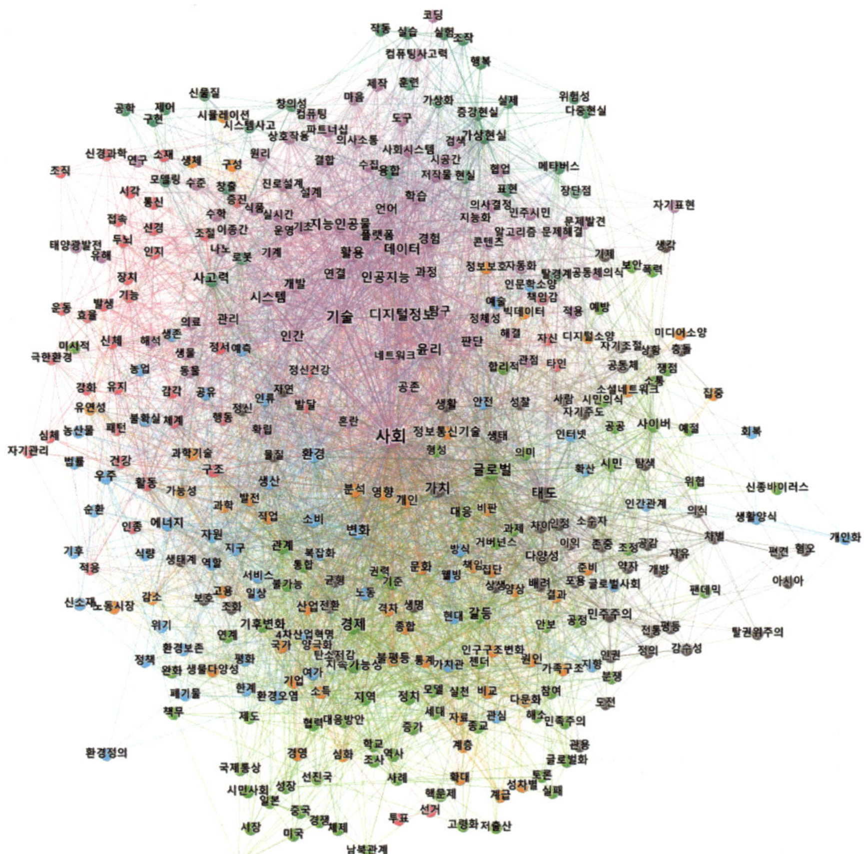

[그림 III-1-1] 의미 연결망 분석을 통한 미래 사회 학교지식의 네트워크

[그림 III-1-1]은 전체 텍스트에서 3회 이상 출현한 366개의 키워드를 활용하여 의미 연결망 분석을 실시한 네트워크를 시각화한 것이다. [그림 III-1-1]에서 노드의 크기는 텍스트의 출현 빈도를, 링크의 굵기는 키워드 간의 동시 출현 빈도를 반영하는 것이다. 또한 노드의 색상은 Modularity 알

고리즘을 활용하여 산출한 군집을 나타내는 것으로 총 7개의 군집으로 나타났다. 네트워크의 중심부에 빈도수가 가장 높은 '사회' 키워드가 위치하고 있으며 이를 중심으로 기술, 인간, 가치, 태도, 글로벌, 환경 등의 키워드가 위치한 것을 볼 수 있다. 이러한 결과는 미래 사회의 학교지식은 '사회'를 중심축으로 하여 파악되고 주변에 포진된 기술, 인간, 가치, 태도, 글로벌, 환경 등은 사회와의 관련 속에서 미래 학교지식을 형성하는 데 중요한 역할을 하는 것으로 이해할 수 있다. 또한 이들 키워드들은 세부적인 키워드들과의 관계에서도 중요한 역할을 담당하고 있는 특징을 보이는데, 키워드 간의 관계를 분석함으로써 전체 네트워크의 국소적인 의미를 해석할 수 있다. 다만 이 책에서는 전체 데이터로 활용한 키워드의 수가 많아 구체적인 연결의 관계를 살펴보는 것이 용이하지 않다. 따라서 이 책에서는 전체 네트워크를 군집에 따라 보다 축소하여 네트워크를 이끌어내고 전체적인 키워드 간의 연결을 살펴보고자 하였다. [그림 III-1-1]에 보는 바와 같이 전체 네트워크는 '사회'을 비롯하여 '글로벌', '환경-변화', '문화-영향-분석', '태도-가치', '신체-활동-발달', '사고력'을 중심으로 한 7개 군집으로 형성되는 것으로 나타났다.

다. 군집 네트워크

1) 군집 I : 사회

사회는 [그림 III-1-1]의 전체 네트워크에서 가장 커다란 중심성을 점하는 것이지만 전체 네트워크의 좌측 상단부에 위치하고 있는 군집을 이루는 것이다. [그림 III-1-2]의 군집은 사회를 중심으로 네트워크가 형성되어 있는 것이다.

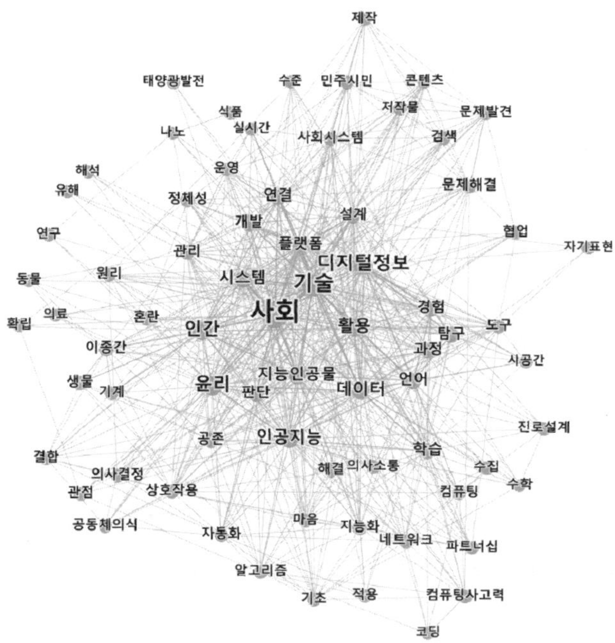

키워드	빈도
사회	126
기술	81
윤리	60
디지털 정보	55
인간	51
활용	42
인공지능	40
데이터	36
지능 인공물	34
시스템	34

[그림 III-1-2] 사회를 축으로 한 군집의 학교지식 네트워크

[그림 III-1-2]의 우측 〈표〉는 '사회'에서 '시스템'에 이르기까지 빈도가 높은 키워드 10개를 제시한 것이다. 특히 '사회', '기술', '윤리', '디지털 정보', '인간'과 같은 빈도수가 높은 키워드가 네트워크의 중심에서 다양한 키워드들과 연결되는 것이 특징이다. 네트워크에서 뚜렷한 관계를 나타내는 것으로는 '기술-사회-시스템', '데이터-기술-플랫폼', '정보-경험-탐구', '인공지능-활용-윤리', '디지털 정보-탐구-경험' 등을 들 수 있다. '사회'와 '기술'이 강하게 연결되어 있는 것은 기술이 미래 사회변화 및 구조, 질서를 형성하는 데 결정 요인이 되는 것임을 말해 준다고 할 수 있다. 이 때 기술은 과학기술과 정보·인공지능 기술이 그 중심을 이루는 것이다. [그림 III-1-2]의 군집에서는 정보·인공지능 기술이 미래 사회의 변화 및 구조, 질서 형성과 보다 직접적으로 관계되는 것으로 나타남을 알 수 있다. '사회' 키워드의 가까운 주변에 인공지능 및 디지털 정보, 데이터, 지능인공물, 플

랫폼 등이 포진되어 있다는 것에서도 미래 사회에 미치는 정보・인공지능 기술의 영향력을 짐작할 수 있다.

이러한 결과를 바탕으로 [그림 III-1-2]의 군집은 사회적 차원에서 기술, 데이터, 인공지능 등의 이해와 활용을 위해 요구되는 지식 측면으로 이해할 수 있다. 빈도수가 높고, 가장 뚜렷한 관계를 맺고 있는 '사회-기술'은 기술의 발달에 따른 사회의 변화, 사회에서의 다양한 기술의 활용 등을 의미하는 것이며, 기술의 사례로서 데이터, 인공지능, 지능 인공물, 플랫폼 등을 중요하게 인식한다는 것을 의미한다. 이를 토대로 미래 사회에서 활용하게 될 데이터, 인공지능 등과 관련한 기술 활용 측면의 지식을 더욱 강조할 필요가 있으며, 나아가 새롭게 등장하는 윤리적 문제의 이해와 이를 위해 필요한 정의적 측면의 지식이 강조될 것으로 보인다.

사회를 축으로 한 이 군집에서 주목되는 것은 '사회-윤리'가 높은 빈도로 연결되어 있다는 것이다. 사회와 윤리 간의 관계는 다양한 측면에서 이해될 수 있는 것이지만 이 군집에서의 이들 관계는 '기술', 특히 '인공지능' 기술 및 지능화된 인공물, 정보, 데이터 간의 관계를 더 말하는 것이라고 볼 수 있다. 이들 윤리 문제는 개발된 기술이나 인공물의 사용뿐만 아니라 기술 개발 과정까지 포함되는 것이다. 예컨대 신약 개발은 동물을 실험 대상으로 함으로써 그동안 이를 위한 동물 실험에 대한 윤리가 다루어져 왔지만, 미래에는 고도의 인공지능 기술 발달로 동물 실험에서 지능화된 인공물을 통한 실험으로 옮겨가게 될 것이다. 이러한 것들이 미래 새롭게 등장하게 되는 윤리적 문제이고 이러한 미래 사회에서 살아갈 학생들은 이 윤리적 문제를 이해할 필요가 있는 것이다.

학교지식 측면에서 인공지능 및 디지털 정보, NBIC(Nano・Bio・Information technology, Cognitive science) 등의 융・복합을 중심으로 한 미래 기술은 사용 및 활용을 위한 학생들의 방법적 지식 이해 및 수행 기능・역량 형성을 요구하게 된다. 이 군집에서는 '활용'이 이와 관련된 키워드 간의 연결을 매개하는 역할을 하는 것으로 나타난다. 앞의 〈표 III-1-1〉의 전체 네트워크 구성의 키워드 출현 빈도와 중심성 수치에서 '활용'은 다른 키워드와 비교하여 빈도와 근접 중심성, 매개 중심성 지수가 상당히 높게 나타난다. '활용'은 다른 군집의 네트워크에서도 등장하게 되는 것이지만, 특히 이 군집에서의 역할이 대단히 중요하게 작용하는 것임을 알 수 있다. 이러한 작용은 '활용'이 기술을 시작으로 인공지능, 지능화된 인공물, 정보, 데이터, 언어, 플랫폼 등과 연결 네트워크가 형성되어 있다는 데서 알 수 있다. 이러한 측면에서 '사회 시스템', '문제해결-문제발견' 등은 새롭게 등장하는 기술과 플랫폼을 미래 사회의 문제를 적절하게 발견하고 해결하기 위한 도구적 자원으로서 활용할 수 있어야 한다는 측면에서 중요하게 인식되어야 한다.

또한 이 군집은 실시간으로 연결되는 플랫폼을 개발, 관리, 운영하며 이에 적절한 콘텐츠를 제작하는 것과 관련된 기능적 지식 측면의 키워드와, 인간과 지능 인공물의 공존, 나아가 인간과 기계, 이종 간의 결합과 상호작용 측면에서 필요한 태도 측면(파트너십, 공동체 의식)과, 지식 측면(기초, 알고리즘, 코딩) 등의 내용을 포함한다.

2) 군집 II: 글로벌

[그림 III-1-3]은 앞의 [그림 III-1-1]의 전체 네트워크의 우측 하단부에 위치하고 있는 군집으로 '글로벌', '경제', '환경', '갈등' 등의 키워드를 중심으로 하는 관계를 나타내고 있다. 그림 오른쪽의 키워드별 빈도를 나타낸 〈표〉와 같이 이 군집에서 빈도가 높은 키워드는 글로벌, 경제, 갈등, 관계, 기후변화, 지속가능성, 사이버, 대응, 지역, 시민이다. 이 군집은 [그림 III-1-3]과 같이 전체 데이터에서 상대적으로 가장 명확하게 군집이 형성된 것으로 파악된다.

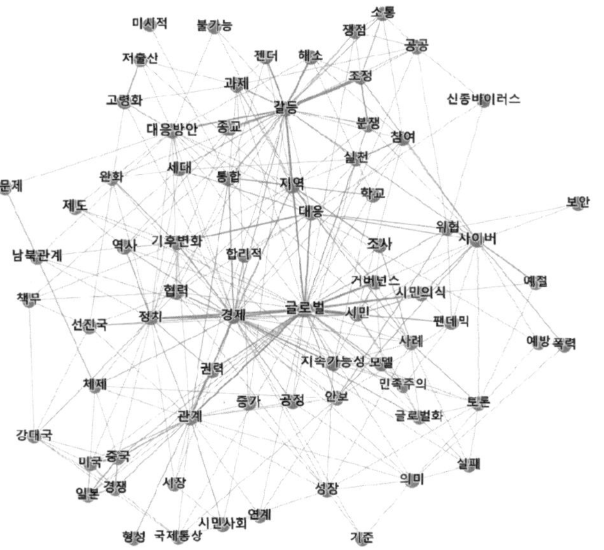

키워드	빈도
글로벌	62
경제	56
갈등	37
관계	29
기후변화	26
지속가능성	25
사이버	24
대응	24
지역	18
시민	17

[그림 III-1-3] 글로벌을 축으로 한 군집의 학교지식 네트워크

이 군집의 네트워크에서는 ‘글로벌-시민’, ‘갈등-조정’, ‘경제-정치-관계’, ‘글로벌-지역-갈등’ 등의 관계가 보다 명료하게 나타난다. 이러한 관계 형성에서 주목되는 것은 먼저 미래 문제는 글로벌과 함께 경제 문제와 밀접히 관계되는 것으로 나타난다는 것이다. 두 번째는 지역이 지역 문제로 국한되지 않고 글로벌 문제로 관계되어 나타난다는 것이다. 따라서 시민이나 경제, 환경, 정치, 지역 문제가 모두 글로벌 문제와 관련하여 이해해야 함을 보여준다. 그 역으로 미래의 글로벌 문제에는 이들 시민 및 경제, 환경, 정치, 지역 문제를 중요하게 다루어야 함을 보여주는 것이다. 특히 지역이 글로벌과 연결되어 있다고 하는 것은 지역이 글로벌과 대척점에 있는 것이 아니라 미래에는 지역도 글로벌과의 관계에서 이해되어야 한다는 점을 보여주는 것이다.

또한 이 군집의 특징으로 중심 키워드로 부각되는 모두가 ‘갈등-조정’ 문제와 관계되는 것으로 나타난다는 것이다. 즉 글로벌, 경제, 시민, 환경, 정치, 지역은 갈등 발생 소지와 조정 필요성을 지니고 있는 문제로 이해되는 것이다. 갈등의 양상으로는 '경제', '젠더', '지역', '종교' 등의 요인들을 확인할 수 있으며, 갈등을 유발하는 요인으로 기후변화, 자원, 사이버 등을 확인할 수 있다. 즉 미래 사회가 초연결의 네트워크화됨에 따라 나타나는 기후변화, 경제 등의 문제가 세계적인(글로벌) 문제로서 인식되고, 이에 안정적으로 대응하는 것과 관련한 내용과, 국지적으로 발생할 수 있는 다양한 문화 간의 혼재 속에서의 갈등을 해소하는 것과 관련한 교육내용에 대한 요구가 담겨 있다고 볼 수 있다.

이 군집에서 특히 주목되는 것이 '대응'이라는 단어가 중요하게 인식되어야 하는 것이다. '대응'은 높은 매개 중심성을 보이는 키워드로 다른 키워드들을 연결하는 중핵적인 키워드가 되고 있다. 즉 [그림 III-1-3]에서 보면 '대응'은 '기후변화' 및 '사이버', '글로벌', '신종 바이러스', '위협', '팬데믹', '갈등' 등과 관계됨으로써 이들과 다른 키워드들을 연결하는 역할을 하고 있다. 또한 '사이버'와 '위협'이 모두 대응과 연결되어 있다는 것에서 미래 사회의 갈등을 초래하는 요인이 현실 공간을 넘어 확장되고 있다고 이해할 수 있다.

학교지식 측면에서 볼 때 이 군집의 '대응'이 지닌 중요한 점은 이 군집에서 중심 키워드로 부각되는 글로벌을 비롯하여 환경(기후변화), 경제, 갈등 등에 따른 문제 발생에 대한 문제해결과 실천 역량을 중요하게 취급해야 함을 나타낸다는 것이다. 이 군집에서 미래 학교지식은 중심 키워드로 중요하게 부각되는 이들 문제에 대한 이해와 함께 대응을 위한 문제해결과 실천 역량에 보다 중점을 두게 된다고 해석할 수 있다.

3) 군집 III: 환경 · 변화

[그림 III-1-4]는 '환경', '변화'를 중심축으로 네트워크가 형성되는 군집이다. 이 군집에서는 '자원', '생산', '소비', '에너지', '우주' 등의 키워드가 높

은 빈도를 보이고 있고 [그림 III-1-4]의 우측에 상위 출현에 해당하는 키워드 10개가 제시되어 있다.

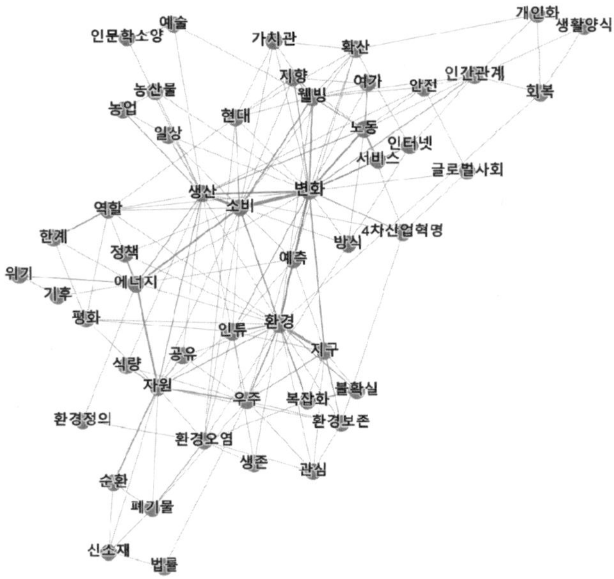

키워드	빈도
환경	44
변화	44
자원	20
생산	19
소비	19
에너지	19
우주	18
역할	12
웰빙	11
지구	11

[그림 III-1-4] '환경', '변화'를 축으로 한 군집의 학교지식 네트워크

이 군집에서 환경은 두 가지 다른 의미를 갖는 것으로 파악할 수 있다. 하나는 '환경 오염'과 '환경 보존'으로 대표되는 자연적인 측면의 환경이며, 다른 하나는 '소비-생산-노동'의 변화로서 나타나는 사회적인 측면의 환경이다. 이는 '변화'라는 키워드와 밀접하게 연결되며 자연적 환경의 변화 및 사회적 환경의 변화와 관련한 내용을 포함한다. 이러한 측면의 변화는 '에너지-소비', '에너지-생산'과 같은 키워드로 연결되어 있다는 점에서 환경과 관련한 개념의 지형이 확장된 것으로 볼 수 있다. 한편 자연적 환경 측면에서는 인류의 '자원-식량' 문제라던가, '생존'의 관점에서 인류가 개발해야 하는 '환경'이 보다 확장되고 있다는 것을 파악할 수 있다.

'변화'에서도 두 가지 의미를 파악할 수 있는데, 하나는 '변화의 동인'이며, 다른 하나는 '변화 지점', 즉 '변화가 일어나는 곳(locus)으로서의 키워드이다. 전자의 예로 '디지털', '4차 산업혁명', '인터넷', '에너지' 등을 들 수 있겠다. 후자로는 '문화' '일상', '소비', '인간관계', '가치관', '역할' 등이 해당된다고 할 수 있다. 학교지식 측면에서 보면 이 군집에 나타나는 키워드들은 변화 동인과 변화처의 관계로 이해될 필요가 있는 것이라고 할 수 있다.

이 군집에서 뚜렷한 관계로 나타나는 것은 '소비-생산-변화', '에너지-소비', '현대-소비-웰빙' 등이다. 이들 관계는 소비와 생산 문화(구조)의 변화 측면과 관련한 내용으로 파악된다. 또한 4차 산업혁명으로 생산과 소비문화의 변혁을 가져오게 될 것이고 이는 웰빙과 서비스 지향적 소비를 가속화할 것이다. 나아가 이것이 사회의 디지털화 측면에서 더욱 강화될 것이라고 해석할 수 있다. 한편 '에너지'라는 키워드가 소비와 밀접한 관련을 맺는다는 점에서 일상생활에서의 소비문화뿐만 아니라 미래 사회의 에너지 소비와 이를 위해 필요한 '역할' 측면의 일부 내용을 포함하고 있다. 요컨대, 미래 사회에서 '소비'의 개념이 점차 확장될 것이기 때문에 이와 관련한 내용을 학교교육에서 강조해야 함을 보여준다고 할 수 있다.

4) 군집 Ⅳ: 문화 · 영향 · 분석

[그림 III-1-5]와 같이 '문화', '분석', '영향'을 중심축으로 하여 하나의 군집을 형성하고 있다. 이 군집은 '산업', '정보통신 기술', '불평등' 등의 키워드를 중심으로 하는 관계를 나타내고 있다. 이러한 군집에서 빈도가 높은 키워드 10개에 해당하는 내용은 [그림 III-1-5]의 우측에 제시되어 있는 바와 같다.

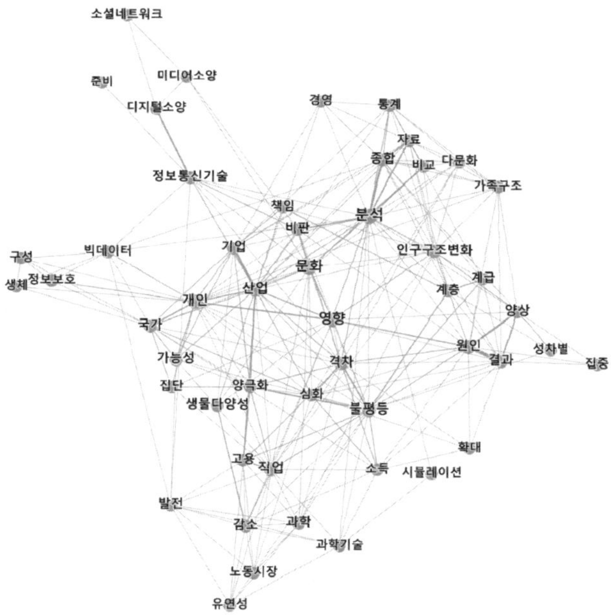

키워드	빈도
분석	32
문화	28
영향	26
산업	22
정보통신 기술	21
개인	19
불평등	18
원인	16
직업	13
결과	13

[그림 III-1-5] '분석'을 축으로 한 군집의 학교지식 네트워크

[그림 III-1-5]의 네트워크에서 나타나는 뚜렷한 관계로는 '산업-양극화', '고용-양극화', '분석-종합', '양상-원인-결과' 등을 살펴볼 수 있다. 이 네트워크 관계는 미래 사회에는 글로벌화를 비롯하여 인구구조 변화, 산업구조 변화 등에 따라 초래되는 사회문제 양상 및 이상현상(異常現狀)에 대한 이해의 필요성을 나타내는 것이라고 할 수 있다. 이러한 사회문제 양상과 이상현상은 '원인-결과'로 결부되어 나타나는 것이기 때문에 이 군집에서 '분석'은 대단히 중요한 키워드로 파악된다.

이 군집에서는 미래 사회에 나타날 변화로 인한 격차와 영향, 그리고 이를 올바르게 파악하게 해주는 분석과 관련한 내용이 드러난다고 해석할 수 있다. 특히 미래 사회에서는 산업과 직업의 구조를 변화시켜 고용 및 노동시장을 변화하게 될 것이며, 가족구조와 인구구조, 글로벌화에 따른 다문화사회로의 진전 등이 예측된다. 따라서 이에 대한 적절한 방법(통계, 자료, 종합, 분석)을 활용하여 미래 사회를 예측하는 것이 매우 중요하다. 이러한 관점에서 가장 중요하게 인식해야 하는 키워드는 '분석'인데, 이는 전체 키워드 중에서도 매개 중심성이 높은 키워드로 미래 사회변화 예측과 관련된 키워드 군집에서 키워드를 서로 연결하는 것이 특징이다. 또한 '빅데이터', '국가-협력' 등에서는 미래 사회에 대한 올바른 예측과 분석을 위해 필요한 하위 요소를 확인할 수 있다.

학교지식 측면에서 이 군집에서 말해 주는 것은 미래 학교지식으로 '산업-양극화', '고용-양극화', '분석-종합', '양상-원인-결과' 등에 대한 이해에 더하여 이 현상들을 분석하는 역량 함양이 중요하다는 것이다. 이것은 분석을 통해 대상 지식을 이해하고 또 이 대상 지식을 분석하기 위한 방법적 지식을 이해하고 그리고 관련 자료를 수집하고 처리하고 종합하여 분석하는 수행 역량을 기른다는 것을 말한다.

5) 군집 V: 태도 · 가치

[그림 III-1-6]의 군집은 '태도-가치'의 밀접한 연결을 축으로 네트워크가 형성되는 것이다. 이 군집의 특징은 '태도'와 '가치'가 거의 동일한 출현 빈도(각각 59, 57)로 중심성을 형성하고 있다. 여기서 연결 중심성은 '가치(0.260)'가 '태도(0.249)'보다, 근접 중심성도 '가치(0.573)'가 ' 태도(0.559)'보다 높은 반면, 매개 중심성은 '태도(0.040)'가 '가치(0.036)'보다 높게 보이는 네트워크를 형성하고 있다는 것이다.

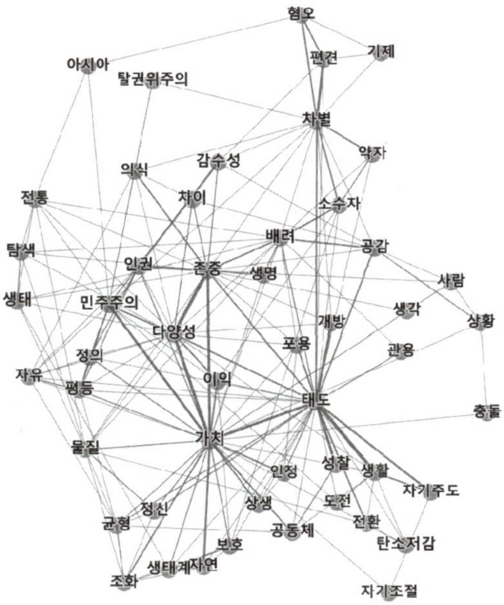

키워드	빈도
태도	59
가치	57
다양성	23
존중	20
민주주의	18
생활	17
배려	16
공동체	13
물질	13
차별	12

[그림 III-1-6] '태도-가치'를 축으로 한 군집의 학교지식 네트워크

[그림 III-1-6]의 군집은 '태도-가치'를 중심축으로 하여 '태도', '가치', '다양성', '존중' 등의 키워드가 높은 빈도를 보이는 네트워크이다. [그림 III-1-6]의 우측 〈표〉는 이 군집의 중심성을 이루는 상위 빈도의 키워드 10개를 제시한 것이다. 이러한 군집에서 뚜렷하게 나타나는 관계로는 '태도-생활', '다양성-존중', '다양성-가치', '가치-태도-존중', '가치-존중-다양성' 등이 있다.

[그림 III-1-6]의 네트워크 관계를 통해 미래 사회에서 인간에게 필요한 태도와 가치 측면에 대한 교육내용을 도출할 수 있다. 태도는 '가치' 및 '인권', '다양성' 중심으로 형성하여 '성찰', '인정', '개방', '존중', '관용', '포용', '상생', '공감'으로 연결되어 있다는 점에서, 태도는 이들 키워드들이 주는 방향을 지향하고 있음을 알 수 있다. 태도를 구성하는 이들 키워드는 「인정-공감-개방-존중-관용-포용-배려」와 「성찰」, 「상생」의 세 층위로 구분

해 볼 수 있다. [그림 III-1-6]에서 보자면 기존의 학교교육에서는 주로 「인정-공감-개방-존중-관용-포용-배려」의 태도를 강조해 왔으며, 이는 미래 사회에서도 이러한 요소들을 '공동체', '자연', '생태계' 등의 측면에서 중요하다는 것을 인식하고 있다고 볼 수 있다.

'가치'는 '자연' 및 '생물 다양성', '생태계', '공동체', '민주주의', '다양성' 등을 중심으로 대상의 가치와, '태도' 및 '인정', '상생', '존중', '포용' 등의 행위의 가치로 연결되는 네트워크를 형성하고 있다. 따라서 미래 학교지식 측면에서 가치는 전자의 대상적 가치와 후자의 행위 가치에 대한 이해와 체득의 지식 구성이 필요한 것으로 나타난다.

[그림 III-1-6]의 군집에 나타난 가치와 태도는 종래의 인간 본위의 인간 중심적 가치를 넘어 생태계와 공생과 자연과의 공존을 위한 생태적 가치 인식을 포함하는 것으로 그 의미가 확장된 것으로 볼 수 있다. 따라서 소수자, 약자 등의 인간과 같이 살아가기 위해 필요한 '인권-감수성', '성찰', '관용', '공감', '배려' 등의 키워드와, 나아가 인간 외의 생명 또는 비인간적 객체(생태계, 생물 다양성)들과 함께 살아가야 하는 미래 사회에 필요한 태도와 가치인 '균형', '상생', '조화' 등이 동시에 나타나는 것이 특징이다.

6) 군집 VI: 신체 · 활동 · 발달

[그림 III-1-7]은 '신체', '활동', '발달'을 중심축으로 하여 군집을 형성하고 있는 것을 나타낸 것이다. 이 군집에서는 '구조', '건강', '체계', '두뇌' 등이 높은 빈도를 보이고 있으며, 상위 출현한 키워드는 [그림 III-1-7]의 우측에 제시된 〈표〉와 같다.

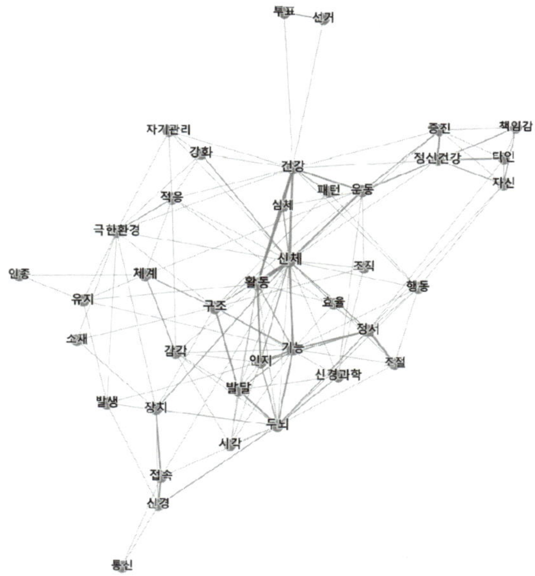

키워드	빈도
활동	20
발달	18
신체	15
구조	14
건강	14
타인	11
체계	10
기능	9
두뇌	9
자신	8

[그림 III-1-7] '활동'을 축으로 한 군집의 학교지식 네트워크

이 군집에서는 특히 '신체-활동-건강', '정서-조절', '신체-정신건강-운동' 등에서 뚜렷한 관계가 나타난다. 이러한 관계 네트워크에서 볼 때 이 군집은 심체적(心體的) 기능과 관련한 것으로 파악할 수 있다. 미래 학교지식 측면에서 이 군집이 주는 의미는 미래 과학기술 및 정보·인공지능 기술의 급진전 등에 따라 일어나는 미래 학생들의 신체·정신·정서적 변화를 학교지식으로 이해할 필요가 있음을 말해 주는 것이다. 미래 사회의 거대한 변화에 따른 학생들의 신체·정신·정서적 변화는 한편에서는 '적응하는 것'이라고 할 수 있지만, 또 다른 한편으로는 '이상 반응'이라고도 할 수 있다. 따라서 미래 학생들은 사회변화에 따라 그들의 신체·정신·정서에서 어떤 변화가 왜, 어떻게 일어나는지, 그리고 어떻게 살아가야 하는지를 이해할 필요가 있는 것이다.

[그림 III-1-7]의 군집은 신체 변화가 뇌를 포함한 몸의 변화를 가리키고 있고 또한 몸의 변화는 정신·정서 변화까지 말하고 있는 것이기 때문에

이 군집의 중심축을 이루는 '활동'은 신체와 정신, 정서 모두에 연결되어 있는 것으로 파악된다. 따라서 이 군집은 예컨대 기존의 인간의 건강과 관련한 보건・생리학적 관점을 넘어, 미래 사회에서 발전할 수 있는 뇌과학(두뇌), 신경과학의 측면에서 새로운 장치나 기술을 안전하게 활용하는 것과 관련된 내용을 포함하고 있는 것이 특징이다. 또한 '극한 환경'이라는 키워드는 변화하는 지구의 자연적 환경에서 개발과 거주를 위한 적응에 필요한 신체적 능력과 관련한 것으로 보다 확장된 의미로서의 심체적 기능을 강조한다고 이해할 수 있다.

또한 '정신건강', '정서' 등에서는 인간의 안정적인 삶을 위한 심리적 기능과 관련한 내용을 강조하고 있음을 파악할 수 있다. 이는 '자신-타인'의 관계에서 책임감을 가지고 자신의 '행동-조절'과 관련되어 있는 키워드이다. 이 군집의 '활동'과 '신체・정신・정서적 변화'의 관계를 보다 확장한다면 정보・인공지능 기술 발달과도 연결될 수 있는 것이다. 다만, 이들 관련 키워드가 이 군집에 묶여있지 않기 때문에 이를 위해서는 전체 네트워크에서의 연결을 살펴볼 필요가 있다.

7) 군집 Ⅶ: 사고력

[그림 III-1-8]의 군집은 '사고력'을 축으로 하여 형성된 네트워크이다. 상위 빈도수를 점하는 키워드 10개가 [그림 III-1-8]의 우측에 함께 제시되어 있다.

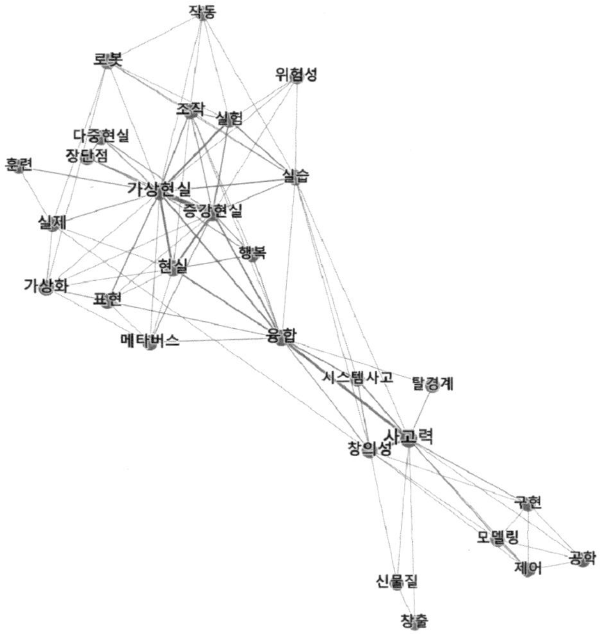

키워드	빈도
사고력	37
가상현실	26
융합	21
증강현실	13
로봇	11
현실	10
표현	9
창의성	9
실제	6
실험	5

[그림 III-1-8] '사고력'을 축으로 한 군집의 학교지식 네트워크

이 군집은 '가상현실', '융합', '증강현실' 등이 높은 빈도를 보이며, 또 상호연결되어 있는 것이 특징이다. 높은 빈도를 보이는 이들 키워드로 보면 '증강현실', '가상현실', '다중현실' 등으로 대표되는 가상화된 공간에서 요구되는 융합적 사고력을 강조하는 것으로 파악될 수 있다. 그렇지만 [그림 III-1-8]에서 보자면 강한 연결성을 보이는 '사고력-융합'은 증강현실 및 가상현실, 메타버스 기술을 표현하는 '정보・인공지능' 부문과 신물질 및 로봇 기술을 표현하는 '과학' 부문, 그리고 '정보・인공지능과 과학 부문의 결합'에서 형성되는 것이다.

[그림 III-1-8]의 군집에 나타난 '사고력-융합'의 강한 중심성과 연결성은 미래 과학 부문 및 정보・인공지능 부문, 양자 부문의 결합을 이루는 핵심적 요소가 될 것이다. 이러한 것에서 보면 융합과 연결된 사고는 특정 분야 내에 제한되지 않고 분야 간을 끊임없이 넘나들면서 창의적 실험과 적

용을 통해 새로운 것을 창출해 가는 창발적(創發的, emergent) 사고인 것이다. 나아가 [그림 III-1-8]의 군집에 나타난 '융합-사고력(융합과 연결된 사고력)'은 창의적이고 탈 경계적인 시스템 사고를 하는 특징을 갖는다. 또한 이 군집에서 '융합-사고력'이 촉진하는 키워드로 '실험' 및 '실습', '조작' 등이 나타나 있는데, 이러한 것에서 볼 때 정보・인공지능의 경우는 '설계' 및 '개발', '운영' 등이 이에 해당된다고 할 수 있다. 학교지식 측면에서 이러한 '융합-사고력' 연결성 및 네트워크가 주는 의미는 미래 사회에서는 융・복합 기술이 하나의 메가트렌드 및 패러다임을 형성하고 여기서 생성되는 융・복합적 지식은 학교지식의 중요한 대상이 될 것이고, 학교지식으로서의 융・복합적 지식은 단순 지식 습득에 머물지 않고 실험 및 조작, 설계・개발・운영 등의 수행 기능을 통해 사고력 형성을 촉진한다는 것이다.

라. 에고네트워크 분석의 학교지식 지형

앞의 군집 분석은 전체적인 데이터에서의 키워드들의 유사성을 토대로 거시적 차원의 의미를 파악해 본 것이다. 다만 이 책에서 수행된 군집 분석의 경우 특정한 키워드가 군집으로 편성되는 과정에서 다른 군집과의 연결이 일부 축소된다. 따라서 키워드가 갖는 직접적인 연결의 구체적인 양상을 파악해 볼 필요가 있는데, 이를 위해 단어 간의 직접적인 연결을 나타내주는 에고네트워크를 활용하여 살펴보고자 한다.

에고네트워크 분석 대상은 군집 분석에서 키워드의 빈도 및 중심성 수치가 높은 키워드와, 키워드의 빈도와 중심성 수치가 상대적으로 다소 낮게 나타나지만 미래 사회 메가트렌드에 따른 학교지식에서 중요한 위치를 점하게 되는 키워드를 추가적으로 설정한 것이다. 이렇게 하여 설정한 분석 대상의 키워드는 〈표 III-1-2〉와 같다. 〈표 III-1-2〉에서 글로벌과 사회, 태도・가치, 사고력은 앞에서 다룬 군집 분석을 한 것이지만 다른 군집과의 연결을 좀 더 확인하여 그 특징을 파악하고자 하였다. 에고네트워크의 시각화에서는 핵심 키워드를 중심으로 하는 연결을 살펴보는 것이 목적이기 때문에 노드의 크기를 연결의 빈도로 설정하여 시각화하였다. 또한 네트워크의 해석 과정에서 키워드가 포함되어 있던 군집에 해당하는 내용을 반복하여 살펴보기보다는 새롭게 드러나는 다른 군집의 키워드들 간의 관계를 살펴보며 의미의 확장적 지형을 살펴보는 데 주안점을 두었다. 에고네트워크 분석의 시각화에는 이러한 관계를 드러내는 데 용이하도록 키워드의 크기를 연결의 빈도로 설정하였다.

〈표 III-1-2〉 에고네트워크 분석의 키워드 출현 빈도와 중심성 수치

키워드		출현 빈도	근접 중심성	매개 중심성	위세 중심성
1	사회	126	0.499	0.666	0.118
2	기술	81	0.386	0.614	0.068
3	글로벌	62	0.334	0.599	0.065
4	윤리	60	0.301	0.581	0.043
5	태도	59	0.249	0.559	0.040
6	가치	57	0.260	0.573	0.036
7	인간	51	0.216	0.547	0.018
8	환경	44	0.227	0.561	0.021
9	활용	42	0.258	0.566	0.026
10	디지털 정보	55	0.271	0.572	0.032
11	인공지능	40	0.203	0.548	0.012
12	데이터	36	0.189	0.541	0.010
13	문화	28	0.181	0.540	0.014
14	융합	21	0.153	0.528	0.008

1) 사회와 기술

'사회'와 '기술'은 상호 강한 연결성을 띠면서 동일 군집을 이루고 있는 것으로 나타나 양자를 각기 에고네트워크로 처리해 보았다. 그 결과 '사회 에고네트워크'는 [그림 III-1-9], '기술 에고네트워크'는 [그림 III-1-10]과 같이 각각 나타났다.

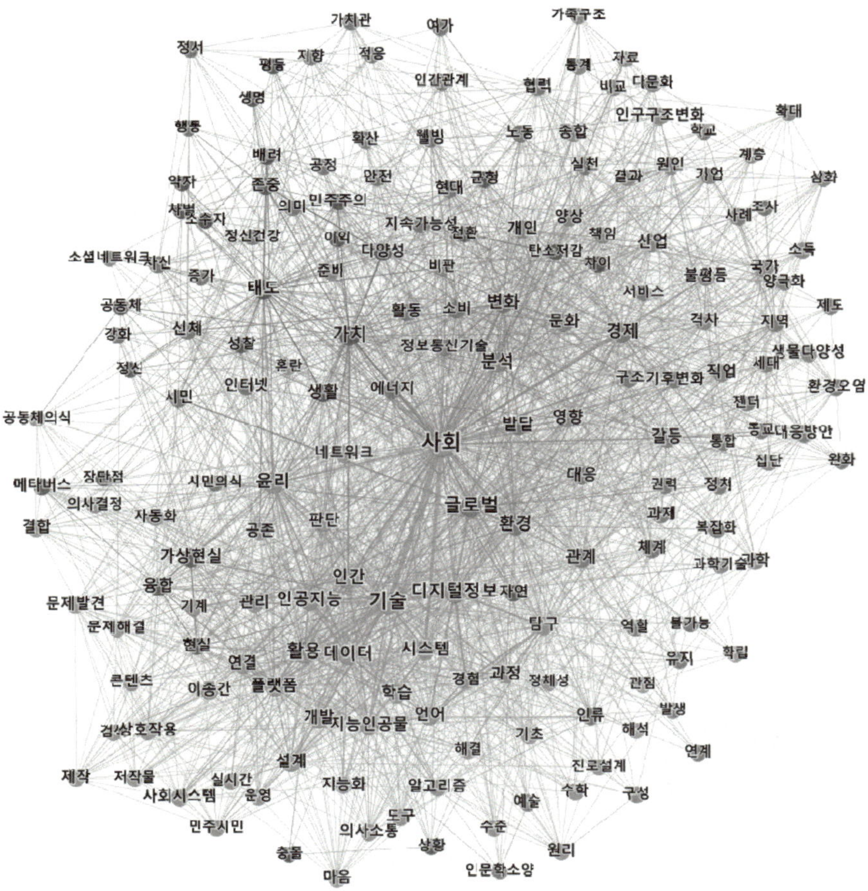

[그림 III-1-9] 사회 에고네트워크

[그림 III-1-9]에서 볼 수 있듯이 ‘사회’를 중심으로 하는 네트워크는 전체 183개의 키워드를 포함하고 있으며, 앞의 7개 군집에 해당하는 키워드가 모두 포함되어 있다. 그리고 ‘기술’을 중심으로 하는 네트워크는 [그림 III-1-10]과 같고 전체 142개의 키워드를 포함하고 있다. 마찬가지로 모든 군집에 해당하는 키워드가 포함되어 있다. ‘사회’와 ‘기술’의 두 키워드는 앞의 ‘사회’ 군집에서 뚜렷한 관계를 맺고 있었던 키워드로 에고네트워크에서도 키워드와 연결 간의 유사성이 나타난다.

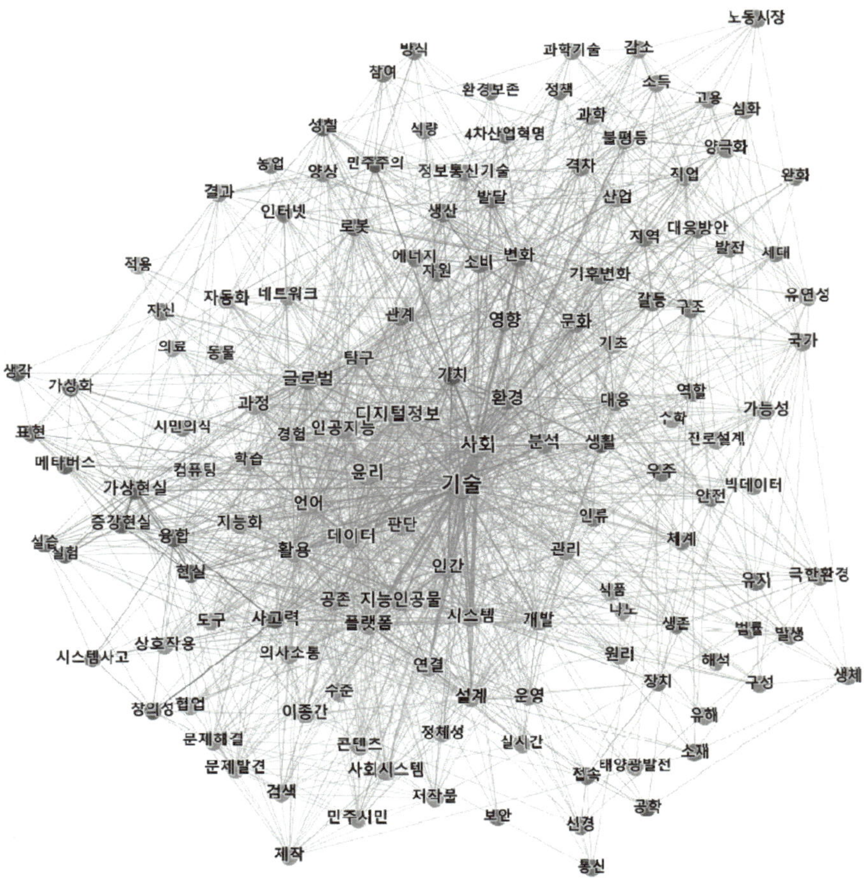

[그림 III-1-10] 기술 에고네트워크

먼저 사회 에고네트워크에서 기존의 군집에 해당하지 않는 키워드와 뚜렷한 관계를 맺고 있는 것으로는 '변화', '가치', '경제', '환경', '태도', '발달' 등이 나타난다. 이는 미래 사회의 다양한 측면에서의 변화와, 그 요인에 대한 키워드로 기본적으로 '발달된 사회로의 변화'를 전제한다(사회-변화-발달). 또한 '사회-문화-다양성-존중', '사회-가치-윤리' 등 독립적 군집에 위치했던 키워드 간의 뚜렷한 연결이 나타나기도 한다. 이러한 측면에서 앞서 살펴본 '변화' 군집에 해당하는 소비문화의 변화를 거시적 관점에서의 '사회적 소비문화의 변화'로 이해할 수 있게 되며, '태도' 군집에서 중요하게 다루어졌던 태도와 가치라는 키워드를 '사회적 측면의 태도와 가치' 등으로 그 의미를 확장할 수 있다. 다만, '사회'라는 키워드를 중심으로 하는 네트워크는 낮은 밀도값(0.169)을 보이는데, 이는 이러한 키워드가 전체 텍스트의 다양한 영역에서 활용되고 있음을 말해 준다. 따라서 보편적인 용어로서의 사회를 언급한 데이터가 있다는 점에서 해석에 주의가 필요하다.

기술 에고네트워크에서는 '윤리', '판단', '가치' 등과의 연결을 살펴볼 수 있는데, 이는 기술의 활용에 있어 발생할 수 있는 윤리적 문제에 대한 가치판단과 관련한 측면으로 이해할 수 있다. 또한 '글로벌', '가상현실', '증강현실' 등의 키워드와의 관계 등을 살펴볼 수 있다. 기존의 '글로벌' 군집이 미래 사회의 초연결에 따른 환경, 경제의 글로벌 문제와 관련된 대응을 다루고 있다는 점에서 '기술'은 이러한 문제의 원인이자, 이를 해결할 수 있는 대안으로서의 '기술'을 의미한다고 볼 수 있다. 따라서 기술을 올바르게 활용하고 이러한 기술이 유발할 수 있는 다양한 문제점에 대한 발견과 해결과정이 필요하다. 또한 '가상현실'과 '증강현실'은 기존 '사고력' 군집에서 등장하는 키워드로, 결과적으로 새로운 공간으로 진입을 가능하게 하는 것이 바로 이러한 기술의 발전과 관련된다는 점에서 기술의 활용 과정과 개발 과정에서의 사고력으로 그 의미를 확장할 수 있다.

2) 윤리, 태도, 가치

앞의 군집 분석에서는 '태도-가치'가 한 군집으로 묶여있고 '윤리'는 '사회 군집'으로 묶여 나타났기 때문에 태도와 가치, 윤리의 연결 네트워크를 확인해 보기가 어려웠다. 이에 따라 [그림 III-1-11], [그림 III-1-12], [그림 III-1-13]과 같이 각각의 에고네트워크를 통해 이들 연결 네트워크를 확인해 볼 필요가 있다.

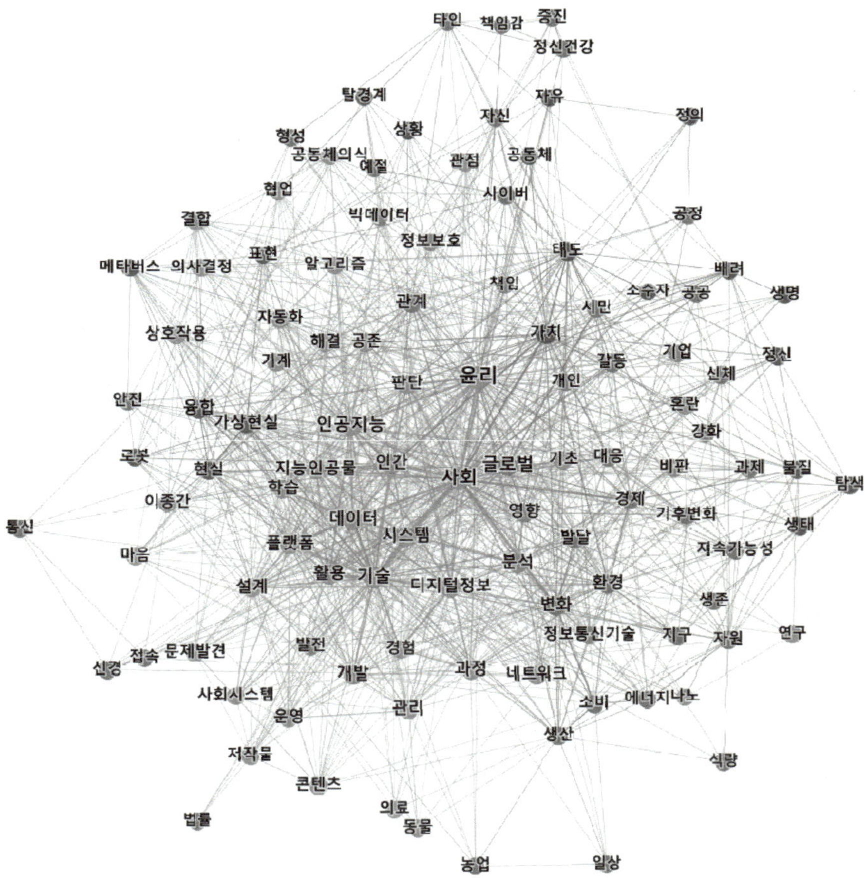

[그림 III-1-11] 윤리 에고네트워크

[그림 III-1-11]은 '윤리'를 중심으로 하는 연결 네트워크이고 전체 111개의 키워드를 포함하고 있다. 7개의 군집에 해당하는 키워드가 모두 포함되어 있으며 '가치', '분석'과 같은 다른 군집의 키워드와의 연결이 두드러진다. 윤리를 중심으로 '윤리-인간-가치'의 연결이나 '글로벌-사회-윤리'와 같은 연결에서는 명시적으로 담겨있는 텍스트의 의미를 파악할 수 있다. 한편 '환경-경제-윤리', '개인-정보보호-윤리', '에너지-생산-소비-윤리' 등은 윤리의 개념적 지형이 확장되고 있다고 해석할 수 있다. 즉 윤리는 국소적인 인간의 생활세계에 국한되기보다는 시·공간을 넘어 다양한 사회·문화적 맥락에서 고려되어야 하는 총체적인 개념으로 변화하고 있다.

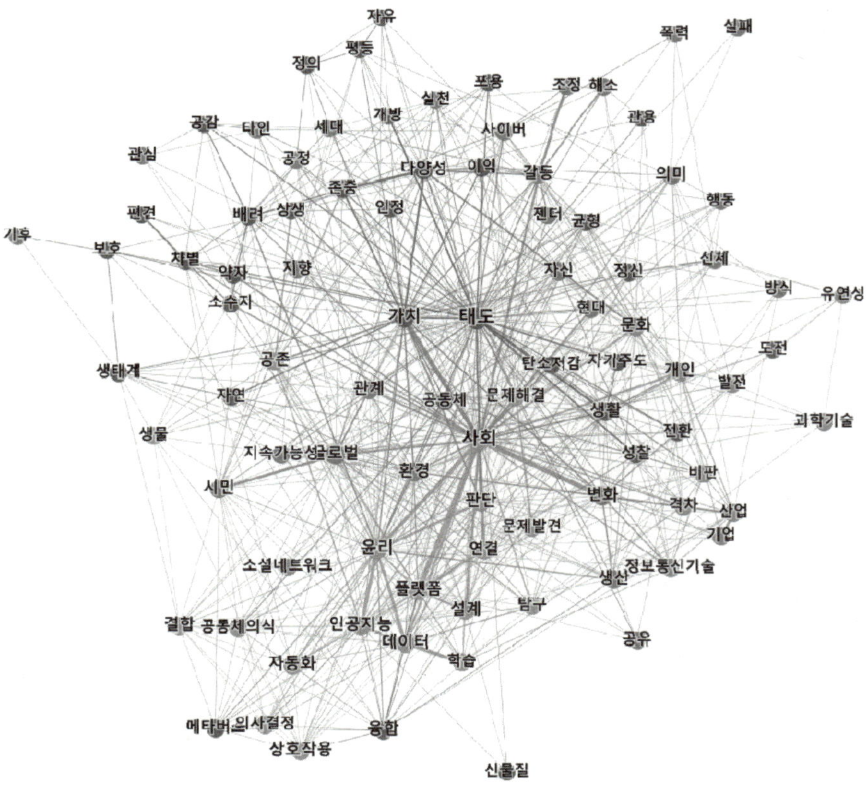

[그림 III-1-12] 태도 에고네트워크

[그림 III-1-12]는 ‘태도’를 중심으로 하는 네트워크이고 전체 92개의 키워드를 포함하고 있다. 또한 [그림 III-1-13]은 ‘가치’를 중심으로 하는 네트워크이고 전체 96개의 키워드를 포함한다. ‘태도’ 군집에서 태도와 가치라는 키워드가 동시에 출현하는 경우가 많았기 때문에 두 키워드를 중심으로 하는 에고네트워크도 유사한 형태를 갖는다. 태도와 가치의 네트워크에서 모두 7개의 군집에 해당하는 키워드가 포함되어 있으며 그 중에서도 ‘사회’ 군집과 ‘글로벌’ 군집과의 뚜렷한 관계가 나타나는 것이 특징이다. 이는 태도와 가치적 측면의 내용이 ‘사회적 태도’, ‘사회적 가치’로 확장될 수 있음을 시사한다. 즉 사회변화를 야기하는 ‘인공지능-데이터-플랫폼’을 활용하

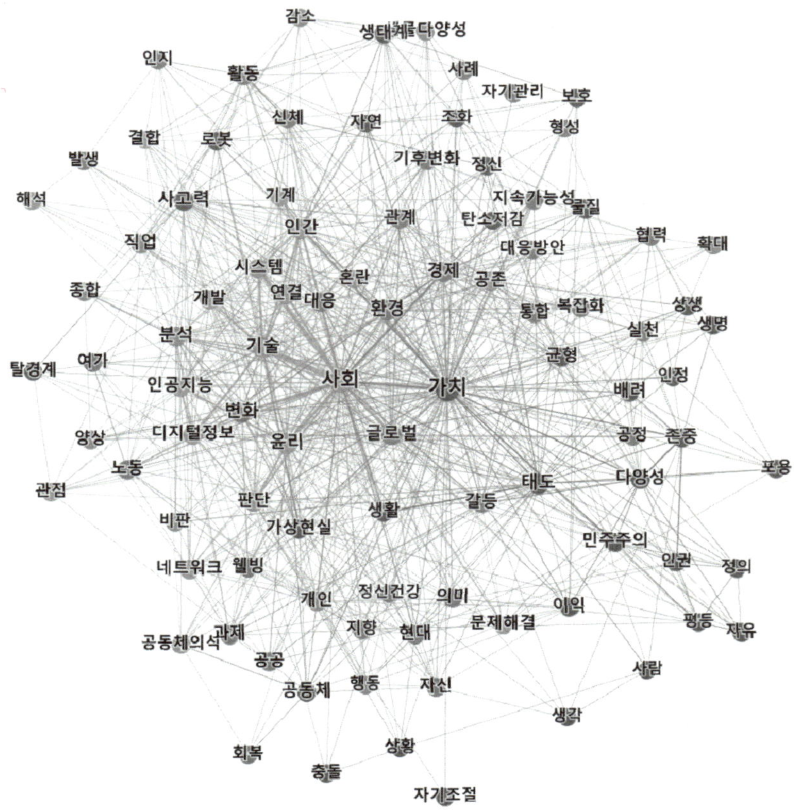

[그림 III-1-13] 가치 에고네트워크

는 과정에서의 태도와 가치 인식, '글로벌-관계', '사이버-갈등'과 같이 공간을 넘어 발생하는 글로벌 사회의 연결과 갈등 해소에 필요한 태도・가치적 측면과 같은 다양한 의미를 포착할 수 있다.

한편 '환경-태도-가치', '자연-생태계-태도-가치', '지속가능성-공존-가치-태도' 등은 미래 사회의 환경문제에 대응하기 위한 실질적인 대안(탄소저감, 생태계-보호)을 수행하기 위해 필요한 인간의 자세를 촉구한다. 또한 태도와 가치의 에고네트워크에서는 공통적으로 윤리 에고네트워크와의 키워드 간 유사성을 살펴볼 수 있는데 이는 '비판', '성찰', '판단'과 같은 키워드에서 나타난다. 즉 비판적 사고와 올바른 판단의 토대가 '윤리-가치-태도'임을 확인할 수 있다.

3) 환경

'환경'을 중심으로 하는 네트워크는 [그림 III-1-14]와 같고, 이는 전체 84개의 키워드를 포함하고 있다. 7개의 군집에 해당하는 키워드가 포함되어 있다. '글로벌' 군집으로 묶여 있던 '환경'은 '사회' 군집의 키워드와의 뚜렷한 관계가 나타나는 것이 특징이다.

환경 에고네트워크에서 뚜렷한 관계를 보여주는 '환경-사회-윤리', '환경-자연-가치' 등의 연결은 미래 사회에서 인간이 가져야 할 '환경윤리' 측면이나 '자연-환경'과 더불어 살아가야 하는 인간에게 필요한 가치 등을 언급하는 응답에서 도출된 것으로 '환경'이라는 키워드에 담긴 다양한 의미를 보여준다. 이러한 견해는 기존의 자연생태학 분야에서 주로 다루어졌던 환경오염 대응 측면의 교육내용에 국한된다기보다는, 환경이라는 일상적인 삶의 전경에 놓이는 다양한 개념을 포괄한다고 해석할 수 있다. 이러한 측면에서 고도의 디지털 정보 및 인공지능 시대의 진입에 따라 요구되는 '데이터-기술-시스템' 측면에서의 예측되는 '환경' 변화도 미래 학교지식으로 중요하게 인식할 필요가 있다. 또한 '환경-가치-경제'와 '환경-글로벌-기후변화-대응', '환경-인간-공존'으로의 연결 네트워크는 미래 환경을 중심으로 한 학교지식의 확장성을 말해 준다고 할 수 있다.

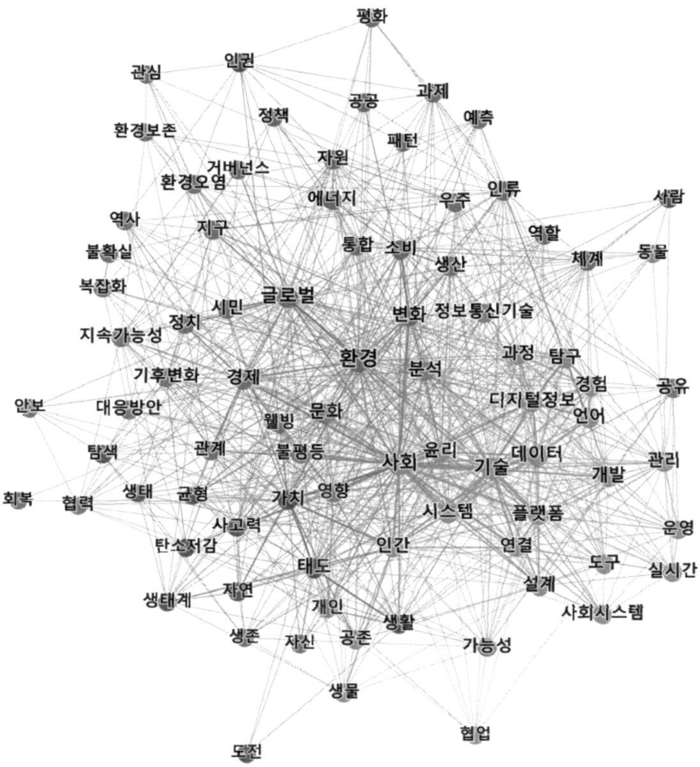

[그림 III-1-14] 환경 에고네트워크

4) 인간

[그림 III-1-15]는 인간을 중심으로 한 네트워크이고 이는 전체 80개의 키워드를 포함하고 있다. 또한 이 네트워크에서는 7개의 군집에 해당하는 키워드가 포함되어 있다. 인간을 중심으로 한 에고네트워크에서 보면, 미래 사회변화에 따른 인간의 문제는 [그림 III-1-15]와 같이 군집에 따라 다층적으로 파악된다.

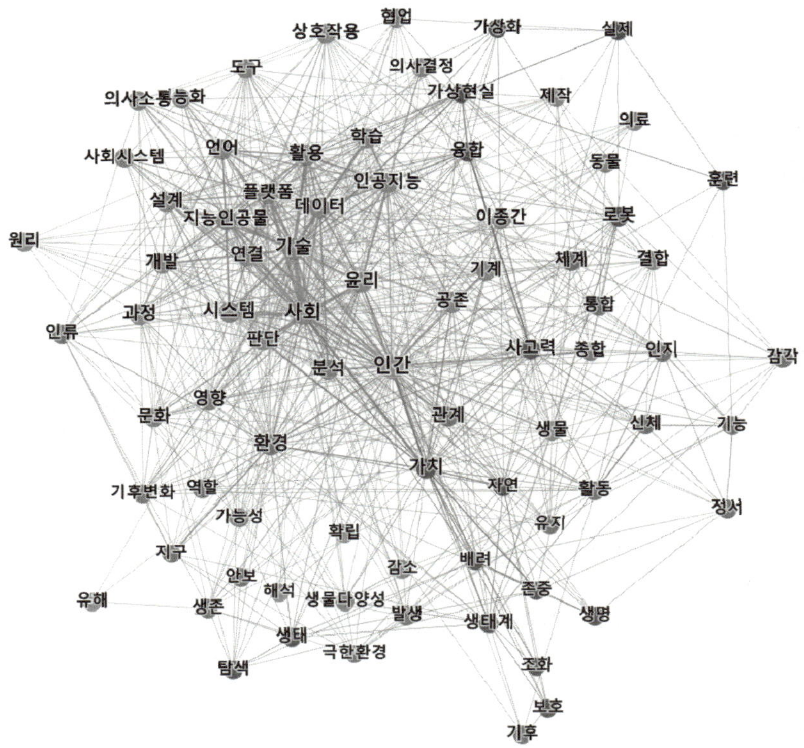

[그림 III-1-15] 인간 에고네트워크

[그림 III-1-15]에 나타난 미래 사회에서의 인간의 문제는 인간의 '대응'과 '가치 · 정체성'으로 요약해 볼 수 있다. 전자의 인간의 '대응'은 인공지능 및 과학기술, 환경변화에 따른 인간 생존과 삶의 문제와 관련되는 것이다. '인간-사회-인공지능 · 지능 인공물 · 플랫폼' 및 '인간-환경 · 지구 · 기후변화 · 극한 환경', '인간-기계-로봇' 등의 연결 네트워크에서 이러한 양상이 파악된다. 또한 '인간-환경-지구-기후변화'와 같은 키워드는 지구환경의 변화(기후변화)가 인간에게 미치는 '영향'을 명확하게 인식할 필요가 있다는 견해에서 도출된 것으로, 환경변화에 따른 인간 삶의 변화를 올바르게 '분석'하고 다양한 생물(생태계)과 공존할 수 있는 태도의 변화를 요구한다. 그다음으로 후자의 '가치 · 정체성'은 특히 '태도' 군집의 키워드들

과 가장 많은 연결 네트워크를 나타낸다. 특히 이 군집에서 '가치'는 '인간'과 뚜렷한 관계를 보여주고 있는데, 이는 '인간-기계-가치', '인간-로봇-관계-가치', '인간-이종 간-가치' 등에서 살펴볼 수 있다. 이러한 내용은 미래 사회의 인간의 가치가 인본주의적 관점에서의 가치를 넘어 '포스트휴먼'으로서의 가치로 확장될 수 있다는 것을 시사한다. 이러한 관점에서는 미래 사회 인간의 비인간(이종)과의 조화로운 공존을 위한 '포스트휴머니즘'적 전회를 요구하는 것이다. 또한 '인간-생물-존중-생명' 및 '인간-가치-자연·생물 다양성·생태계'의 연결 네트워크도 '포스트휴먼'으로서의 가치로 말할 수 있다.

5) 인공지능, 데이터, 활용

'인공지능', '데이터', '활용'을 중심으로 하는 네트워크는 각각 [그림 III-1-16], [그림 III-1-17], [그림 III-1-18]과 같다. '인공지능'을 중심으로 하는 네트워크는 전체 75개의 키워드를, '데이터'를 중심으로 하는 전체 70개의 키워드, '활용' 네트워크의 경우 전체 95개의 키워드를 포함하고 있다. 7개의 군집에 해당하는 키워드가 포함되어 있다.

'인공지능'과 '데이터', '활용'의 에고네트워크를 구성하는 키워드들은 '사회' 군집 내에 포함되어 있는 키워드로 다른 군집 간의 뚜렷한 연결이 나타나기보다는 군집 내에서의 핵심적인 연결을 담당하는 키워드라고 볼 수 있다. 이에 따라 이 군집에서 뚜렷한 연결을 보였던 '기술-사회', '시스템-플랫폼' 등과의 관계를 명확하게 살펴볼 수 있다.

[그림 III-1-16]에 있는 것처럼 인공지능 에고네트워크는 모든 군집에 해당하는 키워드와 연결이 나타나며 특히 사회 군집으로 강하게 네트워크를 형성하고 있는데, 이것은 미래 사회에 미치는 인공지능의 영향이 그만큼 크다는 것으로 해석할 수 있다. 인공지능이 연결되는 경로는 '인공지능-인간-공존', '인공지능-윤리-가치', '인공지능-플랫폼-데이터', '인공지능-기

술-정보', '인공지능-언어-의사소통' 등으로 나타난다. 인공지능의 이러한 네트워크 형성에서 보면 인공지능이 데이터화된 언어로 소통하고 디지털 정보 기술과 결합된 거대한 사회 시스템의 플랫폼이 구축되어 미래 사회 질서 재편이라고 일컬어질 정도의 변혁을 가져오게 될 것이라고 전망할 수 있다. 이에 따라 인공지능과 인간의 관계 문제가 제기되어 공존이라는 방향에서 관계 형성을 모색하게 될 것이고, 또 다른 한편에서는 인공지능을 둘러싼 가치와 윤리 문제가 부각될 것이다. 한편 인공지능 등의 기술을 활용하는 공간이 현실을 넘어 확장되며(글로벌, 메타버스), 이에 요구되는 '태도', '가치' 등의 하위 키워드를 확인할 수 있다.

[그림 III-1-16] 인공지능 에고네트워크

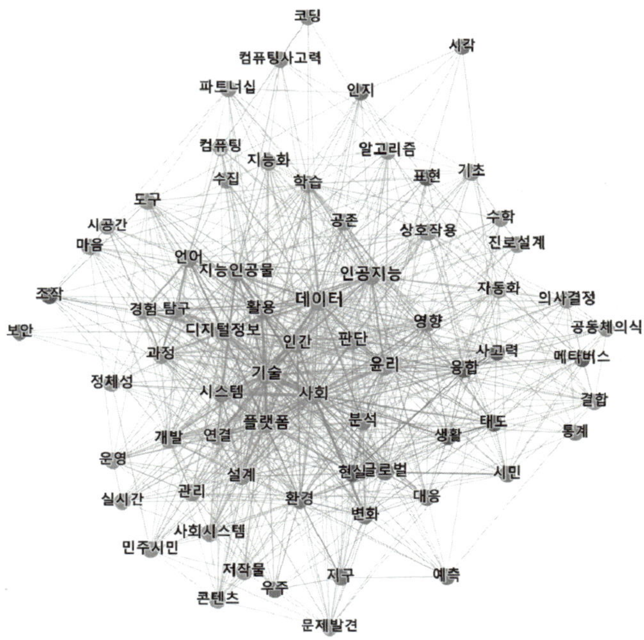

[그림 III-1-17] 데이터 에고네트워크

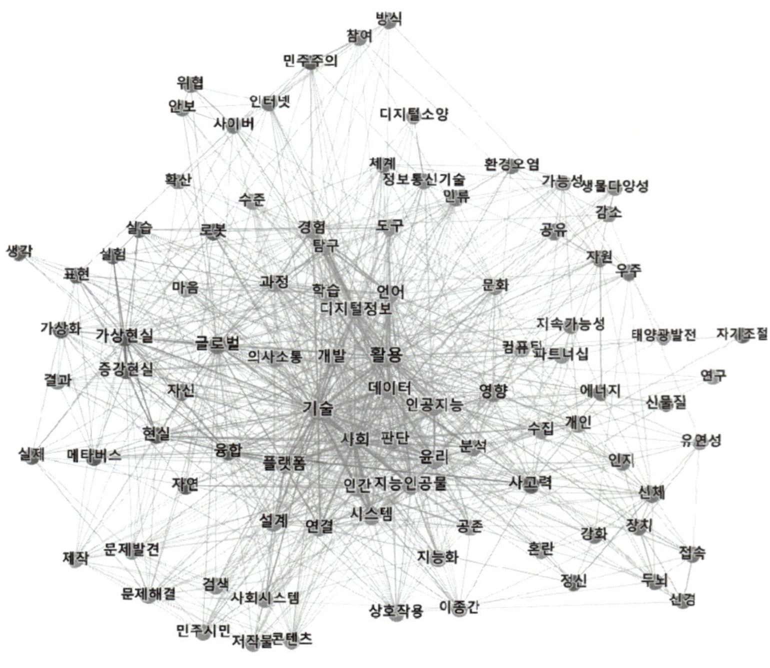

[그림 III-1-18] 활용 에고네트워크

미래의 디지털 정보・인공지능 기술의 발달은 '데이터화된 언어' 및 '지식의 데이터화', '데이터화된 지식'을 생성하는 것으로 전망된다. [그림 III-1-17]은 이 데이터의 연결성 네트워크를 보여주는 것이다. '데이터-기술'과 '인공지능-데이터-지능 인공물-언어'로 연결성을 보여 주고 있는데, 먼저 데이터 기술의 발달로 데이터화된 언어 및 지식의 데이터화, 데이터화된 지식의 생성이 가능하다고 보는 것이다. 또 다른 한편 '데이터-활용'과 '데이터-판단-윤리'의 네트워크는 말하자면 데이터 사용 및 활용에 윤리적 판단이 수반된다는 것으로 말해 준다고 할 수 있다. [그림 III-1-18]의 '활동 에고네트워크'는 대부분 디지털 정보・인공지능의 사용 및 활용과 연결되어 있는 것이라고 할 수 있다.

6) 지능 인공물

[그림 III-1-19]는 '지능 인공물'을 중심으로 하는 네트워크를 나타낸 것이다. 이 '지능 인공물'에 대한 네트워크는 전체 58개의 키워드로 구성된다. '지능 인공물'은 「지능화된 인공물, 인공물의 지능화, 지능적 인공물, 지능형 인공물, 인공물」을 전처리한 것이다. 말하자면 이들은 미래 인공지능 기술의 고도화에 따라 인공물이 지능화되는 것을 나타내는 용어이다. 이에 따라 '인공지능'과 '지능 인공물'을 서로 별개로 전처리하여 분석하였다.

고도의 인공지능 기술의 발달에 따라 미래에는 현시점에서 상상하는 것 이상의 지능화된 인공물이 등장할 것으로 전망한다. 이에 따라 '지능 인공물'은 '사회' 군집에서의 핵심적인 키워드 간의 연결을 매개하는 키워드로 나타난다. 그리고 사회 및 사회 시스템의 변화 측면에서 '지능 인공물'의 활용이 중요하게 인식되고 있음을 보여주고 있다.

먼저 기술적인 측면에서 지능 인공물은 '인간-지능 인공물-데이터-언어-의사소통'으로 연결되어 고도화된 지능 인공물은 데이터화된 언어로 인간과 소통하게 될 것이다. 이에 따라 데이터화된 언어는 미래 학교지식으로 대단히 중요하게 다루어지게 될 것으로 보인다. 이러한 측면에서 지능 인공물은 미래 인간의 일상생활에 필수 불가결한 장치로 활용될 것이기 때문에 '활용'이라는 수행 기능 및 역량이 학교지식으로 중요하게 다루어질 필요가 있다.

또한 '지능 인공물-윤리-사회' 및 '인간-윤리-기술'의 연결성은 지능 인공물의 사용 및 활용을 둘러싼 윤리 문제 인식 및 실천의 중요성을 말해준다고 할 수 있다. 나아가 지능 인공물의 활용이 '신경과학-두뇌'와 같은 인간의 신체까지로 확장될 수 있으며, '문화-사회-갈등'을 유발하거나, '불확실'한 측면이 있다는 점에서 이를 활용하는 데 필요한 윤리적 판단이나 다양한 상황에서의 문제해결, 포스트휴먼 의미에서의 공존 등이 강조되고 있다고 해석할 수 있다.

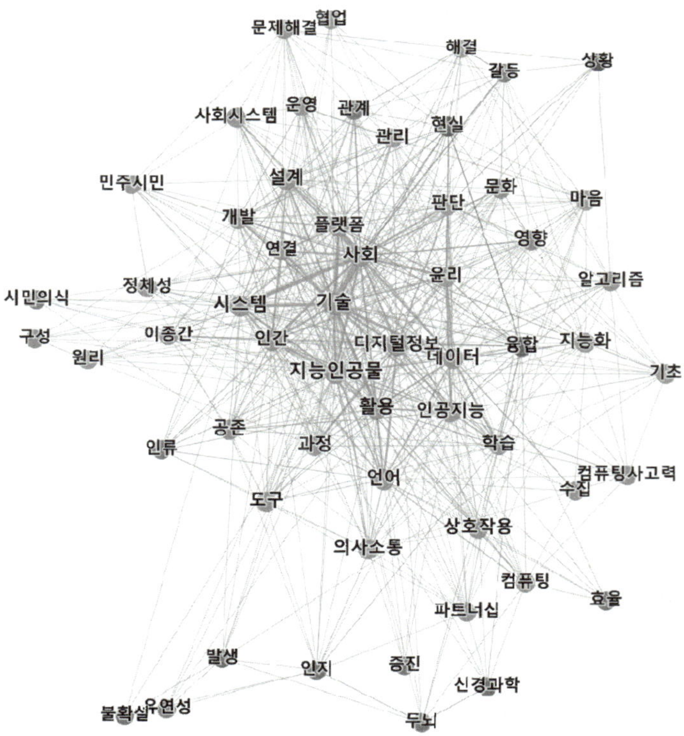

[그림 III-1-19] 지능 인공물 에고네트워크

7) 디지털 정보

[그림 III-1-20]은 '디지털 정보'를 중심으로 하는 네트워크를 나타낸 것이고 전체 100개 키워드 간의 연결이 나타난다. 디지털 정보를 중심으로 하는 네트워크는 '사회' 군집에 포함되어 있는 키워드와의 관계가 두드러지게 나타난다. '활용', '인공지능'을 중심으로 하는 네트워크에서 살펴볼 수 있었던 것처럼 '사회-시스템-기술-활용-데이터' 등과 같은 핵심적인 키워드 간의 뚜렷한 연결이 나타난다는 점에서 '디지털 정보' 측면의 기술 활용이 미래 사회의 변화를 가속하는 근본적인 원인으로 인식되고 있음을 파악할 수 있다.

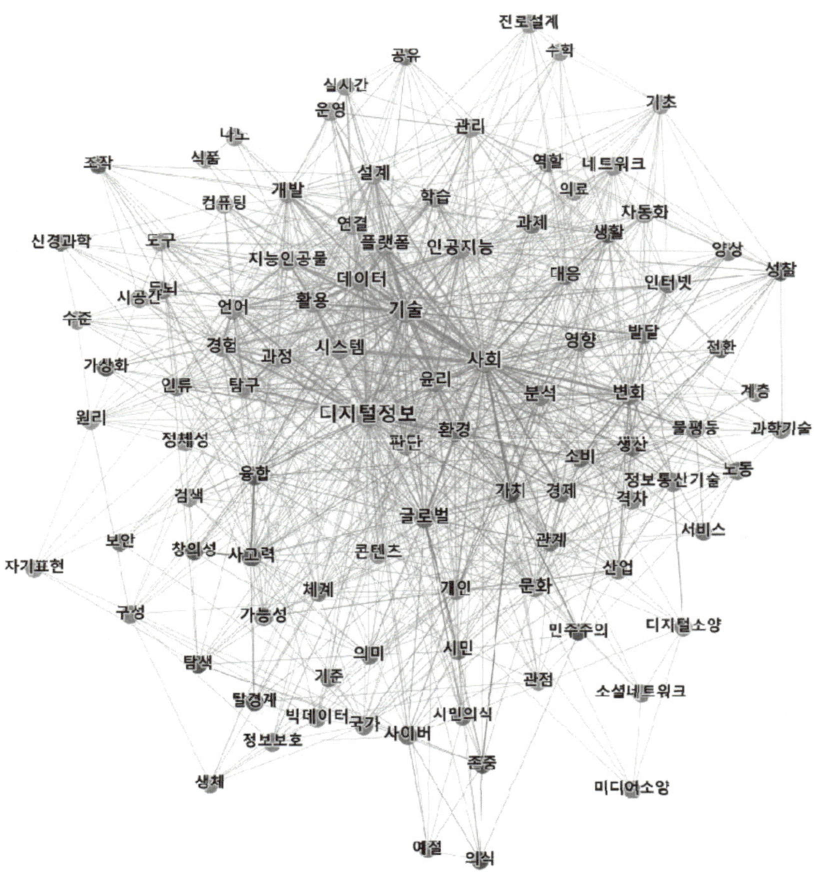

[그림 III-1-20] 디지털 정보 에고네트워크

한편 '분석', '변화'와 같은 키워드와의 연결에서는 다양한 정보를 올바르게 분석하는 것이 이에 따른 '소비-생산-변화'를 예측할 수 있는 중요한 방법이며, 사회의 변화의 '양상'과 '영향', 나아가 발생할 수 있는 '불평등' 등을 파악하기 위해서 강조되고 있다는 것을 확인할 수 있다.

8) 플랫폼

플랫폼은 정보·인공지능 기술에 따라 미래 사회 시스템을 구축하는 거대한 장치가 될 것이라고 전망하고 있다. [그림 III-1-21]은 이러한 플랫폼을 중심으로 하는 에고네트워크를 보여주고 있으며 전체 64개 키워드 간의 연결이 나타난다.

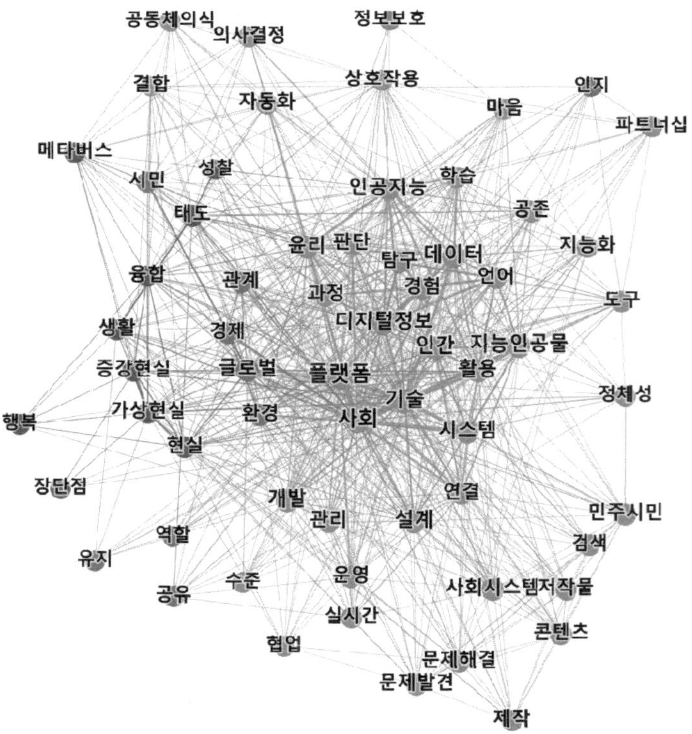

[그림 III-1-21] 플랫폼 에고네트워크

[그림 III-1-21]의 플랫폼 네트워크는 '사회' 군집에서의 키워드와 뚜렷한 관계를 맺고 있는 것을 볼 수 있다. 이에 따라 '플랫폼-사회-설계-시스템'의 연결성을 보다 뚜렷하게 보여주고 있다. 즉 미래 사회 시스템을 플랫폼으로 연결하는 설계가 이루어지게 된다고 해석할 수 있다. 따라서 미래 사회는 플랫폼을 중심축으로 하여 구축되는 거대한 네트워크 사회로 불리게 될 것이다. 이와 연동하여 미래 경제는 '플랫폼-경제-글로벌'이 연결됨으로써 글로벌 플랫폼 경제 시대로도 불리게 될 것이다.

또한 미래 '정보-기술-사회'에서는 '현실'을 넘어 '증강현실, 가상현실' 공간과 같이 초현실화된 새로운 플랫폼을 구축하게 될 것이며, 이러한 플랫폼이 글로벌 관계에도 영향을 주는 요인이 될 것이라는 전문가들의 인식을 파악할 수 있다. 따라서 [그림 III-1-21]의 플랫폼 네트워크에서는 이를 개발하고 '유지'하거나 '관리'할 수 있도록 하는 '융합'적인 사고와, 인간의 '역할' 등이 언급되었으며, 구체적으로 '정보보호' 측면의 견해를 확인할 수 있었다.

9) 융합

미래 과학기술 및 정보·인공지능 기술 등의 발달과 결합은 미래 융·복합 패러다임을 형성하게 되고 이러한 융·복합 패러다임은 융·복합적 지식으로 학교지식에 커다란 영향을 줄 것으로 전망된다. 이에 따라 '융합'이라는 키워드로 에고네트워크 분석을 실시하여 군집 내외에 어떤 네트워크의 연결성이 나타나는지를 살펴보았다. [그림 III-1-22]는 융합을 중심으로 한 네트워크를 나타낸 것이고 이 네트워크에는 전체 57개의 키워드 간의 연결을 확인할 수 있다.

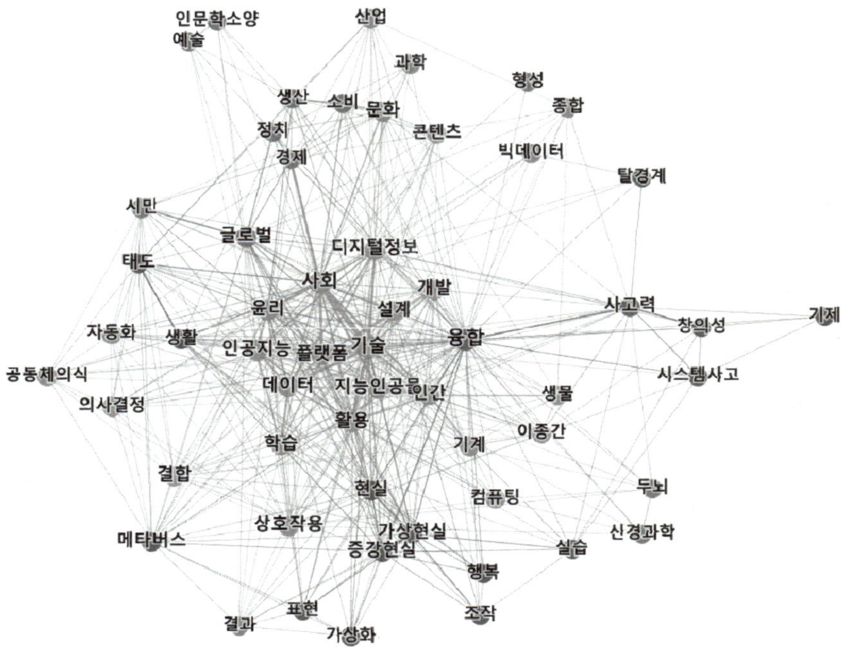

[그림 III-1-22] 융합 에고네트워크

융합을 중심으로 하는 네트워크는 '사회' 군집에서 뚜렷하게 살펴볼 수 있다. [그림 III-1-22]에 나타난 융합은 주로 정보 · 인공지능 기술의 결합에서 파악되는 것이라고 할 수 있다. 이들 융합을 중심으로 형성되는 네트워크는 '인공지능-지능 인공물-기술-플랫폼'이나 '현실-가상현실-증강현실', '메타버스-표현-가상화' 등으로 연결되어 있다. 이들 네트워크에서 융 · 복합적 결합 작용이 이루어지는 것으로 파악된다. 이러한 융 · 복합적 결합 작용은 탈 경계화를 촉진해 전통적 학문 체계의 재편을 요구하게 될 것이다. 이러한 융 · 복합적 결합 작용은 미래 사회의 기술, 데이터, 인공지능 등의 활용 측면에서 융합적인 지식이나 소양, 또는 사고력이 요구되고 있다는 것으로 해석할 수 있다.

또한 '사고력' 군집에서 살펴볼 수 있었던 '융합-사고력' 간의 연결이 '인간', '컴퓨팅', '이종 간', '상호작용', '인공지능'과 같은 키워드와 확장적으로 연결되고 있다. 이러한 연결은 기계와 인간의 공존과 상호작용, 나아가 인간과 기계의 결합으로 대표되는 포스트휴먼으로서의 인간에게 필요한 융합적 사고력이 강조된다는 것으로 해석할 수 있다. 따라서 이러한 측면의 사고는 기존 인간의 상상력을 뛰어넘는 창의성과, 다양한 측면을 아울러 살펴볼 수 있도록 해주는 총체적인 관점에서의 시스템적 사고 등을 요구한다.

마. 미래 학교지식의 지형 논의

여기서는 의미 연결망의 군집 및 에고네트워크 분석 결과를 바탕으로 미래 학교지식의 지형을 종합해 두고자 한다. 의미 연결망 분석 결과, 가장 높은 빈도로 출현한 키워드는 사회(126회), 기술(81회), 글로벌(62회), 윤리(60회), 태도(59회), 가치(57회), 경제(56회), 디지털 정보(55회), 인간(51회), 환경(44회), 변화(44회), 활용(42회), 인공지능(40회), 사고력(37), 갈등(37회), 데이터(36회), 시스템(34), 지능 인공물 (34회) 등의 순으로 나타났다. 이 키워드들은 단순히 빈도수만 높은 것이 아니라 각각의 중심성 수치도 그에 상응하게 큰 값을 보여주고 있다. 이는 결국 미래 학교지식은 이 단어들 사이의 역동적 상호관계 속에서 구도를 형성하고 위상이 결정된다는 것을 뜻한다.

우선 미래 사회와 뚜렷한 관계를 맺고 있는 것으로는 '변화', '가치', '경제', '환경', '태도', '발달' 등의 키워드로 드러난다. 이는 미래 사회의 다양한 측면에서의 변화와 그 요인에 대한 키워드로 기본적으로 '발달한 사회로의 변화(사회-변화-발달)'를 전망하는 데서 비롯한다고 볼 수 있다. 이때 '변화'는 두 가지 다른 의미를 지니는 것으로 파악된다. 즉 하나는 '변화의 동인'으로서의 변화이고 다른 하나는 '변화가 발생하는 곳'을 가리키는 키워드이다. 가령 전자의 예로 '디지털', '4차 산업혁명', '인터넷', '에너지', '기후' 등을 들 수 있겠다. 후자의 예로는 '문화', '일상', '소비', '인간관계', '가치관', '역할', '생활양식', '개인화' 등이 여기에 해당한다고 할 수 있다.

한편 '사회'는 '기술'과 특별한 관련을 나타내고 있다. 특히 정보·인공지능 기술이 미래 사회의 변화 및 구조, 질서 형성과 더 직접적으로 관련되는 것으로 드러난다. 이는 사회의 변화가 결국 기술의 발달로부터 비롯하며, 사회에서의 다양한 기술의 활용이 점차 중요해짐을 의미하는 것이다. 더불어 그러한 기술의 사례로서 데이터, 인공지능, 지능 인공물, 플랫폼 등이 중요하게 인식되고 있다는 것을 뜻한다. 이를 에고네트워크를 통해 더 자세히 살펴보면, 인공지능은 '사회'와 '변화', '글로벌', '태도-가치', '분석', '사고력'의 6개 군집과 연결되는 것으로 나타난다. 인공지능의 경우 특히 사회 군집과 강하게 네트워크를 형성하고 있는 것으로 드러나는데, 이것은 인공지능이 미래 사회에 미치는 영향이 그만큼 크다는 것을 의미한다고 할 수 있다. 인공지능이 연결되는 경로는 '인공지능-인간-공존', '인공지능-윤리-가치', '인공지능-플랫폼-데이터', '인공지능-기술-정보', '인공지능-언어-의사소통' 등으로 나타난다. 이러한 네트워크 형성에서 보면, 미래 사회에서는 인공지능이 데이터화된 언어를 통해 소통되고, 디지털 정보 기술과 결합한 거대한 사회 시스템의 플랫폼이 구축되며, 이로 인해 미래 사회 질서 재편이라고 일컬어질 정도의 커다란 변혁을 초래하게 되리라 전망할 수 있다. 여기서 주목할 점은 미래의 디지털 정보·인공지능 기술의 발달은 '데이터화된 언어' 및 '지식의 데이터화', '데이터화된 지식(또는 데이터 기반의 지식)'을 생성하는 것으로 전망된다는 것이다. 연결성을 살펴보면 '데이터-기술'과 '인공지능-데이터-지능 인공물-언어' 등이 긴밀하게 관련된 것으로 나타난다. 먼저 데이터 기술의 발달로 위와 같은 데이터화된 언어 및 지식의 데이터화, 데이터화된 지식의 생성이 가능하다고 보는 것이다.

초점을 달리해서 말하자면, 인공지능 기술의 발달에 따라 미래에는 현시점에서 상상하는 것 이상의 지능화된 인공물이 등장할 것으로 전망된다. 이에 따라 '지능 인공물'은 '사회' 군집에서의 핵심적인 키워드 간의 연결을 매개하는 키워드로 등장하고 있다. 아울러 사회 및 사회 시스템의 변화 측면에서 '지능 인공물'의 활용이 중요하게 인식되고 있음을 보여주고 있다. 기술적인 측면에서 지능 인공물은 '인간-지능 인공물-데이터-언어-의사소통'으로 연결되고 있다. 즉 고도화된 지능 인공물은 데이터화된 언어로 인간과 소통하게 될 것이기 때문에 데이터화된 언어는 미래 학교지식으로 대단히 중요하게 다루어지게 될 것으로 보인다. 또한 '지능 인공물-윤리-사회' 및 '인간-윤리-기술'의 연결성은 지능 인공물의 사용 및 활용을 둘러싼 윤리 문제에 대한 인식 및 실천의 중요성을 말해 준다고 할 수 있다. 나아가 지능 인공물의 활용이 '신경과학-두뇌'와 같은 인간의 신체에까지 확장될 수 있으며, '문화-사회-갈등'을 유발하거나, '불확실'한 측면도 있다. 따라서 지능 인공물을 활용하는 데 필요한 윤리적 판단이나 다양한 상황에서의 문제해결, 포스트휴먼 의미에서의 공존 등에 특히 주목할 필요가 있음을 말해 준다. 결국 미래 사회에서는 인공지능과 인간의 관계 문제가 제기되어 공존이라는 방향에서 관계 형성을 모색하게 될 것이고, 또 다른 한편에서는 인공지능을 둘러싼 가치와 윤리 문제가 드러날 것임을 짐작할 수 있다. 아울러 '데이터-활용'과 '데이터-판단-윤리'의 네트워크는 말하자면 데이터 사용 및 활용에 윤리적 판단이 수반된다는 점을 말해 준다.

또한 정보를 중심으로 하는 네트워크를 보면, '사회' 군집에 포함된 키워드와의 관계가 두드러지게 나타나는 것을 볼 수 있다. '사회-시스템-기술-활용-데이터' 등과 같은 핵심적인 키워드 사이의 뚜렷한 연결이 나타나고 있다는 점에서, '정보' 측면의 기술 활용이 미래 사회의 변화를 가속시키는 근본 원인으로 인식되고 있음을 엿볼 수 있다. 이 역시도 미래 사회에서 활용하게 될 데이터, 인공지능 등과 관련한 정보 기술 활용 측면의 지식을 더욱 강조할 필요가 있다는 의미로 해석될 수 있다. 나아가 '기술', 특히 '인공지능' 기술 및 지능화된 인공물, 정보, 데이터 등과 관련하여 새롭게 등장하는 윤리적 문제를 이해하고, 이를 위해 필요한 정의적 측면의 지식이 강조될 것이며, 이들 윤리 문제는 개발된 기술이나 인공물의 사용뿐만 아니라 기술 개발 과정까지 포함하게 될 것이라는 점을 유추해 볼 수 있다.

한편 기술 에고네트워크에서는 '글로벌', '가상현실', '증강현실' 등의 키워드와의 뚜렷한 관계가 나타난다. '글로벌' 군집이 미래 사회의 초연결에 따른 환경, 경제의 글로벌 문제와 관련된 대응을 다루고 있다는 점에서 '기술'은 이러한 문제의 원인이자, 이를 해결할 수 있는 대안으로서 여겨지고 있다고 볼 수 있다. 따라서 기술을 올바르게 활용하고 이러한 기술이 초래할 수 있는 다양한 문제점에 대한 발견과 해결 과정을 미래 학교에서 다룰 필요가 있다. 또한 '가상현실'과 '증강현실'은 특히 '사고력' 군집에서 등장하는 키워드로, 결과적으로 새로운 공간으로 진입을 가능하게 하는 것이 바로 이러한 기술의 발전과 관련된다는 점에서 기술의 활용 과정과 개발 과정에서의 사고력으로 그 의미를 확장할 수 있겠다.

또한 미래 사회가 초연결화 되는 데서 비롯된 환경, 경제 등의 문제가 세계적인(글로벌) 문제로 인식됨에 따라 이에 안정적으로 대응하는 것과 관련한 내용, 그리고 다양한 문화 간의 혼재 속에서 국지적으로 발생할 수 있는 갈등을 조정하고 해소하는 것과 관련한 교육내용에 대한 요구가 나타나고 있다. 의미 연결망 분석을 통해서 보면, 글로벌, 경제, 시민, 환경, 정치, 지역은 갈등 발생 소지와 조정 필요성을 지닌 문제로 이해된다. '경제', '젠더', '지역', '종교 등과 같은 지점에서 갈등이 존재할 것을 예측할 수 있으며, 환경, 자원, 사이버 등과 관계된 요인들이 갈등을 유발하는 것으로 인식되고 있음을 확인할 수 있다.

그러므로 미래 사회에는 글로벌화를 비롯하여 인구구조 변화, 산업구조 변화 등에 따라 초래되는 사회문제 양상 및 이상현상에 대한 이해가 필요하다. 이러한 사회문제 양상과 이상현상은 '원인-결과'로 결부되어 나타나는 것이다. 따라서 이 군집에서 '분석'이라는 키워드가 대단히 중요한 위치를 차지하고 있는 까닭을 이해할 수 있게 된다. 즉 '분석', '변화'와 같은 키워드 사이의 연결에서 보면, 다양한 정보를 올바르게 분석하는 것이 사회 변화를 예측할 수 있는 중요한 방법이며, 사회의 변화의 '양상'과 '영향', 나아가 발생할 수 있는 '불평등' 등을 파악하기 위해서 강조되고 있음을 확인할 수 있다. 특히 미래 사회에서는 산업과 직업의 구조를 변화시켜 고용 및 노동시장이 변화할 것이며, 가족구조와 인구구조, 글로벌화에 따른 다문화사회로의 진전 등이 예측된다. 따라서 이에 대한 적절한 방법(통계, 자료, 종합, 분석)을 활용하여 미래 사회를 예측하는 것이 대단히 중요하며, 나아가 이 현상들을 분석하는 역량 체득이 중요하다. 이는 미래 학교가 분석을 통해 대상 지식을 이해하고, 또 이 대상 지식을 분석하기 위한 방법적 지식을 이해하고, 아울러 관련 자료를 수집하고 처리하고 종합하여 분석하는 수행 역량을 기를 필요가 있다는 것을 뜻한다. 결국 이는 미래 학교에서 지식의 활용을 강조하는 것과도 연결된다고 볼 수 있다. 의미 연결망 분석을 통해서 보면 '활용'은 매개 중심성 역할을 하며, 실시간으로 연결되는 플랫폼을 개발, 관리, 운영하고 이에 적절한 콘텐츠를 제작하는 것과 관련된 기능적 지식 측면의 키워드와 인간과 지능 인공물의 공존, 나아가 이 인간과 기계, 이종 간의 결합과 상호작용 측면에서 필요한 태도 측면(공존, 정체성, 협업)과 지식 측면(기초, 알고리즘, 코딩) 등의 내용을 포함한다.

'윤리'를 중심으로 하는 연결 네트워크는 특히 '글로벌' 군집과의 뚜렷한 관계를 나타내고 있다. 또한 '가치', '분석'과 같은 다른 군집의 키워드와의 연결이 두드러지는 것을 볼 수 있다. 윤리를 중심으로 '윤리-인간-가치'의 연결이나 '글로벌-사회-윤리'와 같은 연결이 특별히 중요하게 드러나고 있다. 더불어 '환경-경제-윤리', '개인-정보보호-윤리', '에너지-생산-소비-윤리' 등은 윤리의 개념적 지형이 확장되고 있다고 해석할 수 있다. 즉 윤리는 국소적인 인간의 생활세계에 국한되기보다는 시·공간을 넘어 다양한 사회적 및 문화적 맥락에서 고려되어야 하는 총체적인 개념으로 변화하고 있음을 볼 수 있다. 동시에 출현하는 빈도가 높고 에고네트워크도 유사한 형태를 갖는다는 점에서 태도와 가치라는 키워드는 하나로 묶어 생각할 필요가 있다. 이 영역에서는 특히 '사회' 군집과 '글로벌' 군집과의 뚜렷한 관계가 나타나는 것이 특징이다. 이는 태도 및 가치와 관련된 내용을 '사회적 태도', '사회적 가치'로 확장해서 고려할 필요가 있음을 시사한다. 즉 사회변화를 초래하는 '인공지능-데이터-플랫폼'을 활용하는 과정에서의 태도와 가치 인식, '글로벌-관계', '사이버-갈등'과 같이 공간을 넘어 발생하는 글로벌 사회의 연결과 갈등 해소에 필요한 태도·가치적 측면과 같은 다양한 의미를 포착할 수 있다. 한편 '환경-태도-가치', '자연-생태계-태도-가치', '지속가능성-공존-가치-태도' 등은 미래 사회의 환경문제에 대응하기 위한 실질적인 대안(탄소저감, 생태계-보호)을 찾고 실천하는 데 필요한 인간의 자세가 무엇이 되어야 할지에 대한 성찰을 촉구한다. 이는 윤리 에고네트워크와의 키워드 사이에서도 공통된 지점으로서, '비판', '성찰', '판단'과 같은 키워드를 통해서 나타난다. 즉 비판적 사고와 올바른 판단의 토대가 '윤리-가치-태도'라는 것을 시사한다.

태도를 구성하는 핵심 키워드는 「인정-공감-개방-공정-존중-관용-포용-배려」와 「성찰-비판」, 「상생」의 세 층위로 구분해 볼 수 있다. 미래 사회에서는 정보통신 기술이 고도화됨에 따라 사이버(인터넷) 공간에서 필요한 성찰과 비판적 태도까지를 포함하게 된다. 태도와 상생은 다소 약하게 연결되는 것으로 나타나지만 미래 정보·인공지능 기술 및 환경변화에 따라 상생 관점의 태도가 주목받는 것으로 파악된다는 점에서 미래 학교지식 구성에 중요한 측면이라고 할 수 있다. '가치'는 '자연' 및 '생물 다양성', '생태계', '공동체', '민주주의', '다양성' 등을 중심으로 대상의 가치와, '태도', 및 '인정', '상생', '존중', '포용' 등의 행위의 가치로 연결되는 네트워크를 형성하고 있다. 따라서 미래 학교지식 측면에서 가치는 전자의 대상적 가치와 후자의 행위 가치에 대한 이해와 체득을 위한 지식 구성이 필요한 것으로 나타난다. 한편 가치와 태도는 기존의 인간 본위의 인간 중심적 가치를 넘어 지구 생태계와의 공생과 자연과의 공존을 위한 생태적 가치 인식을 포함하는 것으로 그 의미가 확장되어 나타나고 있음을 볼 수 있다. 소수자, 약자 등의 인간과 같이 살아가는 데 필요한 '인권-감수성', '성찰', '관용', '공감', '배려' 등의 키워드와, 나아가 인간 외의 생명 또는 비인간적 객체(생태계, 생물 다양성)들과 함께 살아가야 할 미래에 필요한 태도와 가치인 '균형', '상생', '조화' 등이 동시에 나타나는 것도 특징적이라 할 수 있다.

의미 연결망 분석을 통해서 볼 때 미래 학교지식의 또 다른 특징은 융합이다. 융합을 중심으로 하는 네트워크는 '사회' 군집에서 뚜렷하게 살펴볼 수 있으며, 주로 정보·인공지능 기술의 결합에서 파악되는 것이라고 할 수 있다. 이들 융합을 보이는 네트워크는 '인공지능-지능 인공물-기술-플랫폼'이나 '현실-가상현실-증강현실', '메타버스-표현-가상화' 등으로 연결되어 있다. 이들 네트워크에서 융·복합적 결합 작용이 이루어지는 것으로 파악된다. 이러한 융·복합적 결합 작용은 탈 경계화를 촉진하여 전통적 학문(교과) 체계의 재편을 요구하게 될 것이다. 이에 따라 학교지식의 지형에 큰 변화를 가져올 것으로 전망된다. 이러한 융·복합적 결합 작용은 미래 사회의 기술, 데이터, 인공지능 등의 활용 측면에서 융합적인 지식이나 소양, 또는 사고력이 요구되고 있다는 것으로 해석할 수 있다. 또한 '사고력' 군집에서 살펴볼 수 있었던 '융합-사고력' 간의 연결이 '인간', '컴퓨팅', '이종 간', '상호작용', '인공지능'과 같은 키워드와 확장적으로 연결되고 있음을 볼 수 있다. 이러한 연결은 기계와 인간의 공존과 상호작용, 나아가 인간과 기계의 결합으로 대표되는 포스트휴먼으로서의 인간에게 필요한 융합적 사고력이 강조되고 있다는 것으로 해석할 수 있다. 따라서 이러한 측면의 사고는 기존 인간의 상상력을 뛰어넘는 창의성과 다양한 측면을 아울러 살펴볼 수 있도록 해주는 총체적인 관점에서의 시스템적 사고 등을 요구한다. 관련해서 또 한 가지 주목할 지점은, '사고력', '가상현실', '융합', '증강현실' 등이 높은 빈도를 보이며, 상호연결되어 있다는 것이다. 높은 빈도를 보이는 이들 키워드로 보면 '증강현실', '가상현실', '다중(현실)' 등으로 대표되는 가상화된 공간에서 요구되는 융합적 사고력을 강조하는 것으로 파악될 수 있다. 융합과 연결된 사고는 특정 분야 내로 제한되지 않으며, 모든 분야 사이를 끊임없이 넘나들면서 창의적 실험과 적용을 통해 새로운 것을 창출해 가는 창발적 사고이다. 나아가 '융합-사고력(융합과 연결된 사고력)'은 창의적이고 탈 경계적인 시스템 사고를 하는 특징을 갖는다. 학교지식 측면에서 이러한 '융합-사고력' 연결성 및 네트워크가 주는 의미는 미래 사회에서는 융·복합 기술이 하나의 메가트렌드 및 패러다임을 형성하고 여기서 생성되는 융·복합적 지식은 학교지식의 중요한 대상이 될 것이라는 점이다. 학교지식으로서의 융·복합적 지식은 단순 지식 습득에 머물지 않고 실험 및 조작, 설계·개발·운영 등의 수행 기능을 통해 사고력 형성을 촉진할 것으로 보인다.

미래 학교지식과 관련하여 또 한 가지 유의해야 할 점은 키워드 '인간'과 관련되어 있는 것이다. 미래 사회에서의 인간의 문제는 인간의 '대응'과 '가치·정체성'으로 대별해 볼 수 있다. 전자, 즉 인간의 '대응'은 정보·인공지능 및 과학기술, 환경변화에 따른 인간 생존과 삶의 문제와 관련되는 것이다. '인간-사회-인공지능·지능 인공물·플랫폼' 및 '인간-환경·지구·기후변화·극한 환경', '인간-기계-로봇' 등의 연결 네트워크에서 이러한 양상이 파악된다. 또한 '인간-환경-지구-기후변화'와 같은 키워드는 지구 환경의 변화(기후변화)가 인간에게 미치는 '영향'을 명확하게 인식할 필요가 있다는 견해에서 도출된 것으로, 환경변화에 따른 인간 삶의 변화를 올바르게 '분석'하고 다양한 생물(생태계)과 공존할 수 있는 태도의 변화를 요구한다. 그다음으로 후자의 '가치·정체성'은 특히 '태도' 군집의 키워드들과 가장 많은 연결 네트워크를 나타낸다. 특히 이 군집에서 '가치'는 '인간'과 뚜렷한 관계를 보여주고 있는데, 이는 '인간-기계-가치', '인간-로봇-관계-가치', '인간-이종 간-가치' 등에서 살펴볼 수 있다. 이러한 내용은 미래 사회의 인간 가치가 인본주의적 관점에서의 가치를 넘어 '포스트휴먼'으로서의 가치로 확장될 수 있다는 것을 시사한다. 이러한 관점에서는 미래 사회 인간의 비인간(이종 간)과의 조화로운 공존을 위한 '포스트휴머니즘'적 전회를 요구하는 것이다. 또한 '인간-생물-존중-생명' 및 '인간-가치-자연·생물 다양성·생태계'의 연결 네트워크도 '포스트휴먼'으로서의 가치로 말할 수 있다. 결국 이는 '환경'이나 '윤리' 등과 같은 키워드는 지금까지 우리가 인식하고 있었던 인간이 거주하는 생활환경에 국한되지 않고 사이버, 가상공간, 메타버스 등에서도 적용되어야 하는 개념으로 확장된다는 것을 보여준다. 또한 인간과 인간 사이의 상호 신체성을 넘어, 인간과 비인간, 인간과 기계(지능 인공물) 간의 공생을 위해 필요한 개념으로 변화한다. 다른 예로 '환경' 에고네트워크에서 뚜렷한 관계를 보여주는 '환경-사회-윤리', '환경-자연-가치' 등의 연결은 미래 사회에 인간이 가져야 할 '환경윤리' 측면이나 '자연-환경'과 더불어 살아가야 하는 인간에게 필요한 가치 등을 언급하는 견해에서 도출된 것으로 '환경'이라는 키워드에 담긴 다양한 의미를 보여준다. 또한 '환경-가치-경제'와 '환경-글로벌-기후변화-대응', '환경-인간-공존'으로의 연결 네트워크는 미래 환경을 중심으로 한 학교지식의 확장성을 증명한다고 할 수 있다.

2. 미래 학교지식의 구상

가. 탈 인간 중심의 학교지식 패러다임

미래 학교지식의 패러다임을 다음 [그림 III-2-1]과 같이 제시해본다. [그림 III-2-1에서 보는 바와 같이, 미래 지식의 트렌드 및 패러다임은 포스트휴먼 시대의 도래에 따라 종래의 '인간 본위 지식'에서 '탈 인간 중심의 지식'으로 전환될 것으로 예상한다. 종래의 인간 본위 지식 관점에서는 지식을 인간 소유물로, 인간만이 다룰 수 있는 것으로 당연시하였다. 그렇지만 포스트휴머니즘 전망에 따라 이에 대한 문제 제기가 시작되었으며, 종래의 인간 본위의 지식은 향후 더 큰 도전에 직면하게 될 것이다. 이에 따라 미래 학교지식이 탈 인간 중심의 관점을 바탕으로 형성될 것으로 조심스럽게 전망한다. 인간 본위의 관점에서 지식은 인류문화의 유산으로 다음 세대로의 전승을 우선 목표로 하고 있으며, 다음 세대로의 원활한 전승을 위해 많은 부분 교과 학문의 체계를 보다 정교하게 설계하여 학생들에게 가르친다. 이를 위해 다양한 관점에서 더 효율적이고 효과적으로 가르치기 위한 교수전략 및 교수방법들을 개발해 왔다. 이러한 것에서 보이는 교육의 표상을 '지식의 교수(teaching)'로 일컬을 수 있다. 그렇지만 미래 메가트렌드에 따른 학교지식의 전망에서 볼 때 탈 인간 중심의 지식으로의 전환이 되는 미래 사회에서 학생들은 보다 다양한 통로를 통해 스스로 지식을 발견하고 생성하게 됨으로써 가르치는 것으로부터의 수용적 학습에만 의존하지 않게 된다.

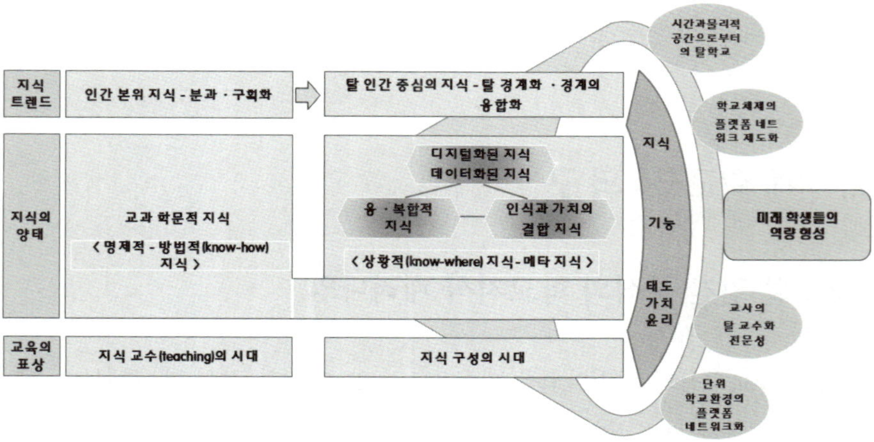

[그림 III-2-1] 미래 학교지식의 패러다임

탈 인간 중심 관점의 미래 지식을 예견하는 가장 커다란 배경은 '디지털 정보 기술의 고도화'와 '지능화된 인공물'의 등장이다. 특히 디지털 정보 기술은 '디지털화된 지식'을, 지능화된 인공물은 '데이터화된 지식'을 생성시켜 탈 인간 중심의 지식 형성을 더욱 가속화시킬 것이다. 이에 따라 종래의 지식뿐만 아니라 미래의 지식도 마치 블랙홀과 같이 디지털화된 지식으로 흡수되고 지능화된 인공물의 지식 생성은 더욱 더 확대되어 갈 것이다. 이러한 점에서 탈 인간 중심의 지식 논의와 생성의 발단은 디지털 정보 및 인공지능 부문에서 비롯되는 것이라고 할 수 있다. 디지털 정보와 인공지능 부문뿐만 아니라 과학 및 환경, 사회·문화 부문에서도 지식과 관련하여 탈 인간 중심 관점이 뚜렷하게 나타나는 것으로 파악되었다. 가령 과학 부문도 정보·인공지능 부문과 유사한 맥락에서 탈 인간 중심 논의가 전개되고 있는 것으로 보인다. 예컨대 인간과의 공존 등의 측면에서 사이보그(cyborg)나 휴머노이드(humanoid)와 같은 지능 인공물의 등장과 관련한 탈 인간 중심의 관점이 제기되고 있다. 환경 부문의 경우도 자연과 생물이 탈 인간 중심의 관점에서 다루어지고 사회·문화 부문에서 과학 및 정보·인공지능 기술 발달에 수반되는 인간의 정체성이나 가치 및 윤리와 관련하여 탈 인간 중심의 관점에 대한 논의가 필요한 것으로 나타난다.

종래의 학교지식은 인간 본위의 지식을 기반으로 형성되어 왔으며, 특히 교과 학문 체계를 가르치고 배우는 구도로 정착되어 왔다고 할 수 있다. 이들 교과 학문 체계는 모(母)학문을 바탕으로 교과목을 중심으로 구획되었고 우리나라의 경우 교육과정 개정을 통해 분과 형태의 교과 경계가 공고화되었다고 할 수 있다. 그렇지만 미래 사회 메가트렌드에서 보이는 탈 인간 중심화는 탈 경계 혹은 경계의 융합을 촉진하는 것으로 나타난다. 예컨대 인간과 인공물 간의 경계가 모호해지고 현실 세계와 가상 세계가 결합되며 기술 세계에서의 전통적 학문 간의 화학적 결합 작용 등이 일어난다. 종래의 교과 학문 체계에 있어서 이러한 탈 경계와 경계의 융합은 커다란 도전으로 와 닿게 될 것이다. 미래의 탈 인간 중심화에 따른 탈 경계와 경계의 융합화는 미래 학교지식의 새로운 지형을 만들게 될 것으로 보인다.

종래의 학교지식은 상당 부문 교과 학문 체계를 갖추는 지식으로 구성되어 왔다. 이러한 지식을 교과 학문 대상의 지식 및 교과 학문 체계의 지식이라고 하고 통상적으로 명제적 지식의 형태로 나타난다. 최근 교육적 측면에서 이들 지식의 단순 습득이나 축적이 비판의 대상이 되어, 지식의 이해를 강조함과 함께 그 지식을 단순히 아는 것보다 적절하게 활용하는 방법을 아는 것(know-how)이 바람직하고 지향해야 할 방향인 것으로 강조한다. 그렇지만 이 지점에서 주목해 볼 필요가 있는 것은 '대상 지식을 이해하는 것'과 '절차나 과정을 아는 것'은 '교수'가 기본으로 전제된다는 것이다. 그런데 지식을 둘러싼 이 교수의 기본 전제가 미래 학교지식에는 통용되기 어려울 것으로 보인다. 왜냐하면 고도의 디지털 정보 및 인공지능 기술에서부터 비롯되는 미래 사회의 거대한 네트워크 세계에서 학생들은 지식의 입수 경로나 전달체계가 교수로 단일화되지 않을 뿐만 아니라 학생들 스스로 지식을 발견하고 생성하는 등 학생의 주체적 지식 구성 활동의 중요성이 더 높아지고 실제 그러한 학생 활동이 활성화될 것으로 전망되기 때문이다.

미래 학생들의 지식 입수 경로나 지식 생성 활동의 주 무대는 디지털 정보 네트워크와 지능화된 인공물이 될 것이다. 지식이 전문가나 교사의 전유물로 여겨졌던 과거와는 달리, 미래에는 일반 대중이나 학생들이 지식을 다루는, 말하자면 지식 생성, 유통, 취급의 대중화가 이루어지게 될 것이다. 디지털 정보 네트워크화와 지능화된 인공물의 등장은 '디지털화된 지식' 및 '데이터화된 지식'이라는 것을 예견하게 한다. 미래의 모든 지식은 데이터화되고 이는 다시 디지털화되는 지식 전달체계가 구축될 것으로 예측되는데, 미래 학생들의 많은 지식 활동은 이 지식들에 대한 접근을 중심으로 이루어지게 될 것이다. 이에 따라 '인식과 가치가 결합된 지식'이 미래 학교지식으로서의 중요성을 갖게 된다. 즉 미래 학생들은 그들 나름의 지식 활동을 수행하게 되기 때문에 지식을 무방비로 수용하지 않고 지식을 보는 안목이 요구된다는 것이다. 즉 아는 것과 적절한 가치 판단이 수반할 수 있어야 한다는 것이다. 이것은 말하자면 미래 사회변화로 지식에 대한 '기술적 인식(descriptive perception)'에 머물지 않고 가치 판단 및 결정을 내릴 수 있는 능력이 미래에는 꼭 필요할 것이라는 점을 강조하는 것이다. 이 책의 의미 연결망 분석의 군집 중에 '사고력을 중심으로 한 군집'이 형성되어 있는 것도 이 '인식과 가치가 결합된 지식'의 필요성을 말해 주는 것이라고 할 수 있다.

미래 학교지식의 양태에서 볼 때 미래 학교지식에서는 교수가 그다지 힘을 발휘하지 못하거나 교수 무용론까지 제기될 수 있을 것이다. 디지털 정보사회에 진입한 것에 주목하여 이미 '교수 시대의 종말'까지 제기되기도 하였다(이재현, 2003: 389; 2013). 따라서 미래 학교지식에서는 교수가 전제된 '방법을 알고 이해하는 것'을 넘어서는 대안적 지식이 요구된다고 할 수 있다. 이에 이 책에서는 '상황적(know-where) 지식'과 '메타 지식'을 그 대안의 하나로 보았다. 'know-where'는 원래 'know-how'에서 파생된 신조어로 인터넷을 비롯한 정보 매체를 통해서 원하는 정보를 얻고 지식을 구축하는 방법을 뜻하는 것으로 정리된다. 이것은 다른 누군가에게서 배우거나 경험을 통해 어떤 일을 하는 방법(how)을 이해하는 것에서 나아가 정보가 어디(where)에 있는가를 아는 것이 중요하다는 것을 말해 주는 것이다[1]. 이 책에서는 이 'know-where'를 '상황적 지식'과 유사한 맥락의 것으로 방법적 지식의 대안의 하나로 본다. 또한 미래 학생들은 종래와 같이 전달된 지식의 수용자에 머물지 않고 지식 생성 등의 지식 활동을 하게 되

1) https://ko.dict.naver.com/#/userEntry/koko/967b6b0b6017dc76f5fb22d5598c0000

기 때문에 지식을 다룰 때 그것이 어떤 지식인지를 보는 안목인 '메타 지식'이 요구된다.

이러한 의미에서 [그림 III-2-1]과 같이 미래 학교교육은 종래의 '지식 교수의 시대'를 넘어 '지식 구성의 시대'로 나아가게 된다고 볼 수 있다. 즉 교사가 주체가 되어 지식 전달이라는 은유가 전제된 교수에서 학생들 스스로가 다양한 통로를 통해 문제를 발견과 형성하고 지식을 생성한다고 하는 지식 구성의 시대로 나아가게 될 것이다. 미래 학교 교사의 역할·기능은 이 지식 구성의 시대라는 시각에서 재정립될 것이다. 또한 이 지식 구성 시대에서 이루어지는 지식 및 기능, 태도·가치·윤리의 미래 학교지식이 미래 학생들의 역량을 형성하게 될 것이다. 이를 위해 이 책에서는 [그림 III-2-1]과 같이 '시간과 물리적 공간으로부터의 탈 학교'와 '학교체제의 플랫폼 네트워크 제도화', '교사의 탈 교수화 전문성', '단위 학교 환경의 플랫폼 네트워크화' 등이 필요하게 되는 것으로 파악하였다. 이미 초연결 사회로 진입하고 초연결 플랫폼 시대로 나아가고 있는 도상에서 보면 미래에는 건물과 교실을 축으로 한 정형화된 물리적 공간과 시간이 해체된다는 의미에서 이러한 시간과 물리적 공간으로부터의 탈 학교화의 도래는 필연적이라고 해도 과언이 아닐 듯하다. 따라서 미래 학교 체제 및 단위 학교 환경은 플랫폼 네트워크 등을 중심으로 시간과 물리적 공간으로부터의 학교 체제 및 환경 설계가 요구된다. 또한 여기서 말하는 '교사의 탈 교수화 전문성'은 교사의 전문성을 지식 전달의 교수로 제한하여 보는 것에서 벗어나, 예컨대 [그림 III-2-1]에 제시한 '지식 구성의 시대'라는 관점에서 말하자면 교사는 학생들의 문제 발견과 지식 생성을 도모하는 교육과정을 설계하고 학생들의 지식 활동을 지원하는 전문성 등으로 확대하는 것을 의미한다.

나. 미래 학교지식의 제안

1) 디지털화된 지식과 데이터화된(데이터 기반의) 지식

가) 지식의 디지털화: 현재와 미래 전망

'디지털화된 지식'과 '데이터화된 지식'은 상호 밀접한 관련을 맺고 있으며, 미래 지식의 새로운 양상으로 주목받게 될 것이라 전망한다. '디지털화된 지식'에 관심을 갖기 시작한 배경은 디지털 정보 기술이 발달 및 확산되면서부터라고 할 수 있다. 시기적으로 보면 1989년 'www'의 탄생을 기점으로 1990년대 이후 유비쿼터스 컴퓨팅 등장과 확산으로 주목받게 되었다. 이러한 동향에 따라 디지털화된 지식을 주목한 것으로 이재현(2003)의 『사이버 시대, 지식 패러다임의 전환』을 참조하는 것이 도움이 될 수 있다. 그는 디지털 시대를 맞아 지식의 생산 및 유통, 소비 과정에서 패러다임 전환이라고 할 만큼 질적 변화를 보인다고 보고 디지털 정보로 번역되지 않은 정보는 사이버 회로 속으로 들어갈 수 없고 지식으로 인정받을 수도 없고 디지털화와 온라인 접근성은 지식의 존재 조건이자 인정 조건이 된다고 주장한다(이재현, 2003: 381-384; 이재현, 2013). 그는 이에 따라 지식이 과거 아날로그에서 디지털 형태로 전환되고 있다고 주장하고 있는데, 이 책에서는 디지털 형태로 전환되는 이 지식을 디지털화된 지식이라고 칭하고자 한다.

디지털화된 지식은 인공지능을 만나 새로운 국면에 접어들게 된다. 거대한 규모의 자연어(인간의 말과 글) 데이터, 즉 디지털로 전환된 인간의 말과 글로 훈련된 인공지능이 말을 하고 글을 쓰기 시작했다. 영어는 오픈AI 재단(openAI)[2]이 2019년에 GPT-2, 2020년에 GPT-3라는 이름으로 시작했고, 한글은 네이버가 2021년 5월부터 하이퍼클로바(HyperCLOVA)[3]라는 이름으로 시작했다. 일상어를 쓰고 말하고, 소설을 쓰고 말하기 시작했다.

2) https://openai.com/
3) https://naver-ai-now.kr/

학문적인 글쓰기를 하는 인공지능도 등장했다. 글로벌 학술논문 출판사이자 검색서비스를 제공하는 스프링거(Springer)는 2019년, 수많은 논문이 출간되는 연구 환경(연구의 흐름을 이해하기 위해 만 편 단위의 논문들을 리뷰해야 하는 연구 환경)에 노출되어 있는 연구자를 지원하기 위해서, 2019년에 특정 영역에서 출간되는 논문을 요약·정리하는 작업을 맡길 인공지능에 BetaWriter라는 이름을 붙이고 BetaWriter를 저자 이름으로 하는 리뷰페이퍼[4])를 발표했다.

한편 알파고로 유명한 딥마인드사는 단백질 구조예측 학술대회(CASP)에 참여하여 출전한 첫 대회인 2018년 대회에서 1등을 하고,[5]) 두 번째 대회인 2020년 대회에서 2등과 큰 차이를 벌리며 1등을 하였다.[6]) 이 대회는 생명과학과 의학 영역의 전문 연구자들이 당분간은 해결하지 못할 최대 난제급의 문제로 분류한 것들에 대해 해당 영역의 연구자들이 2년에 한 번씩 모여서 연구결과를 공유하는 대회이다. 딥마인드사는 알파폴드[7])라고 명명된 인공지능을 '단백질 3차원 구조(변화)예측' 영역에 참여시켜 이와 같은 성과를 거둔 것으로 알려져 있다.

이제 지식이 디지털화되고, 디지털 형태로 전환된 지식을 재료로 인공지능이 자라고 있을 뿐만 아니라, 그렇게 자란 인공지능이 디지털의 형식으로 지식을 생산하기 시작했다. 그런데 과연 앞으로 인공지능이 생산하는 지식이 우리 인류가 독해 가능한 형식으로만 이루어질까 하는 의문이 제기되고 있다. 여기에 대해 많은 전문가들이 그렇지 않을 가능성이 있다고 예측하고 있다. 이들은 이미 우리 인류가 독해할 수 없는 형식으로 정보를 공유하며 상호작용을 시작했다. 예를 들어, 알파고의 마지막 버전 알파제

---

4) https://link.springer.com/content/pdf/10.1007%2F978-3-030-16800-1.pdf
5) https://www.dongascience.com/news.php?idx=30213
6) https://deepmind.com/blog/article/alphafold-a-solution-to-a-50-year-old-grand-challenge-in-biology
7) https://deepmind.com/blog/article/AlphaFold-Using-AI-for-scientific-discovery

로는 알파고 간의 바둑을 두며 자라난 버전이지만, 이들이 주고받았던 상호작용과 그 상호작용의 과정에서 어떻게 서로 변화해 갔는지를 우리 인류가 들여다보는 것은 현재로서는 불가능하다. 이와 같은 문제에 '인공지능의 설명 불가능성'이라는 이름을 부여했고, 설명 가능한 인공지능은 무엇이고 이를 개발하기 위해서 무엇이 필요하고 어떤 방법으로 가능한지 이제 막 연구가 시작되었다.

디지털화된 지식으로 자라난 인공지능이 디지털 세계에 영향을 주는 것을 넘어, 물리적인 실재에도 직접적인 영향을 줄 가능성이 엿보인다. 예를 들어, 인간이 발견해 놓은 단백질 구조 정보를 학습하며 자라난 현재의 알파폴드는 아직 그 구조가 밝혀지지 않은 단백질의 3차원 구조를 예측하고 그 결과를 디지털 형식으로 발표하고 있지만, 이 알파폴드는 자라나 질병 치료제 등으로 사용될 새로운 '단백질을 합성'하게 될 것이다. 이 영역에도 이미 '합성생물학'이라는 이름이 부여되어 있다.

나) 지식의 데이터화 · 데이터화된 지식: 현재와 미래 전망

구글북스(Google Books) 프로젝트로 디지털 전환된 책은 누가 읽을까? 이 프로젝트는 문자 언어를 이용해 종이에 기록을 남기기 시작한 수천 년 동안 인류가 '종이책'의 형태로 정리해 둔 지식을 디지털 전환하기 위해서 추진된 것이다. 이 구글북스 프로젝트의 목표는 1억 권이라고 프로젝트의 초창기에 공표된 바 있다. 앞으로는 종이책 버전과 디지털 버전을 동시에 출간할 것이기 때문에, 1억 권정도 스캔하면 대부분 마무리할 수 있을 것이라는 목표를 가지고 추진되었다.

그런데 10년 이상 구글북스를 경험해 온 많은 사람들에 따르면, 현재의 구글북스의 형태로는 종래의 책을 대체할 수 없을 것이라는 의견이 우세하다. 검색이 가능하다는 사실, 책을 구매하지 않아도 필요한 부분을 확인할 수 있다는 점, 종종 검색 결과로 등장하는 특정 페이지를 살펴보는 이점 등을 가지고 있기는 하지만, 현재의 구글북스 체제에 대해서는 "종이책이건 전자책이건 한 권으로 묶이는 책이 더 좋다."는 유사한 심리적 경험이 공유되고 있다.

구글북스 프로젝트를 설계하고 투자하고 선도했던 구글 창업자 중 한 명은 "구글북스는 누가 읽을까?"라는 질문에 '인공지능'이라고 답했다. 딥러닝 방식으로 동작하는 현재의 인공지능들은 데이터를 학습하며 자라난다. 알파고는 기보(棋譜)를 학습하며 자랐고, 왓슨은 병원에서 저장해 둔 임상 데이터를 학습하며, 자율주행 자동차와 얼굴인식에 사용되는 인공지능은 영상과 사진 데이터를 학습하며 자라나고 있다.

1억 권+알파(근래 출간된 책들, 구글 학술검색에서 검색되는 논문들)를 학습하며 자라는 인공지능에는 무슨 이름이 붙을까? 지식은 데이터화되어 인공지능을 훈련시키는 재료로 활용되고 있으며, 데이터화된 지식을 학습한 인공지능은 언젠가 알파고처럼 등장할 것이다. 물어보면 답을 하는 스마트 스피커의 형태로, 검색하면 리스트를 출력해 주는 것이 아니라 정답을 출력해 주는 형태로, 아직 우리가 답을 찾지 못하고 있는 수많은 문제(난제)들의 답을 제시하는 형태로 등장할 것이다.

미래의 지식은 두 가지 형태로 존재할 가능성이 높다. 하나는 생물학적 인류의 자연어(말과 글)의 형식과 생물학적 인지 시스템(뇌 그리고 뇌와 연결된 몸과 장치들)이다. 두 번째는 데이터와 코드라는 이름으로 불리는 인공어의 형식과 디지털 인지 시스템(알고리즘과 빅데이터)이다. 지식의 이 두 가지 존재양식 중 어느 것이 더 큰 권력을 가지거나, 더 우세하거나, 더 흥행하거나, 더 중요한 대접을 받게 될지를 예측하는 것은 그다지 중요한 문제가 아니다. 중요한 것은 '데이터와 코드로 구현되는 디지털 인지 시스템'이라는 두 번째 지식의 존재양식에 인류가 적응할 수 있을까의 문제이다. 학교지식과 학교교육 체제가 지식의 디지털화와 지식의 데이터화의 측면에서 변화를 모색해야 하는 이유라고 할 수 있다.

다) 디지털화된 지식과 데이터화된 지식의 형성

인공지능과 연결된 모든 사물이 생각하는 능력을 가지게 됨에 따라 인간은 인공의 인지 시스템과 생각하는 사물의 시대를 살아가게 된다. 이에 따라 미래 세대의 학교교육 시스템은 지금과는 다르게 될 것이다. 이 책에서는 디지털화된 지식과 데이터화된 지식의 형태가 미래 학교교육 및 교육과정에 영향을 미치게 될 것이라는 데 주목한다. 다만 이 디지털화된 지식과 데이터화된 지식이라는 것이 급속한 디지털 정보와 인공지능 기술의 발달로 주목받기 시작하였지만 아직 그 모습이나 형태 등이 명확하게 드러나 있지는 않은 듯하다. 그것들이 어떤 것인지의 모습이나 형태가 보다 명확하게 드러나는 데는 좀 더 시간이 걸리는 듯하다. 이 책에서는 이러한 실정을 인지하면서 그것들의 모습이나 형태가 어떤 것일까에 대해 이하와 같이 문제제기 정도의 검토를 해 두고자 한다.

모든 과정(프로세스, 절차)은 입력된 정보를 출력정보로 가공한다. 인간의 시각을 처리하는 과정에서 입력정보는 망막에 도달하는 빛이고, 청각을 처리하는 과정에서의 입력정보는 파동이다. 빛이나 파동처럼 물리적인 형태를 가지는 정보와 달리 디지털 프로세스에서 사용되는 입력정보를 우리는 흔히 데이터라고 부른다. 데이터를 입력받은 디지털 프로세스는 디지털 형태의 출력값을 생성한다. 자판을 두드리는 물리적인 행위는 디지털 정보 즉 데이터로 변환되어 워드프로세서에 입력되어 화면에 글자로 출력되고, 우리의 요구를 검색 서비스에 전달하는 키워드, 즉 데이터로 사용된다. 특정 프로세스에 입력되는 정보의 한 단위에 '정보단위'라는 이름으로 사용해 볼 수 있을 것이다.

우리가 흔히 '지식'이라고 부르는 단위의 형식은 책의 원문 안에 포함되어 있는 낱낱의 단어들, 즉 검색 서비스에 키워드로 입력되는 낱낱의 단어의 형식보다는 이 단어들이 특정한 패턴으로 기록된 형식을 의미한다. 예를 들어 한 권의 책이거나 완결된 형태로 작성된 글이다. 이 단위에 '지식 단위'라는 이름으로 사용해 볼 수 있을 것이다.

'정보 단위'를 입력 데이터로 사용하던 디지털 프로세스는 인공지능, 즉 인공의 인지 시스템의 시대를 맞아 '지식 단위'로 확대되고 있다. 구글북스 프로젝트는 '지식 단위'를 디지털 전환한 대표적인 예, 즉 지식의 디지털화의 대표적인 예라고 할 수 있다. 알파고는 바둑기보라는 '지식 단위'를 데이터로 사용하는 예이고, 알파폴드는 하나의 단백질 정보의 '지식 단위'를 데이터로 사용하는 예이지만, '지식 단위'를 입력 데이터로 사용하는 디지털 프로세스는 아직 충분히 성장한 모델을 발견하기는 어렵다. 예를 들어 한 권의 책(지식 단위)을 입력 데이터 단위로 사용하는 인공의 인지 시스템은 아직 발표되지 않았지만, 그보다 낮은 수준의 인공지능 사례는 꾸준히 발표되고 있다. 예를 들어, 학술논문을 입력 데이터로 사용하여 책을 집필하는 BetaWriter는 '지식 단위'를 입력 데이터로 사용하는 디지털 프로세스의 상징적인 예가 될 수 있다. 이 책에서 명명한 지식의 데이터화는 '지식이 디지털 프로세스에 입력 값으로 사용되는 경우'를 의미한다.

위와 같은 상황에서 보자면 디지털화된 지식과 데이터화된 지식은 디지털 정보와 인공지능 기술의 발달에 의해 현재 형성되어 가고 있는 도상에 있는 것이라고 할 수 있다. 그렇지만 미래 학생들에게는 이들 지식이 일상생활화되는 국면을 맞이할 수 있을 것이라 예상한다. 따라서 '지식 단위를 입력 데이터로 사용하는 디지털 프로세스는 무엇을 출력 값으로 생성하는 될 것인지', '정보 단위를 입력 데이터로 사용하는 디지털 인지 시스템이 어떤 논리적인 절차를 통해 출력 값을 생성하는지 분명하게 이해하고 설명할 수 없는 현재의 상황에서 지식 단위를 입력 데이터로 사용하는 디지털 프로세스의 내부 과정을 우리가 이해하거나 설명할 수 있을 것인지', '인류의 인지 시스템보다 더 많은 양을, 더 빠르게, 휘발되지 않는 영속성을 확보한 상태로 연산되어 그 복잡한 관계 속에서 의미를 생성해 낸다면, 즉 디지털화된 지식을 데이터로 입력받은 인공의 인지 시스템을 무엇으로 출력하는지' 등의 과제를 안고 있다. 이들 과제는 미래 학교교육 및 교육과정에서 지식의 본질이 무엇이고, 또한 지식의 역할이 무엇인지를 탐색해 가는 데 검토될 필요가 있는 것이다.

2) 융·복합적 지식

인공지능을 특징으로 하는 4차 산업혁명 시대에는 모든 학습자를 위한 가상 멘토, 자기주도적 학습 등 미래 학교의 지식은 물론 교육방식에서도 지금과는 다른 혁명적 변화가 있을 것으로 전망된다(Woolf, et al., 2013). 특히 학교교육 방법은 물론 학교지식 측면에서도 융·복합적 경향이 강화될 것으로 보인다. 미래 학교지식으로서 융·복합적 지식이란 융합되거나 복합된 지식을 뜻한다. 표준국어대사전에서는 융·복합을 '융합'과 '복합'을 아울러 이르는 말로 정의하고 있다. 여기서 융합이란 '다른 종류의 것이 녹아서 서로 구별이 없게 하나로 합하여지거나 그렇게 만드는 것'을, 그리고 복합이란 '두 가지 이상을 하나로 합침'으로 정의를 내리고 있다. 따라서 학교교육 내용으로서 융·복합적 지식이란 사전적으로는 '두 가지 이상의 다른 종류의 지식을 하나로 합친 지식'을 가리킨다. 여기서 합칠 때 화학적 반응처럼 서로 구별이 없게 하나로 합하거나, 혹은 단순히 물리적 반응처럼 원래 형태를 유지한 채로 합하는 경우가 가능할 것이다. 콘텐츠 융·복합에서는 융·복합을 "기존의 이질적 요소들이 모여 연결·혼합·변형·재구성·수렴됨으로써, 새로운 것을 창발(emergence)하는 현상"(신동희, 2014; 권호영, 송진, 2016: 10 재인용)으로 정의하고 있다. 이러한 맥락에서 융·복합적 지식이란 인문사회과학, 자연과학, 공학기술, 문화예술, 산업경제 등 기존 학문 영역별 지식이 경계를 허물고 학문영역 간 융합되고 복합된 지식으로 규정할 수 있다. 융·복합적 지식은 구획된 기존 학문 영역별 전문가들이 상호교류를 통해 아이디어를 공유·발전시킴으로써 새롭게 개척한(구본철, 2015) 지식을 가리킨다. "한 분야의 전문가는 자신만의 관점에 빠져 새로운 변화에 둔감해지고 아이디어가 고갈되기 쉽기 때문에 같은 분야의 한정된 사람만 만나는 것이 아니라 다양한 분야의 서로 다른 지식이나 재능을 가진 사람들이 만나 교차하고 융합하면서 창조와 혁신의 빅뱅이 일어나기" 때문에(구본철, 2015: 10), 4차 산업혁명에 접어들면서 융·복합적 지식이 더 많이 요청되고 양산되고 있다.

융·복합적 지식은 다양한 영역의 지식이 서로 융화, 결합하여(구본철, 2015) 새로운 지식 영역을 창출하는 것을 의미한다. 융·복합적 지식은 다양한 지식 영역에서 추진되고 있는데, 이는 기존 지식 영역을 융·복합함으로써 얻을 수 있는 것이 많기 때문일 것이다. 융·복합적 지식의 등장 배경을 살펴보면 필요에 의해 자연스레 생겨나거나, 혹은 여러 지식 영역의 전문가들이 협력하여 해결해야 할 문제로 인해 의도적으로 여러 지식 분야의 지식을 합치고 발전시키는 과정에서 개척된 것으로 보인다.

4차 산업혁명 시대에는 실제 일상을 둘러싼 대부분의 산업 분야는 물론 환경과 상황이 점점 더 융·복합적으로 변화하고 있어서(권호영, 송진, 2016), 대학 전공 영역은 물론 실제 직업 분야에서도 대부분 과학기술, 인문·사회, 문화·예술 등과 같은 다양한 영역의 '융·복합' 내용 영역(지식)이 강화되고 있다. 초·중등학교 교육을 통해 다루어야 할 학교지식의 경우 장차 대학 공부, 혹은 성인으로서 직업과 삶을 영위하기 위한 토대 역할을 한다. 성인으로서 필요로 하는 지식만큼은 아니지만, 초·중등학교 교육에서 다루어야 할 학교지식도 최근 지식 분야의 융·복합적 지식으로의 변화 동향을 반영할 필요가 있다.

물론 4차 산업혁명 이전에도 "창의와 상상력을 토대로" 융·복합적 지식을 창출해 왔다. 최근에는 콘텐츠를 비롯하여 학교지식 측면에서도 '경계의 붕괴'가 강화되고 있다(권호영, 송진, 2016: 4). 이렇듯 융·복합적 지식이 강화되는 것은 새로운 수요가 발생하기 때문이다. "창의와 혁신을 통해 삶의 질을 높일 수 있는 새로운 것을 만들거나 사람들의 복잡한 욕구를 해결"하기 위해 융·복합적 지식을 필요로 하기 때문이다(구본철, 2015: 9). 예컨대 DNA 정보가 폭발적으로 쏟아지면서 컴퓨터를 이용해 이러한 정보들을 정리하는 작업의 필요성이 커지면서 컴퓨터를 이용해 생물학적 데이터(유전정보, 단백질 서열 등)를 통계적, 수학적 기법을 활용하여 분석하는 생물정보학(bioinformatics)이라는 융·복합적 학문 관련 지식이 발달하게 되었다. 이외에도 경제학과 신경과학을 융합한 신경경제학, 정신분석학과 생물학이 융합한 신경생물학 등의 융합 학문이 등장하였다(김유신, 2015).

미래 사회로 갈수록 기존 학문 영역과 지식 영역을 넘나들고 가로지르는 융·복합적 지식의 생산이 더욱더 활성화될 것으로 전망된다. 이 책에서 탐색한 결과에 따르면 산업·경제, 사회·문화, 정치·국제와 같은 인문사회과학 부문은 물론이고 과학, 환경, 아동·청소년, 정보·인공지능과 같은 이공계열 부분 부문을 막론하고 메가트렌드 간 혹은 부문 간 등 융·복합 및 간학문적 지식이 미래 학교지식으로 강조되는 것으로 나타났다. 학교지식의 유형별로, 즉 학문적 대상 지식, 방법적·실천적 지식(수행능력 및 역량), 태도·가치·윤리 측면으로 구분하여 미래 학교지식으로서 융·복합적 지식의 특성을 살펴보면 다음과 같다.

먼저, 학문적 대상 지식 측면에서는 부문 내 학문 영역들 간의 융·복합적 지식이 미래 학교지식으로 제안된다. 예컨대 정치학, 경제학, 사회학 등 융·복합적 사회과학 지식 추구하기, 산업·경제 부문과 정보·인공지능 부문과의 융·복합적 지식, 미래의 융·복합기술 발전에 따른 융·복합적 지식, 컴퓨터 프로그래밍·물리·화학·생리학 등 융·복합적 관점에서 뇌의 이해, NBIC(Nano·Bio·Information technology, Cognitive science) 관련 과학기술의 결합에 따른 융·복합적 지식, 정보·인공지능 부문의 인공지능과 데이터, 플랫폼, 가상화가 결합되는 융·복합 기술 관련 지식, 미래의 융·복합 기술로 인한 기존 지식의 탈 경계화로 생성된 융·복합적 지식의 등이 미래 학교지식으로 강조될 것으로 전망된다.

둘째, 방법적 및 실천적 지식 측면에서는 과학 부문의 복합적, 융합적 사고 역량과 시스템 및 융·복합적 사고 역량, 통계적 사고와 데이터 기반 의사결정, 네트워크 중심 시각적 사고, 탈 편향적 사고 및 탈 경계적 상상력, 실제 및 가상현실 기반의 체험 훈련 등과 같은 역량, 정보·인공지능 부문의 융·복합적 기술을 사용하는 방법을 이해하고 이를 사용·활용하고 설계·개발·관리·운영하는 능력, 과학 부문의 융·복합적 과학기술 활용의 수행기능과 역량 등이 미래 학교지식으로 등장할 것이라고 전문가들은 진단하였다.

셋째, 태도·가치·윤리 측면에서는 융·복합적 과학기술에 따라 생명윤리와 공존의 윤리, 공동체와 세계시민의식 등과 같은 윤리적 문제, 정보·인공지능 부문의 융·복합적 기술에 따라 기술의 형성 과정 및 결과물, 사용과정에서 발생되는 윤리적 문제, 융·복합적 기술에 따른 결과물(지능화된 인공물, 플랫폼, 현실-증강현실-가상현실 등)을 대하는 태도 문제를 비롯하여 인간의 가치를 강조하는 문제, 기술-사회 시스템을 설계하고 개발하는 과정에서의 윤리적 판단 등이 미래 학교지식으로 강조될 것이라고 전문가들은 진단하였다. 인공지능 시대의 태도·가치·윤리 측면에서 미래 학교지식으로는 기계를 능가하는, 기계와 차별화되는 인간 고유의 전문성(human specialties) 개발이 요청될 것이다(곽영순, 2019). 특히 미래 과학기술의 발달과 융·복합적 과학기술의 등장에 따라 과학 부문의 미래 학교지식으로 새로운 융·복합적 지식이 강조될 것으로 전망된다. 과학 부문은 NBIC와 함께 고도의 인공지능과 결합하여 거대한 융·복합적 과학기술이 등장하고, 그에 따라 초·중등학교 교육에서도 인공지능과 결합된 학문적 대상 지식, 방법적·실천적 지식, 및 태도·가치·윤리 등이 강화될 것으로 전망된다.

한편 미래 학교지식으로서 융·복합적 지식과 관련하여 주목할 점은 미래 학교지식으로 제시된 미래 사회의 최첨단 융·복합적 지식 중 적지 않은 항목이 기각되는 것을 볼 수 있었는데, 이는 대부분 초·중·고 학생 수준을 넘어서는 지식으로 간주하거나, 요원한 미래의 일로서 초·중등학교 지식으로 다루기 어렵다고 전문가들이 판단한 것으로 보인다. 즉 미래 사회의 고도화된 융·복합적 지식사회를 살아갈 학생들을 교육하기 위한 초·중등학교 교육의 학교지식으로는 직업세계와 산업 분야에서 요구되는 최첨단의 융·복합적 지식을 직접 교수·학습하기보다는, 오히려 장차 고등교육이나 삶에서 학습할 융·복합적 지식의 토대가 되는 기초 지식, 즉 수학·과학, 인문·철학과 같은 기초 소양 등을 강조할 필요가 있다. 달리 말해서 미래 학교지식의 융·복합적 지식 패러다임 형성에 따라, 미래의 초·중등학교 교육에서는 장차 새로운 융·복합적 지식 생성의 토대로서 기초 수학·과학 지식, 인문·철학과 같은 기초 소양, 디지털 리터러시, 세계 시민성 등과 같은 기초적인 역량이나 탐구 능력 등을 강조할 필요가 있는 것으로 나타났다.

3) 인식과 가치의 결합 지식

인간의 교육활동은 기본적으로 가치 지향적이다. 교육을 통해 형성하고자 하는 인간이 도덕적인 존재를 표방한다는 것은 곧 교육에서 다루는 지식이 가치와 모종의 관련성을 가질 수밖에 없음을 의미한다. 앎의 과정이요, 그 결과를 가리키는 지식은 인간에게 단순히 수단적, 활용적 가치만을 가지지는 않는다. 지식을 습득함으로써 인간은 도덕적으로나 질적으로 변화를 초래할 수도 있다. 이와 함께 개인별로 지니고 있는 독특한 삶의 경험, 가치관, 인성적 특징, 종교관, 심리적 성향 등이 역으로 지식의 습득에 영향을 준다. 이처럼 지식과 가치, 두 요소는 개별 학습자에게 존재론적으로 독특한 방식으로 수용되며, '안다는 것'과 '행하는 것'의 깊은 연관성을 이해할 수 있게 해준다. 이는 지식에 관한 논의에서 자주 등장하는 주지주의 혹은 '지식 위주의 교육'에 대한 비판뿐만 아니라 그 애매한 의미에 대한 해명에도 유익하다(홍은숙, 2003: 13-15). 지식교육의 올바른 방향은 지식과 가치와의 관련성을 이해하는 데에서 출발한다고 할 수 있다.

가) 지식에 대한 가치의 영향

먼저 인간의 정의적(情意的) 성향인 가치나 도덕성이 지식을 습득하는 과정에 영향을 준다는 사실이다. 요컨대 지식을 습득하는 학습자의 내적인 동기 상태 등이 인식 과정에 영향을 줄 수 있다는 점이다. 이러한 점은 객관적이라고 간주되는 지식이 마치 사진을 찍듯이 모든 개인의 마음에 동일하게 수용된다는 오래된 관점을 비판하는 것이기도 하다. 지식을 받아들이는 각 개인은 자신만의 다양한 관심, 욕구, 성향 등에 따라 지식을 선택적으로 혹은 '재구성'하여 수용한다는 말이다. 이러한 생각은 이미 합리주의 세계관이 지배적이었던 18세기 이후 계몽주의에 대한 비판으로 등장한 낭만주의자들이 지적한 바 있다. 대체로 개성이 강한 문학, 역사, 철학에 관심을 가진 낭만주의자 혹은 신인문주의자들은 이른바 '세계관(Weltanschuung)'이라는 용어를 만들면서 인식 주체에 따라 인식 내용은 다르게 수용된다고 주장한 바 있다(조상식, 2003). 이러한 생각은 현대에 이르러 인식작용은 인식주체가 처한 사회적 상황과 구조적으로 연관되어 있다는 지식사회학의 주장과 크게 다르지 않다. 특히 하버마스는 자신의 저서『인식과 관심(Erkenntnis und Interesse)』(1973)에서 인식과 관심 사이의 관계를 다음과 같이 세 가지 차원으로 나누어 설명하였다. 여기서 인식과 관심은 서로 상호작용한다는 점이다. 첫째, 기술공학적 관심이다. 이는 전문기술인이 자신의 관심사에 따라 인식을 기술 처방적이고 문제해결적으로 지향하는 경우이다. 둘째, 해석적 관심이다. 여기서 관심은 인간의 실존이나 이해관계를 고려하거나 지식의 사회적 파급 등을 고려하는 경우이다. 따라서 이 유형의 관심은 지식에 대한 활용이나 적용에 대해 비판적인 태도를 갖게 된다. 셋째, 해방적 관심이다. 이는 사회문제에 비판적인 태도만을 보이지 않고 적극 참여하여 행동하는 관심에 해당한다.

철학적 차원에서 가치가 인식에 영향을 준다는 근거를 다음과 같이 세 가지 대표적인 철학을 중심으로 설명할 수 있다. 첫째, 철학적 현상학이다. 현상학(Phenomenology, Phänomenologie)은 전통적인 서양 철학이 가정하는 인식주체와 대상 사이의 이분법을 비판하면서 인간의 인식과 인식의 내용은 인간 개인으로부터 분리될 수 없기 때문에 대상을 형성하는 주관의 작용을 중시한다(Danner, 1994, 2004: 206-208). 현상학을 정초한 후설(E. Husserl)은 이러한 측면을 의식의 지향성(Intentionality, Intentionalität) 개념으로 설명한다.

인식 주체는 자신에게 주어진 대상을 특정한 상황에 요구되는 구체적인 목적(Intention)으로 이미 수용한다. 하늘에 떠 있는 달은 어린 아이, 사랑에 빠진 사람, 천체물리학자, 농부 등에 따라 달리 표상된다. 후설은 이렇게 개별 주체의 심상에 구성된 것을 노에마(noema)라고 불렀다. 의식의 지향성 개념에 따르면 합리주의적, 객관주의적 지식관은 비판된다. 인식주체가 처해 있는 구체적인 상황에서 자신에게 고유한 목적으로 대상이 수용된다는 현상학의 관점은 가치가 지식의 수용과정에 모종의 영향을 끼친다는 점을 암시한다.

둘째, 실존주의 철학이다. 그 대표적인 사례로서 키에르케고르(S. Kierkegaard)는 인식에서 정의적 특성이 중요함을 주장하였다. 특히 윤리적 측면과 도덕성이 지식에 끼치는 영향에 주목하면서 올바른 태도와 선의를 통해 지식에 접근해야 함을 역설하였다. 그에 따르면 가치중립적인 지식이란 존재할 수 없으며, 아는 것은 주체의 선택과 상황의 결과라는 것이다. 이러한 생각은 그가 기독교적 관점에서 제시한 간접전달(indirect communication)의 교육적 의미에 잘 드러나 있다(Manheimer, 1977, 2003: 267-273). 간접전달이란 교사가 교과내용과 맺으면서 형성된 실존적 의미가 학생들에게 전달된다는 것을 뜻한다. 이는 지식의 유용성보다는 지식이 다른 주체('학습자')로 이동하면서 질적인 차원에서의 변화에 초점을 두는 의미이다. 따라서 간접전달 개념은 다른 사람에게 지식 등을 전수하기 위한 '교수모형'이기도 하지만 키에르케고르가 가정하는 독특한 철학이요, 인간학이라고 볼 수 있다. 키에르케고르는 실존주의 철학적 아이디어를 구상하면서 당시 유행하던 플라톤 철학에 기반을 둔 헤겔 철학의 사변적 측면과 인간의 실제 삶과는 동떨어진 형이상학적인 측면을 비판하면서 "진리는 직접적인 전달이 가능한가?"라는 질문을 던진다. 그는 간접전달의 모범적인 사례로서 소크라테스와 예수를 들었지만, 여기서 우리의 관심은 교과교육에 주는 시사점이다. 키에르케고르에 따르면 교과를 구성하는 지식은 모든 개인에게 동일하게 복사되지 않고 교사의 실존적 해석을 경유한 학습자의 선택적이고 가치지향적인 과정을 통하여 수용된다는 것이다.

셋째, 우리의 인식이 주체의 가치감각에 의해 규제, 통제되는 대표적인 경우는 모든 인식이 전(前)이해에 기초해 있다는 점일 것이다. 이러한 사실은 지식의 가치중립성을 부정할 수밖에 없다. 과학자에서 철학자로 변신한 폴라니(M. Polanyi)의 암묵적 지식이론이 이를 잘 보여준다. 폴라니는 모든 지식을 명시적으로 표현할 수 있다는 전통적인 철학에 근거한 믿음을 비판하고, 보다 적합한 지식의 조건과 특성에 대해 밝히려고 했다. 그가 제시한 암묵지(tacit knowledge)는 서구의 지식론이 토대를 두고 있는 합리주의적 전횡을 비판하는 핵심적인 개념이다. 이 개념에 따르면 각 개인이 지니고 있는 암묵적인 신념이나 가치감각도 지식의 일부이며 의식이란 주지적인 것이 아니라 사실상 가치설정적임을 보여준다.

나) 가치에 대한 지식의 영향

지금까지 지식에 대한 가치의 영향을 살펴보았다. 이와 함께 그 역방향인 가치에 지식이 주는 영향도 있을 수 있다. 이는 교육적 논의에서 아주

흔한 이른바 "덕은 곧 지식이다."라는 주지주의의 전통을 옹호하는 관점에서 분명하게 볼 수 있다. 인식이 가치판단의 중요한 요소라는 생각은 콜버그(L. Kohlberg)의 인지주의에서도 기본적인 가정이다. 이렇게 인식의 차원이 가치태도에 영향을 준다는 관점은 아는 것과 행하는 것 사이의 관계라는 오래된 도덕 이론적 과제와 깊은 연관이 있다. 동양적 의미로 지행합일(知行合一)이 이와 관계가 있는데 앎과 행동의 분리, 즉 '지행의 괴리'(이홍우, 2008: 228)는 고대 이후 동서양을 막론하고 오래된 도덕의 숙제에 속한다. 아리스토텔레스가 말하는 '아크라시아(akrasia)'는 바로 이러한 앎이 행(行)으로 나아가는 걸 방해하는 현상을 의미한다(박재주, 2003: 91-92). 그래서 현대철학은 행동에 끼치는 지식의 요인이 무엇인가에 대해 더욱 많은 고민을 하게 되었다.

지식을 습득하는 과정에 합리적인 사고 과정만이 작동하는 것이 아니라 감정이 수반된다는 주장은 합리성 모델에 입각한 인지론에서는 관심의 대상이 되지 않았다. 합리주의 전통의 인식론을 비판하면서 철학적 현상학을 지식 및 신체의 범주로 확대하여 이론화한 메를로-퐁티(M. Merleau-Ponty)는 모든 지식은 지각(perception)에서 출발한다고 주장한다. 그에 따르면 인식작용은 언제나 지각의 층을 생기 있게 불러일으킨다는 것이다. 이렇게 '코기토가 감정적 지향'을 하는 현상(Merleau-Ponty, 1945, 2002: 563-564)은 인식이 주체적 차원에서 이미 느낌을 수반한다는 점이다.

> 논리나 수학, 과학적 사고에서 감정은 사고의 전제가 되어 있으며, 이해에 있어서 필요한 조건이며, 보조적인 역할을 한다. 여기서 전제가 되어 있으며 이해의 조건으로서의 감정이란 직관의 느낌(feeling of intuition)이며, 이것은 모든 사고에 필요한 조건인 것이다. 즉 모든 분석과 종합, 비판, 적용과 같은 지적인 과정 속에도 그것은 일어나는 사태 전체에 대한 직관(intuition of wholeness)이 있어야 하는데, 이 같은 직관의 주관적 측면이 바로 느낌인 것이다(한명희, 2002: 142).

이렇듯 지식의 내면화 과정은 항상 지각을 일깨우면서 그와 동반하여 진행된다. 이는 명시적 지식의 한계를 지적하면서 동시에 지식이 가치를 형성하고 이를 기반으로 하여 무엇인가를 지향하는 데 결정적으로 영향을 준다는 것을 의미한다. 따라서 지식의 내면화는 이를 수용하는 주체의 역할에 따라 그 과정과 결과가 달라짐을 알 수 있다. 이러한 지식에 대한 이해를 존재론적 지식관이라고 한다.

지식이 가치에 영향을 끼친다는 사실은, 결국 도덕성을 구성하는 인식적인 요소가 무엇인지에 대해 고민하도록 한다. 즉 이는 지식교육과 가치교육 사이의 관련성을 말하는데, 도덕적인 품성을 기르는 데 인식적인 차원도 중요하다는 사실을 말한다. 이를테면 도덕성을 구성하는 인식의 다양한 요인들로서 인생에 대한 전체적인 조망을 그릴 수 있는 능력, 타인의 이익에 대해 이성적인 고려를 할 수 있는 능력, 각종 사물에 대한 지식, 환경에 대해 내면화한 영상과 지각의 자료들, 모든 자료들을 수합, 조직할 수 있는 능력, 상상력과 공감능력(empathy) 등뿐만 아니라 각종 도덕이론 및 정당화 이론에 대한 식견도 중요한 구성요소일 수 있다.

이렇게 본다면 우리의 지식교육을 고민할 때, 지나친 공리주의도 문제이지만 과학적 합리주의에 입각한 지식관도 경계해야만 한다. 오늘날 포스트모더니즘 철학이 논의되면서 지식이나 이성 개념이 현대적인 의미로 수정되거나 다시 정의되고 있는 추세이다. 따라서 협소한 합리주의적 지식관은 이제 설 자리가 없으며 지적 영역과 정의적 영역을 어떤 방식으로든 간에 통합하려는 접근이 더 설득력을 가진 것으로 보인다.

4) 상황적(know-where) 지식

미래 사회 메가트렌드에 따른 학교지식을 살펴본 결과 미래 학생들은 가르치는 것으로부터의 지식의 수용을 넘어 스스로 지식을 발견하고 생성하는 지식 활동을 하게 됨을 알 수 있다. 이에 따라 종래 강조되어 왔던 '방법적 지식'을 넘어 상황적 지식 및 'know-where'를 미래 학교지식으로 지향할 필요가 있다.

'knowing where'는 세 가지 방향에서 파악된다(강현석, 2021a). 첫째, 광의의 의미로 문제해결자가 해결하고자 하는 문제의 최적화된 방안을 찾아가는 지식이다. 둘째, 협소의 의미로 정보 검색법, 자신이 필요로 하는 정보가 어디에 존재하는지를 알아내는 지식을 말한다. 이 지식은 'knowing that, knowing how'를 상대적으로 강조하는 분위기를 해소하고 앞의 두 유형(that, how)을 잘 활용하여 문제해결자가 원하는 문제를 보다 능동적으로 해결하는 것을 강조하는 표현으로 해석되는 것이다. 세 번째로, 'knowing where'를 가장 적극적으로 해석하는 것인데, 이 경우 상황적 지식 혹은 맥락적 지식으로도 불릴 수 있다는 것이다. 예컨대 상황 및 맥락 속에서 교과의 핵심 내용을 활용할 기회를 제공하는 것을 의미한다.

학교교육에서 상황 접근은 주로 구성주의를 기반으로 한 상황학습에서 다루어져 왔다고 할 수 있지만, 최근에 들어 교사의 교수 지식과 관련하여 다루어지는 측면도 볼 수 있다. 예컨대 교수·학습과 관련하여 상황적 지식은 교사의 문화에 대한 인식, 자신과 다른 문화에 관한 지식, 사회적, 문화적 맥락에서 학급과 학교에 대한 이미지 등을 포함한다고 본다(Cochran-Smith, 1997; 원예서, 2006: 246). 또한 인간 중심주의를 넘어서려는 포스트휴머니즘에 기반하여 상황적 지식에 초점을 두고 교육적 실천에서 물질성이 갖는 의미를 파악하려는 논의도 있다(김은아, 2020). 이와 같이 상황적 지식이라는 것이 상황 학습이론을 넘어 보다 광범하게 다루어지게 됨으로써 그 의미 또한 대단히 포괄적이라고 할 수 있다. 따라서 보다 일반적 수준의 의미 파악을 위해서는 다음과 같이 사용되는 조작적 정의를 살펴볼 필요가 있을 것이다.

> 상황적 지식이란 모든 형태의 지식은 그들이 생산되는 특정한 조건들을 반영하고, 어느 정도 수준에서는 지식 생산자들의 사회적 정체성과 사회적 위치를 반영한다는 아이디어이다(Oxford Reference, 2021).

> 상황적 지식이란 사회문화적 상황에서 생성된 구체적 맥락, 관점, 경험 등으로 단순한 기억이 아니라 실제 실행에서의 행동과 상황을 이해하고 그에 알맞게 재조직하여 활용하는 것이다(Lave & Wenger, 1991; 김현영, 2011: 6 재인용).

> 상황적 지식은 개념적 지식 이상의 개념으로서 어떤 상황과 문화 속에서 학습자의 개인적인 의미, 신념체계를 포함하는 개념으로 정의한다. 즉 상황학습 관점에서 지식은 활동, 개념, 문화가 연결된 상황 속에 위치해 있기 때문에 상황적 지식은 실제적 활동 과정에서의 상호작용을 통해 사회적으로 공유된 지식, 기술, 학습자의 개인적인 신념 및 정체성이 포함된 개념을 말한다(이희경, 2013: 5).

상황적 지식에 대한 위의 정의 및 개념에서 보면 상황적 지식은 지식이 생성되는 특정한 조건 및 상황과 함께 지식 생성자 개인의 신념 체계 정체성과 위치 등이 반영되는 것으로 이해될 수 있다. 이러한 상황적 지식은 결정을 내리고 문제를 해결하는 데 유용할 수 있는 매우 구체적인 관점을 제시한다. 예컨대 상황적 지식 관점에서 보면 도시 설계자들은 전문가나 예술가의 아이디어에 바탕을 둔 순진한 디자인을 만드는 것이 아니라 공원이나 생활거리와 같은 그들의 삶에 영향을 미치는 특징들을 디자인하기 위해 지역사회에 참여하는 것이 더 낫다고 본다.[8]

이 책에서 상황적 지식을 'knowing where'와 함께 미래 학교지식으로 제안하는 것은, 생텍쥐페리가 "당신이 배를 만들고 싶다면, 사람들에게 목재를 가져오게 하고 일을 지시하고 일감을 나눠주는 일을 하지 말라. 대신

8) https://simplicable.com

그들에게 저 넓고 끝없는 바다에 대한 동경심을 키워줘라."[9]고 하는 격언에서 파악할 수 있듯이, 미래 학생들은 '방법을 아는 것'을 넘어 스스로 지식을 탐색·탐구하고 생성하는 시대에 직면하게 될 것이기 때문이다.

5) 메타 지식

또한 앞의 상황적 지식 및 'know-where'와 같은 맥락에서 방법적 지식을 넘어서 지향할 필요가 있는 미래 학교지식으로 '메타 지식'이다. 메타 지식은 먼저 다음 세 가지 측면의 접근으로 살펴볼 수 있다(강현석, 2021b).

첫째, 지식의 지식(knowledge of knowledge)으로 이것은 지식에 대한 지식으로 가장 통념적인 접근 방식이다. 소박하게 말하면 자신이 알고 있는 지식의 정당성을 질문하는 데에 동원되는 지식이다. 내가 알고 있는 지식이 과연 올바르고 타당한 것인지를 아는 지식의 일체이다. 여기에는 자신이 알고 있는 지식의 근거, 지식 습득 방법의 타당성, 지식의 활용 방법 등이 포함된다.

둘째, 메타 인지 지식(meta-cognitive knowledge)으로 이 접근 방식은 최근의 인지이론의 발전에 힘입어 강조되고 있는 지식의 유형이다. 흔히 메타 인지로 알려진 지식의 유형으로 보면 된다. 메타 인지 지식은 사실적 지식, 개념적 지식, 절차적 지식과는 다르며, 보다 상위의 지식으로 자리매김되고 있다.

셋째, 학습하는 방법을 학습하는 지식(learning to learn)으로 이 접근 방식은 지식교육의 문제점을 비판하고 개선하기 위한 차원에서 등장한 개념으로 기존의 단순하고 피상적인 지식을 학습하는 지식교육의 방법을 개선하기 위해 등장하는 새로운 교육방법적 지식이다. 이 유형은 미래 사회에서 학생에게 특별히 강조되는 지식으로서 학습자의 진정한 학습과 심층적

9) https://blog.naver.com/kic8866/222405061907

학습을 강조하는 것이다. 동시에 지식을 가르치는 교수자의 입장에서 습득시키고자 하는 지식, 학생에게 전달하여 축적시키고자 하는 지식의 문제를 극복하기 위한 차원에서 등장하는 지식이다. 특히 학습에 대한 학습은 새로운 상황과 문제에 자신이 학습한 것을 적용하면서 어떻게, 왜, 그리고 언제 이 지식을 적용해야 하는지를 아는 것을 의미한다. 이 접근에서는 학습자가 학습 자료를 스스로 자신의 것으로 만들고 배운 것을 새로운 상황에 적용할 수 있도록 소수의 핵심 내용을 깊이 있게 배우는 것을 의미한다.

미래에는 지식이 전문가의 전유물이 아니라 일반 대중들도 빈번히 지식을 다루게 됨으로써 지식의 대중화가 이루어질 것이다. 이에 따라 미래 학생들의 지식 활동도 보다 적극적으로 이루어질 것으로 본다. 초연결 사회 및 초연결 플랫폼 시대를 살아갈 미래 학생들은 무수한 데이터 및 정보, 지식에 노출되고 그것들에 쉽게 접근하게 될 것이다. 이러한 환경이 학생들의 지식 활동을 촉진하는 측면이 있지만 또 다른 한편 그런 만큼 무수한 유해와 위험에 학생들이 노출되는 것이기도 하다. 미래 학교지식은 전달지식이 아니라 학생들의 이러한 지식 활동에 의해 형성되는 양상을 보이게 된다는 점에서 학생들의 지식 활동도 학교지식이 갖는 선별 기능이 수반되어야 할 것이다.

미래 학생들의 지식 활동은 그들 스스로 원하는 지식을 찾아 발견하고 생성하며, 그 지식들을 무방비의 기술적 인식이 아니라 그들이 처한 위치 및 조건과 신념 및 정체성에 비추어 가치 결정 및 판단을 하게 될 것이다. 학생들의 이러한 가치 결정 및 판단 행위에 학교지식으로서의 선별 기능이 수반될 수 있도록 하기 위해서는 학교 및 교사들의 지원과 함께 그들 스스로 지식 활용을 조망하는 힘이 필요하다. 즉 학생들 스스로가 그들이 알고자 하거나 발견한 것, 생성하는 것이 어떤 문제이고 어떤 지식인지를 성찰하고 평가할 수 있어야 할 것이다. 학생들이 그들의 지식 활동을 조망하는 이러한 행위가 메타 지식이라고 할 수 있다. 미래 학교지식은 이러한 메타 지식까지 염두에 두고 설계되어야 할 것이다.

Ⅳ 미래 교육과정 체제 담론

1. 탈 인간 중심 지식사회를 보는 관점과 이해 구조

가. 탈 인간 중심의 지식관

탈 인간 중심의 지식관은 인간의 이성을 중시하는 합리주의적인 지식관과 달리 인간과 사물, 사물과 사물의 관계가 중시되면서 인간을 중심으로 하는 지식의 경계를 넘어서는 사회적 현상에 기반을 둔 지식관을 말한다. 지식관의 변화는 교육관의 변화를 초래하게 되고, 교육이 이루어지는 방식 및 그 성과에도 영향을 미치게 된다. 근대사회의 이성을 중시하는 합리주의적 지식관에 대한 비판적 시각은 탈 인간 중심의 지식사회의 지식 관점과 이러한 지식을 관리하는 주체의 변화와 관련된 것으로 볼 수 있다. 탈 인간 중심의 지식사회를 부르기 위한 조건은 다음과 같은 두 가지로 설명할 수 있다.

첫째, 지식의 생산과 소비 주체의 변화이다. 이에 대해서는 지식의 기능적 변화로 설명이 된다. 지식을 생산 활동에 적용하기 이전의 농경사회에서는 지식과 생산 활동이 서로 분리되어 있었다. 이후 산업혁명의 진행과 더불어 지식은 부분적으로 생산 활동과 연계되기 시작하였고, 지식이 중심적 위치를 차지하는 시기에는 일과 교육이 통합되어 있다(이돈희, 2003: 78-79). 지식을 보는 관점의 변화는 사회구조의 변화에 대한 '분화'와 '연결'로 설명할 수 있다(박창언, 2018: 66-67).

농업사회는 사회의 각 분야가 분화되지 않고, 교육을 받을 수 있는 대상은 신분적 특권을 지닌 엘리트에게 한정되어 있었다. 이 시기의 노동시장의 구조는 분화가 제대로 되지 않으면서 사회 각 분야가 독립적으로 기능하여 연결의 정도가 약한 시기였다. 교육내용이나 이를 구성하는 지식은 인문학을 중심으로 하였다. 인문학 지식의 생산자는 소위 절대적인 권위를 지닌 극소수의 권력자였으며, 이를 소비하는 주체는 신분적으로 특권을 지닌 사람에 한정되었다. 그리고 이 당시의 인문학적 지식은 실생활과 유리된 상태로 존재했다. 즉 지식이 삶과 유리되어 있었던 것이다.

산업사회의 등장은 공장제 기계 공업을 통해 생산력의 증대를 가져왔고, 농업사회에 비해 사회의 발전의 정도는 비교할 수 없을 정도로 빨라졌고 복잡해졌다. 노동시장은 농경사회에 비해 더욱 세분화되기 시작하였고, 그러한 시장의 연결은 국가를 중심으로 하여 통제적이거나 방임적 형태로 이루어졌다. 도시 중심의 상공업의 발달, 과학의 발전 및 계몽주의 확산에 따른 합리주의를 확산시켰다. 이러한 시기의 지식은 기존과 같은 삶과 유리된 제한된 인문학 이외에 자연과학, 공학, 사회과학 등으로 확장되고, 해당 분야의 전문가가 지식을 생산하게 되었다. 그리고 이러한 지식은 실제 사회생활이나 생산 활동에 적용을 하게 되는 방식으로 변화하고, 일반 대중이 이러한 지식을 소비할 수 있는 사회가 된 것이다.

이러한 산업사회 초기의 현상은 제4차 산업혁명이나 인공지능 시대에 접어들면서 사회구조를 또 다른 방식으로 변화시키게 된다. 인공지능, 빅데이터, 사물인터넷이 등장하여 사람과 사물, 사물과 사물을 연결시키면서 그 힘을 발휘하는 사회가 되고 있다. 사회의 세분화 정도가 더욱 심화되고, 세분화에 따른 초연결 경향을 나타내게 된 것이다. 국가의 권력이 민간으로 이양되면서 사회적 통제와 구심점 역시 다원적인 경향을 나타내고, 사회 각 분야는 국가의 직접적인 통제보다는 간접적인 통제 방식으로 변화되는 양상을 보여줄 것이다.

지식의 경우 네트워크를 통한 초연결 사회가 되면서 전통적인 지식과 함께 일반 대중이 만들어내는 지식이 공존하는 세상이 될 것이다. 그것은 전문가 집단이 사용하는 지식과 그러한 지식을 활용하는 사람들이 생산한 지식이 공존하는 양상을 말하기도 한다. 지식의 생산자가 절대적 권위자나 다수의 전문가 집단으로부터 일반대중으로 확대되고, 지식의 소비자 역시 일반대중이 됨으로써 지식의 생산자가 곧 소비자가 되는 시대로 접어들게 되는 것이다.

지식을 보는 관점의 변화는 교육을 하는 방향의 변화를 초래한다. 농경사회나 산업사회 초기에는 절대적 권위자나 다수의 전문가 집단이 생성한 지식을 잘 전달하는 것이 가르치는 자의 입장이었고, 배우는 자는 이를 제대로 수용하는 것이 중요했다. 그러나 일반대중이 지식의 생산자이자 소비자가 되는 시기에는 정보의 전달과 수용을 통한 현실 적용이 아니라, 소통을 통한 새로운 지식의 창출이 요구된다.

미래 사회에서 생산 활동에 종사할 수 있기 위해서는 단순히 읽고 쓰고 셈하는 능력뿐만 아니라, 이들 능력을 포함하는 것 이상이 요청될 것이다. 사회가 지능정보화되면서 정보를 읽고, 자료를 분석하고 문제를 해결할 수 있는 역량을 갖출 필요성이 생겼고, 참여와 소통을 통해 전문화가 더욱 강화될 것이다. 그러면서 기존 지식이 통합이나 융합되는 경향도 가속화될 것이다. 전문가가 만든 지식뿐만 아니라 일반대중이 지식을 만드는 시기에는 문제해결을 위해 지식이나 정보를 선택하고 조직할 수 있으며, 이를 재구조할 수 있어야 할 것이다. 확실히 불확실한 상황이나 문제를 해결하기 위해서는 기존 지식을 적용하는 수준 이상의 능력이 요청되는 것이다. 된다. 이를 위해서는 전통적인 지식의 범주가 더욱 세분화·전문화되기도 하겠지만, 새로이 등장하는 생활 문제에 따라 이들 지식의 범주가 재구조화되고 통합 및 융합되는 방향으로 전개되는 것이다.

둘째, 지식이 사회적으로 관리되는 양식의 변화에 대한 것이다. 미래 사회의 지식을 구조화하는 방식의 문제는 한 사회가 지식을 어떻게 관리하는가의 문제와 밀접하게 연관되어 있다. 농경사회나 산업사회 초기에는 지식의 생산자와 소비자가 구분되어 있었고, 산업사회의 발달과 더불어 공적인 교육체제가 성립됨으로써 지식도 국가의 관리하에 있었다고 하겠다. 그러나 지식의 생산자와 소비자의 구분이 모호해지는 시대에는 지식 역시 국가라는 단일 주체에 의해 통일적으로 관리하는 체제가 이완되는 현상이 나타날 것이다.

사회 전반에서 국가에 집중되어 관리되었던 지식은 탈 집중화 현상을 나타내게 되고, 노동자는 평생직장이나 평생직업에 종사하는 것이 아니라 스스로 자신의 직장을 만들기도 하고, 관리자와 노동자가 함께 일을 하는 방식이 될 것이다. 공적인 교육체제에서 담당하던 교육 역시 학교라는 제도적 기관을 넘어 평생교육이 정규 학교 못지않게 새로운 의미를 부여받을 수 있다. 왜냐하면 종래 학교가 전문가가 만든 지식을 전달하고 이를 수용하는 특별한 기관이었다고 하면, 다양한 통로로 생성되는 지식이 중요시될 때에는 학교 밖의 사회교육기관의 역할도 새로이 조명받을 필요가 있기 때문이다.

한편 탈 집중화에 따른 학교와 학교 밖 기관의 자리매김은 지식이 사회적으로 관리되는 방식으로의 변화를 요청한다. 즉 국가라는 체제가 학교라는 기관을 통제 및 관리하는 방식에서, 국가가 아닌 민간이나 이에 준하는 기관 체제가 학교와 학교 밖 기관을 역동적으로 연결시켜 네트워크를 구성하는 방식으로 지식 관리의 방식이 변화하게 된다. 학교에 대한 국가의 통제 및 관리는 표준화되거나 한 사회에서 용인되고 있는 합의된 지식을 토대로 할 경우 성립이 될 수 있다. 그러나 표준화된 지식 이외에 일반 대중이 생성한 지식이 등장할 경우 국가적 관리나 통제의 범위에 있기는 어려울 것이다. 그렇다고 해서 개인이 만든 지식 그 자체가 사회적 의미를 구성하고 있다고 보기도 어려울 것이다. 오히려 개인들이 생산한 지식이 간

주관성을 띠는 양상을 나타내게 될 것이다. 이러한 간 주관적 지식은 국가 이외의 민간기구나 그에 준하는 기구에 의해 네트워크로 연결됨으로써 통제의 구심점이 하나가 아닌 다중화되는 방식으로 관리될 것이다.

이처럼 탈 인간 중심의 지식사회를 부르기 위한 조건은 학교사회와의 차이점을 발생시키게 된다. 지식이나 정보를 전달하고 이를 수용하는 전통적인 학교사회는 주로 이론적인 지식을 제공하고, 일반사회에서는 이러한 지식을 실제적이거나 직업적인 것에 활용하는 것에 중점을 두었다. 그러나 불확실한 사회에서의 문제해결을 위해서는 학교가 전통적인 방식의 내용이 아니라, 삶과 직접적으로 관련된 내용을 다룸으로써 사회문제해결에 적극적으로 대응할 필요가 생기는 것이다. 이러한 필요가 학교라는 제한된 공간을 넘어 학교 밖의 평생교육으로 이어지는 구조가 되어야 함을 말하는 것이다.

탈 인간 중심의 지식을 강조하는 사회에서는 지식을 생산할 수 있는 주체가 일반대중으로 확대되고, 지식의 구체적인 내용은 실제적인 삶의 문제를 다룸으로써 국가가 표준화된 지식을 전체적으로 관리하는 방식을 벗어나게 되는 구조일 것이다. 상대화된 지식의 등장은 지식의 관리 주체가 민간에서도 가능하게 되고, 이들을 연결시킴으로써 지식의 관리 주체가 다중심성을 가지는 형태로 사회적 관리 방식을 요청하게 될 것으로 보인다.

나. 탈 인간 중심 지식사회의 교육과정 체제 이해 구조

탈 인간 중심 지식사회의 교육과정은 교육과정이 관리되는 방식이 과거와 차별화되는 되는 것으로, 학교 내에서 이루어지는 교육과정에 한정되지 않고, 교육과정의 내용 역시 보다 다양화될 가능성이 크다. 이것은 공교육에서 학교가 차지하는 역할이나 그 중요성의 변화와 관련이 있다. 공교육이 성립되기 이전의 사적인 교육체제에서는 교육을 받는 사람은 사회적으로 소수의 특권을 지닌 사람에 한정이 되었고, 이때의 교육과정은 일정한 순서를 따라 학습하는 형태로 사회적 관계망과는 다소 거리가 있었다. 그러나 근대적 의미의 공교육에서는 교육을 받는 사람이 일반 대중으로 확대되고, 교육과정 역시 사회과학이나 자연과학 및 이·공학 등으로 확대되었다. 교육과정 영역의 확대는 사회와의 관계를 더욱 긴밀하게 연결하고자 하는 것이었다. 그리고 교육을 하는 장소도 학교를 통해 더 구체화하였다.

교육과정은 학교를 체제적으로 관리하는 하나의 방식으로 정립되었다. 사회적으로 인정되는 학력은 학교라는 기관을 통해 이루어졌고, 그 기준은 교육과정의 이수와 관련된 것이었다. 교육과정은 수업과 학습을 위한 활동 영역을 범주화한 교과로 구체화되지만, 그 내용에서는 비교적 표준화된 내용을 토대로 조직되는 양상을 띠고 있었다. 지식이나 정보 등을 전달할 수 있는 내용 체제가 중심을 이루고, 교육활동은 가르치는 자가 주도하는 방식으로 전개되었다.

그러나 초근대사회(포스트모더니즘), 지식기반사회와 같은 사회적 변화는 지식을 알기 위해 배우는 것이 아니라 사용하기 위해 배우는 것으로, 실천적 삶의 과정에서 획득되고 재구성되는 것까지 포함하게 되었다. 앞으로 미래 사회에는 이러한 변화의 모습이 더욱 우세하게 될 것으로 전망하고 있다. 미래 사회는 다수의 전문가 집단이 만든 지식이나 정보를 단순히 수용하는 것에 만족하지 않는다. 그러한 지식이나 정보를 평가, 선택, 재구성 및 생산하는 데 관련된 역량을 중시하는 방향으로 전개되고 있다.

역량을 기반으로 한 교육과정이 다학문적 형태로 전개되는 것은 내용적 측면에 해당하는 것이다. 이러한 내용을 형성하기 위해서는 학교가 차지하는 비중, 교육과정에 관한 결정을 위한 자원과 그 구조에 대한 변화도 요청하게 된다. 교육과정의 결정과 운영에서 역량을 토대로 하는 것이 강조될 때 일정한 시수에 따라 교과(목)이나 과정을 이수하는 것의 의미가 크게 약화할 수 있다. 이 경우 학력과 같은 것도 획득한 능력에 따라 그것을 인정받을 수 있는 평가 방식과 그 결과에 따른 성취 수준을 결정해 주는 방식으로 변화될 수 있을 것이다. 그리고 그러한 것을 인정하는 기관이 학교라는 특별한 장소로 한정되지 않을 수 있다. 현재 추진 중인 고교학점제 같은 경우 학교 밖 교육을 인정하는 것에 대한 논의가 있는데 이것을 같은 맥락에서 생각해 볼 수 있다. 교육과정의 구조나 이수 등에 대한 사항이 학교 밖의 사회와 함께 관리되는 방식이 될 수 있는 것이다.

2. 교육과정 분야 선행 연구의 체제 개념과 범위

지식은 교육과정을 통해 학교지식으로 조직화된다고 할 수 있는데 이들 지식이 어떻게 어떤 형태로 교육과정으로 조직화되는지는 체제적 접근을 통해 파악해 볼 필요가 있다. 이 책에서는 교육과정 분야에서 체제와 관련된 선행 연구의 분석은 한국연구정보 서비스에 탑재된 학술논문, 학위논문, 연구 보고서 등을 대상으로 하였다. 분석을 위해 '교육과정'과 '체제'의 키워드를 활용하였다. 분석 결과에 나타난 내용에서 교육과정 체제와 관련된 사항을 추출하고, 이들을 범주화함으로써 분석 대상을 정리하였다.

이들 분석 결과는 크게 절차적 측면과 내용적 측면의 범주로 구분되었다. 절차적 측면은 교육과정 개발과 운영 및 평가 등에 관련된 사항으로, 교육과정 개발·적용 체제 등과 같이 교육과정의 개발에서 운영에 이르는 제반 절차에 대한 것과, 교육과정 개발 체제, 그리고 평가나 모니터링 등 교육과정 개발이나 운영, 성과 점검 등과 관련된 하위 체제로 세분화하였다. 그리고 내용적 측면은 교육과정 문서와 내용 체제에 해당하는 것으로 구분되었다. 이렇게 구분된 선행 연구를 정리하여 제시하면 다음과 같다.

가. 교육과정 체제의 절차적 측면

교육과정 체제의 절차적 측면과 관련된 선행 연구를 살펴보면 다음과 같다. 첫째, 교육과정 개발·적용 등의 제반 체제에 관한 연구이다. 교육과정 연구·개발·보급·적용 체제에 대한 것은 교육과정이 개발되기까지의 과정, 개발된 이후 현장에 적용에 이르는 제반 사항을 다루고 있다. 교육과정이 어떻게 개발되고, 그것이 현장에 어떻게 적용되는지에 대한 전반적 사항의 이해에 도움이 되는 것이다.

관련 선행 연구로는 정영근(2021)의 『우리나라 국가 교육과정 연구·개발·보급·적용 체제 개선』에 대한 것이 있다. 이 연구는 국가 교육과정의 연구와 개발, 그리고 개발된 교육과정에 대한 보급과 적용에 대한 문제를 개선하기 위한 방안을 모색하는 내용을 제시하고 있다. 이 연구는 교육과정이 개발되어 이를 적용하는 것에 대한 전반적 사항을 취급함으로써 각 단계에 대한 이해를 명확히 하고, 단계별 문제를 파악하는 데 유용성을 지니고 있다. 그러나 교육과정이 개발된 이후 사회적 변화와 지역 및 학생에 대한 여지의 고려, 환경의 변화와 관련된 대응성 등에서 개방적 체제를 다루는 데에는 제한점이 있다.

둘째, 교육과정 개발 체제에 관한 연구이다. 교육과정 개발 체제는 교육과정을 새로이 만드는 작업으로 어떠한 구조와 절차로 이루어지는가에 따라 사회변화에 대응성을 갖추고, 교육 현장의 요구를 제대로 반영할 수 있는지에 관한 내용을 다룬다. 이와 관련된 연구는 이해명(2003)의 『교육과정 개정 사례를 통해서 본 교육과정 개발 체제의 문제점 및 개선 방향』, 민용성(2012)의 『교육과정 수시 개정 체제에 따른 교과교육내용 적합성 제고를 위한 국가 수준의 상설위원회 설치 방안』, 최병모(1992)의 『사회과 교육과정 개발의 체제적 접근』, 박선화 외(2007)의 『국가교육과정 개정 체제 개선 방안 연구』 등이 있다.

이들 연구는 교육과정 개발에 대한 체제적 접근과 그에 대한 문제와 개선 방안의 논의 등을 수행함으로써 교육과정 개발 측면에 대한 체제를 살펴보는 데 유용하다. 그러나 이들 연구는 주로 개발 관련 개방 체제적 접근에 대한 논의를 다루고, 보급과 운영에 대한 체제에 대한 제반 설명과 이들의 상호작용에 대한 설명은 다루고 있지 않은 한계를 나타낸다.

셋째, 교육과정 개발 이후의 각 하위 체제에 관한 연구이다. 교육과정의 개발이나 운영 등은 다시 하위 체제를 형성하게 된다. 체제라는 것이 다양한 하위 체제와의 관계로 이루어지는 것이기 때문에, 교육과정 분야의 하위 체제를 다루는 것은 하위체제의 역할을 이해하는 데 도움이 된다. 관련된 연구는 강창동(2007)의 『초등학교 교육과정 운영의 지원 체제에 대한 실태 연구』, 권영민(2004)의 『국가수준 교육과정 평가체제 구축 방안』, 이근호 외(2016)의 『국가교육과정 모니터링 체제 개선 연구』, 박소영 외(2008)의 『국가 교육과정의 평가체제 연구(II)』 등이 있다.

이들 연구는 교육과정의 개발 이후의 운영과 평가체제 등에 대한 논의와 더불어 이들 체제 내에서의 하위 체제에 대한 구체적 논의를 전개하고 있다. 이러한 논의는 교육과정 개정에서 개발에 대해 집중적 논의를 하는 것에 비해, 그 이후의 단계에 대한 논의를 통해 현실의 적용 가능성을 높이고자 하는 연구라는 점에서 의미를 지니고 있다. 그러나 교육과정의 개발과 적용 및 평가는 연속선상에서 이루어지는 것이기 때문에 전체적 체제에 대한 이해와 더불어 상위 체제와의 관계나 역할 등에 대한 설명이 미흡하다는 아쉬움이 있다. 그리고 조직 내에서 이루어지는 체제나 적용 등에 관심을 기울임으로써 조직 외 환경과의 상호작용에 따른 내용을 다루는 것 역시 제한을 보인다.

나. 교육과정 체제의 내용적 측면

교육과정 체제에 대한 내용적 측면과 관련된 연구를 살펴보면 다음과 같다. 첫째, 교육과정 총론이나 문서 체제에 관한 연구가 있다. 교육과정 총론은 교과교육과정에 해당하는 사항을 일괄적으로 제시하는 기능을 하고, 문서는 교육과정 개발의 산물로서 교육과정의 집행이나 실천을 위한 중요한 자료에 해당한다. 문서 내용을 체제적으로 이해하는 것은 교육 현장에서 교육과정을 합리적으로 실천하기 위한 전제로서 요구되는 것이다. 관련 연구로는 박창언 외(2013)의 『국가 교육과정 체제에서 과학고등학교 교육과정 편성·운영의 개선 방안 탐색』, 이승미(2013)의 『교육과정 자율화에 따른 교육과정 문서 체제의 개선 방향 탐색』, 정영근 외(2009)의 『국가 교육과정 관련 문서 체제 개선 연구』 등이 있다.

이들 연구는 교육과정 총론에 제시된 내용에 대한 문제나 개선 방안, 문서 체제에 대한 개선 방안 등을 모색함으로써 학교에서 교육과정을 편성·운영하는 데 준수하여야 할 방향과 활용의 효과성을 지닌 문서 체제를 제시할 수 있다는 데 의미를 지닌다. 그러나 총론의 규정과 문서 체제는 정태적이면서도 지켜야 할 사항에 해당하는 것이어서 구체적으로 실천하여야 하는 내용을 아는 데 한계가 있고, 이러한 문서가 나오기까지의 동태적 과정을 설명하는 데 어려움이 있다.

둘째, 교육과정 각론과 내용 체제에 관한 연구가 있다. 교육과정 문서 체제가 교육과정에 대한 전반적 내용에 대한 이해에 도움을 준다면, 각론은 구체적인 교과가 무엇인지 확인하고, 교과에 담길 교육과정 내용에 대한 체제는 직접적으로 가르칠 내용과 관련된 방법론이나 평가 등의 실천적 방향의 이해에 도움을 준다. 관련 연구는 김민정(2014)의 『역사과 교육과정 내용체제의 대강화와 성취기준 제시 방식에 대한 재검토』, 이경언 외(2011)의 『체육, 음악, 미술 교과교육과정 구성 체제 및 내용 국제 비교』 등이 있다.

이들 연구는 각론에 제시된 교과 영역에 대한 이해를 돕고, 교과의 구체적 내용에 대해 학교의 특성을 고려한 교육과정을 편성·운영을 할 수 있는 자율성 여부에 관해 확인하는 데 의미를 지니고 있다. 그러나 다루어야 할 내용은 고정된 것으로 보고 교육 현장에서 어떻게 실천되는가에 집중함으로써 실제 실천의 모습을 담아내는 데 한계가 있다. 그리고 시대·사회적 변화를 어떻게 고려하는지에 대한 설명력에 어려움이 있어 외부 환경과의 관계를 고려하는 데 한계를 드러내고 있다.

다. 종래 교육과정 체제 이론에 대한 비판적 검토

앞에서 살펴본 것처럼 교육과정 체제 연구의 성과는 교육과정 개발과 운영의 전반적인 절차적 측면과 교육과정 내용에 대한 구조적 측면의 설명을 통해 교육과정에 대한 총체적 이해에 기여하고 있다. 그리고 교육과정 체제의 하위 요소에 관한 연구는 전반적 개요에 대한 이해 이외에 세부 내용에 대한 이해를 도모함으로써 거시적 및 미시적 측면의 통합적 안목을 제공하는 데 도움이 된다.

그러나 이들 내용은 환경과의 관계에 대한 설명에서 취약성을 드러내고 있다. 이것은 해당 체제가 다른 체제들과의 상호작용을 설명하는 데 주저하는 듯한 인상을 주어, 마치 그것이 폐쇄적 형태를 지니는 것처럼 오해되는 경향이 있다. 그것은 교육과정의 개발과 운영 및 평가 등의 각 체제가 다른 체제로부터 투입을 받아들이지도 않고, 다른 체제에서 산출을 생성하는 것을 충분히 설명하지 못하는 것으로 보인다. 또한 앞에서 언급했듯이, 종래의 학교 교육과정 체제는 대체로 교육과정 구성, 개발, 보급, 실행, 평가·피드백 등과 같이 하위 구성 체제를 나누고 각각의 요소들을 기본 단위로 탐색이 이루어져 왔다. 즉 일반체제 이론을 기반으로 하는 교육행정 분야의 체제 이론을 근간으로 하고 있다고 볼 수 있는 것이다. 따라서 하위 구성 요소 간의 관계를 총체적이고 유기적 관점에서 파악하는 체제적 접근이라기보다는 사실상 순서별, 단계별을 강조한 체제적 접근에 머무르는 경우가 많았던 것으로 파악된다.

그러므로 환경과 역동적으로 연결되어 있어 체제의 한 부분의 변화는 전체로서의 체제에 영향을 미치는 것뿐만 아니라, 체제 내의 모든 다른 부분에도 영향을 미친다는 개방적 체제로 교육과정 체제를 이해할 필요가 있다. 개방적 체제는 일반체제 이론의 주요 개념으로 인간이 관계를 맺고 있는 체제들과 관련된 자료를 검토하고 분석하여 조직하는 데 유용한 방법으로 활용되고 있다(이근홍, 2017: 300-301). 일반체제 이론이 개방체제에 대해 착안했다는 것은 바로 이 점에서 의미 있는 시도였다고 할 것이다.

일반체제 이론은 인간을 외부 세계와 지속적으로 상호작용하는 존재로 보는 환경 속의 인간에게 초점을 두고 있다. 그러나 앞에서 살펴본 것처럼, 체제는 기본적으로 조화로운 통합과 총체성에 초점을 두고 있는 개념이다. 즉 체제를 이루고 있는 각 부분의 기능이 상호 독립적으로 발휘되는 동시에 상호 보완적인 관계에 놓이도록 함으로써 전체 기능의 극대화를 이루도록 하는 것을 뜻한다. 따라서 교육과정의 분석, 설계, 개발, 활용 및 평가가 비선형적, 역동적, 순환적으로 반복되는 과정을 말한다. 일반체제 이론이 개방적 체제를 취함으로써 환경과의 관계에 대한 설명을 체계화한다고 하더라도, 교육과정이 학습자의 문제에 관심을 가져야 하는 것이라면 유기체가 환경과 역동적인 평형상태를 유지하면서 성장하는 과정에 관심을 두는 생태체제적 관점으로 그 지평을 확장할 필요가 있다.

생태체제적 관점은 일반체제 이론의 주요 개념을 그대로 수용하고 있지만, 일반체제 이론보다는 구체적이고, 실제 생활 속에서 살아가는 인간의 문제에 관심을 가지는 인간주의적, 실천적 차원을 더한 것이다(유수현 외, 2015: 309). 교육과정이 학생의 학습에 관한 문제이고, 인간적 관심과 교육과정의 실천적 경향을 고려한다면 교육과정 체제를 위한 이론적 틀로서 생태체제 이론은 유용성을 가질 것이다. 아울러 미래 사회 메가트렌드 및 미래 학교지식에 비추어 보면, 향후 일반체제 이론 접근이 아니라 대안적 생태체제 이론 접근을 더욱 강조할 필요가 있음을 알 수 있다. 즉 종래에는 국가가 중심이 되어 전문가들 위주로 교육과정을 개발하고, 중앙에서 학교로 일방향적인 보급이 이루어졌다. 이에 따라 학교는 주어진 것을 실행하고, 그 결과를 점검하기 위해 다시 국가 주도의 평가와 피드백이 시행되었다(중앙-주변 모형, center-periphery model). 그러나 미래 학교 교육과정 체제에서는 학생 및 교사 단위로 다원적 중심성(center, core)을 형성하고 이러한 다중 중심 간에 파상적 상호작용 관계가 형성될 것으로 전망된다. 이에 따라 기존 보급의 의미는 사라질 것이며, 여기저기서 산발적으로 교육과정이 개발되고, 실행되고, 평가, 공유, 사멸, 재개발 등이 진행될 것이며, 그 과정을 순서화, 주기화할 수 없을 만큼 다발적, 다원적으로, 그러면서도 역동적으로 체제를 형성할 것이다. 즉 미래 교육과정 체제는 비정형, 비선형, 탈 경계, 끊임없는 변용, 융・복합의 양상이 될 것이다. 이 책에서는 미래 교육과정 체제를 생태적 교육과정 체제로 새롭게 정립하고 그 세부적인 방향 및 내용, 시사점 등을 살펴본다.

3. 일반체제 이론과 네트워크 체제 설명의 한계

가. 체제의 관점과 발전

체제 이론은 자연과학에서 비롯된 이론으로서 처음에는 인간 신체 내부의 골격체제, 근육체제, 순환기체제, 내분비선체제 등과 연관된 기능을 설명하는 이론으로 출발하였다. 그러나 신체를 넘어선 인간의 심리적 구조와 더 나아가 사회적 구조와의 관계를 설명하는 것으로 확장되기 시작하였다.

이후에 발전한 생태체제 이론과 같은 경우에는 인간과 인간을 둘러싼 사회 체제를 이해하는 중요한 기반이 되고 있다. 여기서 체제란 상호작용하며 상호의존하는 부분들로 구성된 전체를 말한다. 또한 체제의 여러 구성요소의 상호작용은 총체적인 특성을 갖는다. 따라서 각 구성요소는 상호 관계 속에서 부분들의 집합 이상인 하나의 전체를 창조한다.

체제(system)는 각기 다른 기능을 발휘하면서도 독립된 것이 아니라 상호의존적 관계를 맺으며, 어느 한 수준의 체제나 같은 수준의 다른 체제가 변하면 서로 영향을 미치게 된다. 체제는 자체적으로 다른 체제와 구분되는 경계를 가짐에도 불구하고 상호 간의 교환과 침투가 지속적으로 이루어진다. 어떤 한 체제의 변화와 문제는 다른 체제의 변화로 나타나거나 혹은 문제를 야기할 수 있고, 또한 다른 체제에도 영향을 주기 때문에 체제 간에는 일방적이 아니라 쌍방적 인과관계를 이룬다.

이와 같이 체제라는 용어는 과학, 사회과학 및 응용 분야에서 널리 활용이 되는 것으로, 다양한 학문 분야에서 큰 관점의 변화를 가져왔다. 학자들은 체제에 대해 서로 다른 다양한 정의를 내리고 있지만, 구성요소 간의 상호작용에 초점을 두고 있는 것은 공통적인 것 같다. 학자들의 견해를 예시하면 다음과 같다. 가령 폰 버틀란피(Von Bertalanffy)는 일반체제 이론의 시조라고 알려진 사람으로, 체제에 대한 명확한 정의를 제대로 내리지 못하는 이유는 서로 다른 실재의 행태를 지배하는 원리에 상응성이 있으며, 이는 모든 부분이 상호작용을 수행하는 복잡한 요소인 체제로 간주하기 때문으로 보고 있다(박우순, 1996: 277). 프라글(Flagle)은 하나의 예정된 기능을 협동적으로 수행하기 위하여 마련된 상호작용하는 요소들의 통합된 집합(Flagle, 1960; 박병량, 주철안, 2012: 39; 신중식 외, 1987: 149에서 재인용)으로 체제를 정의하고 있다. 또한 그리피스(Griffiths, 1964; 박병량, 주철안, 2012: 39에서 재인용)는 상호작용하는 요소들의 결합체로 체제를 규정한다. 카우프만(Kaufman)의 경우에는 체제를 정해진 목표를 달성하기 위하여 개별적으로나 상호 관련되어 작용하는 개개의 요소들의 결합체라고 본다(Kaufman, 1972; 박병량, 주철안, 2012: 39, 신중식 외, 1987: 149에서 재인용). 한편 존슨(Johnson)은 계획에 따라 하나의 특정 목적을 달성하도록 설계된 구성요소들의 배열로 체제를 정의한다(신중식 외, 1987: 149). 이와 같은 정의를 종합해 볼 때, 체제라는 것은 "상호 관련성을 지닌 구성 요소들의 총체"라고 잠정적으로 규정할 수 있을 것이다.

나. 일반체제 이론의 의의와 한계

체제 이론은 여러 변수들이 단순히 관련되어 있다는 것만을 말하는 것은 아니다. 기존의 과학에서 지배적 견해인 물리주의는 모든 현상을 기계적 모형 속에서 다루었고, 세계를 혼돈, 엔트로피, 일방적 인과관계로 가정하여 전체를 부분으로 환원시켜 분석하려고 하였다. 그러나 이러한 모형으로는 전체성과 생성적 진화를 적절히 다룰 수 없었고, 이 점에서 체제 이론은 학문 연구에서 커다란 관점의 변화를 가져온 것이다(강신택, 1984: 358-359).

일반체제 이론은 기존에 간과되었던 현상을 보는 하나의 방식이고, 각 학문에서 다루는 체제에 공통되는 원리를 추구하고 있다. 그리고 구성 요소들 사이의 관계와 영향을 규명하면서 전체성을 강조하고 있다. 교육과정 분야에 일반체제 이론을 적용하게 되면 교육과정의 개발 및 운영, 성과, 관리 등의 전체적 과정에 대한 설명을 체계적으로 행할 수 있는 이점이 있다. 국가와 지역, 학교별로 교육과정 결정의 역할 분담 체제의 설명에도 유용성을 지니고 있다. 그리고 각 요소들의 하위 요소들의 관계를 체계화함으로써 전체적이고도 진화적인 사항을 설명할 수 있다는 점에서 의미를 지니고 있다.

그러나 교육과정에 대한 전반적 사항에 관한 이해도를 높이기 위한 일반체제 이론의 이러한 노력은 미래 탈 인간 중심의 지식을 설명하는 데 한계를 지니기도 한다. 첫째, 교육과정의 개발에서 국가 교육과정과 같이 표준화된 내용의 설명에는 유용하지만, 학생이 생산하는 지식에 대한 설명을 하는 데 제한이 따르고 있다. 둘째, 국가 교육과정이 적용되는 학교라는 교육체제에 대한 설명은 가능하지만, 학교 밖 기관의 의미와 설명에서는 제한적일 수밖에 없다. 셋째, 단위 학교에서 교육과정 재구성을 통해 전통적인 교과의 경계를 벗어나는 것이 가능하다고 하지만, 중등학교의 경우 이러한 간학문적이거나 융합적 지식의 활용이 현실적으로 어려운 실정이다. 넷째, 국가적 통제를 기본으로 하고 있기 때문에, 학교지식과 학교 밖 지식 및 이들을 다루는 기관들 간의 다중심성 네트워크에 대한 설명을 하는 데 한계가 있다.

다. 생태체제 이론과 교육과정 지식 설명력

생태체제 이론이란 체제적(System) 관점과 생태적(Ecology) 관점이 결합한 것으로 유기체를 둘러싼 여러 겹의 자연적, 사회적 환경 안에서 개체의 상호작용을 통한 성장과 발달을 설명하는 개념 체제이다(Bronfenbrenner, 1995; 김희경, 김성훈, 2018: 2-3에서 재인용). 즉 생태체제 이론은 일반체제 이론에 생태학을 결합해 제시된 것으로 인간 행동을 이해하는 데 그들이 속한 주변 체제와의 상호작용의 이해가 함께 이루어져야 한다는 점을 강조하고 있다. 이 관점은 인간이 환경에 수동적으로 반응하는 존재가 아니라 인간이 그를 둘러싸고 있는 물리적, 사회적, 문화적 환경 속에서 어떻게 상호작용하는지에 대한 이해를 제공해 주는 이론적 근거를 제공해 주고 있다.

생태체제 이론은 '환경 속의 인간', '상호 교류에 초점', '진화적 변화로서 발달' 등을 바탕으로 설명된다(장인협, 1999: 32-34; 조홍식 외, 2012: 171-172에서 재인용). 첫째, '환경 속의 인간'이 뜻하는 것은 인간을 사고나 감정 및 관찰을 할 수 있는 생물학적, 심리학적, 사회・문화적 존재로 보고 있다는 것이다. 인간은 환경에 반응하지만, 환경을 만들어내는 주체이기도 하다. 둘째, '상호 교류에 초점을 두는 것'은 인간이 환경에 영향을 주는 것과 같이 환경 역시 인간에게 영향을 주기 때문이다. 인간과 환경의 교류는 단순한 연결보다는 상황적으로 내재하여 있는 상호작용을 포함하고, 상황에서의 다른 상호작용으로 영향을 받는 보다 역동적인 교류를 지속한다. 셋째, '진화적 변화로서의 발달'은 한 인간이 다른 인간과의 관계에서 내·외적 힘에 반응해 어떻게 변화하고 안정화하는가를 설명하고 있다. 인간은 신체적으로나 지적으로 성장하면서 그들의 행동이 내적 변화에 반응해 나타나지만, 이러한 경험 그 자체는 인간을 둘러싼 환경적인 사건에 의해 영향을 주고받는 것이다.

생태라고 하는 것은 개인이나 유기체가 경험하는 것이거나 개인과 직·간접적으로 연결된 환경적 상황을 말하는 것이다. 생태체제 이론이 기본적으로 가정하고 있는 것은 다음과 같다(윤기종, 2012: 271). 첫째, 인간과 환경은 상호 교류한다는 것이다. 즉 인간과 환경이 서로 간에 영향을 미치며 하나의 단위 및 관계, 체제로 융합되는 것이다. 개인과 환경이 상호 영향을 미치지만 각자 독립적인 정체감을 유지하는 상호작용과는 다른 개념이다. 둘째, 상호 교류의 관점은 과정을 강조하며, 인간 행동에 대해 과정적 접근을 취하고자 한다. 즉 상호 교류의 관점은 시간에 따른 사건의 흐름에 관심을 두는 것으로 단일 반응이나 행동 또는 경험을 파악하는 것과는 다른 것이다. 동일 환경이라 하더라도 각 개인은 서로 다르게 반응하며, 시간에 따라 다른 방식으로 상호작용한다. 셋째, 유기체들의 상호적응 상태, 인간과 환경의 상호 교류와 상호의존성, 개인과 환경 간의 적합성과 적응을 설명하는 통합적 과정으로 보고 있다.

이와 같이 생태체제는 인간이 접하는 환경에 관심을 두고 환경과의 지속적인 상호 교류 안에서 존재하는 하나의 체제로 보며, 인간을 환경과 서로 분리된 것으로 여기지 않는다. 이러한 생태체제적 관점에 대해 브론펜브레너(Bronfenbrenner)는 다섯 가지 차원의 환경으로 설명하고 있다. 그는 개인의 발달을 이해하기 위해서는 개인의 직접적인 환경뿐만 아니라 확장된 환경의 여러 국면에 대한 이해의 필요성을 강조한다(Bronfenbrenner, 1995; 김희경, 김성훈, 2018: 3에서 재인용). 개인을 둘러싼 환경체제는 미시체제(microsystem), 중간체제(mesosystem), 외체제(exosystem), 거시체제(macrosystem)로 나눌 수 있으며, 시간 체제(chronosystem)를 거치면서 둘 이상의 체제를 경험하는 생태학적 전환이 일어나면서 인간은 성장, 발달한다고 보고 있다(Bronfenbrenner, 1995; 김희경, 김성훈, 2018: 3에서 재인용). 이들 차원은 서로 분리되어 있으면서 상호작용하는 것으로 개인을 둘러싼 미시체제, 개인과 환경 간의 상호작용 관계로 구성이 되는 중간체제, 개인이 속한 주변 환경에서 일어나는 일에 영향을 주거나 받는 외체제, 광범위한 영향력을 가지는 거시체제, 시간적 요소에 영향을 받는 시간체제의 5가지 차원을 설명하고 있다.

4. 생태체제적 관점의 네트워크 교육과정

가. 네트워크 교육과정 생태의 범주화

체제 이론은 구성요소 간의 상호작용에 초점을 두면서도 전체가 구성요소인 부분으로 환원되는 것을 넘어 이들이 전체성을 띠는 것으로 설명함으로써 기존의 환원주의적 시각에 대한 관점의 변화를 가져왔다. 체제 이론에서 일반체제 이론은 교육과정의 개발이나 운영 및 성과의 관리와 같은 구조적 측면을 설명하는 데 대단히 유용하다. 그러나 인간이 환경과의 상호작용에 대한 설명의 한계를 가지고 있기 때문에 그 대안적 이론으로 생태체제 이론이 논의되고 있다.

탈 인간 중심 지식사회에서는 교육과정을 하나의 생태로 보고, 일반체제 이론의 구조적 측면을 수용할 수 있는 대안적 관점을 모색할 필요가 있다. 이 책에서는 이를 위해 생태체제 이론에서 인간을 중시하는 요인을 지식으로, 환경적 측면은 교육과정 생태로 규정한다. 또한 일반체제 이론에서의 조직적 측면에 대한 것을 지식이 생성되고 공유되는 사항을 설명하는 방식으로, 그리고 생태체제적 접근의 범주 내에서 일반체제의 부분을 수용하는 접근 방식으로 네트워크 기반 교육과정 생태를 설명한다.

물론 여기서 일반체제 이론과 생태체제 이론을 단순히 혼합하는 것은 아니다. 이론 체계에서 볼 때 일반체제 이론과 생태체제 이론은 논리적으로 양립할 수 없다. 그렇지만 교육과정 체제를 보다 현실에 가깝게 이해하고자 하는 것이라면, 이 두 관점을 모두 원용하여 이해할 필요가 있고 또한 가능하다고 본다. 왜냐하면 각각의 이론이 가지고 있는 설명력을 동시에 활용해서 교육과정 체제의 본질을 더 잘 이해할 수 있기 때문이다. 이와 같은 시각에서 이 책에서 설명하려고 하는 네트워크 기반 교육과정 생태는 다음과 같은 논의 과정을 통해 정립될 수 있다.

첫째, 교육과정 분산 네트워크를 이해하기 위해서는 교육과정 체제가 외부 환경과의 관계를 고려한 개방적 체제의 성격을 갖는다는 것을 인식할 필요가 있다. 일반체제 이론이나 생태체제 이론 모두 개방성에 대해서는 부정하지 않고 있지만, 지식을 설명하는 것과는 다소 거리가 있다. 탈 인간중심의 지식사회에서는 체제의 구성 부분에 상응하는 표준화된 지식 및 교육 현장에서 생성한 지식, 학교 밖 지식 등을 서로 받아들이기도 하고, 배출하기도 한다. 더불어 하위 체제를 구성하는 동시에 무너뜨리면서 발전하는 형태로, 소위 조직화된 복잡적 질서를 형성한다.

둘째, 교육과정은 국가나 지역에서와 같이 학교 밖의 외부에서만 결정되는 것은 아니다. 교육과정은 교육 현장에서 수업을 통한 실천 과정에서 생성이 되기도 한다. 그렇기 때문에 교육과정을 외부에서 규정한 교과 지식에 한정해 논의할 것이 아니라, 교과 지식과 관련된 지식의 보다 넓은 범주

차원의 구성요소를 대상으로 논의할 필요가 있는 것이다. 교육과정 체제에서는 수업 등을 통한 교육과정의 실천에서는 표준화된 지식 또는 생성 지식 등 등잠재성(equi-potentiality)을 가진 구성 요소들이 분화되면서 그 나름의 특성을 갖게 되는 동태적인 일차적인 규제가 이루어진다. 그리고 피드백을 통해 이차적 규제로 안정을 갖게 된다. 체제가 목적성을 갖게 되는 것은 피드백과 더불어 등종국성(equi-finality)이 있기 때문이다(강신택, 1984: 369). 목적성을 가진다는 것은 다양한 지식이 상호 연결되어 지속적 보완을 거쳐 달성되는 것을 말하는 것이고, 등종국성은 출발 상태가 다르거나 발전 경로가 다르더라도 체제는 동일한 최종 상태에 도달할 가능성이 있다는 것을 말한다.

셋째, 교육과정 지식은 국가적 통제에 의해서만 만들어지는 것이 아니라, 민간의 직접적 관리나 국가의 간접적 관리 등 주로 사회적 기구에 의해 지식이 공유 및 연결되는 중심점을 형성하게 된다. 표준화된 지식이든 생성된 지식이든 이들 지식은 일정한 범주 내에서 상호작용을 통해 발전하게 되며, 이들 개별 단위의 학교나 학교 밖 지식은 더 큰 사회적 기구를 연결 지점으로 하여 공유되는 방식을 취하게 된다.

넷째, 사회적 다중 중심점은 보다 큰 범주의 교육과정 생태계를 형성하게 된다. 다양한 종류의 지식이 상호작용하는 개별 단위들은 이들을 연결하는 중심점에 의해 공유되기 때문에 사회적으로 다양한 중심점이 존재하게 된다. 이들 사회적 중심점은 독자적으로 존재하는 것이 아니라, 상호작용하는 형태를 띤다. 다양한 종류의 지식이 상호작용하는 개별 단위가 사회적 중심점과 상호작용하고, 사회적 중심점끼리 상호작용하는 형태는 지식의 사회적 통제가 종래의 국가 및 중앙 단위의 탈 중심화되는 것을 의미한다. 결국, 이러한 탈 중심화는 지식이 사회적으로 공유되는 지점을 다양화함으로써 다중심적 네트워크 형태로 지식이 존재하게 되는 것을 말한다.

나. 네트워크 교육과정 생태

1) 개념

네트워크 기반 교육과정 생태는 국가, 지방자치단체, 공공기관, 사적 기관 등에 의해 교육과정이 생성되고 혼재되어 공유되고 분배되는 양상을 띤다. 이것은 특정 기관 및 기구만이 중심을 이루기보다, 필요에 따라 사회적 공유 중심점 간의 소통이 이루어지는 방식을 나타낸다. 이 방식은 교육과정 생태 내에서 기관 및 기구들 간에 소통을 할 수 있는 채널이 열려있는 점이 특징이라고 할 수 있다. 네트워크 기반 교육과정 생태의 개념을 보다 명료화하기 위해서는 폴 바란(Paul Baran)이 제창하고 근대 정보통신 분야나 최신의 블록체인의 기술에도 활용이 되는 세 가지 시스템을 살펴보는 것이 유용하다. 폴 바란은 커뮤니케이션 네트워크에 대해 집중형, 분산형, 탈 중앙형의 세 가지로 [그림 IV-4-1]과 같이 구분하고 있다(Baran, 1964: 3).

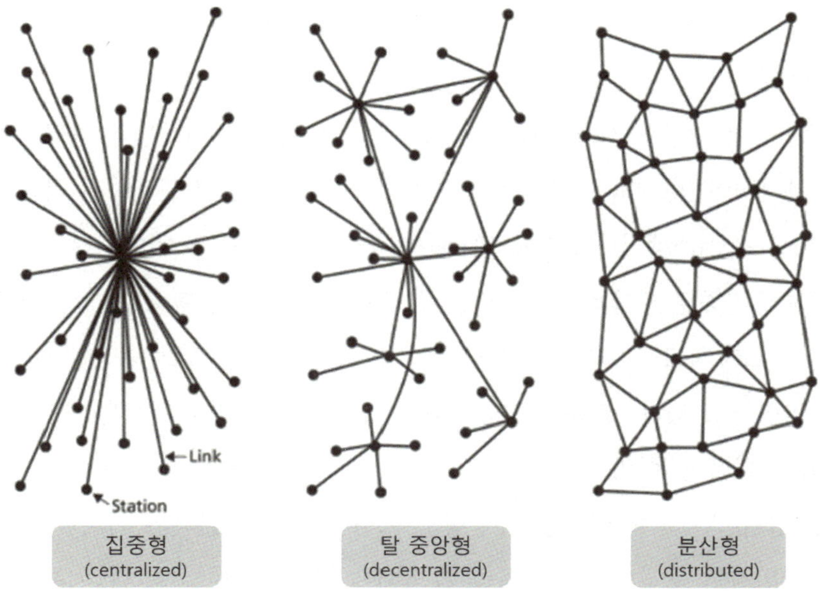

[그림 IV-4-1] 집중형, 분산형, 탈 중앙형 시스템

첫째, 집중형 시스템(centralized system)이다. 집중형 시스템은 시스템을 제어하는 권한이 있는 노드(node)가 존재하고, 이 노드가 시스템의 모든 작업을 담당하는 것을 말한다. 모든 사용자는 단일한 서비스에 의존하게 된다. 이러한 시스템은 국가 교육과정이 존재하면서 국가가 지역이나 단위 학교 모두를 중앙에서 통제하는 시스템을 말한다. 현재 중앙 집중형 교육과정 결정과 운영의 방식을 채택하고 있는 사회에 대한 설명에 유용한 것이다.

둘째, 분산형 시스템(distributed system)이다. 분산형 시스템은 전체 시스템을 관리하는 노드가 여전히 존재하지만, 네트워크상의 여러 노드에 걸쳐 자료의 저장과 계산의 수행이 이루어지는 것을 말한다. 이 시스템은 모든 시스템에서 동시에 연산이 이루어지는 것이 아니라 독립적으로 이루어진 연산의 결과를 취합해 관리하는 노드가 별도로 존재한다. 바로 이 지점에서 여전히 집중형의 또 다른 형태라고 할 수 있는 것으로 보고 있다. 교육과정의 생태와 관련해 지역이나 분산되는 여러 지점이 존재하기는 하지만, 이들을 총체적으로 통제하는 국가와 같은 존재가 있다는 것을 가정할 수 있다.

셋째, 탈 중앙형 시스템(decentralized system)이다. 시스템의 여러 노드가 분산되어 있으며, 어떠한 노드도 다른 노드의 연산에 관계하지 않는 구조로 전체 시스템이나 노드를 관리하는 마스터 노드가 존재하지 않은 것을 말한다. 집중된 권한을 분배한다는 점에서 가장 진보된 형태의 시스템으로 보고 있고, 비트코인과 같은 블록체인 기술이 이와 같은 탈 중앙형 시스템에 기반하고 있다. 교육과정의 생태에서도 배우는 자가 지식을 생성하는 주체가 된다면, 이와 같은 탈 중앙형 시스템의 방식으로 접근하게 될 것이다. [그림 Ⅳ-4-1]에서는 탈 중앙형 시스템이 가장 오른쪽이 아니라, 가장 중간 위치로 도식화하고 있음을 유의해야 할 것이다.

네트워크에 대한 시스템을 유형화한 것은 교육과정에 대한 사회변화 설명에도 적합하다. 집중형은 합리성을 강조한 근대사회의 표준화되거나 규격화되어 있는 지식에 대해 유용하게 설명할 수 있고, 탈 중심형은 절대적 지식 이외에 교육 현장에서 생성되는 상대화된 지식까지 포괄해서 설명할 수 있다. 그리고 분산형은 집중형에서 탈 중심형으로 이동하는 과도기적 형태를 지니는 것으로 설명할 수 있다.

여기서는 네트워크 모형을 토대로 탈 인간 중심의 지식사회의 교육과정 생태를 설명하되, 교육과정이 실천되는 하나의 지점, 그리고 이 지점들이 서로 연결되어 사회적으로 공유되는 다중 중심점, 또한 그러한 중심점이 연결되어 하나의 교육과정 생태가 되는 내용을 개념적으로 분리해 구체화해 보고자 한다.

2) 교육과정 실천

교육과정 실천은 교육내용으로서 지식이 교육활동에서 활용되고 생성되고 공유되는 가장 작은 단위를 말하는 것이다. 학교든 학교 밖이든 교육이 이루어지는 장에서는 모종의 문제를 해결하기 위해 지식이 요청된다. 그러한 지식은 다루는 내용에 따라 전통적인 지식도 필요할 것이고, 불확실한 문제해결을 위해서는 기존 지식의 평가를 통해 이를 새로이 구성함으로써 생성되는 지식도 요청이 될 것이다. 이 외에도 필요에 따라 다양한 지식이 존재하면서 이들이 상호작용하고, 그에 따라 교수·학습이 이루어지게 될 것이다. 이를 도식화하면 [그림 Ⅳ-4-2]와 같다.

국가 교육과정이나 지역 교육과정과 같이 하향식으로 전개되는 교육과정은 전통적인 교육방식에 해당한다. 학생들의 개념과 경험이 효과적으로 연결이 되지 않는 제한이 따르기 때문에 생태적 교육과정의 구조가 배제된다. 표준화되거나 규격화된 지식의 통로나 이들이 반영되는 방식은 국가나 지역 교육과정이 아니라 시험이나 자격 등을 획득하는 데 필요한 것에 따라 간접적으로 규정되는 방식으로 이해된다.

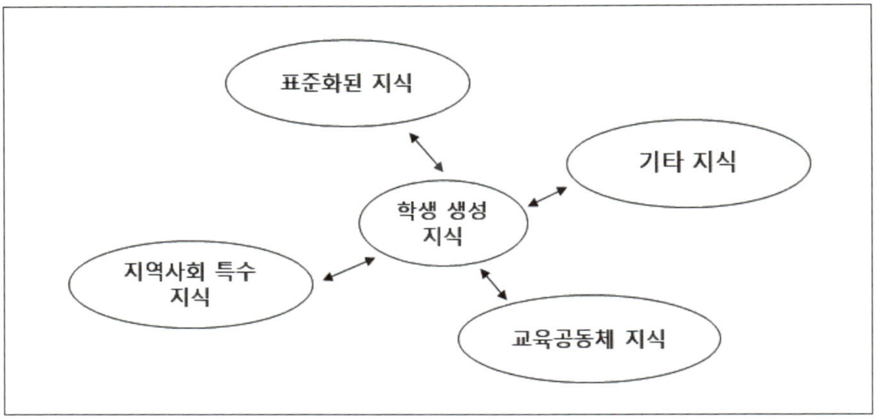

[그림 IV-4-2] 교육과정이 실천되는 단위의 교육과정 체제

이들 상호작용의 단위는 광역화된 지역이나 소규모 단위 등 다양하게 될 수 있으며, 그에 따라 지식의 생성 주체는 달라질 수 있는 사항이다. 이러한 각 단위는 다른 단위와 직접적으로 연결되기보다는 사회적으로 공유되거나 중심이 되는 지점을 통해 간접적으로 연결이 되는 구조를 취할 것이다. 사회적으로 중심이 되는 지점 간의 연결 구조는 한 사회나 국가를 구성하는 단위체로 확장이 됨으로써 이들이 하나의 생태를 구축하게 될 것이다.

교육과정 생태를 구축하는 가장 작은 단위로서 교육과정 실천 단위는 학교, 탈 학교 등 다양한 형태의 학교 제도를 구성하게 된다. 이러한 구조는 국가에서 지역, 학교나 개인으로 이어지는 지식의 전달 구조가 아니라, 개인을 단위로 하되, 다양한 지식체가 사회적 공유나 중심점에 의해 연결됨으로써 한 사회 전체 지식의 다양화가 이루어지게 된다. 그리고 이러한 지식은 사회적 중심점 간의 연결을 통한 네트워크화가 진행됨으로써 사회적 중심점은 다른 사회적 중심점에 대해 환경으로 작용하고, 사회적 중심점들의 네트워크는 또 다른 사회 부문이라는 환경에 의해 영향을 주고받는 방식을 취하는 구조를 지니게 된다.

표준화된 지식은 일상생활에서 이를 적용해 해결할 수 있는 문제에 활용되고, 불확실성이 요구되는 문제에 대해서는 학교에서 생성한 지식을 사용하며, 지역사회나 공동체 문제해결을 위해서는 이들 집단적 숙의에 의한 지식이 활용된다. 교육 현장에서 다루는 주제나 내용에 따라 이들 지식은 상호작용하면서 긴밀한 유대를 갖게 되고, 표준화된 지식은 사회적으로 용인되는 시험 등에 의해 단위 학교 자체적으로 제시해 상대적 지식과 혼용해 활용하게 될 것이다.

이것은 근대사회의 합리주의를 지지하면서 유지된 전통적 교과의 구조를 약화하고, 간학문적이고도 융합적 교육을 지향하게 된다. 이러한 구조에서 정형화된 교과 지식의 투입은 사회적으로 인정되는 직업이나 시험 등에 대한 지식으로 이들은 간접적 방식으로 투입되고, 산출 역시 그에 상응하는 방식으로 이루어지면서 투입과 산출의 경계 역시 모호해지는 상황을 가정하게 된다. 그러한 모호성은 학교든 교육공동체이든 지역사회이든 일정 범주에서 가치를 공유하는 집단들 간의 교류와 이러한 교류를 가능케 하는 공식 및 비공식의 다른 집단과의 공유 지점을 형성하게 될 것이다. 이러한 공유 지점은 다중적으로 나타나기에 이에 대해서는 절을 달리해 사회적 공유나 중심점으로 설명하고자 한다.

일반체제 이론이나 생태체제 이론에서 구조나 인간을 중시하는 측면과는 달리, 교육과정 체제는 교육과정의 내용에 대한 설명에 초점을 두고 있다. 교육과정 내용으로서의 지식은 사회생활이나 재난 사태 등에 필요한 표준화되고 규격화된 지식이 있을 수 있다. 이러한 지식은 단순 지식의 형태로 존재할 수도 있지만, 역량이 강조되는 사회변화를 고려하면 핵심개념이나 원리를 중심으로 하는 형태로 존재할 수도 있을 것이다.

지역사회 지식은 지역적 특수성을 반영한 지식으로 한 국가에 통일적으로 요구되는 지식과 달리 지역의 역사나 산업구조 등 지역적으로 드러나는 특수성이 강조되는 지식이 될 것이다. 교육공동체의 지식은 지역사회보다 공간적으로 좁은 마을이나 학교 내 구성원들이 공유하는 지식이 될 것이다. 그리고 학생의 생성 지식은 모종의 문제를 해결하기 위해 여러 지식을 평가하고 이를 재구조화함으로써 새로운 지식을 형성하고 활용하는 지식으로, 이를 통해 사회문제해결에 이바지하는, 즉 사회적 책임을 다할 수 있는 교육이 되는 것을 말한다. 이러한 지식은 독립적인 단위로 이루어지는 것이 아니라 상호연결되어 있으면서 영향을 주고받으며 필요에 따라 활용이 될 것이다.

지식을 생산하는 주체와 사용하는 주체로서 인간은 교사와 학습자뿐만 아니라 지역사회 인사나 주민 등 다양하게 구성될 것이다. 그리고 이들 지식이 생성되고 공유되는 장소는 학교뿐만 아니라 학교 밖 기관을 포괄하면서 평생에 걸친 교육체제가 새로운 의미를 부여받게 될 것이다.

3) 네트워크상의 교육과정 다중 중심점

큰 단위이든 작은 단위이든 기존의 절대적 지식과 새로이 만들어지는 상대적 지식이 결합하여 생성된 지식은 해당 지역의 노동시장 및 환경적 영향에 따른 규모나 형태에 따라 달라질 것이다. 그러므로 국가적으로 통일성보다는 특정 집단이나 지역을 토대로 한 새로운 중심점을 형성하게 될 것이다. 또 다른 지역이나 단위에서도 지식이 공유되는 중심점을 형성하게 될 것이다. 이러한 중심점은 국가에 의한 통일 지점으로 모이기보다 해당 지역이나 집단 문제를 어떻게 해결하였는지에 관한 사례와 경험을 공유하는 지점으로 연결된 것이다.

이러한 공유 지점은 여타의 지점과 또 다른 공유를 통해 자율적 지식 생성과 해결책을 모색함으로써 더욱 분산하려는 성향이 있게 될 것이다. 국가는 이러한 단위를 끊임없이 연결해 사회를 유지하려는 방안을 모색함으로써 공유 지식이나 불확실한 문제에 대한 새로운 모종의 교육과정 지식을 창출하게 될 것이다. 이러한 사항을 도식화하면 [그림 Ⅳ-4-3]과 같다.

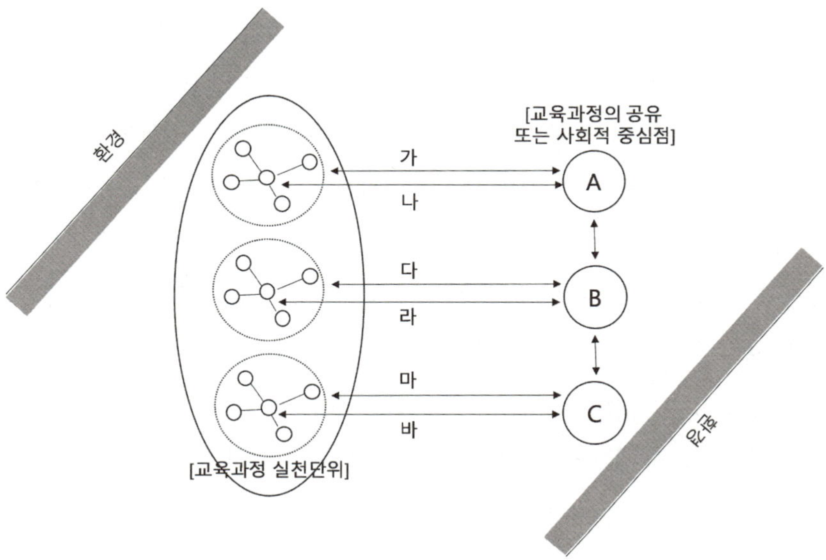

[그림 IV-4-3] 탈 인간 지식 중심의 교육과정 공유 및 사회적 중심점의 체제

[그림 IV-4-3]에서 교육과정 실천 단위는 앞서 설명한 교육 현장에서 가르치는 자와 배우는 자가 상호작용하는 지식과 관련된 것을 말한다. 이들이 여러 개로 되어 있는 것은 학교 간의 연합 및 연계이든 지역사회 공동체이든 보다 넓은 지역사회이든 활동의 단위에 따라 여러 층을 상정해 볼 수 있기 때문이다. 이들 각 부문 내에서의 활동은 교육과정이 공유되거나 사회적 중심점과 연결이 된다. 사회적 중심점은 정보통신 분야의 일종의 노드와 같은 역할을 하는 것으로 이해하면 될 것이다.

'교육과정 실천 단위'와 '교육과정의 공유 또는 사회적 중심점'을 관련 짓는 화살표는 '교육과정 실천 단위'에 제시된 원(가, 다, 마)으로 연결된 것이 있고, 원 내부의 작은 원(나, 라, 바)을 연결하는 것의 두 가지로 구성되어 있다. '교육과정 실천 단위'의 원(가, 다, 마)은 여기서 생성된 지식이 '교육과정의 공유 또는 사회적 중심점'으로 축적이 되는 것을 말한다. 그리고 '교육과정 실천 단위'의 원 내부의 작은 원(나, 라, 바)은 사회적으로 용인이 되는 규격화되거나 표준화되는 내용이 '교육과정 실천 단위' 내부에서 하나의 지식으로 작용하고 있는 것을 말하는 것이다.

또한 '교육과정의 공유 또는 사회적 중심점' 각각은 이들이 분리되거나 독립된 형태로 존재하는 것이 아니라, 이들 간의 상호작용을 통해 한 사회의 지식이 네트워크로 공유될 수 있는 여건을 마련하는 것과 관련이 있다. 여기서는 국가나 지자체 등이 한 사회의 지식을 통제하는 것을 배제하고 있다. 바로 이 지점에서 전통적인 지식의 관리 주체가 존재하는 것과 다른 것이다. 그것은 사회적 중심점의 우측에 사회적 중심점인 A, B, C를 하나로 묶어 통제 체제로서의 국가와 같은 것이 존재하지 않는 것을 뜻한다. 그렇게 됨으로써 사회적 중심점이 연결되어 사회 전체적으로 네트워크로 존재하는 교육과정 생태가 존립하기 위한 여건이 마련되는 것이다. 외부의 환경은 교육과정에 영향을 미치는 교육 관련 분야나 여타 사회 각 분야를 말하는 것이다.

4) 네트워크 기반 교육과정[1] 생태계

생태라는 것은 사전적 의미로 보면, 생물이 태어나서 살아가는 모습을 말하는 것이다. 이러한 생태를 교육과정과 관련지어 보면, 교육과정 생태는 한 사회 내에서 교육과정이 생성되어 전개되어 가는 모습 및 형태라고 할 수 있다. 표준화되고 규격화를 지향하는 근대사회는 교육과정이 생성되어 새로이 개정되는 교육과정까지 유지하다가 소멸하는 모습으로 나타난다. 탈 인간 중심 지식사회에서의 교육과정은 전국 단위로 성립되고 실천되기보다는 지역이나 그보다 더 작은 소단위별 교육과정으로서 절대적 지식과 상대적 지식의 결합으로 만들어져 생성・유지・소멸이 역동적으로

1) 미래 학교 교육과정은 고도의 지능정보 기술에 의해 구축되는 초연결 네트워크를 기반으로 생성·공유될 것으로 보고, 이 교육과정을 '네트워크 기반 교육과정' 또는 '네트워크 교육과정'으로 칭한다.

이루어진다. 이 원리는 국가와 같은 외적인 힘에 의한 생성·유지·발전이 아닌 소단위별 지식의 생성과 유지 및 발전을 설명하는 것이다. 그러므로 미래 교육과정 생태는 지식의 생산자이자 소비자가 되는 주체에 의해, 그리고 이들의 연결을 중심점으로 사회적 공유에 의해 생성·유지·소멸의 역동성을 갖게 될 것이다. 그러므로 이들은 일방향적인 투입과 산출이 아니라 네트워크로 연결된 교육과정을 의미하고, 이것이 사회의 다른 부문으로 투입, 산출의 상호작용을 하는 것으로 설명될 수 있다.

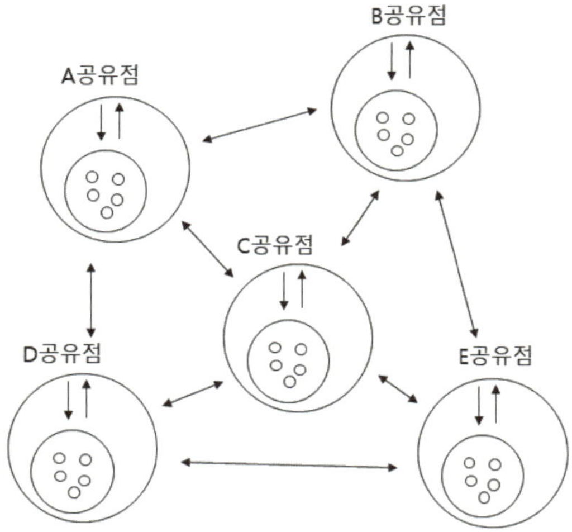

[그림 IV-4-4] 네트워크 기반 교육과정의 개념화

앞서 제시한 교육과정의 공유 혹은 사회적 중심점의 도식은 평면적으로 제시한 것이라고 하면, 여기서의 개념화는 사회 전체적으로 교육과정 네트워크가 어떻게 연결이 되고 있는지를 제시하는 것이다. 각 사회적 중심점 단위 내에 있는 원과 원 안의 작은 원은 교육과정 실천에서 설명하고 있는 다양한 유형의 지식이 네트워크 형태로 연결되어 교육과정이 실천되는 것을 말한다. 이것이 각 사회의 관리 단위와 상호작용을 하고 있으며, 각 사회적 중심점은 다시 다른 사회적 중심점과 유기적 연결망을 형성하고 있다. A 사회적 중심점, B 사회적 중심점, C 사회적 중심점 단위의 관리 기구들은 이들이 상호작용을 하므로 각 관리 단위는 다른 사회적 중심점 단위에 대해 투입이 되는 동시에 산출이 되는 방식으로 연결이 되는 것이다.

이러한 교육과정의 다중 중심점은 국가나 지역 등에 의해 관리되는 집중형 교육과정 관리 체제에서 네트워크형 교육과정 생성·공유 체제로 변화되는 것을 뜻한다. 이 지점에서 보면 탈 인간 중심의 지식사회의 교육과정 체제에 대한 이해가 보다 용이해진다. 이에 대한 도식은 [그림 IV-4-5]와 같다.

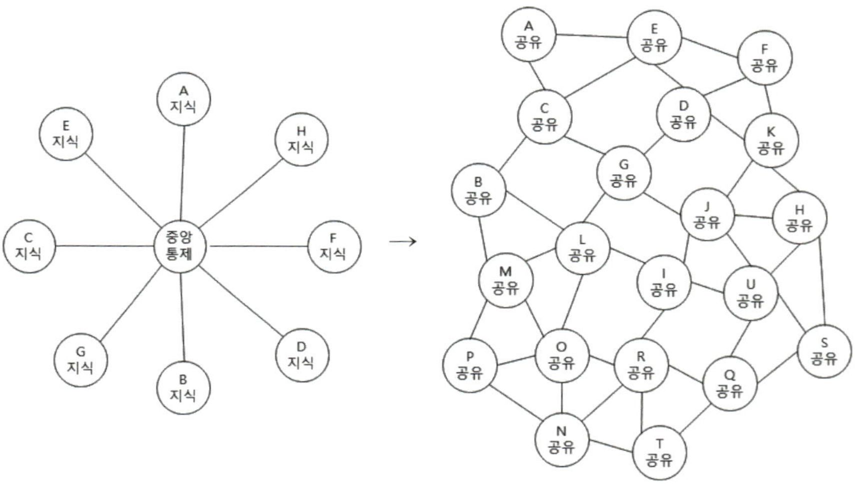

[그림 IV-4-5] 집중형 관리 체제에서 네트워크 기반 교육과정 체제로의 이행

종래의 교육과정 체제는 각 지식이 국가나 이에 준하는 단체에 의해 중앙에서 통제를 받으면서, 부분적으로 해당 지역이나 교육적 상황에 따른 특성을 반영하는 형태를 지니고 있다. 그러나 탈 인간 중심의 지식사회에서는 교육과정이 실천되는 여러 학교나 학교 밖 기관을 사회적으로 관리하는 각 관리 단위가 네트워크로 연결된 교육과정 체제를 형성하게 된다. 투입과 산출의 결과에 따른 피드백이 최초로 이루어지는 폐쇄적 체제와는 다르고, 또한 인간을 중심으로 하여 환경과 상호작용하는 일반생태체제와 달리 네트워크로 연결된 교육과정 생태를 구축하고 있다고 할 수 있다.

5) 교육과정 생태체제론

교육과정 생태체제론은 교육과정이 생성되고 전개되는 과정을 마치 하나의 유기체와 같이 보려는 것이다. 이 관점에서 보면 교육과정은 예컨대 국가 수준을 비롯하여 글로벌, 지역, 학교, 교사, 학생 등에 이르기까지의 수준에서 각기 그 나름의 독자성을 가지고 생성되어 서로 관계를 맺고 하나의 유기체적 상호작용을 한다. 각 수준의 교육과정은 이를 통해 하나의 생물 유기체와 같이 생성·변화·소멸되는 한살이 과정을 거친다.

교육과정의 생태론적 관점에서 중요한 것은 각 수준에서 생성되는 교육과정 간에 상호작용 관계로 밀접하게 연결되어 있다는 점이다. 특정 수준의 교육과정이 상위 포식자와 같이 일방향으로 통제 및 관리하는 것이 아니라 각 수준의 교육과정 창출을 촉진하는 방향으로 독자성을 인정하고 상호작용 관계적 연결성을 갖는 것이다.

우리나라의 경우 중앙 집중형의 관료적 교육과정 체제를 갖추고 있기 때문에 국가 교육과정 외에는 교육과정의 생성 기능을 충분히 발휘하지 못하고 있다. 물론 지역 수준의 교육과정은 제5차 교육과정의 교육과정 지역화에서, 학교 수준의 교육과정은 제6차 교육과정의 교육과정 결정 분권화에서부터 논의되고 실제 다양한 형태의 실천을 도모하기도 하였다. 그렇지만 법적 구속력을 가지고 있는 국가 교육과정 체제에서 지역 및 학교 기반의 교육과정은 상당히 제한적이다.

교육과정 체제는 이론적으로 대단히 다양하게 논의될 수 있지만 대개 그 국가가 처한 사회 기반 위에 결정된다. 예컨대 미래 지능정보사회에서는 초연결의 네트워크 사회가 새로운 교육과정 생태계 형성에 상당한 영향을 미칠 것이다. [그림 Ⅳ-4-6]은 미래 지능정보사회에 따른 초연결의 네트워크 사회 기반 위의 교육과정 생태계를 나타내 본 것이다.

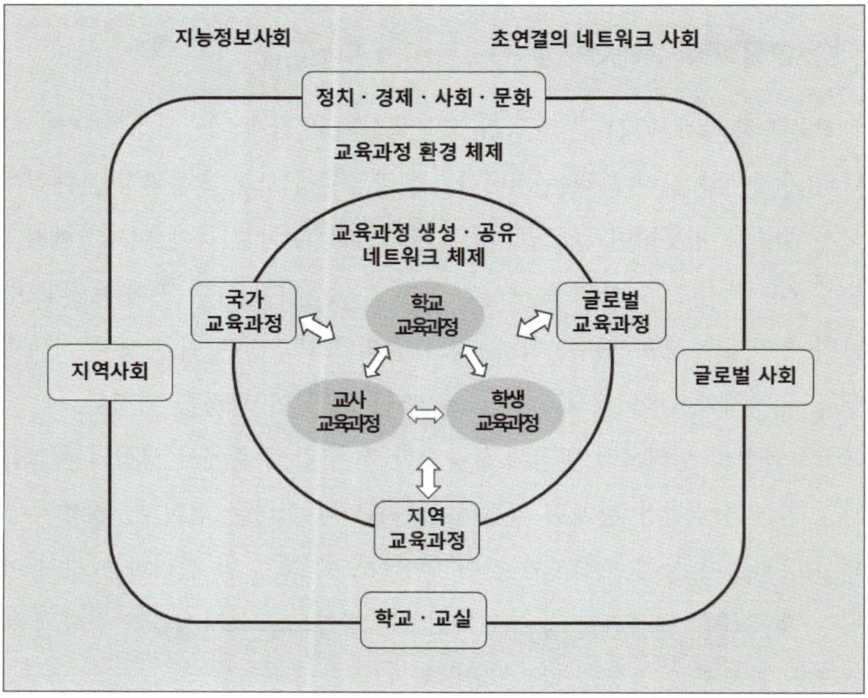

[그림 IV-4-6] 네트워크 기반의 교육과정 생태계

[그림 IV-4-6]에서 볼 수 있듯이 교육과정 생태계는 교육과정 독자적으로만 배타적으로 이루어지는 것이 아니라, 사회를 관통하는 기저와 교육과정의 내적 체제, 교육과정을 둘러싼 외적 체제의 3층 구조로 이루어진다. 미래 사회를 관통하는 기저는 고도의 지능정보사회에 의해 형성되는 초연결의 네트워크 사회가 될 것이다. 교육과정을 둘러싼 외적 체제는 교육과정의 환경체제를 이루고 있는 것이고, 교육과정의 내적 체제는 교육과정 생성 · 공유 네트워크 체제가 된다.

사회를 관통하는 기저는 사회변동에 따라 변화되어 왔다. 예컨대 인간사회는 산업혁명을 시작으로 산업사회를 거쳐 정보화 사회로 진입하였고 이는 다시 제4차 산업사회를 특징짓는 지능정보사회로 급진전하고 있다. 정보화 사회로 진입하면서 정보가 중심이 되어 가치를 창조하는 사회가 되었는데, 그 중심에서 컴퓨터가 있었다. 즉 산업사회에서는 물질과 에너지가 가장 중요한 자원이 되었으나 정보화 사회에서는 정보와 지식을 효율적으로 창조하고 활용하고 보급하는 사회로, 말하자면 지식 산업이 산업의 주요 위치를 점했다. 이 정보화사회가 인공지능의 재등장으로 지능정보사회로 변모하게 된다. 이 사회는 정보뿐만 아니라 정보에 인공지능이 결합되는 사회로서 정보화 사회와 구분한다. 즉 산업사회의 기계 기술 및 정보사회에서의 정보 기술을 넘어 지능정보 기술로 진화한 것이다. 지능정보사회에서 주목해야 하는 또 다른 중요한 현상은 인간과 사물의 관계이다. 즉 정보화 사회까지는 인간이 절대적 존재이고 인간 외의 모든 것은 수단이었다. 그렇지만 지능정보사회의 도래는 인간과 인간 외의 사물 등의 관계는 '공존'으로의 이해를 요구받게 된다. 여기서 탈 인간 중심의 포스트휴머니즘이 등장하게 된 것이다.

교육과정 환경체제는 교육과정을 생성하는 원천으로서, 이것은 국가의 기반이 되는 정치와 경제, 사회·문화를 비롯하여 지역사회 및 학교·교실, 글로벌 사회 등을 구성요소로 이루어진다. 이들 환경은 미래 지능정보 기술 및 사회의 기반 위에 각기 독특한 교육과정 환경을 구축할 것이다. 고도의 정보통신 기술과 인공지능이 결합한 지능정보 기술은 정치 및 경제, 사회, 문화 등의 모든 분야에 걸쳐 변혁을 가져오게 하고 인간에게도 이전에 없는 신인류의 삶과 생활을 만들고 있다. 이러한 것들이 미래 교육과정의 강력한 환경체제를 이루게 될 것이다. 지능정보 기술과 초연결의 네트워크 사회가 기반이 된 정치·경제·사회·문화를 비롯하여 글로벌 사회, 지역사회, 학교와 교실 등이 미래 교육과정 환경체제를 이루게 된다. 이들 환경체제는 각 수준의 교육과정에 영향을 주기도 하지만 각 수준의 교육과정은 그 나름의 필요와 요구에 따라 선택적으로 이들 환경체제를 원용한다. 예컨대 학생 수준 교육과정의 경우 교육과정 생성·공유 네트워크 체제 내에서 그들이 가능한 교육과정 환경체제를 활용하게 될 것이다. 그 활용은 그들의 안목에서 파악한 정치·경제·사회·문화일 수도 있고 지역사회, 글로벌, 교사, 또래 학생 간의 정보 자원 등 대단히 다양할 수 있다.

교육과정 내적 방식으로 존재하는 네트워크 형태는 학교와 학교 밖의 교육과정으로 상호연결되어 존재한다. 단위 학교에서는 학교 수준의 교육과정과 교사 수준 교육과정, 학생 수준 교육과정이 상호연결하여 각기 나름의 교육과정을 생성·공유하게 된다. 동시에 학교 내의 이들 세 수준의 교육과정은 각자의 수준에서 학교 밖, 즉 국가 교육과정 및 지역 교육과정, 글로벌 교육과정 등과 연결되어 생성된다.

일반적으로 교육과정이 생성되는 장(場)으로 '국가-지방-학교'의 단위로 논의된다. 그렇지만 이러한 류의 논의는 대개 국가 교육과정 전달체제로서의 의미를 갖는 것이었다. 즉 국가 수준의 전국적이고 공통적 교육과정을 학생들에게 전달하기 위해 갖추어진 일종의 관료 행정 조직 체제인 것이다. 물론 우리나라의 경우 국가 교육과정 체제에서 교육과정 지역화나 교육과정 결정 분권화 등을 통해 지역 및 학교 수준에서 그 나름의 교육과정 생성 기능이 발휘될 수 있도록 하였다. 그렇지만 많은 부분 문서로만 존재하는 수준에 머문다.

교육과정 생태체제적 관점에서 국가와 지방, 학교 단위는 교육과정 전달의 관료 행정 조직 체제가 아니라 그 각각이 교육과정 생성·유지·발전의 기능을 발휘하는 주체로 파악하게 된다. 지방은 지역 교육과정을, 학교는 학교 기반의 교육과정을 생성하는 기능을 발휘하게 된다. 종래의 관료 행정 단위의 조직에서는 특히 국가 교육과정에 의해 상당 부분이 통제 및 관리되었다. 교육과정 생태체제적 관점에서 국가 교육과정은 산업화 시대의 산물인 교육과정의 연구·개발·보급의 절차에 따른 일방향이 아니라 지역과 학교 단위 교육과정의 기능이 발휘될 수 있도록 하는 방향에서 개발과 유통 체제를 모색해야 한다. 이러한 방향의 국가 교육과정의 개발과 유통 체제는 [그림 Ⅳ-4-6]과 같이 초연결의 네트워크 사회를 기반으로 형성하는 '교육과정 생성·공유 네트워크 체제'에서 모색할 필요가 있다. 또한 지역과 학교 기반의 교육과정도 이 교육과정 생성·공유 네트워크 체제에서 독자적인 교육과정을 생성하여 유지·발전시켜 나가도록 한다. 다만 독자적인 교육과정이라고 해서 다른 수준의 교육과정과 배타적이 아니라 협력적 거버넌스에서 상호 보완적 연결을 통해 공유한다는 관점에서 파악되어야 한다.

네트워크 교육과정에서 종래와 다른 커다란 특징은 '교사 수준 교육과정'과 '학생 수준 교육과정'이 활성화되어 교육과정 생성·공유 네트워크 체제를 형성한다는 것이다. 그 근거는 1차적으로는 초연결의 네트워크 사회에 따라 학생들의 학습 통로와 방법의 다양화로 교육과정 개인화가 현실화되고, 2차적으로 교사는 다양해진 학습 통로와 방법을 고려한 교육과정을 설계하지 않을 수 없게 되기 때문이다. 학생의 교육과정 개인화는 단순히 교육적 요구라기보다 지능정보사회에 따라 생겨날 수밖에 없는 교육과정 현상이기 때문에 종래와 같이 단일 교육과정으로 통제하거나 관리될 수 없게 될 것이다.

미래 초연결의 네트워크 사회에서는 교사 수준 교육과정과 학생 수준 교육과정, 나아가 글로벌 수준 교육과정의 등장은 우연이나 선택이 아니라 필연적 산물이 될 것이다. 왜냐하면 학생들의 경우 그들의 학습 통로가 네트워크를 중심으로 다원화되고 자기결정의 참여가 확대되고 그 결과 스스로 지식을 생성하고 활용하는 것이 일상화될 것이기 때문이다. 이러한 학생들에 적시 반응 및 대응을 해야 하는 교사는 지금까지의 국가 교육과정 전달을 넘어서 그들 나름의 교사 수준 교육과정을 생성하여 교육과정 활동을 전개하고 동료들과의 공유도 네트워크를 통해 시·공간을 초월하여 이루게 된다. 나아가 교사는 물론 학생들도 교육과정을 생성하면서 글로벌 수준의 교육과정 자원도 필요에 따라 활용하게 될 것이다. 이에 따라 교사나 학생 수준에서도 글로벌 수준의 교육과정 활동도 전개할 수 있게 된다. 각 수준의 교육과정은 교육과정 주체들 간의 네트워크를 통해 유기적으로 관계를 맺고 역동적으로 생성·공유함으로써, 이른바 교육과정 생태계의 복원을 촉진하게 될 것이다.

V 미래 교육과정 체제의 시나리오와 지형

1. 미래 교육과정 체제 시나리오

가. 미래 학교 교육과정 체제 시나리오 구성 방법

미래 학교 교육과정 체제의 재구조화 방안을 탐색하기 위해 미래 교육과정 체제 시나리오를 설정하고 이에 대한 타당성을 검증하였다. 시나리오 기법은 델파이 조사와 함께 미래 예측에 원용하는 대표적인 방법의 하나로, 그 자체가 하나의 독립적인 예측 방법으로 여겨지기보다는 델파이 조사나 다양한 질적 또는 양적 기법 등의 미래 예측 방법이 확인된 후에 대안적인 미래에 관해 내용을 제공해 주는 기법이다(하인호, 1986: 7). 즉 시나리오 기법은 미래 연구에서 보통 다른 방법과 결부되어 활용된다고 할 수 있다. 이는 일반적인 미래 연구 과정 및 절차에서도 잘 드러나고 있다. 가령, 김현곤(2009: 52)은 미래 연구 과정을 '1단계: 정보수집 및 추출 단계', '2단계: 정보 연관 및 확장 단계', '3단계: 정보 재구조화 단계', '4단계: 미래 이슈 도출 단계'로 제시하고 있다. 1단계는 주제 관련 정보 수집을 위해 환경 스캐닝(environmental scanning), 데이터베이스 구축, 텍스트 마이닝(text mining) 등을 진행하는 단계이다. 2단계는 수집한 정보의 인과 관계를 밝히고 각 사건이나 트렌드(trend)가 가진 1차, 2차의 영향력까지 확장하여 사고하는 단계로 퓨처스 휠(Futures Wheel) 기법, 델파이 기법 등을 사용한다. 3단계는 미래의 변화에 가장 큰 원인이 되는 핵심 동인과 상호 관계를 바탕으로 미래에 대한 예측의 결과를 시나리오로 표현한다. 마지막 4단계는 시나리오로부터 미래 사회의 이슈가 무엇이 될 것인가를 도출하고 정책적 대응 방안을 수립하는 단계이다. 이 몇 가지 단계의 다양한 기법에서 시나리오 기법이 동원되는 것은 3단계인 정보 재구조화 단계이다.

저자들이 수행한 연구의 1단계에서는 환경 스캐닝(Social, Technological, Economical, Environmental/Ecological, Political; STEEP) 방법을 준용하여 7개 부문(과학, 산업・경제, 환경, 사회・문화, 정치・국제, 아동・청소년, 정보・인공지능)의 미래 사회 메가트렌드(31개)와 매크로트렌드(201개)를 추출하였다. 2단계에서는 각 부문의 미래 사회 메가트렌드에 따른 학교 대응 과제와 학교지식에 관해 델파이 조사와 의미 연결망 분석을 수행하였다. 3단계의 시나리오는 앞의 1단계와 2단계의 결과를 바탕으로 초안을 작성하였다.

시나리오 초안에 대해 교육학 및 교과 교육학 전문가, 교육정책 입안자나 실행자, 학교 현장 전문가들로 구성된 연구 자문 패널 13인에게 2차에 걸쳐 자문을 구하였다. 1차 자문은 2022년 4월 28일부터 5월 6일까지 이루어졌다. 여기서 제시된 주요 의견은 저자들의 논의 과정을 거쳐 일부는 직접 시나리오에 반영하였다. 나아가 연구 자문 패널의 의견을 반영하여 시나리오를 보완한 후 2차로 자문을 의뢰하였다. 2차 자문은 2022년 5월 11일에서 13일까지 수행하였다. 두 차례의 자문을 거쳐 미래 학교교육 시나리오(잠정안)를 마련하였다. 이 잠정안은 델파이 조사 항목 구축을 위한 기반이 되었다.

나. 미래 교육과정 체제 시나리오 구성

1) 델파이 조사 개요

시나리오 구성의 정교함과 타당성을 도모하기 위해 전문가 델파이 조사를 수행하였다. 시나리오 초안은 미래 교육과정 체제 재구조화 방안 마련의 중요 축이 될 지식 담론 및 학교지식 특성과 구성, 교육방법(수업 및 교수, 학습), 교사, 학교 환경, 교육과정 개발・생성 등으로 범주화하였다. 이와 같은 시나리오 초안의 타당성 검토 및 수정, 보완을 위해 교육철학, 교육과정, 교육공학, 교육 전문직, 현직 교원 등 13명의 전문가 패널을 대상으로 2회에 걸쳐 자문을 받았다. 자문 의견을 반영하여 수정・보완한 후, 저자들이 최종적으로 검토하여 미래 교육과정 체제에 대한 시나리오의 잠정안을 확정하였다. 이 잠정 시나리오의 주요 내용을 중심으로 델파이 조사 내용을 구성하였다. 델파이 조사 항목은 5점 리커트 척도로 항목을 구성하였다. 한편 각 범주에서 타당하지 않다고 판단한 항목 및 누락되어 있다고 생각되는 부분, 해당 영역과 관련하여 중요하다고 생각하는 키워드 5개 이상을 적는 개방형 응답 항목을 제공하여 시나리오의 수정 및 보완, 아울러 이후에 이루어질 의미 연결망 분석의 기초 자료를 확보하였다. 구성된 항목에 대해서는 전문가 패널 13인에게 타당성을 확인하여 최종적으로 확정하는 절차를 거쳤다.

델파이 조사 참여자는 미래 교육에 식견을 가진 교육학, 교과 교육학, 정보통신 및 인공지능 분야의 전문가들 50명을 대상으로 하였다. 1차 조사는 2022년 6월 15일부터 24일까지 이루어졌다. 각 항목에 대한 CVR 값을 구하여 기준값인 .29 미만은 기각하고, 수정 및 보완, 추가 의견을 반영하여 2차 델파이 조사지를 구성하였다. 2차 조사는 2022년 8월 1일부터 12일까지 이루어졌으며, 1차 조사 때의 본인 응답과 평균 및 CVR 값을 참조하여 기존 응답에 대한 변경 여부를 물었다.

2) 미래 학교지식 특성 및 구성

학교지식 특성 및 구성 관련 범주에서 1차 델파이 조사의 결과는 전체적으로 높은 평균값을 보였고, 기각 기준으로 설정했던 .29를 훨씬 상회하는 높은 CVR 값을 보여 주었다. 다만, 높은 CVR 값에도 불구하고 델파이 조사 참여자들이 다소 공감하기 어렵다고 표시한 항목의 경우에는 참여자의 의견을 반영하여 수정 및 보완함으로써 2차 델파이 조사 항목의 타당도를 높이기 위해 노력하였다. 그 결과 대체로 2차 델파이 조사의 평균과 CVR 값이 소폭 상승한 것으로 나타났다.

이와 관련된 항목이 「종래의 분과적 교과 학문 체계의 지식이 상대적으로 약화하고 학생의 삶과 생활에 연결된 지식이 부각함으로써 인간 존재와 앎, 실천이 통합된 지식이 학교지식으로 형성될 것임. 이에 따라 종래의 교과 학문의 순차적, 선형적, 계열적 지식 구성에서 탈피하여 학생의 삶과 생활에 연결된 생활지식으로 비순차적이고, 비선형적이며, 비계열적인 지식으로 구성될 것임.」이다. 이 항목의 경우 애초 「종래의 분과적 교과 학문 체계의 지식이 상대적으로 약화하고 학생의 삶과 생활에 연결된 지식이 부각함으로써 인간 존재와 앎, 실천이 통합된 지식이 학교지식으로 형성될 것임. 이에 따라 종래의 교과 학문의 순차적, 선형적, 계열적 지식 구성에서 탈피하여 학생의 삶과 생활에 연결된 생활지식으로 비순차적이고, 비선형적이며, 비계열적인 지식으로 구성될 것임.」이라고 제시되었던 것이다. 대체로 진술문의 앞부분에 대해서는 공감하지만, 그에 따른 비순차적, 비선형적, 비계열적인 지식 구성이 이루어질 것이라는 점에 대해서는 회의적이라는 견해를 밝혔다. 특히 이 부분에 대해서 공감하지 못하는 이유로는 첫째, 기존의 학문 혹은 교과 체계의 유지를 위한 저항이 만만치 않아서 미래에도 쉽게 변하지 않을 것이라는 점, 둘째, 지식의 계열성이 중요한 영역도 존재하므로 기존의 지식 구성을 탈피한다는 표현 자체가 다소 강경하다는 점 등이었다. 전자의 경우는 역사가 증명하듯이 변화에 대한 거부와 저항은 필연적이라는 점을 말하고 있다. 그러나 개개 사람들의 바람이나 생각과는 다르게 큰 변화의 흐름을 거스를 수 없다는 것을 역사가 증명하고 있음을 상기할 필요가 있다. 이 책에서 가장 중요하게 보는 전망은 미래 사회의 학교는 더 이상 분리된 지식 체계에 의존하지 않고, 융·복합적 구성을 필연적인 방향으로 삼게 된다는 것이다. 이에 따라 각 교과의 닫힌 체계와 구조를 벗어난, 즉 비체계적, 비선형적, 비계열적 지식 구성이 두드러질 것임을 지적해 두고자 한다. 따라서 이러한 의도를 더 분명하게 드러내기 위해 2차 조사에서는 문구를 수정해 「종래의 분과적 교과 학문 체계의 지식이 상대적으로 약화하고 학생의 삶과 생활에 연결된 지식이 부각함으로써 인간 존재와 앎, 실천이 통합된 지식이 학교지식으로 형성될 것임. 이에 따라 종래의 교과 학문의 순차적, 선형적, 계열적 지식 구성에서 탈피하여 학생의 삶과 생활에 연결된 생활지식으로 비순차적이고, 비선형적이며, 비계열적인 지식으로 구성될 것임.」으로 제시하였다. 그러나 2차 델파이 조사 결과에서도 전문가들의 동의 정도는 그다지 높아지지 않은 것으로 나타났다.

한편 「지식이 디지털화되고, 이를 통해 발전된 인공지능은 디지털 형식으로 지식을 생산하기 시작함. 따라서 미래 학교지식은 생물학적 인류의 자연어(말과 글)의 형식과 인지 시스템(뇌 그리고 뇌와 연결된 몸과 장치들), 다른 한편으로 데이터와 코드라는 이름으로 불리는 인공어의 형식과 디지털 인지 시스템(알고리즘과 빅데이터)이 미래 학교지식의 두 축을 구성하게 될 것임.」에 대해서도 공감하기 어렵다는 의견이 다수 제시되었다. 여기서는 지식이 데이터화, 디지털화되는 것은 명백하나, 그렇다고 해서 그와 같은 인공어가 교육의 한 축을 담당할 것으로 보기는 어렵다는 이유가 제시되었다. 이에 따라 저자들의 의도를 조금 더 부각하기 위해 「지식이 디지털화되고, 이를 통해 발전된 인공지능은 디지털 형식으로 지식을 생산하기 시작함. 따라서 미래 학교지식은 종전과 같은 생물학적 인류의 자연어(말과 글)의 형식과 인지 시스템(뇌 그리고 뇌와 연결된 몸과 장치들)을 넘어서서, 데이터와 코드라는 이름으로 불리는 인공어의 형식과 디지털 인지 시스템(알고리즘과 빅데이터)에 대한 고려도 필요할 것임.」으로 보완하여 진술되었다. 다만 여기서도 2차 델파이 조사 결과가 평균 및 CVR 값의 상승으로 이어지지는 않았다.

3) 미래 학교교육의 방법

미래 학교교육 방법의 범주와 관련해서도 상당히 높은 평균값을 보였고, 높은 CVR 값으로 항목들이 채택되었다. 다만, 「지식 체득(습득) 통로의 다원화에 따라 교사의 교수(teaching) 권위 및 지위 약화 또는 해체로 교사와 학생 간 대등한 관계가 형성되어 학생이 스스로 배우는 과제를 중심으로 교수 행위가 이루어질 것임.」의 항목은 기각되었다. 이 항목이 공감을 얻지 못한 데는 다음과 같은 것들이 이유로 제시되었다. 우선, 미래 학교지식의 특성 및 구성 범주에서도 나온 의견이지만, 미래 학교 역시 지식의 위계화에서 벗어나지 못할 것이며, 따라서 교사의 교수 권위가 약화한다는 전망이 현실적이지 않다는 지적이었다. 또한 교사의 지적 권위나 도덕적 권위는 교사 전문성의 핵심으로 지금과 같은 형태는 아니라도 반드시 지켜나가야 할 부분이라는 견해도 제시되었다. 아울러 교사 역할이 다양화된다고 하더라도 그 역할은 교육에 대한 깊은 이해와 오랜 준비를 통해서 갖추어지는 것이며, '대등한'이라는 표현은 오해의 소지가 있다는 것이었다. 이와 같은 우려는 나름의 합리성을 가지고 있다. 다만 저자들이 의도한 바는 이러했다. 즉 여기서 말하는 교사의 교수 권위란 일방적으로 내용을 전달하고 강요하는 것을 말하며, 미래 사회에서는 교사가 유일한 지식의 원천이 아니라 다양한 기술, 매체를 통해 다각적 경로로 학습자에게 닿을 것으로 전망된다는 것이다. 이와 같은 의도가 분명히 소통되지 않은 탓에 기각은 되었지만, 미래 학교의 학습이 학습자 주도의 것임을 부인하기가 쉽지 않다는 점은 분명하다.

4) 미래 학교 교사와 학교 환경

미래 학교의 교사와 관련해서는 델파이 조사 참여자들의 이견이 적지 않게 나타났다. 먼저 「기존의 사범대학, 교육대학보다는 다양한 분야의 전문가가 교직에 진출할 수 있는 개방적이고 유연한 교사 양성 및 운용 체제가 구축될 것임.」의 항목은 기각되었다. 이 항목에 대한 응답 결과의 요지는 교사의 역할이 어떻게 변화하든지 간에 교사가 갖추어야 할 전문성은 교육대학이나 사범대학 등 전문 양성 기관을 통해서 특별히 길러질 필요가 있다는 것이다. 이러한 응답 결과는 한편으로 델파이 조사 참여자들이 교육대학이나 사범대학의 교수 및 교육자라는 점에서 교직 전문성에 대한 남다른 신념과 애정이 있기 때문으로 추측된다. 그러나 다른 한편으로 관성적인 사고와 소속된 집단에 대한 과도한 애착이 변화되는 현실에 대한 정확한 인식을 가로막고 있는 것으로 해석될 여지도 있다는 점에도 주목해야 할 것이다. 이와 관련하여 토론과 숙의가 지속해서 이루어질 필요가 있다.

채택된 항목이긴 하지만, 「미래 학교에서 교사는 지금과 같이 지식을 가르치는 역할보다는 학생의 진로 및 생활, 정서, 인생 전반에 걸친 지도와 코칭의 역할과 함께 협업적 학습 과정을 운영하고 학습자의 성공적인 학습 경험을 지원하는 멘토로서의 역할이 더 중요해질 것임.」의 경우, 여기에 대한 다른 의견도 주목해 볼 필요가 있다. 즉 미래 교사에게 다양한 역할 기대가 주어진다고 하더라도, 그리고 과거와 같은 일방적 주입식 형태는 아니겠지만, 여전히 지식의 전수가 중요하다는 주장이 담겨 있는 것으로 파악할 수 있다. 코칭, 멘토, 상담 등은 교사보다는 다른 전문가들이 더 잘 할 수 있는 영역이며, 따라서 이런 부분이 교사 전문성을 구성한다면 교사가 설 자리가 없어질 것이라는 우려를 나타내는 것으로 볼 수 있다.

한편 미래 학교 환경과 관련해서도 대체로 높은 평균과 큰 CVR 값으로 채택되었다. 다만 「미래 학교는 (학교급 및 학년별) 단계적 이수에 따른 졸업 자격 부여보다는 자기결정 학습에 따른 이수 자격 부여로 목적과 기능의 변화가 나타날 것임.」의 경우에는 .48로 CVR 값이 다소 낮게 나타났다. 이 항목에 대해 공감하기 어려운 이유로는 현실적으로 졸업 자격이 학교의 중요한 존재 이유로 계속될 것이라는 예측을 들었다. 저자들의 의도는 미래 시·공간을 초월한 학교 환경에 비추어 볼 때, 지금처럼 모두가 동일한 교육과정을 주어진 단계에 따라 동시에 학습하고 학습 연한을 채우면 졸업하는 것이 아니라 학습자 각자에 맞게 재단되고 설계된 교육과정을 이수하고 자기가 결정한 학습의 성취가 일정 정도에 이르렀을 때 학교를 떠나게 되는 시스템이 보편화될 것이라는 전망을 나타낸 것이다. 이러한 부분을 좀 더 명확히 소통하기 위해 「미래 학교는 (학교급 및 학년별) 교육과정의 단계적 이수에 따른 졸업 자격 부여보다는 자기결정 학습 및 다양한 인증이나 성과를 졸업 자격으로 통합 관리하게 될 것임.」으로 진술을 일부 수정하여 제시하였고, 그 결과 .48에서 .64로 CVR 값이 크게 상승하였다.

5) 미래 교육과정 개발·생성

사실상 교육과정 개발·생성 범주의 항목은 앞의 다른 범주들의 종합판이라고 할 수 있다. 이에 따라 이 교육과정 개발·생성 범주의 항목들은 1, 2차 모두 높은 CVR 값으로 채택되어 전문가들의 동의 정도가 상당히 높았다고 할 수 있다.

다. 미래 교육과정 체제 시나리오 확정

전문가 자문 및 델파이 조사까지 거쳐 〈표 V-1-1〉과 같이 미래 교육과정 체제에 관한 시나리오를 확정하였다.

〈표 V-1-1〉 미래 교육과정 체제에 관한 시나리오

지표	시나리오
지식 담론	• 딥러닝과 같은 인공지능의 발달 등 디지털 정보 및 인공지능, 과학 · 기술 발달로 인간을 뛰어넘는 지식 생산이 가능하게 됨에 따라, 지식은 인간의 전유물이고 인간만이 생산할 수 있다는 신화가 깨지고, 인간 중심적 지식관을 넘어선 탈 인간 중심의 포스트휴머니즘의 지식 관점이 부상할 것임 • 탈 인간 중심의 포스트휴머니즘 지식관은 기존의 인간 지식 체계를 '더 인간적인(all to human)' 방식으로의 전환을 도모하도록 하는 것임. '더 인간적인 지식 체계'로 방향을 재설정하는 것이 본래 인간이 가진 본성, 감성, 창의성을 새롭게 이해하고 회복하는 방향으로 돌아갈 수 있도록 할 것임. ※ 여기서 탈 인간 중심 관점은 무제한적인 자유나 극단적인 결정론 혹은 인간-비인간의 이분법을 거부하는 대신, 이 세계의 인간 존재로서의 우리가 인간 외의 존재에 대한 위계적 시선을 유보하고 상호연결성 및 탈 경계를 바탕으로 세계를 이해하고자 하는 관점을 지칭하는 것임 • 미래 학생들은 인간의 지식과 인공지능을 통해 생성된 지식이 혼재된 지식 학습을 수행하면서 지식을 생성 · 공유하게 될 것임
학교지식 특성 및 구성	• 전통적인 관점의 교육(Pedagogy)이 학습자 주도성을 강조하는 교육(Andragogy)으로, 다시 자기결정 학습을 강조하는 교육(Heutagogy)으로 관점 변화가 일어날 것임. 즉 학습자 중심 교육을 통한 개개인의 능력 개발이 미래 교육의 표적일 것이므로 교육과정 구조는 각 개인의 학습 상황, 학습 이력, 능력 수준 등에 맞춘 개별적인 교육과정으로 나타날 것임. • 에듀테크 기반의 지능형 맞춤 학습이 가능한 개방형 지식(언제, 어디서나, 누구나, 어떤 내용이든지 학습할 수 있는 지식)이 제공될 것임 • 학생 스스로 문제를 선정하고 그것을 해결하는 과정에서 요구되는 지식, 기능, 태도 등의 자율적인 습득을 통한 지식 구성이 강조될 것임
	• 미래 학생들은 교육과정의 프로슈머(prosumer)로서 스스로 지식을 생성(user creator-curriculum, UCC)하여 그들의 삶과 생활에 유익하게 활용하게 될 것임. 따라서 이들 지식은 종래의 분과 학문 체계의 지식보다는 상당 부분 융 · 복합 성격의 생활지식 특성을 띠게 될 것임 • 이에 따라 미래 학교지식에서 분과 학문 체계의 전통적 지식은 그 영향력이 줄어들고 학생들의 삶과 생활을 기반으로 기존 학문 영역과 지식 영역을 넘나들고 가로지르는 융 · 복합적 지식의 생산이 더욱더 활성화될 것임

지표	시나리오
	• ① 학문적 대상 지식 측면에서는 부문 내 학문 영역 간의 융 · 복합적 지식이 미래 학교지식으로 제안될 것임 • ② 방법적 · 실천적 지식 측면에서는 융 · 복합 및 탈 경계 지식(융 · 복합적 사고 역량, 통계적 사고와 데이터 기반 의사결정, 네트워크 중심 시각적 사고, 탈 편향적 사고 및 탈 경계적 상상력, 실제 · 가상현실 기반의 체험 훈련 등과 같은 역량, 정보 · 인공지능 부문의 융 · 복합적 기술을 사용하는 방법을 이해하고 이를 사용 및 활용, 설계 개발, 관리, 운영하는 능력, 융 · 복합적 과학 · 기술을 활용한 수행 역량 등)이 미래 학교지식으로 등장할 것임. 또한 방법적 및 실천적 지식은 주제 중심 및 과제 해결형 지식으로의 변화를 촉진하게 될 것임 • ③ 태도 · 가치 · 윤리 측면에서는 융 · 복합적 과학 · 기술에 따라 생명 윤리와 공존의 윤리, 공동체와 세계 시민 의식 등과 같은 윤리적 문제, 정보 · 인공지능 부문의 융 · 복합적 기술에 따른 기술의 형성 과정 및 결과물, 사용 과정에서 발생하는 윤리적 문제, 융 · 복합적 기술에 따른 결과물(지능화된 인공물, 플랫폼, 현실 및 증강현실, 가상현실 등)에 대한 태도 문제를 비롯하여 인간의 가치를 강조하는 문제, 기술-사회 시스템을 설계하고 개발하는 과정에서의 윤리적 판단 등이 미래 학교지식으로 강조될 것임 • 가상현실과 인공지능의 기술 발전으로 인간의 오감 기반의 인식 체계로는 디지털 세계(가상 세계)와 현실 세계(물리 세계)의 구분이 어렵고 이로 인해 가상 세계(디지털 세계)에서 창조된 다양한 생명체 혹은 사물들에 대한 가치 및 윤리에 관한 판단 근거와 의사결정에 오류가 있을 수 있음. 따라서 판단 근거와 의사결정에 영향을 미치는 가치와 윤리에 관한 지식과 이에 대한 학습방법은 미래 학교교육에 중요한 요소가 될 것임.
	• 지금과 같은 국 · 검 · 인정제의 서책 교과서는 사라지고 학력(學歷), 자격 등의 조건을 위한 공통 지식이 일정 정도 존재하겠지만, 상당 부분 학생의 삶과 생활 및 필요와 요구에 대응한 지식이 주류를 형성하게 될 것임 • 종래의 교과 학문 체계의 지식은 상대적으로 약화되고 학생의 삶과 생활에 연결된 지식이 부각됨으로써 인간 존재와 앎, 실천이 통합된 지식이 학교지식으로 형성될 것임 • 종래의 교과 학문의 순차적, 선형적, 계열적 지식 구성에서 학생의 삶과 생활에 연결된 생활지식으로 비순차적이고 비계열적인 지식으로 구성될 것임 • 생활지식에서는 특히 Youtube와 같은 매체 알고리즘형 지식의 습득 과정이 중요시될 것임

지표	시나리오
	• '기억' 및 '습득' 형태로서의 학습에서 '연결'과 '공유'로서의 학습이라는 교육학의 새로운 관점에 기반을 두게 될 것임
	• 지식과 정보가 넘쳐날수록 학생들이 살아가는 데 기본적으로 요구되는 학교지식은 존재하게 될 것이고, 모든 현상적 변화를 관통하는 기본 개념 및 근본 원리와 법칙의 중요성이 강조되고, 이에 따른 정련된 지식 체계로서의 지식은 여전히 중요한 학교지식의 기초가 될 것임. • 디지털 정보와 인공지능이 미래 사회 현상으로 파악됨으로써 디지털 · 인공지능 소양은 언어 및 수리 등과 나란히(동급의) 기초 지식으로 취급될 것임
	• 종래의 학교지식은 '데이터 → 정보 → 지식'의 순차적 과정을 거친 완성 · 완결된 지식으로 전달되었으나, 미래 학교지식은 순차적 완성 · 완결된 지식을 넘어 지식이 다시 정보 또는 데이터로 분해되어 생성 · 공유되는 가역적 역동성을 지니게 될 것임
	• 지식이 디지털화되고, 디지털 형태로 전환된 지식을 재료로 인공지능이 다시 지식을 생산하기 시작함. 따라서 미래 학교지식은 생물학적 인류의 자연어(말과 글)의 형식과 인지 시스템(뇌 그리고 뇌와 연결된 몸과 장치들), 다른 한편으로 데이터와 코드라는 이름으로 불리는 인공어의 형식과 디지털 인지 시스템(알고리즘과 빅데이터)이 미래 학교지식의 두 축을 형성하게 될 것임. • 지식은 책자 형태의 텍스트로 존재하기보다는 지식의 생성과 전달, 습득 경로가 디지털화되면서 학습자가 언제 어디서나 쉽게 접근하여 학습할 수 있도록 온라인 및 가상공간에 디지털화된 지식 형태로 존재하게 될 것임 • 학습자 또는 지식 사용자의 목적이나 필요에 따라 지식 간의 연결, 통합, 융합 등에 의해 새로운 지식이 창조되는 구조로 지식은 미리 확정되거나 고정되지 않고 지속적인 변화의 과정을 거치게 될 것임
	• 미래 학생들은 미래 사회의 초연결의 네트워크를 활용하여 프로슈머로서 교육과정 생성 및 지식 활동을 하므로 '방법을 아는 것'을 넘어 스스로 지식을 탐색 및 탐구하고 생성하는 시대에 직면하게 될 것임. 따라서 종래의 방법적 지식을 넘어서 상황적 지식 및 지식의 탐색(수집) 능력(know-where)이 요청됨 ※ 여기서 'know-where'란 ① 문제해결자가 해결하고자 하는 문제의 최적화된 방안을 찾아가는 지식, ② 정보 검색법, 자신이 필요로 하는 정보가 어디에 존재하는지를 알아내는 지식, ③ 상황 및 맥락 속에서 교과의 핵심 내용을 활용할 기회를 제공하는 것을 의미함

지표	시나리오
	• 미래 학습에서는 정련된 체계로서의 지식의 가치보다는 학습자의 삶과 생활에서의 필요성, 그리고 상황이나 목적에 따른 선택이 더 중요해질 것임. 따라서 그러한 선택에 필요한 메타 지식의 중요성이 더욱 강조될 것임 ※ 메타 지식은 ① 지식의 지식(Knowledge of knowledge)으로 자신이 알고 있는 지식의 정당성을 질문하는 데 동원되는 지식으로서 자기 지식의 근거, 지식 습득 방법 및 그 방법의 타당성, 지식의 활용 방법 등이 포함됨. ② 메타 인지 지식(meta-cognitive knowledge)으로 사실, 개념, 절차적 지식보다 상위의 지식으로 간주됨. ③ 학습하는 방법을 학습하는 지식으로 학습자가 학습 자료를 스스로 자신의 것으로 만들고 배운 것을 새로운 상황에 적용할 수 있도록 소수의 핵심 내용을 깊이 있게 배우는 것을 강조함. • 지식과 기능의 습득을 넘어서서 이를 삶과 연계하고 활용하는 능력 및 역량의 함양을 목표로 하므로 이를 실제로 구현하는 방법, 예컨대 첨단 과학 · 기술과 인공지능을 활용하여 물리적 공간과 제약을 벗어난 '다양한 체험과 실감형 교육방법'의 필요성이 강조될 것임 • 앎이나 지식을 생산하는 사람과 그 앎의 대상 사이를 분별하기 어려운 경험을 제공하는 미래 뉴미디어가 도래함으로써, 외적 존재들과의 공존을 모색하며 느끼고 참여하는 삶이 놀이이면서 학습이 되면서 지식과 지식을 얻는 학습방법이 융합될 것임 • 초연결 시대와 디지털 대전환으로 교육환경의 대변혁이 초래될 것으로 예상되고, 이로 인해 교육방법은 기존의 교수 중심 교육에서 코칭과 함께 상호연결에 따른 체험과 경험을 통한 지식 확장으로 전개되고 가속화될 것임
	• 미래 사회 공존(기계 및 인공지능과의 공존, 자연환경 및 타자와의 공존 등)을 위한 가치나 태도 · 윤리 등이 강조될 것임. 즉 미래 사회의 부정적 영향을 해소하거나 완화하는 데 필요한 윤리와 태도 등의 강조와 더불어, 인공지능 발달에 수반되는 불안과 위협 요소에 대한 대처와 관련된 지식이 중요해질 것임. • 가상현실과 인공지능의 기술 발전으로 인간의 오감 기반의 인식 체계로는 디지털 세계(가상 세계)와 현실 세계(물리 세계)의 구분이 어렵고 이로 인해 가상 세계(디지털 세계)에서 창조된 다양한 생명체 혹은 사물들에 대한 가치 및 윤리에 관한 판단 근거와 의사결정에 오류가 있을 수 있음. 따라서 판단 근거와 의사결정에 영향을 미치는 가치와 윤리에 관한 지식과 이에 대한 학습방법은 미래 학교교육에 중요한 요소가 될 것임. • 인공지능의 등장으로 인한 기술 혁명의 충격은 전통적인 지식관을 탈피하고 인식과 가치가 결합된 지식을 정당화해 주는 환경을 제공할

지표		시나리오
		것임. 따라서 인간의 일방향적 세계 구성 및 해석을 지양하고 인간과 다양한 첨단 매체 및 일반 사물들과의 공존 관계를 강조하게 될 것임. 또한 미래 네트워크 사회에서는 개인의 고립 가능성이 커져 역설적으로 더욱더 관계와 공존을 위한 소통이 중요해질 것임. 따라서 이러한 관계와 공존을 위한 소통과 지원을 미래 학교가 결코 외면할 수 없으며, 더 나아가 기계 및 인공지능과의 공존으로 무뎌지고 혼란해진 정체성을 어떻게 수습하고, 무엇으로부터 인간의 가치를 확보할 것인가라는 질문은 미래 학생이 학교교육을 통해서 반드시 묻고 탐구해야 하는 주제가 될 것임. • 미래(과학 · 기술 등) 자체의 변화 방향에만 초점을 맞춘 지식이 아니라 그러한 변화 속에서 인간 존재에 대한 이해를 강조하는 지식이 중요해질 것임. 즉 인간 중심적 사고로서가 아니라, 미래의 사회변동 과정에서 인간에 대한 존재론적 및 철학적, 삶의 지향적 이해 등이 미래 교육에서 지속적으로 강조될 것임 • 인식 주체(학습자)의 내면의 삶과 관련된 인간의 미적 측면 및 심미성, 정서 관련 지식의 중요성도 높아질 것임 • 탈 인간 중심적 관점에서, 미래 정보 · 인공지능 사회에서도 지구의 자원 고갈과 온난화, 환경 교육이나 지속가능발전 교육 등이 더욱 중요하게 다루어질 것임
		• 개방적, 다차원적, 비계열적 체제로 고도의 디지털 및 인공지능 기술을 기반으로 교육과정의 생성 · 공유, 활용 및 피드백의 과정이 계속되는 순환적이면서 역동적인 형태를 취하게 될 것임('단일 중심성의 중앙-주변 모형에서 다중 중심성 모형으로의 변화'로 이동) • 다양하고 방대한 지식의 흐름 속에서 학생의 필요와 학습 상황에 부합한 지식과 정보가 융 · 복합되어 개별 학생의 교육과정을 구성할 것임. 따라서 종래의 교과는 여타의 정보와 지식보다 우위에 있지 않으며, 과거와 같은 핵심 교육내용의 지위를 상실하게 될 것임. • 종전의 분과 학문 체계를 기반으로 구성되는 방식에서 벗어나 학문 영역 간의 통합 및 연계, 학습자의 삶을 기반으로 하는 융 · 복합적 교육과정 구성 및 설계 방식으로 바뀌게 될 것임
교육 방법	수업	• 플랫폼 연결 네트워크를 통한 증강현실 및 가상현실 등으로 이루어진 메타버스형 물리적 · 가상 체험 공간으로서의 교실이 형성될 것임 • 학생들은 종래 교실 공간과 등 · 하교 시간에 따른 출결 통제에서 벗어나 상황에 따라 물리적 학교 교실 공간 또는 온라인 출석을 하거나 교사 출석이 없는 수업을 학생 스스로가 전개하게 될 것임(이 경우 교사가 온라인 등을 통해 지도할 수도 있고 인공지능이 교사를 대행하

지표		시나리오
		는 경우도 있을 것임) • 교사와 학생이 메타버스형 가상 학습환경 내에서 아바타로 존재하여 시 · 공간을 초월한 교수와 학습, 관계 형성, 새로운 학습환경 개척 등의 기능을 수행할 것임 • 시 · 공간 제약에서 벗어난 탈 경계 교육방법으로 전개될 필요성이 두드러질 것임. • 기존 교육과정 방식에서 벗어나 메타버스 등과 같은 가상 세계에서 교육과정을 운영함으로써 자기주도 학습을 높이고 또한 학습이나 훈련을 촉진하는 게임화 전략을 유용하게 활용할 것이며, 이러한 자기주도 학습을 위한 지원 도구가 필요하게 될 것임 • 국가 수준 교육과정과 학교 수준 교육과정, 교수 · 학습, 평가가 상호 밀접하게 이루어지는 관계 속에서 인공지능에 기반을 두어 학생의 학습 이력을 종합적으로 관리하고, 개별 학습자의 학습 진도에 따라 맞춤형 교육과정을 제공하는 방식의 수업이 이루어질 것임 • 미래에도 공동체적 삶은 중요하므로 학생들의 수업이나 교수 · 학습 과정에서 어떻게 사회성 및 협업 능력, 공동체성 등을 길러주기 위한 방법적 논의가 강조될 것임.
	교수	• 지식 체득(습득) 통로의 다원화에 따라 지식 전달형 교수 권위는 약화하고, 학생이 스스로 배우는 과제를 중심으로 교수 행위가 이루어질 것임
	학습	• 학습 과제 성격에 따라 고도의 디지털 정보 및 인공지능 기술(플랫폼, 가상현실, 증강현실, 혼합현실, 인공지능 등)을 통한 온 · 오프라인 학습방법이 활용되어 학습방법의 초현실적인 개별화가 일상화될 것임 • 초연결의 네트워크 학습 일상화로 온 · 오프라인상의 새로운 협력 학습방법이 등장하게 될 것임 • 미래 학교는 가상현실 및 증강현실 등 다양한 정보통신 기술과 인공지능 기술의 발전으로 더 개인화되고 디지털로 이루어진 가상 세계를 통해서 지식의 전달 방식이 자유롭게 이루어지는 공간으로의 학교가 될 것임 • 지식 체득(습득) 통로가 다원화될 것이고, 전통적인 지식 전달 방식이 아니라 학생의 주도성에 바탕을 둔 교수 · 학습 방법이 강조될 것임
	평가	• 미래 학교에서의 평가는 학습에서 분리된 것이 아니라 학습 과정으로서의 평가에 초점을 둘 것이며, 학생이 주도성을 발휘하는 평가가 부각될 것임
교사	교수 전문성	• 디지털 정보 기술의 상용화 및 인공지능의 대체 교사 등장, 학생의 지식 습득 통로 다원화 등에 따라 지식 전달형의 전통적 교수가 해체 또

지표		시나리오
		는 약화하고, 따라서 상기의 교육 상황에 대응하는 탈 교수 전문성이 요구될 것임 • 가르치는 역할보다는 학생의 진로 및 생활, 정서, 인생 전반에 걸친 지도와 코칭의 역할과 함께 협업적 학습 과정을 운영하고 학습자의 성공적인 학습 경험을 지원하는 멘토 혹은 네트워크 관리자가 주된 역할이 될 것임 • 교사가 담당할 수 없는 다른 교육 영역 및 활동 분야의 전문가와 지속적인 교류와 소통을 해 나가는 협업 역량이 요구될 것임 • 교육과정 설계자로의 역할이 요청될 것임 • 인공지능이 발전하면서 인간의 존엄성, 인간에 대한 관심이나 공감 등이 약화될 가능성에 따라, 이를 보완하기 위해 미래 사회의 교사는 학생 배려 및 공감 또는 돌봄 등과 같은 학생의 정서적 발달에 관한 전문성이 중요하게 요구될 것임
	교육과정 프로슈머	• 미래의 학교 교육과정은 일방향의 보급 · 전달이 아니라 국가 교육과정이든 지역 교육과정이든 그 모두가 거대한 연결의 네트워크 교육과정 체제로 이루어질 것이기 때문에 교사는 교육과정 프로슈머로서 학생 활동을 지원하기 위한 교육과정을 설계하고 실행하는 것이 중요한 역할이자 기능으로 자리매김하게 될 것임
	교사 양성	• 기존의 사범대학, 교육대학보다는 다양한 분야의 전문가가 교직에 진출할 수 있도록 개방적이고 유연한 교사 양성 및 운용 체제가 구축될 것임. 또한 국가가 발행한 교원 자격증만이 유일한 자격증이라는 사고에서 벗어나 교사의 다양성을 확보할 수 있도록 여러 분야 전문가들의 교직 진출을 허용하게 될 것임. • 지식은 계속 확장되기 때문에, 교사 스스로 평생 배우고자 하는 평생학습자, 탐구자로서의 역할이 중요해질 것임 • 학교가 평생학습의 장소로서 복합적인 기능을 수행하기 위해 교사 외의 인적 자원 활용이 보다 일상화될 것임
학교 환경	학교의 존재 방식	• 직접적인 체험이나 경험을 할 수 있는 물리적 공간이면서 세상의 다양한 자원과 연결되는 가상 거점 공간이 될 것임. 즉 직접 체험뿐만 아니라 외부 세계와의 접속과 연결이 보장되는 공간으로서의 역할을 수행할 것임 • 학생뿐만 아니라 지역주민을 대상으로 하는 지역사회의 학습 센터로서 역할을 수행할 것임. 따라서 학교는 물리적 공간을 넘어 디지털 기반의 마을 교육공동체뿐만 아니라 평생학습의 실천 장으로서 자리매김할 것임 • 미래 학습은 평생에 걸쳐 일상적, 상시로 진행될 것이라는 점에서 학

지표		시나리오
		교는 일종의 학습 허브로 존재할 것임 • 네트워크화된 교육환경에서 학습자가 언제 어디서나 학습할 수 있는 평생학습 체제를 갖추게 될 것임 • 미래 학교에서는 시 · 공간적인 제약을 탈피하여 언제 어디에서든 상호연결이 가능한 환경에서 지식과 정보를 공유하여 새로운 지식으로 융합과 결합하는 형태로 전개될 것임
	역할 · 기능	• 온 · 오프라인을 통한 사회화뿐만 아니라, (학교급 및 학년별) 교육과정의 단계적 이수에 따른 졸업 자격 부여보다는 자기결정 학습 및 다양한 인증이나 성과를 졸업 자격으로 통합 관리하게 될 것임 • 다양한 교육 선택권이 강화됨에 따라 학습자 개개인의 필요와 요구에 따라 온라인 기반의 학습 인정제가 발달하게 될 것임 • 미래에도 개인을 넘어서는 공동체적 삶의 중요성은 부정할 수 없으므로 학교 공간을 통해 학생들의 사회성 및 협업 능력, 공동체성 등 비인지적 측면들에 대한 역할이 강조될 것임 • 학교는 공공성과 사회적 영역 경계를 잇는 장소로서 단순한 지식 전달의 공간이 아닌 학습자의 자발적 학습을 지원하고 지역자원을 네트워크화하며, 나아가 지식과 학습 중심의 학교를 넘어 학생의 일상생활 장소로서의 새로운 역할 · 기능을 수행함으로써 이에 따른 공공성 강화와 지원 행정이 강화될 것임
	시설 · 설비	• 학교 또는 교실 형태의 물리적 공간은 축소될 것이며, 온라인 네트워크를 기반으로 학교 공간이 재구축될 것임. 따라서 물리적 공간의 제약을 벗어난 학교 시스템과 관련된 논의가 주를 이루게 될 것임. 가령 '수집된 학습자들의 데이터를 효과적으로 활용할 수 있도록 돕는 빅데이터 기반 지능형 교수 · 학습 지원 시스템 개발', '인공지능을 가르치고 배우고 실습해 볼 수 있는 실습 활동 지원 시스템', '인공지능 기술을 활용하여 학생의 과거, 현재를 진단하여 학생 지도에 활용할 수 있는 개별 학습자 지원 지능형 시스템', '네트워크 인프라를 획기적으로 개선하고 증강 또는 가상 기기를 배치하여 비대면 수업을 위한 학교 인프라 구축', '모든 학생이 학교 및 가정에서 전용 단말기(테블릿 PC 등)를 이용하여 온라인 수업 및 오프라인 활동 가능 체제 구축', '학생 개개인의 학습 이력을 수집하고 관리하며 필요할 때 유용한 피드백(실시간 평가 결과)을 제공해 교수 · 학습을 도와주는 인공지능 기반 맞춤형 학습 지원 시스템', '학교의 모든 교육 활동을 교육 플랫폼 기반으로 전환하여 학생이 원하는 강좌와 강사를 매칭하는 개방형 교육체제 구축' 등이 고도화될 것임. • 이와 같은 시스템, 체제 변화와 맞물려 '사물인터넷, 센싱, 인공지능

지표		시나리오
		실습 기자재 등이 마련된 실습실', '빅데이터의 활용과 생활의 변화를 실습해 볼 수 있는 실습실', '가상현실 및 증강현실 장치 활용 공간 및 콘텐츠 제작 실습실', '교과목 중심의 교수 · 학습 활동뿐만 아니라 개인 실험과 탐구활동, 빅데이터 및 인공지능, 실감형 콘텐츠 제작과 경험 등에 수월하게 사용할 수 있는 학습자 개인 전용 단말기' 등과 같은 시설 및 설비가 요구될 것임 • 물리적 환경을 벗어난 미래형 학교 환경은 학교 안과 밖의 경계에 대한 융통성 있는 사고와 접근을 요구하게 될 것임. 따라서 미래 학교는 도서관, 박물관, 지역주민 센터, 주간돌봄 센터 등 지역사회의 다양한 기관과 연동된 복합 기능을 수행하게 될 것이며 공유 캠퍼스 형태로 운영되는 것도 예상할 수 있음. • 인공지능, 실감형 콘텐츠, 태블릿 PC 등의 기술과 더불어 클라우드나 엣지컴퓨팅을 통해 교육용 프로그램, 콘텐츠 등의 분산, 공유 처리, 로봇공학 기술을 통한 학습 지원(도우미, 보조, 주체적 역할 등), 증강현실을 통한 실세계의 증강과 가상현실을 통한 가상 세계로의 연결을 통해 학습환경이 확대될 것임
교육과정 개발 · 생성		• 미래에도 여전히 국가 교육과정 형태는 존재하게 되겠지만 지금과 같은 관료 행정적 개발 · 보급 체제는 해체되고 교육과정 프로슈머를 지원하는 교육과정 개발 · 보급 형태를 띠게 될 것임 • 국가 교육과정도 초현실적인 사회변화 속도 및 다차원적 변화 양상과 초연결의 네트워크 사회 상황에 적합한 '사용자 중심 개발 방법'의 교육과정 프로슈머형 국가 교육과정 개발 · 보급 체제를 갖추게 될 것임 (애자일, 린 스타트업 등)
		• 미래 교육과정은 학생 개개인에게 필요 및 요구되는 학교지식을 습득 및 생성 · 공유할 수 있도록 이른바 오픈 마켓 플랫폼 교육과정 체제를 구축하게 될 것임 • 교육과정이 디지털 정보 및 인공지능을 기반으로 하는 네트워크 조직을 통해 지속해서 생성 · 공유하게 될 것임 • 교육과정의 오픈 마켓 플랫폼을 통해 교육과정 프로슈머들이 관여하고, 국가와 교육청뿐만 아니라 교사, 학생, 학부모 등 교육과정 사용자 중심으로 운영될 것임 • 미래 학교 교육과정의 생성 · 공유 체제에 따른 학생의 교육과정 활동은 종래의 시험 학력(test achievement)에서 탈피하여 학생의 교육과정 생성 · 공유의 인정 체제 및 자기결정 평가 체제 등을 중심으로 한 교육과정 이수 이력 체제(curriculum completion record system, CCRS)가 구축될 것임

지표	시나리오
	• 미래 학교 교육과정 체제에서는 학생과 교사 단위로 다 중심성(multi-center, multi-core)을 형성하고 이러한 다중 중심 간에 파상적 상호작용 관계가 형성될 것임. 즉 기존과 같은 보급의 의미는 사라질 것이며, 여기저기서 산발적으로 교육과정이 개발되고, 실행되고, 평가, 공유, 소멸, 재개발 등이 진행될 것이며, 그 과정은 순서화, 주기화할 수 없을 만큼 다발적, 다원적으로, 그러면서도 역동적인 체제를 형성하게 될 것임. 학교 단위에서 이루어지는 학생 및 교사 수준의 교육과정 생성 · 공유는 국가 수준을 넘어 초국가적 특징도 보이게 될 것임. 그리하여 미래 교육과정 체제는 비정형, 비선형, 탈 경계, 끊임없는 변용, 융 · 복합의 양상을 띨 것임.

교육과정이 넓은 스펙트럼에서 다양한 방식으로 이해되고 있다는 점은 더는 새로운 사실이 아니다. 그러나 어떤 관점에서 이해한다고 하더라도 학교에서 무엇을 가르칠 것이며, 그것을 어떻게 다룰 수 있을 것인가가 교육과정의 핵심적 관심사라는 점은 분명하다. 따라서 이 책에서는 미래 교육내용으로서의 지식이 어떤 변화의 흐름을 거칠 것이며, 학교교육에 영향을 줄 수 있는 중요한 사항은 무엇인가 등에 대해 다양한 탐색을 시도했다. 그 결과, 이 책에서는 미래 지식 담론을 관통하는 아이디어는 포스트휴머니즘, 즉 탈 인간 중심 관점이 될 것으로 전망했다. 그에 따라 미래 학교지식으로 디지털 및 데이터화된 지식, 융·복합적 지식, 인식과 가치가 결합된 지식, 상황적 지식 및 메타 지식 등이 부각될 것으로 예측했다. 이와 같은 학교지식에 대한 전망을 바탕으로 개방적이고 생태적 교육과정 체제에서 학교교육 환경, 교육방법 등의 각 축이 상호작용하는 구도로 교육과정 체제 재구조화 방안을 마련하고자 하였고, 델파이 조사 역시 이와 같은 구조로 구성 및 실행되었다.

첫째, 미래 학교지식의 특성 및 구성과 관련해서는 가장 낮은 항목조차도 .56의 높은 CVR 값을 보임으로써 전문가의 동의 정도가 높은 것으로 나타났다. 그러므로 앞서 제시한 탈 인간 중심의 포스트휴머니즘 지식관의 부상, 융・복합 지식의 부각, 지식의 디지털 및 데이터화, 가치와 필연적으로 연결된 것으로서의 지식관, 상황적 지식, 메타 지식의 강조를 통한 지식과 정보의 탐색 능력 강조 등이 미래 학교교육의 전형적인 양상이 될 가능성이 클 것으로 전망할 수 있다. 이에 따라 학교지식의 구성 역시 종래와 같은 분과적이고 위계적이라기보다는 통합과 융합이 강조되고, 개별 학생의 필요에 따른 맞춤형 구성에 대한 강조가 두드러질 것으로 예상된다. 그러나 많은 전문가가 지적하고 있듯이 '모든 현상적 변화를 관통하는 기본 개념 및 근본 원리와 법칙'의 중요성은 강조될 필요가 있고, 이러한 측면에서는 지식의 계열성이 존중될 필요가 있다는 점은 분명하다. 이 책에서 상정하는 미래는 개방적이고 생태적 관점에서의 다양성과 다원성을 바탕으로 한다. 여기서 말하는 다양성과 다원성은 어떤 특정한 것이 다른 특정한 것으로 대체되는 것을 의미하는 것이 아니라 이것도, 저것도 함께 존재하는 혼재된 세계를 가리킨다. 즉 이 책에서 취하는 지식 구성 관점은 이러이러한 내용과 구조와 방법이 저러저러한 내용과 구조와 방법으로 대체되는 것을 말하는 것이 아니라 각각이 자신의 몫과 위치로 존중되는 것을 기본 가정으로 하고 있음을 유의해야 한다.

둘째, 교육방법과 관련해서 저자들이 제시한 시나리오는 미래 과학・기술의 발달로 인해 종래와 같은 물리적, 시간적 한계를 넘어서서 다양한 체험이 가능한 교수・학습 방법이 등장할 것이라는 점이다. 또한 일방적인 내용과 구조가 아니라 개별 학습자의 필요와 요구에 맞추어진 개인화된 수업이 기본이 될 것이라는 점이다. 학교교육의 내용으로 지식과 정보를 사용하고 생산할 수 있는 능력이 강조되는 것과 맥을 같이해서 단순한 지식의 습득이 아니라 스스로 지식을 활용하고 생산할 수 있는 주체로 학습자가 성장할 수 있게 하는 수업 구도가 요청된다는 것을 뜻한다. 이와 관련하여 전문가 동의의 정도가 매우 높았던 것으로 나타났다. 다만, 「지식 체득(습득) 통로의 다원화에 따라 교사의 교수(teaching) 권위 및 지위 약화 또는 해체로 교사와 학생 간 대등한 관계가 형성되어 학생이 스스로 배우는 과제를 중심으로 교수 행위가 이루어질 것임.」의 경우 지식 체득 통로의 다원화라는 가정에는 동의하지만, 교사의 교수 권위 약화와 교사와 학생 간의 대등한 관계라는 도식에 대해서는 전문가들이 우려를 표시하였다. 그러나 이 책에서 말하는 교수 권위란 전통적인 권위와 위계에 의한 전수 형태의 가르침을 말한다. 또한 교사와 학생 간의 대등한 관계는 종래와 같이 교사는 지식을 갖춘 자로, 학생은 그 지식을 물려받아야 할 위치에 있는 자로 차등해서 생각하는 낡은 구도에서 벗어나자는 의도를 담고 있다. 이 부분에 대한 소통이 온전히 이루어지지 않은 탓에 해당 항목은 기각되었지만, 그럼에도 불구하고 저자들은 미래 교육방법이 이와 같은 방향으로 진전될 것이라 여전히 판단하고 있다.

셋째, 미래 학교 교사와 학교 환경에 관해서도 최소 .68 이상의 높은 CVR 값을 보여 전문가의 동의 정도가 매우 큰 것으로 판단된다. 다만 「기존의 사범대학, 교육대학보다는 다양한 분야의 전문가가 교직에 진출할 수 있는 개방적이고 유연한 교사 양성 및 운용 체제가 구축될 것임.」 항목에 대해서는 커다란 저항이 있었고, 결과적으로 기각되는 양상으로 나타났다. 전통적인 지식 교수자를 넘어선 다양한 역할이 미래 교사에게 필요하다는 데에는 거의 모든 전문가가 동의하고 있는 듯하다. 그럼에도 불구하고 교사에게는 다른 분야의 전문가들과는 다른 모종의 특별한 전문성이 필요하고, 그러한 전문성은 특별한 교육과 훈련을 통해서 길러져야 한다는 전문가들의 인식이 강하게 나타나고 있음을 엿볼 수 있는 부분이다. 그러나 과연 그러한 전문성을 어떻게 규정할 수 있을 것이며, 그것을 교육하고 훈련하기 위한 내용과 방법과 환경이 어떠해야 하냐에 대해서 향후 전문가 집단의 치열한 고민과 토론이 필요할 것이라는 부분은 꼭 유념해야 할 지점이다.

마지막으로 미래 교육과정 개발·생성 범주와 관련해서 저자들이 제시한 시나리오는 미래의 교육과정은 철저하게 개별화 및 개인화된 형태로,

특정한 계열을 따르기보다는 융·복합적 구성으로, 중앙에서 통제하기보다는 자연스럽게 생성되고 공유되는 네트워크 형태로 이루어질 것을 예측하고 있다. 즉 미래 교육과정 체제는 개방과 생태체제를 축으로 하는 다원성과 역동성을 바탕으로 다 중심성을 형성하며 비정형, 비선형, 탈 경계, 끊임없는 변용으로 나타날 것이라는 전망을 바탕으로 하고 있다. 여기에 대해서도 최종 .72 이상의 대단히 큰 CVR 값이 나타남으로써 전문가의 동의 정도가 매우 높음을 알 수 있다. 이와 같은 다원성과 비정형성은 미래 교육과정 체제를 재구조화하는 작업 자체가 대단히 어려운 일임을 뜻한다. 왜냐하면 확실히 검증된 요소와 확립된 절차와 합의된 구조를 제시한다기보다는 그 본질과 방향성과 속성에 대한 불충분한, 불명확한 소통만이 가능할 것이기 때문이다.

2. 미래 교육과정 체제의 지형

가. 의미 연결망 분석

미래 교육과정 체제의 지형 탐색을 위해 전문가, 교육 전문직, 교사, 학생, 학부모 집단의 응답을 토대로 의미 연결망 분석을 실시하였다. 의미 연결망 분석은 자료 수집, 데이터 전처리, 전처리 프로그램 실행, 의미 연결망 분석, 의미 해석의 5단계로 진행되었다.

첫째, 저자들이 실시한 델파이 및 설문 조사에서 미래 학교지식 특성 및 구성, 교육방법, 교사, 학교, 교육과정 개발·생성과 관련하여 중요하다고 생각하는 키워드들을 5개 이상 작성하도록 하여 자료를 수집하였다. 단어나 구 형태로 작성하도록 예시와 함께 제시하였는데, 전문가 50명으로부터 수집한 키워드 데이터는 1,291개, 교육 전문직 237명으로부터 수집한 키워드 데이터는 6,307개, 교사 907명으로부터 수집한 키워드 데이터는 23,490개, 학생 414명으로부터 수집한 키워드 데이터는 10,386개, 학부모 512명으로부터 수집한 키워드 데이터는 13,196개로 총 54,670개의 키워드 데이터를 수집하였다. 각 교육 주체별로 수집한 기본적인 데이터의 크기는 〈표 V-2-1〉과 같다. 다만, 〈표 V-2-1〉의 데이터에는 설문의 맥락에서 크게 벗어나는 데이터, 특수 문자 또는 기호로만 작성한 데이터, 다양한 의미가 포함된 데이터, 유사한 의미를 갖는 데이터 등이 포함되어 있었기 때문에 수집한 데이터에 대한 정제 작업이 필요하였다.

〈표 V-2-1〉 표본 별 수집 데이터의 크기

구분 \ 집단	전문가	교육 전문직	교사	학생	학부모	계
미래 학교지식 특성 및 구성	289개	1,362개	4,958개	2,177개	2,791개	11,577개
미래 교육방법	253개	1,252개	4,672개	2,083개	2,623개	10,883개
미래 교사	239개	1,234개	4,620개	2,054개	2,607개	10,754개
미래 학교	244개	1,226개	4,619개	2,035개	2,592개	10,716개
미래 교육과정 개발 · 생성	266개	1,233개	4,621개	2,037개	2,583개	10,740개
계	1,291개	6,307개	23,490개	10,386개	13,196개	54,670개

둘째, 데이터 정제를 위한 전처리(cleaning) 과정을 거쳤다. 예를 들어 교육방법 항목의 응답들에는 수업과 학습이 혼재되어 있었는데, 교사가 가르치는 일에 초점을 맞춘 것은 '수업'으로, 학생이 경험하는 것에 초점을 맞춘 것은 '학습'으로 통일하는 작업을 거쳤다. 다양한 의미가 포함된 데이터를 분리하거나 유사한 의미를 갖는 데이터를 통합하는 과정에서 저자들 간의 지속적인 논의가 있었다. 예를 들어 메타버스와 관련된 많은 데이터가 수집되었는데 이에 대한 분리 및 통합 과정이 쉽지 않았다. 결국, 메타버스

를 활용한 수업을 강조한 데이터는 '메타버스 활용 수업'으로 메타버스 학습환경 그 자체를 강조한 데이터는 '메타버스'로 정제되었다. '메타버스 활용 수업'과 '메타버스' 또한 통합할 수 있었지만, 데이터를 통합하면 본래 응답의 숨겨진 의미가 사라질 수 있고 특정 단어로 빈도수가 집중되어 네트워크를 시각화하는 데에도 어려움이 있었기 때문이다. 방대한 양의 데이터 처리를 위해 일일이 눈으로 확인하며 수작업을 할 수 없기에 전처리를 마친 데이터를 활용하여 키워드 사전(lexicon)을 제작하여 활용하였다. 이 과정은 중복된 키워드를 제거한 전체 키워드 개수가 항목별 응답의 10% 수준이 될 때까지 저자들의 지속적인 협의 속에 수차례 반복되었다. 단어 또는 구로 작성한 키워드 데이터들은 분석의 용이성을 위해 빈칸 없이 붙였다. 키워드 빈도 순위 파악을 위한 목적으로 제작한 키워드 표를 제시할 때에도 띄어쓰기 없이 그대로 제시하였으며, 의미 연결망 분석을 통해 도출된 네트워크를 시각화할 때에도 띄어쓰기 없이 그대로 표현하였다. 다만, 실제 문장 서술에서는 가독성을 높이기 위해 이러한 키워드들을 언급할 때 띄어쓰기와 특수 문자를 활용하여 기술하였다.

셋째, 전처리 프로그램으로 주요 단어의 출현 빈도를 파악하였다. 우선, 단어별 빈도수를 계산하고, 빈도 순위에 따라 단어를 정렬하였다. 이를 통해 빈도가 높은 주요 단어를 추출할 수 있었고, 이 과정에서 전체 집단별, 개별 집단별로 주요 단어 순위대로 키워드 표를 만들어 서로 비교할 수 있도록 하였다. 키워드 표를 작성할 때에는 맞춤법에 다소 어긋날지라도 교육 주체들의 인식을 최대한 보여주기 위해 응답 그 자체를 살려 그대로 제시하였지만, 문장을 서술할 때에는 맞춤법에 맞게 기술하였다. 예를 들어, 미래 교육방법에 대한 응답으로 나온 '블렌디드 러닝'의 경우 응답 수가 상대적으로 더 많은 '블렌디드 러닝'을 살려 키워드 표에 제시하고 네트워크에도 그대로 시각화하였다.

넷째, 의미 연결망 분석을 토대로 네트워크를 시각화하고 중심성 수치를 산출하였다. 이때, 제시할 키워드의 개수에 대한 조정 과정을 거쳤다. 즉 어느 수준까지 보여주어야 할 것인지를 판단하기 위해 여러 차례 네트워크를 제작하였고, 집단별 응답의 구조를 명료하게 보여줄 수 있는 빈도수를 채택하였다. 그 결과 미래 교육과정 체제에 대한 전체 네트워크의 경우 41회 이상, 각 항목별 전체 네트워크의 경우 15회 이상, 집단별 네트워크의 경우 전문가 응답은 2회 이상, 교육 전문직 응답은 4회 이상, 교사 응답은 10회 이상, 학생과 학부모 응답은 5회 이상 출현한 키워드를 중심으로 네트워크를 제작하였다. 네트워크 제작 도구로는 파이썬(python)을 활용하였는데, 개별 응답을 기준으로 하여 동시 출현 빈도 매트릭스(co-occurrence matrix)를 제작하였고, 네트워크 시각화를 위해 Gephi의 최신 버전인 0.9.4를 활용하였다. 또한 Gephi 0.9.4에서 제공하는 알고리즘을 활용하여 네트워크별 중심성(centrality) 수치를 도출하였다. 연결 중심성(degree centrality)의 경우 전체 응답의 크기가 비슷하여 오히려 직접 연결되어 있는 키워드의 개수를 제시하는 것이 직관적이기 때문에 실제 연결된 키워드의 개수를 제시하였고, 나머지 근접 중심성(closeness centrality), 매개 중심성(betweenness centrality), 위세 중심성(eigenvector centrality)은 정규화된 값을 활용하였다.

다섯째, 미래 학교지식 특성 및 구성, 교육방법, 교사, 학교, 교육과정 개발·생성 측면으로 구분하여 전체 및 각 집단의 자료가 의미하는 바를 해석하였다. 의미 연결망 분석을 토대로 키워드의 빈도 순위와 키워드 간의 연결 관계, 중심성 수치 등을 살펴보며, 미래 교육과정 체제의 지형을 탐색하고 집단별 인식의 유사점과 차이점 또한 확인할 수 있었다.

나. 전체 네트워크 분석의 미래 교육과정 체제 지형

미래 교육과정 체제에 대한 지형을 탐색해 보기 위해 미래 학교지식 특성 및 구성과 교육방법, 교사, 학교, 교육과정 개발・생성 측면에서 각각 전문가와 교육 전문직, 교사, 학생, 학부모 집단의 의견을 수집하여 의미 연결망 분석을 실시하였다. 그 결과, 전체 응답 중 빈도수가 41회 이상인 키워드와 빈도는 〈표 V-2-2〉와 같고, 키워드들 간의 네트워크를 시각화한 것은 [그림 V-2-1]이다. 특히 〈표 V-2-2〉의 음영은 키워드의 중요도를 직관적으로 파악하기 쉽도록 상위 빈도 10개 키워드를 표시한 것이다. 각 항목별 전문가, 교육 전문직, 교사, 학생, 학부모 집단의 키워드를 모두 모은 결과 학습 멘토(1,284회)가 가장 많은 빈도수를 기록했으며, 가상학습 공간(1,140회), 개별 학생의 교육과정(1,030회), 인공지능 소양(1,013회), 온라인 네트워크(993회), 메타버스(928회), 융・복합적 지식(896회), 인공지능 교사(872회), 초연결 네트워크(831회), 평생학습 체제(811회), 융・복합적 교육과정(797) 등의 키워드가 높은 빈도로 나타났다.

〈표 V-2-2〉 미래 교육과정 체제에 대한 전체 응답 키워드와 빈도

키워드	빈도	키워드	빈도	키워드	빈도
학습멘토	1284	아카이브	212	지식 활용	70
가상학습 공간	1140	전문가와 소통 협업	199	미래 교육	70
개별 학생의 교육과정	1030	삶과 생활, 인생	193	민간기업이나 상업 분야	69
인공지능 소양	1013	다양한 형태의 학교	192	사회성 함양	67
온라인 네트워크	993	창의성	190	인공지능 기술 사용 지식	67
메타버스	928	상호연결	186	지역 마을교육 공동체	67
융 · 복합적 지식	896	개인의 교육 선택	173	현실과 가상공간 공존	64
인공지능 교사	872	상담가	164	디지털 리터러시	64
초연결 네트워크	831	지식 생성 공유	161	공공성과 사회적 영역	61
평생학습 체제	811	지역 자원 네트워크	155	돌봄 공간	61
융 · 복합적 교육과정	797	전문가	155	협업 · 협력 · 협동	61
학습 인정제	730	초국가적	153	정보	60

키워드	빈도	키워드	빈도	키워드	빈도
지역사회 연계	687	생태환경과 기후교육	152	지식	60
메타버스 활용 수업	681	진로지도	140	공동체 · 단체 · 사회성	59
협업 능력	676	사용자 중심 개발 방법	137	다차원적	59
가상 · 증강현실 활용 수업	672	물리적, 현실적 대면 공간	136	융 · 복합 전문성	59
가상 · 증강현실	655	메타 인지	134	로봇 활용	59
디지털 정보	565	교육과정 설계와 실행	131	미래	58
삶 · 생활 지식	556	탈 경계	129	학습 촉진자	57
시뮬레이션	537	새로운 교사 전문성	128	인공지능 기반 시스템	57
지역사회 학습 센터	526	학생 주도적 선택	125	과학 · 기술	57
게임화	520	오프라인 대면수업	124	기본 생활습관 지도	56
온라인 오픈 마켓	503	지식 공유	124	개별 학습	56
디지털 플랫폼 네트워크	502	컴퓨팅 능력	124	사대 · 교대 양성체제 유지	55
새로운 협력과 협동	460	미래 학교	123	공적 영역	55
공동체성	455	네트워크화	120	의사결정 능력	55
다양한 분야의 전문가 교사	447	학습 지원	120	지식 정보 생산	55
시 · 공간 초월	446	학습상황에 따른 요구	117	배려	55
블렌디드러닝	442	플랫폼	112	전문적 지식 함양	54
도덕 윤리	417	네트워크 교육과정 체제	108	탐구	54
인성교육	379	다양한 교육과정	108	선택형 교육과정	53
연결 네트워크	374	자기결정 학습	107	학습 조력자	53
인공지능 기술 활용	344	비정형	106	개별화 교육	53
메타 지식	319	지식 정보 융 · 복합	105	문제해결력	52
가상현실 · 증강현실	318	개인의 필요와 상황	104	교사 역할 축소 및 변화	51
자기주도 학습	317	만남 교류 의사소통	104	인공지능 활용 교육	51
디지털 정보활용	316	자발적 학습 지원	104	협업 · 협동 강조	51
기본 개념 및 기초 소양	315	디지털 정보 소양	104	생명 존중	50

키워드	빈도	키워드	빈도	키워드	빈도
디지털 및 인공지능 기술 기반	314	윤리적 문제 이해 판단	100	무학년제	49
네트워크 관리자	313	교육과정	100	자기결정 평가 체제	48
온라인 수업	301	의사소통	100	온라인 학습 제공 지원	48
디지털 정보기술 사용자	297	일상생활 장소	99	창의력	48
인간의 존엄성	291	이수 자격 부여 제도	95	학습	48
공존	289	개별맞춤형 교육	95	학년에 상관없이 졸업	47
다양한 체험	279	교육과정 이수 이력 체제	93	역량중심	46
다원적 중심성	277	빅데이터	93	빅데이터 활용	46
디지털 정보기술 사용 지식	276	다양한 교육선택	91	인문학	46
의사소통 능력	261	지식의 디지털 · 데이터화	89	디지털	46
정서적 측면	257	기초 · 기본	88	교사	45
가치 · 태도	257	다양한 출석 형태	85	학습 공간	44
프로슈머	249	협력 · 협동 학습지도	83	디지털 · 사이버 전통 윤리	44
협업 · 협력	242	학습 코칭	83	소통	43
맞춤형 교육	241	맞춤형 교육과정	83	자기주도적 학습	43
교육과정 프로슈머	235	상호작용	80	학교의 역할 변화	42
사회성	227	비선형	77	끊임없는 변용	41
역동적	219	순환적	77	디지털 플랫폼 활용 교육	41
아바타	218	개방적	76	안내자	41
인공지능	216	프로슈머 지원	72	토의 · 토론	41
공적 · 사적 영역의 연결	215	온라인 학습 제공	71	공감 능력	41

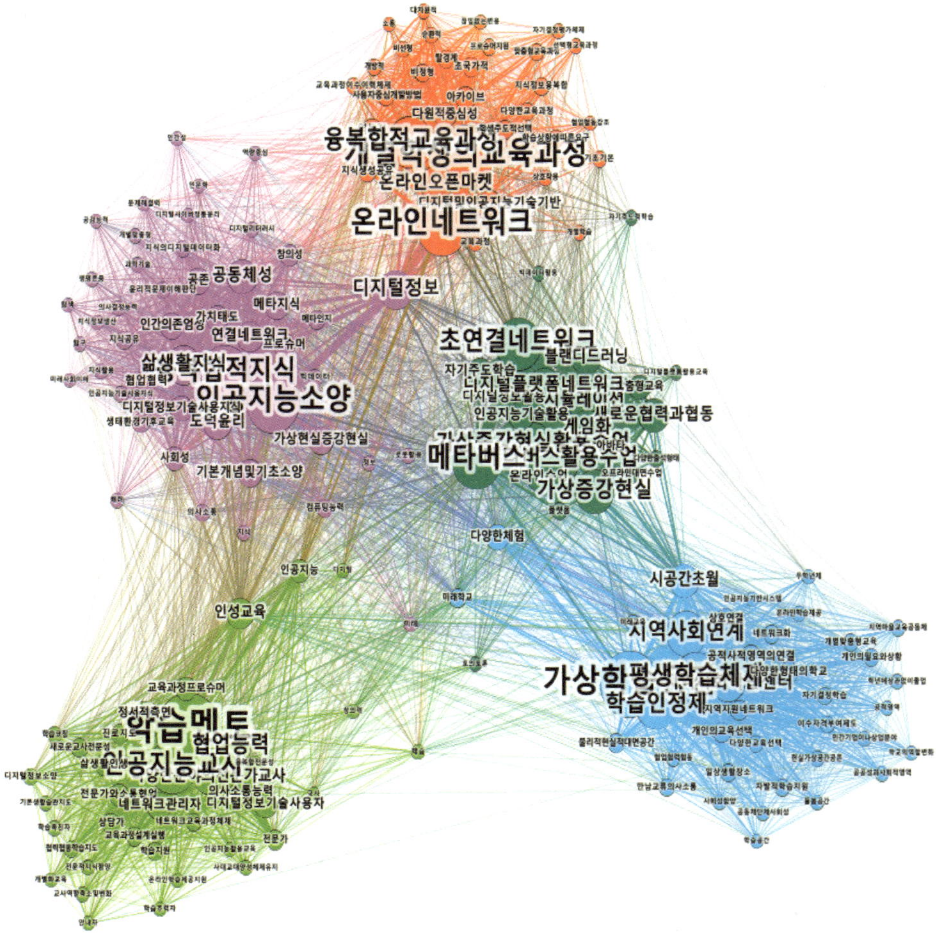

[그림 V-2-1] 미래 교육과정 체제에 대한 전체 응답의 네트워크

데이터를 토대로 미래 교육과정 체제에 대한 전체적인 지형을 직관적으로 볼 수 있도록 위의 [그림 V-2-1]과 같이 전체 응답의 네트워크를 시각화하였다. 이때 항목별로 응답이 확연히 달라 네트워크를 확대해 키워드를 떨어트리는 방식으로 시각화하면 군집 간의 거리가 너무 멀어지기에 간격을 조정하여 표현하였다. 미래 교육과정 체제는 미래 학교지식 특성 및 구성, 교육방법, 교사, 학교, 교육과정 개발·생성으로 구분되어 다섯 개의

군집을 이루고 있음을 확인할 수 있다. 이때 미래 학교지식 특성 및 구성 측면에서는 '인공지능 소양'과 '융·복합적 지식'이, 미래 교육방법 측면에서는 '메타버스'와 '초연결의 네트워크'가, 미래 교사 측면에서는 '학습 멘토'와 '인공지능 교사'가, 미래 학교 측면에서는 '가상학습 공간'과 '평생학습 체제'가, 미래 교육과정 개발·생성 측면에서는 '개별 학생의 교육과정'과 '온라인 네트워크' 및 '융·복합적 교육과정'이 전문가 및 교육 주체들이 인식하고 있는 미래 교육과정 체제의 핵심 개념임을 확인할 수 있다.

이때 디지털 정보가 미래 학교지식 특성 및 구성 측면에서 융·복합적 지식, 교육방법 측면에서 온라인 네트워크, 교육과정 개발·생성 측면에서 초연결의 네트워크를 매개하고 있는 것이 눈에 띈다. 이는 미래 학교지식이 융·복합되어 디지털화된 정보 형태로 초연결의 네트워크망을 통해 공유되고, 이러한 정보를 토대로 개인화된 교육과정이 개발·생성되어 다시 초연결의 네트워크망을 통해 공유됨으로써 개인 학습자가 교육과정 프로슈머로서의 역할을 하게 될 것을 예견하게 한다. 한편 각 항목에서 상대적으로 낮은 빈도를 차지하고 있는 키워드인 정보, 로봇 활용, 디지털, 미래, 미래 학교, 토의·토론 등의 키워드가 네트워크의 중심에 위치하고 있는 것 또한 눈에 띈다. 이는 군집되어 있는 자료를 다시 하나로 묶으면서 발생한 현상으로, 각기 다른 항목에서 비교적 골고루 포진되어 있지만 모든 데이터를 합치는 과정에서 도출된 키워드들이라고 볼 수 있다.

다. 미래 학교지식 특성 및 구성

미래 학교지식 특성 및 구성에 대한 항목의 응답 중 빈도수가 15회 이상인 키워드의 출현 빈도와 중심성 수치는 〈표 V-2-3〉과 같고, [그림 V-2-2]는 의미 연결망 분석을 통해 미래 학교지식 특성 및 구성에 대한 네트워크를 시각화한 것이다. 전체 키워드 중에서 인공지능 소양(968회), 융·복합적 지식(894회), 삶·생활 지식(556회)이 미래 학교지식의 특성 및 구성을 핵심적으로 표현하고 있음을 확인할 수 있다. 주요 키워드 가운데 융·복합적 지식이 가장 연결 중심성 수치가 높은 키워드로 나타났는데, 이는 융·복합적 지식이 미래 학교지식의 핵심으로 다양한 키워드들과 연결되어 있다는 것을 의미한다. 마찬가지로 삶·생활 지식(학습자의 삶이나 생활과 밀접한 지식), 공동체성과 같은 키워드에서도 높은 연결 중심성 수치를 보인다. 이는 이와 같은 키워드가 미래 사회의 학교지식의 특성 및 구성 측면에서 중핵적인 역할을 할 것으로 교육 주체들에게 인식되고 있다는 것으로 이해할 수 있다. 대체로 빈도수가 많은 키워드의 네트워크 중심성 수치가 높은 편인데, 기본 개념 및 기초 소양, 협업·협력, 창의성은 상대적으로 빈도수는 적지만 연결 중심성과 함께 근접 및 매개 중심성 수치까지 높게 나타나 주의 깊게 살펴볼 필요가 있다. 근접 중심성 수치가 높다는 것은 상대적으로 연결 거리가 짧아 중요한 키워드임을 의미하며, 매개 중심성 수치가 높다는 것은 연결 내의 최단 경로를 거치는 과정에서 이 키워드를 많이 거쳐 가기에 의미 있는 키워드라는 것을 나타낸다.

〈표 V-2-3〉 미래 학교지식 특성 및 구성에 대한 키워드 출현 빈도와 중심성 수치

키워드	빈도	연결 중심성	근접 중심성	매개 중심성	위세 중심성
인공지능 소양	968	443	0.638	0.157	0.937
융·복합적 지식	894	509	0.667	0.217	1.000
삶·생활 지식	556	347	0.603	0.103	0.851
공동체성	428	267	0.575	0.048	0.799
도덕 윤리	417	304	0.585	0.069	0.809
연결 네트워크	374	228	0.558	0.033	0.711
메타 지식	318	185	0.543	0.019	0.640
인간의 존엄성	283	192	0.547	0.023	0.662
디지털 정보	282	186	0.546	0.028	0.637

키워드	빈도	연결 중심성	근접 중심성	매개 중심성	위세 중심성
공존	281	189	0.547	0.022	0.662
디지털 정보기술 사용 지식	276	149	0.536	0.015	0.606
가치 · 태도	257	194	0.549	0.022	0.676
프로슈머	249	144	0.534	0.011	0.563
기본 개념 및 기초 소양	247	233	0.561	0.038	0.724
협업 · 협력	242	230	0.560	0.042	0.720
가상현실 · 증강현실	212	165	0.540	0.018	0.594
창의성	166	219	0.552	0.035	0.659
생태환경과 기후교육	152	202	0.551	0.031	0.654
사회성	145	146	0.532	0.013	0.588
지식 공유	121	143	0.530	0.012	0.571
인성교육	111	149	0.536	0.018	0.556
메타 인지	109	139	0.529	0.011	0.560
윤리적 문제 이해 판단	100	101	0.518	0.008	0.465
지식의 디지털 · 데이터화	89	100	0.517	0.006	0.452
빅데이터	85	117	0.524	0.007	0.500
다양한 체험	79	101	0.517	0.010	0.470
메타버스	74	114	0.524	0.007	0.481
지식활용	69	119	0.524	0.010	0.519
인공지능 기술 사용 지식	67	91	0.517	0.003	0.465
의사소통	63	118	0.522	0.010	0.498
컴퓨팅 능력	61	96	0.520	0.008	0.416
과학 · 기술	57	92	0.514	0.009	0.375
의사결정 능력	55	78	0.511	0.002	0.410
지식 정보 생산	55	85	0.512	0.004	0.418
디지털 리터러시	53	94	0.515	0.005	0.432
탐구	51	78	0.512	0.002	0.439

키워드	빈도	연결 중심성	근접 중심성	매개 중심성	위세 중심성
생명 존중	49	100	0.520	0.008	0.465
문제해결력	48	98	0.518	0.006	0.436
정보통신 윤리	44	93	0.513	0.004	0.435
개별맞춤형	40	88	0.514	0.006	0.378
미래 사회 이해	40	78	0.512	0.007	0.374
탐색	40	61	0.505	0.001	0.365
정보	40	64	0.506	0.004	0.317
인문학	40	85	0.514	0.010	0.393
지식	38	71	0.510	0.004	0.354
자기주도성	37	97	0.517	0.007	0.424
로봇 활용	36	81	0.507	0.009	0.318
인공지능 윤리	35	81	0.510	0.003	0.411
기술 활용	35	79	0.510	0.007	0.356
공감 능력	34	70	0.506	0.003	0.361
실감형 교육	34	55	0.498	0.001	0.310
가치관	33	82	0.510	0.007	0.374
역량 중심	32	74	0.503	0.002	0.344
지식 정보 습득	31	69	0.507	0.004	0.342
수집	31	70	0.503	0.003	0.336
배려	31	71	0.508	0.003	0.334
알고리즘	30	50	0.498	0.001	0.313
가상과 현실 구분	30	53	0.502	0.001	0.329
융합적 사고	29	78	0.509	0.002	0.400
인간관계	29	88	0.513	0.005	0.397
인간성	29	67	0.505	0.004	0.337
생활 예절	28	61	0.503	0.007	0.288
가상 생명체	27	44	0.500	0.000	0.304
불안 위협 해소	26	52	0.501	0.001	0.319
민주시민 교육	25	70	0.508	0.004	0.326

키워드	빈도	연결 중심성	근접 중심성	매개 중심성	위세 중심성
기계	25	69	0.506	0.014	0.323
미래 학교	25	36	0.490	0.001	0.242
문해력	24	52	0.498	0.002	0.280
정보처리 능력	23	62	0.505	0.003	0.319
삶의 가치	23	55	0.502	0.002	0.297
데이터	22	51	0.503	0.001	0.321
미래	22	44	0.493	0.003	0.230
정보 판별 구별	20	57	0.502	0.001	0.317
지식의 다양성	19	55	0.502	0.003	0.280
인간	19	59	0.499	0.005	0.264
온라인 및 가상공간	18	31	0.486	0.000	0.228
통합	18	50	0.495	0.002	0.252
가역적	18	41	0.494	0.000	0.271
역동적	18	41	0.494	0.000	0.271
정신 · 신체 건강	18	62	0.505	0.006	0.261
직업	17	46	0.497	0.004	0.247
지식 선택 및 지식 활용	17	45	0.498	0.000	0.312
행복	17	56	0.499	0.006	0.242
실천적 지식	17	54	0.494	0.004	0.245
디지털 인지 시스템	16	33	0.491	0.000	0.244
자기주도 학습	16	46	0.500	0.002	0.294
진로	16	48	0.491	0.002	0.220
미디어 리터러시	16	43	0.493	0.001	0.243
사물인터넷	15	28	0.481	0.000	0.171
인공지능 공존	15	44	0.495	0.001	0.250
인공지능 관리 양면성 이해	15	47	0.484	0.003	0.241
지역사회 연계	15	54	0.500	0.003	0.283
가치판단	15	42	0.497	0.001	0.278

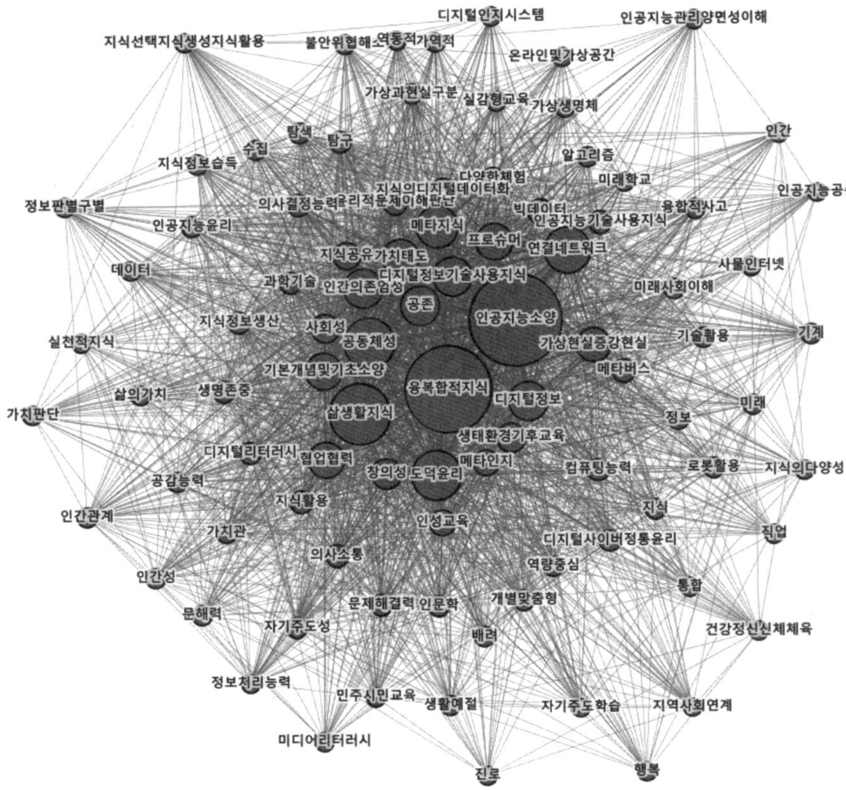

[그림 V-2-2] 미래 학교지식 특성 및 구성에 대한 전체 응답의 네트워크

[그림 V-2-2]의 네트워크를 보면 '인공지능 소양과 연결·네트워크', 그리고 '융·복합적 지식과 삶·생활 지식'과 같이 빈도수가 많은 키워드 간의 연결이 뚜렷하게 나타나는데, 미래에는 연결·네트워크와 인공지능이 중요한 기반이 되는 가운데 융·복합적 지식을 통한 삶·생활에서 직면하는 문제해결이 중요하게 다루어질 것으로 예견된다. 또한 공동체성(428회), 도덕·윤리(417회), 인간의 존엄성(283회), 공존(281회)이라는 키워드가 상대적으로 많은 빈도수를 보이고 있고, '공동체성, 융·복합적 지식, 도덕·윤리, 삶·생활 지식', '인간의 존엄성, 가치·태도, 디지털 정보 기술 사용 지식, 공존'과 같은 키워드 간의 연결도 높게 나타나고 있음에 주목할

필요가 있다. 미래에는 점점 더 교육과정이 개인화될 것으로 예견되지만, 인간이 어울려 살아가는 데 기본인 공동체성과 인간으로서 올바른 가치관을 바탕으로 사람다움을 유지하며 바르게 살아갈 수 있도록 여러 정의적인 측면도 계속해서 중요하게 다루어질 것으로, 그리고 다루어질 필요가 있다고 인식하고 있음을 확인할 수 있다.

미래 학교지식 특성 및 구성 측면에서는 인공지능 소양과 융·복합적 지식, 삶·생활 지식, 공동체성, 도덕·윤리, 연결·네트워크가 높은 빈도를 보일 뿐만 아니라 여러 키워드와 함께 출현해 다른 키워드들을 연결하는 핵심 개념으로 주목할 필요가 있다. 이는 복잡한 삶과 일상생활의 문제를 해결하기 위해 융·복합적으로 접근하는 가운데 미래 사회에 일상화될 것으로 예상되는 지능정보 기술을 기반으로 한 연결 및 네트워크를 적극적으로 활용하는 능력 함양을 기대한다는 것으로 해석을 할 수 있다. 또한 협력과 협업, 기본 개념 및 기초 소양, 창의성은 낮은 출현 빈도에 비하여 상대적으로 높은 중심성 수치를 보이고 있고, 특히 중심성 수치가 높은 키워드들과 많이 연결되어 있어 주목할 필요가 있다. 즉 미래에도 지식 환경 변화에 대응하여 협력적 집단 지성을 발휘함과 함께 기본 개념 및 기초 소양이 여전히 중요하게 다루어질 필요가 있음을 말해 준다.

미래 학교지식 특성 및 구성의 지형을 보면 지식의 실용성이 강조된다는 것을 파악할 수 있다. 이에 따라 미래 학교에서 다루어질 지식은 역동적으로 급변하는 미래의 실제 삶과 생활에 유용하게 적용될 수 있도록 보다 실천적이고 융·복합적으로 접근해야 할 것이다. 이 중에서도 기초 소양으로서 인공지능과 디지털 정보, 연결 및 네트워크는 교육은 물론 미래 사회 전반의 변화를 주도할 것으로 예측되고 있다. 따라서 관련 기술의 단순 습득을 넘어 인공지능에 대한 바른 이해와 활용에 대한 소양이 학교교육의 핵심 내용으로 자리매김할 것으로 보인다. 이때 학습자가 네트워크를 통해 디지털 정보의 탐색 및 수집과 생성 및 공유 과정에서 진위를 구분하고,

타자나 인공물과 협력하는 공동체성 또한 중요하게 다루어질 것이다. 이러한 미래 지향의 키워드 속에서도 특히 인간으로서 지녀야 할 '인간의 존엄성'이라는 키워드가 비교적 높은 순위에 있는 것이 눈에 띈다. 이것은 지능정보 기술에 대한 과도한 의존성과 그에 따른 인간성 훼손 및 침해, 상실 가능성을 우려하는 것으로 가치・태도 측면의 학교지식이 대단히 중요하게 됨을 시사하는 것이라고 할 수 있다.

라. 미래 교육방법

미래 교육방법에 대한 항목의 응답 중 빈도수가 15회 이상인 키워드의 출현 빈도와 중심성 수치는 〈표 V-2-4〉와 같고, [그림 V-2-3]은 의미 연결망 분석을 통해 미래 교육방법에 대한 네트워크를 시각화한 것이다. 전체 키워드 중에서 초연결의 네트워크(739회), 메타버스(691회), 메타버스 활용 수업(681회), 가상현실 및 증강현실 활용 수업(672회) 키워드가 미래 교육방법의 핵심으로 자리 잡고 있음을 확인할 수 있다. 이때 메타버스와 가상현실 및 증강현실 활용 수업 및 가상현실 및 증강현실은 대다수의 키워드와 연결되며 위세 중심성을 비롯한 다른 중심성 수치까지 매우 높은 것을 확인할 수 있다. 이는 미래 교육방법으로 메타버스와 가상현실 및 증강현실을 활용한 수업을 중요하게 인식하고 있는 것으로 해석할 수 있다. 이와 유사한 맥락에서 시뮬레이션, 게임화, 디지털 플랫폼 네트워크 등 현재 네트워크 기반의 가상현실 관련 수업 방법에서 다루어지는 요소들 역시 높은 빈도를 보이고 있다. 또한 메타버스(691회), 가상현실 및 증강현실(582회)의 많은 빈도수는 이러한 기술이 예측하기 어려운 형태로 변화할 수 있다는 점에서 환경에 관한 기술 그 자체를 중요하게 생각하고 있는 것으로 이해할 수 있다.

한편 상대적으로 빈도는 낮지만 새로운 협력과 협동은 높은 중심성 수치를 보여주는 것이 눈에 띈다. 이는 가상 환경과 초연결의 네트워크를 기반으로 이루어지는 협동이 지금까지의 오프라인 협동을 넘어 새로운 협동학습을 촉진하게 될 것이라는 기대와, 협력과 협동이 미래 사회의 중요한 교육방법이 될 것이라는 인식을 반영하고 있다고 해석할 수 있다. [그림 V-2-3]의 네트워크에서도 새로운 협력과 협동은 맞춤형 교육, 초연결의 네트워크를 연결하는 중핵적인 키워드로 나타난다.

마찬가지로 다소 빈도가 낮은 블렌디드 러닝과 온라인 수업에서도 높은 중심성 수치가 나타나는 것을 살펴볼 수 있는데, 이는 온라인 관련 교육방법들이 높은 빈도의 키워드들 간의 연결을 매개하고 있음을 의미한다. 특히 '인공지능 기술 활용, 디지털 정보 활용', '초연결의 네트워크, 메타버스, 시뮬레이션' 등과 같은 키워드 간의 연결이 높게 나타나고 있어, 인공지능 기술과 디지털 정보를 활용한 교육방법, 초연결의 네트워크 기반의 메타버스 및 시뮬레이션 교육방법을 미래 교육방법으로 주의 깊게 바라보고 있음을 확인할 수 있다.

〈표 V-2-4〉 미래 교육방법에 대한 키워드 출현 빈도와 중심성 수치

키워드	빈도	연결 중심성	근접 중심성	매개 중심성	위세 중심성
초연결 네트워크	739	212	0.556	0.056	0.857
메타버스	691	304	0.591	0.129	0.998
메타버스 활용 수업	681	235	0.563	0.080	0.886
가상 · 증강현실 활용 수업	672	316	0.596	0.154	0.996
가상 · 증강현실	582	316	0.598	0.154	1.000
시뮬레이션	534	161	0.537	0.033	0.746
게임화	519	154	0.535	0.039	0.704
디지털 플랫폼 네트워크	502	115	0.520	0.016	0.628
새로운 협력과 협동	460	214	0.556	0.075	0.841

키워드	빈도	연결 중심성	근접 중심성	매개 중심성	위세 중심성
블렌디드 러닝	398	184	0.548	0.047	0.810
인공지능 기술 활용	344	165	0.541	0.037	0.740
디지털 정보 활용	316	137	0.530	0.025	0.677
자기주도 학습	301	162	0.537	0.042	0.717
온라인 수업	296	184	0.547	0.054	0.763
맞춤형 교육	241	158	0.537	0.040	0.721
아바타	210	80	0.508	0.005	0.556
시 · 공간 초월	159	142	0.531	0.043	0.656
오프라인 · 대면 수업	124	137	0.528	0.046	0.658
플랫폼	97	70	0.505	0.007	0.469
디지털 정보	86	54	0.494	0.009	0.373
다양한 출석 형태	85	46	0.490	0.003	0.396
다양한 체험	41	81	0.505	0.014	0.481
디지털 플랫폼 활용 교육	41	53	0.495	0.005	0.406
다양한 학습방법 통로	38	48	0.490	0.010	0.374
디지털 플랫폼	37	43	0.486	0.003	0.356
컴퓨팅 능력	37	71	0.505	0.011	0.452
현실적 체험활동	35	67	0.504	0.009	0.465
개별화 학습	34	38	0.457	0.007	0.204
공동체성 함양	30	82	0.508	0.016	0.463
물리적 교실 공간	30	37	0.487	0.001	0.341
토의 · 토론	30	62	0.504	0.010	0.437
현실과 가상 환경의 조화	29	66	0.503	0.015	0.404
비대면 교육	28	53	0.493	0.008	0.383
환경생태 교육	27	62	0.497	0.011	0.401
자율학습	26	45	0.487	0.004	0.349
프로젝트형	26	56	0.496	0.005	0.427
기초 · 기본	25	68	0.503	0.017	0.440
사회성	25	68	0.500	0.016	0.393

키워드	빈도	연결 중심성	근접 중심성	매개 중심성	위세 중심성
자유로운 등 · 하교	25	32	0.482	0.002	0.301
창의력	25	61	0.498	0.015	0.399
가치 · 윤리 교육	24	67	0.506	0.009	0.450
개별학습	23	45	0.489	0.003	0.380
교육환경 변화	23	53	0.496	0.010	0.347
융합적 사고	23	54	0.495	0.004	0.416
의사소통	23	57	0.494	0.009	0.356
학습 플랫폼	23	42	0.482	0.005	0.322
미래 학교	22	24	0.476	0.000	0.289
빅데이터 활용	22	47	0.484	0.006	0.324
자기주도적 학습	22	30	0.454	0.004	0.189
스마트 디지털 기기 활용 능력	21	48	0.489	0.007	0.351
협력 · 협동학습	21	38	0.441	0.009	0.184
사이버 윤리 · 폭력 교육	20	52	0.495	0.005	0.387
평가의 다양화	19	42	0.477	0.009	0.291
인성교육	18	58	0.494	0.012	0.358
다양한 수업방법	17	45	0.491	0.004	0.350
모둠팀 활동	17	35	0.482	0.002	0.326
실제적 현실 기반	17	47	0.485	0.008	0.298
학습내용의 실생활 적용	16	44	0.490	0.003	0.363
가정 연계	15	45	0.483	0.005	0.320
메타 인지	15	40	0.485	0.002	0.341
선택적 학습	15	40	0.486	0.002	0.331
인간성 · 인간존엄	15	45	0.486	0.004	0.336
공동체적 참여	15	35	0.488	0.002	0.328

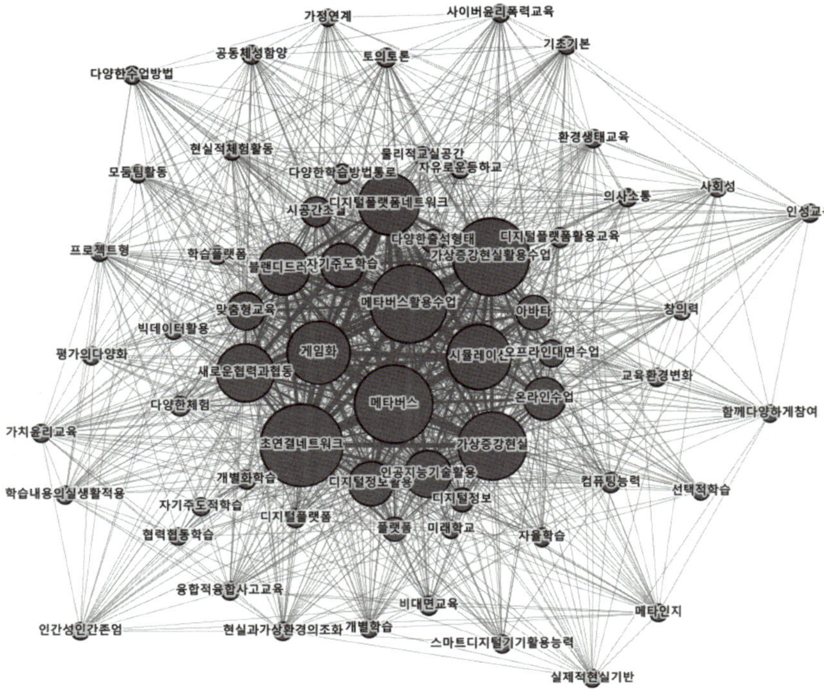

[그림 V-2-3] 미래 교육방법에 대한 전체 응답의 네트워크

미래 교육방법 측면에서는 메타버스 및 메타버스 활용 수업은 구체적인 교육방법인 게임화와 시뮬레이션에 연결되어 눈에 띄고 있다. 한편 새로운 협력과 협동, 블렌디드 러닝, 자기주도 학습, 온라인 수업, 맞춤형 교육은 상대적으로 낮은 빈도로 출현하였으나 다른 개념과 높은 관련성을 보이고 있다. 이는 새롭게 떠오르는 메타버스 환경 및 가상현실과 증강현실 기술이 활용되는 방향을 제시하고 있다. 즉 새로운 협력과 협동, 블렌디드 러닝, 자기주도 학습, 온라인 수업, 맞춤형 교육은 각각 하나의 교육방법이 되기도 하지만, 이것들은 학습자의 개인 경험 수준에 적합한 교육이 제공되어야 한다는 교육에 대한 이상적이고도 일반적인 기대를 지향한다. 종합하면 각 키워드는 학습자 중심 교육을 위해 네트워크 기반의 새로운 교육방법이 적용되어야 한다는 사회적 기대를 반영하고 있다.

네트워크 기반의 메타버스 및 가상현실과 증강현실과 같은 새로운 기술의 도래는 교육 주체들의 교육적 기대를 구현할 것으로 보인다. 전통적인 학교 환경은 공산품을 대량 생산하듯 사회가 요구하는 능력을 갖춘 표준화된 개인을 양성하는 데 효과적이었다. 그러나 그러한 교육으로는 대단히 복잡하고 역동적으로 작동하는 미래 사회문제에 적시 대응하는 데 한계가 있다. 그뿐만 아니라 표준화된 교육은 개인화가 심화되는 미래 학생들의 질적 성장을 도모할 수 없다. 따라서 미래의 고도의 지능정보 기술 및 초연결의 네트워크 사회는 학생들의 개인화를 더욱 촉진할 것이기 때문에 학생들의 사회문제에 대응한 의사소통 역량 및 대인관계 형성 등도 학생의 이러한 개인화 특성을 기반으로 하여 교육방법을 강구해야 할 것이다.

마. 미래 교사

미래 교사에 대한 항목의 응답 중 빈도수가 15회 이상인 키워드의 출현 빈도와 중심성 수치는 〈표 V-2-5〉와 같고, [그림 V-2-4]는 의미 연결망 분석을 통해 미래 교사에 대한 네트워크를 시각화한 것이다. 전체 키워드 중에서 학습 멘토(1,284회), 인공지능 교사(867회), 협업 능력(676회), 다양한 분야의 전문가 교사(447회) 키워드가 미래 교사상을 핵심적으로 표현하고 있음을 확인할 수 있다. 이와 같은 키워드들은 대다수 키워드와 연결되어 네트워크 중심성 수치가 매우 높은 것을 살펴볼 수 있다. 이는 현재 교사에게 부여된 전통적인 직무 개념을 해체하는 것으로 미래에는 학생들의 학습을 도와주는 멘토 역할, 학생들의 학습 과정 및 결과 데이터를 바탕으로 지원할 수 있는 인공지능 형태의 교사가 필요하다는 인식을 나타내며, 나아가 다양한 분야의 전문가가 교사가 될 수 있는 상황과 이러한 전문가들과의 협업 능력이 교사 전문성으로 요구될 것이라고 예측하고 있음을 확인할 수 있는 대목이다.

또한 [그림 V-2-4]의 네트워크를 보면 네트워크 관리자(313회), 디지털 정보 기술 사용자(297회), 디지털 정보 소양(104회)이 눈에 띄는데, 교사의 기술적, 행정적 지원 측면의 역할을 강조하는 응답으로 살펴볼 수 있다. 다만, 이러한 응답들은 연결되는 키워드의 수가 상대적으로 적으며 특정한 집단에서만 높은 수치를 보인 것으로, 전체 집단의 인식으로 해석하는 것에 주의를 기울일 필요가 있다. 상대적으로 빈도수는 적지만 다양한 교육 주체와의 의사소통 능력(260회)과 학생의 정서적 측면(257회)을 다룰 수 있는 전문성이 강조되고 있는 것도 눈여겨 볼 대목이다. 마찬가지 맥락에서 삶・생활・인생(193회), 인성교육(176회), 상담가(164회) 등의 응답에서도 교사가 학생의 인성과 생활 측면의 발달을 도모하는 전문성이 강조되고 있음을 확인할 수 있다.

〈표 V-2-5〉 미래 교사에 대한 키워드 출현 빈도와 중심성 수치

키워드	빈도	연결 중심성	근접 중심성	매개 중심성	위세 중심성
학습 멘토	1284	550	0.663	0.281	1.000
인공지능 교사	867	423	0.613	0.182	0.868
협업 능력	676	277	0.565	0.073	0.724
다양한 분야의 전문가 교사	447	209	0.539	0.040	0.617
네트워크 관리자	313	120	0.514	0.010	0.484
디지털 정보기술 사용자	297	137	0.524	0.014	0.534
의사소통 능력	260	182	0.533	0.032	0.588
정서적 측면	257	223	0.548	0.052	0.680
교육과정 프로슈머	226	117	0.513	0.016	0.465
전문가와 소통 · 협업	199	134	0.517	0.012	0.543
삶 · 생활 · 인생	193	148	0.525	0.018	0.565
인성교육	176	203	0.543	0.054	0.626
상담가	164	182	0.533	0.033	0.591
전문가	155	122	0.517	0.015	0.486

키워드	빈도	연결 중심성	근접 중심성	매개 중심성	위세 중심성
인공지능	153	184	0.535	0.038	0.557
진로지도	140	153	0.524	0.029	0.537
교육과정 설계 · 실행	131	78	0.498	0.004	0.400
새로운 교사 전문성	128	191	0.538	0.039	0.607
학습 지원	120	149	0.521	0.024	0.539
네트워크 교육과정 체제	108	52	0.486	0.001	0.298
디지털 정보 소양	104	145	0.523	0.019	0.530
협력 · 협동 학습지도	83	96	0.502	0.007	0.423
학습 코칭	82	135	0.514	0.018	0.480
융 · 복합 전문성	59	101	0.512	0.012	0.421
학습 촉진자	57	96	0.500	0.009	0.387
기본생활 습관 지도	56	87	0.505	0.008	0.400
사대 · 교대 양성 체제 유지	55	76	0.496	0.007	0.337
가상현실 · 증강현실	55	91	0.503	0.012	0.368
전문적 지식 함양	54	94	0.509	0.012	0.406
학습 조력자	53	88	0.502	0.009	0.384
개별화 교육	53	96	0.503	0.012	0.401
인공지능 활용 교육	51	96	0.505	0.011	0.392
교사 역할 축소 및 변화	51	94	0.499	0.015	0.362
온라인 학습 제공 지원	48	88	0.502	0.014	0.350
인공지능 소양	43	83	0.497	0.007	0.388
사회성	43	92	0.505	0.012	0.405
안내자	40	78	0.499	0.005	0.378
학생과 유대	38	68	0.494	0.006	0.322
메타버스	37	73	0.495	0.009	0.338
로봇 교사	37	65	0.484	0.006	0.269
교사	36	53	0.481	0.004	0.242
관리자 역할	36	49	0.485	0.001	0.287
기본 개념 및 기초 소양	34	73	0.496	0.008	0.333

키워드	빈도	연결 중심성	근접 중심성	매개 중심성	위세 중심성
교육과정 전문가	34	61	0.490	0.003	0.316
인간 존엄성	32	72	0.501	0.007	0.345
네트워크	32	58	0.489	0.004	0.284
교육 전문가	32	54	0.482	0.003	0.294
교사 양성 체제 다양화	30	58	0.487	0.003	0.289
인공지능 멘토	29	56	0.486	0.004	0.262
인공지능 단점 보완	29	68	0.493	0.006	0.319
인간 교사	28	68	0.491	0.009	0.282
컴퓨팅 능력	26	60	0.486	0.005	0.271
따뜻한 마음	26	64	0.493	0.006	0.300
행정 업무 경감 분리	25	71	0.495	0.010	0.321
학생 이해	25	69	0.489	0.014	0.292
사명 · 책임 가치관	25	57	0.490	0.002	0.320
미래 학교	24	23	0.462	0.000	0.163
학습 설계자	23	58	0.480	0.005	0.257
창의력	23	52	0.488	0.009	0.253
디지털	23	46	0.482	0.002	0.245
감정적 교류	23	52	0.486	0.005	0.238
첨단 기술 활용	22	61	0.491	0.005	0.310
도덕성	22	65	0.489	0.007	0.276
교사 단위 교육과정	22	58	0.489	0.002	0.305
인공지능 교사 반대	21	49	0.478	0.006	0.228
교직 윤리	21	48	0.480	0.003	0.272
교사의 자격 변화	21	47	0.482	0.002	0.260
학습	20	46	0.476	0.007	0.200
전문 분야 교사	20	36	0.478	0.002	0.207
교사 인성	20	49	0.484	0.002	0.282
연구자	19	51	0.476	0.006	0.255
롤모델	19	50	0.486	0.002	0.288
교사 공동체	19	55	0.489	0.004	0.277
공동체 교육	19	49	0.491	0.004	0.275

키워드	빈도	연결 중심성	근접 중심성	매개 중심성	위세 중심성
가치관 교육	19	49	0.487	0.005	0.255
학생 활동 지원	18	34	0.478	0.001	0.233
자기개발 자율장학	18	55	0.480	0.004	0.267
다양한 경험	17	54	0.486	0.006	0.237
교사 생애주기 연수	17	45	0.484	0.002	0.251
현장형 · 체험형 제공	16	44	0.476	0.005	0.208
윤리	16	40	0.463	0.003	0.177
맞춤형 교사	16	43	0.475	0.002	0.210
교육공동체 협력적 태도	16	40	0.476	0.001	0.230
변화에 대응	15	44	0.478	0.002	0.258
문제해결력 교육	15	39	0.472	0.002	0.213

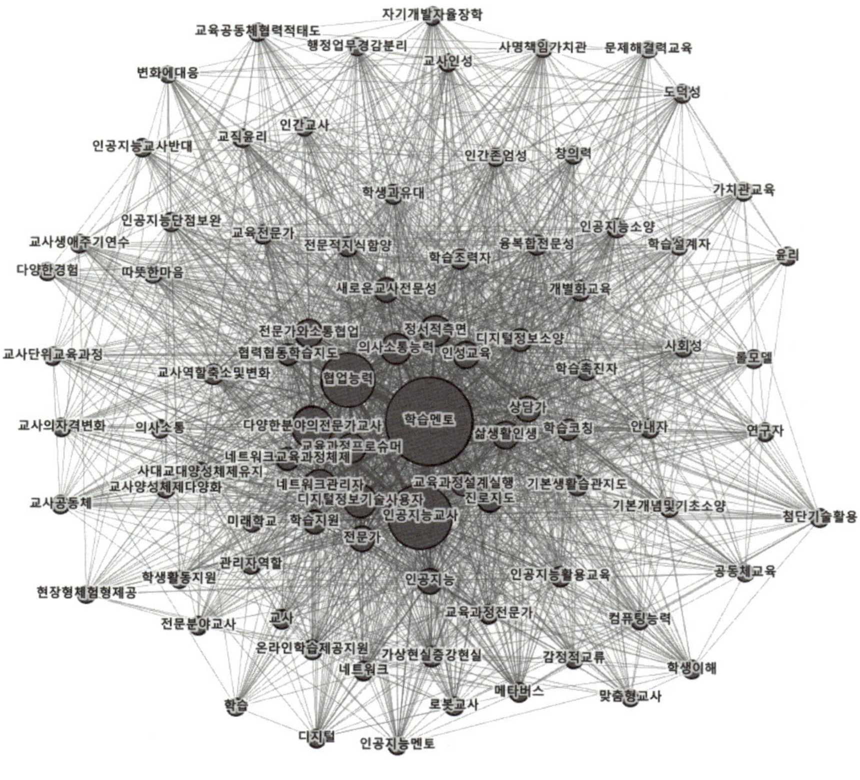

[그림 V-2-4] 미래 교사에 대한 전체 응답의 네트워크

과거 산업혁명과 사회의 변화에 따라 새로운 교수·학습 방법이 등장해 왔고 그에 따라 교사에 대한 역할 기대도 변화해 왔다. 미래 교사 측면에서는 교사는 지식의 전달자라는 전통적인 교사 역할에 더해 더욱 새롭고 다양한 역량을 갖추어야 하는 것으로 나타난다. 이러한 것은 교육 주체들과의 소통과 협업을 강조하는 학습 멘토, 협업 능력, 다양한 분야의 전문가 교사, 의사소통 능력, 네트워크 관리자 등으로 연결된 네트워크와, 새로운 교육방법의 도입과 관련된 인공지능 교사, 디지털 정보 기술 사용자, 디지털 정보 소양 등으로 연결된 네트워크로 나누어 볼 수 있다. 이는 교육과정 전문가, 교육과정 프로슈머라는 키워드와 연계하여 다양한 교육 주체와의 적극적인 협업 능력과 함께 미래 교육과정에 적극 도입될 다양한 인공지능이나 디지털 정보 관련 전문성이 교사에게 요구된다는 해석이 가능하다.

바. 미래 학교

미래 학교에 대한 항목의 응답 중 빈도수가 15회 이상인 키워드의 출현 빈도와 중심성 수치는 〈표 V-2-6〉과 같고, [그림 V-2-5]는 의미 연결망 분석을 통해 미래 학교에 대한 네트워크를 시각화한 것이다. 전체 키워드 중에서 가상학습 공간(1,140회), 평생학습 체제(811회), 학습 인정제(729회) 키워드가 미래 학교의 모습을 핵심적으로 표현하고 있음을 확인할 수 있다. 빈도수가 가장 많은 가상학습 공간은 모든 중심성 수치 또한 높아 미래 학교가 시·공간을 초월한 가상의 학습 공간의 모습으로 그려지고 있는 것이 특징이다.

한편 평생학습 체제, 학습 인정제 등의 키워드는 상대적으로 빈도는 높지만 이와 연결된 키워드의 개수가 적어 중심성 수치가 비교적 낮게 나타났다. 이는 키워드가 특정 키워드를 중심으로 연결되어 있다는 것을 의미하며, 나아가 집단에 따라 이러한 키워드를 포함하는 응답의 빈도가 다르다는 것을 지시한다. 반면에 상호연결이라는 키워드는 상대적으로 빈도는 낮지만 높은 위세 중심성 수치를 보이는데, 이는 상호연결이 가상학습 공간, 평생학습 체제와 같은 높은 빈도를 보이는 키워드와 연결되기 때문이다. 미래 학교의 공간이 네트워크를 기반으로 하여 가상 환경과 연결되며, 나아가 미래의 학교는 평생학습 구축에 중추적 역할을 하게 될 것이라는 인식이 반영되어 있다고 해석할 수 있다.

이외에 특징적인 것은 물리적 및 현실적 대면 공간(136회)이라는 키워드인데, 이는 빈도수가 가장 많은 가상학습 공간과 상반되는 개념이지만 미래 사회에서도 여전히 학교라는 상징이 굳건해 현실 공간으로서 그 기능을 할 것으로 보고 있음을 의미한다. 이러한 인식이 반영되어 다양한 키워드들과 연결되며 높은 중심성 수치를 보이고 있다. 마찬가지로 만남·교류·의사소통(104회)과 같은 키워드에서도 이러한 인식을 살펴볼 수 있다. 또한 [그림 V-2-5]의 네트워크를 보면 '가상학습 공간, 학습 인정제, 평생학습 체제' 등 빈도수가 많은 키워드 간의 관계가 뚜렷하게 나타나고 있으며, 학습 인정제와 지역사회 학습 센터 및 지역사회 연계와의 강한 연결성도 눈여겨 볼 필요가 있다. 미래 학교가 가상의 공간을 활용하여 시·공간을 초월함으로써 전통적으로 이루어져 왔던 학교 안 학습의 중추이자 새롭게 관심을 받는 학습 인정제를 심사하는 역할은 물론이고 지역사회 및 평생학습의 구심점으로서의 역할을 할 것으로 기대하고 있음을 확인할 수 있다.

〈표 V-2-6〉 미래 학교에 대한 키워드 출현 빈도와 중심성 수치

키워드	빈도	연결 중심성	근접 중심성	매개 중심성	위세 중심성
가상학습 공간	1140	600	0.645	0.286	1.000
평생학습 체제	811	294	0.556	0.071	0.716
학습 인정제	729	270	0.551	0.066	0.678
지역사회 연계	672	454	0.601	0.160	0.883

키워드	빈도	연결 중심성	근접 중심성	매개 중심성	위세 중심성
지역사회 학습 센터	526	214	0.535	0.048	0.609
시 · 공간 초월	281	205	0.533	0.054	0.572
공적 · 사적 영역의 연결	215	105	0.504	0.014	0.427
다양한 형태의 학교	192	104	0.504	0.010	0.431
상호연결	186	138	0.518	0.023	0.510
개인의 교육 선택	173	116	0.512	0.012	0.469
지역자원 네트워크	155	109	0.508	0.011	0.450
물리적, 현실적 대면공간	136	147	0.522	0.037	0.505
다양한 체험	128	163	0.522	0.035	0.505
네트워크화	120	124	0.512	0.018	0.469
자기결정 학습	107	64	0.486	0.002	0.341
자발적 학습 지원	104	107	0.512	0.012	0.471
만남 교류 의사소통	104	173	0.527	0.044	0.513
개인의 필요와 상황	104	82	0.498	0.006	0.389
메타버스	102	153	0.514	0.030	0.472
일상생활 장소	99	97	0.504	0.008	0.429
이수 자격 부여 제도	95	63	0.489	0.002	0.339
개별맞춤형 교육	95	142	0.518	0.020	0.493
다양한 교육 선택	91	83	0.503	0.008	0.388
가상 · 증강현실	73	123	0.509	0.030	0.409
온라인 학습제공	71	123	0.511	0.020	0.444
민간기업이나 상업분야	69	74	0.491	0.004	0.364
지역 마을교육공동체	67	119	0.511	0.013	0.462
사회성 함양	67	114	0.511	0.018	0.450
현실 · 가상공간 공존	64	68	0.492	0.010	0.325
협업 · 협력 · 협동	61	101	0.505	0.015	0.392
돌봄 공간	61	103	0.507	0.011	0.424
공공성과 사회적 영역	61	97	0.505	0.012	0.434
공동체 · 단체 사회성	59	118	0.510	0.024	0.434
인공지능 기반 시스템	57	100	0.504	0.015	0.356

키워드	빈도	연결 중심성	근접 중심성	매개 중심성	위세 중심성
공적 영역	55	68	0.494	0.004	0.356
미래 교육	51	50	0.474	0.001	0.260
학년에 상관없이 졸업	47	74	0.490	0.008	0.327
인성교육	43	108	0.507	0.020	0.407
학습 공간	42	79	0.501	0.005	0.392
학교의 역할 변화	42	61	0.485	0.005	0.312
미래 학교	42	53	0.479	0.003	0.268
무학년제	41	72	0.491	0.005	0.341
학습자 요구 중심	38	65	0.491	0.007	0.322
안전한 공간	37	94	0.496	0.020	0.347
복합 문화 공간	36	77	0.494	0.007	0.343
도서관	36	73	0.487	0.010	0.298
직접 체험 공간	34	47	0.483	0.001	0.288
기본 개념 및 기초 소양	34	82	0.501	0.015	0.354
지역주민 센터	33	63	0.486	0.006	0.297
교실 · 학교 공간 다양화	26	70	0.488	0.007	0.296
다양성 수용	25	54	0.486	0.006	0.279
학교	24	54	0.484	0.004	0.260
진로직업 교육	24	53	0.484	0.004	0.266
디지털 기반 환경	22	59	0.481	0.007	0.237
다양한 영역의 교육	22	45	0.481	0.004	0.244
지역기관 기업과의 협력	20	37	0.463	0.001	0.209
놀이 공간	20	63	0.485	0.007	0.283
학부모 참여	19	40	0.479	0.002	0.233
자연환경 생태	17	53	0.476	0.003	0.256
융 · 복합 공간	17	39	0.468	0.001	0.206
윤리 의식	17	45	0.465	0.007	0.178
배움터	17	51	0.473	0.006	0.215
박물관	17	30	0.453	0.002	0.142

키워드	빈도	연결 중심성	근접 중심성	매개 중심성	위세 중심성
다양한 학교	17	25	0.454	0.006	0.150
다양한 기관과 연결	17	30	0.467	0.003	0.187
학습 허브	16	29	0.426	0.001	0.119
선택	16	38	0.466	0.004	0.206
개방	16	50	0.480	0.006	0.230
학점제	15	38	0.466	0.003	0.215
예술체육	15	46	0.461	0.004	0.172
관계의 장	15	35	0.472	0.002	0.206
공유 캠퍼스	15	18	0.419	0.000	0.103

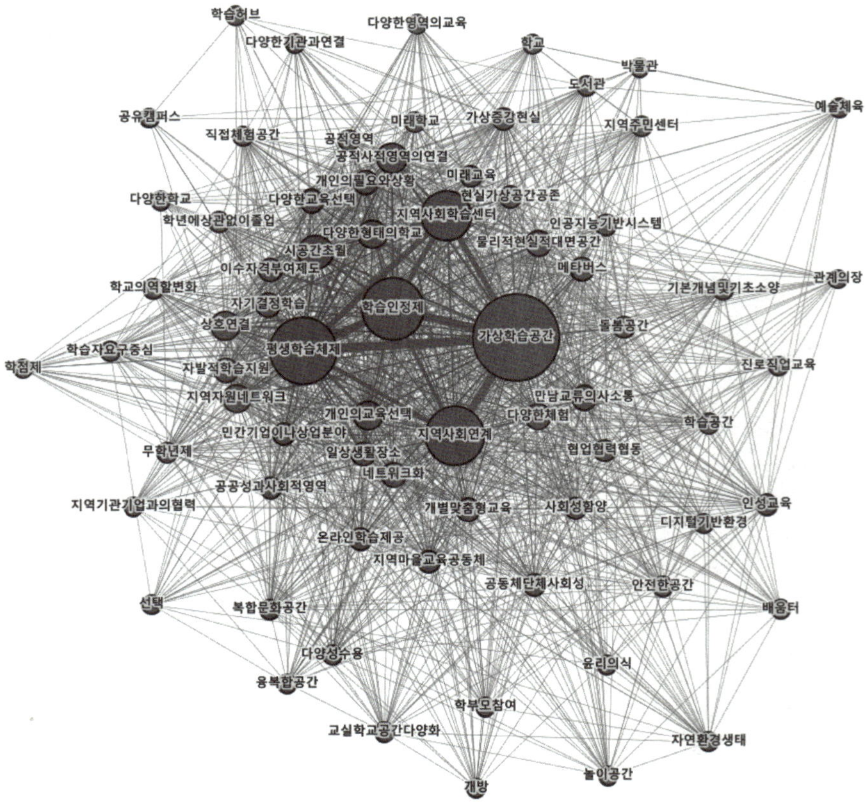

[그림 V-2-5] 미래 학교에 대한 전체 응답의 네트워크

미래 학교 측면에서 제시된 가상학습 공간은 빈도뿐만 아니라 모든 중심성에서도 가장 높은 수치를 나타낸 가장 영향력 있는 키워드이다. 가상학습 공간은 평생학습 체제, 학습 인정제, 지역사회 연계 등과 짧은 경로로 연결되어 있다. 이러한 현상은 교육 주체들이 갖고 있던 가상학습 공간으로서의 미래 학교에 대한 역할 기대에 코로나 19 유행병에 따른 비대면 원격수업의 경험이 촉매 역할을 하여 더욱 강력한 요구로 발전한 것으로 보인다. 이와 상반되는 키워드인 물리적, 현실적 대면 공간, 다양한 체험, 만남·교류·의사소통은 빈도에 비하여 중심성 수치가 높은 키워드로 도출된 점 역시 눈에 띄는 특징이다. 이는 교육 주체들이 과거와 현재의 학교 공간이 가진 교육적 순기능이 미래 학교에서도 유지되기를 기대하고 있다는 것으로 해석할 수 있다.

미래 학교에 대한 인식은 이질적인 두 가지 공간성과 학교교육의 방향성을 내포하고 있다. 교육 주체들은 미래 학교 공간이 시·공간 제약에서 벗어나 학습자의 필요와 상황에 따라 다양하고 융통성 있는 맞춤형 교육 서비스를 제공할 수 있는 가상의 학습 공간으로 발전하기를 기대하고 있다. 그러면서도 물리적이고 현실적인 대면 공간으로 기능해 만남과 교류, 그리고 의사소통을 통한 상호연결의 네트워크를 형성하는 것 역시 중요하다고 보고 있었다. 이러한 두 가지 방향성은 미래의 학교가 급속도로 발전해 가는 디지털 기술을 적시에 수용하여 가상학습 공간으로 거듭나는 가운데, 학습자의 필요와 요구에 따라 가상의 비대면 공간과 물리적 대면 공간을 넘나드는 형태로 미래 학교 공간이 갖추어져야 한다는 것을 시사한다.

사. 미래 교육과정 개발·생성

미래 교육과정 개발·생성에 대한 항목의 응답 중 빈도수가 15회 이상인 키워드의 출현 빈도와 중심성 수치는 〈표 V-2-7〉과 같고, [그림 V-2-6]은 의미 연결망 분석을 통해 미래 교육과정 개발·생성에 대한 네트워크를 시각화한 것이다. 전체 키워드 중에서 개별 학생의 교육과정(1,124회), 온라인 네트워크(1,062회), 융·복합적 교육과정(866회), 온라인 오픈 마켓(514회), 디지털 및 인공지능 기술 기반(317회) 등의 키워드가 미래 교육과정 개발·생성 측면의 특징을 가장 잘 대변하고 있음을 확인할 수 있다. 빈도수가 많은 상위 5개의 키워드들은 높은 중심성 수치마저 나타내고 있어 네트워크의 중핵적인 키워드가 되는 것이 특징이다.

〈표 V-2-7〉 미래 교육과정 개발·생성에 대한 키워드 출현 빈도와 중심성 수치

키워드	빈도	연결 중심성	근접 중심성	매개 중심성	위세 중심성
개별 학생의 교육과정	1124	610	0.685	0.310	1.000
온라인 네트워크	1062	511	0.645	0.209	0.917
융·복합적 교육과정	866	349	0.590	0.098	0.773
온라인 오픈 마켓	514	203	0.541	0.032	0.578
디지털 및 인공지능 기술 기반	317	168	0.531	0.025	0.534
다원적 중심성	306	124	0.514	0.013	0.442
아카이브	235	129	0.514	0.013	0.452
역동적	218	121	0.510	0.009	0.447
디지털 정보	198	95	0.509	0.007	0.379
초국가적	165	136	0.517	0.020	0.464
지식 생성·공유	159	140	0.523	0.018	0.488
사용자 중심 개발 방법	148	82	0.495	0.006	0.349
학생 주도적 선택	134	140	0.520	0.023	0.450
탈 경계	134	90	0.502	0.005	0.390
학습 상황에 따른 요구	126	160	0.525	0.031	0.483
다양한 교육과정	119	189	0.537	0.055	0.521
비정형	117	80	0.495	0.007	0.339
지식 정보 융·복합	108	99	0.511	0.006	0.411

키워드	빈도	연결 중심성	근접 중심성	매개 중심성	위세 중심성
맞춤형 교육과정	103	166	0.532	0.032	0.510
교육과정 이수 이력 체제	100	75	0.495	0.003	0.340
교육과정	96	103	0.503	0.012	0.348
초연결 네트워크	88	105	0.510	0.015	0.409
순환적	82	63	0.489	0.001	0.319
프로슈머 지원	81	59	0.490	0.002	0.315
개방적	78	74	0.492	0.003	0.326
비선형	73	54	0.480	0.003	0.276
기초 · 기본	68	146	0.523	0.028	0.442
인공지능	68	69	0.495	0.003	0.317
상호작용	67	90	0.506	0.006	0.379
다차원적	66	56	0.489	0.002	0.296
선택형 교육과정	57	108	0.510	0.025	0.346
협업 · 협동 강조	55	110	0.514	0.016	0.377
가상현실 · 증강현실	52	85	0.505	0.013	0.325
자기결정 평가 체제	52	50	0.482	0.001	0.283
지역 연계 교육과정	51	103	0.508	0.010	0.390
학교 수준 교육과정	45	88	0.503	0.009	0.344
블렌디드 러닝	43	72	0.502	0.007	0.314
온라인 기반 교육과정	43	82	0.500	0.013	0.290
소통	42	82	0.502	0.017	0.282
다발적	42	44	0.475	0.001	0.252
끊임없는 변용	41	48	0.475	0.001	0.256
개별학습	40	75	0.489	0.006	0.300
비계열적	37	40	0.474	0.001	0.239
교사 수준 교육과정	35	67	0.493	0.004	0.300
진로 연계	34	75	0.500	0.013	0.261
국가 수준 교육과정	33	72	0.492	0.011	0.303
다양한 체험	32	69	0.497	0.007	0.278

키워드	빈도	연결 중심성	근접 중심성	매개 중심성	위세 중심성
인성교육	32	79	0.500	0.017	0.256
사회변화	28	62	0.491	0.008	0.287
공동체성	28	59	0.495	0.003	0.279
피드백	28	51	0.488	0.003	0.275
수준별 교육	26	53	0.486	0.003	0.247
평가 방법 다양화	26	61	0.490	0.008	0.237
도덕 윤리 및 가치	25	74	0.494	0.016	0.235
창의성	24	48	0.485	0.004	0.203
메타버스	24	36	0.472	0.002	0.172
디지털	23	42	0.479	0.002	0.215
네트워크 기반 플랫폼 구축	22	60	0.485	0.015	0.236
자기주도적 학습	21	46	0.483	0.002	0.225
인공지능 기술 기반	21	42	0.483	0.001	0.214
파상적 상호작용	21	22	0.455	0.000	0.162
교육과정 개발	20	32	0.470	0.001	0.173
전문적 교육과정	19	47	0.485	0.003	0.215
교육과정 재구성	19	47	0.481	0.002	0.206
학생 수준 교육과정	18	42	0.479	0.002	0.232
빅데이터 활용	18	46	0.481	0.005	0.209
시스템	18	28	0.458	0.003	0.145
윤리 교육 강화	17	45	0.482	0.002	0.210
생활 기반 교육과정 개발	17	46	0.487	0.009	0.207
평생교육	17	42	0.480	0.001	0.206
교사 교육과정	17	37	0.470	0.002	0.179
정보 공유	17	18	0.463	0.000	0.139
국가 수준 교육과정 축소 변화	16	37	0.478	0.001	0.205
역량 중심	16	42	0.478	0.003	0.187

키워드	빈도	연결 중심성	근접 중심성	매개 중심성	위세 중심성
네트워크 활용 및 이해	16	48	0.479	0.011	0.180
격차 · 차별 해소	15	48	0.485	0.004	0.218
교육과정 운영의 자율성	15	46	0.467	0.005	0.179
삶과 연계	15	39	0.483	0.002	0.211
오프라인 교육	15	40	0.481	0.001	0.215
이수 학점제	15	44	0.477	0.002	0.199

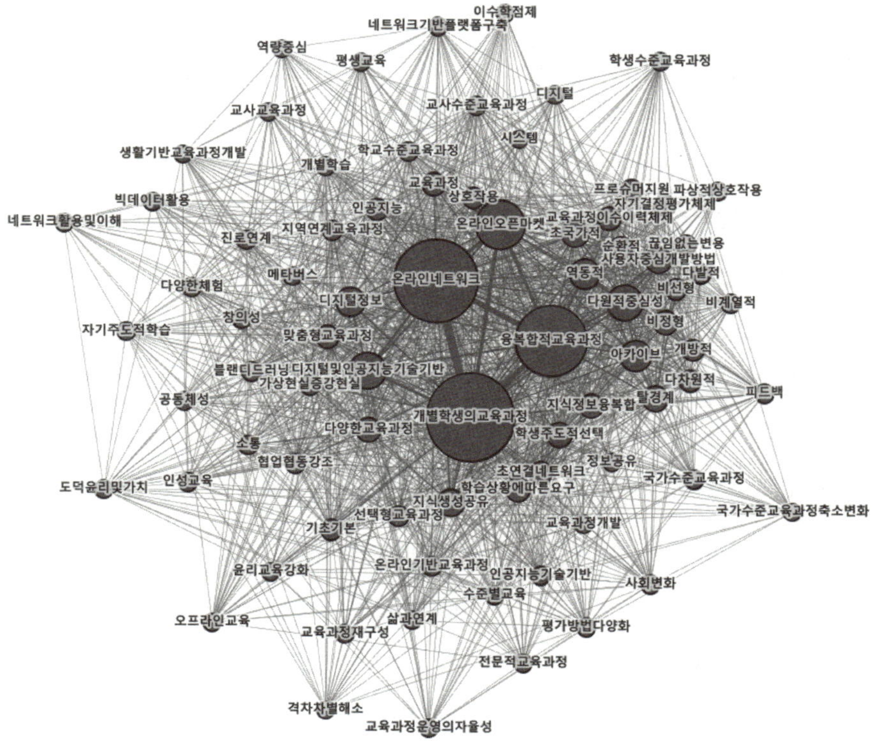

[그림 V-2-6] 미래 교육과정 개발 · 생성에 대한 전체 응답의 네트워크

한편 다원적 중심성(306회), 아카이브(235회), 역동적(218회)과 같은 키워드는 빈도수는 많지만 다소 낮은 중심성 수치를 보이는데 이는 이러한 키워드가 특정 집단에서만 집중되어 나타나고 있기 때문이다. 반면에 학습

상황에 따른 요구(126회), 다양한 교육과정(119회), 맞춤형 교육과정(103회)과 같은 키워드들은 높은 중심성 수치를 보이고 있어, 이와 같은 키워드들이 미래 교육과정 개발·생성 측면에서 중요하게 인식되고 있음을 시사한다. 즉 미래 교육과정이 학생들의 선택을 강화할 수 있는 방향으로 변화해야 한다는 인식을 단적으로 보여준다고 할 수 있다.

또한 [그림 V-2-6]의 네트워크를 보면 개별 학생의 교육과정, 온라인 네트워크, 융·복합적 교육과정과 같이 빈도수가 높은 키워드 간의 연결이 뚜렷하게 나타나고 있음을 알 수 있다. 이는 온라인 네트워크를 기반으로 더욱더 개별 학생의 교육과정이 개발되고 공유될 것이며, 이러한 교육과정은 융·복합적인 성격을 띨 것으로 예견하고 있기 때문이다. 그리고 온라인 네트워크와 온라인 오픈 마켓, 디지털 정보, 아카이브의 관계성도 짙어 교육 주체들은 미래의 교육과정이 온라인 기반의 네트워크로 다양하게 전개될 것으로 보고 있음을 확인할 수 있다.

미래 교육과정 개발·생성 측면과 관련하여 미래에는 다양한 개별 학생의 교육과정이 생성되어 온라인 네트워크 및 온라인 오픈 마켓을 통해 빠르게 공유되고 유통될 것으로 보인다. 전문가들은 물론이고 교육 주체들까지도 미래의 교육과정이야말로 급변하는 미래 사회의 복잡한 문제들을 분과적이며 파편화된 지식이 아닌 융합된 지식을 바탕으로 해결해 나갈 수 있는 역량을 갖출 수 있도록 융·복합적으로 전개되리라 기대하고 있다. 지식이나 경험 등을 복합적으로 포괄하는 융·복합적 교육과정이 개별 학생들의 삶에 유기적으로 녹아들고, 디지털 및 인공지능 기술 기반의 에듀테크가 교육과정을 뒷받침한다면 학습자의 다양성 및 개인화, 개별성에 맞춘 학생 수준의 교육과정 또한 가능할 것으로 보인다. 결국 지금보다 더 고도로 정보화 및 인공지능화, 다원화될 것으로 전망되는 미래 사회에서는 온라인 연결의 네트워크와 온라인 오픈 마켓 체제가 기반이 된 개인화된 교육과정 및 융·복합 교육과정을 모색해야 함을 시사한다.

VI 미래 교육과정 체제의 재구조화

1. 다중심성 교육과정 생성 · 공유 체제[1]

가. 학교 교육과정 체제의 맥락적 이해

제도로서의 학교교육 및 교육과정은 그 시대의 사회 · 경제 · 정치적 배경에서 나타나는 사태를 반영하는 경우가 적지 않다. 이 경우 학교나 교사의 역할은 시대 · 사회적 산물인 지식을 학생들에게 전달하는 데 중점을 두게 되며, 교육이 학생들의 의지나 요구와는 별개로 이루어지는 경향이 있다. 교육과정사적으로 볼 때, 시기적으로 이러한 경향이 두드러지게 나타나기 시작한 때가 1950, 60년대인데, 이때 전개된 교육정책의 대부분은 교육투자론의 관점을 기반으로 교육계획론에 의해 집행되었다. 당시 교육투자론은 교육에 대한 새로운 관점으로 주목을 받았다. 이것은 "교육은 인적 능력을 질적으로 향상해 경제발전에 기여할 수 있다."라는 생각에서 교육 지출을 단순한 소비가 아니라 투자로 보아야 한다는 정책론이었다(種清漢, 1992: 268).

1960년대는 전반적으로 교육을 경제발전과 인재 개발 정책이라고 하는 관점에서 파악한 시기라고 할 수 있다. 60년대의 교육투자론적 관점은 OECD에 의해 더욱 분명해졌는데, 특히 1961년 워싱턴에서 개최된 '교육성장

1) 정영근 외(2022)에서 일부 발췌하여 정영근, 민용성, 이근호(2024). 미래 학교 교육과정 체제로서의 다중심성 교육과정 생성 · 공유 체제. 학습자중심교과교육연구, 24(20), 723-739.에 게재함

과 교육투자에 관한 정책 회의(the OECD Conference on Economic growth and investment in education)'는 이 관점을 채택한 대표적인 회의로 일컬어진다. 이 워싱턴 회의에서는 교육을 투자로 파악하는 시각을 확인하고 당시 OECD 가입 유럽 국가들은 이러한 시각에서 10년간의 교육목표를 설정하였고 OECD는 그것을 지원하는 정보원이 되었다. 이 회의 보고서인 『1970년의 유럽 교육목표(Targets for Education in Europe in 1970)』에서는 '경제정책의 중요한 수단으로서의 교육' 및 '교육정책은 경제정책의 가장 중요한 무기' 등으로 교육의 중요성을 표현하였다(Papadopoulos, 1994: 37-40).[2)]

60년대의 교육투자론은 인적 자원 정책의 이론적 배경이 되었고, 이 인적 자원 정책은 교육계획론을 기반으로 시행되었다. 교육계획은 '양적으로 표현된 교육정책의 목표를 달성하기 위한 절차의 총체'로(清水義弘, 1978: 225), 60년대에 교육정책의 목표를 달성하기 위한 방법 및 수단을 마련하는 작업으로 활용한 것이다. 당시 많은 국가에서는 국가 발전을 먼저 교육의 발전에 맡기고 사회개발 계획 및 경제발전 계획에 대응하여 인적 능력 개발 및 인재 육성을 위해 중등교육과 고등교육 개혁을 도모하였다. 그 결과 학교교육도 경제정책과 같이 교육정책하에 계획적으로 이루어졌다(정영근, 2012: 115). 이러한 60년대의 교육계획화는 교육의 모든 부문에 걸쳐 영향을 미치게 되는데, 특히 교육체제의 중앙 집중화와 중앙의 교육과정 개발 독점, 교사의 관료화를 초래했다.

60년대에는 경제정책 기반의 교육정책이 우선시되었기 때문에 학교 교육과정은 국가의 교육계획 내에서 다루어지게 되었다. 이를 위해 채택된 것이 교육과정 연구·개발·보급 모형(curriculum research, development,

---

2) 1960년대의 교육정책 방향을 결정한 것이 이 워싱턴 회의라면, 70년대의 경제정책 방향을 규정한 것은 1970년 파리에서 개최한 '교육성장 정책 회의(the 1970 Paris Conference on Policies for Educational Growth)'인데, 이 파리 회의에서는 60년대를 통해 교육의 양적 성장이 어느 정도 이루어졌다고 보고 70년대의 교육정책 방향은 교육의 질적 변화에 두어야 한다고 규정하였다(Papadopoulos, 1994: 68-70).

diffusion, 이하 '교육과정의 RDD'로 표현)이다. 60년대 당시 국가가 제시하는 교육과정은 경제발전에 기여할 수 있는 우수한 인재 육성이었으므로, 특히 중시한 것이 과학과 수학이었다. 이들 교육과정은 교육과정의 RDD 모형 접근에 따라 개발되어 각 학교로 보급되었다. 교육과정의 RDD 모형은 60년대 당시 '자료(material)' 또는 패키지(package)로서의 교육과정이 만들어지고 보급되는 과정을 개념화한 것이다. 이것은 그 용어에서 알 수 있듯이 50년대 경제・산업 분야에서 성행하기 시작한 연구・개발 모형(research and development, R&D)을 원용한 것이다. 교육과정의 RDD 모형은 연구 기관이 중앙의 정부에서 재정 지원을 받아 교육과정을 만들어 주변 학교로 보급한다는 의미에서 '중앙-주변 모형(center-periphery model)'이라고도 한다.

R&D는 1950년대 미국에서, 특히 산업・경제 분야에서 생겨나 세계 공통의 명칭으로 정착한 것이다. 산업・경제 분야에서 일컬어지는 R&D에서 'R(연구)'은 인류에게 있어서 미지의 것을 발견하고 제안하여 세계의 지식 증대에 공헌한다는 것이고, 'D(개발)'는 이미 알고 있는 많은 정보를 사용하여 특정 목적을 달성할 수 있는 물품 및 체제를 만들어내는 것을 뜻한다. 이에 따라 연구와 개발을 엄격히 구별하여 연구는 연구소에서, 개발은 공장에서 행하는 것으로 하고 있다(芽野健, 1969: 81-84; 정영근, 2012: 116; 정영근 외, 2021b: 649 재인용). 당시의 연구소는 전문가가 포진해 있는 대학에 존재하였고 공장은 물품을 생산하는 산업・경제 현장으로 연구하는 곳과 물품을 생산하는 곳은 개념적으로도 실제로도 엄격히 구분되어 있었다.

교육과정의 RDD 모형이 기본적으로 산업・경영 분야의 R&D 모형을 따르고 있다. 이러한 근거는 다음의 두 기관에서 수행된 교육과정 RDD 절차에서 알 수 있다. 예컨대 60년대 영국의 '학교위원회(Schools Council)'와 미국의 '교육연구소'에서 수행한 교육과정의 RDD 접근은 기본적으로 R&D 모형을 적용하고 있는 것이라고 할 수 있다.

영국의 '교육위원회'에서 초기 채택한 교육과정 접근은 다음 절차에 의해 교육과정 자료 생산에 대단히 중점을 둔 것이다. 이 위원회는 다음의 다섯 가지 절차를 따르는 것으로 파악된다(Schools Council, 1967: 6; 정영근, 2012: 117 재인용).

① 요구 조사를 포함한 조사연구

② 새로운 자료 생산

③ 실험

④ 코스와 협의를 포함한 보급

⑤ 평가

또한 미국에서는 대학을 중심으로 교육 및 교육과정의 R&D 센터의 교육연구소가 상당히 설치된 것으로 파악되는데, 이 '교육연구소'의 접근 방식을 분석한 자료(Bush, 1976; 정영근, 2012: 117 재인용)에 따르면 교육과정 개발은 전문가들로 구성되어 다음의 절차에 따라 이루어지는 것으로 파악되었다.

① 요구 · 사정

② 목표의 구체화

③ 대안 전략 분석

④ 대안 선택

⑤ 잠정 및 일시적 체제 구성, 현장에서의 실험을 위한 가설 설정

⑥ 평가와 강화

⑦ 생산

⑧ 보급과 정착

위의 두 가지 사례에서 보면 교육과정의 RDD 접근은 기본적으로 R&D 모형을 따르고 있다고 할 수 있다. 즉 요구 분석이나 조사 등의 연구와 함께, 개발 형태인 자료 생산, 일반화하기 전의 현장 실험, 그 이후 대량 생산

에 해당하는 교육과정 패키지 생산, 그리고 소비자에게 보급하는 형태인 학교로의 보급 절차를 취하고 있다. 교육과정의 RDD 모형은 연구와 개발을 과학적 지식의 체계적인 사용이라고 일컬어지고 있는데, 왜냐하면 교육 및 교육과정을 개선 및 개혁, 변화를 위해 어떤 가설과 과정을 포함한 유용한 자료 및 방법을 생산하는 데 중점을 두기 때문이다(Chase, 1971: 158). 즉 교육과정의 RDD 모형이 '과학적'이라고 하는 것은 그 절차에서 요구 조사를 포함한 이론적 '연구' 수행 및 '가설 설정', '실험' 절차 등을 두고 있기 때문이다. 또한 '체계적'이라고 하는 것은 '목표 설정-생산-보급-평가'라고 하는 일련의 합리적 절차를 두고 있기 때문이다. 바꾸어 말하자면 이론적으로도 교육과정의 RDD 모형은 과학적이고 합리적인 교육과정 개발 모형으로 보인 것이다. 따라서 이 모형은 국가 및 중앙에서 개발되는 교육과정의 정당성을 뒷받침하는 데 대단히 유용하게 활용되어 왔다고 할 수 있다.

미국의 교육연구소들에서 채택한 교육과정의 RDD 절차에서 볼 수 있듯이, 교육과정의 RDD 접근에서는 '목표 설정'을 대단히 중요한 단계로 간주한다. '합리적' 모형이 이에 대한 이론적 정당성을 제공해 주었다.[3] 교육과정 RDD 접근에서 목표 설정은 대개 정책 결정에 의해 사전에 어느 정도 규정되어 이루어진다. 예컨대 60년대의 학교교육의 지상 목표는 경제정책에 따라 결정된 수월성 기반의 인재육성이었기 때문에 교육과정 패키지는 여기에 중점을 두었다. '목표'는 가치와 방향을 담는 것이기 때문에 이후의 단계 및 절차는 이를 입증 및 달성하기 위해 수단시하는 경향이 있다. 이는 실제 오늘날 대부분의 국가 교육과정 연구·개발에서도 어렵지 않게 파악된다. 이에 대한 대안적 모형으로 나타난 것이 과정 모형 및 순환 모형, 상호작용 모형 등이다.

교육과정 RDD 접근에 따른 교육과정 패키지의 문제는 '실천성(the prac-

3) 우리나라의 경우 제6차 교육과정의 기초연구를 수행했던 한명희 외(1991)는 목표 모형을 원용하고 있음을 분명하게 밝히고 있기도 하다.

tical)' 측면에서 강하게 지적되었다. 교육과정 개발론사에서 이 지적은 슈왑(Schwab)의 '실천성' 이론을 기점으로 리드(Reid)와 워크(Walker) 등으로 그 계보를 형성하였다. 슈왑은 체계적인 지적 활동을 비판하고 있는데, 과학적 지식이 실천을 대단히 통제한다고 지적하였다. 또한 60년대의 이론적 교육과정 이론을 비판하고 이론에서 실천으로의 전환 필요성을 제창하였다. 그는 이론적인 것은 일반적 지식의 탐구로 방향이 설정되지만, 실천적인 것은 문제 상황을 기반으로 결정하는 방향이 설정된다고 말한다. 전자의 이론적인 것은 원리의 통제를 받지만, 후자의 실천적인 것은 무엇을 행할 것인가의 실천적인 것을 파악하려고 하므로 상황 맥락을 중시한다(Schwab, 1969; 1971). 이러한 슈왑의 비판적 지적에서 보자면 교육과정의 RDD 접근에 의해 만들어진 교육과정은 대개 정책적 결정이 전문가의 지원을 받아 이론으로 무장하여 전국 공통의 일반적 특성을 지닌 공통・중핵 교육과정(common・core curriculum)으로 보급하게 된다. 따라서 교육과정의 실행 과정에서 학교의 상황과 맥락은 이 공통・중핵 교육과정에 의해 통제된다는 지적을 받는다. 이렇게 해서 생겨난 말이 교사 배제 및 교사 내성 교육과정(teacher-proof curriculum)이다. '교사 배제'라고 하는 것은 교육과정의 연구・개발은 전문가에 의해 만들어지는 것이기 때문에 여기에 교사 참여가 이루어지지 않는다는 데서 나온 표현이다. 그리고 '교사 내성'이라고 하는 것은 RDD에 의해 만들어진 교육과정은 전국에 있는 어떤 교사도 이 교육과정을 사용할 수 있다는 것을 함축한다. 이때 교육과정은 교육과정 패키지로 이루어져 있는데, 교육과정 패키지는 강의 계획서 및 교과서, 학생 매뉴얼, 교육 안내, 평가 및 평가 지침, 학생의 수행 결과를 위해 필요한 모든 자료를 담고 있기 때문에[4] 전국의 어떤 교사라도 이 교육과정을 사용할 수 있다는 것이다. 말하자면 교육과정 패키지에는 전국의

4) 출처: https://www.lawinsider.com/dictionary/curriculum-package

어떤 교사라도 개발된 교육과정을 사용할 수 있도록 이와 같이 상세하게 안내되어 있기 때문에 교사는 여기에 안내된 대로만 하면 된다는 것이다.

교육과정의 RDD에서 특히 '개발(development)'은 그동안 교육과정 논의에서 상당히 비판적 대상으로 취급해 왔다. 지식사회학에서는 이 '개발'을 지배와 피지배의 계층적 구조 측면에서 다루고 지배계급 및 지배계층의 재생산 통로 및 통제 메커니즘으로 파악한다. 그렇기 때문에 이러한 관점에서는 교육과정 개발에 누가 참여하는가에 주목하게 되는 것이다. 60년대의 교육과정 패키지 개발은 국가의 경제성장 정책과 그 시대의 주류 문화나 지배계층을 중심으로 학교지식을 형성한 측면이 있기 때문에 '재생산'이라는 말이 생겨났고 교육과정 분야에서는 이 현상을 중요한 탐구 대상으로 취급해 왔다. 이러한 논의의 연장선상에서 '개발'에 대한 대안적 논의로 등장한 것이 이해 교육과정이라고 할 수 있는데, 이는 교육과정을 개발 관점으로 보는 것이 아니라 이해 관점으로 보고자 하는 것이다.

교육과정 RDD 모형 및 중앙-주변 모형에 따른 '개발'의 문제에 대한 비판이 있었다. 60년대에 취한 교육과정 RDD 절차를 보면 지금의 국가 교육과정에서도 거의 그대로 나타나고 있다. 오늘날 각국에서 이루어지고 있는 국가 교육과정 개정 작업 과정은 구체적인 절차 및 형태에 있어서는 차이가 있지만 기초 연구(요구 조사 및 분석 등)나 시안 개발, 현장 적합성 검토 및 의견 수렴(실험), 확정·고시 및 자료 개발(교과서 등), 연수 및 실행(보급) 등은 60년대의 교육과정 RDD 접근에 따르고 있음을 말해 준다.

교육과정의 RDD 모형이 갖는 가장 커다란 문제점은 '중앙'이라고 하는 전국적이고 일반적인 맥락과 '학교'라고 하는 특수적이고 구체적인 맥락에서 발생하는 태생적이고 근원적인 차이를 메우기 어렵다는 것이다. 말하자면 학교라고 하는 특수적이고 구체적인 맥락 및 상황은 중앙의 전국적이고 일반적인 특성을 지닌 교육과정에 의해서 통제 및 제한되는 특성을 지닌다. RDD에 의한 교육과정이 전국적이고 일반적인 맥락 특성을 지니는 것은 대개 국가·사회적 요구가 우선되기 때문이다. 이 국가·사회적 요구를 바탕으로 형성된 연구 결과나 목표에 의해 교육과정의 이론적 정당성을 확보하고 교육과정 개혁 및 개선, 변화를 앞세워 교육과정 패키지를 만들어 보급하게 된다. 그렇지만 학교 기반의 교육과정 문화가 오랫동안 정착된 나라에서는 교육과정 RDD에 의한 교육과정에 상당한 거부감을 드러내 왔다. 실제 1950년대 후반부에서 1960년대에 미국에서 수행된 교육과정의 RDD에 의한 중앙 교육과정이 각 학교에 보급되었지만 거의 대부분이 실행되지 않았다고 보고된다(Fullan, 1993: 46-59; Ornstein & Hunkins, 2013: 217-218; 정영근 외, 2021b: 650 재인용).

60년대의 교육과정 RDD에 의한 교육과정 패키지는 비판의 대상이 되어 왔음에도 불구하고, 여전히 국가 교육과정 개발·개정에 강력한 힘을 발휘하고 있다. 1970년대 교육의 양적 성장에서 교육의 질적 성장으로 교육의 방향이 전환되면서 교육과정 주도권(initiative)을 중앙에서 학교로 이양하는 양상을 보여 교육과정의 RDD 체제가 약화하는 듯했다. 그렇지만 중앙 집중형의 전통을 갖고 있던 국가는 물론 분권형 국가에서도 1980년대에 국가 교육과정을 도모하면서 RDD의 교육과정은 오늘날에 이르기까지 강력한 힘을 발휘하고 있다.

교육과정의 RDD 체제가 여전히 강력한 힘을 발휘하고 있는 것은 틀림없지만 그 힘은 국가의 정책적 필요에 발휘되고 있는 것이라고 할 수 있다. 교육과정 RDD 체제가 수십 년간 유지되어 오면서 사회변화나 국가·사회적 필요 및 요구도 이 체제로 수용되는 것을 당연시하는 듯하다. 1950, 60년대 산업화 시대에 생겨나 1970, 80년대에 비롯된 정보화 사회의 제3차 산업혁명(디지털 정보, 정보화 사회 1970, 80년대~2010년대)을 거쳐 2020년대 부상한 인공지능 사회의 제4차 산업혁명(인공지능 사회, 2020년대~2030년대 및 이후)이 진행되는 오늘날에도 교육과정 RDD 신화는 여전히 견고하다. 국가 교육과정 유지를 위해 교육과정 RDD 체제로 사회변화의 모든 것을 수렴하고자 한다.

전통적으로 엄격한 중앙 집중형 체제를 유지하고 있는 우리나라의 경우도 디지털 정보 및 정보화 사회를 지식기반사회로 파악하고 이를 교육과정 RDD 체제로 수렴해 왔다. 이러한 기조로 제7차 교육과정 개정을 비롯하여 그동안 몇 차례 개정을 거듭해 왔다. 또한 사회의 다양성에 대응하기 위해 교육과정에 대한 학교의 자율성을 확대하는 정책도 도모해 왔다. 그렇지만 사회변화에 적시에 적절히 대응하고 또 학교의 교육과정 자율성이 정말 확대되었는지에 대해서는 논의의 여지가 있다. 왜냐하면 중앙의 단일 체제인 교육과정 RDD로는 사회의 다양성을 수렴하고 해결하기에는 한계가 있을 수밖에 없다. 또한 교육과정의 체제론적 관점에서 보면 교육과정 RDD는 '입·출력' 체제와 목표 관리형의 일반체제론 형태를 갖는 것이기 때문에 학교 교육과정의 다양성을 확보해 주지 못한다.

나. 다중심성 교육과정 생성·공유 모형의 접근

미래 사회는 디지털 정보와 인공지능 기술의 결합으로 초연결의 네트워크 사회가 구축될 것이기 때문에 미래 학교 교육과정도 이와 연동하여 네트워크 교육과정 특성 및 양상을 지니게 될 것이다. 달리 말해서 초연결의 네트워크 사회에 나타나는 특성과 양상이 미래 학교 교육과정에 그대로 투영된다는 것이다. 즉 네트워크 교육과정은 고도의 디지털 정보와 인공지능 기술을 활용한 플랫폼 체제를 중심으로 학교 간 및 학교와 지역 간, 학교와 지역, 중앙 간, 국가를 초월한 글로벌 수준의 연결 등으로 하나의 거대한 네트워크를 형성하는 교육과정 체제를 이루게 될 것이다. 네트워크 교육과정은 대단히 빠른 움직임을 보이게 되고 네트워크를 통해서 교육과정 주체들과 연결하여, 동시에 파상적으로 퍼져 나가 공유될 것이기 때문에 대단히 복잡하고 역동적인 구도를 형성할 것이다.

여기에서 제시하는 다중심성 교육과정 생성・공유 모형은 미래 사회 메가트렌드에 따라 형성 또는 등장하게 될 네트워크 교육과정의 특징을 집약해 주는 것이라고 할 수 있다. 즉 초연결의 네트워크 사회로 특징되는 미래 사회에서는 학교 교육과정도 연결 및 네트워크 교육과정의 특성을 지니게 될 것이므로, 이 네트워크 교육과정은 다중심성 교육과정 생성・공유 체제를 갖추게 될 것이다. 미래 초연결의 네트워크 사회에는 사회 구성원 모두 어떤 형태로든 네트워크를 통해 각기 나름의 관계 형성은 물론 무수한 공식, 비공식 기관과 단체, 조직과 소통하게 된다. 미래 학생들은 다른 어떤 세대보다 네트워크 사회에 익숙하기 것이기 때문에 네트워크 교육과정의 강력한 주체로 등장하게 될 것이다.

초연결의 네트워크 사회에 따른 네트워크 교육과정과 다중심성 교육과정 생성・공유 체제는 미래 교육과정 시나리오에 대한 전문가와 교육 전문직, 교사, 학생, 학부모의 인식에서도 파악된다. 전문가의 델파이 조사에서 '교육과정이 디지털 정보 및 인공지능 기반 네트워크 조직을 통해 지속적으로 생성・공유될 것'이라는 데 대단히 높은 CVR 값(.96)이 나타났다. 이에 따라 미래 교육과정으로 네트워크 교육과정을 전망하고 있다. 이와 연계되는 '오픈마켓 플랫폼 교육과정 체제 구축(.76)' 및 '학생・교사 단위로 다중심성(multi-center, multi-core)을 형성하고 이러한 다중 중심 간에 파상적 상호작용 관계 형성(.88)', '개방적, 다차원적, 비계열적 체제로 순환적이고 역동적인 형태(.84)' 등의 미래 시나리오에 대한 내용 타당도도 매우 높게 나타났다. 이들 항목의 시나리오에 대한 교육 전문직과 교사, 학생, 학부모의 설문 결과에서도 전체 응답에서 81% 이상이 동의한다고 하여 대부분이 이러한 미래 시나리오를 전망하고 있는 것으로 나타났다.

또한 미래 교육과정 개발・생성과 관련하여 이들 집단이 중요하다고 제시한 것을 의미 연결망 분석을 통해 파악해 본 결과, 다중심성 교육과정 생성・공유 체제를 이루는 온라인 네트워크와 온라인 오픈마켓, 디지털・

인공지능 기술 기반, 다원적 중심성, 역동성, 지식의 생성·공유, 초연결의 네트워크, 개방적, 비선형, 비계열적, 파상적 상호작용 등이 빈도와 중심성 지수에 다소 차이는 있지만 서로 네트워크를 형성하고 있는 것으로 나타났다. 이와 같이 이 책의 미래 학교 교육과정 체제 시나리오에 제시된 다중심성 교육과정 생성·공유 체제는 미래 교육과정 개발·생성 체제의 하나가 될 것임을 알 수 있다.

이 책에서 다중심성 교육과정 생성·공유 체제는 미래의 네트워크 교육과정을 형성하는 하나의 틀로 제시한다. 다중심성 교육과정 생성·공유 체제를 이루는 네트워크 교육과정의 특징은 종래의 RDD 교육과정과의 비교를 통해 나타내 볼 수 있다. 네트워크 교육과정과 RDD 교육과정은 반대 개념이라고는 할 수 없지만 상당히 대비되는 지점이 많다. 먼저 교육과정의 RDD 및 중앙-주변 모형(체제)에서는 '중심(center)'이 중앙과 국가로 하나이다. 즉 중앙이 중심을 이루면서 시작점이 되고 모든 것이 수렴되는 곳이다. 중앙이 움직여야 학교 교육과정이 개발되고 실행되는 것이다. 따라서 기본적으로 중앙에서 개발되는 교육과정 이외는 배제되거나 중앙으로 수렴된다. 초연결의 네트워크 사회에서는 종래의 교육과정 RDD 체제가 더 이상 통용되기 어려울 것이다. 왜냐하면 미래 초연결의 네트워크 사회에서 학교 교육과정도 무수히 연결되는 네트워크 교육과정 쪽으로 중심축이 이동할 것이기 때문이다. 만약 미래 초연결의 네트워크 사회에서도 교육과정의 RDD 체제가 지금처럼 강력한 힘을 발휘하게 된다면 여전히 중앙에서 네트워크 교육과정을 강하게 통제한다는 것을 의미한다. 그렇게 된다면 그만큼 학교 교육과정이 사회 진전, 즉 초연결의 네트워크 사회에 대응하지 못하고 오히려 지체되거나 초연결의 네트워크 사회로의 학생 적응을 저해하게 될 것으로 보인다.

미래 지능정보사회에 대응하기 위해서는 종래의 교육과정 연구·개발 체제에서 다중심성 교육과정 생성·공유 체제로의 전환이 필요하다. 다중심성 교육과정 생성·공유 체제는 교육과정 RDD 체제와 같이 국가 및 중앙의 단일 중심성이 아니라 학교 교육과정과 관련된 모든 기관 및 인사가 제각각 나름의 중심이 되어 상호 네트워크로 연결하여 교육과정을 생성하고 공유하는 구도를 형성한다. 이런 의미에서 종래의 교육과정 RDD 모형과 비교하여 교육과정의 생성·공유 모형, 그리고 종래의 중앙-주변 모형과 비교해 다중심 교육과정 모형을 이룬다고 말한다. 미래에는 이 다중심성 모형에 따른 교육과정 생성과 플랫폼 네트워크를 통한 교육과정의 공유 형태를 이루게 되는데, 이것을 교육과정 생성·공유 체제라고 말한다.

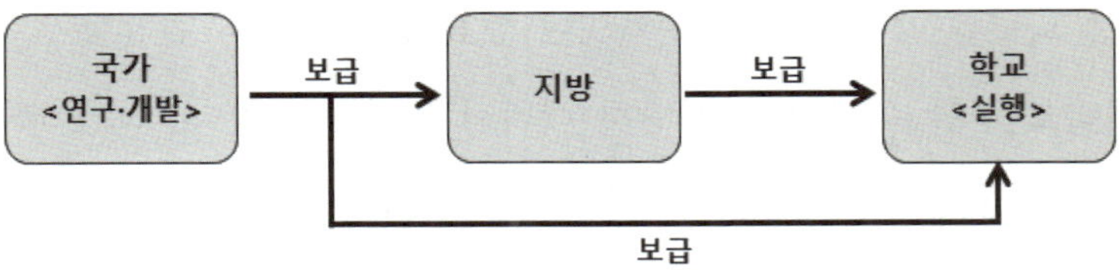

[그림 VI-1-1] 단일 중심의 교육과정 연구 · 개발 · 보급 체제

[그림 VI-1-1]은 종래 교육과정의 연구·개발 체제를 도식화한 것이고, [그림 VI-1-2]는 미래 초연결의 네트워크 사회에서 전망되는 학교 교육과정의 전개 양상을 모형화해 본 다중심성 교육과정 생성·공유 체제이다. 먼저 [그림 VI-1-1]의 교육과정 RDD에서 중심은 교육과정의 '연구·개발'이 이루어지는 곳이다. 예컨대, 1960년대에는 연구·개발 센터가 중심이었고, 오늘날 국가 교육과정 체제를 갖추고 있는 나라에서는 중앙 기관이 중심인 것이다. 이 모형 및 체제에서 학교는 교육과정 연구·개발에서 배제되면서 연구·개발 단계에서는 시안의 실험 장소이고, 시안을 거쳐 최종적으로 만들어지면 교육과정 실행의 장소가 된다. 교육과정 연구·개발 과정의 교사 참여 확대나 다양한 방식의 의견 수렴 등을 통해 학교의 실천성을 높이고자 하지만, 교육과정의 RDD 체제에서는 학교는 어디까지나 개발된

교육과정 실행의 장소이고, 교사는 그 교육과정의 사용자와 전달자, 실행자로 자리매김이 된다. 교육과정 실행(curriculum implementation)이라는 것도 바로 이러한 배경에서 생겨난 것이다.

교육과정의 RDD 모형은 단일 중심의 교육과정 연구·개발·보급 체제를 형성하기 때문에 국가에서 학교로의 일방향적 보급 형태를 띤다. 연구·개발진(중앙)은 개발된 교육과정을 위해 교육과정 패키지뿐만 아니라 다양한 형태의 연수 등을 통해 교육과정 실행력을 높이고 실행자인 교사는 적절한 통로 및 경로를 통해 교육과정 이해를 도모하게 된다. 학교는 새 교육과정 실행 장소로 정비하게 되고 교사는 새 교육과정의 실행자로 변모하게 된다.

제3차 산업혁명에 의한 정보화 사회와 제4차 산업혁명의 인공지능 및 정보·인공지능 결합 사회를 거치면서 학교 교육과정이 전개되는 사회 기반 및 체제가 바뀌고 있다. 산업화 시대의 산물인 교육과정 연구·개발 모형은 제4차 산업혁명이 진행되고 있는 지금도 학교 교육과정 전개를 위한 유용한 모형으로 각국에서 사용되고 있지만, 전술한 바와 같이 미래 초연결의 네트워크 사회에서는 더 이상 종래와 같이 적용하기 어려울 것이다. 교육과정 연구·개발 모형은 사실 제3차 산업혁명이 진행되고 있는 지금도 학교 교육과정 전개에 무리한 측면이 많다. 예컨대 우리나라의 경우 지방자치 및 분권화 정책이 반영된 제6차 교육과정이나 정보화 사회 트렌드에 대응한 제7차 교육과정 이래로 지금까지 모든 국가·사회적 요구를 교육과정 연구·개발 체제로 수렴 및 수용하고자 하였다. 그렇지만 이는 대부분 교육과정의 정책적 슬로건이나 문서로만 존재하는 등 교육과정 연구·개발 체제의 한계를 보여 왔다.

교육과정의 연구·개발 모형 및 체제의 가장 커다란 문제점은 국가 및 중앙이 중심을 이루어 거기서 교육과정이 연구·개발하고 그 외의 기관 및 장소는 주변으로 취급한다는 것이다. 따라서 학교는 실행할 교육과정이 국가 및 중앙으로부터 보급되어 올 때까지 기다려야 하고, 국가 및 중앙에서는 이를 위한 교육과정을 다양한 절차적 타당성을 확보하면서 일정 기간 세밀하게 만들게 된다. 그렇지만 모든 것을 단일 중심성으로 해결하려는 연구·개발 체제는 미래 사회를 전망하는 국가·사회적 요구는 물론 학교 현장의 다양한 맥락을 통제해 왔기 때문에 미래 초연결의 네트워크 사회의 학교 교육과정 전개를 통제하는 커다란 기제로 작용될 것이다. 이에 따라 이 책에서는 종래의 교육과정 연구·개발 체제를 재구조화하는 대안적 모형으로 다중심성 교육과정 생성·공유 모형을 제안한다.

[그림 VI-1-2]를 다중심성 교육과정 생성·공유 체제 및 모형이라고 부르는 것은 교육과정의 RDD 체제와 같이 교육과정의 개발자 및 결정자와 사용자를 분리하는 것이 아니라 학교교육의 이해 관계자 또는 구성원 모두가 교육과정 생성의 주체자로 중심을 형성하게 되고 교육과정을 생성·공유하게 되기 때문이다. 다중심성 교육과정 생성·공유 체제에서 취급되는 네트워크 교육과정은 패러다임 전환이라고 불릴 정도로 종래의 RDD 체제의 교육과정과는 전혀 다른 모습을 띨 것이다.

첫째, 네트워크 교육과정은 종래의 교과 학문 체계에서 당연시되었던 분과적이고 계열적 구성에서 탈피하여 융·복합적이고 비선형적 특성을 가진다. 네트워크 교육과정은 전문가 중심으로 연구·개발하여 보급하는 교과 학문 체계와는 상당히 다른 이미지이다. 물론 전문가가 연구·개발한 교과 학문이 네트워크 교육과정에서 배제되는 것은 아니다. 오히려 그러한 교과 학문도 네트워크 교육과정 내에서 생성·공유할 수 있을 것이다. 네트워크 교육과정이 융·복합적이고 비선형적 특성을 갖는 것은 교육과정 프로슈머로서 학생들이 그들의 삶과 생활을 기반으로 유용한 생활지식을 생성·공유하게 될 것이기 때문이다. 학생들의 삶과 밀접한 관련이 있는 생활지식은 그 자체가 융·복합적 지식 특성을 지니고, 종래의 교과 학문적 지식은 이 생활지식을 구성하는 요소로 취급될 것이다. 즉 미래 학생들은 종래와 같이 계열적으로 교과 학문적 지식을 학습하기보다는 그들의 생활지식에 필요한 만큼의 교과 학문적 지식을 가져와서 교육과정 프로슈머로서 교육과정을 생성·공유하게 될 것이다. 또한 네트워크 교육과정에서는 학생들의 지식의 입수 경로도 교과 학문지식의 전공자인 교사에 제한되는 것이 아니라, 지식 입수 경로의 다양화뿐만 아니라 지식 입수 방식도 달라질 것이다.

둘째, 네트워크 교육과정은 종래의 고정된 시간과 물리적 공간을 초월하여 전개되는 특성을 가진다. 바꾸어 말하자면 네트워크 교육과정은 시·공간에 구속되지 않고 필요에 따라 언제 어디서든 교육과정 전개가 가능하다. 이러한 의미에서 학생들에게 있어서 종래의 학교 시간과 공간은 교육과정 제공자로부터의 관리 및 통제의 의미를 지니는 측면이 있었다면, 네트워크 교육과정에서의 시간과 공간은 프로슈머로서의 학생이 스스로 관리·통제한다는 것을 의미한다. 이에 따라 네트워크 교육과정에서의 시·공간 초월은 종래의 고정된 시간과 물리적 공간이 주는 구속과 통제로부터의 자유와 해방을 의미하며, 이러한 측면에서 탈 학교를 지향하는 것이라고 할 수 있다. 미래 학생들은 이 네트워크 교육과정을 통해 그들의 삶과 생활을 기반으로 한 교육과정을 생성·공유하기 위해 시간과 공간을 스스로 관리·통제하여 활용하게 될 것이다.

셋째, 네트워크 교육과정에서 학생들은 종래의 교수와 학습의 방법을 넘어 학교지식 및 교육과정을 생성하고 공유하는 방법에 보다 주안점을 두게 될 것이다. 지금까지 학생들은 교육과정의 RDD에 의해 만들어진 학교지식을 교사로부터 습득하는 학습활동을 해 왔다. 교사는 이 학교지식을 효율적이고 효과적으로 가르칠 수 있는 교수방법에 몰두했고 학생들에게 효율적이고 효과적으로 학습할 수 있는 다양한 학습방법을 제공하고자 했다. 교육적으로 학생의 주체성을 강조하지만 자기주도적 학습 등에서 볼 수 있듯이 그 모두가 주어진 학교지식 학습에 제한된 주체성이었다고 할 수 있다. 하지만 네트워크 교육과정에서는 교사로부터 전달되는 학교지식의 학습을 넘어 학생 스스로 자신의 삶과 생활을 둘러싸고 필요한 지식을 생성·공유함으로써 자신에게 필요한 지식을 어떻게 생성하고 공유할 수 있는가로 관심의 초점이 이동하게 된다. 말하자면 네트워크 교육과정에서 학교지식을 둘러싼 관심의 초점은 종래와 같이 주어진 지식에 대한 교수방법 및 학습방법보다는 지식의 생성과 공유 방법에 있다는 것이다.

학교의 네트워크 교육과정은 [그림 VI-1-2]와 같이 다중심성 교육과정 생성·공유 체제를 구축하게 될 것이다. 다만, [그림 VI-1-2]는 무수한 중심성을 형성하여 역동적인 교육과정 생성·공유 양상을 보이는 다중심성 교육과정 생성·공유 체제를 교육과정 개발·생성과 실행 관련의 핵심 주체를 중심으로 단순화시켜 나타내 본 것이다.

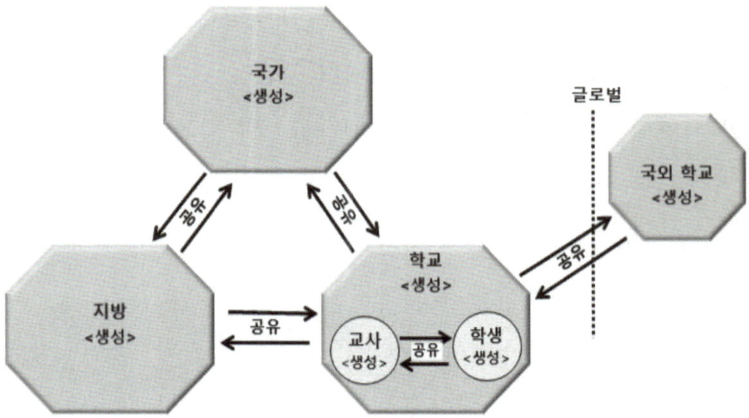

[그림 VI-1-2] 다중심성 교육과정 생성·공유 체제

미래 지능정보사회의 초연결 네트워크 체제하에서도 현실적으로는 국가 교육과정의 연구·개발 기능이 유지될 것이다. 왜냐하면 국가로서는 공교육 및 제도로서의 학교교육을 위해 학생들이 갖추어야 기초·기본 및 기초 소양과 국가·사회적 요구를 구성하기 위한 교육과정이 필요하다고 볼 것이기 때문이다. 그럼에도 불구하고 종래의 관료 행정적인 「국가 → 지방 →

학교」의 일방향적 전달 보급 체제는 약화되고 지방 및 학교와의 상호작용적 교육과정 생성·공유 체제로 변화할 것이다. 이에 따라 국가 교육과정은 종래와 같이 전문가 위주의 연구·개발보다는 지방과 학교에서 생성한 교육과정을 수용 및 공유·확산하는 형태를 비롯하여 산업 공학 분야에서 활용되고 있는 다자인씽킹 및 애자일 등과 같은 사용자 중심 방법으로 학생 요구에 맞춘 적시적 교육과정 창출이 요구된다. 이러한 류의 교육과정은 일시·전면의 대규모 개발·개정보다는 작은 단위의 교육과정 생성과 공유 형태를 띨 것으로 본다.

또한 미래 지능정보사회의 초연결 네트워크 체제에서 생각할 수 있는 국가 수준의 교육과정은 학생들이 네트워크 연결을 통해 타 학교 및 지역 학습장 등에서 이수하는 활동이 상당히 일상화될 것이다. 예컨대 현재 이 사례로 우리나라 고등학교의 '공동 교육과정'을 들 수 있다. 향후 이 공동 교육과정은 플랫폼 네트워크 구축을 통해 보다 다양한 차원으로 발전할 수 있을 것이다. 또한 지능정보사회의 네트워크 교육과정 체제에서 국가 교육과정의 중요한 역할·기능의 하나는 학교 및 학생 차원에서 생성 및 이수한 것을 인정하는, 이른바 교육과정 인정제를 마련해서 운영하는 것이다. 교육과정 인정제는 학교 및 학생 수준의 교육과정 생성을 촉진하면서 동시에 국가 교육과정 틀 내로 수렴할 수 있는 방법이 될 수 있다. 미래 지능사회에서 학생은 국가 교육과정에 대해 교육과정 프로슈머로 자리매김하게 될 것이고, 국가가 제시하는 중핵 교육과정 틀 내에서 소비자인 학생은 마치 상품을 사용하듯이 교육과정을 자신의 요구에 비추어 사용하거나 폐기하거나 할 것이다. 이렇듯 학생의 다양한 교육과정 활동을 교육과정 인정제를 통해 수렴하여 지원할 필요가 있다.

지역의 교육과정 생성·공유는 지역과 지역, 국가와 지역, 지역과 학교 간에 네트워크로 연결되어 이루어진다. 우리나라 교육행정 체계에서 보면 지역 간은 시·도교육청 간 및 시·도교육청과 교육지원청 간 등을 생각할 수 있다. 그동안의 국가 교육과정 체제에서는 지역 간의 교육과정 생성・공유는 거의 이루어지지 못했다고 할 수 있다. 그동안 교육청의 교육과정 역할은 지역 간의 교육과정 생성・공유보다는 국가 교육과정 보급, 특히 전달 연수 및 운영 관리 등에 중점이 두어졌다. 이에 따라 교육청 수준의 교육과정은 지역 특색이 없이 거의 대동소이하였다. 그렇지만 초연결의 네트워크를 기반으로 한 네트워크 교육과정 체제에서 지역 간 및 지역과 학교 간의 교육과정 생성・공유가 빈번히 일어날 것이다. 단적인 예로 출생률 저하로 생기는 소규모 학교의 교육과정 문제를 네트워크 연결을 통해 해결할 수 있다. 예컨대 소규모 학교에서 개설하지 못하는 교과목이나 학생 요구가 있는 교육과정의 경우 플랫폼 네트워크를 통해 쉽게 연결할 수 있다. 교육청은 이들 교육과정을 연결하는 중간 플랫폼 역할을 할 수 있다. 이와 같이 네트워크 기반의 교육과정 체제가 그 기능을 발휘한다면 교육청 간 및 학교 간 교육과정 교류가 가능하게 될 것이다. 나아가 해외 교육기관과의 교류 협정 체결 등을 통해 교육과정 교류도 가능하게 된다. 그 결과, 지역 수순의 네트워크 기반 교육과정 체제를 통해 특색 있는 지역 교육과정을 생성하고 공유하게 될 것이다.

여기서 주목해 볼 필요가 있는 것은 네트워크 교육과정으로 지역 간의 물리적 거리는 큰 의미가 없게 된다는 점이다. 즉 도서 벽지에 있는 소규모의 학교에서 개설하기 어려운 교과목이나 프로그램은 플랫폼 네트워크를 통해 서울의 특정 학교와 연결하여 어렵지 않게 이수할 수 있게 된다. 이러한 현상을 보다 적극적으로 생각하자면 네트워크 교육과정에서는 종래와 같은 학교와 지역 구분이 큰 의미가 없는 것이라고 할 수 있다.

미래 지능정보사회에서의 다중심성 교육과정 생성・공유 체제는 특히 교사 수준과 학생 수준의 교육과정을 생성하고 공유하는 것이 가능하게 한다. 단위 학교 수준에서 보면 모든 학교가 교육과정 생성의 중심이 되고, 나아가 개개 교사와 개개 학생도 모두 그 나름의 중심이 되어 대단히 역동적으로 교육과정을 생성하고 공유하게 된다. 학교 단위에서는 무수한 중심성을 형성하여 학교 간 및 교사 간, 학생 간, 교사와 학생 간, 학교와 지역 간, 학교와 국가 간, 해외 학교 간 등 다차원적이고 파상적인 교육과정 네트워크를 구축할할 것이다. 따라서 다중심성 교육과정 생성·공유는 교사와 학생 수준의 교육과정에서 가장 극적으로 다채롭게 이루어질 것이다. 특히 학생 수준에서 이루어지는 교육과정 생성·공유의 커다란 특징은 종래의 교과 학문의 계열적 체계가 아닌 마치 무질서해 보일 수도 있는 개인화되고 비계열적이라는 것이다. 그 결과 학교 수준에서는 각 학교의 특색있는 교육과정뿐만 아니라 개인화된 교사 및 학생 수준의 교육과정도 생성하고 공유하게 될 것이다.

다중심성 교육과정의 생성·공유 모형에 따른 교육과정을 '연결 및 네트워크 교육과정(connected curriculum, network curriculum)'이라고도 부른다. 전술한 바와 같이 이 연결 및 네트워크 교육과정은 특히 미래 초연결의 네트워크 사회의 도래에 따라 출현하게 되는 교육과정이다. 종래에는 관료 행정적 시행과 적용의 형태를 띤 문서화된 교육과정이었지만 미래 지능정보사회에서는 교육과정 주체들이 각기 교육과정을 생성하여 필요와 요구에 따라 네트워크를 통해 적정 시점에서 공식적, 비공식적 형태로 언제 어디서든 공유하게 된다. [그림 VI-1-2]에서 보는 바와 같이 이 네트워크 교육과정은 학교 및 지역뿐만 아니라 국경을 초월한 글로벌 수준의 연결을 통해 학교 교육과정이 전개될 수도 있다. 이에 따라 미래 학교 교육과정에서는 국경을 초월한 글로벌 수준의 네트워크 교육과정도 상당히 진전될 것으로 전망한다.

네트워크 교육과정은 네트워크가 갖는 효과, 즉 네트워크 효과(network effects)가 나타나게 될 것이다. 네트워크 효과란 제품이나 서비스가 추가 사용자에 의해 선택될 때 어떤 방식으로든 현재 사용자가 이익을 받는 현상을 말하는 것인데, 이는 같은 제품을 소비하는 사용자 수가 늘어나면 늘어날수록 그 제품을 소비함으로써 얻게 되는 효용이 더욱 증가하는 것을 뜻한다(Shapiro & Varian, 1998: 13). 네트워크 효과는 연결의 수와 비례한다. 먼저, 초기의 제품 및 서비스(네트워크)의 가치는 '0'이다. 네트워크의 가치는 사용자의 수(數)가 아니라 연결의 수(數)가 가치를 만들어낸다. 이러한 가치를 창출하기 위해서는 오랜 시간 동안 미미한 연결이 증가할 때까지의 인내가 필요하다. 네트워크 효과는 네트워크(제품 및 서비스)가 진화하지 못하면 시장에서 사라진다. 네트워크 효과에 비추어 볼 때 연결 및 네트워크 교육과정은 교육과정의 사용자 및 소비자 관점이 강하게 드러나게 되는 교육과정이 될 것이다. 그동안 교육과정 사용자의 참여 및 요구 반영이 충분하지 못했던 국가 교육과정을 이러한 네트워크 효과에 비추어 본다면 사용자 및 소비자 관점이 대단히 낮을 것으로 보인다.

다만, 네트워크 교육과정의 네트워크 효과를 산업·경제 분야의 네트워크 효과로 완전히 동일시할 수는 없을 것이다. 분명 미래 지능정보사회에서의 교육과정은 오픈마켓 플랫폼 교육과정 체제가 구축되어 네트워크 교육과정 특성을 지니고, 거기서 교사 및 학생들은 교육과정 프로슈머로서 교육과정을 생성·공유하게 될 것이다. 그렇지만 공교육으로서의 학교교육 기능 때문에 일정 정도 공통·중핵 교육과정 설계 내에서 이루어지거나 그에 대한 요구가 어떤 형태로든 개입될 가능성이 있기 때문에 네트워크 교육과정에서 국가의 관여를 완전히 배제하기는 어려울 것이다. 따라서 현실적으로 미래 지능정보사회에서 국가가 어떤 공교육 시스템을 선택하느냐에 따라 네트워크 교육과정의 전개 양상도 달라질 것이다.

종래의 중앙 집중형의 교육과정 RDD 체제를 여전히 고집한다면 미래 초연결의 네트워크 사회에서도 네트워크 교육과정은 그렇게 힘을 발휘하지 못할 것이다. 또한 네트워크 교육과정을 전개한다고 하더라도 제한적일 것이고 그 결과 네트워크 효과를 그렇게 기대하기 어려울 것이다. 그럼에도 이 책에서는 미래 지능정보사회에서는 네트워크 교육과정이 대세를 이룰 것으로 전망한다. 왜냐하면 미래 지능정보사회는 취사선택의 문제가 아니라 거스를 수 없는 거대한 변화의 흐름이고 또한 지능정보사회의 근간을 이루는 초연결의 네트워크의 힘을 학교교육에서 외면할 수 없을 것이기 때문이다.

네트워크에는 단면 네트워크(direct network)와 다면 네트워크(indirect network)가 있는데, 전자는 사용자들이 새로운 사용자를 추가함으로써 직접적인 이득을 얻을 때 발생한다. 단면 네트워크는 사용자 그룹이 하나이고 연결이 한 그룹 내에서 이루어진다. 예를 들어, 페이스북 및 트위터, 인스타그램과 같은 소셜네트워크 서비스, 메신저 및 이메일, 전화와 같은 커뮤니케이션 서비스 등이 이에 해당한다. 이러한 단면 네트워크는 사용자 수가 증가하면 사용자 간의 연결(링크)이 빈번해지며 네트워크의 가치가 높아진다고 할 수 있다.

다면(양면) 네트워크는 서로를 필요로 하는 두 그룹의 사용자끼리 그룹 간에 연결이 되는 것을 말한다. 다면(양면) 네트워크는 단면 네트워크와는 다르게 한 그룹 내의 사용자가 많아지면서 네트워크 가치가 상승하는 것이 아니라, 연결 대상이 되는 다른 그룹 사용자들의 연결 가능성이 높아짐에 따라 네트워크 가치가 올라간다. 아마존이나 지마켓과 같은 플랫폼이 이에 해당하는데, 플랫폼의 구매자가 많아지면 판매자가 판매할 대상이 높아짐으로써 네트워크 가치가 높아진다. 이러한 현상을 교차 네트워크 효과(cross-side network effects)라고 한다.[5] 미래 연결·네트워크 교육과정은 기본적으로 이 양자의 네트워크 형태를 취하게 되겠지만 학교 교육과정 특성상 후자의 형태가 더 강하게 나타날 것으로 보인다.

이 책에서 제안하는 다중심성 교육과정 생성·공유 체제를 [그림 VI-1-2]와 같이 지극히 단순화하여 제시했지만, 실제 다중심성 교육과정 생성·

5) 출처: https://www.niskanencenter.org/you-cant-understand-big-tech-without-understanding-network-effects-heres-a-road-map/

공유 체제는 무수한 중심성을 형성하기 때문에 대단히 복잡한 구도를 갖게 되는 것이다. 왜냐하면 모든 학생, 모든 교사, 모든 지역들이 제 나름의 중심성을 갖고 교육과정을 창출·생성하여 파상적으로 확산·공유하기 때문이다. 이러한 네트워크의 복잡한 구도의 상호작용적 관계를 복잡계(complex systems)로 설명되기도 한다. 복잡계에 대한 정의는 학자에 따라 다양하게 규정되고 있는데, 수많은 구성 요소들의 상호작용을 통해 구성 요소 하나하나의 특성과는 다른 새로운 현상과 질서가 나타나는 시스템을 가리킨다. 구성 요소들은 독립적으로 존재하지 않고 다양한 상호작용을 주고받고 그 결과 구성 요소를 따로따로 놓고 보았을 때의 특성과는 다른 거시적인 현상과 질서가 발현된다. 많은 자연적이고 인공적, 추상적 객체나 네트워크들이 복잡계의 하나라고 할 수 있다(한규현, 2007: 56-58). 네트워크가 복잡계로 이해되는 것은 네트워크가 갖는 '상호작용에 따른 복잡성'이라는 특성에 기인하는 것이라고 할 수 있다. "단순한 것도 연결되면 복잡해진다."고[6] 하는 네트워크의 특성은 상호작용을 기반으로 나타나는 복잡성에 기인하는 것이다. 네트워크의 복잡계에서 보자면 인간 사회나 존재하는 모든 것은 네트워크로 상호작용하는 복잡계로 이해할 수 있다.

고도의 디지털 정보 기술이 인공지능과 결합하여 우리가 상상하는 것 이상으로 정교하고 역동적인 초연결의 네트워크 사회로 진전될 것이다. 이에 따라 지금까지 인간 간이나 존재하는 것 간에 '관계'로 이해하는 것이 '연결, 네트워크'로 설명될 것이다. 미래 학교와 미래 학교 교육과정도 연결 및 네트워크화됨으로써 학생들은 종래와 같은 교사와 학생 간의 관계에서 학습하기보다 교사를 비롯한 다양한 경로의 네트워크를 통해 시·공을 초월하여 지식을 생성·공유하게 될 것이다. 이에 따라 이 책에서는 종래의 교육과정 RDD 체제는 더 이상 유용성을 발휘하기 어렵다고 보기 때문에 이에

6) 출처: www.seehint.com/hintx.asp?no=12072 (검색일: 2022.9.14.)

대한 대안으로 다중심성 교육과정 생성·공유 모형 및 체제로의 전환적 재구조화를 제안한다.

2. 융·복합적 교육과정 구성·설계

가. 융·복합적 교육과정의 의미와 접근 실태

1) 융·복합적 교육과정의 의미

최근 융합 및 융·복합이라는 말이 교육과정 분야에서 사용되면서 교육과정을 구성·설계할 때 논의의 대상이 되고 있다. 이에 따라 먼저 융·복합적 교육과정에서 융·복합이라는 의미 및 개념, 사용 맥락을 검토해 보고자 한다. 융합이라는 용어는 산업 및 과학기술 분야에서 쓰이던 용어로 뒤늦게 학교교육으로 유입되었고, 그 이전까지만 해도 교육 분야에서는 '통합'이라는 용어가 '융합'이라는 의미와 비슷하게 사용되었다고 할 수 있다(정영근 외, 2016: 11). 하지만, 이 양자 간에는 의미나 사용 맥락 등에서 차이가 있는 것으로 보인다.

먼저, 통합 교육과정에서는 부분의 합이 전체가 될 수 있다는 교과 분과주의에서 벗어나 인간 본연의 전체성에 초점을 맞춰 교과를 연계하거나, 주제나 활동 중심으로 가르치면서 인간의 전인적 발달을 꾀하려고 하였다. 이러한 통합 교육과정은 인간의 지식 축적 및 사고 과정과 내적 심리 작용은 서로 긴밀하게 연관되어 떼어낼 수 없는 인간의 통합적 성향에 맞춘 입장이다(김재복, 2005: 4). 이러한 통합 교육과정에서는 새로운 경험을 이전의 경험과 관련지어 의미 있게 조직하는 것을 중시하는데, 이는 듀이의 영향을 받은 진보주의 교육과 맥을 같이 하는 경험 중심 교육이 활성화되면서 주목받기 시작했고, 1980년대 이후 인간주의, 재개념주의, 실제적·상황 중심적 교육 사상 등에 의해 힘을 받게 되었으며, 21세기에 이르러 전인 교육, 생태적 환경 교육이 강조되면서 다시 주목받았다(김재복, 2005: 4). 최근에는 지식과 인지적, 사회적 역량 사이의 상호 관련성을 극대화하려는 새로운 통합적 교육 모델이 제시되고 있다(함승환 외, 2013: 108).

그렇지만 우리나라의 경우 인간 본연의 전체성 회복이라는 취지 하에 분절적 교육의 개선 및 실생활의 문제해결 등을 도모하고자 통합 교육과정을 제창하였으나 답보 상태를 벗어나지 못하였다. 이렇게 통합 교육과정이 더 이상 진전을 보지 못하고 있을 때 산업 및 과학기술 분야에서 추진하고 있었던 '융합'이 교육 분야에서도 다루어지기 시작하면서, 결과적으로 '융합'은 교육과정 개정에서 '통합'의 대안 형태로 등장한 모양새가 되었다고 할 수 있다. 두 가지 이상을 하나로 합친다는 의미의 통합과는 달리, 융합이란 다른 종류의 것을 녹여 서로 구별이 안 되게 하나로 합치고, 공통의 가치나 목적을 위해 서로 다른 것들을 뒤섞어 이전의 것과는 전혀 다른 새로운 것을 창조하는 것이다(김부자, 김준회, 2014: 177). 전문 학문 분야에서의 융합은 전문가들이 기후 변화에 대한 대응, 신소재 개발과 같이 어려운 문제를 해결하는 행위를 말하며, 교육 분야에서의 융합은 과학, 기술, 사회 지식에 인문학적 상상력, 예술적 감성까지 연결해 창조하는 행위를 말한다(정영근 외, 2016: 15).

지식의 융합 현상이 짙어지고 끊임없이 변화하며 변화의 속도도 더욱더 가속화되고 있는 세계에서 융합된 지식을 바탕으로 실생활에서 직면하는 복잡다단한 문제들을 해결하려는 것이 융·복합적 접근이며, 이는 융·복합적 교육과정으로 연결되었다. 융·복합적 접근이란 현재의 융합 교육을 중요한 요소로 포함하면서도 그 개념을 더욱더 확장하여 과학기술의 발달과 데이터화된 지식의 네트워크로 가속화하고 있는 정보화로 인한 지식의 융합, 세계화에 따른 세계 시민 의식과 평화적 공존 역량, 다원화에 따른 소통 역량과 다양성 및 차이에 대한 수용성과 더불어 유연하면서도 확고한 정체성 등을 복합적으로 포괄하는 개념이다(함승환 외, 2013: 110-111). 복합은 여럿을 하나로 합친다는 의미이기에 그 대상은 교과는 물론이고 지식이나 경험 등을 모두 포괄할 수 있다(함승환 외, 2013: 111). 이에 융·복합적 교육과정은 학습자의 다양성과 개별성에 맞춰 교육적 수월성과 형평성을 성취하기 위한 교육적 실천 모델로 삶의 영역 또는 교과 간의 소통적 교육을 통해 정보화, 세계화, 그리고 다원화를 특징으로 하는 미래 사회에 적합한 창의성 및 인성을 갖춘 인재를 육성하는 최선의 접근 방식으로 정의된다(함승환 외, 2013: 107, 111). 이러한 융·복합적 교육 방식은 다양한 학습 내용 요소를 사회적인 맥락 속에 유기적으로 연결하여 학습자로 하여금 스스로 탐구하고 표현하게 함으로써 학습을 촉진하는 지원 체제이기도 하다(유병규 외, 2014: 340).

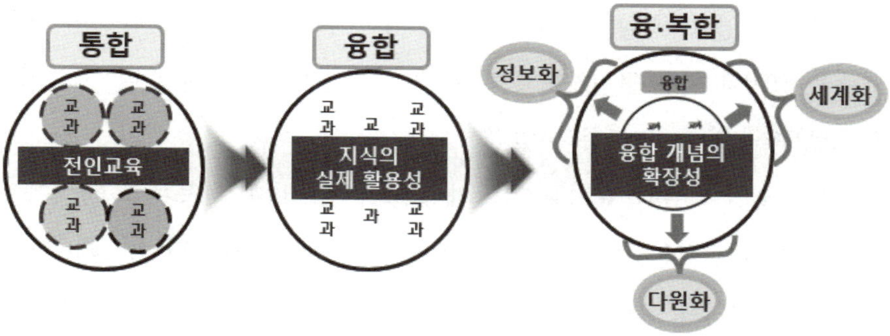

[그림 VI-2-1] 융 · 복합적 교육과정의 변천 과정

[그림 VI-2-1]은 융·복합적 교육과정의 변천 과정을 나타낸 것이다. 인간 본연의 전체성, 즉 전인교육에 초점을 맞추려고 했던 통합 교육과정에서부터, 이후 통합 교육과정과 함께 모색되었던 융합 교육과정, 그리고 정보화, 세계화, 다원화되는 미래 사회에 대응하기 위해 융합 교육과정의 개념을 더욱더 확장한 융·복합적 교육과정으로의 변화를 보여준다.

현재는 단원 및 주제의 특성에 따라 교과 간 연결 및 융합을 도모하는 교과 간 연계·융합 교육과정을 추구하고 있다고 볼 수 있다. 이러한 교과 간 연계·융합 교육과정 방식은 교과 간의 경계가 굳어진 현실 상황을 고려할 때 융합 교육과정이 기존의 교과를 해체한다는 우려를 불식시킬 수 있고, 교과를 토대로 한 계통적 학습이 가능하면서도 교과 간의 관련 내용을 연결함으로써 분과적 학습을 보완해 통합적 사고력을 바탕으로 문제를 해결하는 융합 학습이 가능하다(정영근 외, 2016: 21). 교과 간 연계·융합 교육과정은 주제형, 내용형, 활동형으로 구분할 수 있는데, 주제형은 연결고리를 별도의 주제로 설정하는 유형이고, 내용형은 교과 간의 관련된 내용을 중심으로 연계·융합하는 유형이며, 활동형은 활동을 중심으로 연계·융합한 유형이다(정영근 외, 2016: 41). 이는 국가 교육과정에도 반영되어 2015 개정 교육과정에서는 교과들을 융합하고 연계한 교육과정을 구현하기 위해 한 교과에 국한하지 않고 여러 교과에 걸친 빅아이디어인 핵심개념을 도입하였고, 성취기준에 코드를 부여한 후, 다른 교과의 관련된 성취기준을 끌어다 함께 구성하도록 하여 교과들 간의 연결성과 관련성을 가시적으로 파악할 수 있도록 하였다.

과학기술의 발달과 디지털 기반의 정보가 넘쳐나는 네트워크 사회에서 지식의 융합 현상은 더욱 가속화하고 있으며 사회는 더욱더 복잡화, 다원화되어 갈 것이다. 융합 현상은 산업 분야뿐만 아니라 전통적으로 별개의 것으로 구분되었던 학문 분야에서도 가속화하여 그 경계가 허물어지고 있다(함승환 외, 2013: 108). 이제는 교과의 구분이 흐려지는 교과 융합형 교육과정을 거쳐 교과의 선이 완전히 사라진 융·복합적 교육과정 접근을 요구하고 있다(정영근 외, 2016: 20-21).

2) 우리나라 융·복합적 교육과정 동향

분절적으로 이루어지는 교과 중심 교육으로는 실생활에서 직면하는 문제들을 해결하는 데 어려움이 있고, 변화의 속도가 더욱더 가속화할 것으로 예상되는 미래 사회를 대비하는 데는 한계가 있기에 교육과정에서의 융합 혹은 통합이 중시되고 있다(이경건, 홍훈기, 2017: 981). 즉 미래 학교로 갈수록 과거의 분과적 교육과정 체제에서 벗어나 교과의 구분이 없는 융합적이며 복합적인 융·복합적 교육과정 체제로 변화해 가고 있다. 우리나라 교육과정 변천 과정에서 통합이나 융·복합적 움직임을 살펴보면 다음과 같다.

제3차 교육과정 때까지만 하더라도 도덕, 국어, 사회 등 9개 과목으로 구분하여 연간 최소 시간과 주당 평균 시간이 배당되었고 통합 또는 융합에 대한 움직임은 눈에 띄지 않았다. 교과 통합의 시도는 제4차 교육과정에서부터 시작되었다고 볼 수 있는데, 이때 교과별로 명확히 구분되어 제시되었던 연간 최소 시간과 주당 평균 시간 배당에 변화가 있었다. 제4차 교육과정에서는 교과들을 묶어 연간 최소 시간과 주당 평균 시간을 배당하였다. 실제로 초등학교 저학년에서는 도덕, 국어, 사회를 묶어 374시간(주당 평균 11시간)으로, 산수와 자연을 묶어 204시간(주당 평균 6시간), 체육, 음악, 미술을 묶어 204시간(주당 평균 6시간)으로 제시하였다. 이러한 교과 간의 통합된 시간 배당은 바른 생활, 슬기로운 생활, 즐거운 생활이라는 교과서를 탄생시켜 교과서 수준에서나마 통합 교과의 길이 열렸다(추광재, 최화숙, 2010: 91).

제5차 교육과정에서는 '통합 교육과정'이 처음으로 우리나라 교육과정 문서에 등장하였다. 체계적이고 집중적인 지도가 필요하다고 여겨진 언어 기능 지도는 국어를 통해, 수리 기능 지도는 산수를 통해 가르치기 위해 따로 가르치고, 그 밖의 교과들을 통합한 통합 교육과정을 초등학교 저학년에 처음 도입하여 교육과정상에서 통합을 추구하였다(박채형, 정광순, 2015: 32). 저학년 학생들의 발달 단계를 고려하고 생활 경험에 맞추기 위해 바른 생활, 슬기로운 생활, 즐거운 생활, 우리들은 1학년이라는 통합 교과를 신설하여, 인간 교육의 실현, 다양한 학습 경험 제공, 내용상의 중복 해소 등을 도모하였다(추광재, 최화숙, 2010: 91). 이 당시의 통합은 통합적 운영에서 탈피하여 탈 교과적인 통합 조직을 추구하였으나, 분과적 교과교육 내용에서 크게 벗어나지는 못한 것으로 평가된다(박채형, 2012: 201).

융·복합적 교육과정의 첫 시도라고 할 수 있는 통합 교과 등장에 이어서, 제6차 교육과정에서는 범교과 학습을 도입하여 새로운 통합의 길을 열었다. 제6차 교육과정에서는 범교과 학습을 도입하여, 범교과 학습 주제를 중심으로 교과의 틀에서 벗어나 교과를 넘나들며 관련 교과의 지식을 통합적으로 가르치려고 하였다(정영근 외, 2016: 14).

본격적으로 융합이라는 용어를 사용하기 시작한 것은 2008년에 발표된 '국가 융합 기술 발전 기본 계획'에서 창의융합형 인재 양성을 제시하면서부터이다(정영근 외, 2016: 16). 그리고 융합 교육이 확산된 발단은 2011년부터 교육부(그 당시에는 교육과학기술부)에서 수학, 과학 교육에 기술, 공학, 예술을 통합한 STEAM 교육(이하 융합인재교육)을 강조하면서부터라고 할 수 있다. 그때부터 융합 인재 교육의 필요성이 부각되면서 융합 인재 교육(STEAM)이 학교 현장에 적극적으로 도입되었고, 2009 개정 교육과정에서 물리학, 화학, 생명과학, 지구과학의 균등 분배에서 탈피하려는 움직임에서 '융합형 과학'을 고등학교 공통과목으로 개설하였다(정영근 외, 2016: 17). 이때의 융합 인재 교육(STEAM)은 수학, 과학에 기술, 공학, 예술 교과들의 통합을 시도하고 STEAM 소양을 바탕으로 실생활 문제를 해결하는 과정을 통해 창의적이고 융합적인 소양과 더불어 문제해결력을 갖춘 인재를 양성하는 것을 목표로 하였다(이광우 외, 2014: 13; 정영근 외, 2016: 4에서 재인용). 여기서 과학, 수학 중심의 융합 인재 교육(STEAM)은 융합 교육 또는 융합인재교육과 동일시되었으나(이경건, 홍훈기, 2017: 981), 점차 융합 교육은 STEAM 교육과 동일시될 수 없는, 더욱 포괄적인 개념으로 받아들여졌다(여이주, 정은영, 2020; 101).

이후에는 2014년에 발표된 '국가 융합 기술 발전 전략'의 5대 전략 중에 '인문학과 과학의 융합 확대', '창의적 융합 인재 양성'이 포함되기에 이르렀다(정영근 외, 2016: 17). 이러한 흐름 속에서 학교 교육을 통해 길러낼 인재상은 '인문학적 상상력과 과학기술 창조력을 갖추고 바른 인성을 겸비하여 새로운 지식을 창조하고 다양한 지식을 융합하여 새로운 가치를 창출할 수 있는 창의 융합형 인재'로 정립되었다(김경자 외, 2015: 17). 그리고 대학수학능력시험(수능)에서 문・이과로 이분화된 교육체제 개편에 대한 요구가 확대됨에 따라 2015 개정 교육과정에서는 창의 융합형 인적 자원 육성을 위한 문・이과 통합형 교육과정을 표방하였다.

창의 융합형 인재 양성을 위해서는 무수한 사실과 지식을 기억하기보다는, 그러한 지식 간의 관련성과 그에 내재된 구조를 꿰뚫어 볼 수 있는 사고체계와 안목을 갖추는 것이 중시되었다(김경자 외, 2015: 18-19). 이러한 맥락에서 문과나 이과를 막론하고 모든 학생들이 이수해야 하는 고등학교 공통과목으로 통합적, 융합적 성격을 지닌 통합사회와 통학과학 과목을 신설하였다. 통합사회를 통해 사회 현상에 통합적으로 접근하고 통합적인 이해를 추구하고, 통합과학을 통해 자연 현상에 통합적으로 접근하고 융・복합적인 사고가 가능하도록 핵심개념 중심의 교육과정을 지향하였다. 결국 2015 개정 교육과정은 분과적 교과 교육과정의 지식 구조 및 여러 지식・이해의 학습보다는, 다양한 지식의 통합과 연계를 통해 습득한 지식으로 무엇을 할 수 있을지에 초점을 두고 지식・이해의 실제 활용에 중점을 두고 있어서 융・복합적 교육과정이 추구하는 바와 다름이 없다(정영근 외, 2016: 18).

또한 2015 개정 교육과정에서는 고등학교 공통과목으로 융・복합적 성격을 지닌 통합사회와 통합과학을 신설했을 뿐만 아니라, 모든 교과목에 성취기준 코드를 도입하여 교과 간의 융합을 시도하였다(정영근 외, 2016: 3). 2025년 고교학점제의 전면 도입에 발맞추어 개정하고 있는 2022 개정 교육과정에서도 융・복합적 교육과정과 창의 융합형 인재 양성의 기조는 유지되고 있다.

요컨대 우리나라 교육과정에서도 지향해온 융・복합적 교육과정은 융합

교육과정 개념을 포괄하면서도, 교과는 물론이고 지식이나 경험 등을 복합적으로 포괄하는 개념으로, 관련 내용들을 삶의 맥락 속에 유기적으로 연결하여 학습자의 다양성과 개별성에 맞추어 진정한 학습이 이루어지도록 함으로써, 궁극적으로는 학습자가 삶의 역량을 갖춘 전인적 존재로 성장하도록 돕는 교육적 실천 모델이다. 이러한 융·복합적 교육과정은 과학, 기술, 산업, 학문 등 다양한 분야 안팎의 교류와 협력은 물론이고 탈 경계를 추구하므로, 새롭게 융합되고 복합된 지식 체계를 구축하고 변화시켜 지속적인 사회 발전에 기여할 수 있을 것으로 간주한다(권혁, 송덕근, 이진홍, 2018: 26).

나. 미래 융·복합적 교육과정 구성·설계

1) 미래 교육과정 패러다임의 전환: 인간 중심주의와 탈 인간 중심주의

미래 학교 지식과 미래 교육과정을 논하기 전에 미래 학교 교육(과정)과 관련된 패러다임을 살펴보면, 미래 학교는 포스트휴머니즘, 즉 탈 인간 중심주의로 특징지을 수 있다. 앞서 논의한 것처럼, 미래 학교는 기존의 각종 인간 중심주의 패러다임에서 벗어나 탈 인간 중심주의 패러다임을 특징으로 한다.

〈표 VI-2-1〉 인간 중심적 패러다임과 탈 인간 중심적 패러다임 예시

항목 \ 패러다임	실증주의	구성주의	비판적 실재론	신물질주의
특징	• 위계적 존재론(개인과 사회: 미시와 거시)	• 불가지론, 상대주의 • 현상학적 사회학	• 층화적 존재론(표면의 경험적 현상, 심층의 구조)	• 편평한 존재론(내재성의 평면 위에 서로 관계를 맺으며 변화)
	• 인간 중심적 이원론 • 인간만을 행위자로 간주			• 탈 인간 중심적 일원론

〈표 VI-2-1〉에 보는 바와 같이 패러다임, 혹은 세계관과 관련하여 기존의 실증주의, 구성주의 비판적 실재론 등이 모두 이 인간 중심적인 패러다임이었다면, 생태전환주의 혹은 인공지능으로 특징지을 수 있는 4차 산업혁명 시대는 포스트휴머니즘적 패러다임으로 특징지을 수 있다. 신물질주의(혹은 신유물론)로 대표되는 포스트휴머니즘적 패러다임은 기존 패러다임과는 달리, 존재의 지평을 인간에서 비인간까지 넓히면서 포스트휴머니즘적 혹은 탈 인간 중심주의를 특징으로 하며, 생태전환주의(이하 생태주의) 패러다임도 그중 하나로 볼 수 있다. 생태주의 패러다임을 중심으로 미래 포스트휴머니즘적 패러다임의 특징을 살펴보면 〈표 VI-2-2〉와 같다.

〈표 VI-2-2〉 인간 중심적 패러다임과 탈 인간 중심적 패러다임의 행위 주체성

인간 중심적 세계관에서	생태 중심적 세계관으로의 전환
• 인간 중심의 행위성(agency, 행위 주체성, act-ant라고도 표현)	• 비인간과 사물의 행위성(agency)을 특징으로 함. • 물질의 행위성, 비인간적 객체(비인간: 사물, 물질, 인공지능 로봇 등)
• (후기) 실증주의 패러다임 • 과학의 방법론에 근거한 객관적, 실증주의적 지식관(자연의 법칙 발견)	• 생태주의 교육의 대전제: 인간과 인간 그리고 인간과 자연은 모두 관계적 존재이며, 인간의 존재 이유가 타자와의 관계라고 봄(조윤정, 김현주, 이권수, 2017: 12). • 지식의 생태적 성격(주관적이고 맥락 의존적이며, 공동으로 구성된 지식관)
	• 지식과 생활이 분절될 수 없으므로 학교와 생활세계를 기반으로 하는 학습 생태계 안에서 학생들은 타자와의 상호작용, 관계적 체험 등을 통해 스스로 배움을 실천할 필요가 있음(조윤정 외, 2017: 12).

기존 인간 중심주의 패러다임 혹은 세계관은 인간이 세상의 중심이고, 인간만을 행위 주체(agency)로 인정한다. 여기서 에이전시라는 용어는 국내는 물론 글로벌 교육에서 가장 중시되는 단어로, 에이전시를 행위성, 행위자성, 행위 주체성 등등으로 번역하는데, 이는 행위(act)하는 사람(act-ant)

으로도 표현한다. 인류 중심적 혹은 인간 중심적 세계관에서는 인간만이 행위 주체이고, 자연은 인간의 욕망 충족을 위한 도구로 본다.

반면에, 생태 중심주의 또는 신인간 중심주의 패러다임에서는 '비인간(non-human)'이라는 용어가 등장한다. 인간 이외의 비인간에는 자연을 포함하여 물질도 들어가고, 앞으로 10년, 20년 후면 보편화될 인공지능 로봇 등도 이에 포함된다. 생태주의를 중심으로 포스트휴머니즘적 세계관의 특징을 살펴보면 다음과 같다.

먼저, 비인간과 사물의 행위성(agency)을 특징으로 한다. 즉 인간 중심의 행위성이 아니라, 물질과 비인간적 객체의 행위성을 인정한다. 생태주의란 인간과 비인간이 연합하여 생태 위기나 기후 문제를 해결해야 하는데, 자연을 포함한 다른 생물 종, 생태계 생물권 전체와 함께 움직이자는 공동체성을 강조하는 입장이다.

또한 인간 역시 자연의 일부분으로 자연과 더불어 살아 나가는 인간상을 지향한다. 인간을 만물의 척도로 보고 인간을 예외적 존재로 취급하던 기존 인간 중심주의적 패러다임과는 달리, 생태주의 패러다임에서는 인간과 인간, 인간과 비인간 등을 모두 관계적 존재로 파악한다. 따라서 자연의 일부인 인간이 공동체 의식을 가지고 생태적 자아를 경험하고 실현함으로써 타자와 관계를 회복하고 더 나아가서 지구 생태계 회복의 가능성을 탐색해야 한다는 입장이다. 요컨대 생태주의 패러다임에서는 인간과 인간은 물론이고 인간과 자연도 관계적 존재이며, 인간의 존재 이유를 타자와의 관계로 파악한다. 자연을 객체로 보고 연구를 통해 발견하는 것으로 이해하던 실증적, 객관적 지식관과는 달리, 생태주의 패러다임에서는 인간-비인간 연합(association, 아상블라주)을 통해 생태 위기와 기후 위기를 해결할 수 있다는 입장을 취한다.

인간 이외의 행위 주체성을 인정하는 포스트휴머니즘을 뒷받침하는 철학적, 이론적 토대로는 신물질주의(new materialism), 포스트현상학(postphenomenology), 행위자-연결망이론(actor-network theory), 객체지향존재론(object-oriented ontology) 등이 있다. 여기서 신물질주의란 인간 중심의 세계관에서 벗어나 생명과 물질이 본질적으로 하나라는 일원론적 세계관을 기반으로 하며(박휴용, 2022: 23), 포스트휴먼적 존재들, 즉 모든 인간, 비인간, 사물, 도구 등이 세상의 다양한 관계망 속에서 서로 얽혀 영향을 주고받으며 상호 협력적, 의존적으로 살아가고 있는 존재들임을 인정하는 입장이다(김미정, 박휴용, 2021: 81).

[그림 VI-2-2] 포스트휴머니즘적 융 · 복합적 학교 지식의 이론적 배경 및 특성

이러한 맥락에서 미래 탈 인간 중심적 세계에서의 학교지식, 즉 융・복합적 지식을 특징으로 하는 학교지식을 [그림 VI-2-2]와 같이 도식화할 수 있다. 앞서 논의한 미래 학교지식 패러다임 전망에 비추어 미래 학교지식의 특징을 융・복합적 지식으로 규정하고, 그 특징을 디지털화・데이터화된 지식, 인식과 가치가 결합된 지식, 상황적(know-where) 지식 등으로 파악할 수 있을 것이다.

2) 미래 융·복합적 교육과정 구성·설계 전망

미래 융·복합적 교육과정 구성과 설계와 관련하여 먼저 혁신 사례를 중심으로 전망해 보고자 한다. 미래를 앞당겨 학교 교육과정의 존재 근거를 찾고 있는 혁신 사례들의 경우, 네트워크 교육과정 체제를 전제로 지능정보 기술(ICT 기반의 고차원적 정보 처리 기술)을 활용한 온라인 학교, 학령 인구 급감에 따라 학생들의 개별적 특성을 고려하는 맞춤형 적응적 학습, 학교용 학문 분야별 지식의 구조보다는 실제 삶에서 활용 가능한 (혹은 고등교육에서는 창업 등 직업과 삶으로 직접 연계 가능한) 학문 분야 간 지적 융합을 통한 지식 창조 등을 특징으로 한다. 달리 말해서, 2045~2050년대 미래 학교는 "언제 어디서나 상호작용하는 연결화, 나보다 나를 더 잘 아는 인공지능 교사를 통한 지능화, 학생의 오감을 자극하는 실감 나는 교육인 실감화, 교육 비즈니스가 플랫폼과 만나는 융합화" 등을 특징으로 할 것으로 전망된다(이명구, 박도휘, 강민영, 2019: 3). 이에 따라 미래 학교 융·복합적 교육과정 구성·설계 방안을 기존 사례들을 기반으로 전망하고자 한다. 이러한 혁신 사례들에서 공통으로 발견되는 미래 융·복합적 교육과정 구성·설계의 특징을 살펴보고자 한다.

가) 중핵 교육과정을 기반으로 한 분과적 학문 분야 간·학제 간 융·복합적 교육과정

먼저 미래 융·복합적 교육과정은 분과적 학문 분야들이 연결되고 네트워킹되는 교육과정을 특징으로 한다. 분과 학문 분야 간에 연결되고 네트워킹하는 교육과정은 탈 경계 및 경계의 융합을 지향하는 것이다. 이러한 탈 경계 및 경계의 융합을 지향하는 교육과정은 학생들이 그들의 미래를 살아가는 데 필요한 핵심역량, 지식 생산의 과정과 기능, 혹은 실제 세계 상황이나 문제를 중심으로 융·복합적으로 구성된다. 예컨대 미래 학교 사례 중 하나인 칸 아카데미(Khan Academy)에서 만든 칸랩 스쿨(Khan Lab School)

의 경우 학문 분야별 콘텐츠 중심이 아니라 맥락(context) 중심의 교육과정을 특징으로 한다. 기존 과학이나 사회 과목들을 가로지르는 학제 간 주제를 중심으로 체험형 프로젝트 형태의 교육과정을 구성하고 운영한다.

또한 '미래의 학교'라 불리는 미네르바 스쿨(Minerva School)의 전공은 '예술과 인문학', '컴퓨터 과학', '자연과학', '사회과학', '경영' 등으로 나뉘어 있으며, 2학년 말이 되면 자신만의 전공을 선택하게 된다(이명구 외, 2019: 12). 〈표 VI-2-3〉에서 볼 수 있듯이, 3학년 때 선택할 수 있는 전공은 '예술과 인문학', '컴퓨터 과학', '경영(비즈니스)' 등과 같이 2~3개의 세부 전공이 융합되어 있다(이명구 외, 2019: 13).

〈표 VI-2-3〉 미네르바 스쿨의 전공과 집중 과목

전공	예술과 인문학	컴퓨터 과학	자연 과학	사회 과학	경영(비즈니스)
집중 과목	인문학 분석	전산 이론과 분석	자연 과학의 이론적 토대	사회 과학의 이론과 분석	브랜드 관리
	인문학 토대	현대 지식 발견	자연과학의 연구 분석	사회학에 대한 경험적 접근	전략적 금융 관리
	인문학 응용	응용문제 해결	해결 방안의 설계	사회 디자인하기	복잡성의 관리
	역사적 영향력	컴퓨터 과학	세포와 생물	마음과 감정	비즈니스 벤처
	철학, 윤리와 법	수학과 운영 연구	지구 시스템	경제시장	기업체 관리

출처: 이명구 외(2019: 13)

여기서 주목할 점은 〈표 VI-2-3〉과 같이 전공별 융・복합적 교육과정을 제공하기 이전에 기초 소양 함양을 위한 '중핵 교육과정(core curriculum)'을 제공한다는 점이다. 즉 실생활 혹은 핵심역량 함양을 위한 본격적인 융・복합적 교육과정에 앞서 문해력, 수리력, 과학 소양 등을 기르기 위한 기초 교육과정을 먼저 이수하도록 교육과정을 설계하고 있다. 미네르바 스쿨의 경우에도 1학년 과정에서 공통으로 배우는 과목으로 '효과적인 의사소통', '비판적 사고', '상상력의 발현', '상호 교류'의 4가지를 제공한다(이명구 외, 2019: 12).

이는 핵심역량 함양을 위한 교육과정으로 1학년 과정에서 중점을 두는 교육과정이다. 또한 IB의 경우에도 초등학교 프로그램에서 언어(language), 사회(social studies), 수학(mathematics), 과학(science), 예술(arts), 체육·사회성·인성(physical, social and personal education)의 6가지 교과목 군으로 구성된 핵심 교육과정을 융·복합적 교육과정의 토대와 출발점으로 제공한다(임유나, 2022: 62). 다만, 빅데이터, 인공지능 등을 특징으로 하는 4차 산업혁명 시대에 맞추어 컴퓨터 과학과 같은 디지털 소양이 출발점 교육으로 점점 더 강화될 것으로 전망된다. 〈표 VI-2-4〉는 세계경제포럼(Schwab, 2016)에서 제안된 기초 역량, 기본 직무 역량, 영역을 넘나드는 역량 등과 같이 미래 사회를 살아갈 학생들이 갖추어야 할 핵심역량을 중심으로 융·복합적 교육과정의 토대가 되는 중핵 교육과정을 구성한 것을 보여준다.

〈표 VI-2-4〉 역량 중심의 중핵 교육과정 구성 예시

<table>
<tr><th colspan="2">① 기초 역량과 능력</th><th colspan="2">② 기본적 직무 역량과 능력</th><th colspan="2">③ 영역을 넘나드는 역량</th></tr>
<tr><td>인지 능력</td><td>• 수리력
• 논리력
• 창의성
• 인지 유연성
• 시각화 능력
• 문제 인식 감수성</td><td>업무 내용 관련</td><td>• 독해력
• ICT 이해도
• 구술 표현력
• 작문 표현력
• 능동적 학습</td><td>사회관계 기능</td><td>• 설득력, 협상력, 협동 기술, 감성 지능, 타인 교육 훈련 기술, 서비스 지향성</td></tr>
<tr><td rowspan="2">신체 능력</td><td rowspan="2">• 육체적 힘
• 신체 동작의 정교함
• 업무 처리 관련 직무 기술</td><td rowspan="3">업무 처리/ 수행 관련</td><td rowspan="3">• 적극적 경청
• 비판적 사고</td><td>체계적 기능</td><td>• 판단력과 의사 결정력, 체계 분석력</td></tr>
<tr><td>자원관리 기능</td><td>• 재무 자원, 물질 자원, 인적, 시간 관리 등</td></tr>
<tr><td>가치 태도</td><td></td><td>테크놀로지 관련 기능</td><td>• 프로그래밍, 기술 및 UX 디자인, 장비 작동 및 제어, 기술적 문제 해결, 장비 유지 및 보수, 품질 관리 등</td></tr>
</table>

출처: 이명구 외(2019: 6)를 재구성

텍사스 고등교육조정위원회(Texas Higher Education Coordinating Board)의 경우에도 의사소통, 수학, 생명 및 자연과학, 언어, 철학 등 9개 분야로 구성된 중핵 교육과정을 제시하면서, 이러한 중핵 교육과정을 통해 비판적 사고, 실증적·정량적 분석력, 협동력, 사회적 책임, 개인적 책임 등과 같은 핵심역량을 길러주도록 하고 있다(한국교육개발원, 2017: 109).

이러한 사례에서 볼 때, 미래 교육과정은 기존 학문 분야 혹은 교과들의 경계를 허물고 연결하면서 삶과 직업 세계에서 발견되는 실제 영역인 예술과 인문학, 컴퓨터 과학 등의 형태로 융·복합적 교육과정으로 구성·설계될 것으로 전망된다. 미래 학교로 평가되는 칸 아카데미, 미네르바 스쿨 등에서 실제 이러한 융·복합적 교육과정의 단서를 확인할 수 있다. 다만, 여기서 주목할 점은 융·복합적 교육과정을 제공하기 이전에 토대로서 기초 소양 함양을 도모하는 '중핵 교육과정'을 구성·설계하고 있다는 점이다. 중핵 교육과정은 문해력, 수리력, 과학 소양 등과 같은 기초 교육과정 혹은 '효과적인 의사소통', '비판적 사고', '상상력의 발현' 등과 같은 핵심역량 함양을 위한 교육과정으로 구성할 수 있다(이명구 외, 2019: 12).

나) 문제해결 기반 융·복합적 교육과정

앞의 융·복합적 교육과정 구성·설계의 사례는 어떤 형태로든 교과 학문의 경계와 구분을 유지하는 것이라고 할 수 있다. 이와는 다르게 융·복합의 의미에 보다 완전하게 근접하는 사례로, 먼저 문제해결형 기반의 융·복합적 교육과정을 들 수 있다. 다만 이 방식의 융·복합적 교육과정의 경우 초·중등학교 사례는 찾아보기 어렵고, 주로 대학에서 이루어지고 있는 것으로 파악되었다. 예컨대 이 사례를 미네르바 스쿨을 포함하여 미국 애리조나 주립 대학교, 오하이오 주립 대학교 등 다수의 국외 대학들에서 파악할 수 있다. 이들 대학들은 개별 학과를 폐지하고 사회적인 문제해결 중심의 프로젝트 기반 융합 학과로 개편하였는데, 구체적인 특징을 살펴보면 다음과 같다.

먼저, 교육과정 혁신의 선두 주자로 간주되는 애리조나 주립 대학교는 학령 인구 감소 위기 등과 같은 미래 사회 변화에 대응하기 위해 학문 간 경계를 무너트리고 기존 학과들은 통폐합하여 새로운 학과나 단과 대학으로 재구조화하고, 새로운 학위 과정을 만들기도 하였다. 2002년부터 10년 동안 기존의 단과 대학 및 학과 중 69개 학과를 통폐합해 새로운 학제적 성격의 전공 교육과정으로 23개의 학제 융합 학과를 개설하였는데, 2018년 기준으로 '지속가능성 학부', '지구 및 우주 탐사 학부', '인간 진화와 사회 변화 학부' 등을 개설하였다. 애리조나 주립 대학교나 미네르바 스쿨 등 미래 지향적 혁신을 시도한 대학들은 학제 간 융합뿐 아니라 사회·산업과 연계된 융합 교육과정을 특징으로 한다(김혜진, 2017: 3). 애리조나 주립 대학교의 지속가능성 학부(School of Sustainability)는 지속가능성을 위해 만들어진 최초의 단과 대학으로, 온실가스 감축, 재활용, 태양광 에너지 개발 등 지속가능성에 대한 내용기준을 설정하고 교육과정을 개편하였다(김혜진, 2017: 4).

둘째, 학문의 융·복합화를 통한 실용적인 연구·개발(R&D) 체제를 특징으로 하는 융·복합적 교육과정이다. 학제적 융·복합적 교육과정과 학위과정 운영에서 기업들과의 협약을 통해 새로운 교육 프로그램을 도입하고 온라인 공개 수업(MOOC)을 폭넓게 활용하며 창업 중심 교육과정을 마련하였다(김혜진, 2017: 3). 학제 간 융·복합을 특징으로 하는 직업 세계, 즉 창업을 중심으로 하는 교육과정을 구성하여 모든 학생이 학습-참여-창업의 3단계 교육과정을 따라 학위를 취득하도록 설계하였다. 기업들과 협약을 통해 학위를 취득하는 과정과 병행하거나, 그 이후에 기업 인턴십 등의 실질적 경험을 겪는 참여 단계를 밟게 되거나, 특정 직업 혹은 창업과 관련된 융합 교육과정을 제공하기도 한다(김혜진, 2017: 3). 즉 기존 학문 분야별로 교육과정을 구성하는 것이 아니라 실제 직업이나 직무 수행을 중심으로 대학 교육과정을 구성하는 것이다.

셋째, 국가 수준의 미래 발전 방향과 요구를 반영하는 문제해결형 교육과정의 또 다른 특징 중 하나는 실제 산업 현장과 연계한 교육과정 개발과 운영이다. 이러한 산학 협동 교육 체제는 학습과 실천을 융합한 교육과정으로, 실제 삶과 산업 등에서 수요가 높은 분야를 중심으로 융·복합적 교육과정을 구성하는 것이다. 예컨대 우리나라의 경우에도 교육부의 '반도체 인재 양성 방안' 발표에 따라 2022 개정 교육과정에서 관련된 모든 교육과정에 반도체 관련 교육내용을 포함하기로 하였다(교육부, 2022a: 2).

대표적 교육 혁신 사례로 평가되는 애리조나 주립 대학교는 타 대학과의 협력과 연계는 물론 외부 기업과는 산학 연계를 통해 학생들의 창업 지원이나 기업체 직원 재교육을 담당하고 있다. 일본 마츠모토 대학의 경우에도 지역사회 과제, 지역 인턴십 참가 등의 형태로 지역사회의 문제를 발굴하여 적극적으로 과제 해결을 위해 노력하는, 교육과 학습을 융합한 교육과정으로 혁신하였다(한국교육개발원, 2017: 163). 미네르바 스쿨의 경우에도 미래 사회에 능동적으로 대처하며 살아갈 수 있는 '실전형 인재' 양성을 목표로, 교육과정의 범위를 사회 전반으로 확장하여 실제 세계와 실제 업무를 체험할 수 있는 교육과정을 제공하고 있다. 이렇듯 지역과 산업계의 요구를 반영하여 산업계·지역의 연계를 통해 교육과정을 설계하여 교육과 학습은 물론 이론과 실천을 연계함으로써 문제해결 능력, 창조력 등을 갖춘 미래형 인재 양성이 가능할 것으로 전망된다.

이상의 사례에서 보자면 문제해결형 융·복합적 교육과정은 더 거시적으로는 지역사회 혹은 국가적 현안이나 문제를 중심으로 구성·설계하는 것으로 파악된다. 따라서 종래의 교육과정이 분과별 이론적인 지식의 구조에 초점을 둔 교육과정이었다면, 미래 학교의 융·복합적 교육과정은 학습자의 실제 삶과 생활에 기반을 둔 미래 지식의 체득과 역량 함양이 가능하도록 국가 및 지역사회 현안과 같은 구체적 문제 상황을 중심으로 학제 간 혹은 탈 경계적 융・복합적 교육과정을 추구할 것으로 전망된다.

다) 지능정보 기술을 활용한 개별 맞춤형 교육과정

미래 융・복합적 교육과정 구성・설계는 지능화 및 연결화 등을 특징으로 할 것이다. 칸랩 스쿨 사례에서 볼 수 있듯이, 학생 간의 상호작용, 그룹 세미나, 프로젝트 등과 같은 연결화와 함께, 자율성과 학업 성취도에 따른 학년 구분, 학생 개인별 포트폴리오 기반의 다면적 평가, 학생들의 개별 특성을 분석하여 맞춤형으로 교육의 과정과 정보를 제공하는 등과 같은 지능정보 기술을 활용한 지능화를 특징으로 할 것으로 전망된다. 〈표 VI-2-5〉는 전통적인 학교와 칸랩 스쿨의 모델을 비교한 것으로, 칸랩 스쿨 모델에서 지능화 및 연결화되는 미래 학교 혁신의 방향을 확인할 수 있다.

〈표 VI-2-5〉 전통적인 학교 모델과 칸랩 스쿨 모델 비교

	전통적인 학교	칸랩 스쿨	혁신 방향
학년	나이에 따라 구분	자율성과 학업 성취도에 따라 구분	지능화
수업 방식	교사와 교과서를 통한 일방적인 학습	학생 간의 상호작용을 통한 자기주도 학습	연결화
일과	과목에 따라 진행되는 일과	그룹 세미나, 프로젝트 등 탄력적 일과	연결화
방학 제도	방학 동안 운영되지 않는 학교	충분한 휴식을 기반으로 한 연중 무휴 제도	연결화
학생 평가	GPA를 기반으로 한 학업 성취도 평가	개인별 포트폴리오 기반의 다면적 평가	지능화

출처: 이명구 외(2019: 11)

칸랩 스쿨과 같은 미래 학교는 지능정보 기술을 활용한 개별 맞춤형 교육과정을 특징으로 하며, 구체적으로 적응적 학습 플랫폼(Adaptive Learning Platform), 액티브 러닝 포럼(Active Learning Forum) 등을 특징으로 한다(김혜진, 2017: 4; 이명구 외, 2019: 12-13). 적응적 학습 플랫폼 등을 통해 기초 소양 교육과정에 대한 학생 맞춤형 온라인 개인 교습을 제공하거나, 지능정보 기술을 활용하여 학생 개별 맞춤형으로 특정 교육과정을 성취하고 나면 한 학기가 끝날 때까지 기다리는 것이 아니라 다음 단계로 이동하도록 교육과정을 기획할 수 있다(김혜진, 2017: 4).

또 다른 사례로, 미네르바 스쿨의 액티브 러닝 포럼이 있다. 액티브 러닝 포럼은 비디오 채팅 기반의 온라인 가상 교실 플랫폼 내 인공지능 시스템을 통해서 정교하게 수행된다(이명구 외, 2019: 12). 미네르바 스쿨의 '액티브 러닝 포럼'에서는 인공지능 시스템이 학생 개개인의 음성을 인식하고 교수의 컴퓨터 화면에 개인별 발언 빈도를 보여주고, 교수자는 학생별 참여 현황을 파악하여 해당 학생이 적극적으로 학습에 참여하도록 지원한다(이명구 외, 2019: 13).

다. 미래 초연결 네트워크 사회의 융·복합적 교육과정 구성·설계

1) 교과 해체 이후의 문제 상황 기반 교육과정 구성·설계 방안

미래 학교 교육과정 설계에서 융·복합적 교육과정 구성·설계에 초점을 두는 주요 목적은 지식과 기술의 융합을 통해 사회의 창의성, 혁신 및 생산성을 높이고 사람들이 해결하기 어려운 지역 및 글로벌 문제를 해결할 수 있도록 하려는 것이다(Roco, et al., 2013: xxxiv). 또한 모든 사물과 대상은 서로 연결되어 상호작용적 관계를 지니고 있기 때문에 학생들이 그들의 미래 사회에 살아가기 위해서는 사물과 대상에 대한 분과 학문별 체계적 접근이 아니라 보다 종합적인 접근이 요구된다. 이를 위해 미래 학교 융·복합적 교육과정 구성·설계를 위한 시스템 구축을 필요로 한다. 이러한 융·복합적 교육과정 구성·설계의 단서를 CKTS(Convergence of Knowledge, Technology and Society, 지식, 기술 및 사회의 융합, 이하 CKTS) 모형에서 찾아볼 수 있다. CKTS 모형은 ① 융합-발산 주기에 적용할 수 있는 방법과 ② 지식 개발 주기의 4단계(창의적, 통합·융합, 혁신 및 결과 단계)로 구성된다.

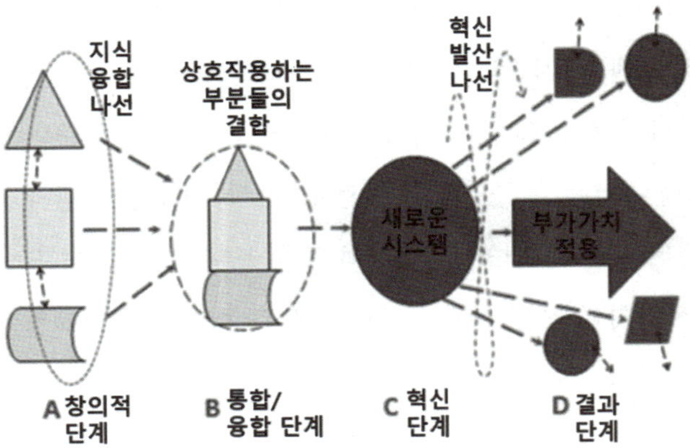

[그림 VI-2-3] 융합-발산 진화 과정

출처: Roco, et al.(2013: xxviii)

융합(A, B)—발산(C, D) 주기는 다음과 같은 형태의 일반적인 프로세스로 지식, 기술 및 사회 영역으로 확장된다.

> (A) 발견으로 이어지는 다(多)학문적 구성 요소 간의 시너지 효과가 지배적인 창의적 단계. 이전 지식과 기술 구성 요소를 새로운 시스템으로 새롭고 창의적으로 조합하는 단계
> (B) 알려진 응용·적용을 위한 새로운 시스템으로 통합 및 융합하는 단계
> (C) 새로운 역량 및 제품으로 이어지는 혁신 단계
> (D) 연속적 사이클의 창의적 단계(A)로의 새로운 응용 및 새로운 입력으로 구성되는 결과(부산물) 단계

출처: Roco, et al.(2013: xxviii.)

융합 과정은 전통적으로 분리된 학문 영역과 여러 수준의 추상화와 조직

에 걸쳐 지식, 기술 및 응용 프로그램을 통합한다. 창의적 단계(그림 VI-2-3의 A)로부터 지식 합류 나선은 통합 및 융합 단계(B)로 이어진다. 통합 후 새로운 시스템이 생성되어 다양한 영역에서 새로운 역량과 산출물로 이어진다(혁신 단계 C). 발산 과정은 새로운 시스템 형성 이후에 시작되어, 새로운 역량, 산출물 및 새로운 지식의 응용 등으로 연결되며, 이를 기반으로 혁신 나선(innovation spiral)이 시작된다. 산출물(D)은 [그림 VI-2-3]에서 알 수 있듯이 새로운 융합 과정의 씨앗이 된다. 이러한 융합은 과학과 기술을 넘어, 그리고 새로운 응용을 넘어서, 사회 전반에 걸친 활동의 조화로운 통합으로 확장된다.

CKTS는 지식, 기술 및 사회의 모든 수준에서 나타날 수 있으며 일반적으로 상향식 입력 및 다중 영역 추론의 결과이다. CKTS 모델은 교육 개선에서 복지 향상, 환경 지속가능성 달성에서 혁신적인 경제 개발 촉진에 이르기까지 사회의 모든 부문에 영향을 미칠 수 있다. 이러한 CKTS 모델(Roco et al., 2013: xxviii)에서 제안한 융합-발산 진화 과정에서, 미래 학교 융·복합적 교육과정 구성·설계 방안을 [그림 VI-2-4]를 중심으로 파악해 볼 수 있다.

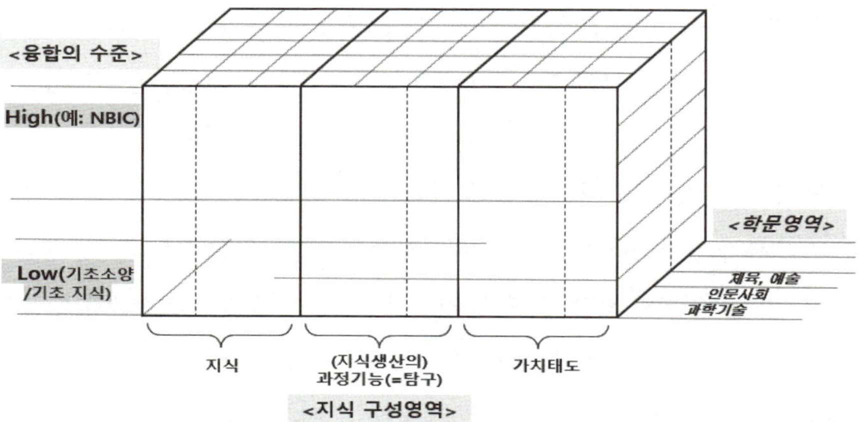

[그림 VI-2-4] 미래 학교 융·복합적 교육과정 구성·설계의 지식 자원 유형

첫째, 미래 학교 융·복합적 교육과정 구성·설계를 위한 출발점, 즉 융합 과정인 창의적 단계(A)의 출발점에 해당하는 지식 자원은 ① 다(多)학문 영역, ② 미래 학교 교육을 통해 학생들에게 길러주고자 하는 지식의 차원(지식·이해, 과정·기능, 가치·태도), ③ 지식 자원 융합의 수준 등으로 구성된다. 둘째, 기존의 학문 영역별, 조직과 추상화 수준별 등에 걸친 다양한 지식과 기술 및 응용 영역의 융합이 일어나는 창의적 단계(A)를 거친 후, 상호작용하는 부분들 간의 결합체(assemblage)로 융합된다. 셋째, 융합 후 새로운 시스템이 생성되어 다양한 영역에서 새로운 결과를 산출한다(혁신 단계 C). 끝으로 융합 후 발산 과정을 통해 생산된 산출물(D)은 다시 새로운 융합 과정의 출발점이 된다.

예컨대 미래 학교 융·복합적 교육과정 구성·설계의 주요 융·복합 주제 중 하나는 지구 시스템의 지속가능성 확보이다. 지구는 생산, 유통, 자원 사용의 경제 시스템이 통합되는 단일 생태계로 볼 수 있다. 지구 시스템은 각각의 변화가 모든 다른 변인들에 영향을 미치고 전체 시스템의 현명한 관리가 필수적인 하나의 복잡한 시스템으로 간주해야 한다. 미래 학교 교육과정 목적 중에는 지구 규모에서 천연자원 사용, 생산성 증대, 환경 및 인간 건강 보호에 있어 전반적인 효율성을 개선하는 것이어야 한다. 즉 기후 변화는 특별한 주의가 필요한 지구 규모의 문제 중 하나이다. 미래 학교 융·복합적 교육과정의 목표 중 하나는 환경 보존을 새로운 글로벌 시스템을 만들기 위한 일관된 노력으로 통합하는 것이다.

이 밖에 미래 학교 융·복합적 교육과정 디자인의 주요 융·복합 주제 혹은 인류가 해결해야 할 문제 상황으로는 복지 및 인간 발달 개선, 생산성 향상 및 경제 발전 촉진, 사회적 지속가능성 달성, 개인과 공동체에 권한 부여, 인간 지식과 교육의 확장, 혁신적이고 평등한 사회 실현 등이 있다 (Roco, et al., 2013: xxxiv).

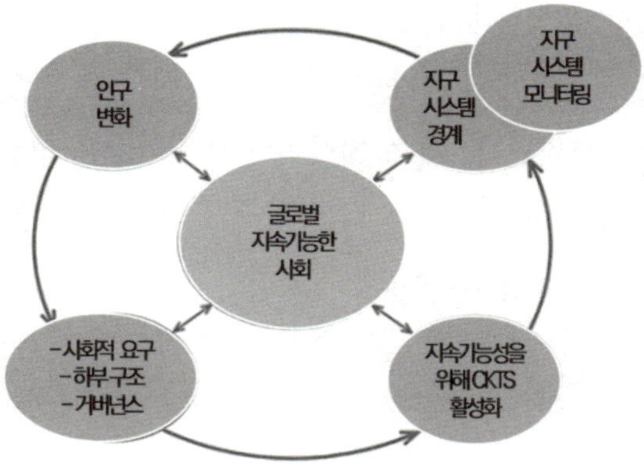

[그림 VI-2-5] 지속가능성 및 상호작용하는 지구 시스템

출처: Roco, et al.(2013: xxxix).

결국 미래 학교 융·복합적 교육과정 구성·설계란 과학 및 기술, 공학, 사회 문제를 해결하고, 방법을 설계하며, 생산적인 도구를 개발하기 위한 다학문적(multi-disciplinarity) 수준의 증가를 뜻한다. 이러한 융·복합 이슈와 문제 상황을 중심으로 미래 학교 융·복합적 교육과정을 구성·설계하는 틀(framework)을 제안하면 [그림 VI-2-5]와 같다. 융·복합적 교육과정 구성·설계의 틀은 ① 융·복합 문제 상황의 복잡성, ② 융합을 위한 지식 자원(knowledge resources), ③ 융·복합의 목적과 기대하는 산출물의 수준 등의 차원으로 구성된다.

미래 학교 융·복합적 교육과정 구성·설계에서 주목할 점은 입문기에 해당하는 1학년 과정에서는 좁은 학문 영역으로 입문하기보다는, 더욱 광범위한 기초과학과 기초 NBIC 도구 및 융합 플랫폼으로 시작할 필요가 있다는 점이다. 요컨대 교과 해체 이후의 문제 상황 기반 교육과정 구성·설계는 먼저 융·복합적 해결을 요하는 문제 상황의 규모 혹은 복잡성에서 출발한다. 이러한 문제 상황은 개인 규모의 문제에서부터 사회 규모 혹은 지구 규모에 이르기까지 다양한 복잡성을 지닐 수 있다. 문제 상황 기반 융·복합적 교육과정 구성·설계에서 고려해야 할 두 번째 차원은 주어진 문제 상황을 해결하기 위해 동원해야 할 지식 자원(도구)의 차원으로, 이러한 지식 자원은 융·복합의 수준에 따라 기초에서부터 융합에 이르기까지 다양한 스펙트럼을 지닌다. 기초 지식이나 핵심역량은 고도로 융·복합된 학제적·다학문적 지식의 토대가 되는 것으로 앞서 논의한 것처럼 중핵 교육과정의 형태로 구현할 수 있다.

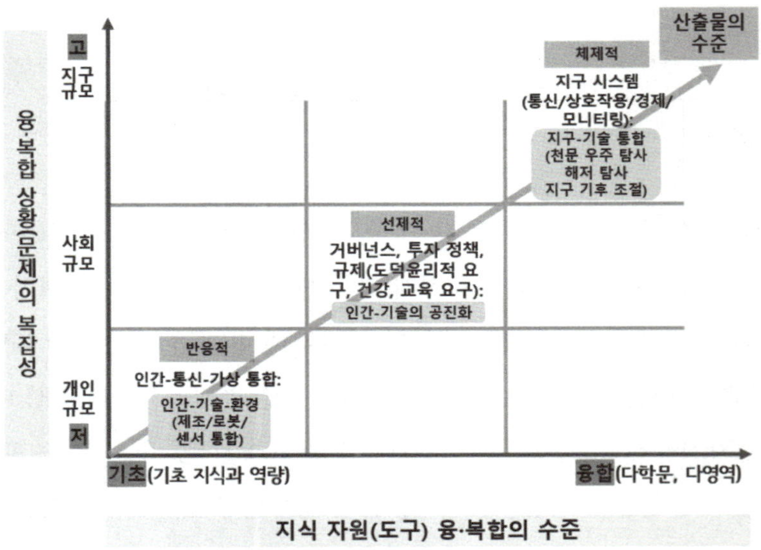

[그림 VI-2-6] 융·복합적 교육과정 구성·설계의 틀

문제 상황 기반 융·복합적 교육과정 구성·설계에서 고려해야 할 세 번째 차원은 융·복합의 목적, 즉 기대하는 산출물의 수준이다. 최종 산출물로 즉각적인 반응적 차원의 산출물을 기대하는지, 혹은 선제적이거나 시스템적 차원의 산출물을 기대하는지에 따라 융·복합적 교육과정 구성·설계의 시·공간적 복잡성이 증가할 것이다. 이 세 가지 차원 이외에도 지능정보기술과 플랫폼 등도 융·복합적 교육과정 구성·설계에 영향을 미칠 수 있다. 이러한 문제 상황 기반 융·복합적 교육과정은 주어진 문제 상황을

해결하고 성과를 도출할 뿐만 아니라, 더 나아가서 새로운 융·복합적 지식과 학문 분야를 생산하는 엔진 역할을 할 것이다(Roco, et al., 2013: xxiii).

2) 탐구와 역량 기반의 학제 간 교육과정 구성·설계 방안

미래 융·복합적 교육과정 구성·설계 방안으로 탐구와 역량 함양에 초점을 두고 학제 간 교육과정을 디자인하는 방안이 있다. 앞서 살펴본 미네르바 스쿨, 애리조나 주립 대학교, IB 교육과정 등과 같이 기초 역량, 직무 역량, 범교과 역량 등 핵심역량 함양에 초점을 두고 융·복합적 교육과정을 구성·설계하는 방안이다. 이 방안은 자기주도형 실전형 인재 양성을 목표로, 학습자가 행위 주체성을 발휘하여 자신의 정체성과 필요를 반영하여 자율적인 학습 프로그램을 설계하는 것이다.

〈표 VI-2-6〉 지식 생산을 위한 탐구의 과정·기능

과정·기능(process·skills)		학위 논문 목차
기초 탐구	통합 탐구	
관찰 측정 예상 분류 추리 의사소통	문제 인식	Ⅰ. 도입(연구 질문, 연구 목적 등) Ⅱ. 이론적 배경(선행 연구)
	가설 설정 변인 통제	Ⅲ. 연구 방법
	자료 변환과 자료 해석 모형의 개발과 사용 증거에 기초한 토론과 논증	Ⅳ. 연구 결과 및 논의
	결론 도출 및 평가 일반화	Ⅴ. 결론 및 제언

출처: 교육부(2015: 108)에 제시된 과학과 과정·기능을 재구조화

탐구(inquiry)는 지식 생산의 방법으로, 역량 함양을 위한 교육과정에서 탐구는 과정·기능으로 구체화된다. 〈표 VI-2-6〉은 과학 지식 생산을 위한 탐구의 과정·기능을 새로운 지식 생산과 지식 주장을 위한 학위 논문의

목차와 연결한 것이다. 즉 연구 보고서, 학위 논문, 학술지 논문 등의 경우도 증거를 기반으로 새로운 지식 주장을 펼치는 것으로, 결국은 탐구의 과정·기능에 해당하는 절차를 따라 목차가 구성된다는 것을 알 수 있다.

지식 생산과 재발견을 위한 탐구의 과정·기능을 중심으로 한 학제 간 융·복합적 교육과정 구성·설계 방안을 모색하는 데 IB와 애리조나 주립대학교, 미네르바 스쿨 등의 사례가 상당히 유의미한 시사점을 주고 있다. 앞서 살펴본 것처럼 애리조나 주립 대학교에서는 '지속가능성 학부' '지구 및 우주 탐사 학부' '인간 진화와 사회 변화 학부' 등과 같이 그 자체로 융·복합적인 학제를 편성·운영하고 있으며(조권형, 2018: 1), 미네르바 스쿨의 경우에도 경영, 예술과 인문학 등과 같이 융·복합적인 전공 영역을 학생들이 선택하여 현장 인턴십과 함께 학습한다. IB 사례를 중심으로 탐구와 역량 기반의 학제 간 교육과정 구성·설계 방안을 살펴보면 다음과 같다.

IB의 학제 간 교육과정의 특징은 교사가 학생에게 일방적으로 지식을 전달하는 기존 교육 방식과는 달리, 지식 구성과 이해를 위해 교사와 학생이 함께 참여하는 활동에 초점을 둔다(이혜정 외, 2019: 84). 지식을 구성하고 생산하는 역량을 길러주기 위한 탐구 기반 융·복합적 교육과정 설계는 탐구 목표에 해당하는 지식, 개념, 기능, 태도, 실천 등으로 구성된다. 구체적으로 살펴보면 〈표 VI-2-7〉과 같다.

먼저 ① 지식은 학제 간 주제로 '우리는 누구인가?', '우리는 어떤 장소와 시대에 있는가?', '우리는 어떻게 자신을 표현하는가?', '세계는 어떻게 작동하는가?', '우리는 우리 자신을 어떻게 조직하는가?' 등과 같은 범교과 및 탈 교과, 학제 간 핵심 질문으로 탐구의 목표이기도 하다(임유나, 2022: 62). 학생들은 특정한 학제적 주제와 관련된 핵심 아이디어(central idea)를 다루는 탐구 단원과 프로그램을 통해 글로벌 차원에서 중요한 이슈를 탐구하고 학습한다. 각 탐구 단원별 핵심 아이디어와 관련된 내용 범위를 탐색하기 위해 일련의 탐구(lines of inquiry)를 수행하게 된다.

〈표 Ⅵ-2-7〉 탐구 기반 융·복합적 교육과정 구성·설계 예시

<table>
<tr><th>구분</th><th colspan="2">학제 간 주제(trans-disciplinary theme, central idea)</th></tr>
<tr><td>① 지식(탐구 목표)</td><td colspan="2">(예시)
• 우리는 누구인가?
• 우리는 어떤 장소와 시대에 있는가?
• 우리는 어떻게 자신을 표현하는가?
• 세계는 어떻게 작동하는가?
• 우리는 우리 자신을 어떻게 조직하는가?(예: 지구 공유하기)</td></tr>
<tr><td>② 핵심개념</td><td colspan="2">주요 개념(핵심개념, 관통개념): 형태, 기능, 인과, 변화, 연결, 관점, 책임감, 반성</td></tr>
<tr><td rowspan="5">③ 기능(학제 간 기능)</td><td>사고 기능</td><td>• 지식 습득, 이해, 적용, 분석, 종합, 평가, 변증법적 사고, 초인지</td></tr>
<tr><td>사회적 기능</td><td>• 긍정적 관계 형성 및 유지 • 갈등 해결
• 경청</td></tr>
<tr><td>의사소통 기능</td><td>• 서술 및 구술 의사소통
• 효과적인 경청
• 논쟁의 구성</td></tr>
<tr><td>자기관리 기능</td><td>• 시간 및 과제 관리 등 조직화 기능
• 감정 상태 및 동기 관리 등 정의적 기능</td></tr>
<tr><td>연구 기능</td><td>• 질문 생성 • 관찰
• 설계 • 데이터 수집
• 데이터 기록 • 데이터 조직
• 데이터 해석 • 연구 결과 발표, 제시, 표현</td></tr>
<tr><td>④ 태도</td><td colspan="2">• 정서, 가치, 표현</td></tr>
<tr><td>⑤ 실천</td><td colspan="2">• 실천 사이클: 선택, 실천, 반성
• 교실 밖 실천</td></tr>
</table>

출처: IBO(2009: 10-13) 발췌, 재구성

② 핵심개념(key concepts)이란 학생들이 이해하기를 바라는 것으로, 초등학교 IB 교육과정은 형태, 기능, 인과, 변화, 연결, 관점, 책임감, 반성과 같은 8개 핵심개념(또는 핵심 질문)으로 구성된다. IB는 탐구 기반 교수·학습과 함께 개념 이해 기반 교육과정(concept-driven curriculum)을 강조한다. 즉 탐구를 지원하기 위한 방법으로 개념 이해에 중점을 두는 교육과

정을 강조하는데, 8개 핵심개념 또는 핵심 질문은 교사와 학생의 세상에 대한 사고와 학습 방식을 점검하도록 돕고, 학생의 질문을 확장, 심화, 유발하는 역할을 한다.

IB 교육과정에서는 학제 간 주제 탐구를 위한 '탐구 단원 교수·학습 시간(융합)'과 별도로 '교과 내용 교수·학습 시간(교과 기반)'을 통해 탐구 프로그램에 필요한 개념을 학습하도록 하고 있다. 〈표 VI-2-8〉은 IB 초등학교 교육과정에서 제안하는 탐구 프로그램과 개별 교과목 수업 사이의 균형을 보여주는 예시이다. 이는 앞서 논의한 것처럼 융·복합적 교육과정의 출발점 혹은 토대가 되는 수학, 읽기, 작문, 컴퓨터 과학 등과 같은 기초 소양 함양을 위한 중핵 교육과정을 병행하려는 것이다.

〈표 VI-2-8〉 교과내용 및 학제 간 융합 탐구 프로그램의 시간 안배

학제 간 주제:	우리가 스스로를 조직하는 방법
단원 제목:	시장
단원 운영 기간:	4주

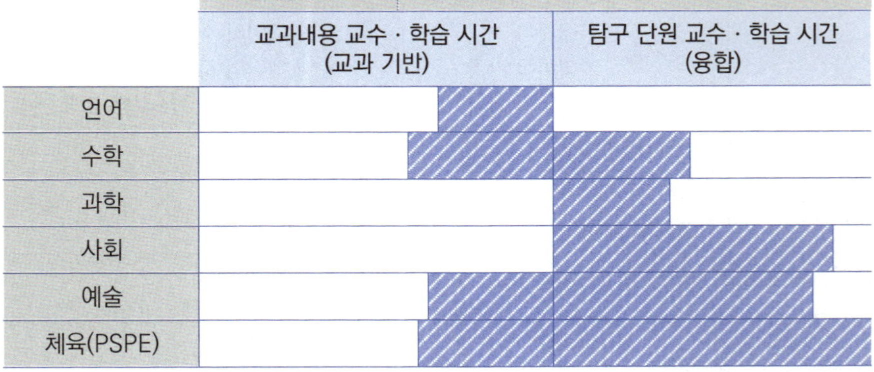

출처: IBO(2009: 14)

③ 기능(skills)은 사고 기능, 사회적 기능, 의사소통 기능, 자기 관리 기능, 연구 기능 등과 같은 학제 간 기능으로, 이는 학생들이 할 수 있기를 바라는 방법론적 지식일 뿐만 아니라, 탐구 프로그램 수행에 필요한 과정·기

능이기도 하다.

④ 태도(attitudes)는 정서, 가치, 표현과 관련된 목표로 학생들이 느끼고, 가치를 두며, 표현하기를 바라는 것이다.

⑤ 실천(action)은 학생들이 실천하기를 바라는 것으로, 실천 사이클은 선택, 실천, 반성으로 구성된다. 실천에는 교실 너머의 실천도 포함한다.

IBO(2009)의 학제 간 탐구 프로그램(transdisciplinary program of inquiry)의 경우 8개 핵심개념(초등학교 핵심개념)을 학년별로 다루는지, 각각의 학제 간 주제(transdisciplinary theme)를 통해 핵심개념들을 균형 있게 적용하는지, 핵심개념과 탐구 계열의 반복을 확인하기 위해 단원들 간을 상호 참조하는지, 교과별 범위(scope)와 계열(sequence) 문서와 연계하는지, 모든 초등학교 교과 영역이 각 학년(연령대)별로 재현되는지, 각각의 학제 간 주제 이해를 지원하기 위해 파악된 초등 교과 영역의 안배와 균형을 확보하는지, 각각의 학제 간 주제의 모든 측면을 어느 시점에선가 탐구할 기회를 제공하는지 등에 비추어 점검한다.

한편 IB의 인식론(Theory of knowledge) 교육과정도 융·복합적 교육과정을 특징으로 하는데, 〈표 VI-2-9〉와 같이 인식론 과목에서는 기존 지식 영역과 주제들을 네트워킹하여 인식론 과목의 구체적인 교육과정을 '출발점에서 마무리까지의 이수 경로' 형태로 구성하도록 안내하고 있다(IBO, 2020: 49).

지정된 융·복합적 교육내용 이외에 IBO(2020)는 추가적으로 학교 기반의 교수요목(School-Based Syllabus, SBS)의 형태로 교과목을 개설하도록 하고 있다. 예컨대 학교나 국가별 맥락을 반영한 SBS로는 정치와 국제 관계, 아시아 예술, 한반도 평화 등과 같이 지역별 특수성을 반영하여 교육과정을 설계할 수 있다(이혜정 외, 2019: 150).

〈표 VI-2-9〉 IB 인식론(TOK) 과목 교육과정 구성 예시

출발(START) 확실성과 모호성 (Certainty and ambiguity)	관점과 패러다임 (Perspectives and paradigms)	진리와 객관성 (Truth and objectivity)	관용과 분노 (Tolerance and outrage)
문화와 정체성 (Culture and identity)	가치와 책임 (Values and responsibilities)	인식론 전시회 (TOK exhibition)	정당화와 확신 (Justification and conviction)
증거와 증명 (Evidence and proof)	해석과 설명 (Interpretation and explanation)	권력과 권위 (Power and authority)	인식론 에세이 쓰기 TOK essay writing 마무리(END)

출처: IBO(2020: 49)

최근에 "구글에서 가장 생산적이고 혁신적인 아이디어를 제공한 팀은 가장 뛰어난 과학자로 구성된 팀이 아닌, 문제해결과 타인에 대한 이해, 협업, 평등과 관용 등 인문학적 기술을 보유한 팀으로" 밝혀졌다고 한다(함세정, 2018: 19). 이는 창의성과 융통성, 새로운 가치 창출 등 미래 학교에서 길러주어야 할 새로운 지식 창출과 삶의 역량은 분과적 학문이나 한 가지 학문과 기술만으로는 어려우며, 융·복합적 교육과정의 필요성을 보여주는 것이다. IB의 경우에서도 학제 간 주제 탐구를 중심으로 융·복합적 교육과정을 구성하고 있지만, 고등교육으로 갈수록 창업이나 직업 중심으로 융·복합적 교육과정을 구성·설계하는 경향이 발견된다. 또한 애리조나 주립 대학교의 경우에도 학문 분야 중심의 전통적인 학과들을 통폐합하여, 사회에서 미래 혁신(School for the Future of Innovation in Society), 지속 가능성(School of Sustainability) 등과 같이 학문적 전공 자체보다는 가치와 미션에 중심을 두고 융·복합적 전공과 교육과정을 구성하거나, 통합적 과학과 예술(College of Integrative Sciences and Arts)과 같이 학문 간 융합을 추구하는 융·복합적 전공과 교육과정을 구성하였다(함세정, 2018: 19).

요컨대 융·복합적 교육과정을 구성하는 방안 중 '탐구와 역량 기반의 학제 간 교육과정' 구성·설계는 새로운 지식을 생산하고 발견하는 과정을 체험하는 역량 및 과정·기능을 중심으로 교육과정을 구성하는 것이다. 미네르바 스쿨이나 애리조나주립대의 사례에서 볼 수 있듯이 탐구와 역량 기반의 학제 간 교육과정은 '지속가능성, 지구 및 우주 탐사, 인간 진화와 사회변화, 경영' 등과 같이 학제 융합적으로 전공 영역을 개발하여 이론적 지식을 토대로 실천적 지식을 개발할 수 있는 융·복합적 교육과정을 구성을 특징으로 한다.

또한 초·중등학교를 대상으로 하는 IB의 탐구와 역량 기반의 학제 간 교육과정도 학제 간 탐구 프로그램(trans-disciplinary program of inquiry)의 형태로 지구 공유하기, 우리가 사는 시·공간 등(초등학교 수준), 문화와 정체성, 관용과 분노 등(고등학교 수준)과 같은 학제 간 및 교과 초월적, 범교과적 주제를 중심으로 핵심개념, 과정·기능으로 구현된 역량과 연구기능, 태도와 실천을 총체적으로 동원하여 일련의 탐구 활동을 수행하고, 이를 통해 새로운 이해는 물론 실천적 지식을 창출할 수 있는 융·복합적 교육과정을 제공한다.

이러한 탐구와 역량 기반의 학제 간 교육과정 구성·설계의 경우 대학교육에서는 창업과 직업 세계 맞춤형으로 융·복합적 교육과정을 구성하는 반면에, 초중등학교 수준에서는 기존 학문 체계의 분과적 교육과정에서 벗어나서 삶과 생활과 관련된 실제 세계의 주제를 중심으로 폭넓은 역량과 과정·기능을 활용하여 지식 창출과 발견의 과정을 체험할 수 있는 융·복합적 교육과정 설계에 초점을 둘 수 있을 것이다.

3. 휴타고지 교육방법

가. 휴타고지 교육방법의 의미

교육방법은 교육을 다루기 위한 절차와 수단 등을 나타내는 것이지만, 이러한 절차와 수단을 담은 교육방법의 개념에는 교육이 어떻게 이루어지는지의 형태가 드러나게 된다. 교육방법의 개념은 다양한 연구자들에 의해 정의되었으며, 그 개념을 토대로 전통적 관점의 교육방법과 현대적 관점의 교육방법을 적용해 왔다. 예컨대 〈표 VI-3-1〉과 같이 교육방법 개념을 둘러싼 다양한 주장들이 제시되었고 이들 개념에 따라 교육방법에 대한 의미 규정이 수용되었다.

〈표 VI-3-1〉 교육방법 개념들

문헌	정의
황정규, 이돈희, 김신일 (1998)	• 광의: 교육 목적 달성에 요구되는 모든 수단적 · 방법적 조건을 통칭 • 협의: 교수방법, 교수형태, 교수전략
김신자, 이인숙, 양영선 (1999)	• 학습목표에 맞는 내용을 전달하고 학습활동을 지원하기 위해 사용하는 방법
나일주, 정인성 (2000)	• 교수체제의 전체적인 운용 방식이나 큰 틀, 교수전략은 교육방법을 달성하기 위한 구체적인 활동
변영계, 김영환, 손미 (2007)	• 구체적인 교수방법을 의미, 이 교수방법은 교수자가 학습을 발생시키려는 목적으로 사용되며 설계, 개발, 적용, 관리, 평가를 위한 지식과 실행력

〈표 VI-3-1〉에서 교육방법과 관련하여 먼저 주목할 것은 '교육의 목적 달성' 및 '학습목표에 맞는 내용을 전달하고 학습활동을 지원하는 것'이다. 여기서 학습의 대상인 내용은 주어진 것이고, 교육방법은 학생들이 그 내용을 잘 습득 및 수용할 수 있도록 하는 데 초점을 둔다. 그다음으로 주목

할 것이 '교수체제 및 교수전략, 구체적인 교수방법을 의미, 교수자가 학습을 발생시키기 위한 목적'이다. 여기서 교육방법은 전적으로 교수(teaching)에 초점이 맞추어져 있고 학습은 그 종속변인으로 파악된다. 말하자면 '교육방법=교수방법'인 것이다. 따라서 〈표 VI-3-1〉에 나타난 교육방법은 이른바 전형적, 전통적 교육방법의 시각을 보여준다고 할 수 있다.

이 책에서는 미래 사회 메가트렌드에 따라 미래 학생들은 더 이상 가르치는 것으로부터의 수용적 학습에만 의존하지 않고 보다 다양한 통로를 통해 스스로 지식을 발견하고 생성하는 것으로 전망한다. 따라서 미래에는 효율적이고 효과적으로 가르치기 위한 교수전략 및 교수방법으로 특징되는 지식의 교수 시대에서 학생들의 지식 구성 시대로 이동할 것으로 전망한다. 미래 교육방법을 이렇게 전망하는 배경은 디지털 정보・인공지능 시대의 초연결 네트워크 사회에서 네트워크 교육과정이 미래 학교 교육과정의 지배적인 형태가 되고 이러한 미래 교육과정 전개에 적합한 교육방법들이 등장할 것이기 때문이다.

종래의 교육방법과 미래 교육방법의 형태를 특징으로 나타내 주는 관점으로 페다고지(Pedagogy), 안드라고지(Andragogy), 휴타고지(Heutagogy)를 들 수 있다. 이들 관점에서 보자면 교육방법은 종래의 페다고지를 넘어 안드라고지를 거쳐 휴타고지로 나아가고 있다고 할 수 있다. 이것은 교육방법의 변화를 말해 주는 것으로, 교수방법이 강조되는 전통적인 관점의 교육(Pedagogy) 관점이 학습자 주도성을 강조하는 교육(Andragogy)으로, 또한 자기결정 학습을 강조하는 교육(Heutagogy)으로 바뀌고 있다는 것이다(Pratt, 1993; Blaschke, 2012). 즉 최근 들어 교육에서 학습자 주도성을 강조하는 것은 학습자가 교육내용에서 교수・학습방법, 평가에 이르기까지 주도적인 역할을 하는 것으로 그 의미가 확장되고 있다. 교육내용을 설계한다는 것은 자신이 학습할 내용의 수준과 범위를 결정해서 학습을 하는 것을 의미하고, 교수・학습방법을 주도한다는 것은 스스로 탐구하는 활동을 통해 지식 전달이 아닌 스스로 지식을 탐색하고 체화하는 과정을 갖는 것을 의미한다. 또한 평가 활동을 주도한다는 것은 스스로 평가의 준거를 세우고 그 준거에 맞게 자기 평가 활동을 하고, 성찰하는 과정을 거치는 것을 말한다.

휴타고지는 적극적이고 능동적인 과정으로서의 학습과 개인적인 경험의 결과로서 발생하는 자신의 학습에 대한 주체자로서 역할을 하는 학습자의 능력을 개발하기 위한 총체적인 접근을 적용한다(Hase & Kenyon, 2007: 112). 안드라고지에서의 접근에서와 같이 교수자는 지침과 자원을 제공함으로써 학습과정을 촉진하지만, 학습의 경로와 과정에 대한 소유권을 학습자에게 완전히 양도한다. 학습자는 학습을 협상하고, 학습할 내용과 학습방법을 결정한다. 휴타고지는 단순히 학생들의 지식 습득을 돕는 것이 아닌 능동적으로 '학습하는 법을 학습(learning to learn)'하도록 하는 것이 목표가 된다. 그러므로 '무엇을 가르칠' 것인지보다는 학습 상황에서 학습자가 무엇을 '어떻게 배우기를' 원하는지가 학습의 본질이 된다(최원재, 2022).

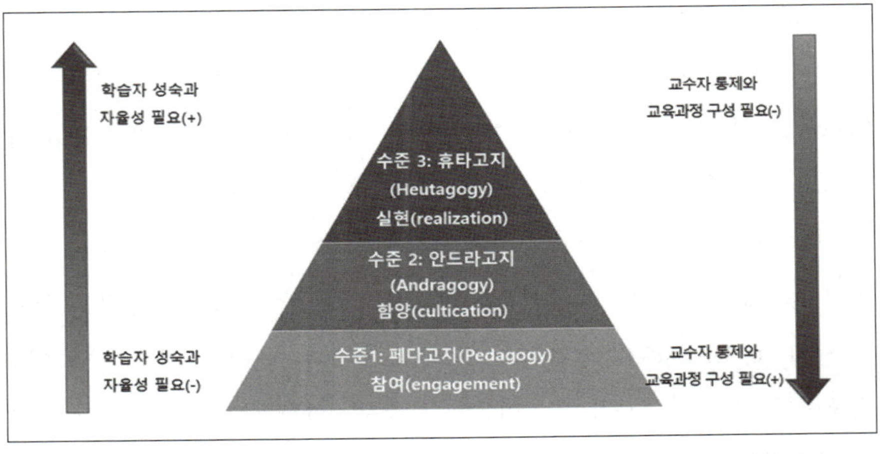

[그림 VI-3-1] 페다고지에서 안드라고지로, 안드라고지에서 휴타고지로의 발전

출처: Blaschke (2012: 60) 번안. https://www.crezone.net/img/portal/blog/1028/img06.png 재인용

인공지능 등 IT 기술, Web 2.0, 소셜 미디어, 메타버스 등의 환경은 휴타고지를 촉진하고 반영하는 문화라고 할 수 있다. 즉 학습자는 이와 같은 환경을 통해 스스로 계속 학습하고, 원하는 방식으로 학습 경로를 개인화할 수 있다(Blaschke, 2012; 최원재, 2022).

나. 미래 교육방법 패러다임의 변화

Forbes(2022)에서는 여러 기관이나 학문 분야에서의 연구 동향들을 토대로 앞으로 모든 사람이 미래를 위해 알고 준비해야 할 기술 동향 Top 10을 제시하였다(〈표 VI-3-2〉).

〈표 VI-3-2〉 모든 사람이 미래를 위해 알고 준비해야 할 기술 동향 Top 10

기술 동향 Top 10	내용
컴퓨팅 파워 (Computing power)	컴퓨팅 파워는 지속적으로 강력해질 것이며, 많은 기업, 기관에서는 더 나은 클라우드 인프라와 플랫폼을 구축하게 될 것임. 현재보다 더 향상된 속도의 네트워크가 구축되고, 다양한 기기와 플랫폼에 더 많은 기능과 통합환경을 제공하게 될 것임.
더 스마트한 기기 (Smarter devices)	컴퓨팅 성능이 향상되면서 더 스마트한 장치들이 폭발적으로 증가하게 될 것임. 인간과 함께 작업할 수 있는 지능형 홈 로봇, 자율주행차 등
양자 컴퓨팅 (Quantum computing)	특수한 양자 상태를 정보 처리의 단위로 사용하게 되는 양자 컴퓨팅은 기존의 컴퓨터와는 근본적으로 다른 방식으로 정보 처리를 하도록 할 것이며, 잠재적으로 현재의 슈퍼컴퓨터보다 1조 배 더 강력한 성능을 제공할 것임
데이터화 (Datafication)	데이터는 미래 변화의 추세에서 핵심 요소임. 우리의 세계를 측정 가능하도록 수량화하는 과정이며, 디지털화를 하기 위한 과정임.
인공지능과 기계학습 (AI and Machine learning)	데이터와 컴퓨팅 파워의 결합을 통해 인공지능이 발전하고 있으며, 그중 기계학습은 인공지능의 대표적인 분야로 발전하고 있음. 비전 인식, 드래그앤드롭 그래픽 인터페이스를 통해 코딩 기술 없이도 프로그램 개발이 가능해짐

기술 동향 Top 10	내용
확장현실 (Extended Reality)	더 많은 기기와 플랫폼에서 향상된 증강현실과 가상현실을 활용할 수 있으며, 메타버스를 통해 증강현실, 가상현실 등으로 확장된 현실이 지속적으로 공유될 것임
디지털 신뢰 (Digital trust)	블록체인 기술, 대체 불가능한 토큰(NFT)은 세상을 변화시키고 있음. 디지털 신뢰에 기반한 스마트 계약 등이 확장될 것임
3D 프린팅 (3D printing)	대량 생산된 맞춤형 조각, 주택용 콘크리트, 인쇄된 식품, 금속 및 복합 재료를 포함한 3D 프린팅 기술 혁신에서 제조 및 그 너머의 변화를 보게 될 것임
유전체학 (Genomics)	유전체학은 우리가 작물을 수정하고, 질병을 치료 및 근절하고, COVID-19 주사와 같은 새로운 백신을 개발하고, 기타 의학적 및 생물학적 돌파구를 개발하는 데 도움이 될 수 있음. 2020년 노벨 화학상은 게놈 편집 방법을 개발한 공로로 Emmanuelle Charpentier와 Jennifer A. Doudna 두 명의 과학자에게 수여되었음
새로운 에너지 솔루션 (New energy solution)	기후변화에 대처하면서 자동차에 사용하는 배터리의 지속적인 발전과 원자력 및 녹색 수소의 혁신을 보게 될 것임. 이러한 새로운 경향을 통해 선박, 비행기, 기차에 동력을 공급하고 일반 대중을 위한 에너지를 생성할 수 있음.

〈표 VI-3-2〉에서 컴퓨팅 파워, 더 스마트한 기기, 양자 컴퓨팅, 데이터화, 인공지능과 기계학습, 확장현실, 디지털 신뢰 등 정보·인공지능 기술 분야와 관련된 항목들이 미래를 위해 알고 준비해야 할 기술 동향으로 주목된다. 이들 기술 동향에서 볼 때 특히 정보·인공지능 부문의 학교지식이 과학, 산업·경제, 환경, 사회·문화, 정치·국제, 아동·청소년 부문 등 모든 부문의 학교지식에 연계됨으로써 미래 교육방법의 패러다임의 변화에도 매우 중요한 영향을 미치게 될 것이다.

또한 Google for Education(2020)에서는 〈표 VI-3-3〉과 같이 최근의 교육환경 변화를 반영하여 미래를 위한 K-12 교육에서의 8가지 새로운 트렌드를 발표하였는데, 이는 미래 교육방법의 패러다임이 구체적으로 어떻게 변화할 것인지를 보여주는 단적인 사례이다.

〈표 VI-3-3〉 K-12 교육에서 새로운 트랜드

트렌드	내용
디지털 책임의식 (Digital Responsibility)	학부모와 보호자는 학교에서 학생들이 기술을 건전하게 사용하고 자신감을 가지고 안전하게 디지털 세계를 탐색하도록 지도할 필요가 있음
삶의 기술 및 취업 준비 (Life Skills & Workforce Preparation)	미래의 경력에 대비하려는 학생들에게는 실용적 직업기술, 의사소통 전략, 리더십 개발과 같은 종합적인 교육이 필요함
컴퓨팅 사고 (Computational Thinking)	문제해결, 코딩, STEM 과목에 초점을 맞춘 교과 과정은 학생들이 미래의 도전 과제 해결에 도움을 줌 컴퓨팅 파워를 기반으로 한 문제해결 능력.
학생 주도적 학습 (Student-led Learning)	학습 내용에서부터 교실 운영 방식에 이르기까지 학생 교육 조직이 더 많아질 필요가 있음.
협력적 교실 (Collaborative Classrooms)	학교에서는 개방성, 유연성, 협력 작업에 중점을 두면서 이에 맞춰 교실을 재설계함
보호자와 학교 간의 소통 (Connecting Guardians & Schools)	학부모와 보호자는 자녀 교육에 더 깊이 관여하기를 희망하며 이들을 교육자와 연결하는 도구로 기술을 활용하고 있음
교육학의 혁신 (Innovating Pedagogy)	동기 부여된 교사는 수업 중 더 많은 참여를 유도하며 행정업무를 간소화함으로써 교육에 더 많은 시간을 집중할 수 있음
새로운 기술 (Emerging Technologies)	학교에서는 더 혁신적인 참여형 교수법과 학습환경을 가능케 하도록 새로운 기술을 교실에 통합하고 있음

출처: Google for Education (2020)

테크놀로지의 급속한 발전은 교육현장에서 교육방법의 패러다임을 다시 한번 변혁시킬 것으로 예상된다. 학교 또한 그 역할이 변화하게 될 것이며 (OECD, 2020, [그림 VI-3-2] 참조), 교육방법에 대한 관점도 집단적인 효율성보다는 개인의 자율성과 주도성을 중시하는 방향으로 변화하게 될 것이다(OECD, 2019).

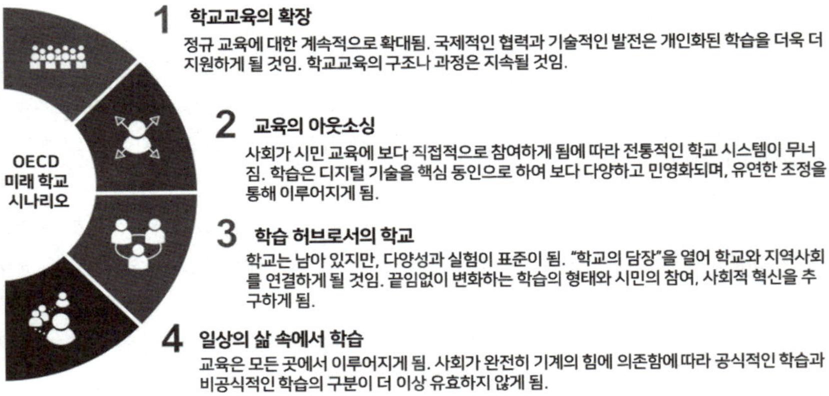

[그림 VI-3-2] 학교교육의 미래에 대한 시나리오

출처: OECD (2020)

특히 컴퓨팅 파워의 지속적인 발전과 더 스마트한 기기의 등장, 인공지능과 기계학습의 발전은 현재 교육방법에서 적용되고 있는 분절적인 ICT 기술과 교육 플랫폼들을 통합하는 방향 변화로 이어지게 될 것이다. 즉 향상된 네트워크 환경에 기반한 플랫폼 네트워크(platform-network)를 바탕으로 개인화(personalization)된 교육 서비스를 제공하도록 변화할 것을 예측할 수 있다.

확장현실과 메타버스의 발전 또한 교육방법의 변화에 지대한 영향을 미치게 될 것이다. 가까운 미래에 가상현실(VR, Virtual Reality), 증강현실(AR, Augmented Reality), 혼합현실(MR, Mixed Reality)과 관련된 하드웨어 및 소프트웨어가 급격하게 개선될 것으로 예상되며, 하드웨어의 시각적 해상도, 성능이 향상되면서 현실 세계와 가상현실의 구분이 어려운 수준으로 발전할 것이다. 또한 네트워크 인프라의 성능 향상 및 확대로 지연이 완전히 사라지게 되고, HMD(head mounted display), 촉각을 이용하는 장갑 등 오감을 활용하게 하는 장치의 활용으로 실감형 수업이 가능해질 것이다. 실시간 협력 작업의 학습환경에서는 전 세계의 언어로 실시간 번역

되어 제공되어, 글로벌 교실 운영이 가능해질 것이다. 이러한 변화는 메타버스를 통한 실감형 체험이 가능한 수업으로 이어지게 될 것으로 예측된다. 즉 종래의 교육에서의 체험의 개념이 더욱 확장되는 것이다.

미래 네트워크 교육과정 체제에 따른 교육방법의 재구조화에 대한 전망은 이 책에서 제시한 미래 교육방법에 대한 전문가와 교육전문직, 교사, 학생, 학부모의 인식에서도 드러난다. 전문가의 델파이 조사에서는 '초연결 네트워크 학습의 일상화로 온・오프라인에서 학습자 간에 새로운 협력 학습방법이 등장하게 될 것'이라는 데 매우 높은 CVR 값(.96)이 나타났으며, '학습 내용을 실제 삶이나 생활에 적용할 수 있도록 다양한 시뮬레이션을 통해 학습을 촉진하는 게임화 전략 등을 활용해 자기주도 학습을 높이게 될 것'에도 높은 CVR 값(.92)이 나타나 미래 교육방법이 이러한 형태가 될 것임을 전망하고 있다는 것을 알 수 있다.

이와 연계되는 '학습방법의 개인화・개별화의 일상화', '학습자 주도성에 바탕을 둔 교수・학습방법 강조', '학습과정으로서 학생이 주도성을 발휘하는 평가 등과 같은 미래 교육방법에 대한 타당도도 매우 높게 나타났다. 또한 미래 교육방법에 관한 설문 결과에서도 메타버스형 가상 체험 교육의 확대, 시뮬레이션을 통한 게임화 전략 학습, 초연결의 네트워크 사회에서의 학습방법 및 통로의 다양화, 개별 학습자의 교육적 필요 및 요구에 따른 온・오프라인 학습, 온・오프라인상의 새로운 협력 학습방법 등을 미래의 중요한 학습방법으로 전망하고 있다.

[그림 VI-3-3]은 이상의 내용을 바탕으로 교육현장에서 현재까지의 교육방법의 패러다임 변화의 양상과 미래의 교육방법 패러다임 변화의 예상되는 측면을 나타낸 것이다.

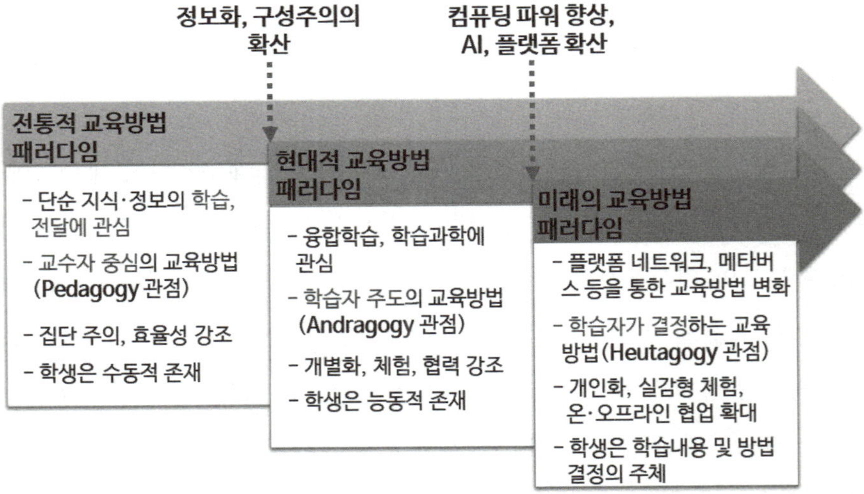

[그림 VI-3-3] 교육방법 패러다임의 변화

[그림 VI-3-3]에서 볼 수 있듯이, 전통적인 교육방법의 패러다임이나 오늘날의 교육방법 패러다임은 교육과 학습의 맥락에 따라 지속될 수 있으며, 미래의 교육방법 패러다임 또한 이전의 패러다임을 대체하는 것이 아니라 공존하는 형태가 될 것이다. 미래교육에서 교육방법은 플랫폼 네트워크, 메타버스 등을 통해 교육방법이 더욱 개인화되고, 체험의 폭과 질이 개선될 것이며, 새로운 형태의 협업 환경을 제공하게 될 것이다. 또한 학생은 학습내용 및 학습방법 결정에서 주체 역할을 수행할 것이다.

다. 플랫폼 네트워크 기반의 개인화된 교육방법

플랫폼 네트워크란 '교육적 서비스를 제공하는 다양한 컴퓨팅 플랫폼(하드웨어 및 소프트웨어를 포괄) 간의 네트워크'를 의미한다. 이때 교육적 서비스를 제공하는 플랫폼은 간단한 서비스로부터 지능형 서비스까지 제공하는 하드웨어 및 소프트웨어 플랫폼들을 망라한다. 또한 개인화란 종래의 개별화보다 더 발전된 형태의 교육방법으로서, 서로 다른 학생의 학습 요구 속도에 맞추어지고, 학습 선호와 특정한 관심에 맞추어진 교육방법을 의미한다.

이 책에서는 고도의 지능정보 기술을 활용하는 교육방법의 핵심 아이디어로 개인화에 주목한다. 왜냐하면 지능정보 기술을 원용하는 교육벙법은 종래의 개별화 및 자기주도적 학습, 차별화 등과는 다른 기본적 시각을 지니고 있다고 보기 때문이다. 개인화는 학습자에게 보다 많은 학습 결정권을 제공하여 학습자가 개인화된 학습의 경로를 스스로 결정하고, 그러한 결정에 따라 적절한 학습 자원과 도움을 제공하여 효과적으로 개별 학습이 가능하게 하는 교수방법으로 본다. 또한 개인화 교수는 궁극적으로 고도의 테크놀로지의 지원을 통한 개인화 학습환경 구현을 목표로 하며, 결과적으로 차별화와 개별화를 모두 포함하며 학습자에게 보다 많은 학습 자율성을 제공하는 접근으로 본다. 이에 따라 개인화를 차별화 및 개별화와 구분하고 있다. 개별화 교수는 학습자 개인의 교수 · 학습 요구, 선호하는 학습 형식, 학습내용에 대한 구체적 관심 주제에 맞추어 제공되는 교육이지만, 모든 학생들에게 공통적인 학습 목표가 부여된다. 즉 개인화 교수가 학습자가 주도적으로 자신에게 맞는 교수 · 학습환경을 구성해 가는 접근인 반면, 개별화 교수는 교수자가 주도적으로 학생들의 특성에 맞는 교수 · 학습환경을 제공해 주는 접근이라고 할 수 있다(U.S. Department of Education, 2010; 동효관 외, 2022: 44 재인용). 학습목표상에서 보면 개별화는 학습자들은 동일한 목표를 가지지만 일대일 지원을 필요로 하는 개개인들에 대해서는 서로 다른 구체적인 목표가 존재한다. 그에 비해 개인화는 각 학습자는 서로 다른 목표를 가진다(Bray, B., & McClaskey, K., 2013; 이선희, 2019; 동효관 외, 2022: 45 재인용).

따라서 기존 개별화 및 자기주도 학습의 경우는 목표 및 내용은 동일하거나 주어진 것이고 방법에서 개별화 및 자기주도의 특징을 띠는 것이지만, 개인화는 목표 및 내용에서부터 개인화를 도모하는 것이다. 따라서 플랫폼 네트워크에 기반한 개인화 학습환경에서는 학습목표, 내용, 방법과 속도가 모두 달라질 수 있다. 나아가 학습자들은 다양한 플랫폼에서 제공하는 교육 콘텐츠들을 바탕으로 스스로 학습목표를 설정하고, 내용, 방법 등을 학습자의 주도성(agency)에 근거하여 선택할 수 있게 된다. 휴타고지 교육방법은 플랫폼 네트워크에 기반한 개인화된 교육방법으로 발전 및 적용될 것이다.

미래에는 다양한 교육적 서비스를 제공하는 플랫폼의 종류가 지금보다 더 다양해질 것이며, 이들 간의 네트워크를 관리하고 운영해 주는 메타 플랫폼의 등장으로 인해 개인이 원하는 교육 서비스 플랫폼에 접근할 수 있는 기회가 확대되어 개인화된 수업이 가능해질 것이다. [그림 VI-3-4]는 플랫폼 네트워크 기반의 개인화된 교육방법이 적용되는 양상을 도식화한 것이다.

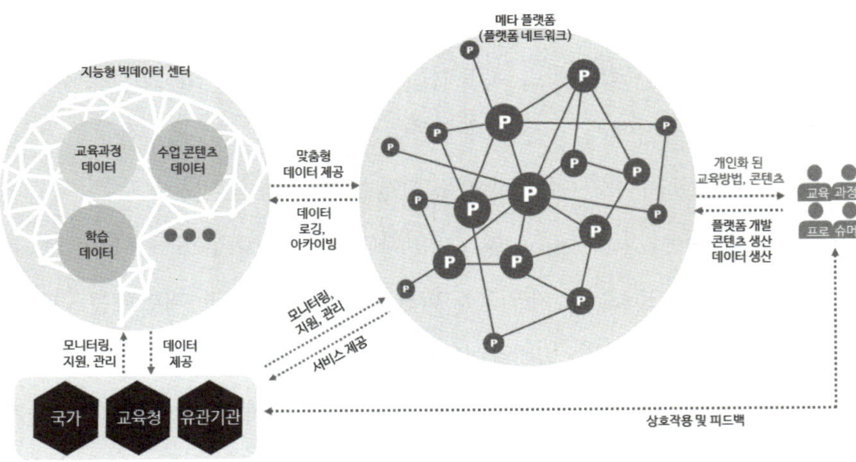

[그림 VI-3-4] 플랫폼 네트워크 기반의 개인화된 교육방법의 적용 양상

[그림 VI-3-4]를 구체적으로 살펴보면 교사, 학생 등 교육과정 프로슈머는 플랫폼 네트워크로 이루어진 메타 플랫폼을 통해 개인화된 교육방법, 콘텐츠를 생산, 선택, 구성, 활용하게 된다. 이때 발생되는 데이터들은 플랫폼 내부와 외부의 지능형 빅데이터 센터에 아카이빙되며 교육과정 프로슈머의 특성을 더욱 잘 반영할 수 있도록 지능형 시스템의 학습데이터로써 활용된다. 국가, 교육청, 기관에서는 이러한 전체적인 시스템들을 모니터링, 지원, 관리하는 역할을 수행하고 필요한 데이터와 서비스들을 제공받게 된다.

최근 교육부에서 추진 중인 AI디지털교과서 플랫폼은 대표적인 플랫폼 네트워크 기반의 개인화된 교육방법이 적용되는 교육 서비스 사례로 볼 수 있다. AI디지털교과서는 '500만 학생을 위한 500만 개의 교과서'를 지향하며 학생 개개인의 눈높이에 맞춘 서비스를 제공하는 것을 목표로 삼고 있다. 이를 위해 인공지능을 포함한 지능정보화 기술을 활용하여 다양한 학습 자료 및 학습 지원, 학습 분석, 맞춤형 학습 등을 제공하게 된다.

참고 개인화된 교육 서비스 사례 (AI디지털교과서)

- AI디지털교과서란?
  - 학생 개인의 능력과 수준에 맞는 맞춤 학습 기회를 지원할 수 있도록 인공지능을 포함한 지능정보화 기술을 활용하여 다양한 학습자료 및 학습 지원 기능 등을 탑재한 교과서
  - 2025년 수학, 영어, 정보, 특수교육 국어 도입, 2026년~2028년까지 순차적 확대
- 주요 특성
  - 인공지능에 의한 학습 진단과 분석
  - 개인별 학습 수준과 속도를 반영한 맞춤형 학습
  - 학생의 관점에서 설계된 학습 코스웨어 제공

• 핵심 서비스

학생

❶ 학습 진단 및 분석
❷ 학생별 최적의 학습경로 및 콘텐츠 추천
❸ 맞춤형 학습 지원(AI 튜터)

교사

❹ 수업 설계와 맞춤 처방 지원 (AI보조교사)
❺ 콘텐츠 재구성·추가
❻ 학생의 학습 이력 등 데이터 기반 학습 관리

공통(학생, 교사, 학부모)

❼ 대시보드를 통한 학생의 학습데이터 분석 제공
❽ 교육주체(학생, 교사, 학부모) 간 소통 지원
❾ 통합 로그인
❿ 쉽고 편리한 UI/UX 구성 및 접근성 보장(UDL, 다국어 지원 등)

• AI디지털교과서 프로토타입 사례(초등 영어)

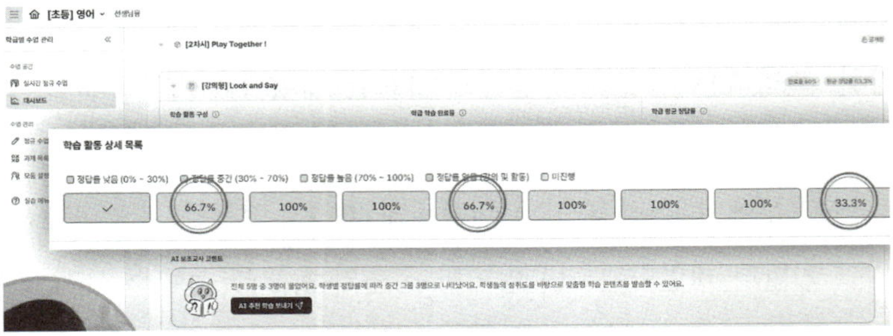

교사용 대시보드

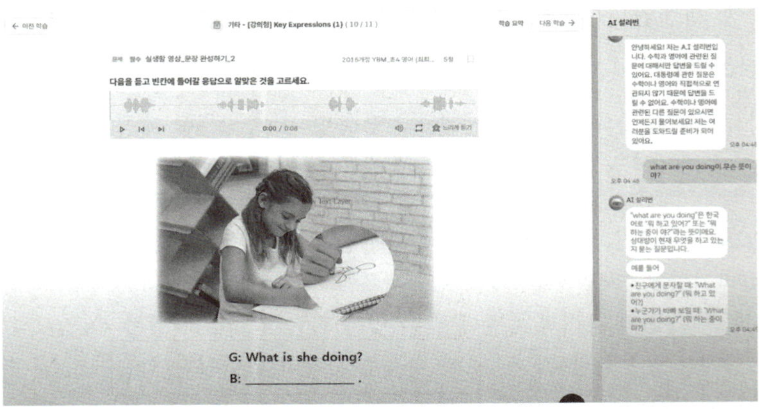

학습 지원 AI 챗봇

출처: 교육부, 한국교육학술정보원(2024). AI디지털교과서. https://www.keris.or.kr/main/aidtMain.do

4. 시 · 공간 초월 학교[7)]

가. 학교교육의 시간과 공간

1) 학교교육 공간의 의미와 실태

교실 환경은 통제와 학생 관리의 효율적 수단이자 공간으로 활용해 왔다는 담론은 오래전부터 있었다. 푸코(Foucault, 2003)는 규율을 주입하기 위한 수단으로서 학교를 규정하였는데, 푸코에 따르면 규율은 14세기 형제회의 학교를 시작으로 19세기에 공장, 정신병원, 군대, 감옥으로 이어지는 중요한 권력이다. 특히 지식과 권력, 그리고 주체를 중심으로 전개되는 그의 사유에 있어 학교는 학교 운영자와 교사에게는 규율을 통하여 권력을 주는 공간으로 기능하였고, 반대로 지식 사용자인 학생에게는 규율을 습득하고, 통제를 수용하기 적합한 공간으로 설정되었다. 이는 널리 알려진 판옵티콘과 같이 통제가 유리한 구조로 설명된다(그림 VI-4-1).

[그림 VI-4-1] 판옵티콘 이미지

출처: https://www.biroso.kr/634 (검색일: 2024.9.27.)

7) 정영근 외(2022)에서 일부 발췌하여 김사훈, 정영근, 민용성, 이근호, 최태형(2023). A Reflection on the Future Direction of School Education Focusing on Changes in Curriculum & Teaching and Learning. 중등교육연구, 71(4), 727-767.에 게재하였음.

우리나라의 경우 학교 공간은 효율성과 밀접한 관계를 가지고 발전해 왔고, 그 형태는 표준 지향적이었다. 특히 1960년대 즈음하여 급격하게 증가하는 학생을 수용하고, 또 초등학교 의무교육 수요에 대응하고자 교육부(당시 문교부)는 학교 공간을 위한 표준 설계도를 제작해 활용하였으며, 이러한 표준화된 학교는 1990년대 초 학교 현대화 및 시범학교 사업과 민창기 등(2003)과 같은 관련 연구가 시행되기 전까지 꾸준히 이어져 왔다. 직선과 효율적인 동선과 공간 배치는 표준화된 내용의 전수, 획일적 시간에 따른 통제, 학생 생활의 관리에 적합한 구조로 학교가 설계되었다. 이러한 공간 구조 때문에 우리나라의 학교 역시 교도소와 같다는 비판으로부터 자유로울 수는 없었다.

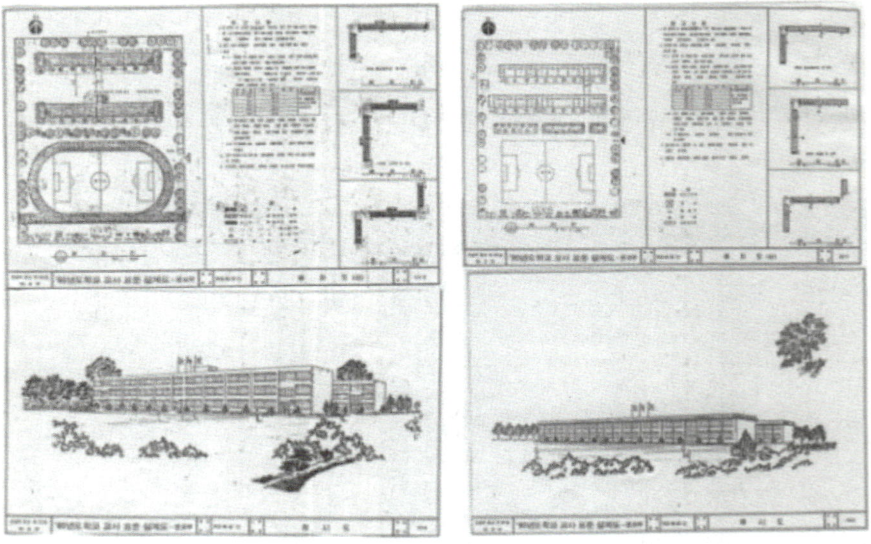

[그림 VI-4-2] 문교부의 1980년대 학교 표준 설계도

출처: 민창기 외(2003: 71)

공간 구조는 학생 통제만 가져다준 것은 아니다. 근대 학교 교실의 표준화는 전 국민에게 표준적인 내용을 전수하기 유리한 공간이었고, 이는 실

제로 교육과정과 지식의 권위를 가져다줄 수 있었다. 이혁규(2009)는 근대 이전의 교육과 비교할 때 근대 학교는 우리의 교육에 있어 다음과 같은 변화를 가져왔다고 주장한다(이혁규, 2009: 141).

첫째, 학교가 학습을 독점하는 장소가 되었다. 근대 이전 시기의 교육은 비형식적인 교육이 주를 이루었기 때문에 학교와 학교 바깥의 공간적 단절이 학습 단절로 이어지지 않았다. 그런데 학교가 교육을 독점하고, 독립적이고 분절적인 시간을 통해 학습하는 교과, 교육과정이 생기고 등하교 시간이 규격화되면서 학교는 공식적인 학습의 장소가 되었다. 학교 바깥에서의 학습은 상대적으로 학습으로서 인정을 덜 받게 되거나 열등한 내용이 되는 차별, 배제가 생겨났다. 이에 따라 성적표와 졸업장의 사회적 가치가 생겨났다.

둘째, 학교 교육의 지식 체계가 정교화되었다. 근대 학교 교육은 학문 체계에 따라 합리적으로 조직된 교육과정을 운영한다. 이는 동일한 내용, 동일한 시간, 혹은 동일한 교수·학습 방법으로 규격화되고 표준화된다. 이는 가르칠만한 지식이 무엇인지 규정하는 교육과정 전문가의 등장으로 이어지고, 교육과정 전문가는 보통 실용적인 지식보다는 서구 대학에서 위상을 얻은 추상적이고 과학적인 지식을 교육과정에 다수 포함하였다. 표준적인 시간은 표준화된 교육과정, 표준화된 교과서, 표준화된 시간표로 이어졌고, 이는 표준화된 교실에서의 수업으로 연결되었다.

셋째, 교사와 학생 간 역할 변화가 있었다. 학생이 스승을 찾아가서 가르침을 받는 근대 이전의 교육 모습은 사라졌다. 교사는 독자적인 내용을 교수하는 사람이라기보다는 표준화된 지식을 표준화된 시간 내에 전달하는 기능적 존재가 되었다. 주어진 교육내용을 잘 전달하는 방법을 습득한 전문가가 교사가 되었고, 반대로 학습자는 배워야 할 내용을 스스로 찾는 존재가 아니라 대량의 지식을 흡수하는 존재가 되었다.

이와 같이 근대 학교는 시간과 공간을 표준화함으로써 교육내용을 표준화하였고, 교수·학습 방법의 차이에 근거하여 효율적인 교수자를 우위에 두는 교사상을 만들었다. 무엇보다 가르쳐야 할 내용과 학습하고 싶은 내용과의 간극을 멀어지게 함으로써 지식과 실제의 괴리가 생겨났다.

최근 학교 공간을 변화시켜 근대교육의 한계를 극복하고 교육적 변화를 도모하고자 하는 움직임이 생겨났다. 이러한 움직임은 1990년대 현대화 시범학교 사업 이후 열린학교 사업, 교과교실 사업 등으로 이어졌다. 2019년부터는 사용자 참여 설계를 통한 미래형 학교 공간 혁신 사업을 활발히 추진하고 있다. 그렇다면, 학교의 모습이 바뀐다면 표준화된 교육내용, 교육방법, 교육 시간은 바뀔 것인가? 그리고 그것은 궁극적으로 학교 교육과정 재구조화의 마중물이 될 것인가? 이러한 질문에 대한 논의의 단초로 여기서는 미래형 학교 공간 대해 살펴보고자 한다. 미래형 학교 시설은 다양한 정의가 있을 수 있지만, 조진일 외(2020: 14)는 “미래형 학교 시설이란 향후 몇 년이 될지 단언할 수는 없지만 많은 사람이 지금보다는 발전되고 변화된 모습일 거라고 예측하고 기대하는 교육의 질에 대비하여 계획된 학교 시설을 의미한다.”고 규정하였다.

미래 교육에서는 표준화와 통제보다는 창의성 등 핵심역량 교육으로의 중점이 옮겨가고 있다. 하지만 미래 사회에 적합한 학교 공간이 무엇인지, 그리고 그 학교 공간이 어떻게 교육에 영향을 미칠 것인지를 분석적으로 정의하기는 쉽지 않다. 왜냐하면 공간 구조의 형태에 따라 구조물에 대한 획일성 여부에 관한 판단이 쉽지 않으며, 공간 구조가 미래 지향적이라고 단정하는 것은 더욱 합의점을 찾기 어려운 일이기 때문이다. 보통 미래지향적인 공간이라고 할 때, 공간의 유연성을 말하는데, 유연성을 가진 공간이 무조건 적절한 공간이라 단정짓는 것도 무리가 있다.

미래의 교육 환경이 전통적인 교실의 개념을 벗어나 어떠한 공간이 되어야 할 것인가에 대해 계보경 외(2011)는 선행 연구를 요약하여 〈표 VI-4-1〉과 같이 제시하였다. 이를 통해 미래 학교 환경이 지향하는 공통된 원리는 크게 학습자의 상호작용을 촉진할 수 있는 공간, 다양한 디지털 매체가 학습에 활용될 수 있는 공간, 그리고 협력을 유도할 수 있는 공간임을 알 수 있다.

〈표 VI-4-1〉 학교 및 교실의 구성 원리와 내용

	학교 및 교실 환경의 구성 원리와 내용
강이철 외 (2007)	동기 유발이 가능한 공간, 유연성이 보장된 공간, 상호 협력이 가능한 공간, 반성적 활동이 가능한 공간, 커뮤니티 중심 활동이 가능한 공간, 종합 예술 활동이 가능한 공간
박인우 외 (2006)	개인 학습 공간의 설치, 소집단 활동 학습 공간의 증가, 융통성 학습 공간의 증가, 공학 기반의 공간 조성, 개인 휴대 단말기의 활용, 사회적 공간의 조성

출처: 계보경 외(2011: 47)에서 재구성

한편 OECD는 학교 환경이 역량 교육을 효과적으로 지원 가능한지 확인하기 위하여 학습환경 평가 프로그램(LEEP. Learning Environments Evaluation Programme)을 개발하였는데, 이를 통하여 학교 공간 효과 및 공간 효율성, 편의성, 접근성, 건강, 안전 등에 관한 최소 요구 조건의 충족 여부를 조사할 수 있다(OECD, 2018).

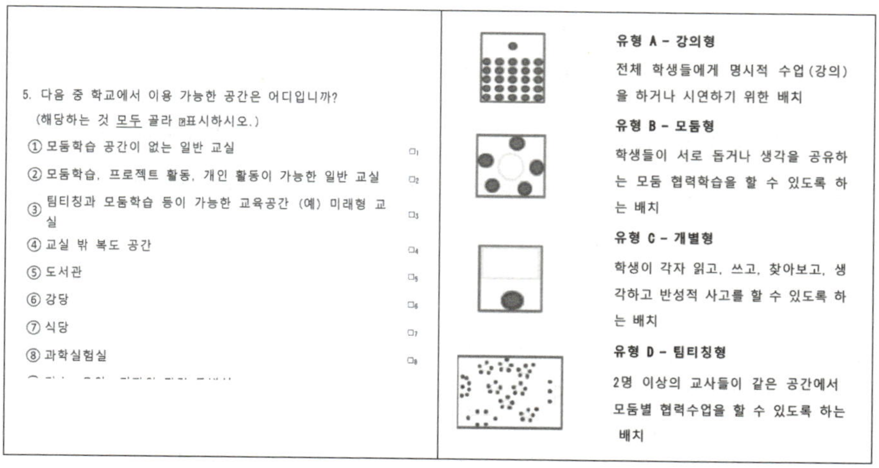
5. 다음 중 학교에서 이용 가능한 공간은 어디입니까?
(해당하는 것 모두 골라 ☑표시하시오.)
① 모둠학습 공간이 없는 일반 교실 □1
② 모둠학습, 프로젝트 활동, 개인 활동이 가능한 일반 교실 □2
③ 팀티칭과 모둠학습 등이 가능한 교육공간 (예) 미래형 교실 □3
④ 교실 밖 복도 공간 □4
⑤ 도서관 □5
⑥ 강당 □6
⑦ 식당 □7
⑧ 과학실험실 □8

유형 A - 강의형
전체 학생들에게 명시적 수업(강의)을 하거나 시연하기 위한 배치
유형 B - 모둠형
학생들이 서로 돕거나 생각을 공유하는 모둠 협력학습을 할 수 있도록 하는 배치
유형 C - 개별형
학생이 각자 읽고, 쓰고, 찾아보고, 생각하고 반성적 사고를 할 수 있도록 하는 배치
유형 D - 팀티칭형
2명 이상의 교사들이 같은 공간에서 모둠별 협력수업을 할 수 있도록 하는 배치

[그림 VI-4-3] OECD 학교 사용자 설문 중 일부

출처: OECD(2018) https://www.oecd.org/education/effective-learning-environments/OECD-School-User-Survey-Korean.pdf

이는 학교 환경이 역량 교육과 관계가 있음을 전제로 효과적인 환경 개선의 기준을 제시했다는 데 의의가 있다. 더 나아가 OECD는 21세기 교육에 대응하기 위해서 학교는 사회적 상호 작용 및 협력을 촉진하고, 학습 자원이 풍부한 특수 목적 공간과 유연한 다목적 공간을 통해 모둠 학습 등 다양한 학습을 지원하며, 언제 어디서든 학습할 수 있는 환경을 제공할 필요가 있다고 하였다. 즉 학교 환경은 공간 구성의 적절성, 그리고 사용자 요구에 대한 민감한 반응, 기술적 발전과 인구 증감과 같은 교육 외부의 환경적 요구를 민감하게 수용할 필요가 있다(OECD, 2019b). 이를 위해 OECD(2019b)는 학교가 종래의 전통적인 교사 주도 학습환경을 혁신적인 교육 환경으로 변화하는 다양한 사례를 탐구하였고, 그 결과 학교 환경을 분석하기 위한 프레임을 제안하였는데, 궁극적으로 미래 학교 환경은 학생 중심적이며 융통성 있는 구조를 지향하는 공간임을 알 수 있다.

한편 도베이와 피셔(Dovey & Fisher, 2014: 47)는 학습 공간의 유형을 전통적 의미의 교실과 공유 공간, 거리 공간, 만남 공간, 고정 기능, 외부 학습으로 구분하고, 이들의 폐쇄성 정도의 조합에 따른 교실 유형을 구분하였다. [그림 VI-4-4]와 같이 유형 A에서 E로 갈수록 폐쇄 공간에서 개방성이 커진다. 교실보다는 만남 공간이 커지며, 결국 공유 공간과 학생의 만남 공간으로 교육 공간의 개념이 확장된다. 교육을 지식의 전수로 가정할 때는 A가 가장 유리할 수도 있지만, 우연에 의한 학습과 경험의 재구조화를 위한 공간으로서는 E가 더 적합할 것이다.

〈표 VI-4-2〉 학습 공간의 유형별 구성 원리 및 내용

유형	학교 및 교실 환경의 구성 원리와 내용
전통적 의미의 교실 (CLASSROOM)	20~30명의 학생들을 위한 약 40~60m2의 전통적인 폐쇄된 학습 공간, 만약 학습 공간이 유연한 벽으로 이 정도 크기로 완전히 '폐쇄 가능'하게 된다면 교실로 분류된다.

유형	학교 및 교실 환경의 구성 원리와 내용
공유 공간 (COMMONS)	약 40m² 이상의 학습 공간, 25개의 학생용 강의실(또는 그보다 작음)에 완전히 닫을 수 없고 다른 일반 또는 교실에 대한 주요 접근 경로가 아니므로 교통을 통해 주요 교실로부터 보호된다.
거리 공간 (STREET SPACE)	교실에 담을 수 없고 교통을 통해 다른 학습 공간에 대한 주요 접근 공간으로서 주요 내용에 노출되는 약 3m 폭(활동+순환 허용) 이상의 열린 학습 공간
만남 공간 (MEETING AREA)	5~20명의 그룹을 수용할 수 있는 40m² 미만의 소규모 학습 구역, 세미나를 개최할 수 있지만 주요 기준은 전통적인 학급 크기를 수용할 수 없다는 것이다.
고정 기능 (FIXED FUNCTION)	'미술', '과학', '정보', '컴퓨터', '습윤 지역', '음악', '드라마'와 같이 전문화된 용도로 적합한 학습 공간
외부 학습 (OUTDOOR LEARNING)	일반적으로 '외부 학습', '외부 공간' 또는 '학습장'으로 표시된 학습 모음의 필수 부분으로 계획에 정의된 모든 실외 영역

출처: Dovey & Fisher(2014: 47), 이상민 외(2021: 24에서 재인용)

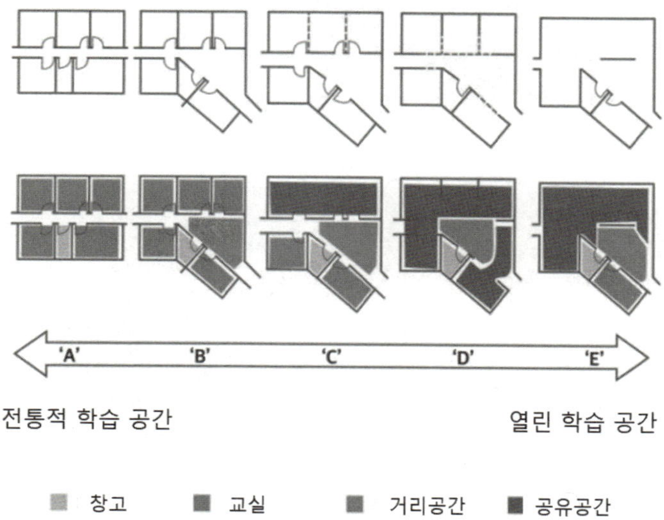

[그림 VI-4-4] 학습 공간의 유형

출처: Dovey & Fisher(2014: 52-57), 이상민 외(2021: 26에서 재인용)

공간 변화를 통한 교육의 변화를 도모하는 미래형 학교로는 다양한 실험적 사례가 있다. 한 예로 앞서 융합 교육과 관련하여 살펴보았던 칸랩 스쿨은 거꾸로 학습(flipped learning) 방법을 활용하여 전달식 강의는 온라인으로 운영하고, 오프라인 학교에서는 강의를 미리 학습한 학생들이 모여서 토론 혹은 맞춤형 개별 학습을 수행한다(Khan Lab School, 2020). 이러한 거꾸로 학습 방법을 효과적으로 지원하기 위해 학교 공간은 학년이 아닌 학습자의 수준에 따라 구성하고 강의식 교실보다는 회의실, 공유 공간, 토론형 공간, 카페 등의 학교 공간을 확대하였다.

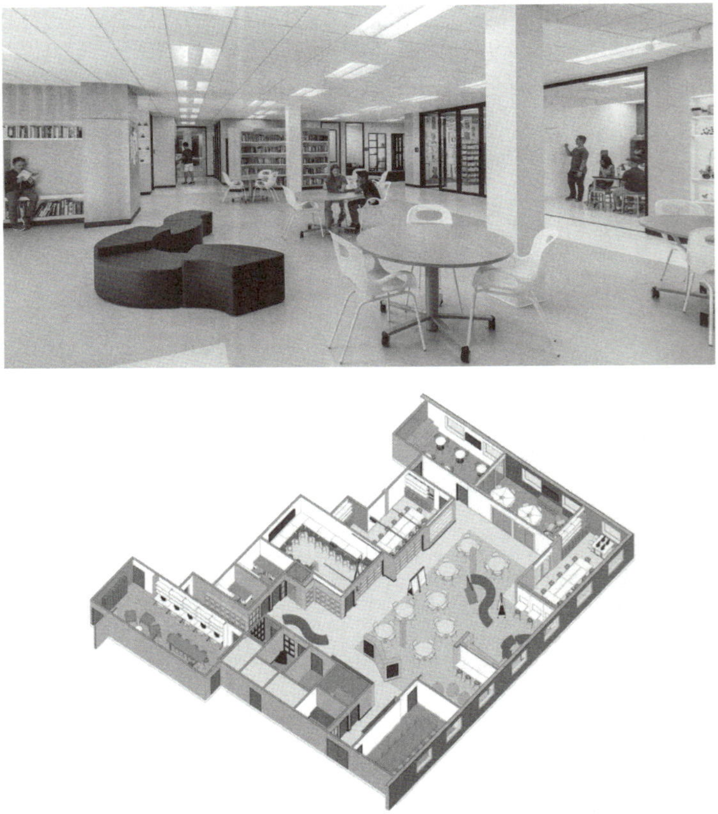

[그림 VI-4-5] 미국 캘리포니아 칸랩 스쿨

출처: https://kurani.us/khan-lab-school/

우리나라의 경우 그린스마트스쿨, 공간 재구조화 사업 등을 통해 위와 같은 학교 공간 개선을 위해 다양하고 실천적인 움직임이 진행되고 있다. 이는 약 40년 이상의 노후 학교를 개축, 증축 혹은 리모델링을 할 때 표준화된 기존 학교 공간에서 과감하게 벗어나 미래 학교 공간을 제공하는 데 그 목적을 둔다. 이를 위해 기존의 학교 건물을 디지털 및 환경 친화적인 공간, 학교와 지역사회의 연계가 이루어지는 공간, 학생 친화적인 공간으로 재구조화하는 등 우리나라는 미래 교육 변화에 적극적으로 대응하고 있다(교육부, 2021).

[그림 VI-4-6] 그린스마트스쿨 예시

출처: https://www.greensmart-school.kr/

구분	2021	2022	2023	2024	2025
그린스마트스쿨	대상학교 선정 사용자 참여 설계	공사, 사용자 시공 점검		1차 그린스마트스쿨 전환 (761개 동)	2차 그린스마트스쿨 전환 (518개 동)
2022 교육과정	개정사항 발표	2022 개정 교육과정 고시(총론·각론)		초1·2 적용	초3·4 적용 중1·고1 적용
고교학점제	마이스터고 적용 (1·2학년)	특성화고 도입·일반계고 일부 도입			전체 고교 본격 시행
주요인프라	모든 일반/교과·특별교실에 무선망 구축(~'22)		K-에듀 통합 플랫폼 구착(~'23)		

[그림 VI-4-7] 그린스마트스쿨 관련 사업 5개년 계획

출처: https://www.greensmart-school.kr/direction

그린스마트스쿨 사업은 기후 변화, 환경오염, 인구감소 등 미래에 인류가 처한 상황과 인공지능, 사물 인터넷의 발달과 같은 디지털 시대의 도래, 학교와 지역사회 연계 등 다양한 미래 교육의 변화를 예상하고, 이를 공간적으로 해석하여 학교를 새롭게 개선하려고 하였다. 이는 학교 공간을 더 이상 건축 분야의 전유물로만 고려하는 것이 아니라, 교육, 기술 발달, 인구 감소 등 현재 혹은 가까운 미래의 다양한 환경변화를 고려한 학교의 대안을 제시하려고 했다는 점에서 의미가 있다.

여기서 핵심은 학교 환경 개선에서 건축적 요소에 우선하여 교육적인 고려 사항을 충실히 고려해 보는 것이다. 예컨대, 학생들이 생활하는 특별실의 경우 미술실, 음악실과 같이 실습 위주의 교과 전용실로 교과가 구분된 경우가 많다. 교과 전용실은 특정 교과에 적합한 공간이라는 장점이 있지만, 공실 비율이 높고, 학생의 잦은 이동이 발생하며, 특정 교과에만 적합하여 융합 수업을 운영하기 어렵다는 등과 같은 문제점이 있다. 이에 공간을 교과 구획형에서 벗어나 교육과정 운영을 적절히 할 수 있는 범주를 새롭게 설정하려는 움직임이 있다.

이와 관련하여 조진일 외(2019)는 학년(군)과 교수·학습 방법, 그리고 학교 공간의 관계를 다음과 같이 제시하였다.

〈표 VI-4-3〉 학교급, 학년군에 따른 미래의 교수 · 학습 공간 예상

~공간유형	교수 · 학습 유형	'20+2' 학습양식	초			중	고
			1-2	3-4	5-6		
놀이 및 탐구공간	• 놀이학습	인터넷 기반 학습	○	◑	●	●	●
		수행 기반 학습	◑	●	●	●	●
		자연 체험 학습	●	◑	◑	◑	○
		스토리텔링	●	●	●	◑	◑
		놀이 및 운동학습	●	●	●	◑	◑
제작 및 거치 공간	• 플립 러닝의 지식 창출 및 공유 • 디퍼 러닝의 해결안 도출 및 공유	프로젝트 기반학습	○	◑	●	●	●
		설계기반학습	○	◑	◑	●	●
		모바일 러닝	○	◑	●	●	●
		인터넷 기반학습	○	◑	●	●	●
		세미나	○	◑	●	●	●
발표 및 전시 공간	• 플립 러닝의 지식 창출 및 공유 • 디퍼 러닝의 해결안 도출 및 공유	프로젝트 기반학습	◑	●	●	●	●
		설계기반학습	○	◑	◑	●	●
		모바일 러닝	◑	●	●	●	●
		인터넷 기반학습	◑	●	●	●	●
		학생발표	◑	●	●	●	●
독립된 학습 공간	• 플립 러닝의 온라인 개별 지식습득	개별학습	●	●	●	●	●
		모바일 러닝	●	●	●	●	●
		인터넷 기반학습	●	●	●	●	●
학습의 장으로서의 교실	• 디퍼 러닝의 문제 이해 및 정의 • 디퍼 러닝의 학문적 지식을 적용한 실세계문제해결안 탐색 • 플립 러닝의 협력적 지식 구성 • 협력학습	강의	●	●	●	●	●
		교사와 1:1 학습	●	●	●	●	◑
		모바일 러닝	●	●	●	●	●
		세미나	◑	◑	●	●	●
		팀 학습/팀 티칭	●	●	●	●	●
		동료학습	◑	◑	●	●	●
		협력 학습	◑	●	●	●	●
		프로젝트 기반학습	◑	●	●	●	●
		설계기반학습	◑	◑	●	●	●
		인터넷 기반학습	◑	●	●	●	●
		교과간 연계 학습	●	●	●	●	●

<table>
<tr><th rowspan="2">~공간유형</th><th rowspan="2">교수 · 학습 유형</th><th rowspan="2">'20+2' 학습양식</th><th colspan="3">초</th><th rowspan="2">중</th><th rowspan="2">고</th></tr>
<tr><th>1-2</th><th>3-4</th><th>5-6</th></tr>
<tr><td rowspan="4">학습의 내용으로서의 교실</td><td rowspan="4">• 협력학습
• 몰입형/가상 현실 학습</td><td>협력학습</td><td>◑</td><td>●</td><td>●</td><td>●</td><td>●</td></tr>
<tr><td>모바일 러닝</td><td>◑</td><td>●</td><td>●</td><td>●</td><td>●</td></tr>
<tr><td>텔레프레즌스 학습</td><td>◑</td><td>◑</td><td>●</td><td>●</td><td>●</td></tr>
<tr><td>VR/AR 학습</td><td>●</td><td>●</td><td>●</td><td>●</td><td>●</td></tr>
<tr><td colspan="8">주) 활용 정도 3단계는 '상'의 경우 ●, '중'의 경우 ◑, '하'의 경우 ○로 표기함</td></tr>
</table>

출처: 조진일 외(2019: 71-72)

미래형 학교는 교수 · 학습 방법에 따라 공간 유형을 구분함으로써 다양한 창의적 수업을 유도하는 데 그 특징이 있다. 또한 학년별로도 공간 구성의 차별화가 필요하며, 특히 초등학교에서는 중 · 고등학교에 비해 학년군 간의 공간 구성에서 더 큰 차이가 요구된다(조진일 외, 2019).

2) 학교교육의 시간 의미와 실태

앞서 살펴본 것처럼 학교교육에서 공간 변화는 주로 학교의 물리적 공간과 공간 구성 변화를 통한 교수 · 학습 방법의 변화 가능성을 다루었다. 한편 특정 장소에서 교수자와 학습자가 실시간으로 만나서 상호작용하는 것 외에 교육이 가능한 것은 지식이 구술 언어가 아닌 문자 언어로 전달됨으로써 가능한 일이었고, 이는 인류의 매체사를 통해 그 역사적 원류를 찾을 수 있다.

14세기 후반 유럽에서 종이를 사용하면서부터 문자사용이 팽창하였는데, 종이는 기존 양피지에 비해 매우 경제적이어서 다량 생산이 용이하였고, 이는 문서로 보장된 어음, 계약 등 초기 자본주의 경제 방식 도입에도 많은 영향을 미쳤다(최경은, 2011: 501-503). [그림 VI-4-8]은 쉐델의 세계연대기(1493)에 묘사된 종이 공장으로, 악취와 소음으로 도시 성벽 바깥에 공장이 위치한 것으로 보이며 당시 종이가 활발히 보급되었음을 추측할 수 있다(최경은, 2011: 502).

문자사용 팽창은 글쓰기나 독서 행위에 부여된 성직자의 독점적 교양을 위협하였다(최경은, 2011: 506). 상업에 활용된 문자사용의 증가는 라틴어에서 민중어로 중심이 넘어가는 계기가 되었다. 또한 15세기 초기 시민계급은 문자의 실용적 측면을 부각한 공공 언어를 활용하였는데, 이는 후에 종교개혁 등 사회 변화에 많은 영향을 주었다(최경은, 2011: 508). 이렇게 매체의 발달은 지식의 확대뿐만 아니라 지식의 생산자와 보급자, 그리고 소비자 및 공유자와의 상호작용 속에서 양적, 질적인 변화를 가져오고 그 파급력은 사회변화의 촉진제 역할을 한다.

[그림 VI-4-8] 쉐델의 세계연대기(1943)에 그려진 뉘른베르크 슈트로머

출처: https://kr.painting-planet.com/%EB%89%98%EB%A5%B8%EB%B2%A0%EB%A5%B4%ED%81%AC-%EC%97%B0%EB%8C%80%EA%B8%B0-michael-wolgemut/ (검색일: 2022.10.10.)

매체의 발달은 인쇄술과 더불어 근대에 들어서는 라디오, 텔레비전의 미디어 발달로 이어졌고, 이에 따라 지식 전달이 문자 중심에서 청각적 자극으로 확장되었다. 이러한 변화 속에서 학교교육에서 시간적 제약으로부터의 자유를 본격적으로 논의하게 된 것은 1980년대에 통신기술의 발전과 함께 컴퓨터 대량 보급을 통한 정보화 사회가 도래하면서부터이다. 정보통신기술은 인간 생활에 다양한 영향을 주었는데, '제3의 물결' 아젠다와 함께 급격한 변화 양상에 대한 논의를 불러왔다. 이 시기를 즈음하여 교육에서는 시간과 공간에 얽매이지 않는 학습에 대한 학술적 탐색이 본격적으로 시작되었다. 마치 인쇄매체의 확산이 지식의 양적인 팽창뿐만이 아니라 질적인 팽창을 가져다주어 인류 문명 역사를 바꾼 것과 같이, 정보통신 기술의 발달은 교육내용과 방법에 있어 'know-how'보다는 'know-where'를 강조하는 흐름을 가져다주었다. 교육에서 시간적 제약으로부터의 자유는 지식의 암기 수준에 따라 활용이 제한되던 제약을 극복하게 했으며, 언제든지 지식에 접근할 수 있는 자유를 제공하였다. 이는 교육내용에 있어 독점적 지식에 대한 비판적 시각뿐만 아니라 지식 전달 방식의 유효성과 중요성 여부를 검토하게 된 계기가 되었다.

기술 발전이 가져온 변화는 학교교육 환경에 대한 다양한 개념적 논의를 불러일으켰는데, 초기 이러한 일련의 연구 흐름은 e-러닝으로 개념화되었다. 가장 초보적인 e-러닝의 형태는 CD와 같은 비온라인 파일 형태에서 독립 컴퓨터를 활용한 개인별 교육이었다. 초기의 e-러닝 형태에서도 시간 관련 장점은 다양하게 찾을 수 있는데, 학습내용과 순서, 학습 속도와 시간을 학습자 스스로 관리할 수 있으며, 학습자가 스스로 적합한 시간에 적시에 학습하며, 더 나아가 일과 학습을 병행할 수 있다는 등이 그것이다.

한편 웹 기반 교육의 발전은 초기 e-러닝에서 가장 핵심적인 변화를 가져왔으며, 그중에서도 교수자와 학습자 간 상호작용의 가능성을 크게 확장한 점이 주목할 만하다. 웹 게시판과 같은 다양한 기술을 활용함으로써, 교수자와 학습자는 비실시간 방식으로도 효과적으로 상호작용할 수 있는 환경을 조성할 수 있게 되었다. 기존 e-러닝에서는 시간적 제약을 주로 지식 전달의 관점에서 극복했다면, 웹 기반 e-러닝은 상호작용의 가능성을 열어 줌으로써 교육적 특성을 혁신적으로 변화시켰다. 이러한 변화는 교육 당사자 간의 협력과 상호작용의 중요성을 강조하며, 각자의 역할 수행을 지원하기 위한 기술적 요소를 효과적으로 활용하도록 유도했다. 결과적으로 학습자는 시간과 공간의 제약을 극복한 상호작용 중심의 교육 환경에서 학습할 기회를 누릴 수 있었다.

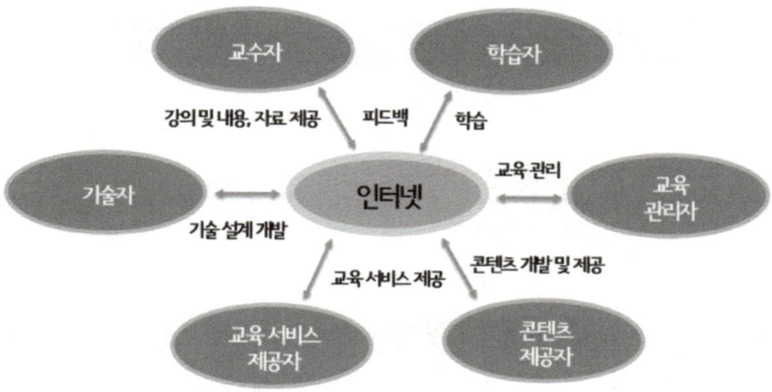

[그림 VI-4-9] e-러닝 교육 체제의 구성 요소 및 역할

출처: 안대진(2008: 135)

그렇지만 우리나라 학교 교육과정은 여전히 효율적, 효과적 지식 전달의 시간 제약에서 벗어나지 못하고 있다고 할 수 있다. 학교 교육과정의 이러한 제약의 단초를 국가 교육과정의 시간 편제와 초·중등교육법의 연간 수업 일수 등의 조항에서 찾아볼 수 있다.

◆ 시간 배당 기준

- 교과목별 시수 배당
- 1시간 수업은 초등학교 40분, 중학교 45분, 고등학교 50분을 원칙으로 하되, 기후 및 계절, 학생의 발달 정도, 학습 내용의 성격, 학교 실정 등을

고려하여 탄력적으로 편성 · 운영할 수 있음. 총 이수 단위 수는 고등학교 3년 간 이수해야 할 최소 이수 단위를 의미함.
- 학년군별(초등학교), 3년 간(중학교) 총 수업 시간 수는 최소 수업 시수를 나타낸 것임.

출처: 교육부(2022d: 9-17)에서 재구성

◆ 학제 및 수업
- 학생의 진급이나 졸업은 학년제로 함(제26조. 학년제).
- 학교의 학년도는 3월 1일부터 시작하여 다음 해 2월 말일까지로 함. 수업은 주간 · 전일제를 원칙으로 함(제24조(수업 등).

◆ 수업일수
- 초 · 중 · 고등학교는 매 학년 190일 이상.

출처: 교육부(2022b; 2022c)에서 재구성

종래에서는 초 · 중등교육법시행령에 제시된 수업 일수가 등교 일수가 되어 물리적 공간을 중심으로 한 시간 틀이 고정되어 있었으나, 정보화 사회 및 최근 코로나 상황 등에 따라 「수업 일수=등교 일수」의 등식에서 벗어나고 있는 것은 사실이다. 그렇지만 앞서 제시한 국가 교육과정의 시간 편제나 초 · 중등교육법시행령에 나타난 시간은 여전히 물리적 공간과 결부된 시간 개념 및 틀에서 크게 벗어나지 못하고 있다. 이에 따라 시간은 교육 및 교육과정 제공자 측면에서 대단히 제도화된 메커니즘이라고 할 수 있다. 즉 시간은 국가 교육과정 측면에서 효율성 및 효과성을 극대화하도록 제도화되어 학생들의 행위 및 학습을 관리 및 통제하고 교사의 교수 행위를 관리 및 감독하는 메커니즘으로 작용해 왔다고 할 수 있다.

더 나아가서 제도화된 시간은 학생에 대한 교사의 권위를 나타내고 교과 단체 등의 지위를 확보해 주는 것이기도 하였다. 그 결과 교사와 학생은 이 고정된 시간에 제한된 역할 범위의 교수와 학습을 해왔다고 할 수 있다.

이러한 「수업 시간 충족=교육과정 이수」라는 오래된 인식은 교육과정 개정 시기에 각 교과 간 시수 배분 문제를 야기하고 종종 교과 이기주의를 발현하게도 한다. 이에 대해 민용성(2008)은 교육과정 편제표상의 수업 시수를 '최소'보다는 '기준' 개념으로 해석하는 방안, 학교급별 혹은 학년급별 통합으로 수업시수를 제시하는 방안을 제안하였다. 한편 고교학점제 도입으로 인해 기존의 출석 일수를 기준으로 교육과정 이수를 평가하는 방식에서 벗어나, 성취 기준을 기반으로 한 교육과정 이수를 평가하는 방식으로 전환이 이루어질 것이다. 이와 함께 학교 밖 학습경험을 인정하는 방안이 점차 논의되면서, 앞으로는 학교에서의 학습 시간이 단순한 수업 참여가 아닌, 다양한 학습 경험의 이수로 전환될 가능성이 커지고 있다.

특히 최근 기술의 비약적인 발전으로 인해 e-러닝으로 통칭하던 정보통신 기술과 교육의 관계를 조금 더 복잡한 관계 속에서 기술할 필요가 있다. 이는 학습환경의 총체적인 변화를 가져오는 복합적인 기술 발전의 개념을 e-러닝 개념으로 수용하기보다는 새로운 용어와 체제로 해석하려는 시도로 보이는데, 이러한 일련의 움직임을 살펴보기 위해서는 스마트 학습환경에 대한 고찰이 필요하다.

미래 학습환경에 대한 관심이 증가함에 따라 스마트 학습과 관련된 다양한 연구가 이루어졌다. 국제 스마트 학습환경 연합(IASLE: International Association of Smart Learning Environments)은 스마트 학습을 스마트 기술, 교육, e-러닝, 교실, 대학 등 새로운 영역에서 학습을 위한 도전적인 스마트 환경을 활용하는 것으로 정의하였다(International Association of Smart Learning Environments, 2020; 임철일 외, 2021: 8에서 재인용). 우리나라에서는 스마트교육에 대한 개념이 교육부(당시 교육과학기술부)에 의해 제시되었다. 교육부의 스마트교육 추진 전략에서 제시된 미래학교의 개념은 다음과 같다.

첫째, 언제 어디서나 PC나 핸드폰 등의 학습기기를 통해 지식을 공유하고 활용하며, 개별 및 집단 학습이 가능한 유비쿼터스 기반의 스마트 학교(Smart School)이다. 둘째, 학교와 지역사회 및 세계의 물적·인적 자원을 연계하고, 특화된 전문 시설을 공유하며, 교육과정 참여를 유도하는 글로벌 및 지역사회 연계 학교(Connected School)이다. 셋째, 자연 채광과 신재생 에너지를 활용하여 친환경적이고 생태지향적인 학습환경을 조성하는 생태 학교(Eco-School)이다. 넷째, 학교의 안전성과 돌봄 기능을 강화하여 학생들이 즐겁고 안전하게 학습할 수 있는 환경을 제공하는 안전하고 즐거운 학교(Safe and Fun School)이다. 마지막으로, 첨단 기술을 활용한 시설물 관리를 통해 효율성과 지능화를 추구하는 지능형 학교이다(계보경, 김현진, 서희정, 정종원, 이은환, 2011: 104). 한편 임철일 외(2021)는 스마트 학습환경에 관한 다양한 논의를 다음과 같이 정리하였다.

〈표 VI-4-4〉 스마트 학습환경의 개념에 관한 선행 연구

구분	연구자	연구 내용
물리적 (스마트 인프라, 스마트 기기) 측면	강인애 외(2012) Dron(2018) Gros(2016) Hwang(2014) Koper(2014) Spector(2014) Zhu et al. (2016)	스마트 학습환경에 관한 연구들은 공통으로 스마트 학습환경이 스마트 디바이스와 지능적 기술의 두 가지 기술을 기반으로 하는 것
맥락적 (학습 경험) 측면	Koper(2014)	학습자가 배우고, 상호작용하고, 창조하고, 연습하고, 반성할 수 있도록 자극하는 데 필요한 상황, 사건, 개입, 관찰을 제공하는 것
	Hwang(2014)	학습자 개인에게 적합한 지원을 제공하는 것에 초점을 맞추어, 학습 행동 및 성과 분석을 통해 결정될 수 있는 개별 학습자의 필요에 따라 적절한 장소에서 적시에 적응하고 적절한 지원을 제공하는 것
	Gros(2016)	스마트 학습은 각 학습자에게 주관적이며, 학습환경 자체가 적극적으로 필수적인 학습 안내, 힌트, 지원 도구 및 학습 제안들을 적시에 적절한 형태로 제공하는 것
	Zhu et al. (2016)	풍부하고 개인화된 끊임없는 학습 경험을 제공하는 것

구분	연구자	연구 내용
행동적 (상호작용) 측면	강인애 외(2012)	스마트 기기 및 소셜 미디어를 활용하여 학습에서 상호작용을 극대화한 학습
	Dron(2018)	환경이 행동을 주도적으로 형성하는 것도 아니고, 환경이 일종의 주변적인 도구로 취급되는 것도 아닌 형태. 즉 인간, 산출물, 그리고 환경의 구성요소 간의 동적 상호작용이 스마트함을 만드는 것

출처: 임철일 외(2021: 13-14)

이 중 황(Hwang, 2014)의 연구에서는 스마트 환경을 기존 e-learning, u-learning, 유비쿼터스 등의 개념 이상의 것으로 제시하며, 스마트 학습환경의 기준으로 적응성, 상황 인식, 개인화 세 가지를 제시하였다. 이 연구는 스마트 환경의 구성 요소를 사용자 인터페이스와 상호작용하는 진단 모듈, 평가 모듈 등과 같은 모듈로 보았으며, 다양한 모듈은 포트폴리오를 바탕으로 구성된다는 점에서 학습자 분석이 스마트 환경의 중요한 요소임을 보여준다.

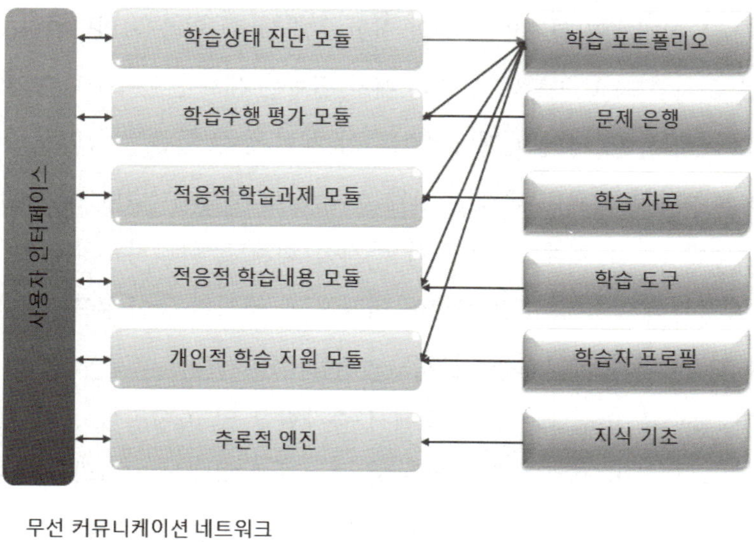

[그림 VI-4-10] 스마트 학습환경 프레임워크

출처: Hwang(2014), 임철일 외(2021: 16에서 재인용)

한편 임철일 외(2021)는 포스트 코로나 시대의 스마트 학습환경으로서 인공지능 기반 학습환경과 블렌디드·하이브리드, 가상현실·시뮬레이션·디지털트윈, 물리적 공간의 유연화, 물리적 공간의 지능화로 분류하여 학습환경을 분석하였다(임철일 외, 2021: 87). 이러한 스마트 학습환경을 종합해 보면 미래 학교 환경은 학습자가 시간과 공간의 제약에서 벗어나 다양한 교수·학습 방법을 활용하여 학습할 수 있으며, 이는 다시 학교 지식과 교육과정의 변화를 불러올 것임을 알 수 있다.

나. 미래 시·공간 초월의 학교교육 환경변화

1) 시·공간의 변화에 따른 미래 학교 환경변화 프레임 설정

디지털 정보 및 인공지능 기술은 미래의 사회 구조나 현상에 큰 영향을 미칠 것이다. 이에 따라 학교에서 가르쳐야 할 내용, 즉 학교 지식 역시 큰 변혁을 겪을 것이고, 지식이 변한다는 것은 지식을 공급할 수 있는 교육과정과 그 매개체인 학교와 교사의 역할이 바뀔 수 있음을 의미한다. 앞서 살펴본 것처럼 학교 공간의 구조와 배치 변화는 새로운 교수·학습 방법을 촉진할 것이고, 더 나아가 메타버스 가상 체험 공간 등은 정형화된 물리적 공간으로부터의 학교의 존재성 자체를 바꾸어 버릴 수 있다. 교육과정의 연구·개발·보급 체제도, 교과 학문 지식 체계도, 학교지식의 전달 체계도 시작점이 무엇인지, 전달 방향이 어떻게 될 것인지 등이 분명하지 않다. 그렇다면, 미래의 학교교육 환경은 어떠할 것인가?

먼저, 플랫폼 연결 네트워크 속에서 증강현실 및 가상현실 등의 메타버스 방식과 더불어 홀로그램 콘텐츠 및 홀로그램 형태의 교사와 학생이 공존하는 방식 등 물리적 공간이면서 동시에 가상 체험 공간으로서의 교실과 학교가 형성될 것이다. 또한 미래 학교는 공공성과 사회적 영역 경계를 잇는 장소로 단순한 지식 전달의 공간이 아닌 학습자의 자발적 학습을 지원하고 지역 자원을 네트워크화하며, 나아가 지식과 학습 중심의 학교를 넘어 학생의 일상생활 장소로서의 새로운 역할・기능을 수행하게 될 것이다. 물리적 환경을 벗어난 학교 환경은 학교의 경계에 대한 기존 사고를 벗어날 것을 요구하고 있다.

또한 미래 학교는 도서관, 박물관, 지역주민 센터, 주간돌봄 센터 등 지역사회의 다양한 기관과 연동된 복합된 공간이 될 것이다. 네트워크화된 교육환경에서 학습자가 언제 어디서나 학습할 수 있는 상시 접속(연결) 체제를 갖추게 될 것이다. 학교는 물리적 공간을 넘어 디지털 기반의 마을교육공동체뿐만 아니라 평생학습의 실천의 장으로서 자리매김할 것이며, 미래 학교는 학교급 및 학년별 단계적 이수에 따른 졸업 자격 부여보다는 자기결정 학습 및 다양한 인증이나 성과를 취합한 졸업 자격으로 통합 관리하게 될 것이다.

학교가 평생학습의 장소로서 복합적인 기능을 수행하려면 교사 외의 인적 자원 활용이 더욱 일상화될 것이며, 미래 사회에서 약화될 것으로 예상되는 사회적 관계, 대인관계 기술, 공동체 의식 및 경험 등과 같은 전통적인 학교의 기능이 첨단 디지털 기반의 교육 플랫폼 속에서 이루어질 것이다.

이러한 변화는 동시다발적으로 일어나기보다는 점진적으로 나타날 것이다. 앞서 기술 발전은 학교의 물리적 공간과 시간적인 범위를 확장하였는데, 그 공간적 거리와 시간적 간극은 기술 발전 정도와 사용 양태에 따라 매우 다양하게 나타날 수 있다. 이는 전통적 학교의 시간과 공간의 의미가 바뀌는 것을 의미하는데, 그 정도와 양태는 어떠할 것인지를 논의할 필요가 있다.

먼저 공간의 의미를 살펴보면, 앞서 논의한 것처럼 학교 공간은 교수자의 입장에서는 강의를 수행하는 공간이고, 학습자의 입장에서는 강의를 수강할 수 있는 곳이다. 그런데 이러한 공간의 의미는 온라인 수업에서 달라질 수 있다. 예컨대 온라인 공동 교육과정은 다양한 과목 개설이 불가능한 지역의 학생에게 최소한의 교육권을 보장해 주며, 과목 선택권을 보장해 주는 효과가 있다. 이때, 학습자가 실시간 온라인 수강을 하고 있는 학교 공간은 교수자 입장에서는 물리적으로 강의를 수행하고 있는 공간이 아니다. 학교 공간은 교수자 입장에서는 예전의 그것과는 다르지만, 학습자가 강의를 수강하고 집단적으로 학습을 한다는 점에서 학교 공간의 의미는 기존의 그것과 다르지 않다. 교수자와 학습자가 같은 학교 공간에 존재하지 않았지만, 학습 콘텐츠는 가상의 공간에 존재하면서 공간을 초월하여 교수자와 학습자를 연결해 주었다. 이러한 공간 초월의 학교 형태는 코로나19로 인해 예전보다 상대적으로 친숙하게 다가온다. 실시간 온라인 수업을 할 경우, 공간의 간극은 크지만, 교수자와 학습자(혹은 학습자와 학습자) 간 시간의 간극은 없다. 학습자와 교수자는 각자의 공간에서 교수・학습을 수행하지만, 시간상으로는 같은 시간대에서 상호작용을 할 수 있다. 이러한 현상을 커뮤니케이션 이론에서는 다음과 같이 경험의 유형을 분류하여 다음 〈표 VI-4-5〉와 같이 표현한다.

〈표 VI-4-5〉 인터넷 공간의 경험

미디어 공간	청각적 공간, 탈시각적 공간	
	관계의 공간	데이터 공간
	• 개인적 공간, 행위 공간 • 사회적 공간	• 독백적 데이터 공간 • 대화적 지식 공간
물리적 공간	물질적 기반	지각 공간, 인터페이스

출처: 이동후(2006: 17)

〈표 VI-4-5〉에 따르면 물리적 공간을 초월하여 인간이 소통할 수 있는 매체는 미디어 이전의 인쇄된 텍스트였다면 미디어의 발달은 인쇄 문화의 시각적 공간에서 억제되었던 다중감각성, 동시성, 역동성, 무정형성을 가능하게 하고, 또 물리적이지는 않지만, 장소 감각을 가능하게 한다(이동후,

2006: 16). 미디어의 기술이 발전할수록, 감각 기능을 다양하게 사용할수록 물리적 공간에서 멀어진 간극은 그 발전의 정도만큼 줄어든다.

한편 물리적 공간을 초월한 교수·학습 상황에서 시간에 간극이 있는 경우도 가정해 볼 수 있다. 예컨대, EBS 강의를 듣는 학생에게 있어 교수자는 학생과 동시간대에 교수·학습 행위를 하고 있지 않음에도 생산된 교육 콘텐츠는 학습자에게 전달이 된다. 각자가 유용한 시간에 교육 콘텐츠를 공급하고, 그 콘텐츠를 개인별로 다른 시간과 공간에서 학습할 수 있다. 그런데, 여기서 교수자와 학습자를 이어주는 가상의 학교 공간은 지식을 데이터로 전달하는 기능에 비해, 관계의 공간으로서의 기능은 크지 않다. 시간의 간극은 교수자와 학습자에게는 상호작용의 간극을 불러올 수밖에 없다.

이렇듯 시·공간을 초월한 학교 환경은 시간과 공간이 가진 간극을 어떠한 방법으로 극복할 것인가를 살펴봄으로써 미래의 학교교육 환경의 변화 양태를 예측할 수 있을 것이다. 먼저, 공간의 경우 앞서 언급한 것처럼 공간의 현실성을 더하기 위한 기술적 발전이 그 간극을 조금씩 메워가는 방향으로 갈 것이다. 예컨대, 메타버스 등 가상 세계와 같은 기술적 발달을 통해 교수·학습의 몰입감을 높이는 방향으로 물리적 공간을 초월한 학교 환경은 그 간극을 극복해 나갈 것이다.

반면, 공간의 간극보다 시간 간극의 차이를 초월하는 것이 기술적으로 쉽지 않을 것이다. 아무리 기술이 발달하더라도 시간을 왜곡하여 교수자와 학습자가 동시적으로 상호작용하는 상황을 만드는 것은 쉽지 않다. 인공지능 기술이 극단적으로 발달하여 인간과 유사한 가상인간(AI) 교수자가 등장하여 실시간으로 학습자의 인지, 정서, 태도 등에 대해 긴밀하게 반응하는 경우가 궁극적으로는 시간의 간극을 초월한 교수·학습 환경이 될 것이지만, 그 과정에서 굉장히 긴 시간 동안 학교 환경은 시간의 간극에서 발생하는 다양한 현상과 맞닥뜨려야 할 것이다.

인간이 가진 현재 중심적 사고는 지식의 통제력을 중시하는 성향과 맞물려 있다. 비록 이러한 공간 중심 문화에 대한 비판은 있지만(Innis, 2008), 시간의 간극은 정보의 탈 상황화(decontextualization), 일용품화, 분절화(Postman, 1985)가 발생하였는가에 대한 끊임없는 확인을 요청할 수밖에 없다. 네트워크를 통해 기존 시간의 구애를 받지 않고 보다 유연한 시·공간 초월의 커뮤니케이션이 가능하지만, 이러한 경험이 현실 세계의 맥락에 따라 불균등할 수 있다(이동후, 2006: 25-26).

예컨대 인도에 살며 밤늦게 걸려 오는 미국 전화에 응대하는 인도 직원이 마치 미국에 있는 것처럼 연출하며 가상의 이산(diaspora)을 경험하는 것처럼(이동후, 2006: 26), 강의 시간이 아닌 시간에 학습한 학습자는 실제 시간에 학습한 것과 동일하게 취급받지 못할 수 있다. 이에 학습자에게는 학습을 제대로 한 것처럼 연출이 요구되며, 그 이산이 제대로 되었는가를 확인하는 권력관계는 인증, 혹은 경험의 인정 형태로 발생할 수 있다. 다시 말해, 마치 인간과 완벽하게 유사한 가상 인간 교수자가 학습자와 상호작용을 실시간으로 할 수 없는 상황이라면, 교수자와 학습자의 시간 간극은 상호작용의 간극으로 이어질 수밖에 없고, 이는 결과적으로 학습자가 학습 내용을 적절하게 학습하였는지에 대한 인정 여부, 혹은 인증 절차가 학습자에겐 숙제로 남겨지는 것을 의미한다.

교수자와 학습자의 상호작용이 상호 간 어느 정도로 동시에 일어나야만 교수자가 학습자의 교육 이수 여부를 인정할 수 있는지를 정확하게 재단하기는 어렵다. 예를 들어 한 차시 정도의 수업에 시간적 간극이 생겼다고 가정해 보자. 보통 교수자는 학습자에게 한 차시 정도의 온라인 학습 경험을 인정할 것인가에 중점을 두기보다는 한 차시 동안 학습자가 학습하였다고 가정한 그 내용을 심화하는 데 교육 중점을 둘 가능성이 높을 것이다. 이는 소위 교수·학습 방법의 하나인 거꾸로 학습 방법을 수행하는 것과 유사한 학습 형태로 이어질 수 있다. 즉 한 차시, 혹은 그 이하의 시간적 간극에서 교수자와 학습자의 학습 상황이 있었다면, 교수자는 학습자의 학업 경험을 인정할 가능성이 높고, 다음 수업 단계는 내용의 이해를 전제로 한 교수·학습 방법의 변화를 불러올 것이다.

반면, 시간의 간극이 점점 더 커진다면 그 양상은 다를 수 있다. 예컨대 교수자와 학습자가 상호작용할 수 있는 시간의 간극이 커져서 한 과목 혹은 한 학기 정도로 된다면, 교수자는 그 이수 여부부터 판단해야 할 것이다. 이는 일종의 학교 밖 학습 경험 혹은 선수과목 이수 여부의 인정과 유사한 상황일 것이다.

교수자와 학습자 관계의 차이, 예컨대 교수·학습 방법의 일종인 거꾸로 학습 방법과 교육과정 체제에서 논하는 학교 밖 학습 경험 인정의 차이는 학습자가 이미 학습한 내용을 기준으로 그 심화적 상호작용을 중요시할 것인지, 혹은 학습한 내용 자체를 인정해 줄 것인지의 차이에서 기인할 수 있다. 각각의 강조점 차이는 이전 학습의 인정을 전제로 하고 심화할 것인가, 혹은 인정 여부에 중점을 둘 것인가에 대한 차이에 있다. 물론 중점을 조금만 바꾸면 둘 다 동시 작동도 가능하다. 예컨대, 토론을 하면서 원활한 토론을 진행한 학생에게는 학점을 인정해 주고, 아니라면 다시 이전 강의를 듣게 할 수도 있다. 한 과목을 수강한 후, 그 인정 방법을 토론으로 한다면, 그 역시 거꾸로 학습 방법이면서 동시에 학교 밖 경험의 인정이 될 수 있다. 이 둘을 섞을 수도 있다. 결국, 기능의 중점을 어디에 둘 것인가에 따라 둘은 구분될 것이다. 하지만 그 행위가 본질적으로 크게 다르지는 않다. 교수자가 동시적으로 학습자와 함께하지 않은 교수·학습은 필연적으로 학습내용에 대한 '인정'의 절차를 따로 요청할 수밖에 없다.

인정이라는 것은 기술이 덜 발달할수록, 시간이 더 멀리 떨어질수록, 학습한 내용이 많을수록, 공식적 교육과정일수록 더욱더 형식적이고 절차적인 과정으로 필요할 것이다. 앞서 말했듯이, 교사가 직접 제작한 동영상을 한 차시를 미리 본 다음, 학교에서 그것을 학습하였는가를 확인하고 심화하는 과정이 거꾸로 학습 방법인 반면, 한 학기의 과정을 학교 밖에서 이수하고 그 학점을 인정받는 것이 학교 밖 학습경험 인정인 것과 같다. 마치 초·중등 교육과정 전체 과정을 교수자와 다른 시간대에서 학습하고 검정고시를 통해 학위를 인정받는 것과 같이, 학습자의 학습경험에 대한 인정은 교수자와 학습자의 시간 간극이 클수록 더 공식적인 절차가 될 것이다.

지금까지 논의를 종합하면 공간은 학습 공간과 학습 콘텐츠 공간의 거리로, 시간은 학습자가 학습하는 시간과 콘텐츠를 공급하는 시간과의 거리로 나누어 생각해 볼 수 있다. 이때 공간은 현재의 학교와 얼마나 유사한 형태를 띠는지에 따라 현실 공간(교실)와 현실 세계의 객체를 그대로 온라인으로 옮겨놓은 온라인 공간(교수자의 강의 녹화 포트폴리오), 현실 세계를 추종한 가상의 객체로 이루어진 공간(메타버스)이 있을 수 있다.

시간은 교수자와 얼마나 멀어지는가에 따라 동시간 교수·학습(줌), 녹화강의 같은 비실시간 교수·학습(MOOC), 녹화강의 후 동시간 학습의 혼합(플립러닝), 혹은 녹화강의의 계열화된 학습 후 인정(사이버대학 등)이 있을 수 있다. 녹화강의의 인정은 다시 교육과정의 분절 단위로 세부 분류할 수 있는데, 단원 단위, 과목 단위, 학기 단위, 교육과정 전체 단위인 학위과정 등에 대한 인정이 있을 수 있다. 즉 학교 시간의 개념은 동시 수업인가 녹화 수업인가로 나눌 수 있으며, 녹화 수업의 경우는 언제, 얼마나 교수자와 학습자가 떨어져 있는가에 따라 혁신적인 수업 방법인가 혹은 학점 인정인가 등으로 나눌 수 있다.

지금까지 논의한 학교의 존재 방식(양상)을 시간과 공간의 간극이라는 측면에서 분류하면 다음과 같이 표현할 수 있다.

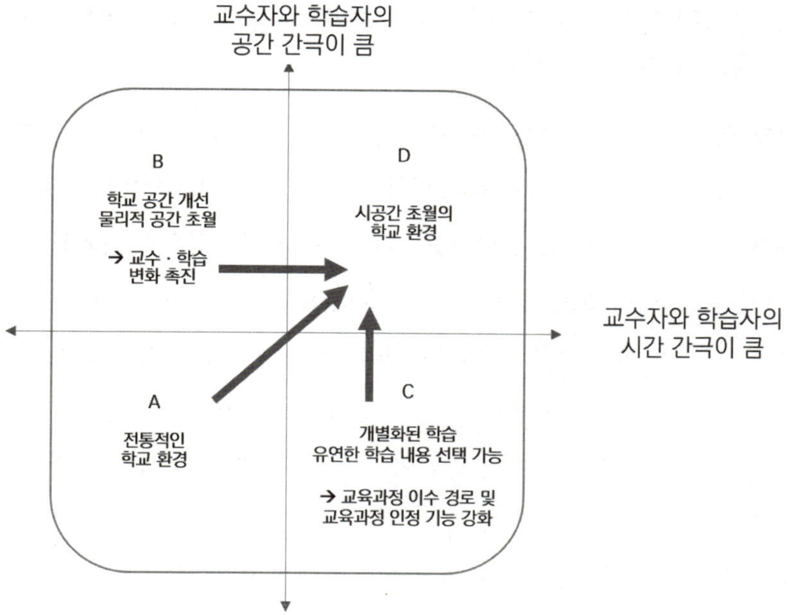

[그림 VI-4-11] 시 · 공간 간극의 크기에 따른 학교 환경변화 양상

미래 교육과정 재구조화에 따른 학교교육 환경변화는 공간 초월 기술의 발달과 함께 학교 교실의 현실 세계를 대체할 만한 공간으로 혹은 그 이상의 공간으로 전환하며 그에 수반한 교육 변화를 가져올 것이다. 이 변화는 교수·학습 상의 변화를 먼저 수반할 것이다. 동시에 시간을 자유롭게 활용할 수 있는 기술의 발달 및 활용은 교육과정 개별화 및 개인화를 가속할 가능성이 높다. 이는 학습자의 경험을 어떻게 학교 지식으로 인정하는지와 연계되며 교육과정의 인정 기능 강화를 불러올 것이다. 이 두 축을 따라, 혹은 동시에 시·공간을 초월한 학교가 나타날 것이며, 이는 시·공간을 모두 초월한 특징을 가지며, 플랫폼 네트워크 연결형 학교의 특징을 가지게 될 것이다.

2) 단기적 미래의 학교교육 환경 전망: 탈공간의 가속화를 통한 교육과정 체제의 변화

학교 환경의 다면적 변화 양상을 복합적으로 살펴봄에 있어 이 책에서는 그 분석 축을 학교라는 공간의 개념과 그 공간에서 상호작용하는 교수자-학습자의 시간 개념을 함께 살펴보았다. 여기서 단기적으로 학교교육 환경에 가장 큰 변화를 초래하는 것은 탈 공간이 가져올 변화일 것이다. 앞서 살펴본 것처럼, 학교 환경의 변화는 교육과정 생산자의 역할 변화를 수반할 것이다. 특히 미래 교육은 개인의 필요와 상황에 따른 선택에 좌우될 것이므로 공적 영역을 넘어서 민간이나 상업 분야 등 사적 영역까지 포괄하게 될 것이다.

하지만, 미래에도 개인을 넘어서는 공동체적 삶의 중요성은 부정할 수 없으므로 교육의 공공성은 확보되어야 하며 이는 국가나 공동체의 최소한의 학교 교육과정에 대한 관여를 필요로 한다. 이러한 가정은 특히 가까운 미래를 상정할 때 뚜렷한데, 이는 여전히 근대 학교가 가진 교육과정의 주도적 역할과 학교 지식이 조직적으로 선정되어 있음을 인정하는 입장에 가깝다. 특히 학교 지식이 공급자의 의도적인 계획과 조직에 의한 교육과정이라면 학교 형태는 물리적 공간의 축소 대신 다양한 교수·학습 형태의 발달로 이어질 가능성이 높다. 학교의 물리적 공간은 축소되었지만, 공급할 교육과정은 계획되어 있고, 가상의 세계가 그 역할을 유사하게 수행할 수 있다. 메타버스 학교, 줌 수업 등이 여기에 속한다.

최근 코로나19로 원격수업의 실험적 도입이 보편화되면서 줌(zoom)과 같은 가상의 디지털 공간에서 교수·학습이 이루어졌다. 이러한 경험을 확장하여 메타버스와 같은 공간을 교육에 접목하려는 시도가 증가하고 있다. 메타버스는 '초월', '변형성'을 의미하는 메타(meta)와 '우주' 혹은 '세상'을 의미하는 유니버스(universe)의 합성어로 공간적 현실의 세계를 초월한 변혁적 가상의 세계를 의미한다(홍희경, 2021: 3). 메타버스의 정의는 다양한 연구에서 설명된다(〈표 VI-4-6〉).

〈표 VI-4-6〉 메타버스의 정의

학자/ 기관	정의
김상균(2020)	스마트폰, 인터넷 등 다양한 디지털 미디어를 통해 표현되는 새로운 세상, 디지털 지구
권오현(2012)	웹과 인터넷, 싸이월드, 전자 상거래 같은 기존의 디지털 가상공간의 세계와 가상현실을 기반으로 두고 있는, 상호성이 강한 디지털 몰입 공간인 3D 가상 세계와의 융합
고선영 외(2021)	현실의 나를 대리하는 아바타를 통해 일상 활동과 경제생활을 영위하는 3D기반의 가상 세계
김서희(2021)	아바타를 통해 정치 · 경제 · 사회 · 문화의 전반적 측면에서 현실과 비현실 모두 공존할 수 있는 생활형 · 게임형 가상 세계
오연주(2021)	물리적 실제와 가상의 공간이 실감형 기술을 통해 매개 · 결합되어 만들어진 융합 세계
이승환(2021)	가상과 현실이 상호작용하며 그 속에서 사회, 경제, 문화 활동이 이루어지면서 가치를 창출하는 세상
채다희 외(2021)	가상과 현실 융합의 초(meta) 세계(verse)로, 물리적인 제약을 벗어나 인간과 사회의 기능 확장
과학기술정보통신부(2021)	5세대(5G)와 가상 융합 기술주가 만드는 초연결 · 초실감 확장 가상 세계

출처: 계보경 외(2022: 7-8)에서 재구성

종합하면, 메타버스의 주요 요소는 가상적으로 만들어진 세상에서 인간이 상호작용을 하고, 그 안에 인간 세상과 유사한 다양한 사회 현상이 나타난다는 것을 골자로 한다는 것이다. 즉 가상의 학교와 교실이 있을 수 있고, 가상의 계정으로 접근한 실제 교사 혹은 인공지능 교사가 있을 수도 있고, 가상의 계정으로 접근한 학생 혹은 인공지능 동료도 있을 수 있다.

메타버스는 앞서 교수·학습의 변화에서도 살펴본 것처럼, 단순한 가상의 세계만을 의미하기도 하지만, 증강현실, 라이프로깅, 거울 세계, 가상 세계 등 다양한 유형이 있다.

〈표 VI-4-7〉 메타버스 유형

구분	증강현실 (Augmented Reality)	라이프로깅 (Lifelogging)	거울 세계 (Mirror World)	가상 세계 (Virtual World)
정의	현실 속 공간에 디지털로 구현된 정보나 물체를 입혀서 보여주는 것	현실 속 정보를 디지털로 기록 및 공유하는 것	실제 세계를 그대로 반영하되, 외부 환경 정보를 통합하여 제공하는 가상의 공간	특정한 현실 속에 존재하는 것과 같은 경험을 제공하는 가상의 공간
기준	외부의 세계 (External)/증강 (Augmentation)	내부의 세계 (Intimate)/증강 (Augmentation)	외부의 세계 (External)/ 시뮬레이션 (Simulation)	내부의 세계 (Intimate)/ 시뮬레이션 (Simulation)
구현 가치	현실 세계와 판타지, 편의성을 결합한 몰입 콘텐츠 제공	방대한 현실 세계의 경험과 정보를 언제든지 확인이 가능하며 타자와 공유 가능	가상공간에 통합, 확장함으로써 활용성 극대화	이용자의 자아가 투영된 아바타 간의 상호작용 활동에 기반
특징	위치 기반 기술과 네트워크를 활용한 환경 구축	증강기술을 활용해 사물과 사람의 정보를 기록	가상 지도, 모델링 GPS 기술 활용	이용자의 아바타 간 상호작용 활동에 기반
활용 분야	스마트 폰, 차량용 HUB	웨어러블 디바이스, 블랙박스	지도 기반 서비스	온라인 멀티플레이어 게임, 체험 활동
대표 사례	포켓몬 Go, 디지털 교과서 실감형 콘텐츠	페이스북 인스타그램 애플 워치, 삼성 헬스 나이키 플러스	구글어스, 네이버, 카카오지도, 배당의 민족, 폴드 잇, Airbnb	마인 크레프트, 로블록스, 이프랜드, 제페토, 호라이즌, 게더타운

출처: 계보경 외(2022: 10)

메타버스 속에서 아바타 상호작용은 현재 미묘한 표정 움직임과 민감한 동작과 같은 표현을 완전히 따라 하기는 기술적으로 시간이 걸리겠지만 미래 메타버스를 활용한 학교 교육의 가능성은 매우 클 것이라 예상된다. 이 경우 학교 환경의 변화는 다양한 교수·학습의 변화를 유도할 것이고, 또 다시 교수·학습 상의 변화는 교육내용의 중요성에 영향을 줄 것이다. 가상의 세계에 물리적 교실과 유사한 환경을 구축하여 체험형 학습 등이 일어날 수 있다. 예컨대, 메타버스를 활용하면 안전상의 문제로 교육이 어려웠던 내용을 교육과정에서 쉽게 다룰 수 있다. 흔히 교육과정에 따라 교수·학습 방법을 선택하는 경우가 많은데 이 경우는 교수·학습 방법의 용이성이 교육과정의 변화를 촉진하는 계기가 될 수도 있다.

[그림 VI-4-12] HMD를 이용한 안전교육 사례

출처: https://labkidvr.com/ (계보경 외 2022: 24에서 재인용)

요컨대 공간의 제약이 줄어든다는 것은 단순한 교수·학습 방법의 변화만 수반하는 것이 아니다. 협동학습, 토론과 같은 전통 학교 수업에서 일어날 수 있는 교수·학습 방법의 대부분은 공간적 제약을 벗어나 가능하지만, 물리적 제약을 벗어난 환경은 그간 전통적 학교가 가졌던 제약을 줄여주면서 다양한 교육과정 운영의 변화를 도모할 수 있게 해준다. 예컨대 국

가 간, 학교 간 공동 교육과정 운영, 학년 제약 없는 수업 등이 가능하다. 이러한 미래 학교는 도서관, 박물관, 지역주민 센터, 주간돌봄 센터 등 지역사회의 다양한 기관과 연동한 복합 기능을 수행할 것이며 공유 캠퍼스 형태로 운영하는 것도 예상할 수 있다.

한편, 이러한 가상 세계와 같은 미래 학교 유형은 흔히 학교를 운영하는 주체를 필요로 하는 경우를 가정하는 경우가 많다. 이는 가상의 환경 구축, 콘텐츠 운영, 실시간 수업을 하는 교사 등을 필요로 한다. 이 책에서는 좀 더 장기적인 관점에서 이러한 공간적 제약을 극복한 것 이상의 학교 환경의 변화를 가정하였다. 이에 대해 다음 절에서 좀 더 살펴보겠다.

3) 중장기적 미래의 학교교육 환경 전망: 시·공간을 초월한 플랫폼 네트워크 연결형 학교

미래 학교는 시·공간을 초월한 플랫폼 네트워크 연결형 학교의 특징을 가질 것이다. 이러한 학교의 특징을 다시 미시차원과 중간차원, 그리고 거시차원에서 파악할 수 있다. 이 책에서 다룬 대안적 생태론에 따르면 교육과정 체제의 미시적 차원은 교육과정 실천에, 중간적 차원은 교육과정의 사회적 관리에, 거시적 차원은 교육과정과 사회적 관계에 그 중점을 둘 것이다. 이를 바탕으로 예측한 학교 환경 체제는 다음과 같다.

가) 미시적 차원의 미래 학교 전망: 학습 경험의 빅데이터화와 인공지능 기반의 이수 경로 네비게이팅

미시적 차원의 미래 학교는 학습 경험의 빅데이터화와 인공지능 기반의 이수 경로 네비게이팅을 전망할 수 있다. 미래 학교 교육 환경이 시·공간을 초월한 학교가 되면서, 물리적 학교는 축소되고 교사의 역할은 최소화되는 환경이 될 것이다. 클라우드 서버에 교육 콘텐츠가 저장되어 있으며, 학습자의 흥미, 적성, 능력에 적합한 내용을 인공지능이 선별하여 이수 경로를 설정하여 준다. 학습 관리 역시 인공지능이 자동으로 관리해 줄 것이며, 교육과정 이수 여부도 로직에 따라 판단된다.

이 경우 학교는 학습자의 자기결정 학습에 따른 이수 자격을 부여하는 기능을 하게 될 것이다. 특히 학습자의 다양한 교육 선택권이 강화됨에 따라 학습자 개개인의 필요와 요구에 따라 온라인 기반의 학습 인정제가 발달할 것이다. 개인의 필요와 상황에 따른 선택에 좌우될 것이기 때문에 학위뿐만이 아니라 자격증, 이수 수료증 등 다양한 인정제도가 생겨날 것이며, 학위를 포함한 인증서는 상급 교육기관 및 프로그램, 혹은 외부 기관 및 기업과 연계하는 역할을 할 것이다. 학교는 물리적 공간에서 행해지는 일련의 교수·학습 상황이 최소화되고, 다양한 프로그램을 상비한 플랫폼으로 역할 할 것이다. 학교 또는 교실 형태의 물리적 공간은 축소될 것이며, 온라인 네트워크를 기반으로 학교 공간이 구성될 것이다.

미래 학습환경에서는 물리적 공간의 제약을 초월하는 학교 시스템 관련 논의가 중심을 이룰 것이다. 이를 실현하기 위해 학습자의 데이터 활용 효과를 극대화하는 다양한 지능형 시스템과 기술의 개발이 기대된다. 예를 들어, 빅데이터를 기반으로 한 지능형 교수·학습과 지원 시스템은 학습 과정의 효율성을 높이는 데 기여할 수 있으며, 인공지능을 활용한 실습 활동 지원 시스템은 실습 환경을 최적화하여 학습자의 경험을 한층 높일 것이다. 또한 인공지능을 통해 학생의 포트폴리오를 분석하고 이를 바탕으로 진로, 진학, 학업 등에 관한 데이터를 제공하는 개별 학습자 지원 시스템도 고도화될 전망이다. 증강현실과 가상현실 기기를 활용한 비대면 수업 환경 구축 기술은 점차 일상화될 것이며, 학생이 어디서든 학습하거나 경험한 활동을 특수 단말기를 통해 자동으로 수집하고 기록하는 경험 누적 체계 또한 중요한 발전 분야로 자리 잡을 것이다.

이는 앞서 소개한 칸랩 스쿨에서 활용하고 있는 학습 데이터 수집 및 분석 솔루션인 xAPI(Experience Application Programing Interface)와 LRS(Learning

Record Store)의 고도화된 형태로 볼 수 있다. xAPI는 학습자의 다양한 경험이 데이터화되고, 이는 다시 대시보드를 통해 마치 포트폴리오처럼 그 경로를 확인할 수 있다(임철일 외, 2021: 45).

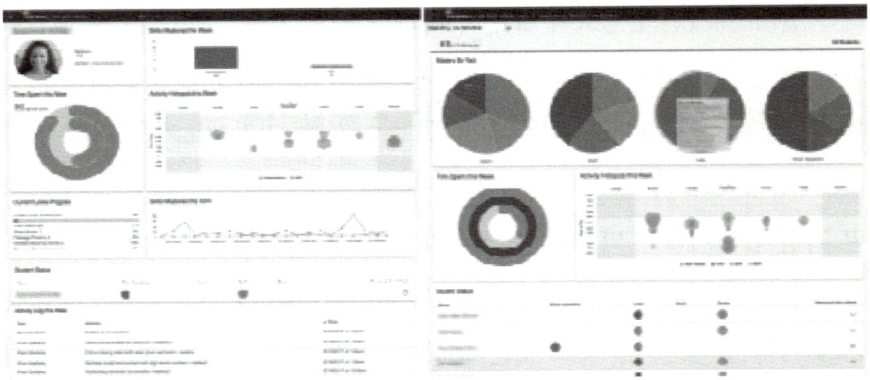

[그림 VI-4-13] 칸랩 스쿨 클라우드 대시보드

출처: 임철일 외(2021: 45)

미래 학교는 교육과 삶이 분리되지 않은, 즉 삶이 곧 학습일 뿐만 아니라 학교는 개인의 생애가 설계되는 곳이 될 것이다(계보경, 2016: 18). 따라서 학교는 물리적 공간을 넘어 디지털 기반의 마을교육공동체뿐만 아니라 평생학습 실천의 장으로서 자리매김할 것이다. 미래 학습은 평생에 걸쳐 일상적, 상시적으로 진행될 것이라는 점에서 학교는 일종의 학습 허브로 존재할 것이며, 네트워크화된 교육환경에서 학습자가 언제 어디서나 학습할 수 있는 평생학습 체제를 갖추게 될 것이다.

나) 중간 및 거시적 차원의 미래 학교 전망: 플랫폼 네트워크를 통한 교육과정의 사회적 관리

중간 및 거시적 차원의 미래 학교 전망에서 볼 때, 플랫폼 네트워크를 통한 교육과정의 사회적 관리가 활성화될 것이다. 미래 학교 환경은 플랫폼 네트워크를 통한 시·공간 초월의 학교라 가정할 때, 교육과정의 권위는 기존과 다를 수 있다. 이를 조금 더 자세하게 이해하기 위해 플랫폼 네트워크를 살펴보면, 플랫폼 네트워크는 ① 다면 네트워크(생산자*사용자)+단면 네트워크(②생산자* 생산자+③사용자*사용자)의 결합 유형이라 볼 수 있다.

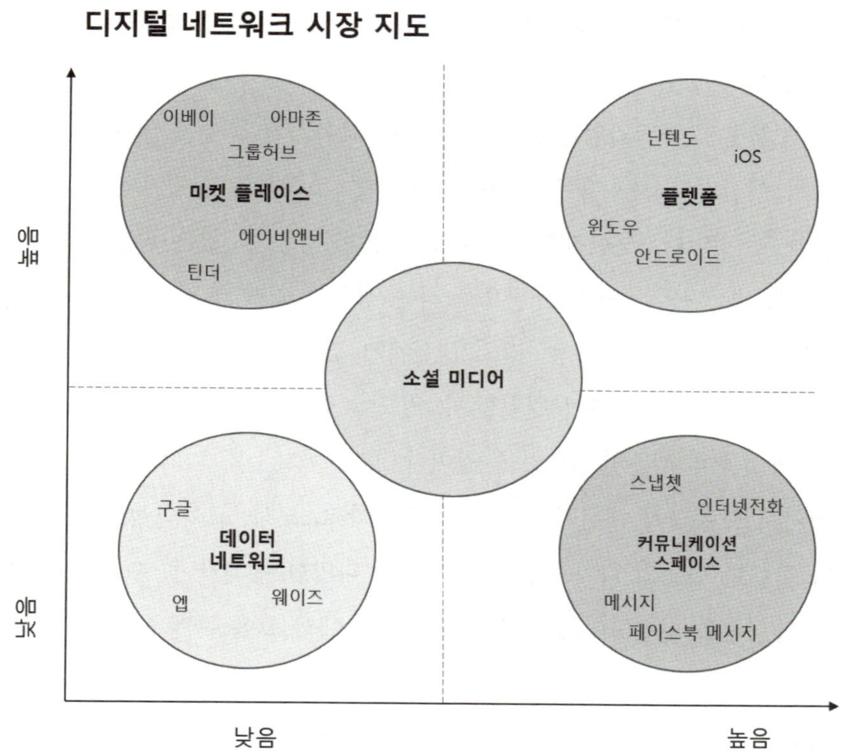

[그림 VI-4-14] 네트워크 관계도

출처: https://www.niskanencenter.org/you-cant-understand-big-tech-without-understanding-network-effects-heres-a-road-map/

플랫폼 네트워크를 활용한 학교 교육과정 체제는 먼저, 생산자와 사용자가 서로 많아질수록 활성화될 것이며, 또한 국가, 지역, 학교, 교사 교육과정의 협력과 같이 교육과정 생산자와 생산자가 협력할수록 유용한 교육과정이 생성될 것이다. 그리고 소비자와 소비자가 서로 소통하고 활용하고 공유할수록 유용한 교육과정으로 개선될 것이다. 그런데 결국에는 플랫폼은 (독)과점 형태로 생태계에 살아남을 가능성이 높아서, 만약 현재와 같이 국가가 교육과정의 생산 및 공유를 지원하기 위해서는 생산자와 사용자가 모두 활용하는 적절한 플랫폼을 설계할 필요가 있다. 그렇지 않으면 다국적기업 등의 교육과정 플랫폼에 독식되어 국가 교육과정 체제가 무의미해질 가능성이 있다.

국가 혹은 다국적기업은 RDD 주체에서 교육과정 플랫폼 네트워크 운영자로서 생산자와 사용자를 연결하고 환경을 조성하는 연결자와 조정자의 역할을 할 것이다. 생산자가 교육과정을 잘 생성할 수 있는 환경을 제공함은 물론, 생산자와 사용자가 필요로 하는 정보를 쉽게 찾을 수 있도록 환경을 제공해야 한다. 또한 생산자와 생산자가 협력할 수 있는 환경을 구축하고, 소비자 간에도 소통이 원활할 수 있도록 플랫폼을 구축하거나 혹은 그러한 플랫폼이 생존할 수 있을 것이다.

여기서 교육과정 생산자는 국가, 지역, 학교, 교사, 교육과정 전문가, 교과와 관련한 학문의 학자, 실천가, 학생 등 다양한 주체가 될 수 있고, 이들은 다중심성을 형성하여 플랫폼 네트워크 속에서 교육 콘텐츠 생성자가 될 수 있다. 이때 생성된 교육 콘텐츠는 내용의 범위, 조직의 원리, 생산품의 양태에 있어 무한할 정도의 다원성을 보일 것이며, 활용의 범위는 생산자의 의도를 벗어나 융·복합적인 창발적 활용 양태를 보일 수 있다. 예컨대, 생성된 교육 콘텐츠는 단원 전체가 될 수도, 단원을 구성하는 핵심개념이 될 수도, 혹은 핵심개념이 적용된 사례일 수도 있다. 또한 생성된 교육 콘텐츠는 주제형 통합처럼 생활 속 소재를 활용하여 교과와 교과를 단순 연결형 학습으로 시작하되, 학습 과정에서 사용자의 학습 수준과 정도를 고려한 인공지능은 개념심화형, 혹은 문제해결형으로 내용을 연결하여 줄 것이다. 이 경우 생성된 콘텐츠는 목적과 내용의 비선형화, 본질의 확장 등의 변화를 통해 의도한 목적 이상의 사용성을 가질 수 있다. 예컨대 생산 의도에 따라 생산품은 완성형일 수도, 모듈형일 수도 있으며, 더 나아가 소재형 액세서리가 될 수도 있다. 예컨대 해부할 수 있는 가상 개구리를 만들었는데, 사용자는 이를 해부하는 생물 과목에서 활용할 수도 있고, 개구리 뛰는 모양을 이용하는 체육 과목에서 활용할 수도 있으며, 심지어는 교육적 목적이 아닌 다른 곳에서 활용할 수도 있을 것이다.

한편, 사용자는 완성형 패키지를 구매하여 활용할 수도 있으며, 모듈을 조합하여 학습할 수도 있다. 이때 조합한 모듈은 2차 생산품이 되므로 사용자와 생산자의 경계가 모호해질 수 있다. 이는 교육과정을 끊임없이 생성하고 활용하는 교육과정 사용자 중심 접근, 다(多)중심성의 예시적 양태라 볼 수 있다.

이러한 플랫폼 네트워크 학교 혹은 교육과정을 국가가 주도적으로 구성할 것인가, 혹은 다국적기업이 주도적으로 구성할 것인가에 대해서는 아직 예측하기 어렵다. 만약 국가가 주도적으로 플랫폼을 구성한다면 교육과정 개발 체제는 플랫폼 네트워크 중 다면(양면) 네트워크로 이루어질 것이고, 생산자와 사용자 둘 다를 머물게 하는 전략을 구상해 보아야 할 것이다. 교육과정 인정 체제 역시 학교 지식으로서의 가치를 학교 교육과정 스스로 인정할 것인지, 혹은 그 유용성 여부를 외부에서 인정받을 것인지에 대해서도 아직은 답을 찾기가 어렵다. 이러한 양상은 [그림 VI-4-15]와 같이 비유될 수 있는 다원화, 다중심성의 교육과정일 것이다. 학교는 다양한 교육과정을 만날 수 있도록 해주는 가상의 네트워크 환경이 될 것이며, 이러한 네트워크 특징은 클라우드에 저장된 내용을 교육과정으로 어떻게 사회적으로 관리할 것인가에 대한 설명이 될 것이다. 앞서 살펴본 것처럼 교육과정 생성 체제는 [그림 VI-4-15]의 네트워크 결합과 같이 다원성, 다양성 등의 특징을 가진다.

[그림 VI-4-15] 효모의 단백질 2천여 종의 결합 관계를 나타낸 네트워크

출처: https://www.hani.co.kr/arti/science/science_general/266790.html

특정 교육 콘텐츠가 조직된 교육과정의 특징을 가진다기보다는 자연발생적이고 경험의 포트폴리오가 학습된 교육과정으로 작용할 것이다. 연결을 관리해 주는 것이 미래 학교 환경이 가지는 중간, 혹은 거시적 모습이 될 것으로 전망할 수 있다.

또한 무형화된 교육과정을 공급하는 학교 환경은 모두 물리적 공간과 시간적 제약으로부터 자유로워질 것이다. 그렇다고 하더라도 이 책에서는 미래 학교가 모두 시・공간을 초월한 플랫폼 네트워크형 학교 모습만 띨 것으로 전망하는 것은 아니다. 미래의 학교에서도 그 학교가 처한 상황에 따라 다양한 유형의 모습을 띠게 될 것이다. 예컨대 어린 학생일수록 물리적 공간에서 교사와 실시간으로 상호작용하는 학교 공간의 필요성이 더 클 것이고, 인구가 적은 지역에서는 플랫폼 네트워크형 학교를 통해 다양한 학습 기회를 가지고 그것을 인정받는 것이 더 유용할 것이다. 학교 환경의 변화는 교육과정과 교수・학습의 변화, 그리고 시간적 간극에서 오는 학습 인정 강화와 교육과정 이수 경로 고도화를 불러올 것으로 예상된다. 다만 정도의 차이는 있을 것이며, 지역, 연령, 학습내용과 수준 등 다양한 관계에 복잡하게 얽혀서 학교 환경은 다양한 유형과 양태가 공존할 것이다.

5. 미래 교육과정 체제 전환과 준비

이 책에서는 특히 고도의 디지털 정보와 인공지능 기술의 결합 등을 배경으로 출현하는 미래 사회 메가트렌드에 따라 더 이상 인간 중심적 지식관을 지속하기 어렵다고 보고 탈 인간 중심의 포스트휴먼 지식관 등장을 전망한다. 이에 따라 미래 지식은 탈 경계화 및 경계의 융합화의 특징을 보이고 이와 연동하여 미래 학교지식은 융·복합적 양태를 띠고 분과적 교과 학문 체계는 약화될 것으로 본다. '전문가 지식 생산 → 교사 전달 → 학생 수용'으로 일원화 및 선형적 과정이었던 학생들의 지식 입수 경로도 더 이상 힘을 발휘하지 못할 것으로 전망한다. 이러한 전망에 따라 미래 사회 메가트렌드에 따른 학교지식은 학교 교육과정의 거시에서 미시에 이르기까지 패러다임 전환이라고 일컬어질 정도의 재구조화가 일어날 것이다. 이 책에서는 이러한 양상을 파악하기 위해 교육과정 개발·생성 및 구성·설계, 교육방법, 학교(교육) 환경 등의 네 가지 측면에서 각각 미래 시나리오를 만들어 다각도로 탐색하였다.

미래 사회 각 부문(과학, 산업·경제, 환경, 사회·문화, 정치·국제, 아동·청소년, 정보·인공지능)의 메가트렌드는 미래 사회 질서의 재편을 촉진하는 것으로 나타났다. 이 가운데 정보·인공지능 부문은 사회의 모든 부문 미래 메가트렌드 형성에 절대적인 영향을 미치는 것으로 나타난다. 고도의 디지털 정보와 인공지능 기술의 결합으로 구축되는 미래 초연결의 네트워크 사회는 미래 학교 교육과정 체제를 네트워크 기반으로 변혁시키는 것으로 파악되었다. 초연결의 네트워크 사회는 속도감(초스피드)과 연결성, 동시성·파상성, 복잡성의 특성을 가진다. 미래 사회의 초현실적인 변화 속도와 다차원적인 변화 양상은 순차적인 것이 아니라 동시에 파상적으로 상호작용하는 관계를 형성하면서 연결되어 있고 그 양상은 대단히 복잡하고 역동적이다. 미래 학교의 네트워크 교육과정도 이러한 특성을 가지고 전개될 것이다.

미래의 초연결 네트워크 사회에서 전개될 네트워크 교육과정을 뒷받침하고 설명하기 위해서는 종래의 일반체제 이론으로 불충분하다. 미래의 네트워크 교육과정이 지니게 될 속도감과 연결성, 동시성·파상성, 복잡성을 뒷받침하고 설명해 줄 수 있는 대안적 이론이 필요하다. 이 책에서는 그 대안으로 생태체제론을 검토하였다. 네트워크 교육과정을 생태체제론으로 보려는 것은 교육과정을 하나의 생태계로 접근하려는 것이다. 사전적 의미에서 파악되는 생태는 생물이 태어나서 살아가는 모습을 뜻하는 것처럼 교육과정도 하나의 생태계를 이루어 사회 체제 내에서 어떤 모습으로 살아가듯이 전개된다는 것을 뜻한다. 이러한 전개는 국가와 같은 외적인 힘에 의한 생성·유지가 아니라 지식의 생산자이자 소비자가 되는 주체에 의해, 그리고 이들의 연결을 중심점으로 사회적 공유에 의해 생성·유지·소멸하는 것으로 설명된다.

미래 지능정보사회에서는 네트워크 기반의 교육과정 생태계가 지배적인 흐름을 형성할 것이다. 네트워크 교육과정은 미래의 자연발생적인 교육과정 현상으로 나타날 수도 있다. 그렇지만 네트워크 교육과정은 어디까지나 미래 초연결의 네트워크 사회라는 메가트렌드에서 파생되는 매크로트렌드의 성격이 강하기 때문에 일정 정도 학교 구성원의 노력과 함께 정책적, 제도적 뒷받침이 있어야 가능할 것이다. 마치 자연 생태계를 유지하려면 인간의 노력이 필요하듯이 네트워크 교육과정 생태계의 유지 및 발전도 이와 같은 노력이 필요한 것이다. 왜냐하면 미래의 초연결 네트워크 사회에서도 여전히 국가 교육과정이 지역 및 학교 교육과정을 제한하는 쪽으로 힘을 발휘한다면 네트워크 교육과정 생태계도 그만큼 훼손될 가능성이 높다.

델파이 조사 및 설문조사, 의미연결망 분석 등을 통해 파악해 본 결과, 이 책에 제시한 대부분의 미래 교육과정 시나리오는 미래에 일어날 가능성이 높은 것으로 나타났다.

첫째, 미래 학교지식 특성 및 구성 측면에서 제시한 모든 항목의 시나리오가 미래에 일어날 것으로 전망된다. 학교지식의 경우, 모더니즘과 포스트모더니즘 관점에서 포스트휴머니즘 관점으로 그 강조점이 이동되고 인간과 사물의 공존 지식 및 인식과 가치의 결합 지식이 중요하게 다루어질 것이다. 디지털 정보와 인공지능 기술 발달로 서책 텍스트 지식이 디지털화 및 데이터 기반(데이터화된) 지식으로 전환되고 체험형 및 체화된 지식이 강조된다. 또한 전통적 교과 학문 지식에서 생활지식 및 잠재적·암묵적 지식으로 강조점이 이동되어 분과적 지식 체계가 해체되거나 약화되고 융·복합적 지식이 부각될 것이다. 다만 그렇다고 하더라도 기초·기본 지식은 유지 또는 더 확장되는 것으로 나타난다. 이에 따라 미래에는 종래의 분과적 교육과정 구성에서 융·복합적 교육과정 설계로 강조점이 이동될 것으로 전망되므로 교육과정 구성 원리에서 그동안 당연시되었던 순차적, 계열적 구성보다는 비순차적, 비계열적 구성이 설득력을 얻게 될 것이다. 이에 따라 학생들이 장차 살아갈 미래 지능정보사회에 요구되는 기초·기본과 기초 소양으로의 학교지식 외에 종래와 같이 순차적이고 계열적인 교과 학문 체제를 획일적으로 강제하기 어렵게 될 것이다. 따라서 미래 학교지식의 구성 측면에서 교육과정 재구조화는 분과 학문적 교육과정 구성·설계에서 융·복합적 교육과정 구성·설계로 전환되는 양상을 보일 것이다.

둘째, 미래 학교교육의 방법 측면에서 제시한 시나리오도 현실화될 가능성이 높다. 미래 학교 교육방법 측면에서 핵심적인 변화는 먼저 전통적인 지식 전달형의 교수 권위가 약해지고 교사와 학생의 관계가 수직 관계에서 대등 및 수평 관계로 변화하는 것으로 나타난다. 이러한 관계 변화의 가장 큰 배경은 지식 습득과 학습 통로가 교사로 일원화되어 있었던 종래와는 달리 다원화되기 때문이다. 학생의 지식 습득과 학습 통로의 다원화는 특히 플랫폼 연결의 네트워크로서의 공간이 상용화되는 것에서 비롯된다. 이를 통해 학습의 개인화와 집단성이 나타날 것으로 보인다. 미래 교사는 인공지능 활용 및 초연결의 네트워크 교육과정 설계자로서 새로운 역할·기능이 형성될 것이기 때문에 교수에 한정된 전문성에서 벗어난다는 의미의 탈 교수화 전문성이 요구된다. 다만 교사를 양성하는 체제와 관련하여 표준 교사 양성 체제의 해체 및 약화를 전망했지만, 전문가 델파이 조사에서는 동의 정도가 낮았던 반면에 교육 전문직과 교사, 학생, 학부모로 구성된 설문 조사에서는 동의 정도가 높게 나와 차이를 보였다. 요컨대 학교 교육 방법의 중심축이 그동안 지배적인 관점을 보인 페다고지 기반의 교육방법에서 학생들의 자기결정을 기반으로 하는 휴타고지 교육방법으로 이동할 것이다.

셋째, 미래 학교 환경 측면에서 핵심적인 변화는 고도의 디지털 정보와 인공지능 기술의 결합으로 공공성과 사적 영역 경계가 약화되고, 물리적 공간에서 플랫폼의 연결 네트워크 체제가 구축된다는 것이다. 이른바 시·공간을 초월하는 학교 환경체제가 구축되는 것이다. 시·공간을 초월한다는 것은 종래에는 교육과정을 설계하고 실행하는 것이 시·공간의 제약을 받았지만, 학생들은 더 이상 시·공간의 통제와 관리하에 있지 않음을 의미한다. 이에 따라 미래에는 교육과정 설계자나 실행자, 소비자(학생 등) 모두 시·공간을 다르게 해석·고려 또는 운용하게 될 것이다. 즉 종래의 고정된 시간과 물리적 공간의 학교 환경에서 시·공간 초월 학교 환경으로 바뀌게 되기 때문이다. 교육과정 설계자나 실행자는 시·공간 초월의 학교 환경을 이해하고 활용할 수 있어야 한다. 그렇게 될 때 학생들은 네트워크 교육과정을 통해 종래와 같이 시·공간에 제한되지 않고 자기결정으로 시·공간을 넘나드는 교육과정 경험을 하게 될 것이다.

넷째, 교육과정 개발·생성 측면에서 핵심적 변화는 고도의 디지털 정보와 인공지능 기술의 결합으로 구축되는 초연결의 네트워크 사회를 통해 교육과정의 지속적인 생성·공유, 활용 및 피드백 과정의 순환적, 상호작용적, 역동적 형태를 취하게 된다는 것이다. 이에 따라 종래의 관료적이고 수직적 관계의 전달 교육과정에서 쌍방향적 상호작용 관계로 전환되고, 종래의 단일 중심성의 중앙-주변 교육과정 모형에서 다중심성 교육과정 모형으로 변화될 것이다. 이것은 산업화 시대에 등장하여 지금까지 국가 교육과정 존재의 정당성을 뒷받침해 온 교육과정 연구·개발·보급(RDD) 체제에 패러다임적 전환이 일어난다는 것을 의미한다. 미래 네트워크 교육과정에서는 산업화 시대 산물로서의 개발은 크게 약화되고 교육 주체들 간의 생성·공유로서의 교육과정이 강화될 것이다. 다만 미래 네트워크 교육과정 체제에서 국가 교육과정 연구·개발·보급의 아이디어나 실제가 완전히 소멸하기보다는 교육과정 생성·공유 체제 내에서 자리매김할 것으로 보인다. 따라서 교육과정 개발·생성 측면에서 교육과정 체제의 재구조화 방향은 교육과정 연구·개발·보급 체제에서 다중심성 교육과정 생성·공유 체제로 전환된다는 것이다.

이 책에서 미래 교육과정 체제 시나리오를 기반으로 도출한 미래 핵심 변화에 따라 교육과정 체제의 전환적 재구조화 구도를 [그림 VI-5-1]과 같이 나타낼 수 있다.

미래 사회 메가트렌드, 특히 정보·인공지능 분야의 메가트렌드는 사회 모든 분야에 걸쳐 결정적인 영향을 주면서 거대한 연결 네트워크 사회를 구축할 것이다. 미래 학생들은 이 거대한 연결 네트워크 사회를 살아가는 것이 일상화될 것이다. 미래 학생들에게 학교 교육과정이 주는 의미는 거대한 연결 네트워크 사회를 살아가기 위해 필요한 힘과 역량을 길러주는 데 있을 것이다. 미래 학생들의 필요 및 요구 측면에서도 연결 및 네트워크 기반의 교육과정 체제 구축은 필수 불가결한 것이다.

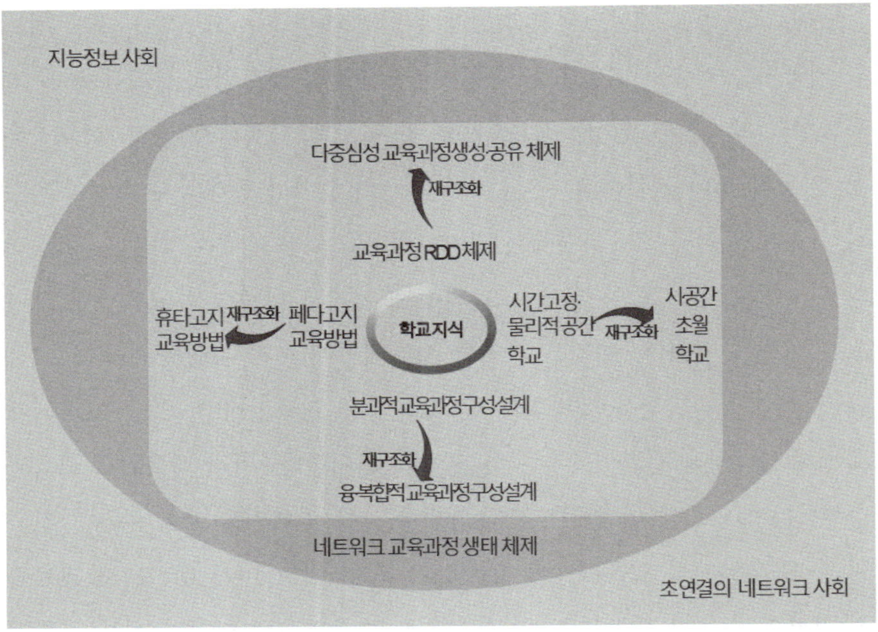

[그림 VI-5-1] 미래 교육과정 체제의 전환적 재구조화

네트워크 교육과정 체제는 교육 주체들을 중심축으로 하여 교육과정의 전체적 생태계를 이루어 살아있는 생명체와 같이 네트워크를 통해 기능을 발휘하게 된다. 이에 따라 미래 교육과정은 초연결의 네트워크 사회 위에 네트워크 교육과정을 축으로 하나의 생태체제를 구축할 것이다. 교육과정 생태체제는 앞의 IV장 4절의 [그림 IV-4-6]에 제시되어 있듯이 미래 지능정보사회에 따른 초연결의 네트워크의 기반 위에 새롭게 형성되는 것이다. 미래 교육과정 생태계는 고도의 지능정보사회에서 형성되는 초연결의 네트워크 사회를 기반으로 한다. 미래 사회의 모든 부문이 지능정보사회와 초연결의 네트워크 사회를 기반으로 재편되고 이것들이 미래 교육과정 환경체제를 이루게 된다. [그림 IV-4-6]에서는 교육과정 환경체제로 지능정보사회에 따른 초연결의 네트워크 사회 기반 위에 형성되는 정치·경제·사회·문화를 비롯하여 글로벌 사회, 지역사회, 학교와 교실 등을 들고 있

다. 모든 수준(국가, 글로벌, 지역, 학교, 교사, 학생 등)의 교육과정이 이 교육과정 환경체제에서 각기 나름의 교육과정을 생성하고 공유하게 된다.

미래 네트워크 교육과정의 생태체제는 종래와 다른 학교지식의 존재양식을 결정한다. 즉 종래의 학교지식은 말하자면 교육과정의 RDD 체제에 의해 형성되고 주로 교과 학문적 지식을 중심으로 한 분과적 교육과정으로 구성·설계되었다. 이들 교육과정의 대부분은 고정된 시간과 물리적 공간에서 교수에 의해 전달되는 모양새를 보여왔다. 그렇지만 네트워크를 중심으로 한 미래 교육과정 생태체제에서는 대단히 복잡하고 다원적인 통로를 통해 학교지식이 형성될 것이다. 특히 인공지능과 관련하여 학교지식은 포스트휴먼의 특성도 띨 것이다. 이에 따라 미래 학교지식은 네트워크를 기반으로 한 다중심성 교육과정 체제로 생성·공유되고, 또한 그것은 융·복합적 교육과정으로 구성·설계되어 시·공간을 초월하여 자기결정의 학습이 이루어지는 양태가 될 것이다. 이에 따라 미래 교육과정 체제에서는 종래의 교육과정 RDD 체제에서 다중심성 교육과정 생성·공유 체제로, 분과적 교육과정 구성·설계에서 융·복합적 교육과정 구성·설계로, 페다고지 기반 교육방법에서 휴타고지 기반의 교육방법으로, 고정된 시간과 물리적 공간의 학교 환경에서 시·공간 초월의 학교 환경으로 전환적 재구조화가 진행될 것이다.

네트워크 교육과정의 생태체제를 이루기 위해서는 [그림 VI-5-1]과 같이 전환된 체제가 상호 유기적으로 작동할 수 있어야 한다. 자연 생태계를 이루는 개체들이 상호 유기적으로 긴밀하게 연계되지 않으면 자연 생태계가 훼손되거나 유지되기 어려운 것처럼, 교육과정 생태계를 이루는 구성 축이 어긋나거나 훼손되면 미래 교육과정 생태계도 유지 및 지속되기 어려울 것이다. 교육과정 생태적 관점에서 볼 때, 종래의 교육과정의 RDD 체제에 의해 가장 많이 훼손된 부분은 학생의 미래 삶과 생활에 기반을 둔 자기결정의 교육과정이다. 네트워크 교육과정의 생태체제 구축을 위한 기본적인 전제는 교육과정이 순차적, 선형적, 계열적으로 구성되어야 한다는 통념에서 벗어나 학생의 필요와 요구, 선택에 따라 비순차적, 비선형적, 비계열적 지식 구성을 도모하는 것을 용인할 수 있어야 한다는 것이다. 교육과정 프로슈머로서 학생들이 수행하게 되는 지식 생성·공유는 반드시 엄격한 계열적 구성의 분과 학문 체계로 이루어지지는 않을 것이다. 경우에 따라 학생들이 교육과정 생성·공유 과정에서 그들의 삶과 생활에 비추어 의미 부여가 되지 않는 것은 쉽게 용도 폐기할 수도 있을 것이다. 다만, 융·복합적 교육과정 구성·설계는 종래의 분과적 교육과정 구성·설계의 대안으로 제시하는 것이지만, 분과를 배제한 단일 형태보다는 다양한 형태의 융·복합적 교육과정 구성·설계를 고려할 수 있을 것이다.

미래 지능정보사회에서 오는 포스트휴먼의 학교지식 패러다임과 그에 따른 네트워크 교육과정을 중심으로 한 새로운 교육과정 생태계의 출현은 학교 교육과정의 지형을 바꾸게 될 것이다. 향후 학교교육의 힘은 지능정보 기술을 기반으로 한 네트워크 체제에서 나온다고 해도 과언이 아니다. 지능정보사회의 네트워크 기반 학교교육 및 교육과정 체제는 이제 선택이 아니라 필수인 것이다. 이에 따라 적어도 다음의 세 가지를 준비하여 새로운 교육과정 생태계의 출현에 대비해 가야 할 것이다.

첫째, 미래 지능정보사회에서 출현할 네트워크 교육과정에 대응할 수 있는 국가 교육과정 체제의 개조가 필요하다. 산업화 시대의 산물인 교육과정 연구·개발·보급(RDD) 체제는 미래 지능정보사회에서는 종래와 같은 형태로는 더 이상 통용되기 어려울 것이다. 물론 그렇다고 해서 이 체제를 폐기해야 한다는 것은 아니다. 이 체제에 대해 문제시하는 것은 국가 및 중앙 독점적 체제를 이루고 있어서, 지역과 교사 및 학생의 교육과정 개발·생성 기능을 제한한다는 점이다. 이에 따라 국가 교육과정 체제는 다중심성 교육과정 생성·공유 체제상에서 국가 교육과정의 연구·개발·보급의 기능이 작동되는 방안을 모색해야 한다. 이를 위해서 먼저 국가 교육과정

체제는 애자일, 린스타트업 등의 방법과 같이 소비자의 요구와 적시성을 담보해야 한다. 그다음으로 교과목의 성취기준을 중심으로 국가 교육과정 기준(standards) 완화를 과감히 도모해야 한다. 이를 위해서는 무엇보다 교과목 및 교과목 내용을 대상으로 중핵 교육과정(core curriculum)을 설계하여 적어도 시·도교육청 수준에서도 일정 정도 교과목과 내용을 중심으로 한 성취기준을 개발할 수 있도록 정책적 결정을 단행해야 한다. 이것은 말하자면 교과목과 성취기준의 지역화를 도모하는 것이라고 할 수 있다.

둘째, 미래에 도래할 네트워크 교육과정 시대를 준비하기 위해서는 교과서의 국·검·인정제를 전면 재고(再考)하여 교과서 자유발행 체제로의 전환이 필수 불가결하다. 이유 여하를 막론하고 특히 교과서 국·검·인정제는 교육과정 자율화 및 지역 교육과정 체제를 도모하는 데 커다란 걸림돌이 되고 있는 것이 사실이다. 엄밀히 말해서 단위 학교의 교육과정 자율성이나 지역 교육과정 체제 구축과 교과서 국·검·인정제는 양립하기 어려운 문제이기도 하다. 더욱이 미래 지능정보화 시대의 초연결 네트워크 사회에서 전개되는 네트워크 교육과정에서는 교과서 국·검·인정제는 사실상 존립하기 어렵다. 이 책에서 설정하고 검증한 미래 교육과정 시나리오에서도 알 수 있듯이, 미래에는 지금과 같은 국·검·인정제의 서책 교과서는 사라질 것이고, 또한 지식은 책자 형태의 텍스트로 존재하기보다는 지식의 생성과 전달, 습득 경로가 디지털화되면서 학습자가 언제 어디서나 쉽게 접근하여 학습할 수 있도록 온라인 및 가상공간에 디지털화된 지식 형태로 존재할 것이다. 결과적으로 종래와 같은 교과서 국·검·인정제를 유지하면서 네트워크 교육과정 체제를 구축한다는 것이 사실상 성립되기 어려운 것이다.

이러한 전망에서 보자면 미래 교육과정에서 국·검·인정 교과서의 설 자리는 더더욱 없어진다고 볼 수 있다. 교육부는 2018년 '교과서 자유발행제 추진위원회' 구성을 계기로 자유발행제 도입을 점진적으로 추진해 오고 있다. 그렇지만 교육부가 추진한 교과서 자유발행제는 인정제 형태의 최소한의 기준과 심사 절차만을 두려고 한다는 점에서 교과서 제도와 함께 국가 및 지방 교육당국의 관여가 전제된 것이어서 느슨한 인정제의 형태라고 할 수 있다. 엄밀히 말하자면 교육부의 교과서 자유발행제는 교과서 자유발행 체제라고 보기 어렵다.

셋째, 미래의 네트워크 교육과정 시대의 교육과정 개인화와 지능정보사회의 시·공간 초월의 학교 환경에 대응한 교육과정 인정 체제 정비 및 구축이 필요하다. 미래 사회는 초연결의 네트워크 사회로 시·공간 초월의 학교 환경이 구축되어 지금과는 전혀 다른 교육과정 기반이 조성되고, 학생들은 그 위에서 대단히 개인화된 교육과정을 경험할 것이다. 또한 미래 학생들은 수학(修學) 기간에도 상당 정도의 경제활동을 하게 될 것으로 전망한다. 미래 교육과정은 국지적이고 개별적인 특성을 가지므로, 종래와 같은 국가 교육과정으로만 담아내기가 사실상 어렵다. 따라서 종래와 같은 교육과정의 단계적 이수에 의한 졸업 형태는 더 이상 유지되기 어려울 것이다. 반면 교육과정 개인화를 가능하게 하는 다양한 대안적 인정 형태가 출현하여 미래 교육과정의 전형적인 형태로 자리매김할 것이다. 미래 사회의 교육과정 인정 형태는 매우 다양한 양상으로 펼쳐질 것이다. 국가 수준은 물론 지역 및 학교 수준에서도 다양하게 전개될 것이고, 공적 기관뿐만 아니라 민간 등의 사적 기관까지 포함하여 시·공간을 초월하고 지역과 국가 경계를 넘어 초국가 및 글로벌 수준에서도 인정 형태가 나타날 것이다. 따라서 미래의 이러한 다양한 교육과정 인정 형태를 국가 교육과정 내에 모두 담아내기는 어렵지만 미래 네트워크 교육과정 시대를 대비하여 이를 인정·관리하고 뒷받침하는 체제 및 제도를 모색해야 할 것이다.

참고문헌

[서문]

정영근, 이미숙, 민용성, 권영락, 이근호, 조상식, 곽영순, 임완철, 윤초희(2021). 미래 사회 메가트렌드에 따른 학교지식의 구상과 교육과정 재구조화(I)(연구보고 RRC 2021-3). 한국교육과정평가원.

정영근, 민용성, 이근호, 조기희, 박창언, 곽영순, 김사훈, 전용주(2022). 미래 사회 메가트렌드에 따른 학교지식의 구상과 교육과정 재구조화(II)(연구보고 RRC 2022-2). 한국교육과정평가원.

Ⅰ. 지능정보사회와 포스트휴머니즘

권오성(2021). 인공 신경망 기술로 살펴보는 인성 교육의 함의점 모색. 정보교육학회 논문지, 25(1), 149-155.

권정선(2021). 인공지능시대, 데이터 기반 맞춤형 교육에 대한 비판적 고찰: 존 듀이의 경험철학적 사고 개념을 중심으로. 교육철학연구, 43(2), 51-76.

김선미(2018). 미래형 학교 교육과정 개발에 대한 외국 사례 연구. 미래교육학연구, 31(1), 45-65.

김영철, 윤종혁, 김미숙, 신현석, 노석준(2006). 창의적 인재 양성과 효율적 교육체제 구축. 정보통신정책연구원. 21세기 한국 메가트렌드 시리즈Ⅳ: 06-11.

김인식, 박영무, 최호성 역(1993). Geoff Whitty 저. 교육과정 정책과 지식사회학. 서울: 교육과학사.

김정원(2021). 미래 실과의 지향: 지속가능한 삶과 웰빙을 위한 주제 중심의 융합 교과. 한국초등교육, 32(2), 125-140.

김진형(2016). 4차산업혁명, 인공지능 시대의 교육, STSS 지속가능과학회 학술대회, 21-29.

김태창, 변순용(2021). AI 윤리교육의 필요성과 내용 구성에 관한 연구. 인공지능인문학연구, 8, 71-104.

김하민(2021). 초등 도덕과 미래형 교육과정 개정 방향 탐색-인공지능 윤리 교육을 중심으로-. 초등도덕교육, 73, 1-27.

김홍겸(2021). 인공지능 리터러시를 위한 고등학교 수학 교육 내용 개정 방향 연구. 교육문화연구, 27(3), 245-264.

김환석(2016). 사회과학의 물질적 전환을 위하여. 경제와 사회, 32(2). 211-243

남진숙(2021). 융복합 교양교과목 개발 연구－미래환경과 위험사회〉 과목을 중심으로. 리터러시연구, 12(5), 359-386.
박한별, 김자미, 이원규(2021). 인공지능 융합교육을 위한 교원의 역량 도출. 컴퓨터교육학회 논문지, 24(5), 17-25.
신상규(2013). 트랜스휴머니즘, 세상에서 가장 위험한 생각?. 이화인문과학원(편). 인간과 포스트 휴머니즘. 서울: 이화여대출판부. 170-200.
우정길(2007). 지향적 교육행위의 한계 또는 교육학의 경계적 속성, 그리고 대안적 사유에 대한 일 고찰. 교육의 이론과 실천, 12(1). 231-255.
우정길(2019). 포스트 휴머니즘과 인간의 교육. 서울: 박영story.
이다겸, 김성원, 이영준(2021). 인공지능 리터러시 교육 연구 동향 분석. 한국컴퓨터교육학회 학술발표대회논문집, 25[2(A)], 25-27.
이돈희(1985). 교육철학개론. 서울: 교육과학사.
이영준(2020). 기계 학습과 인공지능 시대의 교육. 이종원(편)(2020). 인공지능과 포스트 휴머니즘. 서울: 이학사. 102-121.
이종관(2017). 포스트휴먼이 온다. 인공지능과 인간의 미래에 대한 철학적 성찰. 서울: 사월의 책.
이준, 여운승(2021). 데이터미학과 인공지능: 초중고등학교 및 문화예술 교강사를 위한 기술융합 문화예술교육과정 개발 연구-시범교육프로그램 개발과정을 중심으로. CONTENTS PLUS, 19(5), 5-23.
임태평(2000). 플라톤 철학과 교육. 서울: 교육과학사.
전가일(2021). 반상위에 펼쳐진 포스트휴먼 페다고지 탐색. 교육사상연구, 35(4), 245-287.
정미경, 이상은, 박상완(2021). 초・중 통합운영학교의 미래지향적 교육과정 실행 모형 탐색. 교육과정연구, 39(1), 65-92.
정윤경(2009). 아리스토텔레스의 프로네시스의 관점에서 본 교사의 실천적 지식. 초등교육연구, 20(2). 203-215.
정윤경(2019). 포스트 휴머니즘과 휴머니즘에 기반한 교육 재고. 교육철학연구, 41(3). 117-147.
조상식(2002). 현상학과 교육학 – 현상학적 교육학에서 육체의 문제. 서울: 원미사.
조상식(2005). 윌리엄 제임스 – 교육론. 서울: 문음사.
조화태(1993). 포스트모더니즘의 이해와 한국교육이론의 과제. 교육철학, 11, 3-10.
주영흠(2007). 아우구스티누스 교육사상. 서울: 학지사.
최규홍(2021). 뉴노멀 시대, 초등 국어과 교육의 방향. 한국초등국어교육, 71, 333-351.

최명관 역(1984). 니코마코스 윤리학. 서울: 서광사.

최민영, 이태욱(2019). 인공지능 교육의 현황과 학교 및 교사의 역할 변화 예측. 한국컴퓨터교육학회 학술발표대회논문집, 23(2), 85-88.

최숙영(2021). 교육에서의 인공지능: 인공지능 활용 교육에 관한 문헌 고찰. 컴퓨터교육학회논문지, 24(3), 11-21.

한기철, 조상식, 박종배(2018). 교육철학 및 교육사. 서울: 교육과학사.

한명희, 고진호(2005). 교육의 철학적 이해. 서울: 문음사.

한수민(2014). 실천적 지식 구성을 위한 교수-학습 모형 개발: 가족생활교육 수업사례를 중심으로. 경희대학교 대학원 박사학위논문.

高旗浩志. (2001). 学校知の社会化機能をめぐる理論的研究 島根大学教育学部付属教育臨床総合研究センター, *教育臨床総合研究紀要 1*, 23-31.

藤岡信勝. (1990). *授業をつくる*. 教育科学研究会編. 現代教育科学入門. 大月書店.

Barad, K. (2009). 행위적 실재론 – 과학실천 이해에 대한 여성주의적 개입. 박미선(역). 문화/과학, 57. 61-82.

Biesta, G. J. & Osberg, D. (2007). Beyond re/presentation: a case for updating the epistemology of schooling. *Interchange, 38*(1), 15-29.

Blaikie, F., Daigle, C., Vasseur, L. (2020). *New pathways for teaching and learning: the posthumanist approach*. Otawa, Canada: Canadian Commission for UNESCO.

Bostrom, N. (2014). *Superintelligence: Paths, dangers, strategies*. Oxford University Press.

Bostrom, N. (2003). Human Genetic Enhancements: A transhumanist Perspective. *The Journal of Value Inquiry, 37*. 493-506.

Braidotti, R. (2013). *The Posthuman*. 이경란(역)(2015). 포스트휴먼. 서울: 아카넷.

Brunner, J. S. (1960). *The Process of Education*. Mass.: The Harvard University Press.

Cook, J. P. (2016). *The posthuman curriculum and the teacher* (Electronic Theses and Dissertations No. 1430). University of Memphis. Retrieved from https://digitalcommons.memphis.edu/etd/1430.

Foucault. M. (1966). *Les Mots et les Choses. Une Archéologie des Sciences Humaines*. 이규현(역)(2012). 말과 사물. 서울: 민음사.

Fukuyama, F. (2002). *Our Posthuman Future: Consequences of the Biotechnology*

Revolution. Farrar, Straus and Giroux.

Haraway, D. J. (1991). *Simians, Cyborgs, and Women: The Reinvention of Nature*. Routledge.

Hayles, N. K. (1999). *How We Became Posthuman: Virtual Bodies in Cybernetics, Literature, and Informatics*. University of Chicago Press.

Hirst, P. H. (1965). Liberal Education and the Nature of Knowledge. In. *Philosophical Analysis and Education*, Edited by R. D. Archambault. London: Routledge & Kegan Paul.

Hirst, P. H. (1966). Educational Theory. In J. W. Tibble (Ed.), *The Study of Education*. London: Routledge & Kegan Paul.

Hirst, P. H. (1974). *Knowledge and the Curriculum: A Collection of Philosophical Papers.* London: Routledge & Kegan Paul.

Hirst, P. H. (1993). Education, Knowledge and Practices. In R. Barrow & P. White (Eds.), *Beyond Liberal Education*. London: Routledge & Kegan Paul.

Latour, B. (1991). *We Have Never Been Modern*. Harvard University Press.

Lyotard, J. F. (1979). *La Condition postmoderne: rapport sur le savoir*. 유정완, 이삼출, 민승기(역)(1992). 포스트모던의 조건. 서울: 민음사.

MacIntyre, A. (1984). *Aftrer Virtue*. The revised 2nd. ed. Notre Dame: Univ. od Notre Dame Press.

Marrou, H. I. (1948/1981). *Histoire de l'Éducation dans l'Antiquité, Éditions du Seuil*, Paris. 이홍우, 지정민, 구리나, 이호찬(역)(2019). 서양 고대교육사. 서울: 교육과학사.

McNeil. L. M. (1986). *Contradictions of Control: School Structure and School Knowledge*. New York: Routledge.

Munitz, M. K. (1996). *Contemporary Analytic Philosophy*. New York: Macmilan Publishing Co.

OECD(2018). *The Future of Education and skills Education 2030*.

Onyago-Ouma, W. (2006). School Knowledge and Its Relevance to Everyday Life in Rural Western Kenya University of Nairobi, Kenya. *Nordic Journal of African Studies 15*(3), 393-405.

Phenix, P. (1964). *Realms of Meaning*. New York: McGraw-Hill Book Co.

Polanyi, M. (1958). *Personal Knowledge: Toward a Post-Critical Philosophy*. Chicago: Ninv. of Chicago Press. 표재명, 김봉미(역)(2001). 개인적 지식. 서

울: 아카넷.
Polanyi, M. (1966). *The Tacit Dimension*. Chicago: Univ. of Chicago Press. 김정래(역)(2015). 암묵적 영역. 서울: 박영사.
Pring, R. (1978). Philosophical Issues. In D. Lawton (Ed.), *Theory and Practice of Study*. London: Routledge & Kegan Paul. 29-34.
Ryle, G. (1949). *The Concept of Mind*. Hutchinson's University Library.
Sloterdijk, P. (1999). *Regeln für den Menschenpark*. Frankfurt a.M./Suhrkamp. 이진우・박미애(2004). 인간농장을 위한 규칙. 파주: 한길사.
Wolfe, C. (2010). *What is posthumanism?* University of Minnesota Press.

[참고 사이트]
https://otec.uoregon.edu/data-wisdom.htm (검색일: 2021.3.25.)
http://www.differencebetween.net/language/difference-between-knowledge-and-education/ (검색일: 2021.3.20.)
http://www.knowledge-management-tools.net/different-types-of-knowledge.html (검색일: 2021.3.17.)

Ⅱ. 지능정보사회의 메가트렌드

구정아, 박영석, 박새롬(2019). 미래지향적 학교교육을 위한 학교현장 및 국가・사회적 요구사항 분석(위탁 2019-01). 교육부.
국토교통부, 국토교통과학기술진흥원(2020). 국토 교통 2050 미래기술 도출을 위한 조사 분석 연구(R&D/19RDPP-C154186-01). 국토교통부, 국토교통과학기술진흥원.
김선희(2004). 자아정체성과 다중자아의 문제(연구보고 04-07). 정보통신정책연구원.
김선희, 서태성, 이지원(2009). Grand Vision 2050: 우리국토에 영향을 미칠 미래 변화 전망 분석. 국토해양부・국토연구원.
김혜숙, 정대범(2005). 지식・정보화 시대에 있어서 초・중등 학교의 미래(연구보고 05-12). 정보통신정책연구원.
류방란, 김경애, 이상은, 한효정, 이윤미, 이종태, 최항섭, 이지미(2018). 제4차 산업혁명 시대의 교육: 학교의 미래(연구보고 RR 2018-01). 한국교육개발원.
박휴용(2020). 포스트휴먼 리터러시 - 개념 및 범주, 이론적 기반, 그리고 교육의 방향. 리터러시연구, 11(1), 11-55.
송영화, 이승민, 정지형, 김정태(2013). 창조 경제 실현을 위한 미래 사회 트렌드 및 ICT

미래 기술 분석(Insight Report 13-1). 한국전자통신연구원.
신상규(2020). 인공지능과 포스트휴먼. 이중원(편)(2020). 인공지능과 포스트휴머니즘. 서울: 이학사. 125-158.
오해섭, 문호영(2020). Z세대 10대 청소년의 가치관 변화 연구(연구보고 20-R03). 한국청소년정책연구원.
윤초희, 정영근, 민용성, 이근호(2022). 미래 아동·청소년 발달 전망에 따른 학교지식의 방향성 탐색. 열린교육연구, 30(6), 1-30.
이경상, 최항섭, 그레이스정, 차한솔(2013). 미래 환경변화 및 청소년정책 전망 연구 I(연구보고 13-R01). 한국청소년정책연구원.
이승민, 정지형(2019). 2020년 AI 7대 트렌드-beyond perception(Insight Report 2019-57). 한국전자통신연구원.
이중원(2020). 머리말. 이중원(편)(2020). 인공지능과 포스트휴머니즘. 서울: 이학사. 5-16.
임희진, 박형란, 구현경(2009). 아동청소년 비만 실태 및 정책방안 연구(연구보고 09-R10). 한국청소년정책연구원.
정영근, 이미숙, 민용성, 권영락, 이근호, 조상식, 곽영순, 임완철, 윤초희(2021). 미래 사회 메가트렌드에 따른 학교지식의 구상과 교육과정 재구조화(I)(연구보고 RRC 2021-3). 한국교육과정평가원.
전치형, 홍성욱(2019). 미래는 오지 않는다. 서울: 문학과지성사.
정지선, 김영은(2019). 2020년 ICT 이슈와 9대 트렌드 전망(IT & future strategy, 제7호). 한국정보화진흥원.
지승학(2018). Z세대를 위한 주체성 담론 고찰. 영상문화, 33, 127-148.
최문정, 임현, 박노언, 이해림(2019). 스마트 혁신 시대의 미래전망 및 과학기술 혁신정책 연구(I): 인공지능을 중심으로(기관-2019-008). 한국과학기술기획평가원.
최승현, 구자옥, 김주훈, 박상욱, 오은순, 김재우(2013). PISA와 TIMSS 결과에 기반한 우리나라 학생의 정의적 특성 함양 방안(연구보고 RRE 2013-8). 한국교육과정평가원.
최윤희, 심우중, 김승민, 신석하(2015). 미래 산업을 둘러싼 메가트렌드와 우리 산업에의 시사점(연구보고 2015-780). 산업연구원.
하연섭(2005). 지식 · 정보화 사회와 교육의 미래(연구보고 05-11). 정보통신정책연구원.
한국전자통신연구원(2014). 글로벌 ICT 선도를 위한 R&D 기획역량 제고. 제1부, 글로벌 ICT 기술선도와 만물지능통신시대를 위한 미래사회 · 기술 연구(14ZE2100-01-2130P). 한국전자통신연구원.

Bennett, W. L. (2007). *Changing citizenship in the digital age*. Paper presented at the OECD/INDIRE Conference on Millennial Learners, Florence, Italy. Retrieved from http://www.oecd.org/education/ceri/38360794.pdf (검색일: 2021.5.28.)

Braidotti, R. (2013). *The posthuman*. Cambridge Polity Press.

Bronfenbrenner, U. (1979). *The ecology of human development: Experiments by nature and design*. Harvard University Press.

BuiltIn (2023). The future of AI: How Artificial Intelligence will change the world. Retrieved from https://builtin.com/artificial-intelligence/artificial-intelligence-future (검색일: 2024.10.2.)

CASEL (2023). Advancing social and emotional learning. Retrieved from https://casel.org (검색일: 2024.10.31.)

Cho, A., Byrne, J., & Pelter, Z. (2020). *Digital civic engagement by young people*. UNICEF Office of Global Insight and Policy.

Craft, A. (2012). Childhood in a digital age: Creative challenges for educational futures. *London Review of Education, 10*(2), 173-190.

Duobliene, L., & Vaitekaitis, J. (2021). Posthumanist approach to human/ child-centered education. *Journal of Future Studies, 26*(2), 37-50.

Erikson, E. H. (1963). *Childhood and society*. W. W. Norton.

Gartner (2020). Top strategic technology trends for 2021. Retrieved from https://www.gartner.com/smarterwithgartner/gartner-top-strategic-technology-trends-for-2021 (검색일: 2021.5.4.)

Gartner (2023). What's new in Artificial Intelligence from the 2023 Gartner Hype Cycle. Retrieved from https://www.gartner.com/en/articles/what-s-new-in-artificial-intelligence-from-the-2023-gartner-hype-cycle (검색일: 2024.10.2.)

Greenfield, S. (2015). *Mind change: How digital technologies are leaving their mark on our brains*. Random House, New York.

Hale, L., & Guan, S. (2015). Screen time and sleep among school-aged children and adolescents: A systematic literature review. *Sleep Medicine Reviews, 21*, 50-58.

Havighurst, R. J. (1972). *Developmental tasks and education*. New York, NY: David McKay.

Herbrechter, S. (2018). Posthumanism and the ends of education. *On Education. Journal for Research and Debate, 1*(2), 1-5. DOI:10. 17899/on-ed.2018.2.2

Lawshe, C. H. (1975). A quantitative approach to content validity. *Personnel Psychology, 28*(4), 563-575. DOI:10.1111/j.1744-6570. tb01393.x

Leontiev, A. N. (1978). *Activity, consciousness, and personality*. Englewood Cliffs, NJ: Prentice-Hall.

McKinsey Digital (2024). McKinsey technology trends outlook 2024. Retrieved from https://www.mckinsey.com/capabilities/mckinsey-digital/our-insights/the-top-trends-in-tech#tech-trends-2024 (검색일: 2024.10.2.)

OECD (2017). *PISA 2015 results (Volume III): Students' well-being*. OECD Publishing, Paris. Retrieved from https://dx.doi.org/10.1787/9789264273856-en (검색일: 2021.5.15.)

OECD (2019a). *Educating 21st century children: Children in the digital age*.

OECD (2019b). *Educating 21st century children: Emotional well-being in the digital age*.

OECD (2020). *Education in the digital age: Healthy and happy children*.

Rousell, D., Harris, D. X., MacDonald, A., & Vagg, J. (2022). Posthuman creativities: Democratizing creative educational experience beyond the human. *Review of Research in Education, 46*, 374-397.

Schroth, H. (2019). Are you ready for Gen Z in the workplace? *California Management Review, 61*(3), 5-18.

Snaza, N., Applebaum, P., Bayne, S., Carlson, D., Rotas, N., Sandlin, J.,Wallin, J., & Weaver, J. (2014). Toward a posthuman education. *Journal of Curriculum Theorizing, 31*(2), 39-55.

Subrahmanyam, K., & Smahel, D. (2011). *Digital youth*. Springer New York.

Vygotsky, L. S. (1997). The history of the development of higher mental functions. In R. W. Rieber (Ed.), *The collected works of L. S. Vygotsky. Vol. IV: The history of the development of higher mental functions*. New York: Plenum Press.

Wertsch, J. V. (1998). *Mind as action*. Oxford University Press.

WEF (2018). Here are 5 ways digital technology is changing childhood. Retrieved from https://www.weforum.org/agenda/2018/07/digital-technology-changing-childhood-smartphone (검색일: 2021.4.20.)

WOSM (2017). Global youth trends report. Retrieved from https://www.scout.org/rop2017 (검색일: 2021.4.15.)

Ⅲ. 미래 학교지식의 전망

강현석(2021a). knowing where 내용에 대한 자문 의견. 2021년 10월 11일.

강현석(2021b). 메타지식 내용에 대한 자문 의견. 2021년 10월 8일.

곽영순(2019). 교과별 AI 활용 사례: 과학교과. 한국과학창의재단. 2019 AI 융합교육 컨퍼런스 자료집, 131-159.

권호영, 송진(2016). 융 · 복합 콘텐츠 대두배경과 진흥전략. 코카포커스 16-01호. 한국콘텐츠진흥원.

구본철(2015). '융 · 복합'이란 무엇인가? 사례와 함께 살펴보는 융 · 복합의 정의와 범주. 한국콘텐츠진흥원. 케이콘텐츠, 2015년 5, 6월호. 8-13.

김유신(2015). 융합 연구와 교육에서 융합의 의미. 한국교양교육학회 학술대회 자료집, 381-396.

김은아(2020). 물질적 전회를 통해 본 나무와 인간의 얽힘, 그리고 상황적 지식. 교육인류학연구, 23(2), 1-37.

김현영(2011). 상황학습 기반 디지털스토리텔링에서 학습자의 지식 생성 과정 및 교사의 스캐폴딩 전략 탐색. 한국교원대학교 대학원 석사학위논문.

박재주(2003). 서양의 도덕교육사상. 서울: 청계.

신동희(2014). 창조경제와 융합. 커뮤니케이션북스.

원예서(2006). 도심지역 초등 교사의 과학 교수에 있어서 교과교육학적 지식의 특성: 교과 지식, 교육학 지식, 상황적 지식에 관한 탐구. 초등교육연구, 18(2), 241-281.

윤은희(2015). 의미연결망 분석으로 살펴본 대학생들의 '가족이미지'에 대한 연구: 성별을 중심으로. 신라대학교 대학원 석사학위논문.

이재현(2003). 사이버 시대, 지식 패러다임의 전환. 한국사회사학회. 지식 변동의 사회사. 서울: 문학과 지성사. 381-404.

이재현(2013). 디지털 문화. 서울: 커뮤니케이션북스. Retrieved from https://terms.naver.com/entry.naver?docId=1624958&cid=42171&categoryId=42177 (검색일: 2022.10.20.)

이홍우(2008). 교육의 목적과 난점. 서울: 교육과학사.

이희경(2013). 블랜디드 학습기반 융합인재교육(STEAM)을 적용한 수학수업에서 고등학생들의 수학태도 및 상황적 지식에 대한 효과분석. 한국교원대학교 대학원 석사학위논문.

조상식(2003). 보편논쟁과 교육학. 계몽주의와 신인문주의의 논쟁에 나타난 인간 주체형성의 문제. 한독교육학연구, 8(1), 47-63.

한명희(2002). 교육의 미학적 탐구. 서울: 집문당.

홍은숙(2003). 지식과 교육. 서울: 교육과학사.

Blondel, V., Guillaume, J-L., Lambiotte, R., & Lefebvre, E. (2008). Fast Unfolding of Communities in Large Networks. Journal of Statistical Mechanics Theory and Experiment. Retrieved from https://iopscience.iop.org/article/10.1088/1742-5468/2008/10/P10008/pdf (검색일: 2021.10.5.)

Cochran-Smith, M. (1997). *Knowledge, Skills, and Experiences for Teaching Culturally Diverse Learners: A Perspective for Practicing Teachers*. In J. J. Irvine (ed.). Critical Knowledge for Diverse Teachers and Learners. American Association of Colleges for Teacher Education.

Danner, H. (1994). *Methoden geisteswissenschaftlicher Pädagogik: Einführung in Hermeneutik, Phänomenologie und Dialektik*. 조상식(2004)(역), 독일교육학의 이해 - 정신과학적 교육학의 방법론. 서울: 문음사.

Harbermas, J. (1973). *Erkenntnis und Interesse.* Frankfurta. M.: Suhrkamp.

Lave, J., & Wenger, E. (1991). *Situated Learning. Legitimate peripheral participation*. Cambridge: University of Cambridge Press (전평국, 박성선 공역(2000). 상황학습. 교우사).

Manheimer, R. J. (1977). *Kierkegaard as Educator*. LA: Univ. California Press. 이홍우·임병덕(역)(2003). 키에르케고르의 교육이론. 서울: 교육과학사.

Merleau-Ponty, M. (1945). *Phénoménologie de la Perception.* 류의근(역)(2002). 지각의 현상학. 서울: 문학과지성사.

Oxford Reference (2021). Retrieved from https://www.oxfordreference.com/view/10.1093/acref/9780199599868.001.0001/acref-9780199599868-e-1686 (검색일: 2021.5.24.)

Woolf, B. P., Lane, H. C., Chaudhri, V. K., & Kolodner, J. L. (2013). AI Grand Challenges for Education. *AI Magazine, 34*(4), 66-84.

[참고 사이트]

https://blog.naver.com/kic8866/222405061907 (검색일: 2021.10.13.)

https://ko.dict.naver.com/#/userEntry/koko/967b6b0b6017dc76f5fb22d5598c0000 (검색일: 2021.10.10.)

https://deepmind.com/blog/article/AlphaFold-Using-AI-for-scientific-discovery

(검색일: 2021.9.30.)
https://deepmind.com/blog/article/alphafold-a-solution-to-a-50-year-old-grand-challenge-in-biology (검색일: 2021.9.30.)
https://www.dongascience.com/news.php?idx=30213 (검색일: 2021.9.30.)
https://link.springer.com/content/pdf/10.1007%2F978-3-030-16800-1.pdf (검색일: 2021.9.30.)
https://naver-ai-now.kr/ (검색일: 2021.9.30.)
https://openai.com/ (검색일: 2021.9.30.)
https://simplicable.com/new/situated-knowledge#:~:text=Situated%20knowledge%20is%20information%20that%20reflects%20a%20context,experience%2C%20world%20view%2C%20emotions%20and%20motives.Facts%20do%20exist (검색일: 2021.5.24.)

Ⅳ. 미래 교육과정 체제 담론

강신택(1984). 사회과학연구의 논리. 서울: 박영사.
강창동(2007). 초등학교 교육과정 운영의 지원체제에 대한 실태 연구. 한국교육학연구, 13(1), 29-56.
권영민(2004). 국가수준 교육과정 평가체제 구축 방안. 교육과정연구, 22(1), 19-43.
김민정(2014). 역사과 교육과정 내용체제의 대강화와 성취기준 제시 방식에 대한 재검토. 사회과과학연구, 21(3), 1-13.
김희경, 김성훈(2018). 학교 생태체계 환경 변인이 중3 학생의 학교생활 적응에 미치는 영향. 청소년상담연구, 26(1), 1-21.
민용성(2012). 교육과정 수시개정 체제에 따른 교과 교육내용 적합성 제고를 위한 국가수순의 상설위원회 설치 방안. 통합교육과정연구, 6(2), 1-24.
박병량, 주철안(2012). 교육행정 및 교육경영. 서울: 학지사.
박선화, 정영근, 윤영순, 이근호, 김진규, 김차진, 김현숙, 노희방, 서용석, 황윤숙(2007). 국가 교육과정 개정 체제 개선 방안 연구: 외국의 사례와 비교 분석을 중심으로(연구보고 RRC 2007-3). 한국교육과정평가원,
박소영, 이재기, 이수정, 김성혜, 소경희, 김주후, 최병택(2008). 국가 교육과정의 평가체제 연구(Ⅱ)(연구보고 RRC 2008-4). 한국교육과정평가원.
박우순(1996). 현대조직론. 서울: 법문사.
박창언(2018). 제4차 산업혁명, 교육과정, 그리고 교과서 제도. 2018 교과서 개선 포

럼, 자료집 1권, 경기도교육청, 65-87.

박창언, 최호성, 오은주(2013). 국가 교육과정 체제에서 과학 고등학교 교육과정 편성·운영의 개선 방안 탐색. 학습자중심교과교육연구, 13(6). 329-349.

신중식, 강영삼, 김영한, 신철순, 윤정일(1987). 현대교육행정학. 교육출판사, 서울.

유수현, 김찬곤, 김용진, 천덕희, 최은정, 이화영, 성준모, 최희철, 허만세, 김다형, 이현주, 채정아(2015). 인간행동과 사회환경. 서울: 양서원.

윤기종(2012). 인간행동과 사회환경. 한국학술정보(주).

이경언, 양윤정, 김기철, 이승미, 최재은(2011). 체육, 음악, 미술 교과 교육과정 구성 체제 및 내용 국제 비교(연구보고 RRC 2011-4), 한국교육과정평가원.

이근호, 이병천, 가은아, 이주연(2016). 국가 교육과정 모니터링 체제 개선 연구. 한국콘텐츠학회논문지, 16(2), 588-599.

이근홍(2017). 인간행동과 사회환경. 경기: 공동체.

이돈희(2003). 세기적 전환과 교육학적 성찰. 서울: 교육과학사.

이승미(2013). 교육과정 자율화에 따른 교육과정 문서 체제의 개선 방향 탐색. 한국교육학연구, 19(3), 77-97.

이해명.(2003). 교육과정 개정 사례를 통해서 본 교육과정 개발체제의 문제점 및 개선방향 교육학연구, 41(2), 197-224.

장인협(1999). 사회복지실천론(중). 서울: 서울대학교출판부.

정영근(2021). 우리나라 국가 교육과정 연구, 개발, 적용, 보급 체제 개선. 교육광장, 78, 9-12.

정영근, 서근원, 주철안, 황성원, 황성원, 조재식, 남궁상운(2009). 국가교육과정 관련 문서 체제 개선 연구(연구보고 RRI 2009-5), 한국교육과정평가원.

조홍식, 김혜래, 신은주, 우국희, 오승환, 성정현, 이지수(2012). 인간행동과 사회환경. 서울: 학지사.

최병모(1992). 사회과 교육과정 개발의 체제적 접근. 한국교원대학교 대학원 박사학위논문.

Bronfenbrenner, U. (1995). The bioecological model from a life course perspective: Reflections of a participant observer. In P. Moen, G. H. Elder Jr., & K. Lüscher(Eds.). *Examining lives in context: Perspectives on the ecology of human development*(pp. 599-618). Washington, DC: American Psychological Association.

Flagle, C. D. et al. (1960). *Operations research and systems engineering*. Baltimore.

Md: The Johns Hopkins Press.

Griffiths, D. E. (1964). The nature and meaning of theory, In D. E, Griffiths. (ED.). *Behavioral science and educational science*. 63rd Year-book of NSSE. New York: Macmillan.

Kaufman, R. A. (1972). *Educational system planning*. Englewood Cliffs, New Jersey: Prentice-Hall.

Paul Baran. (1964). *On distributed communications: I. Introduction to distributed communications networks*. MEMORANDUM. RM-3420-PR. United States Air Force Project Rand.

V. 미래 교육과정 체제의 시나리오와 지형

김현곤(2009). 성공적 공공 정책 수립을 위한 미래전략 연구 방법론. 한국정보사회진흥원.

하인호(1986). 미래 문제 연구 방법론 I: 시나리오 기법을 중심으로. 교육부 교육행정연수원. 연수논총, 4, 1-22.

VI. 미래 교육과정 체제의 재구조화

강이철, 김회수, 엄우용, 최현종(2007). u-스쿨: 그 가능성과 한계(이슈 리포트 RM 2007-20). 한국교육학술정보원.

강인애, 임병노, 박정영(2012). '스마트 러닝'의 개념화와 교수학습전략 탐색: 대학에서의 활용을 중심으로. 교육방법연구, 24(2), 283-303.

계보경(2016). 미래 학교 공간의 설계 방향. 한국교육시설학회지, 23(4), 18-22.

계보경, 권미영, 이동국, 이정서, 구병국, 김대권(2022). 메타버스 기반 교수 · 학습모델 개발 연구(연구보고 RR 2022-03). 한국교육학술정보원.

계보경, 김현진, 서희전, 정종원, 이은환(2011). 미래학교 체제 도입을 위한 Future School 2030 모델 연구(연구보고 KR 2011-12). 한국교육학술정보원.

고선영, 정한균, 김종인, 신용태(2021). 메타버스의 개념과 발전 방향. 정보처리학회지, 28(1), 8.

과학기술정보통신부(2021). 확장가상 세계(메타버스), 민간이 앞장선다!. 보도 자료(2021. 5.18.).

교육부(2015). 2015 개정 과학과 교육과정. 교육부 고시 제 2015-74호. [별책 9].

교육부(2021). 그린스마트 미래학교 종합 추진계획. 그린스마트 미래학교 실무추진단. 보도 자료(2021.2.3.).

교육부(2022a). 교육-산업-연구계가 함께 손잡고 반도체 인재양성 나선다 - 반도체 인재 양성 지원 협업센터 마련을 위한 업무협약 체결. 보도 자료(2022.9.4.).

교육부(2022b). 초 · 중등교육법. 법률 제18993호. 2022. 10. 18. 일부개정. Retrieved from https://www.law.go.kr/LSW/lsSc.do?menuId=1&dt=20201211&query=초중등교육법&subMenuId=15#undefined (검색일: 2022.10.23.)

교육부(2022c). 초 · 중등교육법 시행령. 대통령령 제30494호. 2020. 2. 28. 일부개정. Retrieved from https://www.law.go.kr/LSW/lsSc.do?menuId=1&dt=20201211&query=초중등교육법&subMenuId=15#liBgcolor2 (검색일: 2022.10.23.)

교육부(2022d). 초 · 중등학교 교육과정 총론. 교육부 고시 제2022-33호. [별책 1].

교육부, 한국교육학술정보원(2024). AI디지털교과서. https://www.keris.or.kr/main/aidtMain.do (검색일: 2024.10.2.)

권오현(2012). 메타버스 내 게임형 가상 세계와 생활형 가상 세계에 대한 연구-몰입 이론을 중심으로. 건국대학교 석사학위논문.

권혁, 송덕근, 이진홍(2018). 융 · 복합 교육과정 개발에 대한 탐색적 연구: 건국대학교 힐링바이오공유대학 중심으로. 공학교육연구, 21(6), 25-34.

김경자, 곽상훈, 백남진, 송호현, 온정덕, 이승미, 한혜정, 허병훈, 홍은숙(2015). 2015 개정 교육과정 총론 시안[최종안] 개발 연구. 교육부: 국가교육과정개정연구위원회.

김미정, 박휴용(2021). 포스트휴먼 언어 연구: 개념과 성격, 그리고 연구의 방향. 코기토(Cogito), 94, 65-102.

김부자, 김준희(2014). 대학생의 생애역량 강화를 위한 융 · 복합형 교육시스템 모색. 디지털융 · 복합연구, 12(12), 173-180.

김사훈, 정영근, 민용성, 이근호, 최태형(2023). A Reflection on the Future Direction of School Education Focusing on Changes in Curriculum & Teaching and Learning. 중등교육연구, 71(4), 727-767.

김상균(2020). 메타버스-디지털 지구, 뜨는 것들의 세상. 경기: 플랜비디자인.

김서희(2021). 가상현실의 확장 '메타버스' 도래. 글로벌 ICT 이슈 리포트. Retrieved from https://www.globalict.kr/news/trend/weekly.do?menuCode=010200&catNo=11&type=ict-trend&knwldNo=140446&pageIndex=1&rowCount=5#none (검색일: 2022.10.20.)

김신자, 이인숙, 양영선(1999). 교육공학의 이론과 실제. 경기: 문음사.

김재복(2005). 통합 교육과정의 과제와 발전 방향. 교육논총, 25, 3-19.
김혜진(2017). 대학교육혁신사례: 애리조나주립대학교. 한국교육개발원.
나일주, 정인성(2006). 교육공학의 이해. 서울: 학지사.
동효관, 김덕근, 박상돈, 홍원준, 이재진, 김종윤(2022). 블렌디드 러닝 환경에서 학습자 유형화에 따른 맞춤형 교수·학습 방안 탐색(Ⅰ)(연구보고 RRI 2022-1). 한국교육과정평가원.
민용성(2008). 학교 교육과정 자율성 확대의 가능성과 한계: 2007년 개정 교육과정 총론 문서의 분석. 학습자중심교과교육연구, 8(2), 137-158.
민창기, 신원식, 이화룡(2003). 근대학교건축 100년사 해방후편. 한국교육시설학회 추계 학술대회자료집, 57-82.
박인우, 김갑수, 김경, 전주성, 고범석(2006). 유비쿼터스 환경을 지향하는 미래 교실 구성 방안(연구보고 CR 2006-14). 한국교육학술정보원.
박채형, 정광순(2015). 호이징아와 카이와의 놀이이론에 함의된. 통합교육과정연구, 9(3), 32-53.
박휴용(2022). 신물질주의적 유아 리터러시: 개념과 성격 및 사례 분석. 언어과학연구, 102, 21-51.
변영계, 김영환, 손미(2007). 교육방법 및 교육공학. 서울: 학지사.
안대진(2008). 유비쿼터스 환경에서 e-러닝을 이용한 학교 교육의 변화에 관한 연구. 청소년문화포럼, 17, 130-156.
여이주, 정은영(2020). 융합교육의 관점에서 본 초등학교 학생자치활동 사례연구. 융합교육연구, 6, 97-122.
오연주(2021). 메타버스가 다시 오고 있다. 스페셜리포트, 2021-3. 한국지능정보사회진흥원.
유병규, 구하라, 김선진, 김시정, 문종은, 박영석, 안성호, 이선경, 이은연, 주미경, 차윤경, 함승환, 황세영, 신혜원(2014). 네 교사의 융·복합교육 실행 경험의 이해. 학습자중심교과교육연구, 14, 339-371.
이경건, 홍훈기(2017). 핵심 개념으로 비교한 2015 개정 교육과정의 [통합과학] 과 [융합과학]. 한국과학교육학회지, 37(6), 981-992.
이동후(2006). 인터넷의 공간과 시간: 미디어 생태학적 접근을 중심으로. 커뮤니테이션 이론, 2(1), 1-34.
이명구, 박도휘, 강민영(2019). 2025 교육산업의미래: 기술혁신과 플랫폼, 공유경제를 중심으로. Issue Monitor 제 110호, 삼정KPMG 경제연구원.
이상민, 김현진, 임종헌, 최형주, 유승호, 이현주(2021). 학교공간혁신의 교육효과 분석

(연구보고 RR 2021-21). 한국교육개발원.
이승환(2021). 로그인(Log In) 메타버스: 인간 x 공간 x 시간의 혁명. SPRI 이슈리포트 IS-115, 4.
이혁규(2009). 근대 교실의 시공간과 근대교육에 대해 성찰하기. 중등우리교육, 232, 138-142.
이혜정, 이범, 김진우, 박하식, 송재범, 하화주, 홍영일(2019). IB를 말한다. 서울: 창비교육.
임유나(2022). 국제 바칼로레아 교육내용 프레임워크 분석: IB PYP를 중심으로. 교육과정평가연구, 25(2), 58-87.
임철일, 계보경, 최미애, 이웅기, 이재홍, 배유진, 송유경, 정혜원(2021). 포스트 코로나 시대의 스마트 학습 환경 연구(연구보고 RR 2021-3). 한국교육학술정보원.
정영근(2012). 교육과정 개발 정책으로서의 SBCD 등장의 사적 배경과 성립에 관한 고찰. 교육사상연구, 26(1), 111-133.
정영근, 민용성, 이병천, 권점례(2021b). 교육과정의 분산적 거버넌스에 대응한 연구・개발・보급(RDD) 체제에 관한 고찰. 학습자중심교과교육연구, 21(20), 647-670.
정영근, 한혜정, 김종윤, 박은아, 변희현, 이인호, 김사훈, 안성훈(2016). 2015 개정 교육과정에 따른 성취기준 코딩 체계 구축을 통한 교과 간 연계 · 융합 학습 강화 방안 연구(연구 보고 CRC 2016-5). 한국교육과정평가원.
정영근, 민용성, 이근호(2024). 미래 학교 교육과정 체제로서의 다중심성 교육과정 생성・공유 체제. 학습자중심교과교육연구, 24(20), 723-739.
조권형(2018). 미래한국 교육에서 길을 찾다]애리조나주립대 23개 학제융합학과 개설. 서울경제 기사(2018.4.1.). Retrieved from https://news.zum.com/articles/44225464 (검색일: 2022.10.20.)
조윤정, 김현주, 이권수(2017). 학습생태계 확장을 위한 마을교육과정의 개념과 실천방안(현안보고 2017-11). 경기도교육연구원.
조진일, 최형주, 홍선주, 안태연(2020). 미래 교수・학습 및 공간의 유형에 관한 연구. 교육녹색환경연구, 19(1), 13-24.
조진일, 최형주, 홍선주, 안태연, 김제형, 송영석(2019). 미래형 학교시설 기준 및 자동산정 스페이스 프로그램 개발연구. 한국교육개발원.
채다희, 이승희, 송진, 이양환(2021.8.11.). 메타버스와 콘텐츠. kocca focus, 한국콘텐츠진흥원, 134.
최경은(2011). 구텐베르크 서적 인쇄술 발명의 사회문화적 배경. 독어교육, 51, 499-518.

최원재(2022). 휴타고지 시대의 고등교육 방안: 디지털 데이터 내러티브. 문화와 융합, 44(8), 83-97.

추광재, 최화숙(2010). 교육과정의 이해. 서울: 강현출판사.

한국교육개발원(2017). 대학교육 혁신을 위한 정책 진단과 방안(Ⅰ): 대학 교육과정 혁신을 중심으로(연구보고 RR 2017-08). 한국교육개발원.

한규현(2007). 복잡계(Complex Systems)란 무엇인가. 원자력산업, 27(3), 56-61.

한명희, 곽병선, 김신복, 김재복, 허경철, 고은호(1991). 제6차 교육과정 개정을 위한 초·중등학교 교육과정의 체제; 및 구조 개선 연구. 교육과정개정연구위원회 연구보고서.

함세정(2018). 미래 직업 세계의 변화와 고등교육의 대응. 교육개발, 45(2), 17-22.

함승환, 구하라, 김선아, 김시정, 문종은, 박영석, 박주호, 안성호, 유병규, 이삼형, 이선경, 주미경, 차윤경, 황세영(2013). "융·복합교육" 의 개념화: 융 (복) 합적 교육 관련 담론과 현장 교사 포커스 그룹 면담을 중심으로. 교육과정평가연구, 16(1), 107-136.

홍희경(2021). 메타버스의 교육적 적용을 위한 탐색적 연구. 문화와융합, 43(9), 1-22.

황정규, 이돈희, 김신일(1998). 교육학개론. 경기: 교육과학사.

芽野健(1969). 研究と開発の概念と区分. 研究開發研究會. 研究開發. No.1. 開發社. 82-84.

種清漢(1992). 人間教育と社会. アジア文化総合研究所出版社.

清水義弘(1978). 教育計画: 経済発展と教育政策. 第一法規.

Blaschke, L. M. (2012). Heutagogy and lifelong learning: A review of heutagogical practice and self-determined learning. *The International Review of Research in Open and Distributed Learning, 13*(1), 56-71.

Bray, B., & McClaskey, K. (2013). A Step-by-Step Guide to Personalize Learning. Learning & Leading with Technology, 40(7), 12-19.

Chase, F. S. (1971). Education research and development in the sixties. In Connelly, F.M. (Ed.). *Elements of Curriculum Development* (pp. 143-160). Boston: The Ontario Institute for Studies in Education.

Dovey, K. & Fisher, K. (2014). Designing for adaptation: the school as socio-spatial assemblage. *The Journal of Architecture, 19*(1), 43-63.

Dron, J. (2018). Smart learning environments, and not so smart learning environments: A systems view. *Smart Learning Environments, 5*(1), 1-20.

Forbes (2022) *The Top 10 Tech Trends In 2022 Everyone Must Be Ready For Now*. Retrieved from https://www.forbes.com/sites/bernardmarr/2022/02/21/the-top-10-tech-trends-in-2022-everyone-must-be-ready-for-now/?sh=428c82f5827d (검색일: 2022.2.21.)

Foucault, M. (2003). Surveiller et punir. 오생근 역(2020). 감시와 처벌(2판). 경기: 나남.

Fullan, M. (1993). *Change forces: Probing the depths of educational reform. London: The Falmer Press.*

Google for Education (2020). Future of the Classroom-Emerging Trends in K-12 Education Global Edition. Retrieved from https://services.google.com/fh/files/misc/future_of_the_classroom_emerging_trends_in_k12_education.pdf?utm_source=web&utm_campaign=FY19-Q2-global-demandgen-website-other-futureoftheclassroom (검색일: 2022.6.20.)

Gros, B. (2016). The design of smart educational environments. *Smart Learning Environments, 3*(1), 1-11.

Hase, S., & Kenyon, C. (2007). Heutagogy: A child of complexity theory. Complicity: *International journal of complexity and education, 4*(1).

Hwang, G. (2014). Definition, framework and research issues of smart learning environments-a context aware ubiquitous learning perspective. *Smart Learning Environments, 1*(4), 1-14.

IBO (2009). *Making the PYP happen: A curriculum framework for international primary education*. UK: International Baccalaureate Organization.

IBO (2020). *Theory of knowledge guide*. UK: International Baccalaureate Organization.

Innis, H. (2008). *The Bias of Communication*. Toronto: University of Toronto Press.

International Association of Smart Learning Environments (2020). Smart Learning. Retrieved from http://iasle.net/about-us/background/ (검색일: 2022.10.21.)

Khan Lab School (2020). Retrieved from https://kurani.us/khan-lab-school/ (검색일: 2022.8.30.)

Koper, R. (2014). Conditions for effective smart learning environments. *Smart Learning Environments, 1*(1), 1-17.

OECD (2018). OECD 학교 사용자 설문 2019. Retrieved from https://www.oecd.org/education/effective-learning-environments/OECD-School-User-Surve

y-Korean.pdf (검색일: 2022.8.30.)

OECD (2019a). OECD Future of Education and Skills 2030: OECD Learning Compass 2030, A Series of Concept Notes. Retrieved from https://www.oecd.org/education/2030-project/teaching-and-learning/learning/learning-compass-2030/OECD_Learning_Compass_2030_Concept_Note_Series.pdf (검색일: 2022.6.20.)

OECD (2019b). Analytical Framework for Case Study Collection. Retrieved from https://www.oecd.org/officialdocuments/publicdisplaydocumentpdf/?cote=EDU/EDPC/GNEELE(2018)3/REV1&docLanguage=En (검색일: 2022.10.21.)

OECD (2020). Scenarios for the Future of Schooling. Retrieved from https://oecdedutoday.com/future-proof-four-scenarios-future-schooling/ (검색일: 2022.6.20.)

Ornstein, A. C. & Hunkins, F. P. (2013). *Curriculum: Foundations, Principles, and Issues* (6th ED.). Boston: Pearson.

Papadopoulos, G. S. (1994). *Education 1960-1990. The OECD Perspective*. OECD.

Postman, N. (1985). *Amusing Ourselves to Death: Public Discourse in the Age of Show Business*. New York: Penguin Books.

Pratt, D. D. (1993). Andragogy after twenty-five years. *New directions for adult and continuing education, 57*, 15-23.

Roco, M. C., Bainbridge, W. S., Toru1, B. & Whitesides, G. (Eds.) (2013). *Convergence of knowledge, technology and society: Beyond convergence of nano-bio-info-cognitive technologies*. Dordrecht, Heidelberg, New York, London: Springer.

Schools Council (1967). *The First Three Years*. 1964-67. London: H.N.S.O.

Schwab, J. J. (1969). The Practical: A Language for Curriculum. *School Review, 79*(4), 1-23.

Spector, J. M. (2014). Conceptualizing the emerging field of smart learning environments. *Smart Learning Environments, 1*(2), 1-10.

U.S. Department of Education. (2010). Transforming American Education: learning powered by technology. Office of Educational Technology, Washington, D.C. Retrieved from http://www.ed.gov/sites/default/files/ netp2010.pdf

Zhu, Z., Sun, Y., & Riezebos, P. (2016). Introducing the smart education framework: Core elements for successful learning in a digital world. *International*

Journal of Smart Technology and Learning, 1(1), 53-66.

[참고 사이트]

https://www.lawinsider.com/dictionary/curriculum-package (검색일: 2022.9.11.)
https://www.niskanencenter.org/you-cant-understand-big-tech-without-understanding-network-effects-heres-a-road-map/ (검색일: 2022.3.4.)
https://www.seehint.com/hintx.asp?no=12072 (검색일: 2022.9.14.)
https://www.crezone.net/img/portal/blog/1028/img06.png (검색일: 2022.9.14.)
https://kr.painting-planet.com/%EB%89%98%EB%A5%B8%EB%B2%A0%EB%A5%B4%ED%81%AC-%EC%97%B0%EB%8C%80%EA%B8%B0-michael-wolgemut/ (검색일: 2022.10.10.)
https://labkidvr.com/ (검색일: 2022.10.20.)
https://www.biroso.kr/634 (검색일: 2024.9.27.)
https://www.greensmart-school.kr/ (검색일: 2022.8.30.)
https://www.greensmart-school.kr/direction (검색일: 2022.8.30.)
https://www.hani.co.kr/arti/science/science_general/266790.html (검색일: 2024.9.27.)
https://www.niskanencenter.org/you-cant-understand-big-tech-without-understanding-network-effects-heres-a-road-map/ (검색일: 2022.3.4.)

찾아보기

【 인명 】

데샤이니와 샤르마 ··· 26
데카르트 ··· 33, 35, 37, 38, 48, 53
듀이 ··· 26, 49, 63
라일 ··· 38, 68, 76
라투르 ··· 14, 15, 31
리드 ··· 360
리오타르 ··· 51
마르크스 ··· 52
마스켈라인 ··· 63
만하임 ··· 52
매킨타이어 ··· 43, 44
메를로-퐁티 ··· 257
바라드 ··· 62
보스트롬 ··· 21, 22, 58
브라이도티 ··· 19, 20, 31, 62
브럼바우 ··· 34
브론펜브레너 ··· 131, 279
블룸 ··· 60
비에스타 ··· 63
비트겐슈타인 ··· 52
소크라테스 ··· 33, 34, 256
슈왑 ··· 360
아리스토텔레스 ··· 41, 257
아우구스티누스 ··· 34
에릭슨 ··· 143
영 ··· 73
오스버그 ··· 63
오스틴 ··· 39
워크 ··· 360
이돈희 ··· 32
제임스 ··· 49
캐리 울프 ··· 18
코메니우스 ··· 47
콜버그 ··· 257
크래프트 ··· 145
키에르케고르 ··· 255, 256
퍼스 ··· 48
폰 버틀란피 ··· 276
폴 바란 ··· 283
폴라니 ··· 50, 53, 256
푸코 ··· 52, 62, 421
프로이트 ··· 143
프링 ··· 40
플라톤 ··· 39, 256
피닉스 ··· 45, 46
피아제 ··· 143
하버마스 ··· 254
해러웨이 ··· 12, 13, 30, 31
허스트 ··· 41, 42, 43, 44, 45, 48
헤겔 ··· 256
헤일즈 ··· 15, 16, 30
후설 ··· 255
후쿠야마 ··· 17, 31

【 내용 】

가상학습 공간 ··· 323, 345
가상현실 ··· 82, 84, 86, 88, 93, 97, 100, 101, 104, 105, 117, 118, 120, 121, 122, 123, 124, 126, 127, 191, 208, 213, 227, 228, 232, 235, 236, 440

가상화 ······ 228
가시계 ······ 34
가치 지향적 ······ 253
각성 이론 ······ 134
개방적 체제 ······ 274
개별화 ······ 99, 152, 318, 417
개인화 ······ 312, 318, 416
객관주의적 지식관 ······ 36
거꾸로 학습 ······ 428, 446
게임화 ······ 324, 335
결정성 지능 ······ 135
경계의 융합화 ······ 4, 459
경험, 환경의 가상화 ······ 120, 121
고교학점제 ······ 269, 437
공감능력(empathy) ······ 258
공교육 ······ 268
공동 교육과정 ······ 371, 452
공유 ······ 309
공유 캠퍼스 ······ 315, 348
공인된 지식 ······ 72
공존의 윤리 ······ 252, 308
공통 · 중핵 교육과정 ······ 360
과정 모형 ······ 359
교과 중심 교육과정 ······ 41
교과목과 성취기준의 지역화 ······ 5, 467
교과서 자유발행 체제 ······ 5, 467
교과영역 간 융합 ······ 184
교사 내성 교육과정 ······ 360
교사 수준 교육과정 ······ 297
교수 시대의 종말 ······ 241
교육계획론 ······ 355
교육과정 ······ 64
교육과정 RDD 체제 ······ 4, 362
교육과정 개발 ······ 361
교육과정 개발 · 생성 ······ 2, 301
교육과정 개인화 ······ 5, 297, 468
교육과정 결정 분권화 ······ 296
교육과정 분산 네트워크 ······ 281
교육과정 사회학 ······ 52
교육과정 생성 · 공유 네트워크 체제 ······ 294
교육과정 생태계 ······ 4, 282, 293
교육과정 생태체제론 ······ 293
교육과정 실천 단위 ······ 289, 290
교육과정 실행 ······ 366, 367
교육과정의 RDD, 모형 연구 · 개발 · 보급 ······ 294 296, 357
교육과정 이수 이력 체제 ······ 315, 351
교육과정 인정 체제 ······ 5, 468
교육과정 자율성 ······ 363
교육과정 자율화 ······ 467
교육과정 주도권 ······ 362
교육과정 지역화 ······ 296
교육과정 체제 ······ 2, 293
교육과정 총론 ······ 272
교육과정 패키지 ······ 360
교육과정 프로슈머 ······ 369, 419
교육과정 환경체제 ······ 295
교육의 종언 ······ 59
교육투자론 ······ 356
교차 네트워크 효과 ······ 375
구성주의 ······ 55, 384
국가 교육과정 ······ 296
국가 교육과정 기준 ······ 467
글로벌 교육과정 ······ 296
기계학습 ······ 411
기능적 구조 ······ 51
기술-사회 시스템 ······ 308
기술공학적 관심 ······ 254
기술적 인식 ······ 241

네트워크 ······ 220, 265, 376
네트워크 관리자 ······ 340

네트워크 교육과정 ········ 4, 363
네트워크 교육과정 생태 ········ 5, 283
네트워크 교육과정 체제 ········ 341
네트워크 기반 교육과정 ········ 290
네트워크 기반 교육과정 생태 ········ 283
네트워크 기반 플랫폼 ········ 352
네트워크 사회 ········ 2, 364
네트워크 학습 일상화 ········ 312
네트워크의 복잡계 ········ 376
네트워크화 ········ 199, 346, 441
노에마(noema) ········ 255
노에시스(noesis) ········ 34
논리실증주의 ········ 38
논리적 경험주의 ········ 38
논리적 지식 ········ 39

다면 네트워크 ········ 375
다중 자아 ········ 137
다중 정체성 ········ 137
다중심성 교육과정 모형 ········ 463
다중심성 교육과정 생성 · 공유 모형 ········ 364
다중심성 교육과정 생성 · 공유 체제 ········ 4, 355, 364, 463
다중심성 네트워크 ········ 278
단일 중심성 ········ 311, 368, 463
대안적 생태론 ········ 452
대응이론(correspondence theory) ········ 38
데이터 기반(데이터화된) 지식 ········ 461
데이터 기반의 지식 ········ 230
데이터 중심 인공지능(Data-Centric AI) 82
데이터화 기술 ········ 117, 118, 119, 128
데이터화된 지식 ········ 240
데이터화된 언어 ········ 230
데이터화된 지식 ········ 4, 230
도덕성 ········ 258
디지털 네트워크화 ········ 142, 176
디지털 리터러시 ········ 323
디지털 세계(가상 세계) ········ 308
디지털 인지 시스템 ········ 303
디지털 정보 ········ 190, 240, 307
디지털 정보 기술 ········ 84, 90, 128
디지털 책임의식 ········ 413
디지털 플랫폼 네트워크 ········ 335
디지털화된 지식 ········ 4, 86, 88, 120, 240
딥러닝 ········ 85, 87, 307

로봇 교사 ········ 341
린스타트업 ········ 30, 467

마을교육공동체 ········ 441, 454
매크로트렌드 ········ 3, 138, 300
메가트렌드 ········ 3, 4, 138, 239, 300
메가트렌드의 학교지식 ········ 162
메타 인지 지식 ········ 261
메타 지식 ········ 241, 261
메타 플랫폼 ········ 418
메타버스 ········ 228, 335, 414, 440, 443, 446, 448, 449
명시적 지식 ········ 74
명제적 지식 ········ 39, 66
모더니즘 ········ 61, 461
목표 관리형 ········ 363
문서화된 교육과정 ········ 373
미래 교육과정 시나리오 ········ 364
미래 교육과정 체제 시나리오 ········ 299
미래 학교교육의 대응 과제 ········ 148, 152, 155, 158
미래형 학교 시설 ········ 424

방법적 지식 ········ 66
변증법적 방법 ········ 33
보조식(subsidiary awareness) ········ 51

복잡계 ········ 376
분과 중심 구성 ········ 5
분과 학문적 교육과정 구성 · 설계 ········ 461
분과적 지식 체계 ········ 461
분류 체계(taxonomy) ········ 60
분산된 지식 ········ 184
분산형 시스템 ········ 284
분석철학 ········ 37, 38
블렌디드 러닝 ········ 336
블록체인 기술 ········ 86, 87, 104
비계열적인 지식 ········ 302
비선형 ········ 275, 302
비순차 ········ 302
비인간 ········ 14, 220
비정형 ········ 275, 350
비주제성(非主題性 Unthematische) ········ 50
비판적 교수법 ········ 33
빅데이터 ········ 61, 85, 88, 92, 93
94, 95, 100, 102, 103, 105
124, 125, 127, 246, 303, 453
빅데이터 기반 지능형 교수 · 학습 지원
시스템 개발 ········ 314
빅데이터화된 지식 ········ 88

사고하는 주체(res cogitans) ········ 35
사물인터넷(IoT) ········ 82, 83, 84
86, 85, 331
사용자 중심 개발 방법론 ········ 29
사이버네틱스(cybernetics) ········ 15, 16, 58
사이보그(cyborg) ········ 12, 13, 14, 239
사회 시스템의 플랫폼화 ········ 86, 87, 111
112, 113, 129
사회교육기관 ········ 266
사회적 활동들(social practices) ········ 43
산업사회 ········ 264, 294
산업혁명 ········ 294
상호 교류의 관점 ········ 279
상호연결성 ········ 22, 23, 27, 307
상호작용 모형 ········ 359
상황적 지식 ········ 241, 260
생명윤리 ········ 252, 308
생물정보학 ········ 251
생성형 인공지능(Generative AI) ········ 82
생태적 교육과정의 구조 ········ 285
생태체제 이론 ········ 276, 278, 279, 281, 287
생태체제론 ········ 4, 293, 460
생활지식 ········ 68, 74
서책 교과서 ········ 467
선분의 비유 ········ 35
선택된 지식 ········ 74
성문화된 지식 ········ 76
세계관(Weltanschuung) ········ 254
수행 중심 교육 ········ 149, 184
순환 모형 ········ 359
스마트교육 ········ 437
시 · 공간 초월 학교 환경 ········ 462
시나리오 기법 ········ 299
시민 참여 ········ 137
신경 연결주의(connectionism) ········ 24
신경경제학 ········ 251
신경생리 및 인지, 학습에서의 변화 141, 164
신경생물학 ········ 251
신교육 사회학 ········ 52
신유물론(new materialism) ········ 62, 385
신인류 ········ 295
신체 구조 및 기능의 변화 ········ 141, 162
실감형 교육 ········ 330
실재론(實在論, realism) ········ 37
실존주의 철학 ········ 255
실증적 지식관 ········ 56
실천적 지식 ········ 68, 331
심미적 지식 ········ 47

아동 · 청소년 부문의 메가트렌드 ··· 130
아크라시아(akrasia) ··· 257
안드라고지 ··· 409
알고리즘 ··· 84, 85, 91, 92, 93, 96, 103, 104, 106, 107, 108, 110, 116, 118, 119, 124, 125, 127, 129, 246, 303
알파고 ··· 244
알파폴드 ··· 244
앎의 신체 관련성(embodied knowledge) ··· 56
암묵적 지식(tacit knowledge) · 47, 50, 74
애자일 ··· 30, 467
양자 컴퓨팅 ··· 411
에피스테메(épistémè) ··· 52
엣지 인공지능(Edge AI) ··· 82
연결 네트워크 ··· 197, 220
연결망 이론(connectivism) ··· 24, 25
연장자(延長者, res extensa) ··· 35
오픈 마켓 플랫폼 교육과정 체제 ··· 315, 364
온라인 공동 교육과정 ··· 441
온라인 공동체 ··· 138
외적 체제 ··· 294
유기체적 상호작용 ··· 293
유동성 지능 ··· 135
유럽 중심주의 ··· 57
유목적 주체 ··· 62
유비쿼터스 컴퓨팅 ··· 243
윤리적 책임 ··· 18, 19
융 · 복합 ··· 28, 196
융 · 복합 공간 ··· 347
융 · 복합적 교육과정 ··· 350, 377, 381, 388, 391, 395, 399, 406
융 · 복합적 지식 ··· 209, 249, 307, 461
융 · 복합적 지식사회 ··· 253
의미 연결망 분석 ··· 3, 187
의미론적 측면(semantic aspect) ··· 51
의식의 지향성 ··· 255
이데올로기 ··· 52, 71
이론적 지식 ··· 41, 68
이분법 ··· 36, 38
이분법적 사고 ··· 22
이산(diaspora) ··· 444
이수 학점제 ··· 353
인간 본위 지식 ··· 237
인간 중심적 사고 ··· 13, 14, 18, 19, 20, 22, 23, 31
인간 중심적 지식관 ··· 63
인간 중심주의(anthropocentrism) ··· 18, 22, 23, 31
인간과 기술의 융합 ··· 12, 16, 30
인간과 사물의 공존 지식 ··· 461
인공물의 지능화 ··· 85, 106, 107, 108, 109, 110, 111, 127, 130
인공어 ··· 246, 303
인공지능 ··· 57, 59, 60, 61, 93, 190, 264, 307, 411, 443
인공지능 교사 ··· 340
인공지능 기반 맞춤형 학습 지원 시스템 · 314
인공지능 기반 시스템 ··· 346
인공지능 기술 ··· 84, 85, 90, 91, 96, 97, 99, 104, 105, 107, 108, 109, 110, 111, 115, 125, 127, 128, 129, 196, 223, 230
인공지능 사회 ··· 362
인공지능 소양 ··· 92, 323
인공지능 엔지니어링(AI Engineering) ··· 82
인류세(Anthropocene) ··· 19
인식과 가치가 결합된 지식 ··· 4, 241
인재 개발 정책 ··· 355
인지 시스템 ··· 138, 303
인지론적 지식관 ··· 50
인지주의 ··· 257

일반체제 이론 ······ 273, 274, 277, 280, 281, 287
일상 언어 분석철학 ······ 39

자기결정 평가 체제 ······ 325
자기결정 학습 ······ 306, 346
자기결정의 교육과정 ······ 465
자기주도 학습 ······ 312, 417
자연어 ······ 246
자유교과(liberal arts) ······ 41, 48
자유교육 ······ 40, 41, 43
잠재적 지식 ······ 76
재학습(Umlernen, learn anew) ······ 50
적용된 인공지능(Applied AI) ······ 82
절차적 지식 ······ 40
정보 · 인공지능 ······ 79, 81, 82, 84, 85, 86, 88, 89, 90, 92, 93, 94, 95, 96, 97, 98, 99, 102, 103, 106, 110, 117, 120, 121, 123, 125, 126, 127, 128, 129
정보 · 인공지능 기술 ······ 92, 94, 98, 99, 195, 196, 206, 207, 223, 226, 227, 228, 230, 234, 235
정보화 사회 ······ 294, 362
정서 교육 ······ 182, 185
정신건강 문제 및 정서적 취약성 증가 ······ 141, 170
정전화(正典化)된 지식 ······ 64
정체성 ······ 12, 236
정체성과 윤리의 재구성 ······ 12, 31
제3의 물결 ······ 434
제3차 산업혁명 ······ 367
제4차 산업혁명 ······ 229, 250, 362, 367
존재론적 측면(ontological aspect) ······ 51
주지주의 ······ 257
주체교육학 ······ 62, 63
중앙 - 주변 교육과정 모형 ······ 463
중앙 - 주변 모형 ······ 311, 357
중핵 교육과정 ······ 5, 467
증강현실 ······ 84, 100, 101, 104, 105, 117, 118, 120, 121, 122, 123, 129, 213, 440
지능 인공물 ······ 188, 191, 223
지능정보사회 ······ 2, 3, 293
지능화된 인공물 ······ 107, 108, 109, 110, 111, 115, 127, 128, 129, 130, 239
지배 이데올로기 ······ 73
지배구조 ······ 74
지시 대상(reference) ······ 38
지식 ······ 32, 33, 66, 70
지식 사회학 ······ 52, 54, 57, 254
지식 습득 통로 다원화 ······ 312
지식 전달체계 ······ 240
지식 체계 ······ 117, 307
지식 패러다임 ······ 4, 185
지식, 정보, 경험, 탐구의 데이터화 ······ 115
지식과 가치와의 관련성 ······ 254
지식교육 ······ 254
지식기반사회 ······ 268
지식의 가치중립성 ······ 256
지식의 데이터화 ······ 246
지식의 디지털화 ······ 86, 246
지식의 상황 구속성 ······ 52
지식의 체화 ······ 184
지식의 형식 ······ 41, 42, 48
지역 교육과정 ······ 296
지역 교육과정 체제 ······ 467
지역사회 연계 학교 ······ 438
지행합일(知行合一) ······ 257
직관적 지식 ······ 47
진보주의 교육 ······ 43, 377
집중형 시스템 ······ 284

참여문화 ········· 74
철학적 행동주의 ········· 39
철학적 현상학 ········· 49, 255, 257
체제 ········· 271, 276, 277
체제 이론 ········· 275
체제적 접근 ········· 269, 271
초근대사회 ········· 268
초연결 ········· 2, 199
초연결의 네트워크 사회 ········· 4, 293
초연결화 ········· 232
초점식(focal awareness) ········· 51
초지능(superintelligence) ········· 21, 22
취약한 아동기 ········· 145

칸랩 스쿨 ········· 428, 453
컴퓨팅 능력 ········· 336
컴퓨팅 사고력 ········· 92, 95, 96, 100

탈 경계 ········· 239, 307
탈 경계 교육방법 ········· 312
탈 경계 지식 ········· 308
탈 경계적 상상력 ········· 252
탈 경계화 ········· 4, 228, 459
탈 교수화 전문성 ········· 242, 462
탈 인간 중심 ········· 237, 307
탈 인간 중심적 관점 ········· 2, 4, 61
탈 중앙형 시스템 ········· 284
탈 학교화 ········· 242
탈 휴머니즘 ········· 145
테오리아(theoria) ········· 41
통합 교육과정 ········· 377, 381
트랜스휴머니즘 ········· 58, 59

판옵티콘 ········· 421
페다고지 기반 교육방법 ········· 465
평생교육 ········· 104, 267
포스트모더니즘 ········· 61, 64, 461
포스트모더니즘 지식관 ········· 51
포스트휴머니즘(posthumanism) ········· 3, 58
146, 185, 220, 238, 307, 384, 386
포스트휴머니즘 지식관 ········· 307
포스트휴먼 ········· 15, 220
포스트휴먼 주체성 ········· 19, 20
표준화된 지식 ········· 286, 287
프래그머티즘 지식관 ········· 48
플랫폼 ········· 191, 216, 219, 226, 440
플랫폼 네트워크 ········· 242, 371, 416, 447
452, 454, 455, 456, 457, 458

학교 밖 학습경험 ········· 437, 446
학교교육 체제 ········· 2
학교문화 ········· 71, 161
학교지식(school knowledge) ········· 2, 64
학교지식의 변화 ········· 3
학교지식의 재개념화 ········· 64
학교지식의 패러다임 ········· 4, 238
학교지식화 ········· 75
학문 중심 교육과정 ········· 41
학문적 지식 ········· 74
학생 수준 교육과정 ········· 297
학생의 주도성 ········· 312
학습 과정으로서의 평가 ········· 312
학습멘토 ········· 323
학습 인정제 ········· 314, 345
학습 코칭 ········· 341
학습 통로 ········· 297, 462
학습 플랫폼 ········· 337
학습 허브 ········· 314, 348
학습방법의 초현실적인 개별화 ········· 312
학습의 개인화와 집단성 ········· 462
학습자 주도성 ········· 25, 307
합리주의 세계관 ········· 254

합리주의적 지식관 ………………………… 38, 54
합리주의적, 객관주의적 지식관 ……… 47, 255
해방적 관심 ………………………………… 255
해석적 관심 ………………………………… 254
해석적 지식관 ……………………………… 56
핵심역량 ……………………………… 69, 424
행위 실재론(agential realism) …………… 62
행위자 - 네트워크 이론(ANT) ………… 14, 15
현상적 측면(phenomenal aspect) ……… 51
현실 세계(물리 세계) ……………………… 308
현실과 가상공간 공존 …………………… 323
협력적 거버넌스 …………………………… 297
형이상학적 지식관 ………………………… 56
형태심리학 ………………………………… 51
확장현실 ……………………………… 412, 414
휴머노이드 …………………………… 91, 239
휴머니즘 ……………………………… 3, 57
휴타고지 ……………………………… 5, 409
휴타고지 교육방법 ………………………… 462

AI디지털교과서 플랫폼 …………………… 419

e-러닝 ………………………………… 434, 437

저자 약력

정영근(鄭榮根)
일본 츠쿠바대학교(筑波大学) 박사
現 한국교육과정평가원 선임연구위원
관심 분야: 교육과정 개발, 학교 기반 교육과정, 교육과정 변화
keunjy@kice.re.kr

곽영순(郭永順)
미국 오하이오주립대학교 Ph. D.
現 한국교원대학교 교수
관심 분야: 교사교육, 질적연구, 교육과정, 생태철학
amkwak@naver.com

김사훈(金思勳)
미국 위스콘신대학교 Ph. D.
現 한국외국어대학교 교수
관심 분야: 교육과정, 교과서, 교육정책
kimsh@hufs.ac.kr

민용성(閔龍成)
한국교원대학교 대학원 교육학 박사
現 한국교육과정평가원 선임연구위원
관심 분야: 교육과정 연구 및 개발, 교육과정 정책, 학습자중심 교육
ysmin@kice.re.kr

박창언(朴昶彦)
경북대/프랑스 프랑쉬콩테대학교 박사
現 부산대학교 교수
관심 분야: 교육과정, 교육법, 교육정책
cupark@pusan.ac.kr

윤초희(尹蕉熙)
미국 워싱턴대학교 Ph. D.
現 동국대학교 교수
관심 분야: 교육심리, 인지발달, 학습과학
chyoon@dongguk.edu

이근호(李劤浩)
캐나다 알버타대학교 Ph. D.
現 한국교육과정평가원 선임연구위원
관심 분야: 교육과정, 교과서, 질적연구방법론
khlee@kice.re.kr

전용주(全勇柱)
한국교원대학교 대학원 교육학 박사
現 국립경국대학교(구 국립안동대학교) 교수
관심 분야: 정보(SW·AI)교육, 정보영재교육, 컴퓨팅사고력
yyongju@anu.ac.kr

조기희(趙基熙)
서울대학교 사범대학 체육학 박사
現 한국교육과정평가원 부연구위원
관심 분야: 교사학습공동체, 교육과정, 체육
kiheejo@kice.re.kr

조상식(趙相植)
독일 괴팅겐대학교 Dr. disc.pol.
現 동국대학교 교육학과 교수
관심 분야: 근대서양교육사상, 현상학, 해석학, 미학교육론, 비판이론
educandus@dongguk.edu

미래 지능정보사회의 학교교육 체제

2025년 3월 20일 1판 1쇄 인쇄
2025년 3월 25일 1판 1쇄 발행

저 자 : 정영근, 곽영순, 김사훈
민용성, 박창언, 윤초희
이근호, 전용주, 조기희
조상식

발행인 : 한 정 주
발행처 : 교 육 과 학 사

경기도 파주시 광인사길 71
전화 (031)955-6956~8 / 팩스 (031)955-6037
Home-page : www.kyoyookbook.co.kr
E-mail : kyoyookbook@daum.net
등록 : 1970년 5월 18일 제2-73호

정가 29,000원
ISBN 978-89-254-2025-7